DEKORIEREN UND EINRICHTEN

DEKORIEREN UND EINRICHTEN

Anoop Parikh, Debora Robertson, Thomas Lane,
Elizabeth Hilliard, Melanie Paine

KÖNEMANN

Originalausgabe 1996
Conran Octopus Limited
37 Shelton Street
GB-London WC2H 9HN

Originaltitel: The Conran Octopus Decorating Book

Danksagung des Verlags
Der Verlag dankt folgenden Personen:
Tessa Clayton, Lesley Craig, Helen Dore, Mollie Gillard,
Helen Green, Clare Hill, Karen Howes,
Lesley Levene, Felicity Quant

Könemann Verlagsgesellschaft mbH
Bonner Straße 126, D-50968 Köln
Übersetzung aus dem Englischen: Inga-Brita Thiele, Köln
Redaktion und Satz: Thomas Heider, Bergisch Gladbach
Montage: Reproservice Werner Pees
Herstellungsleitung: Detlev Schaper
Herstellungsassistenz: Nicola Leurs
Druck und Bindung: Kossuth Printing House Co., Budapest
Printed in Hungary

ISBN 3-8290-0530-X

10 9 8 7 6 5 4 3 2

INHALT

MÖBEL UND WOHNTEXTILIEN 270–339

VON DER IDEE ZUM KONZEPT

Das Schöne am Dekorieren und Einrichten des eigenen Zuhauses ist, daß man hinterher sagen kann: »Das habe ich selbst gemacht«. In einer Zeit, in der so viele unserer täglichen Aktivitäten vorprogrammiert scheinen oder über Computer-Tastaturen abgewickelt werden, ist dieses Gefühl besonders kostbar. Von der ersten Idee über die Planung, das Besorgen der Werkzeuge und Materialien, die Vorbereitung und Durchführung bis zu dem Moment, in dem man zurücktritt, um das fertige Werk zu begutachten, werden einem laufend Entscheidungen abverlangt – finanzielle, ästhetische oder rein praktische. Das überaus Reizvolle daran ist, daß man die Dinge selbst in der Hand hat.

Doch bekanntlich ist es nicht immer leicht, Entscheidungen zu treffen. Beim Dekorieren und Einrichten, wie auch sonst im Leben, kann die Sache durch manches kompliziert werden: die verwirrende Fülle der Möglichkeiten, die Sorge, was die Nachbarn denken könnten, mangelndes Vertrauen in die eigenen Fähigkeiten. Oft scheint es einfacher, sich halbherzig mit kleckerweise zusammengekauften Stücken einzurichten, oder die sichersten, geläufigsten Lösungen zu wählen. Leider kommen bei der ersteren Methode häufig unglücklich zusammengewürfelte Einrichtungen heraus, bei der zweiten nur zu oft deprimierend sterile Räume ohne jeden Hinweis auf leibhaftige Bewohner.

Um ein Zuhause mit Persönlichkeit zu schaffen, muß man sich zunächst fragen: »Was will ich wirklich?« Die Antwort fällt leichter, wenn man Räume, die einen irgendwie ansprechen, daraufhin betrachtet, was denn an ihnen so besonders gefällt. Das mag die Art sein, wie die Farbe der Möbel mit der Wandfarbe kontrastiert, oder etwas scheinbar Nebensächliches wie eine raffinierte Vorhanggestaltung. Können Sie die Raumstimmung beschreiben? Lebhaft oder ruhig? Großzügig oder beengt? Wirkt die Dekoration unaufdringlich oder eher irritierend? Indem Sie die Wesensmerkmale herausfiltern, die Sie anziehen oder abstoßen, gewinnen Sie ein klareres Bild davon, wie Ihr Zuhause aussehen und sich »anfühlen« soll.

Sie müssen Ihre Ideensuche aber nicht auf andere Wohnungen beschränken. Auch ein Ort, an den Sie sich aus Ihrer Kindheit erinnern, ein Lieblingskleidungsstück oder eine Urlaubskarte können Ihre Phantasie anregen. Woher Sie Ihre Inspirationen auch beziehen, als nächstes sollten Sie all Ihre Quellen sammeln und auf einer großen Fläche ausbreiten oder auf ein großes Stück Pappe kleben, um zu sehen, ob ein Zusammenhang erkennbar wird. Vielleicht bilden die Farben, die Sie vor sich haben, eine Art Familie, oder es finden sich Möbel der gleichen Stilrichtung.

Solche Leitmotive sind eine ideale Ausgangsbasis: Sie können zum Beispiel als Anhaltspunkt zur Auswahl von Farben oder als Leitschnur beim Aussuchen von Einrichtungsteilen dienen. Ein Übergewicht rauher, natürlicher Oberflächenstrukturen könnte etwa grobes Leinen und Jutegewebe für Möbelbezüge und Vorhänge nahelegen. Wahrscheinlich werden Sie in einem späteren Stadium manche dieser Ideen wieder verwerfen und andere Ihren finanziellen Möglichkeiten oder den Bedürfnissen der Mitbewohner anpassen, aber das macht nichts. Das Wichtigste ist, daß Sie sich nicht mehr am Punkt Null befinden.

Vermutlich werden Sie auch feststellen, daß Ihr Geschmack facettenreicher ist, als Sie dachten. Da finden sich vielleicht moderne Möbelstücke zwischen Vertretern Ihres traditionelleren Lieblingsstils oder umgekehrt, und manche Elemente befriedigen einfach nur Ihren Spieltrieb. Diese sollte man nicht aussortieren, wenn es daran geht, Inspiration in Realität umzusetzen. Im Gegenteil: Die reizvollsten Interieurs sind stets solche, die faszinierende Kontraste oder Überraschungen bereithalten.

Dieses Kapitel soll Ihnen alle Informationen geben, die Sie brauchen, um ein grundlegendes Dekorations- und Einrichtungskonzept zu entwerfen. Es beginnt mit Betrachtungen zu Farbe, Struktur und Muster – Grundbausteine des Entwurfs – und erläutert, wie man einen Dekorationsstil so interpretiert, daß er sich harmonisch in die Umgebung einfügt. Außerdem erfahren Sie hier alles über den Umgang mit architektonischen Raumdetails, Beleuchtung und Stauraum – drei Elemente eines Einrichtungskonzepts, die Nutzung und Wohnwert eines Raums entscheidend mitbestimmen.

◄◄ *Eine schlichte Einrichtung und Dekoration läßt bauliche Besonderheiten stärker hervortreten. Hier lenkt ein kontrastfarbener Anstrich die Aufmerksamkeit auf die Balkendecke und auf den beidseitig offenen Kamin, während die Sitzmöbel farblich mit dem hellen Boden und den blassen Wänden verschmelzen.*

◄ *Auch kleine Räume können von einem ausdrucksstarken, in sich geschlossenen Dekorationskonzept profitieren. Klar abgegrenzte Flächen mit kräftigen Farben und Mustern verleihen diesem kompakten Schlafzimmer einen eindringlichen Charakter; es kommt allerdings darauf an, sie in wohl ausgewogenem Verhältnis zueinander einzusetzen, damit nicht ein Element der Konzeption die anderen erdrückt.*

Farben, Muster, Strukturen

Farben, in geringerem Maße auch Muster und Strukturen, lösen in uns starke Reaktionen und Emotionen aus. Beim Blättern in Farbkarten oder Stoffmusterbüchern kommen Kulturtraditionen, geschlechtsspezifische Prägungen, Modedenken und vieles andere ins Spiel. Und mit Sicherheit werden keine zwei Personen eine Farbe genau gleich beschreiben oder verschiedene Muster in genau der gleichen Weise miteinander kombinieren.

Farbe ist ein derart integraler Bestandteil unseres Lebens, daß wir sie oft als selbstverständlich betrachten – bis sie uns vorenthalten wird. Noch vor nicht allzulanger Zeit fiel Besuchern der damaligen Sowjetunion unweigerlich auf, wie farblos die Städte dort erschienen – weil die Straßenreklame fehlte. Und die Wüsten und Eiskappen der Erde flößen uns nicht nur durch ihre Temperaturextreme ehrfürchtige Scheu ein, sondern auch durch die scheinbar monochrome Kahlheit ihrer Landschaft.

Zweifellos ist der Einsatz von Farbe und Ornamentik eine Grundform des künstlerischen Ausdrucks. Selbst Kulturen mit spärlichen Ressourcen finden Wege, Umgebung und Eigentum zu schmücken – oft auf überschwenglich fröhliche Art und Weise. Doch in unserer technisierten Welt scheinen sich nur noch Kinder an Farben und Mustern um ihrer selbst willen zu erfreuen. Mit zunehmendem Alter werden wir unsicherer in ihrer Verwendung - aus Angst, uns lächerlich zu machen, oder weil wir der überholten und falschen Vorstellung erliegen, »modern« hieße: »weiß und schlicht«.

Es ist nicht leicht, all die eingefahrenen Regeln der Farb- und Musterverwendung zu ignorieren: etwa, daß Blau immer kalt wirke und man nicht mehr als drei Muster in einem Raum mischen dürfe – aber versuchen Sie es doch einmal. Lassen Sie sich von Ihren Vorlieben und Abneigungen leiten, bedenken Sie, wie der Raum genutzt wird. Wenn er der Entspannung und der Präsentation Ihrer Lieblingsstücke dienen soll, sind harmonische Farbgebung und ein eher schlichter Hintergrund nicht unbedingt verkehrt. Ein Raum hingegen, in dem den ganzen Tag Betrieb herrscht, zum Beispiel eine Familienküche, sollte lebhaft und einladend, aber nicht so voller dekorativer Unruhe sein, daß es ermüdet.

Berücksichtigen Sie dabei auch die Lage des Raums. Zimmer, die viele Stunden Sonnenschein bekommen, können sich in den Sommermonaten stark aufheizen; vielleicht möchten Sie hier eine kühlere Farbnote, etwa Minze oder Ultramarin, in Ihr Konzept einbeziehen. Zimmer, die nur sehr wenig Tageslicht bekommen, bedürfen der Aufhellung; hierfür nimmt man meist Weiß, aber auch blasse Blaugrau- oder Grüntöne bieten sich an. Und vergessen Sie nicht, daß Ihr Dekorationsarsenal noch andere Requisiten enthält: Auch ein fröhlicher Teppich und strategisch plazierte Spiegel können helfen, einen tristen Raum aufzuheitern.

◄◄ *Eine solche Anordnung brauner Objekte vor einer gelben Wand könnte simpel und einfallslos wirken, sie sieht aber hier überhaupt nicht langweilig aus, da sie ansprechende Kontraste der Oberflächenstruktur aufweist – etwa zwischen dem verwitterten alten Holzschrank und der glatten Wand – und kuriose Fundstücke umfaßt, die einen gewissen Mustercharakter haben.*

◄ *Glänzende Materialien wie Edelstahl bilden nicht nur einen interessanten Kontrast zu rauheren Strukturen wie Stein- und Ziegelflächen, sie nehmen auch die Farben benachbarter Objekte auf und reflektieren sie. Dies ist eine gute Möglichkeit, den harten Charakter metallischer Oberflächen zu mildern.*

Farben, Muster und Strukturen zu einem Dekorationskonzept zu verbinden ist keine Geheimwissenschaft; es geht vor allem darum, proportional ausgewogene Kontraste zu schaffen. Aufeinander abgestimmte Stoff- und Tapetensortimente beruhen meist auf der Mischung großformatiger Muster mit kleingemusterten, unifarbenen Flächen. Das wirkt am besten, wenn ein Dessin die Hauptrolle spielt, die übrigen dagegen sparsamer verwendet werden. Das gilt auch für Farben: Eine sparsam eingesetzte Kontrastfarbe kann einen Raum beleben; doch mit großen Flächen konkurrierender Farben zu leben wird rasch ungemütlich.

Generell wirken aus Abstufungen einer Farbe zusammengestellte Dekorationskonzepte harmonischer und beruhigender, in Kontrastfarben ausgestattete Räume meist lebhafter. Solange das berücksichtigt wird, kann auch ein mit verschiedenen Mustern und Strukturen angefüllter Raum durchaus entspannend und wohltuend wirken, oder ein Raum, der nur wenige, sorgfältig ausgewählte Stücke enthält, lebendig und anregend. Seien Sie experimentierfreudig, und scheuen Sie sich nicht, Ihre Meinung zu ändern. Das Einrichten und Dekorieren macht ja auch deshalb so viel Spaß, weil es stets ein wenig unberechenbar bleibt.

Grundwissen zur Farbe

Zwar ist die Farbwahrnehmung etwas Subjektives, doch ist es nützlich, ungefähr zu wissen, wie Farben sich zueinander verhalten – in Theorie und Praxis – und wie man ihre Eigenschaften beschreibt. Das erleichtert es etwa, Farben selbst zu mischen oder eine genau zum Lieblingsmöbel oder -stoff passende Sonderfarbe zu bestellen.

Das Farbspektrum

Die moderne Farblehre beruht auf dem Spektrum – der Farbreihe, die wir sehen, wenn weißes Licht durch ein Prisma zerlegt wird oder Sonnenstrahlen sich an in der Luft schwebenden Wassertröpfchen brechen, so daß ein Regenbogen entsteht. Obwohl jede Farbe fast unmerklich in die benachbarte übergeht, unterteilen wir das Spektrum der Einfachheit halber meist in sechs getrennte Farbbänder: Rot, Orange, Gelb, Grün, Blau und Violett.

Die Enden des Spektrums kann man zu einem Kreis zusammenführen, dem Farbkreis. Dieser macht die Beziehung der einzelnen Farben zueinander deutlicher, und man erkennt leichter, daß es drei Grundfarben oder reine Farben gibt – Blau, Rot und Gelb – und drei Farben zweiter Ordnung – Grün, Orange und Violett –, die durch Mischung zweier Grundfarben entstehen. Wenn man gleiche Anteile einer Grund- oder Primärfarbe und einer benachbarten Sekundärfarbe mischt, entsteht eine Tertiärfarbe: Grün und Gelb etwa ergeben Limonengrün, Blau und Grün Türkis, während aus Violett und Rot Karmesin entsteht.

Begriffsbestimmung

Farben, die auf dem Kreis gegenüberliegen, nennt man »Komplementärfarben«. Sie bilden die stärksten Kontraste und damit die lebhaftesten Farbkonzepte. Benachbarte Farben, vor allem solche, die zwischen zwei Grundfarben liegen, wie etwa Türkis, Blau und Grün, wirken harmonisch, weil das Auge leicht von einer zur anderen wandern kann. Kräftige, reine Farben nennt man »gesättigt«. Farben, deren Intensität gezielt abgeschwächt wurde, nennt man »gebrochen« oder »stumpf«. Eine von professionellen Dekorateuren oft angewandte Technik: Wenn man in ein buntes oder pastelliges Farbkonzept eine stumpfere Farbnote einbezieht, erscheinen die Hauptfarben dagegen noch frischer und leuchtender.

Außerdem unterteilen wir Farben in warme und kalte. Warme Farben – Rot-, Orange-, Gelbtöne – scheinen auf einen zuzustreben, weshalb in diesen Farben dekorierte Räume behaglich wirken. Gleichzeitig machen sie Räume optisch kleiner. Kühle Farben dagegen – Violett-, Blau- und Grüntöne oder Schwarz – scheinen vom Betrachter zurückzuweichen und vermitteln den Eindruck von Geräumigkeit. Wie stets gibt es hier jedoch allerlei Ausnahmen, darunter das allseits beliebte warme Blau verwaschener Jeans, ebenso das Blau von Kornblumen und das der Vergißmeinnicht. Rot – eigentlich die hitzigste aller Farben – wirkt übrigens alles andere als warm, wenn es sich als Bonbonrosa oder Karmesin manifestiert.

Tonstufe

Die Tonstufe, fachmännisch korrekt als »Dunkelstufe« bezeichnet, gibt die Helligkeit der Farbe an. Dunklere Tonstufen erzeugt man durch Zugabe von Schwarz zu einer gesättigten Farbe; hellere Tonstufen entstehen durch Zugabe von Weiß. Zu den einfachsten Möglichkeiten, ein harmonisches Farbkonzept zu schaffen, gehört die Zusammenstellung von Farben der gleichen Tonstufe oder die Kombination verschiedener Tonstufen einer Farbe.

Ein Farbkonzept, das auf der Kombination mehrerer Tonstufen einer Farbe beruht, wird oft »monochromatisch« genannt. Liegt ihm eine neutrale Farbe wie Beige zugrunde, verschmelzen die Töne zu einem gedämpften, unaufdringlichen Hintergrund. Manchmal aber, wenn sich Tonstufen stark unterscheiden, kann man kaum glauben, daß sie von der gleichen Farbe abgeleitet sind. So könnte sich eine auf Orangerot beruhende Farbskala bis zu Schokoladenbraun verdunkeln oder zu Hellrosa aufhellen.

Kontrastfarben

Man denkt oft, mit monochromatischen Dekorationskonzepten ließe es sich am angenehmsten leben, aber sie können fad und reizlos wirken, bis man etwas subtil kontrastierende Farbe zugibt. Mit intensiven Farben zu leben ist einfacher, als man glaubt. Indem man eine Zimmerwand in einer satten Farbe streicht, schafft man einen unmittelbaren Blickfang; gerade warmes Rot oder Gelb bilden dabei einen herrlichen Hintergrund für Holzmöbel.

Ich kenne einen Raumgestalter, der jede Wand eines Zimmers in einer anderen Farbe streicht; die eine vielleicht tintenblau, die nächste terrakottafarben, die dritte ochsenblutrot und so weiter. Das Konzept funktioniert, weil die Farben alle den gleichen Tonwert und eine ähnliche Intensität haben. So fühlt

◀ Wenn mehr als eine kräftige Farbe in einem Raum verwendet wird, sollte man jeder den gleichen Platz einräumen. Oder man verwendet Farben ähnlicher Intensität. Man darf auch nicht vergessen, daß von einer Wand reflektiertes Licht die Farbe der Wand auf benachbarte Einrichtungsteile überträgt, was vor allem bei Einsatz satter Farbtöne, wie hier, deutlich ins Auge fällt.

▲ *In dieser Pariser Wohnung aus dem 19. Jahrhundert hat man Raumdetails wie Türfüllungen und Fußleisten durch einen einheitlichen Anstrich in satten Farben zurückgenommen, um die Aufmerksamkeit auf die maßgefertigten Möbel und die Stuckdecke zu lenken. Auch Wände und Holzwerk in nicht einwandfreiem Zustand lassen sich so notdürftig kaschieren.*

man sich beim Betreten des Raums nicht von Farbe erschlagen, sondern warm umfangen und geborgen. Weil die Augen sich nicht ständig an hellere und dunklere Tonstufen anpassen müssen, ist die Gesamtwirkung entspannend.

Nicht daß starke Tonwertkontraste nachteilig wären. Fliesenböden im klassisch schwarzweißen Schachbrettmuster verleihen Dielen und anderen Bereichen, in denen man nicht so viel Zeit verbringt, ein markantes, funktionelles Gepräge. Wenn eine der Farben dominiert, ist die Wirkung etwas gedämpfter und angenehmer fürs Auge, ohne deshalb weniger frisch und lebhaft zu erscheinen.

Die Zusammenstellung hellerer und dunklerer Töne kann helfen, Komplementärfarben wie Orange und Blau auszubalancieren, etwa wenn man leuchtend orangefarbene Glasvasen auf einem blaßblauen Regal oder Fensterbrett arrangiert.

Subtilere Kontraste lassen sich durch Zusammenstellung indirekter Komplementärfarben kreieren, d. h., man kombiniert eine Farbe mit denen, die im Farbkreis zu beiden Seiten ihrer Komplementärfarbe liegen. So könnte man Orange mit Grün und Violett zusammenstellen – den Farbtönen, die rechts und links von Blau liegen – oder mit Türkis und Veilchenblau, die dem Blau noch enger verwandt sind.

Das klingt alles recht akademisch, ist aber bedenkenswert, wenn man mit einem vorhandenen Element in einer tristen Farbe arbeiten muß, etwa einer Kamineinfassung oder einem Teppich. Ein Teppich in stumpfem Rotbraun kann plötzlich zum Leben erwachen, wenn man die Wände in Aquamarin streicht und vielleicht ein oder zwei Accessoires in gelblichem Grün, wie Limone, hinzufügt.

Farbempfinden schulen

Kaum jemand wird mit dem perfekten Farbensinn geboren; es ist also nur natürlich, daß man beim Auswählen von Farben ins Zaudern gerät. Ein Verständnis dafür, wie sich Farben verhalten, läßt sich nur durch Gewöhnung und Übung erwerben. So ist es nicht falsch, zunächst einen neutralen Hintergrund zu wählen, dem man nach und nach Farbe hinzufügt. Man kann etwa mit Wänden in gebrochenem Weiß und Holzmöbeln beginnen und dem Raum dann mit farbenfrohen Bildern und, falls man es für nötig befindet, mit bunten Kissen und Dekorationsstücken mehr dekorativen Reiz verleihen. Schaffen Sie geeignete Bereiche, um dekorative Arrangements in sich geschlossen und wirkungsvoll zu präsentieren, statt Schaustücke willkürlich im Raum zu verteilen.

Farbe und Licht

Bei Räumen, die nicht ausschließlich nachts genutzt werden, sollte man kontrollieren, ob das Farbkonzept bei Tages- und Kunstlicht gleichermaßen »funktioniert«. Das Tageslicht kommt meist aus einer Richtung und hebt die Stücke in Fensternähe hervor, während der Rest mit zunehmender Entfernung vom Fenster in tieferem Schatten liegt. Wenn der Raum nicht zu tief ist und nur ein Fenster hat, ist die gegenüberliegende Wand heller als die Seiten- und Fensterwände. Nachts dagegen wird der Raum in der Regel gleichmäßiger ausgeleuchtet – mit mehreren Lichtquellen, die alle Oberflächen und damit auch die Farben und Strukturen deutlicher hervortreten lassen.

Vielleicht ist Ihnen schon aufgefallen, daß sich Farben im Kunstlicht verändern. Halogen- und Halogen-Niedervolt-Lampen erzeugen ein helles, weißes Licht, daß die Farben reiner er-

◀ *In diesem Apartment wurden konstruktive Elemente wie die Stahlträger in Orangerot und Schwarz akzentuiert, um seine Vergangenheit als Industriebau zu betonen. Spätere Einbauten wie die Küche fügen sich durch einen Anstrich in ähnlich kräftigen Farbtönen übergangslos ein. Die Deckenverkleidung aus Metallpreßplatten lenkt das Licht nach unten.*

scheinen läßt, während normale Glühlampen ein gelbliches Licht abgeben, das die meisten Farben wärmer macht. Das ist aber nicht immer von Vorteil, da es blasse Gelbtöne praktisch zum Verschwinden bringt, Terrakotta in Orange und Dunkelrot in Braun verwandelt. Das vertraute Glühen hat etwas Beruhigendes. Man sollte nicht vergessen, daß auch ein farbiger Lampenschirm das durchscheinende Licht tönt.

Auch die Struktur einer Oberfläche hat Einfluß darauf, wie wir eine Farbe sehen. In der Regel wirken matte oder rauhe Oberflächen, die das Licht schlucken, dunkler als glatte, glänzende, die es reflektieren. Das muß vor allem bei der Auswahl von Stoffen berücksichtigt werden, da die gleiche Farbe zum Beispiel bei einem aufgerauhten Baumwollstoff völlig anders wirkt als bei Seidensatin. Hochglänzende Oberflächen, etwa Chrom, scheinen keine eigene Farbe zu haben, da sie die der Umgebung widerspiegeln. Auch die Beschaffenheit eines Anstrichs beeinflußt unsere Farbwahrnehmung. Viele der neueren Naturfarben enthalten keine lichtreflektierenden Kunststoffe mehr, so daß die Farben weicher und kalkiger erscheinen als bei synthetischen Anstrichstoffen.

▲ *Natürliche Baumaterialien bieten eine nuancierte Vielfalt der Farbe und Oberflächenbeschaffenheit, die in sich »Dekoration« genug sein kann. Stimmigkeit im Detail ist wichtig. Hier haben Boden- und Deckenbretter die gleiche Laufrichtung – im rechten Winkel zur Wandverkleidung und zu den Dielen im Korridor, so daß die Bereiche klar abgegrenzt sind.*

Auswahl und Einsatz von Mustern

Muster kann man auf Stoffen oder Tapeten fertig kaufen; sie entstehen aber auch durch Wiederholung eines dekorativen Elements, wie Lamellen einer Jalousie oder auf einem Kaminsims aufgereihte Kerzenhalter. Man kann ein Muster von Hand auftragen – mit einer Schablone oder einem einfachen Stempel. Im 19. Jahrhundert liebte man Muster über alles und bedeckte jede Oberfläche damit, doch heute würden sich die wenigsten in solch einer Umgebung wohl fühlen. Wir setzen Muster eher als Blickfang ein, etwa in Form einer Bilderreihe oder als dekorative Entsprechung zum Zuckerguß auf dem Kuchen, um ein schlichtes Interieur persönlicher zu gestalten.

Format

Wie immer man Muster einsetzen will, Format und Farbe sind die wichtigsten Gesichtspunkte. Wie warme Farben (siehe Seiten 14–15) scheinen großformatige Muster auf den Betrachter zuzukommen. Sie schaffen eine lebhafte, anregende Atmosphäre und können große Räume behaglicher machen. In kleinen Räumen sind sie mit Vorsicht zu handhaben. Sofern man sie nicht als optischen Schwerpunkt einsetzt, etwa in Form eines losen Teppichs, können sie leicht zu dominant werden, Wände und andere Flächen optisch zu eng zusammenrücken.

Kleinformatige Muster hingegen scheinen wie kühle Farben (siehe Seiten 14-15) vor einem zurückzuweichen, so daß kleine Räume größer wirken. Unaufdringliche, nicht richtungsbetonte Tapetenmuster sind gut zur Kaschierung unglücklicher Ecken und Winkel geeignet. Leider können kleinformatige Muster auf großen Flächen eintönig wirken, sofern man nicht lebhafte Farben wählt; aus der Entfernung gesehen, verschwimmen sie eventuell zu einer einheitlichen Fläche.

Es empfiehlt sich deshalb oft, das Musterformat nach der Größe der zu bedeckenden Fläche auszuwählen. Natürlich kommt ein großzügig gemusterter Damast auf einem üppigen Sofa besser zur Geltung als auf einem Stuhlpolster. Ein feines Zweigmuster wiederum macht sich reizend als Randeinfassung einer Tischplatte, würde sich aber auf einer größeren Wand oder Zimmerdecke verloren ausnehmen. Allerdings ist dies keine eherne Regel; manchmal kann man kleinformatige Muster auch anstelle von unifarbenen Flächen als Hintergrund einsetzen. Und Patchwork-Arbeiten wirken gerade durch die Kombination klein- und großformatiger Musterfragmente sehr reizvoll.

Bei dreidimensionalen Objekten wie Tischen oder Sofas sollte man überlegen, ob man ein Muster wählen kann, das die Form positiv betont. Ein kantiger Sessel wirkt durch einen Bezug mit geometrischem Muster noch eckiger, während ein üppiges Blumenmuster seine Kanten mildert. Wichtig ist ein Eindruck von Ausgewogenheit und Symmetrie. Wenn man ein Sofa oder einen Sessel mit einem groß gemusterten Stoff beziehen will, sollte man darauf achten, daß die Stoffmenge reicht, um das Muster auf Rückenlehne und Sitzfläche zu zentrieren. Muster mit klarer Laufrichtung, wie etwa Streifenmuster, sollten über Rückseite, Sitzfläche und Vorderseite durchgehend verarbeitet werden, die Armlehnen möglichst symmetrisch erscheinen.

Muster mischen

Mit wachsendem Vertrauen in den eigenen Geschmack kann man mit simplen Musterkombinationen experimentieren. Viele geometrische Muster haben eine natürliche Affinität zueinander. Streifen passen gut zu Karos, aber auch zu Punkten und Sternen. Auch geometrische und nicht geometrische Muster lassen sich mischen. Ein traditioneller Toile de Jouy etwa wirkt in Kombination mit einem farblich abgestimmten Karo- oder Streifenmuster viel moderner.

Muster mischen sich leichter, wenn sie Farben gemeinsam haben und in Format und Dessin kontrastieren oder harmonieren. So

könnte man ein Laubmuster mit Karos mischen, die eine Farbe des Motivs aufgreifen; ein exotisches Zickzackmuster könnte seinen Widerhall in einem verhalteneren Webmuster finden.

Noch befriedigender ist das Mischen von Mustern, wenn man eigene Entwürfe miteinbezieht. Das ist weniger schwierig, als es klingt. Man könnte etwa unter einer Wandsockelleiste gemusterte Tapete kleben und darüber ein Streifenmuster malen, das ein oder zwei Farben der Tapete aufgreift. Man kann von einem gemusterten Stoff ein geeignetes Motiv durchpausen, um eine passende Musterschablone zur Verwendung im gleichen Raum zu erhalten. Mit einem Kopierer lassen sich Bildmotive in Muster verwandeln (siehe Seiten 98-99). In Zukunft wird es sicher möglich sein, am Computer höchst komplexe Muster zu entwerfen.

▲▲ Ein einfarbiges Dekorationskonzept muß keineswegs monoton wirken, wenn Muster in harmonierenden Farbtönen Akzente setzen. In diesem Wohnzimmer lockern Textilien und Accessoires in kühleren Rottönen das großflächig verwendete warme Rosarot optisch auf, ohne die behagliche, feminine Raumstimmung zu beeinträchtigen.

▲ Der Tapetenfries aus von Matisse inspirierten Figuren und der im Schachbrettmuster geflieste Boden verleihen dieser funktionellen Küche eine persönliche Note. Der Fries setzt sich aus wiederholten, leicht aneinanderzupassenden Abschnitten zusammen. Über und unter ihm wurde etwas Platz gelassen, damit er besser zur Geltung kommt.

Oberflächenstrukturen

▶ *Lichtspiegelungen und Schatten erzeugen auf diesen Trennwänden aus Metallgeflecht ein faszinierendes Muster – eine schöne Ergänzung zum ausdrucksvollen Einsatz von Holz und Farbe in dem abgeteilten Bereich. Einen solchen Raumteiler muß man sich maßfertigen lassen, aber er bietet den Vorteil, daß er weniger Platz in Anspruch nimmt als eine normale Wand.*

Strukturen werden nicht so unmittelbar wahrgenommen wie Farben und Muster. Oft stellt man nur fest, daß ein Sofa rot und eine Wand grün ist, bis man erkennt, daß das Sofa mit Samt bezogen, die Wand mit Leimfarbe gestrichen ist. Doch spielen Strukturen in jeder Einrichtung eine wichtige Rolle. Wenn man sich die Wände eines Zimmers zuerst mit einem gleichmäßigen Farbanstrich, dann mit einem Effektanstrich im gleichen Farbton vorstellt, dürfte der Unterschied klar werden. Bestimmte Strukturen verleihen auch Mustern mehr Tiefe. Das gleiche Druckmuster kann auf glatter Baumwolle scharf umrissen, auf noppiger Chenille sanft verschwommen wirken.

Glatte und rauhe Strukturen

Wie bei Farben und Mustern ist es zu Definitionszwecken sinnvoll, Strukturen in zwei Kategorien zu unterteilen. In die eine gehören die glänzenden oder glatten Oberflächen: viele Metalle, Glas, Glanzfarben, seidige Stoffe. Sie reflektieren Licht und können einen Raum aufhellen oder größer erscheinen lassen. Wie warme Farben und großformatige Muster haben sie anregende Wirkung, weshalb sie für Arbeitsbereiche und dergleichen eine sinnvolle Bereicherung sind. Ein Raum mit zu vielen glänzenden Oberflächen kann jedoch unterkühlt wirken und auf die Dauer die Nerven strapazieren.

Rauhe Strukturen hingegen, wie Naturfaser-Bodenbeläge, Jute, Wolltweed, grob bearbeitetes Holz, schlucken Licht und wirken somit stumpfer, bieten aber ein nuancierteres Farbenspiel. Natürliche Materialien altern auch besser als synthetische. Rauhe oder weiche Strukturen schaffen eine intime Atmosphäre und absorbieren Schall – für Wohnbereiche und Schlafzimmer ideal. Sie fassen sich angenehm an, wodurch ein etwaiges Fehlen von Farbe oder Muster oft mehr als wettgemacht wird. Durch zuviel Weichheit aber, etwa in Form übermäßig üppiger Vorhänge oder plüschiger Polstermöbel, kann ein Zimmer überladen und erstickend wirken.

Die Struktur eines Materials gibt auch Hinweise auf seine Eignung für einen bestimmten Zweck oder eine Umgebung. Für Küchen-Arbeitsflächen etwa wählt man meist glatte, polierte Hölzer oder Laminate, die man problemlos abwischen kann. Damaststoffe bleiben oft der »guten Stube« vorbehalten, teils weil sie kostbar und elegant wirken, aber auch weil sie das Licht auf interessante Weise brechen und so besonders Räumen, die man hauptsächlich abends nutzt, besonderen Glanz verleihen.

Struktur als Gestaltungselement

Hier geht es vor allem darum, gefällige Kontraste zu schaffen. So kann man etwa die spartanische Ausstrahlung eines strukturlosen Raums mildern, indem man um die Fenster üppig fallende Vorhänge aufhängt. Eine große, polierte Holzbodenfläche kann man durch Flicken-

teppiche oder Dhurries auflockern. Auch Möbel lassen sich zwanglos kombinieren: Etwa ein baumwollbezogenes Sofa zu Holzstühlen mit Sitzflächen aus Gurtgewebe oder abgewetzte Ledersessel um einen Glastisch gruppiert.

Strukturmischungen können theatralisch oder dezent sein: Ein ideales Experimentierfeld ist der Eßtisch. Wie wirkt es, wenn man blankes Glas und Porzellan nicht direkt auf den Tisch, sondern auf handgearbeitete Häkeldeckchen setzt? Oder kombinieren Sie rustikales Steingutgeschirr mit psychedelisch bedruckten Stoffen. So kann man nicht nur besondere Stimmungen schaffen, sondern auch mit dekorativen Effekten experimentieren, ohne daß man sich darauf festlegen muß, mit diesen Ergebnissen längere Zeit zu leben.

Wandelbare Dekorationen

Es wäre sinnvoll, das Aussehen eines Raums wechselnden Stimmungen oder Anlässen anpassen zu können, zumal die meisten Räume mehreren Zwecken dienen. Oder man könnte den Wechsel der Jahreszeiten drinnen widerspiegeln. Die wenigsten von uns haben zwar

◀ *Die asymetrische Streifenstruktur des Buchenfurniers bildet ein reizvoll unregelmäßiges Muster auf den Fronten der Küchenschränke und auf der Frühstücksbar, das als Kontrast zum Gittermuster des schiefergefliesten Bodens und des Flaschenregals die streng geometrische Gesamtwirkung der Küche etwas abmildert.*

◀◀ *Das patinierte Eichenparkett im Fischgrätenmuster verleiht diesem Interieur ein luxuriöses Flair. Wände und Deckensims wurden mit mehreren Schichten getönter Lasur gestrichen, die seine Farbe widerspiegelt. Durch die sparsame Einrichtung treten Wände und Fußboden stärker in den Vordergrund.*

die Möglichkeit, einen Raum völlig umzugestalten, aber schon überlegt eingesetzte Akzente, wie üppige Blumensträuße oder eine neue Farbnote in Form von Accessoires oder Textilien, können viel ausmachen.

Noch einfacher wird der Dekorationswechsel, wenn neuere Entwicklungen der Textiltechnik der breiten Öffentlichkeit zugänglich werden. Es gibt heute schon Stoffe, die je nach Temperatur ihre Farbe ändern; bestimmt kann man bald Textilien kaufen, deren Farbe sich von warmen Tönen im Winter zu kühleren Nuancen für die Sommermonate wandelt.

Manche Textilerzeugnisse lassen sich sogar als Baumaterialien einsetzen. Dachkonstruktionen aus elastischem Glasfasergewebe sind genauso wind- und regendicht wie herkömmliche Bedachungen, lassen aber Licht ein und können auf Knopfdruck aufgerollt werden. Solche innovativen Lösungen findet man bisher noch eher bei Großbauten wie Sportstadien und Fabriken, aber sie werden zunehmend auch in kleinerem Maßstab eingesetzt.

Wichtiger vielleicht ist die Tatsache, daß Textildesigner heute bereits nützliche, teils höchst ausgeklügelte Materialien aus Müll erschaffen. In England werden PET-Verpackungen auf kommerzieller Basis zu einem stabilen, farbenfrohen Plattenmaterial recycelt, das sich wie Holzfaserplatten einsetzen läßt. Ein japanisches Unternehmen hat Spezialgarne entwickelt, die besonders schnell trocknen und Sonnenwärme speichern können, was Möglichkeiten zur effizienteren Energienutzung im häuslichen Bereich bietet.

Niemand kann genau sagen, wann solche Entwicklungen auf breiter Basis verfügbar werden, doch den Einsatzmöglichkeiten heutiger Textilien zur Raumausstattung sind nur durch unsere Phantasie Grenzen gesetzt.

Einen Stil interpretieren

▶ *Hier wurden eine kühle Farbpalette und einfache, aber markante Muster zu einer besonders verfeinerten Umsetzung des klassischen Landhausstils kombiniert. Lose sitzende Bezüge und eine mehrlagige Fensterdekoration verleihen dem Raumkonzept, das sonst leicht hätte zu streng wirken können, eine Aura von Sanftheit und Geborgenheit. Der Einsatz natürlicher und verwaschener Grüntöne als Farbakzente erfrischt das Auge, ohne dabei die ruhige, gedämpfte Raumstimmung zu stören.*

▶▶ *Durch eine solche Materialcollage können Sie sich Ihr Raumkonzept vergegenwärtigen, um es gegebenenfalls noch vor der Verwirklichung abzuändern und sich damit unnötigen Kummer und finanziellen Aufwand zu ersparen.*

Sinn und Zweck des Dekorierens ist es, eine angenehmere Umgebung für Sie und Ihre Lieben zu schaffen und vielleicht, auch wenn dies an Häresie grenzen mag, sogar Spaß dabei zu haben. Es geht nicht darum, einen historischen Stil sklavisch nachzuahmen oder eine Fotografie bis ins letzte Detail zu kopieren; das ist sowieso unmöglich. Es geht vielmehr darum, Ideen zu sammeln und sie so zu interpretieren, wie es Ihren Mitteln, Ihrer Umgebung und nicht zuletzt Ihrem Lebensstil entspricht.

Am einfachsten ist es, wenn Sie sich für Ihr Farbkonzept eine Inspirationsquelle suchen. Wenn man das Flair einer bestimmten Stilepoche anstrebt, können »historische« Anstrichsortimente passende Farbtöne bieten. Oder Sie finden selbst heraus, welche Farben besonders zeittypisch waren: Mitte des 18. Jahrhunderts waren in England zum Beispiel zarte Pastelltöne hoch in Mode. In Zeitschriften abgebildete Farben genau zu treffen ist meist schwierig, weil die spezielle Ausleuchtung des Raums zum Fotografieren die Farbwirkung stark beeinflussen kann. Man kann aber versuchen, Farbmuster neben Raumdetails zu legen.

Materialien können andere Epochen oder Kulturen sehr eindringlich heraufbeschwören; viele Anregungen kann man aber auch adaptieren, statt sie exakt zu kopieren. Wenn Sie für Steinfußböden schwärmen, in Ihrer Wohnung aber keinen legen können, läßt sich das Material vielleicht in Form von Dekorationsstücken integrieren oder indem man einen Bodenbelag in einem ähnlich neutralen Farbton wählt. Oder man streicht Sperrholzplatten so an, daß sie wie Steinplatten wirken (siehe Seiten 144-145).

Die sorgfältige Auswahl scheinbarer Nebensächlichkeiten, wie Lichtschalter und Türklinken, gibt der Dekoration mehr Charakter und Authentizität und macht den Unterschied zwischen einem stilistisch stimmigen Ganzen und einer unbestimmt halbherzigen Wirkung aus.

Haben Sie Ihren Stil gefunden, so können Sie seine Elemente überall in Ihrem Zuhause einsetzen, etwa indem Sie in jedem Raum Farben mit ähnlichem Tonwert verwenden oder ein Lieblingsmaterial einsetzen. Das schafft Beziehungen zwischen den Bereichen und läßt Sie Ihr Heim als ein Ganzes erleben, nicht als Ansammlung unzusammenhängender Kästen.

Das soll nicht heißen, daß alle Räume gleich aussehen müssen. Wohnungen sind in Zimmer unterteilt, weil Menschen ein Bedürfnis nach Privatsphäre wie auch nach Geselligkeit haben. Unsere Ansprüche an unsere Umgebung wechseln je nachdem, ob wir allein oder in Gesellschaft sind – und auch in Abhängigkeit von Tages- oder Jahreszeit. So muß man auch berücksichtigen, daß manche Zimmer mehr Sonne bekommen als andere. Ihr Arsenal an dekorativen Ausdrucksmitteln muß den unterschiedlichen Stimmungen und Nutzungen der verschiedenen Wohnbereiche gerecht werden.

Eine Materialcollage erstellen

Um eine Sammlung von Materialmustern und Farbproben in einen dreidimensionalen Raum zu verwandeln, sollte man sie zunächst auf einer ausreichend großen Pappe zu einer sogenannten Materialcollage zusammenstellen.

Bei dieser Miniaturvorlage des Zimmers sollten die einzelnen Muster im entsprechenden Verhältnis zueinander stehen. Soll der Fußboden als neutraler Hintergrund dienen, so ist das Musterstück am besten groß genug, um die anderen darauf anzuordnen. Von einem nur für Zierpaspeln vorgesehenen Stoff kommt nur ein Streifen neben den Polster- oder Kissenstoff. Mit der Materialcollage kann man gegebenenfalls auch kontrollieren, ob Anstrich- und Stofffarben exakt aufeinander abgestimmt sind.

Betrachten Sie die fertige Materialcollage über mehrere Tage in dem einzurichtenden Raum, um herauszufinden, wie das Konzept bei heiterem und bei trübem Wetter oder nachts wirken wird. Wird es Sie froh stimmen, in einem solchen Raum aufzuwachen oder ihn am Ende eines anstrengenden Tages zu betreten? Studieren Sie das Konzept als Ganzes, aber auch einzelne Farb-, Muster- und Strukturkontraste; nehmen Sie Ihre Reaktionen als Leitschnur für eventuelle Änderungen.

Materialcollagen haben nicht ausgedient, wenn der Raum fertig eingerichtet ist. Die hier zusammengestellten Stilelemente können auch Anregungen zur Abrundung des Ganzen, etwa durch dekorative Arrangements, geben. Bei Dekoration mehrerer Räume ist es empfehlenswert, alle Materialcollagen nebeneinanderzulegen, um herauszufinden, wo man Themen durchgängig verwenden kann.

Architektonische Raumdetails

Hierzu gehören alle fest vorgegebenen Gestaltungselemente, die man in Gebäuden findet. In Wohnhäusern können dies zum Beispiel Stuckverzierungen und Schmuckprofile sein – Deckenrosetten, Fuß-, Sockel- und Bilderleisten, Simse und Deckenkehlen, Kamineinfassungen, Tür- und Fensterrahmen. Auch Treppengeländer kann man den architektonischen Raumdetails zuordnen.

Stuckverzierungen

Während Holz seit Jahrhunderten zur Gestaltung architektonischer Raumdetails diente, sind Stuckverzierungen als Gestaltungsmittel noch relativ jung. Sie kamen Mitte des 18. Jahrhunderts in Gebrauch; damals pflegten die Stukkateure sie noch vor Ort zu modellieren. Die zunehmende Nachfrage führte dann zur Entwicklung serienmäßig produzierter Schmuckelemente aus Gipsguß, Pappmaché oder sogar Gußeisen; die Patentierung von Fasergips in den 1850er Jahren erleichterte die Fertigung größerer, komplexer Ornamente in einem Stück. Gegen Ende des 19. Jahrhunderts galt das Stuckieren nur noch als ein Bauhandwerk unter vielen; ab Ende des Ersten Weltkriegs ließ die Beliebtheit von Stuck dann zunehmend nach.

Zierprofile

Wer in einem alten Gebäude wohnt, aus dem die ursprünglichen architektonischen Raumdetails entfernt wurden, weiß, daß ihre Wirkung bedeutender ist, als die Bezeichnung »Detail« erwarten läßt. Ihr praktischer Zweck ist es, einen sauberen Übergang zwischen zwei Flächen zu schaffen. Hinter Deckensimsen und Fußleisten etwa kann man Ritzen und grobe Kanten verbergen, die am Übergang zwischen Wänden und Decke bzw. Fußboden fast unweigerlich entstehen. Gleichzeitig bilden sie eine optische Überleitung, so daß das Auge besser von einer Fläche zur anderen wandert.

Zierprofile können aber auch die Raumproportionen insgesamt verbessern. Durch Architravierung, d. h. Einfassung mit Profilleisten, erhalten Türen und Fenster mehr Gewicht; Sockel- und Bilderleisten lockern die Wandflächen auf.

Wer das Glück hat, in einem Haus zu leben, in dem diese ursprünglichen Schmuckelemente erhalten sind, muß sich nur für eine geeignete dekorative Behandlung entscheiden und überlegen, wie stark sie betont werden sollen. Dort, wo Deckenverzierungen besonders ins Auge fallen, etwa in Schlaf- und Badezimmern, kann es reizvoll sein, sie durch eine Kontrastfarbe zu betonen. Dies hat den zusätzlichen Vorteil, daß die Decke niedriger erscheint. Anderswo läßt man die Zierprofile vielleicht lieber mit dem Untergrund verschmelzen, so daß ihre Wirkung mehr die eines Reliefmusters ist.

Restaurieren

Beschädigte oder fehlende Raumdetails lassen sich leicht ersetzen, sofern es sich nicht gerade um eine Kamineinfassung handelt. Wo nichts mehr erhalten ist, kann man aus einschlägigen Büchern entnehmen, welcher Stil zum Alter und Maßstab des Hauses paßt.

Reproduktionen alter Profile sind in vielen Stilen und Materialien erhältlich und leicht anzubringen. Auch solche aus Kunststoff sind von authentischen Stücken praktisch nicht mehr zu unterscheiden, wenn sie erst montiert und gestrichen sind; man sollte aber darauf achten, daß sie in Form und Größe genau zu noch vorhandenen Profilen passen. Wenn die Auswahl im Geschäft zu spärlich ist, kann man auch schlichte Profile und Leisten kombinieren, um aufwendigere Effekte nachzubilden. Eine Fußleiste etwa kann man etwas vorsetzen und oben mit einer Profilleiste abschließen. Oder man läßt Ersatzstücke nach beschädigten Teilen oder im Haus eines freundlichen Nachbarn erhaltenen Profilen nachgießen.

▲ Eine offene Treppe kann als markanter Blickpunkt in einem Flur oder Durchgangsbereich dienen und durch ihre Transparenz einen kleinen Raum größer wirken lassen. Sie sollte jedoch aus jedem Blickwinkel gut aussehen und ist daher nicht unbedingt die preiswerteste Lösung. Alles, was man unter einer solchen Treppe verstaut, muß gut arrangiert werden.

◀ Man muß nicht in einem Schloß wohnen, um seiner Vorliebe für Wandtäfelungen zu frönen: Ein solches Gitterrelief aus Holzleisten macht sich in jedem Raum mit hoher Decke gut. Hier ist es in der gleichen Farbe wie die Wände gestrichen, um das Auge auf Kamin und Möbel zu lenken.

Moderne Häuser

In modernen Häusern, d.h. in allen, die nach den 1920er Jahren gebaut wurden, erfordert der Einsatz architektonischer Raumdetails viel Fingerspitzengefühl. Häuser im betont modernen Stil wurden ohne Zierprofile und Ornamente gestaltet, um potentielle Schmutzfänger zu reduzieren, und es empfiehlt sich vielleicht, sie auch so zu belassen.

Solch ein Purismus erübrigt sich bei modernen Häusern, die traditionellen Baustilen nachempfunden sind oder ein Sammelsurium »historischer« Gestaltungsmerkmale aufweisen. Hier sollte man vielleicht die historische Korrektheit vergessen und Ornamente nur dort hinzufügen, wo sie praktischen Zwecken dienen. So kann man einen schmalen Raum optisch verbreitern, indem man die Wände mit Sockel- und Bilderleisten unterteilt, oder einen Kamin einbauen, um einem Zimmer einen optischen Mittelpunkt zu geben. Ein Kamin wirkt stimmiger, wenn er funktioniert und man Sitzgelegenheiten um ihn gruppieren kann. Bilderleisten erscheinen weniger aufgesetzt, wenn man an ihnen tatsächlich Bilder aufhängt.

Unabhängig von Alter und Stil Ihres Zuhauses sollten Sie darauf achten, nur Gestaltungselemente zu verwenden, die im Format zur Raumhöhe bzw. bei Rosetten und Simsen zur Deckenfläche passen. Es kann auch reizvoll sein, ihre Proportionen leicht überzubetonen, um ein bestimmtes Gestaltungsthema oder ein theatralisches Einrichtungskonzept zu unterstreichen. So könnte man Tür- und Fensterrahmen in einem modernen Haus verbreitern, um sie einer historisierenden Einrichtung anzupassen.

Simse und Deckenkehlen

Zur Verschönerung des Übergangs zwischen Wänden und Decke dienen Simse – das sind vorspringende Zierprofile - oder schlichtere, hohlkehlförmige Abschlußprofile. Beide kann man am laufenden Meter kaufen und auf die passende Länge zurechtschneiden. Fasergips ist das gebräuchlichste Material für solche und andere Profile.

Wie alle Stukkaturen halten sie nicht ewig. In umgebauten Altbauten wurden oft Teile abgerissen, um Platz für Trennwände zu schaffen. Feine Schnörkel können unter Farbschichten verschwunden oder abgesplittert sein. Wenn das Haus jemals unter starker Feuchtigkeit zu leiden hatte, kann sich die Verbindung zwischen Profilen und Wand gelöst haben. Man kann sie aber leicht reparieren oder ersetzen (siehe Seiten 96-97). Hierzu sollten Wände und Decken sauber und staubfrei sein, Tapeten und Makulatur zuvor entfernt werden.

▲ Wie jedes Kunstwerk verdient auch eine kunstvoll verzierte Decke einen entsprechenden Rahmen. Hier erfüllt diese Funktion ein umlaufendes Sims, dessen Querschnitt dem gestuften Profil der Stukkaturen entspricht. Deckensimse sind ideal zur Auflockerung großer Wandflächen und eine attraktive Bereicherung für viele Räume.

▶ Auch eine Deckenkehle macht schmucklose Decken und Wände interessanter. Ein solches gebogenes Exemplar muß in der Regel maßgefertigt werden, um genau auf die Wandkrümmung zu passen. Die Stufe am Übergang vom geraden zum gekrümmten Wandabschnitt erleichtert die Kaschierung unschöner Stoßfugen.

Rahmen und Deckenrosetten

Tür- und Fensterrahmen

Tür- und Fensterrahmen haben oft dekorativ geformte oder profilierte Einfassungen, die zugleich auch den Übergang zwischen Zarge und Wand kaschieren. Diese können aus profiliertem Weichholz, Holzfaserplatten, Fasergips oder ähnlichem bestehen.

Moderne Türrahmen sind meist schlicht; man bekommt aber auch »antike« Nachbildungen. Um gut erhaltene oder besonders schöne Schmuckprofile hervorzuheben, kann man sie in einem mit der Tür kontrastierenden oder harmonierenden Farbton streichen.

▲ *Diese Türöffnung erhält durch den oben ausladenden Rahmen mit umlaufendem, kontrastfarbenem Zierprofil einen Hauch von Grandiosität. Der innere Teil des Rahmens wurde passend zur Wandfarbe gestrichen.*

Deckenrosetten

Eine Deckenrosette ist ein meist kreisförmiges oder ovales Schmuckmotiv mit einem vom Mittelpunkt ausstrahlenden Muster. Sie bildet einen zentralen Blickpunkt auf der Zimmerdecke und dient als angemessen imposanter Hintergrund für einen in ihrer Mitte aufgehängten Kronleuchter oder eine Hängeleuchte. Sie kann auf einem schlichten Untergrund angebracht werden oder aber den Mittelpunkt einer üppig verzierten Zimmerdecke bilden. An Größen und Gestaltungen findet man ein breites Spektrum - vom Stil des schottischen Baumeisters Robert Adam bis zu stilisierten Blumenmustern des späten 19. Jahrhunderts.

Reproduktionen werden aus Fasergips, Glasfaser und aus verschiedenen Kunststoffen in diversen Größen, meist zwischen 15 cm und 90 cm, gefertigt. Achten Sie darauf, ein Exemplar mit deutlich ausgearbeiteten Details und sauber bearbeiteten Kanten zu wählen.

Deckenrosetten sind leicht anzubringen. Wenn eine Lampe in der Mitte der Rosette aufgehängt werden soll, ist darauf zu achten, ob die Rosette ein vorgebohrtes Loch für das Kabel aufweist oder ein solches problemlos zu bohren ist.

► *Auch dort, wo eine Deckenrosette nicht mehr ihrem ursprünglichen Zweck als dekorativer Hintergrund für einen Kronleuchter dient, lohnt es sich, sie als reines Zierelement beizubehalten – vor allem in Zimmern, in denen man viel Zeit im Sitzen oder Liegen verbringt, wobei die Decke einen großen Teil des Gesichtsfelds einnimmt.*

Bilder-, Sockel- und Fußleisten

Bilder-, Sockel- und Fußleisten sind, da sie meist aus nicht allzu hochwertigem Weichholz, Kunststoff oder Gips gefertigt werden, relativ preiswert und in vielen Formen erhältlich. Zur Anbringung siehe Seiten 120–121.

Bilderleisten

Bilderleisten werden im oberen Wandbereich, gleich unter einem etwaigen Fries, angebracht und dienten ursprünglich, wie der Name sagt, zur Aufhängung von Bildern. Ihre obere Kante war mit einer Nut oder Rille versehen, in der sich Bilderhaken sicher einhängen ließen; wenn diese tief genug war, konnte sie auch Wandteller aufnehmen. Wie Sockelleisten (siehe unten) können Bilderleisten unsere Wahrnehmung eines Raums stark verändern. Indem sie die Wand in kleinere Abschnitte unterteilen, schaffen sie eine rhythmische Wirkung, die das Auge als eine Verbesserung der Raumproportionen interpretiert.

Sockelleisten

Sie bilden den oberen Abschluß des sogenannten Wandsockels, der etwa das untere Wanddrittel einnimmt. Ihre ursprüngliche Aufgabe bestand darin, die Wand vor Beschädigung durch zurückgeschobene Stühle zu schützen. Außerdem markierten sie die Grenze zwischen einem strapazierfähigen Anstrich oder einer Täfelung des Wandsockels und empfindlicheren Anstrichen oder Bekleidungen des oberen Wandabschnitts. Im späten 18. Jahrhundert waren sie oft aus Stuck oder geschnitztem Holz gefertigt und mit klassizistischen Motiven dekoriert; in den Dielen viktorianischer Villen bestanden sie manchmal aus Keramikfliesen. Heute werden sie meist aus bescheideneren Materialien wie Weichholz gefertigt oder durch Tapetenbordüren ersetzt.

Fußleisten

Auch wenn die Linie der Fußleiste immer wieder durch Türöffnungen und Kamine durchbrochen oder durch Möbel verdeckt wird, spielt sie doch eine wichtige gestalterische Rolle. Sie lenkt die Aufmerksamkeit auf den Fußboden, dessen Rahmen sie bildet, und kann in Verbindung mit Sockel- und Bilderleisten dazu dienen, die Wand in verschiedenfarbige oder unterschiedlich strukturierte Abschnitte zu gliedern. Fußleisten sind etwa zwischen 10 und 30 cm hoch; die höheren Ausführungen bestehen oft aus zwei oder mehr Profilleisten. In minimalistischen oder rustikalen Interieurs wird oft auf Fußleisten verzichtet, die dann durch einen aufgemalten Streifen oder einen sauber verputzten Abschnitt ersetzt werden können. Zierleisten zur Türeinfassung werden oft zum Profil der Fußleisten passend gewählt, sind aber meist etwas schmaler.

▶ *Man muß keineswegs alle Zierprofile in einem Raum in der gleichen Farbe streichen. Hier belebt ein helles Deckensims den dunkelgrünen Hintergrund, während die goldfarbene Bilderleiste ein Dekorationsthema vorgibt und – wie die Zierstreifen vornehmer Limousinen – einen Hauch von Luxus vermittelt.*

Ornamenttafeln, Pilaster, Konsolen und Friese

◀ *Ein mit klassischen Motiven verzierter Kamin und der geometrische Fries verleihen diesem Raum eine historische Prägung und bilden einen imposanten Hintergrund für das vorwiegend moderne Mobiliar. Beachtenswert ist, daß die übrigen Zierprofile schlicht gehalten wurden, um die Aufmerksamkeit auf Kamin und Decke zu konzentrieren.*

Stukkaturen

Größere Häuser des 18. und 19. Jahrhunderts waren oft mit einer Fülle von Stuckverzierungen ausgeschmückt, darunter Ornamenttafeln, Pilaster und Konsolen. Ornamenttafeln wurden wie Gemälde an der Wand angebracht; Pilaster und Konsolen dienten als Stützen für Bögen, Balken und Simse. (Zur Anbringung siehe Seiten 96–97.). Aus Stuck wurden auch Wandnischen modelliert (später gegossen) und Motive wie Anthemien (ein stilisiertes Ornament aus Palmetten und Lotusblüten), Löwenköpfe, Urnen und Akanthusblätter. Unbemalte Stuckornamente erfreuen sich dank ihrer reizvoll kühlen, matten Oberflächenwirkung in den letzten Jahren wieder einer gewissen Beliebtheit. Heute spielen sie jedoch eine rein dekorative Rolle. Man kann sie an die Wand hängen, aufs Regal stellen oder zu Accessoires

◀ *In diesem in leuchtenden Farben ausgestatteten Raum bilden die weißen Stuckverzierungen eine optische Auflockerung; ihre Schnörkel kontrastieren mit den geradlinigen Möbeln, die dadurch betont werden. Dieser Raum nimmt sich sozusagen selbst nicht zu ernst, was auch durch die abstrakte Gestaltung des Deckengemäldes und der Dekorationsstücke unterstrichen wird.*

wie Vasen, Lampenfüßen und Bilderrahmen verarbeiten. Früher wurde Stuck meist vergoldet oder bemalt; man kann die Masse aber auch vor dem Gießen mit Pigmenten tönen. Das ist gar nicht schwierig und durchaus erwägenswert, da man durch Bemalen niemals die gleiche Farbtiefe erreicht.

Friese

Den Schmuckstreifen am oberen Rand der Wandfläche direkt unter einem Deckensims nennt man »Fries«. In jüngerer Zeit scheint dieser Bereich für Schablonenmalerei oder Prägetapete reserviert, wenn er überhaupt hervorgehoben wird, doch im späten 18. Jahrhundert war er meist aus Stuck in verschiedenen klassischen Mustern gestaltet. Da man an die Friese so schlecht herankam, waren sie zu Staubfängern prädestiniert, was vielleicht ihre schwindende Beliebtheit erklärt. Aber in beengten Räumen kann ein Fries durchaus gut wirken, da er die Decke optisch erweitert und den Raum größer erscheinen läßt.

Treppen

▶ *Um eine Treppe als dekoratives Element herauszustreichen, bedarf es nicht immer einer auffälligen Dekoration. Hier verleihen der kalkige Effekt und dezente Abnutzungsspuren einer traditionellen Holztreppe eine weichere Erscheinung, die gut mit dem hauchzarten Rosaton der umgebenden Wände harmoniert.*

▼ *Die schmale Galerie macht in diesem Wohnraum mit Überhöhe die volle Wandhöhe für Bücherregale nutzbar und verleiht dem Sitzbereich humanere Proportionen. Die Lochblech-Treppe ist nicht nur des dramatischen Effekts halber im Winkel angesetzt, sondern auch, um ein Maximum an Wohnraum zu erhalten.*

Die Treppe ist in der Regel die größte Holz- oder Metallkonstruktion im Haus und dominiert meist den Raum oder Bereich, in dem sie sich befindet. Vielleicht ist Ihre Treppe nicht so malerisch gewunden wie die Prunktreppen großer Herrenhäuser, aber vermutlich ist sie auch nicht völlig unansehnlich; so scheint es sinnvoll, ihre besonderen Vorzüge herauszustreichen. In älteren Häusern mögen dies zum Beispiel kunstvoll gedrehte oder gedrechselte Geländerstäbe und Treppenpfosten sein. Sie bestehen meist aus Holz und lassen sich sehr gut streichen oder beizen.

Die Stufen selbst bestehen oft aus billigem Holz oder Beton, da man davon ausging, daß sie ohnehin bedeckt würden. Hölzerne Tritt- und Setzstufen in gutem Zustand kann man beizen oder mit aufgemalten Mustern dekorieren; man sollte sie aber nicht polieren oder mit Glanzlack überziehen, weil sie dadurch rutschgefährlich werden.

Teppich- oder Mattenbeläge sind für Treppen besonders beliebt, weil sie den Trittschall dämpfen. Wählen Sie ein dicht gewebtes Material mit kurzem Flor, in dem sich Staub und Schmutz nicht so leicht festsetzen. Seegras ist die vielleicht geeignetste Naturfaser-Mattenware. Wer Teppich vorzieht, hält sich am besten an Zwirngewebe, auch »Twist« genannt, aus Woll-Nylonmischungen oder Polypropylen oder solche mit gerippter Oberfläche. Baumwolläufer haben den Vorteil, daß sie preiswert und in der Maschine waschbar sind, sie treten sich aber mit der Zeit stark ab.

In modernen Gebäuden ist die Diele oft ein zweigeschossiger Bereich mit einem attraktiven, skulpturartigen Treppengebilde, oder die Treppe ist in den Wohnbereich integriert. Damit die Treppe ihre Umgebung nicht zu stark dominiert, ist sie oft aus Materialien konstruiert, die einen Eindruck von Transparenz erwecken – etwa mit zierlichen metallenen Handläufen, Drahtseilen anstelle von Geländerstäben und ohne Setzstufen. Auch hier hat jedoch die Sicherheit absoluten Vorrang. Die Trittstufen sollten aus einem Material mit geeigneter Oberflächenstruktur bestehen oder mit einem solchen bedeckt sein, etwa Lochblech oder Gummi. Der Abstand zwischen den Geländerstäben muß übrigens so klein sein, daß kein Kinderkopf hindurchpaßt.

Kamine

▲ *Der ideale Kamin sieht wunderbar aus und erfüllt zugleich unabhängig von Witterung und Jahreszeit einen nützlichen Zweck. Dieses schöne Beispiel kommt dem Ideal sehr nahe: Er dient als Stütze für die hinter ihm verlaufende Treppe und bietet auf mehreren Ebenen Sitzgelegenheiten und Ausstellungsfläche für Dekorationsobjekte.*

Ein Kamin besteht aus einem Feuerraum zur Verfeuerung des Brennstoffs, aus einer Einfassung, meist aus Marmor, Stein oder Holz, und aus einer Kaminplatte, die den Fußboden vor Glut schützt.

Die Kamineinfassung kann ein dekorativer Blickpunkt sein, doch oft genug machen Kamine einen verlorenen, vernachlässigten Eindruck, sind zu groß, zu klein oder mit einem unansehnlichen Material verkleidet. Manchmal fehlt der Feuerrost, oder er ist mit Brettern vernagelt. Aber hinter Anstrichen und Bretterverkleidungen können sich Vorzüge verbergen, die vieles wettmachen: eine schöne Form, ein attraktives Material o. ä. Eine schöne Holz- oder Gußeiseneinfassung kann man reinigen und polieren, minderwertigeres Holz durch Effektanstriche oder Verzierungen aufwerten. Kosmetische Reparaturen, wie die Ausbesserung von Schrammen im Holz, kann man leicht selber vornehmen, größere Reparaturen, wie das Ersetzen herausgebrochener Marmorstücke, sollte man aber dem Fachmann überlassen.

Eine unpassende Kamineinfassung kann man austauschen. Die neue Einfassung sollte der Raumgröße entsprechen; besonders sollte der Abstand zwischen Zimmerdecke und Kaminsims weder zu klein noch zu groß ausfallen. Gleichzeitig muß man den Gesamteindruck des Raums und auch die eigenen Mittel berücksichtigen. Falls diese nicht ausreichen, um eine fertige Kamineinfassung zu erwerben, können Sie sie vielleicht aus MDF-Faserplatten oder aus Zier- und Profilleisten selbst bauen.

Auch der Kamineinsatz könnte ein Problem sein. Alte Gas- und Elektroeinsätze kann man durch modernere Modelle ersetzen, aber um feste Brennstoffe zu verfeuern, müssen unter Umständen Feuerraumauskleidung und Schornsteininnenrohr erneuert werden. Fehlende oder umschöne Feuerroste lassen sich leicht ersetzen.

Einen häßlichen Kamin kann man notfalls samt Einfassung herausreißen und die entstehende Nische mit einem hitzebeständigen Material wie Ziegeln, Schiefer oder Kacheln auskleiden. In der Nische läßt sich dann ein Kamineinsatz, Ofen oder auch ein Gaseinsatz mit Holzscheiteffekt installieren.

▲ *Offene Kamine für kleine Räume sind oft unscheinbare kleine Gebilde. Wenn einem das nicht zusagt, kann eine individuelle Einfassung mit wuchtigeren Konturen die Lösung sein. Diese hier wurde aus grob behauenen Holzkloben gebaut, deren Anordnung an Ordnung und Symmetrie der klassizistischen Architektur gemahnt.*

Beleuchtung

Von der Beleuchtung hängt es ab, wie Sie Ihr Zuhause bei Dunkelheit oder bei trübem Wetter nutzen. Man kann das Thema mit technischem Jargon wie Lumen und Kelvin unnötig komplizieren, aber die Unterscheidung zwischen guter und schlechter Beleuchtung ist eigentlich ganz einfach. Gute Beleuchtung wirkt entspannend und behaglich, sie tritt in den Hintergrund, damit man sich am Raum und den Menschen darin erfreuen kann. Schlechte Beleuchtung beansprucht hingegen zuviel Aufmerksamkeit und macht nervös.

Beleuchtung kann verborgenen Raum enthüllen, Zimmer vergrößern oder aus tristen oder ungenutzten Ecken gemütliche Winkel machen. Sie kann architektonische Gestaltungselemente betonen und manchen Dekorationsaufwand und Kleinkram überflüssig machen. Licht verwandelt Farben und Strukturen.

Bei der Konzeption eines Raums ist die Beleuchtung von Beginn an zu berücksichtigen. Man sollte die Plazierung der Hauptlichtquellen im gleichen Stadium wie die Anordnung der Möbel festlegen. Dabei ist ein maßstabgetreuer Plan des Raums mit den wichtigsten Möbelstücken nützlich, um die besten Positionen für fest eingebaute Lichtquellen, etwa versenkte Deckenstrahler, herauszufinden. Er läßt auch erkennen, wo es sicher und sinnvoll ist, Leuchten mit Steckdosenanschluß, wie Leselämpchen und Stehleuchten, vorzusehen. Da Zimmer oft mehreren Zwecken dienen, ist Flexibilität eine Grundanforderung an jede Beleuchtung.

Mit drei verschiedenen Leuchtentypen wird man den meisten Erfordernissen gerecht. Die Allgemein- oder Hintergrundbeleuchtung, etwa durch Hochstrahler oder Wandfluter, dient der Orientierung im Raum und schenkt an trüben Tagen etwas mehr Helligkeit. Funktionsleuchten, etwa Schreibtischlampen, liefern helleres Licht in Bereichen, in denen man arbeitet, liest oder seinen Hobbys nachgeht. Eine Objektbeleuchtung kann dazu dienen, die Aufmerksamkeit auf schöne Schaustücke zu lenken. Dann gibt es noch Schmuckleuchten, die selbst mehr schön als zweckdienlich sind, wie etwa Kronleuchter und Lüster.

Es ist von Vorteil, Richtung und Intensität der Lichtquellen verändern zu können. Eine Schreibtischlampe mit drehbarem Kopf kann auch als kleiner Hochstrahler oder Wandfluter eingesetzt werden, wenn man gerade nicht arbeitet. Dimmer sind ideal, um die Raumstimmung von hell und geschäftsmäßig zu sanft entspannend zu wandeln, und gelten den meisten Innenarchitekten heute als unentbehrlich.

Es gibt viele Möglichkeiten, die Qualität der Beleuchtung zu verbessern, ohne erst neue Kabel in Wänden und Decken verlegen zu müssen. Wo die bisherige Lichtgestaltung nur auf einem zentralen Deckenanschluß beruht, kann man das vorhandene Kabel durch ein längeres ersetzen, um die Lampe dorthin zu hängen, wo sie am nützlichsten ist, etwa über einen Eßtisch oder einen Ausstellungsbereich. Als flexiblere Möglichkeit läßt sich auch ein Schienensystem mit Strahlern montieren.

An Steckdosen anschließbare Leuchten sind zum Beispiel Bilderleuchten, Klemmspots und Wandfluter sowie Steh- und Tischleuchten. Das Kabel bleibt in der Regel sichtbar, ist bei modernen Designerleuchten aber teils schon als dekoratives Element gestaltet. Oft kann man es unauffällig an einer Fußleiste entlang, um eine Ecke oder hinter Möbeln verlegen. Es darf jedoch nie so liegen, daß es zu einer Stolperfalle wird; wenn keine Steckdose in der Nähe ist, muß man Kompromißlösungen finden.

Ist man trotz mehrerer Lichtquellen im Raum mit der Wirkung nicht zufrieden, so sollte man die eingesetzten Lampen prüfen. Sind sie vielleicht zu stark oder zu schwach, könnte eine Kopfspiegellampe statt einer normalen Glühbirne Blendungen vermeiden?

Auch der Austausch von Lampenschirmen kann helfen. Dunkle Farben glühen sanft, wenn das Licht eingeschaltet ist; durchlässigere Materialien strahlen mehr Licht in den umgebenden Bereich ab. Lampen mit weit ausgestelltem Schirm werfen einen größeren Lichtkegel als schmalere. Auch die Verschiebung des Schirms im Verhältnis zur Glühbirne macht etwas aus: Je näher die Birne am unteren Rand des Schirms liegt, desto größer ist der Lichtkegel.

Falls der Einbau zusätzlicher Steckdosen oder die Neuverlegung von Leitungen unvermeidlich ist oder Sie das Leitungssystem Ihres Hauses modernisieren wollen, beauftragen Sie einen qualifizierten Elektriker. Für die Installation elektrischer Anlagen und den Einsatz von Leuchten in Naßräumen gelten bestimmte Sicherheitsvorschriften. Auch darf man in sehr alten Bauten manche Leuchten nicht verwenden, wenn ihre Wärmeabstrahlung nicht abgeschirmt werden kann.

◄◄ Mehrere Exemplare einer einfachen Leuchtenform bilden gruppiert ein attraktives rhythmisches Muster. Ihr Licht wirkt weniger ermüdend – da sich die Lichtkegel der einzelnen Lampen überschneiden, wird der Kontrast zwischen Licht- und Schattenzonen verringert.

◄ Kerzen und Windlichter sind eine äußerst stimmungsvolle, wenn auch leider nicht sehr effektive Lichtquelle und durchaus bedenkenswert für Situationen, in denen es mehr auf Atmosphäre als auf ein bestimmtes Beleuchtungsniveau ankommt. Ein solcher Kronleuchter ist ein attraktiver Blickfang; man sollte ihn aber zum Anzünden leicht herabsenken können.

Licht als Gestaltungsmittel

▲ *Papierlampen sind zeitlos, relativ preiswert und sehen immer gut aus, ob sie eingeschaltet sind oder nicht. Das Angebot an Formen, Größen und Farben ist heute fast unüberschaubar, aber sie haben alle eines gemeinsam: Man sollte sie keinesfalls mit einer Glühbirne benutzen, deren Wattzahl die Herstellerempfehlung übersteigt.*

Man muß nicht nur den richtigen Leuchtentyp für den jeweiligen Zweck wählen, sondern vor allem auch darauf achten, die Leuchten richtig zu plazieren. Nach dem Grundsatz, daß eine gute Beleuchtung wirkungsvoll, aber unaufdringlich ist, sollte man Leuchten so anbringen, daß sie ihre Aufgabe erfüllen, ohne dabei unerwünschte Schatten zu werfen oder zu blenden.

Indirekte Beleuchtung

Eine Methode der indirekten Raumbeleuchtung ist die Verwendung eines Hochstrahlers, dessen Licht von Wänden und Decke reflektiert wird. Die Lichtquelle soll weit genug von der Decke entfernt sein, um einen breiten Leuchtkegel zu werfen, sich aber oberhalb der Augenhöhe jeder im Raum stehenden Person befinden. Die meisten Hochstrahler sind hoch genug, um diesen Anforderungen zu genügen, aber sehr hohe, schlanke Modelle können in niedrigen Räumen deplaziert wirken. Wenn Sie Wandfluter anbringen wollen, halten Sie sie zunächst ca. 170 cm über dem Fußboden an die Wand, um die richtige Höhe zu ermitteln.

Blendfreie Beleuchtung

Blendfreie Lichtzonen erhält man auch durch Leuchten aus durchscheinendem Material wie Mattglas oder Papier, welche die Glühbirne

▶ *Die Küche ist nicht das ideale Experimentierfeld für ausgefallene Beleuchtungslösungen. Die Lichtquellen sollten so plaziert werden, daß die Arbeitsflächen schattenlos ausgeleuchtet sind und auch der Inhalt offener Schränke gut sichtbar ist. Es ist sehr praktisch, wenn sie zum Schutz vor Verschmutzung versenkt eingebaut werden können oder zumindest reinigungsfreundlich gestaltet sind.*

◀ *Mehrzweckräume erfordern auch verschiedene Leuchtentypen. Man muß sie nicht zueinander passend wählen, sondern besser danach, ob sie ihre Aufgabe gut erfüllen. Deckennahe Hängeleuchten sind als Hintergrundbeleuchtung brauchbar, aber Arbeits- oder Präsentationsflächen sollten durch Funktionsleuchten schattenfrei ausgeleuchtet werden.*

ganz umschließen, oder durch herkömmliche Schirmlampen. Diese werden am besten dort eingesetzt, wo eine gedämpfte Hintergrundbeleuchtung ausreicht, wie in Schlaf- oder Eßzimmern. Sie sind nicht unbedingt zur sicheren Orientierung im Raum oder als Funktionsleuchten geeignet.

Indirekte Beleuchtung allein kann einen Raum eintönig und reizlos erscheinen lassen. Sichtbare Lichtquellen wie Deckenstrahler, manche Hängeleuchten und sogar Kerzen sorgen dagegen für zusätzlichen Glanz und Lebendigkeit; vielleicht erinnern sie uns an die ursprünglichen Lichtquellen: an Sonne und Feuer. Man muß aber darauf achten, Blendungen zu vermeiden. Hierzu kann man die Größe der Leuchtöffnung verkleinern, wie bei einem Kugelspot, ein reflektierendes Material um die oder innerhalb der Birne einsetzen oder die Helligkeit der Leuchte durch schwächere Birnen oder Dimmer reduzieren.

Direkte Beleuchtung

Funktions- und Objektleuchten muß man noch sorgsamer einsetzen, da die Lichtquelle hier weniger abgeschirmt ist. Dient eine Tisch- oder Stehleuchte als Funktionsbeleuchtung, so sollte der untere Schirmrand so hoch angebracht sein, daß genug Licht auf Ihren Arbeitsplatz oder Schoß fällt, aber nicht so hoch, daß die grelle Innenseite des Schirms sichtbar wird.

Lichtverteilung

Auch die Lichtverteilung im Raum ist von Bedeutung. Die Bereiche, in denen man arbeiten oder sich entspannen möchte, sollten natürlich heller sein als die Umgebung. Auch Dekorationsstücke sollten hervorgehoben werden, aber nicht in gleichem Maße, sonst wirken sie eher störend. Generell sind übertriebene Kontraste von Licht und Schatten zu vermeiden, besonders dort, wo man liest oder arbeitet, weil sie die Augen strapazieren.

Natürlich wird man Kompromisse eingehen müssen, vor allem wenn die Gestaltungsmöglichkeiten durch ein knappes Budget oder in einer Mietwohnung beschränkt sind. Wenn die einzige Lichtquelle eine in der Raummitte baumelnde Glühbirne ist, könnte man überlegen, sie durch ein in Wandnähe angebrachtes Schienen- oder Seilsystem zu ersetzen. So kann man mehrere kleine Leuchten als Wandfluter nutzen und vielleicht ein Einrichtungsteil, etwa den Eßtisch, direkt anstrahlen. Dazu muß man ein Kabel von der Deckenmitte zu der neuen Leuchte ziehen, das man aber in einem Kabelkanal verstecken kann, der passend zum Untergrund gestrichen wird.

Auch Leuchten mit Steckdosenanschluß bieten einige Möglichkeiten. Modelle mit Halogen- oder Wolframlampen sind praktisch, weil sie oft mit Dimmern ausgestattet sind. Vielleicht können Sie vorhandene oder geerbte Lampen verbessern: Indem man gefütterte Stoffschirme durch solche aus einem lichtstreuenden Material wie Papier ersetzt, kann man einen düsteren Raum stark aufhellen. Und vergessen Sie nicht, daß ein schlichter Glühbirnenwechsel – etwa von matt zu verspiegelt – in bezug auf Leistung und Attraktivität einer Leuchte wahre Wunder vollbringen kann.

Leuchten auswählen

Auch der Gestaltungsstil der Leuchten ist zu bedenken. Ausschließlich Leuchten aus einer Modellserie oder einem Material einzusetzen kann zur Geschlossenheit des Raumkonzepts beitragen. Es spricht aber auch nichts dagegen, jede Lampe einzeln zu wählen, vor allem wenn jede für sich ein Schmuckstück ist. Verlieren Sie dabei weder Gesamteindruck und Atmosphäre des Raums noch den Zweck der Leuchten aus den Augen. Eine Tischleuchte mit gefälteltem Seidenschirm mag im Wohnzimmer anheimelnd und elegant wirken, wäre aber in einer betriebsamen Küche eher fehl am Platz.

Übersicht der Leuchtentypen

1

Funktionsbeleuchtung

Die Funktionsbeleuchtung ist ein Muß für jeden Bereich, in dem man lesen oder feinere Arbeiten ausführen will. Geeignet sind etwa Schreibtischleuchten, Stehleuchten mit beweglichem Kopf, Industrieleuchten zum Anklemmen an Tische oder Regale oder höhenverstellbare Hängeleuchten. Unabhängig vom Typ sollte die Leuchte so positioniert werden, daß der Arbeitsbereich schatten- und blendfrei ausgeleuchtet wird. Leuchten mit langem Arm sind nützlich, etwa um die Lampe über einer Werkbank oder dergleichen für Feinarbeiten näher heranzubewegen, oder wenn man sich die Sofamitte zum Leseplatz erkoren hat. **2**

Objektbeleuchtung

Eine Objektbeleuchtung lenkt nicht nur die Aufmerksamkeit auf Schaustücke und Bilder, sondern gibt dem ganzen Raum unaufdringlichen Glanz. Bilder- und Vitrinenleuchten sind meist fest montierte Leuchtentypen, aber Minispots oder Klemmleuchten mit Steckdosenanschluß tun es oft genauso gut. Zum Anstrahlen eines Bildes sollte der Winkel der Leuchte zum Bild so eingestellt werden, daß Reflexe und Blendungen vermieden werden. Dekorationsobjekte beleuchtet man am besten von oben oder von vorn, um Form und Struktur hervorzuheben. Große Bücher- oder CD-Sammlungen gleichmäßig ausleuchten, damit man die Titel gut lesen kann.

Hängeleuchten

Hängeleuchten werden oft in der Deckenmitte angebracht, ein Relikt der alten Gewohnheit, Zimmer mit Kronleuchtern zu beleuchten. Leider erzeugt eine einzelne Leuchte über Kopfhöhe ein gerichtetes Licht, das schwer zu justieren ist und Gesichter unvorteilhaft erscheinen läßt, weshalb sie als Hauptlichtquelle eines Raums wenig geeignet ist. Statt dessen sollte man Hängeleuchten mit schwachen Birnen ausstatten, so daß sie nur dekorativ glühen, und zusätzlich Wandfluter oder Stehleuchten zur Hintergrundbeleuchtung vorsehen. Einfache Hängeleuchten kann man gruppieren: zum Beispiel zwei oder drei in einer Reihe über einer Küchentheke, einem Schreib- oder Eßtisch. **3**

Tiefstrahler

Strahler sind unaufdringlich und können auf die Decke montiert oder teilweise bzw. ganz in sie eingelassen werden. Auf eine Schiene montierte Strahler können abgenommen oder verschoben werden. Man kann eine Strahlerreihe als indirekte Hintergrundbeleuchtung vorsehen und einzelne Strahler mit Linsen und Blenden in Objektleuchten verwandeln. Es ist nicht schwierig, Strahler in die Decke einzulassen, da sie meist mit einer Schablone zum Ausschneiden der Öffnung verkauft werden. In Mietwohnungen muß man jedoch unter Umständen auf diesen Leuchtentyp verzichten. **1**

2

3

Tischleuchten

Modernisten mögen die Nase rümpfen, aber die guten alten Tischlampen gehören zu den flexibelsten Leuchten. Sie sind mobil, liefern eine gute Mischung aus Funktions- und Allgemeinbeleuchtung und können den Einrichtungsstil dekorativ unterstreichen. Ihr entscheidendes Element ist der Schirm: Sein Material streut und tönt das Licht. Modelle mit breitem Schirm werfen einen größeren Lichtkegel. Bei der Zusammenstellung von Fuß und Schirm sollte man auf eine wohlproportionierte, ausgewogene Erscheinung achten. Lampenfüße im Kerzenhalterstil passen zu kleinen Schirmen, massive Füße eher zu ausladenderen Exemplaren. **5**

Wandleuchten

Gerade bei begrenzter Stellfläche sind Wandleuchten vorteilhaft; man muß die Kabel nicht unbedingt in die Wand legen, vorausgesetzt, sie sehen ansprechend aus. Wandfluter, die nach oben auf Wände und Decke strahlen, bieten gute Allgemeinbeleuchtung. Da Wandleuchten so augenfällig sind, kann ihre optische Wirkung erheblich sein: Ein Wandleuchter kann eine kahle Wandfläche geradezu verzaubern, eine Reihe von Wandleuchten in einer Diele ein rhythmisches Muster bilden. **4**

Stehleuchten

Da das Mobiliar meist eher horizontal ausgerichtet ist, können die vertikalen Linien von Stehleuchten einen willkommenen Kontrast bilden. Das Spektrum reicht von traditionellen Stehlampen, die der Allgemein- und Funktionsbeleuchtung zugleich dienen, über spindeldürre Hochstrahler bis zu robusten, leuchtstarken Atelierscheinwerfern. Stehleuchten sind mobil, manche sogar mit Rollen ausgestattet, doch sollte man aus Sicherheitsgründen darauf achten, die Kabel so zu verlegen, daß man nicht über sie stolpern kann, und die Lampen so zu plazieren, daß sie nicht im Weg stehen.

Ordnung schaffen

Steigende Grundstücks- und Baukosten lassen unsere Häuser und Wohnungen schrumpfen, während die Liste der Habseligkeiten und Utensilien, die sie beherbergen, ständig länger wird. Und wenige von uns würden einen Ort ihr Zuhause nennen wollen, bevor er nicht das enthält, was der Architekt Christopher Alexander in seinem Buch *Eine Muster-Sprache* »Stücke aus unserem Leben« nennt: Dinge wie Familienschnappschüsse und Sammlungen von mehr gefühlsmäßigem als praktischem Wert.

Es ist wichtig, Ihr Zuhause so zu organisieren, daß Besitztümer und Menschen harmonisch koexistieren können: Die meisten von uns wissen, wie zeitraubend und anstrengend es sein kann, in Chaos und Tohuwabohu zu leben. Und wie Sir Terence Conran in *Wohn-Ideen – Wohn-Design* schreibt: »Ihre Grundeinstellung hierzu – ob Sie lieber alles offen und sichtbar aufbewahren oder Ihre Habe in Fächer und Spinde verbannen – wird die Erscheinung Ihres Zuhauses entscheidender prägen als alle Aspekte der Farbgebung und Textilausstattung.«

Ihre Wohnung mit Schränken vollzustopfen kann nicht die Antwort sein. Um die langfristig sinnvollste Lösung zu finden, sollte man genau betrachten, wie man sein Zuhause als Ganzes nutzt. Vor allem ist darauf zu achten, in welchen Bereichen sich Aktivität konzentriert. Das mögen Wohnzimmer und Küche sein, das Kinderzimmer oder ein kombiniertes Schlaf- und Arbeitszimmer. Wenn Sie und Ihre Habseligkeiten in diesen Bereichen um Platz konkurrieren, könnte man versuchen, die Last etwas zu verteilen. Vielleicht kann man einen Abstellraum in ein gemeinsames Arbeitszimmer verwandeln, um den Rest der Wohnung relativ frei von Hausaufgaben und Bürokram zu halten. Gerade in älteren Häusern gibt es oft reine Durchgangsbereiche, wie Treppenabsätze und Flure, die sich als Stauraum anbieten.

Mit etwas Einfallsreichtum kann man auch Bereiche, die man normalerweise als verlorenen Raum abtut, noch sinnvoll nutzen. In Japan etwa sind unter dem Fußboden oft flache, über Bodenklappen zugängliche Kästen eingelassen. Im oberen Bereich eines Bettalkovens läßt sich vielleicht ein flacher Stauraum einbauen.

Bei der Organisation Ihres Heims geht es auch darum, Dinge mit möglichst wenig Aufwand finden und wieder wegräumen zu können, wenn man sie gerade nicht benötigt. Zuerst sollte man alles loswerden, was man nicht mehr mag oder braucht, aus Gewohnheit aber immer noch um sich hat. Dann sollte man seine übrigen Besitztümer danach sortieren, wie oft man sie braucht. Was man laufend benutzt, wie den Brotkasten in der Küche oder die Arbeitskleidung, sollte logischerweise am einfachsten zugänglich sein, während Dinge, die man nur ab und zu oder nur zu bestimmten Jahreszeiten braucht, in etwas abgelegeneren Winkeln ver-

◀ *Wer sich von der eigenwilligen Erscheinung dieser Küche nicht ablenken läßt, erkennt, daß hinter Auswahl und Anordnung ihrer Stauraumlösungen viel Überlegung steckt: Drahtkörbe und dergleichen lassen Luft zirkulieren; kein Fach ist so tief, daß man an hinten stehende Teile schwer herankäme.*

▲ *Sachen da unterzubringen, wo man sie braucht, ist die wichtigste Überlegung bei der Stauraumplanung. Es ist also durchaus sinnvoll, saubere Kleidung im Bad aufzuhängen, doch bei einer weniger strikten Farbzusammenstellung der eigenen Garderobe sollte man sie vielleicht nicht so offen sichtbar lassen.*

▶ *Es gibt keinen Grund, warum ein Schrank von innen weniger gut anzusehen sein sollte als von außen – und solch eine Prise leuchtender Farbe beim Öffnen eines Küchenschranks ist vielleicht genau das, was Sie brauchen, um sich kurzzeitig vom Alltag abzulenken.*

▶▶ *Einbauschränke sind manchmal teuer, oft aber auch die effizienteste Lösung, um eine Vielzahl unterschiedlich großer Gegenstände unterzubringen. Billigeren Modellen mangelt es oft an Charakter; sie lassen sich aber durch Anbringung einer individuellen Sockelleiste oder origineller Griffe aufmöbeln.*

staut werden können. Wintermäntel und -pullover zu Sommeranfang auf den Speicher oder in ein hochgelegenes Schrankfach wegzupacken kostet nicht viel Zeit und hilft ungemein, die Sachen zu finden, die man tragen will, und sie in besserem Zustand zu erhalten.

Es gibt Dinge, bei deren Unterbringung besondere Gesichtspunkte zu berücksichtigen sind. Große Koffer etwa sind sperrig und schwer in enge Fächer hinein und wieder heraus zu bugsieren; Medikamente und Chemikalien sollte man außer Reichweite von Kindern und vor Temperaturextremen geschützt aufbewahren.

Nun kann man beginnen, Lösungen für einzelne Räume oder Bereiche zu entwickeln. Bei der Entscheidung, welche Teile eines Zimmers man für Stauraum reservieren will, sollte man auch berücksichtigen, ob die Bewegungsfreiheit im Raum oder die Sicht auf besondere Blickpunkte wie Fenster behindert wird. Dekorative Schränke und Vitrinen können selbst als Blickfang dienen und sollten so plaziert werden, daß sie richtig zur Geltung kommen.

Meist empfiehlt es sich, den Stauraum in einem Teil des Zimmers zu konzentrieren, etwa in Form von Wandschränken oder Regalen oder eines freistehenden Schranks, der gleichzeitig als Raumteiler dient. Man sollte jedoch darauf achten, den Zugang zu Steckdosen, Schaltern, Wasserhähnen und ähnlichem nicht zu versperren.

Die Auswahl von Aufbewahrungsmöbeln ist nicht einfach, denn die Bandbreite des Angebots ist enorm, wobei nicht immer klar ist, warum manche mehr kosten als andere. Teils kann man sich an den unterzubringenden Gegenständen orientieren. Eine Bücherreihe wiegt mehr als ein paar hölzerne Zierstücke, weshalb das geeignete Regal entsprechend robuster sein muß. Eine Vielzahl von Kleinteilen, etwa Gewürze, ordnet man besser in einer Reihe auf mehreren schmalen Regalböden an als auf einem einzigen tiefen Regal.

Auch persönliche Vorlieben, Finanzen und der verfügbare Platz sind zu berücksichtigen. Hängeschränke oder -regale können kleine Zimmer geräumiger wirken lassen, weil sie keine Fußbodenfläche brauchen. Die optische Wirkung der Möbeltypen ist sehr unterschiedlich: Man kann eine Wandnische etwa mit Regalböden aus Glas, einem passend zur Wand gestrichenen Einbauschrank oder einem prunkvoll verzierten Einzelmöbel ausstatten; jede Alternative tritt stärker in den Vordergrund als die vorige und hat größeren Einfluß auf die Wahrnehmung des umgebenden Bereichs.

Schwierig ist die Frage, wieviel Stauraum man überhaupt braucht. Innenarchitekten nennen als Faustregel: Zweimal so viel, wie man glaubt. Es empfiehlt sich jedenfalls, eher großzügig zu kalkulieren; so bleibt auch Platz für zukünftige Anschaffungen. Ebenso ist es sinnvoll, Aufbewahrungsmöbel eher solider auszulegen, als nötig scheint – nicht nur, damit sie länger halten, sondern auch für den Fall, daß man sie später einmal anders nutzen möchte.

▲ *Kleiderschränke und Hängeregale aus Stoff sind preiswert, leicht und klein zusammenlegbar: ideal für Leute, die oft umziehen, oder für unregelmäßig genutzte Räume wie Gästezimmer. In fröhlichen Farben können sie Bereichen, in denen dauerhafte dekorative Veränderungen nicht möglich sind, eine persönliche Note verleihen.*

Stauraumformen

Es gibt Aufbewahrungssysteme in jeder Form und Größe, doch bestehen sie eigentlich alle aus Abwandlungen und Kombinationen dreier Grundelemente: Regalböden, Haken und Kästen. So ist eine Kommode im Grunde nur eine Ansammlung gestapelter Kästen; bei vielen modernen Schranksystemen kann man Kästen, in Form von Schubladen und Schrankfächern, mit offenen Regalen kombinieren, und eine Garderobenleiste ist nichts weiter als eine Reihe von Haken.

Das Innere eines Stauraumelements sollte auf die Gegenstände zugeschnitten sein, die man aufbewahren will. Gute Aufbewahrungssysteme folgen dem Grundsatz »teile und herrsche«, d.h. daß Einzelteile überschaubarer und geordneter bleiben, wenn man sie in möglichst kleinen Gruppen verstaut. Kurze Regalböden, Körbe auf Regalen, durch verstellbare Trennwände unterteilbare Schrankelemente sind nur einige Beispiele. Kleinteile, meist in Schubladen verwahrt, kann man auch in Dosen mit Deckel unterbringen, an Haken hängen oder in Ordner und Ablagekörbe sortieren. Es ist alles eine Frage des Maßstabs. Je kleiner das Teil, desto kompakter muß sein Aufbewahrungsort sein. Die einzige Ausnahme von dieser Regel ergibt sich, wenn man kleine Objekte der optischen Wirkung halber zusammenzieht, etwa zur Präsentation einer Sammlung in einer Vitrine.

Bei manchen Objekten sind besondere Vorkehrungen erforderlich, um sie sinnvoll zu verstauen. Einen Fernseher kann man auf einen Schwenkarm oder einen ausziehbaren Regalboden montieren, um ihn nach Bedarf aus der Versenkung zu holen und wieder verschwinden zu lassen. Frischobst und -gemüse müssen luftig lagern, etwa in ausziehbaren Drahtkörben.

Eine Front in Form von Türen und Schubladen schützt das Aufbewahrte vor Staub und neugierigen Blicken, läßt das Ganze ordentlicher aussehen und kann zudem eine dekorative Bereicherung sein. Bei Platzmangel empfehlen sich Schiebe- oder Falttüren, die weniger Raum brauchen. Glas- oder Drahtgeflechttüren geben dem Möbel Transparenz und Leichtigkeit; mit den richtigen Griffen und Scharnieren läßt sich selbst ein nichtssagendes oder ramponiertes Möbelstück gut aufwerten.

▲ *In einer derart offen konzipierten Wohnung ist es wichtig, die Unordnung in Grenzen zu halten und persönliche Bereiche zu schaffen, ohne den Raum zu zerstückeln. Gut geplanter Stauraum kann viel dazu beitragen: Hier dienen die Treppenstufen zugleich als Schubladen, die Bücherregale auch als Raumteiler zur Abschirmung des Hochbetts.*

Regale

Offene Regale gelten vielen als preiswerte und zwanglose Lösung für jeden Stauraumbedarf; tatsächlich gibt es in vielen Fällen nichts Besseres, vor allem wenn man Objekte zur Schau stellen oder griffbereit haben möchte. Regale können insbesondere bei knappen Finanzen die beste Lösung sein, müssen aber genauso sorgfältig konzipiert werden wie jede andere Form von Stauraum.

Sie können äußerst unaufdringlich gestaltet werden: Schmale Glasböden oder robustere, passend zur Umgebung gestrichene Regalbret-

◄ *Massivholz ist heute zur Herstellung von Aufbewahrungsmöbeln oft zu teuer. Günstigere Alternativen sind zum Beispiel Sperrholz. Hier bestehen die Schubladen aus unbehandelter Faserplatte, Schrankfront und -tür aus lackierten Faserplatten mit eingefrästen Rillen, die wie Nut- und Federbretter wirken.*

◄◄ *Es müssen nicht immer Einbauschränke sein. Wenn man Geschirr und Küchengeräte lieber sichtbar aufbewahrt und sicher ist, daß sie häufig genug benutzt werden, um staubfrei zu bleiben, kann eine solche Mischung aus Regalen und Körben eine praktische und ansprechende Lösung für die Küche sein.*

ter etwa lenken die Aufmerksamkeit auf die ausgestellten Objekte. Ein freistehendes Regal macht sich gut als Raumteiler, der einen Bereich abschließt, aber Durchblicke auf den dahinter liegenden Raum ermöglicht.

Offene Wandregale können auf verschiedene Weise angebracht werden: mit fest montierten Konsolen, die in verschiedensten Ausführungen und Materialien erhältlich sind, mit Stellschienensystemen oder mit freitragenden Halterungen, die in Aussparungen an der Rückseite der Regalbretter greifen. Die Stützen sollten möglichst in einer gewissen Entfernung von den Regalenden angreifen, um eine gleichmäßige Lastverteilung zu gewährleisten; die Vorderkante des Bretts sollte nicht mehr als 2,5 cm über das Stützenende vorstehen.

In Wandnischen und Schranksystemen werden Regalbretter meist seitlich befestigt, etwa auf an die Wand geschraubten Holzleisten oder Metallwinkeln. Auch verstellbare Systeme, bei denen die Böden auf Haken oder Stiften aufliegen, die in Schlitze oder Löcher der Seitenteile gesteckt werden, sind relativ einfach zu realisieren. Alternativ können die Haken in einen durchlaufenden Metallstreifen eingehängt werden. Man braucht in der Regel an jedem Ende zwei Stützpunkte.

Unabhängig von der gewählten Konstruktion ist es wichtig, die Stützen mit Befestigungsmitteln zu montieren, die für den jeweiligen Wandtyp geeignet sind. Universal-Kunststoffdübel sind für massive Mauer- oder Betonwände gut geeignet, doch für Trennwände aus Gipskartonplatten auf Holzrahmen oder Hohlraumwände aus Hohlblocksteinen oder Lochziegeln benötigt man spezielle Klapp- oder Ankerdübel.

Die Tragfähigkeit des Regals ergibt sich aus der Dicke der Regalböden und dem Abstand zwischen den Stützen, d.h. der Spannweite. Wenn Sie auf Ihre Regale etwas Schwereres als leichtgewichtige Dekorationsstücke oder Glasartikel stellen möchten, sollten sie natürlich entsprechend robust ausgelegt sein.

Stauraum richtig nutzen

- Hoch angebrachte Regalböden sollten nicht zu tief sein, damit man von unten sehen kann, was auf ihnen ist. Sonst sollte man auf ihnen leichte, selten gebrauchte Dinge, wie etwa Reservedecken und -handtücher, lagern.
- Um viele Teile auf einem Regalboden unterzubringen, ordnet man sie am besten in Reihen an, die höchsten Teile nach hinten.
- Schwere Teile auf Taillenhöhe lagern, um sich mit ihnen nicht bücken oder strecken zu müssen.
- An Teile, die auf Bodenhöhe unter einem Regal oder anderen Möbeln aufbewahrt werden, kommt man leichter heran, wenn sie in Kästen mit Rollen oder Zuggriff verstaut sind.
- Kleinteile kann man an Türinnenseiten aufhängen: Topfdeckel in der Küche oder Krawatten und Halstücher in Kleiderschränken.
- Das Innere offener Fächer so gestalten, daß sie den Inhalt möglichst schön zur Geltung bringen. Vielfarbige Präsentationsobjekte wie Bücher wirken vor neutralem Hintergrund am besten; glänzende oder durchsichtige Teile wie Glas kann man gut vor kräftigen Farben oder glanzvollen Oberflächen arrangieren.

Übersicht der Stauraummöglichkeiten

► *In diesem Holzhaus wird der Raum in verwinkelten Ecken und Zwischenwänden durch Einbauschränke und -regale optimal genutzt. Ihre beschränkte Höhe – die Oberkante der Schränke und Regale liegt knapp unter Kopfhöhe – stellt sicher, daß sie nicht erdrückend wirken, wie es sonst in einem Raum, in dem man viel Zeit im Sitzen oder Liegen verbringt, leicht passieren kann.*

▲ *Ihre Überhöhe macht diese Kommode zu einem Teil der Raumarchitektur – mit ähnlicher optischer Funktion wie ein Kaminsims oder eine Säule. Das angrenzende Zimmer birgt eine weitere hölzerne Säule – aus Shaker-Dosen –, die zur Aufbewahrung von Kleinteilen besser geeignet ist.*

Eingebauter Stauraum

Einbaumöbel bieten bei beschränktem Platz gute Raumausnutzung und lassen sich auf alle Bedürfnisse und Vorlieben zuschneiden. Man muß jedoch auf Dauer mit ihnen leben, und je kunstvoller sie ausgeführt werden, desto teurer sind sie. Einbaumöbel sind keine moderne Erfindung: Wandschränke und fest eingebaute Truhenbänke dienten spätestens seit dem frühen 16. Jahrhundert zur Verstauung von Kleidung und Wertsachen. In ungünstigen Winkeln, etwa unter Dachschrägen und Treppen, sind sie die bei weitem beste Lösung.

Freistehende Staumöbel

Am gebräuchlichsten ist Stauraum in Form freistehender Einzelmöbel: etwa Bücherregale, Kommoden, Anrichten und Kleiderschränke. Sie sind meist größer und dekorativer als andere Formen von Stauraum und lassen sich gut als attraktiver Blickfang einsetzen. Außerdem kann man sie beim Umzug gut transportieren. Sie sind jedoch recht raumgreifend, und vor allem die wuchtige Erscheinung älterer Modelle wirkt in kleinen Räumen oft ziemlich erdrückend; allerdings kann ein farbiger Anstrich ihnen etwas von ihrer Gewichtigkeit nehmen (siehe Seiten 274–275).

Modulare Stausysteme

Ein modulares System kann aus etwas so Simplem wie einer Reihe von Ablagekästen oder Kleiderspinden oder aus einer ausgeklügelten Kombination aus Schrank-, Regal- und Schubladenelementen bestehen. Gängige Modulsysteme lassen sich mit der Zeit erweitern und sind meist zur Eigenmontage vorgesehen: Ideal für jeden, der sparen will. Manche werden wie Bauklötze auf den Fußboden gestapelt, andere an der Wand montiert. Viele sind etwa für große Bücher nicht tief genug; man sollte deshalb darauf achten, ein für die eigenen Besitztümer passendes System zu wählen.

Aufbewahrungsbehälter, Kästen und Körbe

Bei der Suche nach einer Gesamtlösung für ganze Räume oft übersehen, spielen Kästen, Körbe und andere Behälter doch eine wichtige Rolle. Sie können in offenen Stausystemen Ordnung schaffen und ermöglichen es, Habseligkeiten problemlos von einem Platz zum anderen zu räumen. Wenn sie robust genug sind, kann man sie stapeln und so ein improvisiertes Staumöbel schaffen. Undurchsichtige Behälter sollte man beschriften. Es ist weder ordentlich noch unterhaltsam, mehrere Kisten auspacken zu müssen, um ein vermißtes Teil zu finden.

Haken

Schon ein Haken kann toten Raum in nützlichen Stauraum verwandeln. Man kann ein oder zwei innen an der Kleiderschranktür anbringen, um Gürtel und andere Accessoires daran zu hängen; auch Fahrräder und sperrige Sportausrüstung schafft man aus dem Weg, indem man sie an die Wand oder über Kopfhöhe an die Decke hängt. Haken sind überall dort nützlich, wo man Dinge griffbereit haben, aber vom Fußboden und anderen Flächen fernhalten möchte. Zu mehreren gruppiert, etwa als Garderobenleiste oder als Hakenleiste für verschiedene Kleinteile, bringen sie ein rhythmisches Element ins Raumkonzept.

Freistehende Regale

Eine schnelle Lösung für viele Stauraumprobleme bieten freistehende Regale. Die billigste und einfachste Form: Übereinandergeschichtete

Bretter mit Backsteinen oder Kisten dazwischen. Wenn Ihnen das zu rustikal erscheint: In Baumärkten bekommt man Regalsysteme mit Seitenteilen und Böden, aus denen man Regaleinheiten selbst zusammenbauen kann – mit Stützkreuzen als Stabilisierung. Am besten sollten Sie eine möglichst flexible Ausführung wählen. In Haushalten mit Kindern sollte man die Regale an der Wand festschrauben.

Offene Wandregale

Das sind alle wandmontierten Regale, deren Enden zum Raum hin offen sind. Man sollte hier in jedem Fall auf eine sichere Befestigung der Regalböden an den Stützen achten. Kleine Regale sind oft nicht nur nützlich, sondern auch dekorativ: Konsolen oder Stützen sind attraktiv gestaltet; auch der Regalboden selbst kann ein ungewöhnliches Profil haben oder aus einem auffallenden Material gefertigt sein.

Nischenregale

Nischenregale sind eine sehr effiziente Form der Raumnutzung und mit fest angebrachten Leisten als Stützen preiswert zu montieren; außerdem sind sie sehr vielseitig. Man kann sie so streichen, daß sie mit der Umgebung verschmelzen. Durch Anbringung markanter Zierleisten oder Aufleimer an den Vorderkanten erhält die Konstruktion eine architektonische Note. In Kombination mit einem niedrigen Schrank läßt sich ein Nischenregal in ein richtiges Einbaumöbel verwandeln. Durch Einfügung senkrechter Trennwände kann man diesen Regaltyp noch wesentlich verbessern. Diese bilden praktische Unterteilungen und verhindern ein Durchbiegen langer Regalböden; sie sollten allerdings über die gesamte Regalhöhe angebracht werden, um die Belastung auf den Fußboden zu übertragen.

◄ Ein solches Modulsystem aus Schrank- und Vitrinenelementen bietet eine flexible Mischung aus Stauraum und Präsentationsfläche und kann, wie hier, eine willkommene Musterwirkung in ein schlichtes Gestaltungskonzept einbringen. Die Lichtreflexe auf dem Glas und die leuchtende Farbe können auch zur Aufhellung eines trüben Raums beitragen.

► Ein Regalsystem »funktioniert«, wenn es Ihre Besitztümer, nicht sich selbst in den Vordergrund rückt. Preiswerte Stellschienensysteme mit laminierten Spanplattenböden müssen in einem stilvollen Wohnzimmer keineswegs unpassend wirken, solange sie in geeigneten Abständen sicher an der Wand befestigt werden.

Dekorative Arrangements

Dekorative Arrangements sind wie Make-up: Es geht auch ohne, aber sie können wunderbar wirken und sind oft die einfachste Methode, die Aura eines Raums zu verwandeln. Wie Kosmetik können sie dazu dienen, markante optische Akzente zu setzen – etwa durch Plazierung eines Bildes als dekorativer Blickfang – und individuelle Vorzüge zu betonen – etwa zur Hervorhebung eines Kaminsimses durch Schaustücke.

Es ist ohnehin schwer vorstellbar, wie man einem Raum seinen persönlichen Stempel aufdrücken will, ohne zu irgendeiner Art von bewußter Präsentation zu greifen, und nur wenige Räume sind so perfekt konzipiert, daß kein Bedarf an einem Bild oder ähnlichem etwa zur Auflockerung einer Wandfläche besteht. Persönliche Stücke sind Anzeichen menschlicher Gegenwart; ein Raum, in dem sie fehlen, wirkt auf die meisten Menschen abweisend und ungemütlich.

Die gelungensten Arrangements entstehen oftmals einfach durch sinnvolle Aufbewahrung nützlicher Dinge, wie eine robuste Regalwand voller Bücher oder glänzend polierte Töpfe und Pfannen an Haken über dem Herd. Daneben sammeln die meisten von uns aber auch irgendwelchen »Kram«, der keinem praktischen Zweck dient, aber schmuckvoll zur Schau gestellt werden kann.

Die Kunst der wirkungsvollen Präsentation von Gegenständen besteht in erster Linie darin, den Eindruck zu erwecken, daß sie genau an diese Stelle gehören und nicht einfach nur so herumliegen. Durch eine freigeräumte Umgebung oder auch durch Lichtakzente kann man sie zusätzlich hervorheben und diese Wirkung unterschwellig verstärken.

Schaustücke sind als Teil eines größeren Ganzen zu sehen. Größe und Farbe der Präsentationsfläche und der umgebenden Objekte haben einen erheblichen Einfluß darauf, wie ein Exponat wahrgenommen wird: Oft genug hält man ein Bild an eine Wand und stellt fest, daß es zu groß oder zu klein ist. Der neue Farbanstrich einer Wand oder eines Vitrineninneren kann Ausstellungsstücke plötzlich zum Leben erwecken.

Schon das bloße Zusammengruppieren ähnlicher oder zusammenhängender Objekte verstärkt ihre Wirkung. Wie jedes Kind weiß, können sich die banalsten Dinge zu ansehnlichen Sammlungen auswachsen, wenn man sie nur mit genug Einsatz und Leidenschaft anhäuft. Wie Erwachsene gern monieren, kommen sie aber auf dem Fußboden verstreut oder in

◀ Die streng angeordnete Sammlung von Drucken gibt dem zwanglos rustikalen Eingangsbereich einen erholsamen Anstrich von Ordnung. Das üppige Arrangement aus Pflanzen und anderen Objekten gleich davor stellt eine Verbindung zum übrigen Raum her und läßt sie weniger deplaziert wirken.

▲ *Hier wurden alle Konventionen auf den Kopf gestellt: Kunstwerke stehen wie zufällig auf Fußboden und Fensterbank herum, während banale Alltagsgegenstände, darunter eine Sammlung leerer Colaflaschen, so theatralisch arrangiert wurden, daß wir gezwungen sind, sie mit neuen Augen zu betrachten.*

eine Schublade gestopft nicht gut zur Geltung. Jedes Stück sollte gut sichtbar sein. Eine Kollektion Bierdosen aus aller Welt wirkt auf mehreren schmalen Regalböden viel eindrucksvoller als auf einer einzigen tieferen Fläche.

Nun ist nicht jeder ein Sammler; oft muß man Arrangements aus zusammengewürfelten Objekten kreieren. Eine Reihe von Bildern verschiedener Formen und Größen erhält eine gewisse Geschlossenheit, wenn man sie als Gruppe an eine Wand hängt. Wenn sie trotzdem noch verloren und deplaziert wirken, könnte man versuchen, sie über ein niedriges Möbelstück zu hängen. Eine farbliche Kongruenz zwischen den Bildern kann durch passende Rahmen unterstrichen werden, wobei man allerdings Gefahr läuft, den Rahmen mehr Bedeutung einzuräumen als den Bildern.

Anstatt Schaustücke militärisch aufzureihen, kann man sie zu Gruppen arrangieren, die auffällige Größen-, Form- oder Materialkontraste aufweisen. Geschwungene oder kugelige Objekte wirken neben rechteckigen Formen, etwa einem dahinter gelehnten Tablett oder leeren Rahmen, noch runder. Man kann transparente Stücke, etwa aus Glas oder Draht, mit massiven Stein- oder Keramikobjekten und naturbelassene Materialien mit bearbeiteten oder synthetischen kombinieren. Selbst eine unausgewogene oder befremdliche Zusammenstellung ist besser als ein »perfektes« Arrangement, das nur leblos und gewollt wirkt.

Manchmal ist auch eine mehr dreidimensionale Betrachtungsweise gefordert, etwa wenn man einen Tisch oder ein Regal als Raumteiler einsetzt. Hier sollte man Objekte arrangieren, die von allen Seiten interessant aussehen. Lassen Sie genug Platz zwischen den Einzelteilen, um Durchblicke auf die andere Seite zu gestatten.

Fast das Schwierigste am Arrangieren ist die Kunst, rechtzeitig aufzuhören. Die Grenze zwischen Sammlungen und Krimskrams ist fließend. Man kann relativ sicher sein, daß ein Arrangement zu groß geworden ist, wenn es Flächen besetzt, die zum Essen oder Arbeiten vorgesehen sind, und wenn man beginnt, Objekte an Stellen zu plazieren, wo sie Schaden nehmen können.

◀ *Mit ihrer kunstvollen Takelage und den markanten Konturen sind solche Bootsmodelle wie geschaffen als Dekorationsstücke, vor allem, wenn man wie hier gleich eine ganze Flotte aufbieten kann. Durch die Abstimmung der Hintergrundfarbe auf die Segel fügen sich die Boote perfekt ins Gesamtkonzept ein; die empfindlicheren Exemplare wurden hoch oben an der Wand plaziert, um sie vor Schaden zu bewahren.*

WÄNDE

Die Wände sind fast immer ein beherrschendes Raumelement und damit einer der wichtigsten Punkte beim Dekorieren Ihres Zuhauses.

Mit zunehmender Abkehr von den extravaganteren, übertrieben »dekorierten« Interieurs der 1980er hin zu einem mehr organisch gewachsenen, unaufdringlicheren »Look« ist es wesentlich, einen Stil zu finden, der genau zu Ihnen paßt. Das mag schwierig klingen, ist aber auch ausgesprochen befreiend: Erlaubt ist praktisch alles. Wenn Sie eine mediterrane Farbgebung mit primitivistischen Ölgemälden und einer Sammlung chinesischer Keramik kombinieren wollen: nur zu! Es ist alles eine Frage der richtigen Balance.

Aber wie soll man sich für einen Stil entscheiden, da doch die Möglichkeiten der Wanddekoration von solch verwirrender Bandbreite und Vielfalt sind? Die endgültige Entscheidung für ein Konzept stürzt fast jeden Raumgestalter in tiefste Seelenqualen. Wie viele von uns haben schon monatelang über phantastischen Farb-, Tapeten- und Textilmustern gebrütet, um sich letztlich – aus Angst, Verwirrung und Panik vor Überschreitung des Budgets – feige für Magnolie zu entscheiden? Doch die Wahl eines Farbkonzepts muß keine so quälende, konfliktbeladene Angelegenheit sein. Farbe ist ein wundervolles Gestaltungsmittel; sie verwandelt buchstäblich alles, was sie berührt. Ob man im Schlafzimmer eine ruhige Atmosphäre schaffen oder einem Eßzimmer eine gewisse Dramatik verleihen will – die Farbe der Wände hat stets grundlegenden Einfluß auf das Endergebnis. Sehen Sie die Farbe als Ihren Verbündeten, nicht als Quelle von Angst und Selbstzweifeln, dann stehen Ihnen herrliche Dekorationsabenteuer bevor.

▲ *Die Wanddekoration ist immer ein beherrschender Faktor für die Gesamtwirkung des Raums. Hier demonstriert ein phantastisches Mosaik aus Sternen und Planeten, daß man bei einer derart auffallenden Wandgestaltung in einem kleinen Raum die übrigen Einrichtungsdetails bedenkenlos schlicht halten kann.*

Zuallererst sollte man viele Tapeten- und Farbmuster sammeln. Am besten gewöhnt man sich an, ständig Polaroidfotos, Stoff- und Farbmuster bei sich zu führen, um sie jederzeit mit Neuentdeckungen vergleichen zu können.

Ausgefallenere Anstrichtechniken sollten Sie zuerst auf Makulaturpapier ausprobieren – um Ihre Technik zu perfektionieren und einen realistischen Eindruck der Farbtöne und Effekte zu gewinnen, die dabei entstehen. Sie können die gesammelten Farb-, Tapeten-, Kachel- und Stoffmuster auch zu Materialcollagen zusammenstellen, wie professionelle Innenarchitekten es tun würden.

Es empfiehlt sich, die Collagen in dem zu dekorierenden Zimmer aufzuhängen und möglichst lange mit ihnen zu leben. Sie werden dann erstaunt feststellen, daß ein bestimmter Terrakottaton in einem Raum warm und anheimelnd wirken, in einem anderen hingegen zu einem garstigen Orange mutieren kann. Diese Vorgehensweise vermittelt Ihnen auch ein Gefühl dafür, wie die einzelnen Elemente zusammenwirken und welchen Einfluß das Tageslicht auf Farben hat. Sie ist den zusätzlichen Aufwand an Zeit und Geduld wert, da sie teure Fehlentscheidungen ersparen und Ihnen zu einem Dekorationskonzept verhelfen kann, mit dem Sie auf Dauer glücklich sind.

Alte Häuser sind eine besondere Herausforderung. Sie wecken oft den Wunsch nach historischer Korrektheit, doch geht der Trend heute weg von der sklavischen Imitation historischer Stile. Häuser sollten Lebensstil und Vorlieben ihrer Bewohner widerspiegeln, statt sich in muffiger Museumsatmosphäre oder als kuriose Historienkabinette zu präsentieren. Es kommt darauf an, einen gelungenen Kompromiß zwischen der Sensibilität für die Eigenheiten Ihrer Umgebung und dem Wunsch nach einem praktikablen, modernen Einrichtungskonzept zu finden. Im übrigen war der Einsatz von Farbe in alten Häusern oft viel lebhafter, als verblichene Interieurs, Bilder und Stoffmuster uns heute glauben machen.

Praktisch betrachtet, bestimmen verschiedene Faktoren die geeignetste Art der Wanddekoration für Ihr Zuhause: Finanzen, Stilfragen, Ihr handwerkliches Geschick und/oder Ihre Experimentierfreudigkeit und schließlich die Praxistauglichkeit.

Von allen zur Verfügung stehenden Materialien sind Anstrichfarben vermutlich die vielseitigsten: Sie bieten auch Dekorateuren, die unter Sparzwang stehen, einen ungeheuren Reichtum spannender und individueller Gestaltungsmöglichkeiten.

Auch die Auswahl an Tapeten unterschiedlicher Stilrichtungen und Dekore ist schier unermeßlich. Ob blumige Üppigkeit oder geometrische Strenge: Es ist für jeden etwas dabei. Für diejenigen, die sich Effektanstriche wie Zug- und Tupftechniken nicht zutrauen, gibt es Tapeten, die solche Effekte realistisch imitieren. Tapeten lassen sich sehr wirkungsvoll mit Bordüren und Friesen kombinieren. Angesichts der neueren technischen Entwicklungen braucht niemand mehr zu fürchten, das Tapezieren übersteige seine handwerklichen Fertigkeiten. So gibt es heute selbstklebende Tapeten, die man direkt von der Rolle anbringen und nötigenfalls auf der Wand noch verschieben kann.

Natürlich gibt es noch andere Möglichkeiten, wenn Sie sich unternehmungslustig genug fühlen, um etwas Ausgefalleneres, weniger Alltägliches als Anstriche und Tapeten auszuprobieren. Wandbespannungen aus Stoff sind eine reizvolle Alternative; auch Wandverkleidungen aus Holz oder Metall erfreuen sich wieder zunehmender Beliebtheit.

Der Schlüssel zum Erfolg: Nehmen Sie sich Zeit, die Fülle der Möglichkeiten in Ruhe zu prüfen. Finden Sie heraus, was am besten zu Ihrem Raum paßt. Und dann heißt es, zuversichtlich, mutig und experimentierfreudig sein – und die geeigneten Techniken richtig einsetzen, um ein gelungenes Ergebnis zu erzielen!

◀ Die Wanddekoration sollte im Einklang mit den übrigen dekorativen und praktischen Elementen eines Raums stehen. Diese grob verputzte, ungleichmäßig in einem warmen Ockerton gestrichene Wand harmoniert perfekt mit den schlichten Unterschränken und einer Sammlung rustikaler Küchengeräte.

▲ Die schlichte, blau gebeizte Holzverkleidung der Wände, des Fußbodens und des Fensters verleiht diesem Badezimmer eine friedliche, harmonische Ausstrahlung. In Kombination mit der klassischen weißen Sanitärgarnitur und einem von Matisse inspirierten Dekorationsmotiv wirkt das gebeizte Holz eher elegant als rustikal.

Anstriche

Man nennt sie auch des Raumgestalters besten Freund – und das zu Recht, denn sie sind nicht nur die vielseitigste und preiswerteste Form der Wanddekoration, sondern eignen sich auch zur Kreation verschiedenster Effekte. Selbst ein Anfänger kann in relativ kurzer Zeit einige frappierende Effektanstriche zustande bringen.

Anstrichfarben sind ein vielseitiges Arbeitsmaterial, denn auch wenn eines Ihrer Experimente völlig fehlschlagen sollte, ist das Überstreichen recht problemlos.

Ob Sie einen markant modernen »Look« oder eine eher zart verhaltene Farbgebung bevorzugen, mit Anstrichen läßt sich praktisch jede gewünschte Wirkung erzielen. Die besten Anhaltspunkte liefert meist der Raum selbst.

Natürlich gibt es Dinge, die man ohne einen völligen Umbau nicht ändern kann. Die Proportionen eines Zimmers, die Größe und Anordnung der Fenster und architektonischen Raumdetails können Ausgangspunkte für Überlegungen sein, wie man den Raum angehen will. Ein kleiner Raum etwa kann durch eine blasse Wandfarbe heller und luftiger wirken. Aber vielleicht wollen Sie auch ganz im Gegenteil durch dunkle Farben eine behagliche »Höhlenatmosphäre« schaffen oder verstärken.

Es hat jedoch keinen Sinn, sich unerreichbare Ziele zu setzen. Man kann nur bis zu einem gewissen Punkt gegen die natürlichen Gegebenheiten eines Raums anarbeiten – darüber hinaus wird das Ganze zu einer frustrierenden, fruchtlosen und kostspieligen Angelegenheit. Ein düsteres, nach Norden gelegenes Zimmer etwa läßt sich unabhängig von seinen Proportionen selten in einen hellen, fröhlichen Raum verwandeln. Kühles Licht kann leuchtende, lebhafte Farben sogar schroff, trist und deprimierend wirken lassen. Besser, man bemüht sich, das, was man vorfindet, weiterzuentwikkeln und vorteilhaft zur Geltung zu bringen, etwa indem man für ein Nordzimmer dunklere Farben wie Terrakotta, Moosgrün oder Nachtblau wählt und sich an der Herausforderung erfreut, ein Dekorationskonzept in satten, üppigen Farben zu kreieren.

In einem ungünstig proportionierten Raum kann ein einheitlicher Anstrich für Wände, Decke und Boden die Raumkonturen verwischen. Auch Farben und Oberflächenwirkungen von Anstrichen lassen sich sehr effektiv kombinieren. In einem kleinen Raum etwa kann Glanzfarbe, die das Licht reflektiert, einen Eindruck von Geräumigkeit schaffen. In Zimmern, die für ihre Größe zu hoch erscheinen, kann ein dunkler, matter Deckenanstrich die Decke optisch »tiefer hängen«, oder man kann eine Bilderleiste anbringen und den Wandabschnitt darunter dunkler streichen als die übrige Wandfläche. Niedrige Decken lassen sich optisch heben, indem man senkrechte Streifen auf die Wände malt (siehe Seiten 70–71) oder die Decke mattweiß oder heller streicht als die Wände.

Man kann viele Anstricheffekte dazu einsetzen, die weniger attraktiven Züge eines Raums zu kaschieren, ebensogut kann man sie aber auch nur um ihrer dekorativen Wirkung willen verwenden. Solche Effekte können auch dazu dienen, einen bis dahin wenig aufregenden Raum architektonisch reizvoller zu gestalten – zu einem Bruchteil der Kosten eines aufwendigen Umbaus.

Inzwischen ist man von einigen der übertriebeneren Effekte der 1980er Jahre abgekommen, als Tupf- und Marmoriertechniken zu allerlei Untaten mißbraucht wurden. Der neue Stil ist unaufdringlicher, die Farben gedeckter und die Gesamtwirkung letztlich differenzierter. Dieser Trend kommt Anfängern auf dem Gebiet des Dekorierens sogar sehr entgegen, denn wenn man mit zwei verschiedenen Creme-, Terrakotta- oder Grautönen arbeitet, fallen Fehler und Unregelmäßigkeiten sehr viel weniger ins Auge als bei Einsatz knalligerer Farben und eines insgesamt weniger dezenten Konzepts. Auch die zunehmende Beliebtheit zwangloser und auf alt getrimmter Interieurs wirkt sich zu Ihren Gunsten aus.

Neben der ungeheuren Vielfalt der verfügbaren Farbtöne ist auch die Art des Anstrichmittels für die letztlich erzielte Wirkung von großer Bedeutung. Es gibt Puristen, die niemals etwas anderes verwenden würden als matte Dispersionsfarben für Wände und Seidenglanzlack für Holzteile, aber auch Hochglanzfarben und -lacke erleben derzeit eine gewisse Renaissance. Seiden- oder hochglänzende Latexanstriche sind hervorragend geeignet für Bereiche wie Dielen, Bäder und Küchen, da sich viele Verschmutzungen einfach abwaschen lassen. Auch Strukturfarben bieten beachtliche Möglichkeiten: Farbhersteller haben in letzter Zeit neue Anstrichtypen entwickelt, die kleinere Risse und Unebenheiten in Wänden und Decken gut kaschieren.

Anstrichfarben bieten fast unbegrenzte Möglichkeiten; man muß nur das geeignete Produkt finden, um auf einer bestimmten Oberfläche die gewünschte Wirkung zu schaffen.

◀ Da in diesem kleinen Raum einheitlich terrakottafarbene Wände beengend wirken könnten, hat man zu einer schlichten, aber raffinierten Technik gegriffen und die Wände in gebrochenem Weiß vorgestrichen, kurze Kreppbandstreifen auf der Wand verteilt, mit verdünnter Farbe überstrichen und das Kreppband wieder entfernt.

▲ Mit Anstrichfarbe lassen sich auf einfache und preiswerte Art spannende Einrichtungsakzente setzen. Hier erhält das monochrome Gestaltungskonzept durch den Anstrich einer Wand mit Schultafelfarbe eine humoristische Note: eine schöne und originelle Idee, die man keineswegs nur auf Kinderzimmer beschränken muß.

Übersicht der Anstrichmittel

Standardfarben

1

2

Kunststoffdispersionsfarben

Diese meist lösemittelfreien Farben auf Wasserbasis sind die gebräuchlichsten Wandfarben. Sie werden von manchen Herstellern in einer relativ großen Palette gebrauchsfertig angemischter Farbtöne angeboten; ansonsten kann man weiße Farbe mit Vollton- und Abtönfarben selbst abtönen bzw. sich die gewünschte Farbe im Fachgeschäft anmischen lassen. Man kann sich seine Dispersionsfarben sogar aus Dispersionsbinder und Pulverpigmenten (beides im Künstlerbedarf erhältlich) mit Wasser selbst anmischen; dann steht einem natürlich eine noch breitere, nuanciertere Farbpalette zur Auswahl. Dispersionsfarben werden meist als matte Farben eingesetzt, sind aber auch in seidenglänzend erhältlich. Sie sind leicht zu verarbeiten und trocknen relativ rasch (Trockenzeit: ca. 2–4 Std.) – was für Effektanstriche nicht immer von Vorteil ist. Man kann sie u.a. auf Putz (auch neuem, gründlich durchgetrocknetem), Mauerwerk, auf Beton, Holz und Rauhfaser einsetzen. Dispersionsfarbanstriche sind in Maßen abwaschbar.

Dispersionsfarben dienen als Grundanstrich für die meisten Effektanstriche und können mit Wasser zu Lasuren und Tünchen für spezielle Effekte verdünnt oder mit Schlämmkreide angedickt werden, um eine strukturierte Wirkung zu erzielen.

Latexfarben

Latexfarben sind spezielle Dispersionsfarben, die sehr strapazierfähig und gut abwaschbar, oft sogar scheuerbeständig sind. Sie sind ähnlich zu verarbeiten wie normale Dispersionsfarben und dank ihrer besonderen Strapazierfähigkeit und Pflegeleichtigkeit besonders für Bereiche wie Küchen, Bäder, Dielen und Kinderzimmer zu empfehlen. Es gibt sie in verschiedenen Glanzgraden von Matt über Seidenglanz bis zu Hochglanz. Hochglanzfarben lassen etwaige Mängel des Untergrunds sehr deutlich hervortreten, können aber auf einwandfreien Untergründen sehr elegant wirken.

Feste Farbe

Dabei handelt es sich um Dispersionsfarbe von besonders fester Konsistenz, die man gebrauchsfertig in flachen Farbwannen kauft. Sie tropft und spritzt nicht, was sie speziell für Decken geeignet macht; sie deckt besonders gut.

Es gibt auch tropfgehemmte Dispersionsfarben, die von der Konsistenz her zwischen Fester Farbe und normalen Flüssigdispersionen anzusiedeln sind, sich relativ sauber verarbeiten lassen und gut decken.

Bad- und Küchenfarbe

Dispersionsfarbe für Feuchtraumbereiche mit Fungizidzusatz gegen Schimmelbildung und Pilzbefall.

Strukturfarben

Spezielle Farben auf Wasserbasis, mit denen man einer Putzoberfläche zusätzliche Struktur verleihen kann. Sehr nützlich, um kleinere Fehler und Unebenheiten des Untergrunds zu kaschieren. Läßt sich allerdings schlecht reinigen und sehr schwer wieder entfernen.

Tiefgrund

Grundierungsmittel, das vor allem dazu dient, die Saugfähigkeit von neuem oder unbehandeltem Putz herabzusetzen und sandende oder leicht bröckelnde Putzuntergründe zu festigen. Achten Sie darauf, nach Möglichkeit lösungsmittelfreien Tiefgrund zu verwenden.

Vorstreichfarbe

Dickflüssiges, gut deckendes Anstrichmittel, das kleinere Risse und Unebenheiten der zu streichenden Fläche ausfüllt und nach einem eventuellen Anstrich mit Tiefgrund aufgetragen werden kann.

4

3

5

Heizkörperlack

Ein Speziallack, der besonders hitzebeständig und unempfindlich gegen häufige Temperaturwechsel ist und so auf Heizkörpern nicht vergilbt und versprödet.

Spezialfarben

Tünchen

Traditionelle Kalkfarben kann man aus 1 Teil gelöschtem Kalk mit 2–$2^{1}/_{2}$ Teilen Wasser ggf. unter Zusatz von Methylcellulose-Kleister anmischen. Dieses preiswerte Anstrichmittel mit matter, puderiger Oberflächenwirkung läßt sich mit eingesumpften, kalkbeständigen Pigmenten abtönen. Ein dekkender Anstrich erfordert mehrere Anstrichschichten. Vorsicht: Die Farbe ist ätzend!

Leimfarbe kann man aus Tapetenkleister (Methylcellulose) mit Schlämmkreide anmischen und mit in Wasser eingesumpften Pulverpigmenten abtönen. Die richtige Konsistenz und den gewünschten Ton durch Experimentieren herausfinden. Leimfarbe ist empfindlich gegen Feuchtigkeit und Abrieb. Sie kann nicht überstrichen werden, sondern muß restlos abgewaschen werden. 2

Buttermilchfarbe

Buttermilchfarbe, eine der frühesten Innenraumfarben überhaupt, schafft auch heute noch eine authentisch ländliche Atmosphäre. Sie wird aus mit Wasser eingesumpften Pulverpigmenten und Buttermilch mit etwas Fungizidzusatz hergestellt, um Schimmelbildung zu vermeiden; sie hat eine matte Oberflächenwirkung. Da Mischunregelmäßigkeiten bei dunklen Farben stärker zutage treten, eignet sie sich besser für hellere Farbtöne. 4

Ölfarben

Einst ein gebräuchliches Anstrichmittel für Wände, heute aber von den Dispersionsfarben fast völlig verdrängt, da sie sehr langsam trocknen und stark riechen. Sie ergeben eine besonders schöne und strapazierfähige Oberfläche. Ölfarben für Wandanstriche sind heute fertig kaum noch zu bekommen; man kann sie selbst aus Leinölfirnis mit Pigmenten, am besten Ölpasten, anmischen, dann im Verhältnis 1:1 (matt) bis 3:1 (seidenglänzend) mit Terpentinersatz verdünnen. 1

Gegebenenfalls kann man die Trocknung (ca. 12–24 Std.) durch Sikkativzusatz beschleunigen.

Für den Deckanstrich kann man auch eine vollfette Ölfarbe, d.h. ohne Verdünnungsmittel, verwenden, die hochglänzend auftrocknet. 3

Historische Farben

Manche Hersteller produzieren »historische« Farbserien. Sie bieten besondere Farbtiefe und eine erstaunliche Auswahl an Farbtönen. Es gibt sie in verschiedenen Ausführungen: z.B. als Wand-, Fassaden- und Fußbodenfarben, Lack- oder Leimfarben.

Für einen authentischen Effekt sollte man sie nicht mit dem Roller, sondern mit dem Pinsel auftragen.

Metalleffektfarben

Glänzende Metalleffektfarben werden gern auch in Innenräumen verwendet. Hammerschlaglacke ergeben eine abwechslungsreiche Struktur. Metallicfarben werden oft als Sprühfarben angeboten, mit denen man eine schöne Oberfläche erzielen kann. 5

Untergrundvorbereitung

▲ *Ein Farbanstrich ist die einfachste und preiswerteste Möglichkeit, eine stark dekorative Wirkung zu erzielen. Die blau-orange gestrichenen Wände greifen Farbakzente des Buntglasfensters auf und wirken so stark, daß sie keines weiteren Schmucks bedürfen. Auch beim Fußboden, in den Möbeln und Accessoires setzt sich das Farbkonzept weiter fort.*

Die Qualität eines Anstrichs ist fast ausschließlich von sorgfältiger Vorarbeit abhängig. Es lohnt sich daher, soviel Zeit wie möglich auf dieses Stadium zu verwenden.

Wesentlich für ein einwandfreies Endergebnis ist ein sauberer, glatter Untergrund. Seine gründliche Vorbereitung erleichtert auch das Auftragen des Anstrichs, sofern man nicht eine »patinierte« Wirkung anstrebt (siehe Seiten 62–65). Leisten Sie sich eine möglichst hochwertige Ausrüstung; sie hält länger als billigere Alternativen.

Berechnung des Farbbedarfs

Wieviel Farbe Sie benötigen, wird von der Art der Farbe und auch vom bisherigen Farbton der Wände abhängen. Um dunkelgrüne Wände weiß zu überstreichen, braucht man zum Beispiel mehr Farbe, als wenn man weiße Wände dunkelgrün streicht. Wenn eine Wand neu verputzt worden ist, muß man bedenken, daß frischer Putz mehr Farbe aufsaugt als alter. Auf dem Farbbehälter ist normalerweise angegeben, für welche Fläche die Farbe bei unverdünnter Verwendung ausreicht. Die Berechnung der zu streichenden Fläche ist unproblematisch. Für die Decke einfach Länge und Breite des Fußbodens ausmessen und die beiden Maße miteinander multiplizieren. Jede Wand wird einzeln berechnet, indem man Höhe mit Breite multipliziert. Zuletzt alle Flächen zusammenaddieren.

Um die benötigte Farbmenge zu berechnen, die zu streichende Gesamt-Quadratmeterzahl durch die auf dem Behälter angegebene Dekkungsfläche dividieren; so erhält man die Anzahl der benötigten Farbbehälter.

Vorarbeiten

Vor dem Streichen das Mobiliar nach Möglichkeit wegräumen. Den Rest mit Planen, den Fußboden mit Plastikfolie abdecken. Fensterrahmen mit Kreppband schützen. Teile, die nicht gestrichen werden sollen, wie etwa Heiz-

Vorarbeiten

1 *Lichtschalter, Steckdosen und Holzteile vor dem Streichen mit Kreppband abkleben.*

2 *Wände mit einem Schwamm und Spülmittellösung abwaschen.*

3 *Decke mit einem Gummiwischer und Spülmittellösung abwaschen.*

4 *Den Untergrund vorbereiten; abblätternde Farbe mit einem breiten Spachtel abkratzen.*

Risse verfüllen

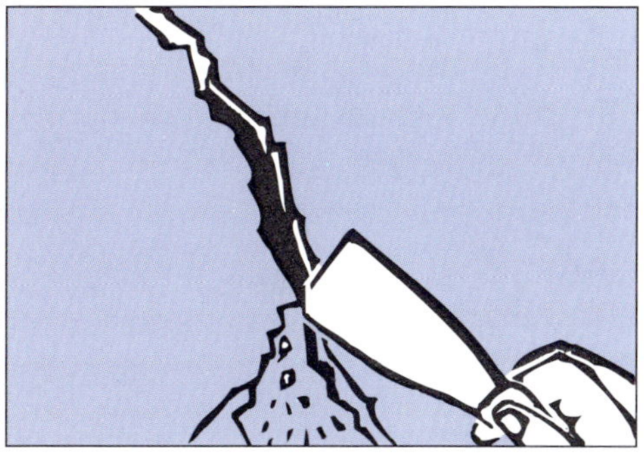

1 Mit Fugenkelle oder Spachtel lose Putzreste und Schmutz aus größeren Rissen kratzen.

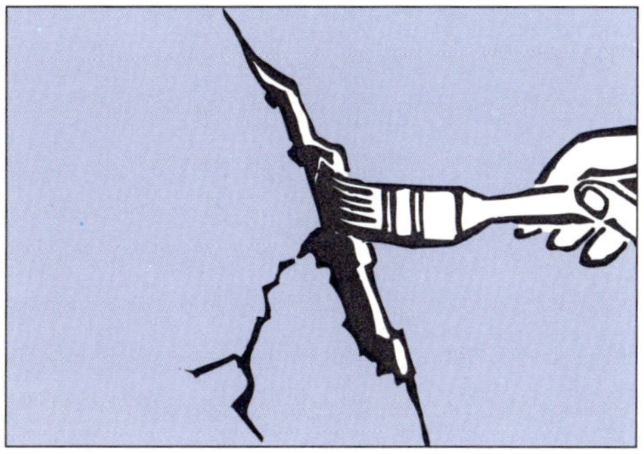

2 Staubreste mit einem weichen Pinsel oder Staubsaugerschlauch entfernen.

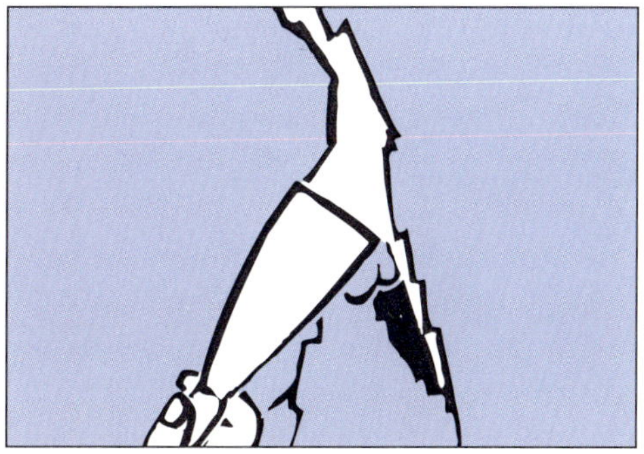

3 Riß verfüllen. Tiefe Risse schichtweise füllen; jede Schicht 24 Stunden trocknen lassen.

4 Nach dem Trocknen sorgfältig mit um einen Schleifklotz gewickeltem Schleifpapier glätten.

körper, mit Plastikfolie abdecken, diese mit Kreppband fixieren. Beim Streichen der Wände die Deckenkanten mit breitem Kreppband abkleben bzw. umgekehrt. Vor Arbeitsbeginn die benötigte Ausrüstung zusammenstellen und für eine gute Belüftung des Raums sorgen. Am besten einen Overall tragen; Wollsachen sind zu vermeiden, da Fasern an der feuchten Farbe haften bleiben könnten.

Untergrundvorbereitung

Vor dem Streichen einer Wand sollte man prüfen, ob der Putzuntergrund in einwandfreiem Zustand ist. Sonst muß der alte Putz fachmännisch entfernt und erneuert werden. Frischer Putz benötigt in der Regel vier bis fünf Wochen, um durchzutrocknen; dies ist bei der Zeitplanung zu berücksichtigten. Vor dem Endanstrich muß dann eine Schicht Tiefgrund oder verdünnte Dispersionsfarbe aufgetragen werden. Neue Gipskarton-Wände werden mit Gipskarton-Absperrgrundierung oder verdünntem PVA-Leim vorbehandelt.

Alte Anstriche mit warmer Spülmittellauge gründlich abwaschen. Bei Wänden von unten nach oben arbeiten und besonders auf die Bereiche um Lichtschalter achten, wo sich Fingerabdrücke ansammeln. Decken mit einem sauberen Gummiwischer abwaschen. Alle Oberflächen mit klarem Wasser nachwaschen; vor Ausbesserung kleinerer Wandschäden gründlich trocknen lassen. Abblätternde Farbe mit einem breiten Spachtel abkratzen. Wände mit feinem Schleifpapier abschleifen, um eine glatte Oberfläche zu erzielen, dann abstauben.

Feuchtigkeits- oder Schimmelflecken vor Überstreichen mit Spezialmitteln behandeln.

Risse verfüllen

Putzrisse mit Spachtelmasse ausbessern. Den Riß mit einem Spachtel auskratzen, um losen Putz oder Staub zu entfernen. Riß und Umgebung mit einem alten Pinsel und sauberem Wasser anfeuchten, damit die Spachtelmasse besser haftet. Riß großzügig mit Universal-Spachtelmasse auffüllen, große Löcher Schicht für Schicht, wobei jede Schicht gründlich trocknen muß. Füllspachtel gut durchtrocknen lassen, dann so weit abschleifen, daß man eine glatte und ebene Fläche erhält.

Werkzeug und Ausrüstung

Man sollte die benötigte Ausrüstung vor Arbeitsbeginn bereitlegen, damit die Vorbereitung der zu streichenden Wände oder sonstigen Oberflächen schnell vonstatten geht. Am besten stellt man sich zum Renovieren eine Grundausrüstung zusammen. So ist man für kleinere Malerarbeiten jederzeit gerüstet und braucht nur zur Ausführung spezieller Arbeiten noch besonderes Zubehör.

- **Schleifpapier:** feinkörniges Glaspapier, Naßschleifpapier, gröberes Schleifpapier zum Anrauhen von Holzteilen oder Glätten ausgebesserter Stellen.
- **Schleifklötze:** aus Holz oder Kork, um die das Schleifpapier gewickelt wird.
- **Flusenfreie Lappen:** zum Aufwischen verschütteter Flüssigkeiten.
- **Terpentinersatz (oder Terpentin):** Verdünnungsmittel für Farben und Lacke auf Ölbasis.
- **Kreppband:** schmales Klebeband, um Lichtschalter, Steckdosen, Fensterrahmen etc. vor Farbe zu schützen; breiteres Klebeband zum Abkleben größerer Flächen, wie etwa der Kanten von Decken oder Wänden.
- **Abdeckplanen:** aus Plastik oder Stoff.
- **Alter Löffel:** als Hebel zum Öffnen von Farbbehältern.
- **Spachtel:** mit breiter Klinge zum Abkratzen abblätternder Farbe.
- **Fugenkelle:** um Spachtelmasse in Löcher und Risse zu drücken.
- **Holzstab:** zum Farbenrühren.
- **Spülmittel oder Sodalauge:** Zum Abwaschen der Wände vor dem Streichen.
- **Universal-Spachtelmasse:** Zum Verfüllen von Rissen und Löchern.
- **Große Malerschwämme:** Zum Abwaschen der Wände.
- **Saubere Marmeladengläser o.ä.:** zum Einweichen von Pinseln, zum Abfüllen kleiner Farbmengen usw.
- **Schutzmaske, Schutzbrille und Einweghandschuhe**: wichtig vor allem beim Umgang mit Lösungsmitteln und anderen gesundheitsschädlichen Materialien.
- **Arbeitsgerüst:** zum Streichen von Treppenhäusern und hohen Decken.

Streichwerkzeuge

▶ *In kräftigen Kontrastfarben gestrichene Wände haben eine immense optische Wirkung. Bei solchen schlicht einfarbigen Wänden muß die Anstrichoberfläche jedoch makellos sein, was eine sorgfältige Untergrundvorbereitung voraussetzt. Für große, freie Wandflächen sind Roller mit Farbwanne bestens geeignet.*

Pinsel, Roller und Kissen

Achten Sie darauf, die richtige Ausrüstung für das jeweilige Anstrichmittel und den Untergrund zu wählen, um den Zeitaufwand zu minimieren. Benutzen Sie niemals Pinsel, Roller und Streichkissen, die nicht mehr in bester Verfassung sind; das Endresultat steht sonst in keinem Verhältnis zur investierten Zeit.

Gute Pinsel haben eine ausreichende Borstenlänge; sie sollten nicht stoppelig sein. Farbroller neigen stärker zum Spritzen als Pinsel, sind aber das Mittel der Wahl für große Flächen wie Wände und Decken, da die Arbeit mit ihnen wesentlich schneller vonstatten geht.

Roller ergeben eine etwas fleckigere Oberfläche als Pinsel. Vor allem Schaumstoffroller sind zum Erzielen sehr glatter Oberflächen ungeeignet: Die im Schaumstoff eingeschlossene Luft erzeugt einen »Orangenschalen«-Effekt, der durch mehrere Farbschichten sichtbar bleibt.

Streichkissen eignen sich ähnlich wie Roller gut zum Streichen größerer Flächen. Es gibt sie aus Schaumstoff oder Mohair auf Schaumstoffuntergrund in verschiedenen Größen. Außerdem bekommt man auch kleinere Spezialkissen für präzise Kanten, Zierprofile und Fenstersprossen. Man setzt sie am besten mit wasserverdünnbaren Farben ein. Sie ergeben eine glatte Oberfläche; der Farbauftrag ist jedoch dünner als bei Rollern, so daß man unter Umständen eine Anstrichschicht mehr benötigt.

Man sollte ausreichende Mengen Pinsel, Roller und Streichkissen kaufen, aber der Kauf von hoch beanspruchbarem Profigerät lohnt nur, wenn man ein ganzes Haus vom Keller bis zum Dach renovieren will. Vor Anschaffung teurer oder sehr spezieller Geräte sollte man überlegen, ob man sie nicht mieten kann.

Erste Schritte zum Streichen der Wände

Den Rand des geschlossenen Farbbehälters mit einem trockenen Pinsel oder feuchten Tuch abwischen, um Staub oder Schmutz zu entfernen, der in die Farbe fallen könnte. Deckel rundum vorsichtig mit einem Löffelgriff loshebeln, bis er sich abheben läßt. Farbe mit einem sauberen Holzstab in einer achtförmigen Rührbewegung gut durchrühren.

Einen Teil der Farbe in einen sauberen Farbeimer oder eine Farbwanne umgießen, die beim Herumklettern auf Leitern einfacher zu handhaben sind als ein voller Farbeimer.

Umgang mit Pinseln

Vor Benutzung eines neuen Pinsels etwaige lose Borsten durch kräftiges Hin- und Herbürsten über die Handfläche abstreifen.

Zum Streichen die Pinselborsten zu einem Drittel oder bis zur Hälfte in den Farbeimer tauchen. Überschüssige Farbe entfernen, indem man den Pinsel an der Eimerinnenwand abklopft. Pinsel nicht am Behälterrand abstreifen: Dadurch werden Borsten aus dem Pinsel gezogen, die dann die Farbe verunreinigen; die Außenseite des Behälters wird klebrig und unhandlich. Man kann auch ein Stück Schnur straff über die Öffnung des Behälters spannen und den Pinsel daran vorsichtig abstreifen. Nicht zuviel Farbe auf den Pinsel nehmen, da er dann viel schwieriger zu handhaben ist und sich Tropfnasen bilden, die auf der fertigen Anstrichoberfläche sichtbar bleiben. Farbe nicht zu dick auftragen und ausreichende Trockenzeiten zwischen den Anstrichschichten einhalten; hierzu die Herstelleranweisungen befolgen.

Bei Verwendung von Dispersionsfarben muß man zügig arbeiten, da ihre kurze Trockenzeit sonst zur Entstehung von Ansatzkanten führt. Mit einem 10–15 cm breiten Pinsel jeweils etwa 70 mal 70 cm große Abschnitte bearbeiten. Diese mit kreuzweise aufgebrachten Pinselstrichen gleichmäßig bedecken, mit einem

Streichwerkzeuge

1 Pinsel bei Abschluß eines Anstrichabschnitts mit lockerem Aufwärtsstrich abziehen.

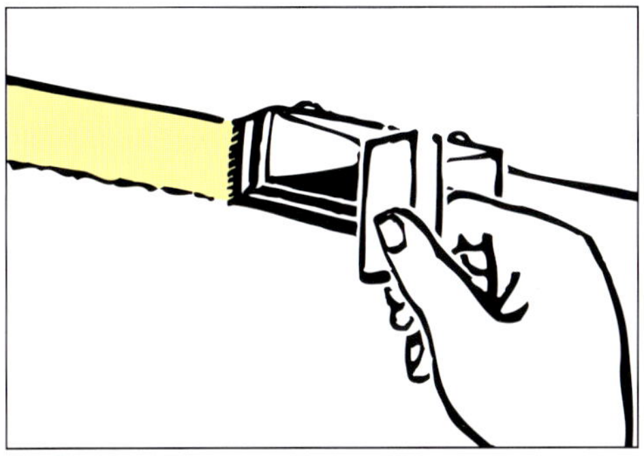

2 Vor dem Anstrich der Hauptwandfläche die Kanten mit einem kleinen Streich- oder Kantenkissen vorstreichen.

3 Farbe mit kreuzweise überlappenden Strichen auf jeweils etwa 1 m² große Abschnitte auftragen.

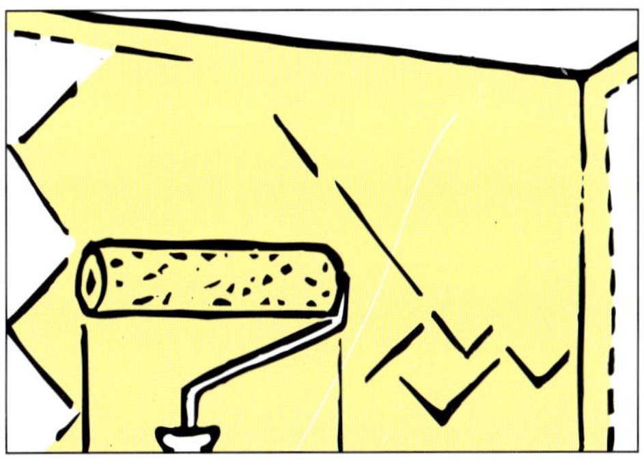

4 Mit dem Roller Farbe erst kreuzweise überlappend auftragen; dann senkrecht darüber fahren.

lockeren Aufwärtsstrich abschließen. So schnell und methodisch die ganze Wand streichen.

Farben auf Ölbasis und die meisten Lackfarben trocknen langsamer als Dispersionsfarben, so daß man hier etwas bedächtiger arbeiten kann. Einen 2,5–5 cm breiten Pinsel wie einen Bleistift zwischen Daumen und Zeigefinger halten und auf einem etwa 30 cm im Quadrat messenden Abschnitt senkrechte, parallele Striche ziehen. Wenn die Farbe auf dem Pinsel weitgehend verbraucht ist, die senkrechten Striche zügig quer verstreichen, so daß sie zu einer deckenden Farbschicht zusammenfließen. Mit leichten, senkrechten Strichen abschließen; zum nächsten Abschnitt übergehen.

Umgang mit dem Streichkissen

Gut durchgerührte Farbe in eine normale Farbwanne für Roller oder eine Spezialwanne für Streichkissen gießen. Zur gleichmäßigen Farbaufnahme das Kissen über die geriffelte Abstreichfläche der Wanne bzw. die Walze der Spezialwanne hin- und herbewegen. Wandkanten mit kleinem Streichkissen oder speziellem Kantenkissen vorstreichen. Dann die Farbe mit einem größeren Kissen (ca. 20 cm lang) mit kreuzweise überlappenden Strichen auf der Wand verteilen; dabei je etwa 1 m² große Abschnitte auf einmal bearbeiten. Zum Streichen von Decken oder hohen Wänden das Streichkissen auf einen Verlängerungsstiel stecken.

Umgang mit dem Roller

Eine Walze mit geeignetem Bezug für den jeweiligen Untergrund wählen und fest auf den Griffbügel stecken. Etwas gut durchgerührte Farbe in eine Rollerwanne gießen; Roller über die schräge Abstreiffläche in die Farbe rollen. Roller auf der Abstreiffläche auf und ab rollen, um den Farbüberschuß abzustreifen.

Flächenkanten des Raums mit dem Pinsel vorstreichen (siehe Seiten 60–61). Farbe mit dem Roller mit kreuzweise überlappenden Strichen auf etwa 60 x 60 cm messende Abschnitte verteilen, dann senkrecht darübergehen. Mit lockerem Aufwärtsstrich abschließen; aufpassen, daß die Kanten der Abschnitte ineinander verlaufen. Zum Streichen von Decken oder hohen Wänden einen Verlängerungsstiel benutzen.

Zu Strukturrollern und zum Einsatz von Rollern für Strukturfarbe siehe Seiten 70–71.

Werkzeug/Ausrüstung

- **Behälter:** Metall- oder Plastikeimer, für Farbroller Wannen.
- **Malerpinsel:**
  10–12,5 cm breite Flächenstreicher.
  2,5–5 cm breite Flachpinsel.
  5–7,5 cm breite Flachpinsel zum Vorstreichen der Wandkanten.
  2,5 cm breite Pinsel oder Winkelpinsel für Fensterrahmen.
  Künstlerpinsel für Feinarbeiten.
  5–10 cm breite ovale Lackierpinsel.
- **Rollerbügel:** zum Aufstecken verschiedener Walzen.
- **Rollerwalzen:**
  Kurzflorige Mohairplüschbezüge für Seidenglanz-Dispersionsfarbe.
  Mittellange Lammfellbezüge für matte Dispersionsfarbe.
  Mittlerer bis langer Flor für strukturierte Flächen.
  Struktur-Schaumstoffbezüge für besondere Effekte.
- **Verlängerungsstiel:** zum Streichen von Decken und hohen Wänden mit Farbrollern oder Streichkissen.
- **Heizkörperroller:** kleiner Roller auf langem Griff.
- **Streichkissen:** mit hohlem Griff zum Einstecken von Verlängerungsstielen.
- **Malerstock:** zum Abstützen der Hand bei Feinarbeiten.
- **Stehleiter oder -leitern:** zur Herstellung eines Arbeitsgerüsts.
- **Für dekorative Effektanstriche:**
  Naturschwämme
  Schlägerpinsel: für Zugtechniken.
  Staubpinsel oder Modler.
  Auswahl an Schablonierpinseln.
  Große Stupfbürste.
  Vertreiberpinsel: zum Verschlichten von Pinselspuren.
  Fischpinsel: zum Sprenkeln/Stupfen.
  Spezialroller, -walzen und -kämme.
  Flusenfreie Lappen: für Wickeltechnik.

Zu mietendes Gerät:

- **Spritzpistolen:** zum schnellen Farbauftrag auf große Flächen. Nur mit Schutzmaske einsetzen.
- **Batteriebetriebene Farbpinsel und -roller:** Die Farbe wird von einem angeschlossenen Tank über einen Schlauch zugepumpt.
- **Gerüst:** Sichere Arbeitsbühne zum Streichen sehr hoher Räume.

Streicharbeiten

Reihenfolge beim Streichen eines Raums

Profi-Anstreicher streichen einen Raum immer in einer bestimmten Reihenfolge. Sie beginnen mit der Decke. Als nächstes kommen die Wände, dann Tür- und Fensterrahmen, dann Deckensimse und Fußleisten, zuletzt der Fußboden. So kann von der Decke herunterspritzende Farbe nicht die frisch gestrichenen Wände ruinieren. Auf Holzteile getropfte Farbe sofort abwischen; solange sie noch feucht ist, läßt sie sich leicht entfernen.

Streicharbeiten

Bevor man die Wände großflächig mit Farbe bedeckt, sollte man sich einigen Details zuwenden, um ein professionelles Ergebnis zu erhalten. Es ist sehr wichtig, sauber um Türen, Fenster und Lichtschalter zu streichen und auf eine saubere Abschlußlinie zwischen Wand und Decke zu achten, da diese Bereiche beim Betreten oder Verlassen des Raums, Öffnen oder

Anstrichreihenfolge

1 *Profis streichen einen Raum in einer bestimmten Reihenfolge, an die man sich halten sollte.*

2 *Wände und Decke streifenweise streichen – die Wände von oben nach unten, die Decke hin und her.*

Schließen eines Fensters besonders ins Auge fallen. Diese Kanten mit dem Pinsel vorstreichen – man nennt das auch »beschneiden«. Dazu einen etwa 2,5–5 cm breiten Pinsel fest gegen die Wand drücken, so daß sich die Borsten etwas spreizen, und einen etwa 2,5 cm breiten Farbstrich in den Wandecken, an der Deckenkante und über der Fußleiste ziehen.

Einen solchen Strich zieht man auch um Türen und Fenster, entweder auf die gleiche Weise oder in einer etwas anderen Technik, um eine besonders ordentliche Wirkung zu erzielen. Hierzu eine Reihe kurzer, waagerechter Striche im rechten Winkel zum Tür- oder Fensterrahmen malen. Diese mit einem sicheren, senkrechten Pinselstrich verbinden, dabei die Pinselborsten dicht am Rahmen entlang führen.

Die Decke mit einem Roller mit Verlängerungsstiel in streifenförmigen Abschnitten streichen – immer von einer Seite des Raums zur anderen und zurück, d. h. jeweils in entgegengesetzter Streichrichtung zum vorigen Streifen. Um eine gute Deckung zu erreichen, innerhalb jedes Streifens die Farbe, wie bereits beschrieben, mit kreuzweise überlappenden Strichen auftragen, dann mit geraden Strichen darübergehen. Wände in senkrechten Abschnitten von der Decke zum Boden streichen – dabei vom Tageslichteinfall weg arbeiten. Nach Wänden und Decke kommen die präzise zu streichenden Bereiche: Tür- und Fensterrahmen.

Stuckverzierungen streichen

Dann sind die Stuckverzierungen, wie etwa Deckensimse und -rosetten, an der Reihe.

Wegen ihrer porösen Beschaffenheit sind solche Gipsteile besonders anfällig für Fleckenbildung durch Feuchtigkeit, Schimmel, Mineralsalze und Nikotin. Vor dem Überstreichen muß man diese behandeln und die Oberfläche gegebenenfalls ausbessern und grundieren. Erkundigen Sie sich im Fachhandel nach geeigneten Mitteln für bestimmte Probleme.

Zierprofile und Ornamente je nach Größe und Detailliertheit mit kleinen Pinseln oder Künstlerpinseln anstreichen. Die Grundfarbe mit einem 2,5 cm breiten Pinsel auftragen; dabei die Borsten leicht gespreizt halten, um eine saubere Außenkante zu erzielen. Wenn diese Farbe getrocknet ist, kann man bestimmte

Streicharbeiten

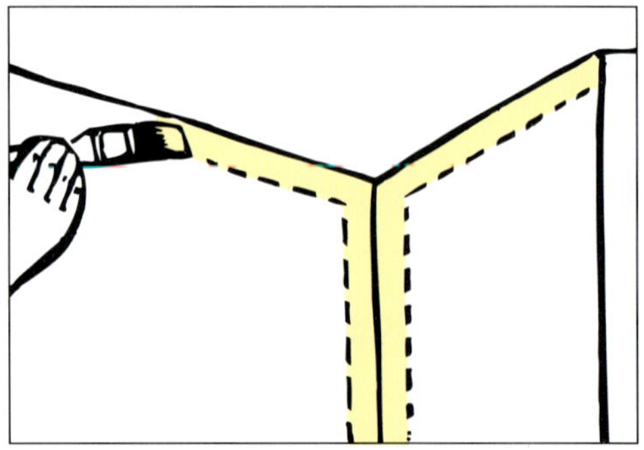

1 *Zuerst die Wandkanten mit einem 2,5–5 cm breiten Pinsel mit leicht gespreizten Borsten »beschneiden«.*

2 *Farbe mit dem Roller zuerst kreuzweise überlappend auftragen, dann senkrecht darüber gehen.*

3 *Die Decke mit einem Roller mit Verlängerungsstiel von einem Raumende zum anderen und zurück streichen.*

Details mit einem kleineren Künstlerpinsel in einer Kontrastfarbe absetzen. Zum Malen gerader Linien oder besonders feiner Details kann man die Hand auf einem Malerstock abstützen.

Metallrohre und Heizkörper streichen

Bevor man Rohre oder Heizkörper streicht, sollte man die Heizung bzw. Heißwassergeräte abstellen und den Metallteilen genug Zeit zum Abkühlen geben. Alte Anstriche mit Spülmittellösung abwaschen; der Untergrund muß staubfrei sein. Hochglänzende Oberflächen mit feinem Naß-Schleifpapier anrauhen. Mit klarem Wasser nachwaschen und vor dem Überstreichen gründlich trocknen lassen.

Die langlebigsten Anstriche auf Metallen erzielt man mit Metall- bzw. Heizkörperlacken. Bei Heizkörpern die Farbe mit einem 5 cm breiten Pinsel dünn auftragen; zügig mit langen, leichten Strichen arbeiten. Es darf keine Farbe auf oder in die Nähe der Ventile geraten, da sie sonst verkleben. Beim Streichen der Heizkörperkanten die dahinterliegende Wand mit einem Stück Karton vor Farbspritzern schützen.

Rohre mit der gleichen Farbe, aber mit einem 2,5 cm breiten Pinsel streichen; dabei senkrecht von oben nach unten arbeiten.

Fliesen streichen

Ein Farbanstrich auf Keramikfliesen kann in der Regel nur eine vorläufige Lösung sein, da die Farbe, gleichgültig wie sorgfältig man bei Vorbereitung und Auftrag vorgeht, auf die Dauer von der glasierten Oberfläche abplatzt.

Dennoch kann man eine häßliche Fliesenreihe bis auf weiteres unter einer schnell aufgebrachten Farbschicht verschwinden lassen. Zur Vorbereitung die Fliesen mit Haushaltsreiniger und einem feuchten Tuch abwischen.

Neuere Spezialgrundierungen und -lacke für Fliesen ergeben möglicherweise haltbarere Anstriche. Auf die Grundierung zwei Schichten Fliesenlack auftragen, um eine dauerhafte, wasserfeste Oberfläche zu erhalten.

◀ Wenn man Raumdetails in Kontrastfarben streicht, wie hier die Holzvertäfelung und ihre Abschlußleiste, sind Sauberkeit und Genauigkeit oberstes Gebot. Die zu streichenden Flächen am besten mit schwach klebendem Kreppband abgrenzen. Für Anstriche auf Holz zuerst eine Grundierung und dann einen Voranstrich aufbringen, um einen glatten, einwandfreien Endanstrich zu erzielen.

Sonstige Streicharbeiten

1 *Um Details in Kontrastfarben abzusetzen, muß man präzise streichen. Flächen ggf. mit Kreppband abkleben.*

2 *Heizkörper mit einem 2,5–5 cm breiten Pinsel streichen. Farbe dünn auftragen, zügig arbeiten.*

3 *Beim Streichen von Rohren Wand und Fußleiste mit einem Stück Karton vor Farbspritzern schützen.*

Effektanstriche

▲ *Transparente Lasuren (hier auf Ölbasis) können Wänden einen wunderbar zarten Glanz verleihen; man darf aber bei der Wahl des Farbtons und der Intensität nicht vergessen, daß die Farbe auf der Wand deutlicher zutage tritt. Hier erhält der blaßgelbe, seidenglänzende Grundanstrich durch eine grau getönte Lasur zusätzlich Tiefe und Struktur.*

Bevor man eine ganze Wand mit einer Spezialtechnik behandelt, den angestrebten Effekt zunächst auf einem Stück Pappe oder in einer unauffälligen Ecke der Wand ausprobieren. So kann man die gewünschte Wirkung perfektionieren und feststellen, wie die Farben zusammenwirken. Den Experimentierbereich überstreichen und trocknen lassen, bevor man mit dem eigentlichen Wandanstrich beginnt.

Lasuren

Wandlasuren

Eine Lasur ist eine transparente Farbschicht, die den darunterliegenden Grundanstrich je nach ihrer Konsistenz verschieden stark durchscheinen läßt. Das kann schon für sich sehr interessant wirken; außerdem eignen sich Lasuren aber auch für eine Vielzahl dekorativer Effekte.

Wandlasuren muß man in der Regel selbst anmischen; manche Hersteller bieten allerdings auch schon halbtransparente Effektfarben an. Als Lasurfarben eignen sich etwa Dispersionsfarben oder auch Acrylfarben (Künstlerbedarf). Die letzteren sind teurer, aber da sie als Lasur ohnehin stark mit Wasser verdünnt werden, sind sie vielleicht als Wandfarbe noch erschwinglich.

Je nach vorgesehener Wirkung mischt man 1 Teil weiße Dispersionsfarbe mit 3 bis 5 Teilen Wasser. Damit die Lasur langsamer trocknet und sich länger bearbeiten läßt, was für manche Effekte sinnvoll ist, kann man etwa 2 % fertig angerührten Tapetenkleister untermischen. Lasur mit Vollton-Abtönfarben oder eingesumpften Pulverpigmenten abtönen.

Oder Acrylfarben aus dem Künstlerbedarf bis zur gewünschten Transparenz mit Wasser verdünnen (möglich sind Verdünnungen bis etwa 1:10); falls die Lasur zu wäßrig wird, etwas Acrylbindemittel zusetzen.

Es ist wichtig, von vornherein eine ausreichende Lasurmenge für die gesamte zu behandelnde Fläche anzusetzen, weil es praktisch unmöglich ist, den exakt gleichen Farbton ein zweites Mal zu treffen. 10 Liter Lasur reichen je nach Auftragsmethode und Saugfähigkeit des Untergrunds für etwa 90–100 m^2.

Als Untergrund für Lasureffekte empfiehlt es sich, die Wand zunächst mit lösemittelfreiem Tiefgrund vorzustreichen. Der Grundanstrich (1–2 Schichten) wird dann auf jeden Fall mit unverdünnter Dispersionsfarbe ausgeführt.

Man kann den fertigen Anstrich, nachdem er gut durchgetrocknet ist, mit einer Schicht Mattlack überziehen, um seine Lebensdauer zu verlängern. Das ist sinnvoll vor allem in stark beanspruchten Bereichen wie Dielen oder wenn die Wand häufiger abgewischt werden muß.

Die Lasur wird mit einem breiten Flächenstreicher mit zügigen, lockeren Strichen in Abschnitten von jeweils etwa 1 m^2 auf die Wand aufgetragen. Pinselspuren mit einem breiten, kurzborstigen Pinsel verwischen, bis man eine glatte, gleichmäßige Oberfläche mit dünnem, nahezu transparentem Farbfilm erhält.

Zum Farbtünchen (siehe unten) mischt man die Dispersionsfarbe noch dünnflüssiger an: 1 Teil Farbe auf bis zu 8 Teile Wasser.

Farbtünchen

Durch das Farbtünchen läßt sich die Erscheinung alter, mit Leimfarben gestrichener Wände imitieren, die sich gut in den aktuellen Trend zu natürlichen, strukturreichen Interieurs einfügt. Einige Spezialgeschäfte führen auch heute noch traditionelle Leimfarben, aber ein ähnlich rustikaler, leicht kalkiger Effekt läßt sich auch mit verdünnter Dispersionsfarbe erzielen.

Da eine ungleichmäßige Oberflächenwirkung angestrebt wird, ist diese Anstrichtechnik leicht zu handhaben und macht sich auf Wänden mit unebener Oberfläche besonders gut.

Die Farbe ist sehr dünnflüssig, weshalb man vor dem Streichen all das sorgfältig abdecken sollte, was keine Farbe erhalten soll.

Wand mit Dispersionsfarbe vorstreichen, gut trocknen lassen. Farbtünche aus Dispersionsfarbe anmischen – 1 Teil Farbe auf 4–8 Teile Wasser –, dann auf einer kleinen Fläche experimentieren, bis man ein Mischungsverhältnis findet, mit dem es sich gut arbeiten läßt und das die gewünschten weichen Farbabstufungen erzeugt. Tünche mit einem großen Malerpinsel in locker kräftigen Strichen kreuzweise auf eine Fläche von etwa 1 m^2 auftragen; nicht versuchen, die gesamte Wand auf einmal zu streichen. Mit einem angefeuchteten Pinsel über die Tünche gehen, um Pinselspuren zu verwischen und etwaige Tropfnasen aufzunehmen.

Keine Sorge, falls die Wände jetzt unordentlich und unattraktiv wirken. Diese Schicht über Nacht oder mindestens 12 Stunden trocknen lassen; dann sieht sie schon viel besser aus.

Tünchvorgang wiederholen, dabei wieder nur 1 m^2 große Abschnitte auf einmal bearbeiten. Jetzt kreuzweise Striche auf die Flächen auftragen, die man beim ersten Mal ausgelassen hat. In stark beanspruchten Bereichen wie Dielen oder in Feuchträumen ist es sinnvoll, den fertigen Anstrich mit einer Schutzschicht aus mattem Polyurethanlack zu überziehen.

Trockenpinseltechnik

Die Trockenpinseltechnik erzeugt einen gröberen, augenfälligeren Effekt als Lasuren und Farbtünchen. Die Wand mit matter Dispersionsfarbe vorstreichen. Dann etwas Dispersionsfarbe des für den Deckanstrich vorgesehenen Farbtons in eine Farbwanne gießen.

Einen breiten Pinsel mit harten Borsten in die Farbe tauchen; Farbüberschuß an der Abstreichfläche oder auf einem Holzbrett abstreichen. Dann den Deckanstrich mit kreuzweise aufgebrachten Strichen (wie bei der Farbtünche) auftragen. Es ist für diesen Effekt – wie der Name schon sagt – sehr wichtig, den Pinsel sehr trocken zu halten und die Farbe mit leichter Hand und nur mit den Borstenspitzen, nicht mit der Flachseite des Pinsels aufzutragen. Die Grundfarbe sollte etwas durchscheinen, um eine leicht verschleierte Wirkung zu erzielen.

Zur Erzielung einer größeren Farbtiefe und -intensität den gleichen Vorgang wiederholen, nachdem die Farbe zuerst über Nacht oder mindestens 12 Stunden gut durchgetrocknet ist. Auch diesen Anstrich kann man mit einer matten Lackschicht überziehen.

▲ Tünchen in zwei Farbtönen ist eine einfache Technik, die bei richtiger Farbkombination einer schlichten Wand etwas Majestätisches geben kann. Hier wurden die Tüncheschichten an manchen Stellen dicker aufgetragen als an anderen, so daß die Grundfarbe unterschiedlich stark durchscheint und eine deutlich strukturierte Wirkung entsteht.

► Trockenpinseltechnik mit leuchtenden Farben – hier Grün und Gelb; sie kommen durch die Schraffurwirkung noch besser zur Geltung. Wer einfarbige Wände langweilig findet, kann mit dieser Technik eine patinierte Erscheinung imitieren, etwa indem man einen helleren Ton über einen dunkleren Grundanstrich pinselt.

Zugtechnik

Mit der Zugtechnik läßt sich ein eleganter, weich gestreifter Effekt schaffen, der Türen und Holztäfelungen genauso verschönern kann wie einfache Wände. Hierbei scheint der Grundanstrich in feinen, unregelmäßigen Farbstreifen durch den mit Lasur ausgeführten Deckanstrich durch.

Die Zugtechnik erfordert eine ruhige Hand und ist etwas heikler als das Tünchen oder Lasieren, weil die Pinselstriche über die ganze Wand parallel verlaufen müssen. Anfänger sollten diese Technik vielleicht erst auf einer kleineren Fläche, wie den Füllungen einer Tür, ausprobieren. Wände müssen für diesen Anstrich absolut eben sein (siehe Seiten 56–57).

Als Deckanstrich für die Zugtechnik eine Dispersions- oder Acryllasur anmischen. Acryllasur, die langsamer trocknet und sich so länger bearbeiten läßt, mag das geeignetere Material für Anfänger sein, da man sich bei der Arbeit etwas mehr Zeit lassen kann. Bei Verwendung von Dispersionsfarbe sollte die Lasur nicht zu dünnflüssig sein.

Zwei Schichten seidenglänzender Dispersionsfarbe auf die Wand auftragen und gründlich durchtrocknen lassen. Dann eine Schicht Lasur auftragen, dabei von oben nach unten an überschaubaren Abschnitten arbeiten: Empfehlenswert sind senkrechte, etwa 60 cm breite Wandstreifen.

Bevor die Lasur anzutrocknen beginnt, einen langborstigen, trockenen Schläger (Spezialpinsel) zügig in langem, gleichmäßigem Strich von der Deckenkante bis zum Boden durch die Lasur ziehen. Es ist wichtig, zum nächsten Abschnitt überzugehen, bevor die Ansatzkante antrocknet. Nach jedem Strich die überschüssige Lasur mit einem flusenfreien Lappen vom Pinsel wischen.

► *Das Lappenwickeln ist keine schwierige Technik. Der gewölkte Effekt wirkt bei Verwendung kräftiger Farben besonders schön. Hier fangen himmelblaue Farbwirbel auf weißem Untergrund das Tageslicht ein und bilden einen wunderbaren Hintergrund für die grobe Struktur des davor stehenden Holzobjekts.*

Wenn der Deckanstrich durchgetrocknet ist, kann man ihn mit einer oder besser mit mehreren Schichten Mattlack überziehen.

Wickeltechnik

Eine schnelle und einfache Methode auch für Anfänger, mit der sich sogar nicht einwandfreie Wände kaschieren lassen. Statt der schrilleren Farbkombinationen der 1980er Jahre bevorzugt man heute dezentere Gestaltungen, bei denen Grund- und Deckschicht in harmonierenden Tönen ausgeführt werden: Eine schöne Wirkung geben zum Beispiel blasse Pastelltöne auf Cremeweiß.

Eine Dispersionslasur aus 1 Teil Farbe auf 3–5 Teile Wasser (ggf. mit etwas Tapetenkleister, um die Lasur länger »offen« zu halten) oder eine entsprechende Acryllasur anmischen und abtönen.

Grundanstrich aus zwei Schichten seidenglänzender Dispersionsfarbe auftragen, gut trocknen lassen. Einen flusenfreien Lappen oder ein Stück Chamoisleder in die Lasur tauchen; auf gleichmäßige Durchtränkung achten, um Flecken auf der Wand zu vermeiden. Den Lappen ausdrücken und zu einer losen Rolle zusammendrehen. Diese über die Wandfläche hin und her rollen bzw. »wickeln«.

Eine weichere Wirkung ergibt das Abrollen: Lasurdeckanstrich auf den trockenen Grundanstrich aufbringen, dann einen sauberen Lappen über die Lasur rollen, um die Grundfarbe freizulegen. Noch sanfter wirkt es, wenn man eine halbe Stunde später mit einem Vertreiber über die Oberfläche geht.

Auftupfen

Diese Schwammtechnik ist eine der schnellsten und einfachsten Methoden überhaupt. Auch sie wirkt besser, wenn man zwei in Ton und Intensität ähnliche Farben wählt. Noch interessanter wird die Wirkung, wenn man zwei verschiedene Farbtöne über den Grundanstrich tupft.

Zwei Schichten seidenglänzender Dispersionsfarbe auftragen. Lasur anmischen und in eine Farbwanne gießen. Einen Naturschwamm in Wasser tränken, gut ausdrücken.

Schwamm in die Farbe tauchen, Farbüberschuß an der Abstreiffläche der Farbwanne abstreifen. Den Schwamm sanft auf die Wand

Effektanstriche

Beim Farbtünchen die Farbe mit kräftigen Strichen kreuzweise auf etwa 1 m² große Abschnitte verteilen.

Für elegante Zugeffekte den trockenen Schlägerpinsel gleichmäßig über die ganze Wandhöhe ziehen.

Chamoisleder oder Lappen in einer zweiten Farbe tränken und über die Wandfläche rollen.

Zweite Farbe sanft mit dem Schwamm auftupfen. Häufig ausdrücken, um häßliche Flecken zu vermeiden.

Farbe auf den Pinsel aufnehmen; Metallzwinge gegen ein Lineal schlagen. Auf kahle Stellen kontrollieren.

Farbe mit der Stupfbürste aufnehmen; Überschuß mit Zeitung abnehmen. Von oben nach unten arbeiten.

tupfen, zwischendurch häufig ausdrücken, damit die Farbe nicht verklumpt. Bei zweifarbiger Deckschicht die erste Farbe zunächst gut durchtrocknen lassen.

Abtupfen

Das Abtupfen mit dem Schwamm erzeugt – wie das Abrollen mit dem Lappen – einen etwas zarteren, wolkigen Effekt als die erste Technik.

Eine Schicht getönte Lasur von sahniger Konsistenz mit einem breiten Flächenstreicher auf den trockenen Grundanstrich auftragen. Immer nur etwa 1 m² auf einmal bearbeiten, damit die Lasur nicht austrocknet. Schwamm in Wasser ausdrücken, nasse Lasur damit rasch abtupfen, um etwas Farbe abzunehmen.

Statt mit dem Schwamm kann man die Wand auch mit einem kleinen Lappen in einem zusammengeknüllten Plastikbeutel abtupfen, um lebhaftere Muster zu erzeugen. Um Farbkleckser zu vermeiden, von Zeit zu Zeit den Farbüberschuß vom Beutel abwischen.

Derart verzierte Wände am besten mit einer Schutzschicht aus Mattlack überziehen.

Sprenkeltechnik

Eine auffallende und relativ leicht zu handhabende Technik, bei der aber reichlich Farbe verspritzt wird, weshalb man den Boden mit Plastikfolie abdecken und Schutzmaske und -brille tragen sollte. Der Effekt baut sich aus winzigen Klecksen einer oder mehrerer Farben auf, die auf einen Grundanstrich gesprenkelt werden; zwei oder sogar drei Sprenkelfarben verstärken Tiefe und Üppigkeit der Wirkung.

Die Technik zunächst an einem Stück Zeitung ausprobieren: Farbe oder Lasur auf einen großen Malerpinsel aufnehmen, Metallzwinge des Pinsels gegen eine Holzleiste schlagen, um den Farbüberschuß abzuschütteln, bis man Sprenkel der gewünschten Größe erhält. Den Pinsel parallel zur Wand halten und gegen die Leiste schlagen, bis die Wand mit feinen Farbsprenkeln bedeckt ist. Zurücktreten, um die Wand auf kahle Stellen zu prüfen; wiederholen, bis die Sprenkel gleichmäßig verteilt sind.

Bei Verwendung mehrerer Farben die erste gut trocknen lassen, bevor man den Vorgang mit der zweiten wiederholt.

Stupfen

Dieser Effekt erfordert einen relativ glatten, ebenen Untergrund und einen nichtporösen Grundanstrich mit seidenglänzender Dispersionsfarbe. Für die Deckschicht Acryllasur oder eine Lasur aus seidenglänzender Dispersionsfarbe verwenden.

Auf den Grundanstrich mit einem breiten Malerpinsel eine dünne Lasurschicht auftragen; immer nur etwa 1 m² auf einmal bearbeiten. Dann die Borsten einer speziellen Stupfbürste mit kräftigen, rhythmischen Bewegungen gegen die Wand stoßen, so daß eine ganz zarte Sprenkelwirkung entsteht. (Stupfbürsten können sehr teuer sein; es lohnt sich daher, auch wenn die Wirkung etwas gröber ist, mit einer normalen, großen Bürste mit harten Borsten zu experimentieren – vielleicht mit einem neuen Handbesen.) Gesamte Fläche zügig bearbeiten, Übergänge zwischen den Abschnitten sorgfältig miteinander verschmelzen. Achten Sie darauf, mit der Bürste nicht abzurutschen, da dies zu Schmierstreifen führt. Stupfbürste regelmäßig mit einem flusenfreien Lappen abwischen.

Imitationseffekte

▲ *Wände, die Materialien wie Terrakotta oder verwitterten Putz nachahmen, sind ein idealer Hintergrund für zwanglose Interieurs – besonders Holzmöbel und farbenprächtige Textilien. Die Wiederaufnahme der Wandfarbe und -struktur in der übrigen Einrichtung verleiht einem Raumkonzept, das sehr uneinheitliche Elemente umfaßt, mehr Zusammenhalt.*

Wenn Sie einige grundlegende Anstrichtechniken beherrschen, verlangt es Sie vielleicht nach Abenteuerlicherem. Mit Imitationseffekten läßt sich die Erscheinung von Holz, Stein, Stoff und anderen Materialien zu einem Bruchteil ihrer Kosten nachahmen. Dabei sollte man mit leichter Hand arbeiten und erkennen, wann es genug ist: Nicht zuviel Farbe auf die Wand klatschen; den Effekt schichtweise aufbauen.

Lassen Sie sich von verschiedensten Quellen inspirieren. Studieren Sie das Material – Marmor, Holz, Stein etc. – in natura, auf Postkarten und Gemälden, in Büchern oder sogar Filmen.

Patinieren

Wenige haben das Glück, in original erhaltenen alten Putzwänden zu wohnen. Man kann eine Wand jedoch auf relativ simple Weise künstlich patinieren. Die Trockenpinseltechnik (siehe Seiten 62–63) ist eine gute Methode, die Erscheinung alter Wände nachzuahmen. Oder man trägt mehrere Anstrichschichten in leicht unterschiedlichen Farbtönen auf. Mit dem kräftigsten Farbton beginnen, darüber mehrere Schichten Dispersionstünche auftragen, für die man den Grundton schrittweise mit etwas Umbra natur abdunkelt. Farbe grob mit einem Pinsel oder Lappen auftragen, nach dem Trocknen vorsichtig mit etwas Schleifpapier oder Stahlwolle abschmirgeln, so daß hier und da die Grundfarbe und sogar der Putz durchscheint.

Marmorieren

Es gibt fast so viele Marmorierungstechniken wie Marmorarten. Studieren Sie die gewünschte Marmorsorte in natura, und üben Sie auf Papier oder einem Brett, bevor Sie eine Täfelung oder Wand in Angriff nehmen.

Mit einem weichen Lappen etwas klare Öllasur aus Leinölfirnis und Terpentinöl (zu gleichen Teilen) auf einen Grundanstrich aus zwei Schichten Seidenglanz-Dispersionsfarbe aufreiben. Lasur mit Künstlerölfarbe im gewünschten Ton abmildern, mit einem feinen Künstlerpinsel schnell einige Adern über die Farbfläche ziehen. Einige Unterbrechungen und Kleckser stören nicht, sondern tragen zum Effekt bei. Adern mit der Spitze eines Vertreiberpinsels sanft verwischen. Künstlerpinsel in Terpentinersatz tauchen und sanft über die Oberfläche führen – grob den Linien einiger Adern folgend. Oberfläche verwischen, diesmal nur in eine Richtung. Mit sauberem Vertreiber leicht über die Oberfläche gehen, um alle Pinselspuren zu verwischen.

Holzeffekt

Die Nachahmung besonders komplexer, interessanter Maserungen wie etwa Walnußholz bedarf einiger Übung, aber einfachere Mase-

rungseffekte dürften selbst den Anfänger in der Kunst der Effektmalerei nicht überfordern.

Eine geeignete Grundfarbe wählen – etwa Dunkelrot für Mahagonieffekte, blasses Cremegelb für Eiche; zwei Schichten Seidenglanz-Dispersionsfarbe in diesem Ton auftragen. Für die Maserung eine dünnflüssige Acryl- oder Öllasur (siehe unter »Marmorieren«) im gewünschten Ton anmischen: Dunkles Braunrot oder sogar Schwarz ergibt eine naturgetreue Mahagoni-Maserung; für Eiche eignet sich Umbra gebrannt. Lasur gleichmäßig auf den Grundanstrich auftragen.

Einen Staubpinsel mit leichter, schwungvoller Bewegung über die ganze Länge der Oberfläche ziehen. Vorgang wiederholen, um harte Konturen zu verwischen. Mit einem sauberen Vertreiber sanft quer über die Maserung fahren.

Terrakottaeffekt

Warme Terrakotta-Wände sind der ideale Hintergrund für »ethnisch« inspirierte Interieurs und lassen sich überzeugend imitieren.

Wand mit matt cremefarbener Dispersion vorstreichen. Terrakottafarbene Dispersionsfarbe zu gleichen Teilen mit Wasser verdünnen und mit einem breiten Malerpinsel auf die Wand streichen; über die gestrichene Fläche hin und her pinseln, bis die Tünche antrocknet.

Farbe gut trocknen lassen. Einen sauberen Malerpinsel in Wasser tauchen und einen etwa 1 m² großen Wandabschnitt anfeuchten. Etwas cremefarbene Dispersion verdünnen: 1 Teil Farbe auf 2 Teile Wasser. Mit einem 2,5 cm breiten Malerpinsel ein grobes Linienmuster auf den feuchten Wandabschnitt malen. Farbfläche mit einem leicht angefeuchteten Naturschwamm abtupfen, um die Linien zu verwischen und zu verschmieren. Die Fläche so lange vorsichtig mit dem Schwamm bearbeiten, bis die weiche, wolkige Wirkung von Terrakotta erreicht ist. Mit entsprechenden Farbtönen kann man so auch Blei- oder Rohputzflächen imitieren.

▲ *Unaufdringlichkeit ist das Geheimnis gelungener Marmorierung. Die hier mit sehr leichter Hand eingesetzten sanften Creme- und Grautöne passen zum Holzfußboden genauso gut wie zum moderneren Chromtischchen.*

◀ *Den Effekten, die man auf seinen Wänden verwirklichen kann, sind praktisch keine Grenzen gesetzt. Diese Wände wurden mit einem weichen, kupferig schimmernden Grünspaneffekt verschönt. Wie bei allen Imitationseffekten ist es wichtig, zunächst das Original gründlich zu studieren, um die Details richtig auszuführen.*

Grünspaneffekt

Um die wunderbare Patina von oxidiertem Kupfer, Messing oder Bronze nachzuahmen, beginnt man mit einem Dispersionsgrundanstrich in mattem Dunkelbraun. Nach dem Trocknen eine dünne Schicht leuchtendes Türkisgrün darüber stupfen, so daß die Grundfarbe etwas durchscheint. Vorgang stellenweise wiederholen, um das Türkis zu vertiefen.

Dann ein Stück mit echtem Grünspan als Farbvorlage für den gewünschten Effekt studieren und einen kräftigen Grünton wählen. Mit einer Stupfbürste stellenweise über das Türkisgrün auftragen. Schließlich mit sehr leichter Hand und fast trockener Bürste Teile der Wand mit einer Spur dunkler Gold- oder Bronzefarbe bestupfen.

Das Ganze mit Mattlack überziehen, in den man ein wenig weiße Farbe mischen kann, um eine etwas stumpfere Wirkung zu erhalten.

Ledereffekt

Ein Ledereffekt in tiefem Ochsenblutrot, Flaschengrün oder Dunkelbraun kann sehr elegant wirken und kleinen Räumen eine gewisse Üppigkeit geben. Mit einem kleinen bis mittelbreiten Flächenstreicher die Wand dick mit matter Dispersionsfarbe in blasserem Farbton als der späteren Deckfarbe bestupfen. Mindestens 24 Stunden trocknen lassen.

Mit dunklerer Dispersionsfarbe wiederholen, dabei den Pinsel spreizen und drehen, um eine Strukturwirkung zu erzeugen. Wieder mindestens 24 Stunden trocknen lassen.

Künstlerölfarbe – ein Teil Umbra natur, ein Teil Sienna gebrannt – mit Leinölfirnis und Terpentinöl (zu gleichen Teilen) zu dünner Lasur vermischen; mit einem Lappen über die Wandfläche verreiben. Überschuß mit einem weicheren Lappen sanft, aber gründlich abreiben, so daß die Struktur der Dispersionsfarbe durchscheint. Gut trocknen lassen. Wand hier und da mit feinem Sandpapier anschleifen, um die Dispersionsfarbe freizulegen, seidenmatt überlackieren.

Illusionsmalerei (Trompe l'œil)

Farbe ist ein unendlich vielseitiges Material, das Ihnen, sofern es nicht an Zeit und Geduld mangelt, ein ungeheures Spektrum dekorativer Effekte zu relativ geringen Kosten eröffnet.

Die Illusionsmalerei, auch »Trompe l'œil« genannt, ist fast so alt wie die Malerei selbst. Der Begriff läßt an die grandiosen Decken italienischer Palazzi oder die Wandmalereien englischer Landsitze denken, bezeichnet aber eigentlich nur eine kunstfertige »Augentäuschung«: Das kann ein Landschaftspanorama auf der Wand sein oder ein Grisaille-Fries, eine »Büchertür« des 18. Jahrhunderts oder die Nachahmung von Kacheln oder Marmor, Sandstein oder Granit. Es geht nur darum, dem Betrachter einen optischen Streich zu spielen.

▲ *Überzeugende Illusionsmalerei erfordert Geschick, aber das Resultat lohnt die Mühe. Man kann kleine Räume weiten oder große schrumpfen lassen oder sogar ein solches Ägäis-Panorama mitten in die Großstadt versetzen – mit Ausblicken auf eine Bucht voller kleiner Inseln ein idealer Rahmen für Tagträume in einem gemütlichen Sessel.*

Wandgemälde

Selbst wenn Sie nicht die Begabung eines Mantegna, Tiepolo oder Veronese besitzen, können Sie durchaus den Versuch wagen, Ihr Zuhause mit bildlichen Effekten zu schmücken. So kann man einem fensterlosen Raum einen lauschigen Gartenblick verleihen, eine Wand mit einer Phantasielandschaft ausmalen oder ein historisches Einrichtungskonzept durch aufgemalte Raumdetails ergänzen – was immer für Größe und Funktion des jeweiligen Raums am geeignetsten erscheint. Die Illusionsmalerei ist eine wunderbare Möglichkeit, den eigenen Spieltrieb auszuleben: Übertreibungen und bizarre Perspektiven mögen eine surreale Wirkung hervorrufen, aber vielleicht ist das genau das, was Sie wollen – als optische Ablenkung und Gesprächsgegenstand!

Man kann sich von Illustrationen in Büchern oder Zeitschriften anregen lassen, was bei Zweifeln am eigenen Malgeschick einfacher ist als eigene Entwürfe, da die Grundtechniken des Kopierens relativ leicht zu meistern sind. Den schwierigeren Teil hat dann schon jemand anders erledigt, indem er alle Elemente des Bildes wirkungsvoll zusammengefügt hat; man muß es nur noch maßstäblich vergrößern, damit es auch an den vorgesehenen Platz paßt.

Die Vorlage zunächst mit Bleistift auf Pauspapier durchpausen, ein Gitternetz darüber zeichnen und die Felder durchnumerieren. Dann ein Gitternetz mit der gleichen Anzahl quadratischer Felder auf die Wand zeichnen und die Felder entsprechend numerieren.

Vorlagen übertragen

1 Bild auf Pauspapier kopieren, dabei so weit wie möglich vereinfachen; ein Gitternetz darüber zeichnen.

2 Ein zweites, größeres Gitter auf die Wand zeichnen und die Linien der Vorlage Feld für Feld kopieren.

Gemalte Kacheln

1 Mit einem kleinen Roller eine »Kachelwand« malen; ungleichmäßige Kanten wirken wie handgetöpfert.

2 Für ein diagonales Kachelmuster den kleinen Farbroller einfach schräg halten.

Die Wand vor Übertragung der Bildvorlage mit einem Grundanstrich versehen. Dann das durchgepauste Bild mit weichem Bleistift möglichst genau auf die Wand kopieren, wobei man sich an dem Gitter orientiert. Feld für Feld ausfüllen; es kann helfen, jedes Feld zunächst als eine Ansammlung abstrakter Linien zu betrachten, nicht als Teil des ganzen Bildes. Die Übergänge zwischen den Feldern kann man nachträglich immer noch überarbeiten. Es kann auch sinnvoll sein, die durchgepauste Vorlage als ständigen Anhaltspunkt mit Kreppband auf die Wand zu heften; während der Arbeit gelegentlich zurücktreten, um Wandbild und Vorlage zu vergleichen. In diesem Stadium sollte man noch nicht zu sehr auf Details achten, da es nur darum geht, eine grobe Skizze zu erhalten. Wenn man alles zu strikt festlegt, wird es sehr schwierig, frei zu malen, was eine steife, leblose Wirkung zur Folge haben kann. Sobald die Skizze fertig ist, mutig drauflos malen!

Wenn Sie nicht genug Vertrauen in Ihr Geschick mit dem Pinsel haben, mühen Sie sich nicht mit einem ehrgeizigen Projekt in der müßigen Hoffnung, ein Meisterwerk zu schaffen. Versuchen Sie es dann lieber mit Ausschneidemotiven zur Nachahmung von Stuckverzierungen, statt sich zu bemühen, einen Renaissancefries freihändig nachzumalen. Das gewünschte Motiv läßt sich mit Hilfe eines Kopierers nötigenfalls leicht vergrößern, verkleinern oder für eine Bordüre vervielfältigen. Man kann auch Wandfelder mit Steineffekttapete bekleben und diese mit getönter Lasur künstlich altern.

In Küche und Bad sind oft schlichte Effekte passender: Mit einem kleinen Heizkörper-Farbroller kann man zum Beispiel waagerecht oder diagonal angeordnete Kachelreihen aufmalen - »Fugenzwischenräume« zwischen den einzelnen »Kacheln« machen das Ganze noch realistischer.

◄ Illusionsmalerei kann so kunstvoll sein wie das Panorama auf der gegenüberliegenden Seite oder so schlicht wie die »Kachelreihen« in diesem Bad. Man sollte seine Ambitionen den eigenen Fähigkeiten anpassen: Dieser Effekt zum Beispiel erfordert kein großes handwerkliches Geschick.

Streifen, Karos und Muster

▲ *Mit Wandfarbe läßt sich die Optik einer handbedruckten Tapete zu einem Bruchteil der Kosten nachahmen. Um dieses elegant wirkende Gittermuster zu erzeugen, wurde der Grundanstrich mit diagonalen Kreppbandstreifen abgeklebt, dann ein Deckanstrich in dunklerem Rot aufgetragen.*

Streifen malen

Streifen und Karos sind ein Dekorationsthema, das nie aus der Mode kommt; sie sind augenfällig und markant und haben selbst mit etwas unregelmäßigen Kanten ein frisches, akkurates Gepräge, mit dem sie fast überall hineinpassen – in Kombination mit unifarbenen Flächen oder miteinander. Streifen und Karos sind vielgestaltig und können somit auch ganz unterschiedliche Effekte hervorrufen: Breite Streifen wirken ausdrucksvoller als schmale; man kann auch komplexere Rhythmen schaffen, etwa indem man auf einen breiten jeweils drei schmale Streifen folgen läßt.

Auch die Wirkung des Farbtons ist zu bedenken: Man kann mit breiten, dunklen Streifen ein eindrucksvolles Arbeitszimmer gestalten, sofern man es richtig ausleuchtet, während die gleiche Kombination in Küche oder Eßzimmer nicht wirken würde; hier wäre ein frischeres, leichteres Flair angebrachter. Zum Streifenmalen braucht man nur etwas Geduld, ein Senklot, Farbe und Streichwerkzeug.

Die schnellste Methode, Streifen zu malen: Die Wand in der gewünschten Grundfarbe streichen, dann mit einem Farbroller kontrastfarbene Streifen aufmalen, wobei das Senklot zur Orientierung dient. Sollen die Streifen breiter sein, als man mit einem Roller malen kann, werden die auszumalenden Streifen, wieder mit Hilfe des Senklots, zuvor mit Kreppband abgeklebt. Falls Sie Streifen mögen, aber den Hutschachteleffekt scheuen, Streifen grob mit leichter Hand aufmalen, dann sofort mit einem trockenen Roller über die nasse Farbe fahren, um einen etwas verwischten Eindruck

Streifen malen

__1__ Mit einem Lot senkrechte Linien anzeichnen. Dazu einen weichen Bleistift nur ganz leicht aufdrücken.

__2__ Die Streifen an den Bleistiftlinien entlang mit einem breiten Roller sorgfältig aufmalen.

zu erzeugen. Für eine Art »Nadelstreifen«-Effekt einen Schaumstoffroller in schmale Streifen schneiden; als Abstandshalter Klebeband zwischen die Streifen setzen.

Man kann solche Streifen sowohl senkrecht als auch waagerecht und der Abwechslung halber auch in verschiedenen Farben malen.

Muster- und Strukturroller

Musterroller dienen seit Jahrhunderten zur Wanddekoration. Sie gewinnen wieder an Beliebtheit, weil sie einfach einzusetzen sind und für wenig Geld interessante Effekte erzeugen – ob mit Farbe oder Strukturanstrichen. Man kann sie selbst anfertigen; Fachgeschäfte führen aber auch Roller und Handwiegen für komplexere Effekte – von Holzmaserungen bis zu Damast.

Strukturfarbe

Abgesehen von den praktischen Vorzügen der Strukturfarben – und sie sind wirklich sehr nützlich zur Kaschierung nicht einwandfreier Wandflächen – wird ihr dekoratives Potential oftmals unterschätzt. Man kann gemusterte Rollerwalzen speziell für Strukturanstriche kaufen und mit etwas Zeit, Mühe und Phantasie sehr interessante Reliefeffekte erzielen.

► Streifen gehören zu den einfachsten und gleichzeitig wirkungsvollsten Anstricheffekten. Diese zuerst mit Kreppband abgeklebten und dann ungleichmäßig dunkelrot ausgemalten Streifen sind auffällig, aber nicht aufdringlich und verleihen dem ländlich gestylten Schlafzimmer ein typisch amerikanisches Flair.

***3** Ganz saubere Kanten erhält man, indem man die Streifen mit Kreppband abgrenzt.*

***4** Um schmalere Streifen zu malen, kann man den Roller in der Mitte mit Gummiband abbinden.*

***5** Wenn man mit dem Roller quer über die senkrechten Streifen geht, erhält man ein Karomuster.*

Stempeln, Schablonieren und Vergolden

▶ *Stempeln ist eine ideale Effekttechnik, wenn es an Zeit oder handwerklichem Geschick mangelt. Ein Wiederholungsmotiv, wie dieses schlichte Herzmuster auf einer farbig getünchten Wand, ergibt eine interessante Wirkung und läßt sich mit wenigen Stunden Zeitaufwand verwirklichen.*

Stempeln

Im Vergleich zu anderen Anstricheffekten kann das Stempeln tatsächlich ein Kinderspiel sein. Stempel lassen sich aus Schaumstoff in der gleichen Weise fertigen, wie man als Kind Kartoffeln zum Kartoffeldruck zugeschnitten hat: Ein Motiv aufzeichnen, dann den Schaumstoff rundum mit einem Skalpell oder Universalmesser wegschneiden. Schaumstoff auf ein Holzbrettchen kleben und zur besseren Handhabung einen kleinen Türknopf an dessen Rückseite anbringen. Man kann auch in vielen Geschäften unterschiedlichste Stempel aus Schaumstoff oder Gummi kaufen.

Farbe entweder mit einem Roller auf den Stempel aufbringen oder den Stempel in eine Schale mit sehr wenig Farbe tauchen. Kontrollieren, ob er gleichmäßig bedeckt ist, dann auf die Wand drücken.

Schablonieren

Eine der preiswertesten Methoden zur Wanddekoration. Mit Schablonen kann man auffällige, bildliche Effekte erzeugen oder Bordüren und gemusterte Tapeten nachahmen. Man hat die Wahl zwischen einem riesigen Angebot fertiger Schablonen oder der Anfertigung eigener Schablonen. Hierzu das Motiv auf Acetatfolie zeichnen, mit einem Cuttermesser ausschneiden. Mit Kreppband oder Sprühkleber an der Wand befestigen.

Die Farbe, ob man nun einen Pinsel oder eine Sprühdose verwendet, mit leichter Hand auftragen. Sprühstrahl zügig über die Fläche hin und her bewegen, um den Farbauftrag aus mehreren dünnen Schichten aufzubauen. Oder Schablonierpinsel auf einem Papiertuch abstreifen, bis er fast trocken ist, dann über die Schablone stupfen oder leicht kreisend pinseln. Schablone neu positionieren, Vorgang wiederholen.

Vergolden

Es gibt kaum Dekorationsarbeiten, die befriedigender sind als der Umgang mit Blattgold. Die Kostspieligkeit des Materials macht es jedoch für die meisten Heimwerker unerschwinglich. Es gibt aber keinen Grund, warum Sie es sich versagen sollten, glänzendes Blattmetall in kleinen Mengen zu verwenden, vielleicht als Ornament auf einer Wand in sattem Lackrot,

Stempeln

1 Motiv auf Schwamm oder Schaumstoff vorzeichnen. Umgebendes Material mit einem Skalpell wegschneiden.

2 Für großflächige Muster Richtlinien mit Kreide zeichnen. Stempel mit Farbe bedecken, fest andrücken.

Schablonieren

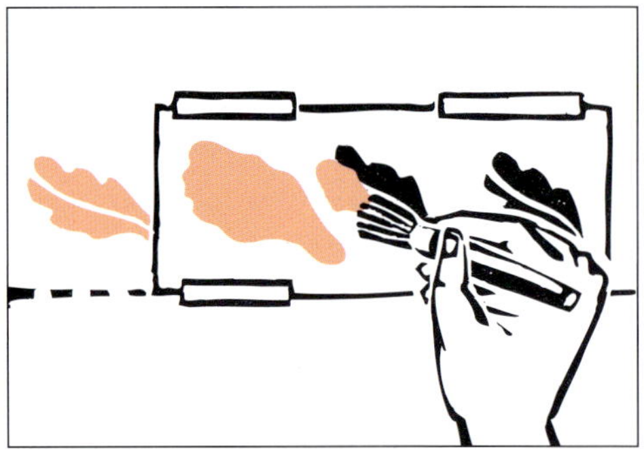

1 Pinsel auf Papiertuch gut abstreichen, dann leicht über die Schablone stupfen oder kreisend pinseln.

2 Die Schablone vorsichtig abziehen, damit die Farbe nicht verwischt wird, und neu positionieren.

Vergolden

Nachtblau oder Tannengrün. Kompositionsgold oder Blattaluminium sind günstigere Alternativen zum echten Blattgold. Blattaluminium glänzt wie Gold, wenn man es mit ein oder zwei Schichten orangefarbenem Schellack überzieht. Diese und die nachstehend erwähnten Materialien bekommt man im Geschäft für Künstlerbedarf.

Die Wand mit matter oder seidenglänzender Wandfarbe streichen. Das Motiv freihändig oder mit Schablone auf die Wand zeichnen. Zu vergoldende Flächen mit gebrauchsfertigem rotem Gesso – für Kompositionsgold – oder kobaltblauem Kasein – für Blattsilber oder -aluminium – ausmalen. Trocknen lassen, dann eine dünne Schicht Mixtion (Anlegeöl) nach Herstelleranweisung auftragen. Wenn dieses nur noch ganz leicht klebrig ist, ein Metallblättchen sanft mit der Metallseite auf die Motivfläche drücken. Vorsichtig die Schutzschicht abziehen, das nächste Blatt etwas überlappend anlegen, bis das ganze Motiv bedeckt ist. Mehrere Stunden trocknen lassen, dann das lose Metall mit einem weichen Lappen abreiben; das übrige Blattmetall sollte an der mit Mixtion bestrichenen Motivfläche haftenbleiben.

Die ganze Fläche mit einem seidenglänzenden Klarlack auf Ölbasis überziehen.

Weitere glänzende Dekorationsmöglichkeiten bietet die große Auswahl an Metallicklacken, Metallpulvern, -pasten und -stiften auf dem Markt. Sie lassen sich zu vielerlei Zwecken einsetzen – vom Streichen ganzer Wände bis zur Akzentuierung von Zierprofilen.

1 Motiv mit rotem Gesso bzw. kobaltblauem Kasein ausmalen. Trocknen lassen, mit Anlegeöl bestreichen.

2 Wenn das Anlegeöl nur noch ganz leicht klebrig ist, Blattmetall mit der Metallseite nach unten andrücken.

3 Schutzschicht abziehen, das nächste Blatt etwas überlappend andrücken. Über Nacht trocknen lassen.

4 Loses Blattmetall mit einem weichen Lappen abreiben, so daß nur das Dekormotiv zurückbleibt.

▲ Angesichts der Kostspieligkeit des Materials scheint es keine schlechte Idee zu sein, eine Vergoldung auf kleine Flächen zu beschränken. Dieses wie zufällig wirkende Muster aus waagerechten und senkrechten Goldstreifen ist dezent, aber sehr effektvoll; es macht die schlichten Wände interessanter und spiegelt das rechtwinklige Parkettmuster wider.

Anstrichprobleme

Die meisten Anstrichmängel lassen sich durch gewissenhafte Vorbereitung des Untergrunds und Verwendung der richtigen Materialien vermeiden. Selbst bei äußerster Sorgfalt kann es jedoch hier und da zu Problemen kommen, die aber meist zu beheben sind und manchmal nicht allzuviel zusätzliche Arbeit bedeuten.

Blasenbildung

Entsteht durch Feuchtigkeits- oder Lufteinschlüsse unter Lacken oder Farbschichten auf Ölbasis. Farbe abziehen, etwaige Löcher verfüllen, neu streichen. Holz muß man unter Umständen zuerst grundieren und vorstreichen.

Abblättern

Wenn eine Anstrichschicht ungünstig auf die darunterliegende Schicht reagiert, kann es zum Abblättern kommen. Dispersionsfarbe kann zum Beispiel abblättern, wenn sie über einen Hochglanzanstrich oder Leimfarbe gestrichen wurde. Dann kann man leider nur die abblätternde Schicht abziehen, den Untergrund freilegen, richtig vorbereiten und neu streichen.

Runzelbildung

Wenn man eine zweite Schicht Lack oder Ölfarbe aufträgt, bevor die erste getrocknet ist, kann es zur Runzelbildung kommen. Farbe abziehen und neu auftragen.

Läufer und Tropfnasen

Läufer und Tropfnasen – wohl eines der häufigsten Probleme – entstehen, wenn man zuviel Farbe auf den Pinsel nimmt. Farbe trocknen lassen, Tropfnasen sanft mit feinem Schleifpapier glattschmirgeln, Schleifstaub abwischen und mit frischer Farbe nachbessern.

▲ *Einheitliche Flächen in kräftigen Kontrastfarben sind sehr eindrucksvoll, wenn die Wände in einwandfreiem Zustand sind und sorgfältig vorbereitet wurden. Es empfiehlt sich, eine gewisse Kontinuität herzustellen: Hier setzt sich das Farbkonzept des Wohnzimmers im nachtblauen Eßzimmer in der roten Bilderleiste und den gelb gebeizten Stühlen fort.*

Anstrichmängel

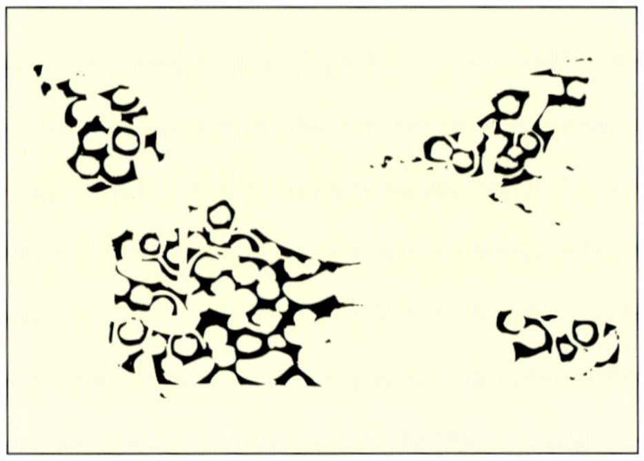

Blasenbildung entsteht durch Lufteinschluß unter einer Farbschicht. Fläche abziehen, neu streichen.

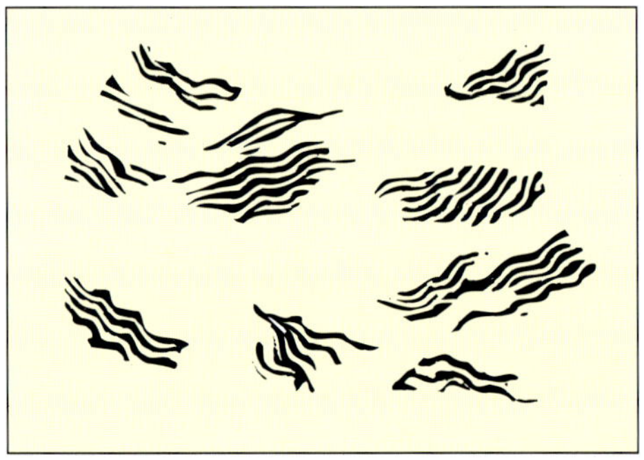

Bei abblätternder Farbe muß der Anstrich bis auf den Untergrund abgezogen und neu aufgetragen werden.

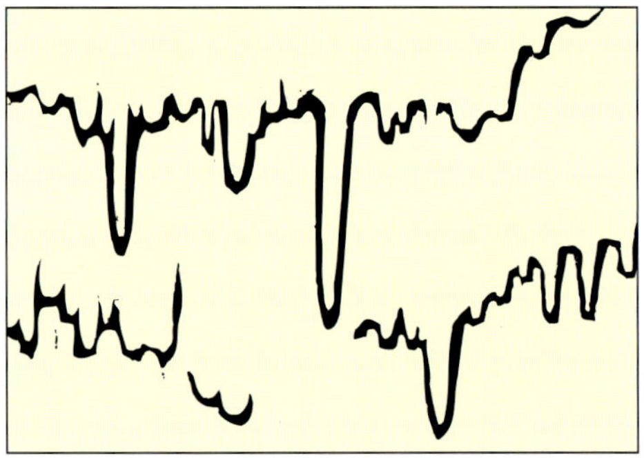

Tropfnasen mit Schleifpapier glattschmirgeln, nach Entfernen des Schleifstaubs überstreichen.

Haarrisse entstehen, wenn sich Deckanstrich und Untergrund nicht vertragen. Abziehen, neu streichen.

◄ *Die farbige Tünche wurde in diesem Fall nicht mit dem Pinsel aufgetragen, sondern mit einem Lappen gewolkt aufgerieben – eine schnelle Auftragstechnik, die ausgezeichnet zum Stil dieses ländlichen Interieurs paßt. Anstrichtechniken, die der Oberfläche eine optische Struktur verleihen, sind günstig für Wände mit kleineren Unzulänglichkeiten wie etwas unregelmäßigem Putz.*

Werkzeuge reinigen

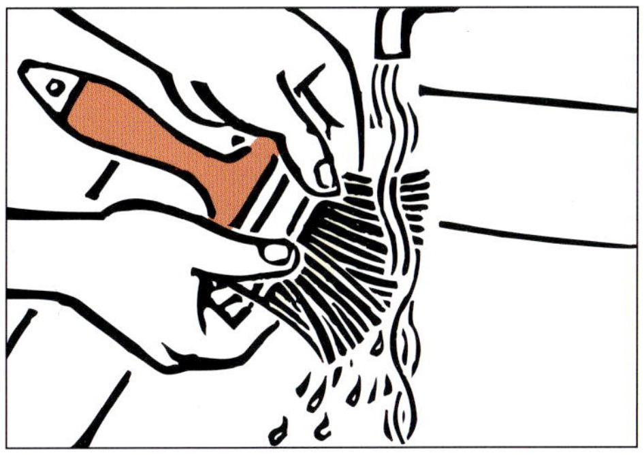

***1** Farbüberschuß unter kaltem Wasser abspülen; dann in warmem Wasser mit Haushaltsreiniger auswaschen.*

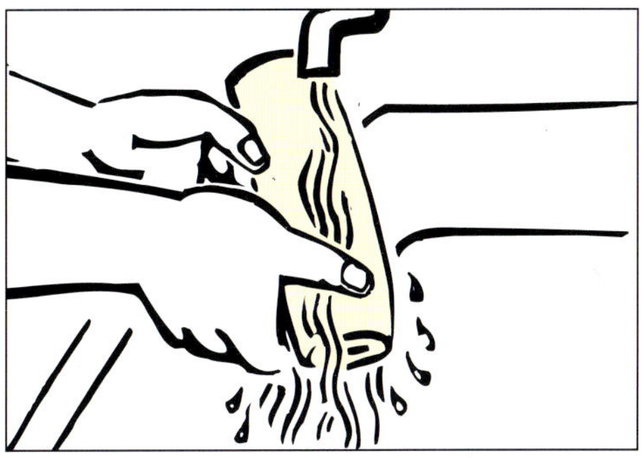

***2** Roller halten länger, wenn man die Dispersionsfarbe mit kaltem Wasser ausspült, bis das Wasser klar bleibt.*

Haarrißbildung

Haarrisse bilden sich, wenn eine Farbschicht ungünstig auf den darunterliegenden Anstrich reagiert oder Anstrichschichten unterschiedliche Trockenzeiten haben. Hier bleibt nichts übrig, als alle Farbschichten zu entfernen und den Untergrund ganz neu vorzubereiten.

Schmutz und Staub in der Farbe

Farbe trocknen lassen, Bereich sanft mit feinem Schleifpapier abschmirgeln, Staub abwischen. Wenn man vorsichtig genug schmirgelt, muß man nicht unbedingt mit Farbe nachbessern.

Fleckenbildung

Flecken entstehen bei ungenügender Untergrundvorbereitung vor dem Auftrag von Dispersionsfarbe. Mineralsalze, Schimmel und andere Verunreinigungen können ungünstig mit dem Wasser der Dispersion reagieren und an die Oberfläche durchschlagen. Farbe abziehen, Untergrund mit spezieller Absperrgrundierung behandeln, trocknen lassen und neu streichen.

Schlechte Deckung

Das passiert am ehesten, wenn man einen dunkleren Untergrund hell überstreicht. Dann scheint die Grundfarbe manchmal streifig durch. Weitere Farbschichten auftragen, bis man einen gleichmäßig deckenden Endanstrich erhält.

Werkzeug reinigen

Durch sorgfältige Reinigung der Streichwerkzeuge kann man ihre Lebensdauer deutlich verlängern. Pinsel, Roller und Streichkissen nach Verwendung mit Dispersionsfarbe oder anderen Farben auf Wasserbasis erst mit kaltem Wasser ausspülen, um den Farbüberschuß zu entfernen – dabei vor allem auf den Borstenansatz achten –, dann in warmem Wasser mit etwas Spülmittel auswaschen.

Werkzeuge, die mit nicht-wasserlöslichen Lacken oder mit Ölfarben verwendet worden sind, mit Terpentinersatz oder Pinselreiniger reinigen. Darauf achten, daß Borsten bzw. Flor gründlich mit dem Reinigungsmittel in Kontakt kommen. Wenn alle Farbreste entfernt sind, gründlich mit warmem Wasser ausspülen und gut ausschütteln.

Pinsel, damit sie ihre Form halten, in saubere Papiertücher wickeln; diese mit Kreppband fixieren. Pinsel und Roller aufhängen; Kissen mit der Nutzschicht nach oben aufbewahren: So kann Ihre Ausrüstung jahrelang halten.

Tapeten und Stoffe

Viele Laien schrecken davor zurück, selbst zu tapezieren, weil sie glauben, es wäre furchtbar schwierig, dabei ein einwandfreies Resultat ohne Blasenbildung zu erzielen. Wenn man aber methodisch vorgeht und die ausgewählte Tapete in Handhabung und Musteransatz nicht zu problematisch ist, kann sich das Tapezieren als eine überraschend einfache und befriedigende Tätigkeit entpuppen.

Nach vielen Jahren im innenarchitektonischen Abseits scheint die Tapete derzeit eine neue Blüte zu erleben. Ihre enorme Formenvielfalt und ihre Fähigkeit, von rissigen Wänden bis zu ungünstigen Raumproportionen praktisch alles zu kaschieren, machen sie zu einem unschätzbaren Arbeitsmittel des Raumgestalters.

Ganz gleich, welche Atmosphäre man nachempfinden möchte – eine palladianische Villa, ein viktorianisches Boudoir, einen amerikanischen Schnellimbiß der 1950er Jahre –, man findet fast immer eine passende Tapete. Dazu gibt es viele abgestimmte Bordüren und Friese, die der Wanddekoration den letzten Schliff geben. Man kann sie nicht nur in Kombination mit Tapeten einsetzen, sondern auch, um gestrichene Wände aufzupeppen oder architektonischen Reiz zu schaffen. Solche Kombinationen entsprechen dem Trend zur großzügigen Überlagerung verschiedener Muster und Strukturen und passen somit besonders gut in den Zeitgeist.

Grundregeln

Wenn man den Mut gefaßt hat, mit Tapete zu arbeiten, sollte man einige Grundregeln beachten, um ihr Potential auch optimal zu nutzen.

Tapeten sind ein ausgezeichnetes Mittel zur Anwendung verschiedener optischer Tricks in Räumen. Sie können Bereiche größer oder kleiner erscheinen lassen oder das Auge von unansehnlichen, statischen Raumelementen ablenken. Generell gilt: Dunkle Farben und strenge Muster lassen einen Raum meist kleiner wirken, während helle, locker gemusterte Tapeten – auch große Spaliermuster – ihn größer erscheinen lassen; senkrechte Streifen an den Wänden können niedrige Decken heben.

Für Räume, in denen man viel Zeit verbringt, sind in der Regel schlichtere Tapeten vorzuziehen, weil komplexe Muster das Auge anstrengen und auf Dauer ermüdend wirken. Sie sind auch schwieriger mit der übrigen Einrichtung zu kombinieren, gerade wenn man nicht das Gespür eines erfahrenen Raumgestalters besitzt.

Ein Grund für die Renaissance der Tapete ist der technische Fortschritt: Das Tapezieren ist heute einfacher als je zuvor, nicht zuletzt durch vorgekleisterte Tapetensorten. Tapeten lassen sich problemlos auf eine wesentlich größere Vielfalt von Untergründen kleben als früher. So verliert das Tapezieren, das einst als Domäne erfahrener Tapezierer galt, allmählich seinen Schrecken. Und dies zu Recht, denn mit der richtigen Ausrüstung und einer methodischen Vorgehensweise ist das Tapezieren auf den meisten Wänden relativ unkompliziert.

▲ *Es muß nicht immer Tapete sein – es gibt viele andere Möglichkeiten, interessante Effekte zu erzielen. Hier bildet braunes Packpapier eine preiswerte, aber sehr wirkungsvolle Wandbekleidung. Man kann auch andere Arten von Papier verwenden: Versuchen Sie es einmal mit Notenblättern, Fotokopien alter Stiche oder sogar aus Zeitschriften ausgeschnittenen Bildern.*

◀ *Tapeten kann man überall im Haus kleben, auch im Bad. Es gibt sie in unterschiedlichsten Qualitäten für verschiedene Einsatzzwecke. Hier wurde eine vinylbeschichtete Tapete gewählt, um möglichen Problemen durch Wärme und Feuchtigkeit vorzubeugen.*

In seiner grundlegenden Form ist das Tapezieren mit einfacher Rollenmakulatur nur eine Art der Vorbereitung nicht einwandfreier Wände zum Überstreichen oder Übertapezieren mit einer dekorativen Tapete. Hier kann auch der Anfänger kaum etwas falsch machen, da man nicht auf die richtige Ausrichtung von Musteransätzen achtgeben muß.

Makulatur gibt es in verschiedenen Stärken; die schwereren Qualitäten sind einfacher zu handhaben, weil sie sich weniger dehnen und nicht so leicht reißen. Wenn man sich ans Tapezieren nicht recht herantraut, es aber die optimale Lösung für den einzurichtenden Raum ist, kann man sein Selbstvertrauen zunächst an der einfachereren Aufgabe des Makulaturklebens aufbauen und erst dann zur anspruchsvolleren Arbeit mit gemusterter Tapete übergehen.

Wenn Sie Ihr Tapeziergeschick noch nie ausprobiert haben oder sich für zu ungeschickt halten, gibt es einige grundlegende Möglichkeiten, sich dabei das Leben wesentlich leichter zu machen: Kaufen Sie vorgekleisterte Tapeten, seien Sie vorsichtig mit markanten Mustern, die schwerer auszumessen und anzusetzen sind, und meiden Sie Billigtapeten, da diese leicht reißen. (Billigtapeten zu kaufen, damit Fehlschläge finanziell leichter zu verkraften sind, heißt am falschen Ende zu sparen, weil sich die Wahrscheinlichkeit eines Fehlschlags dadurch wesentlich erhöht. Seien Sie mutig genug, gleich eine qualitativ hochwertige Tapete zu kaufen, um sich die Arbeit zu erleichtern und ein schöneres Resultat zu erzielen.)

Auf jeden Fall sollte man die gesamte für einen Raum benötigte Tapete auf einmal einkaufen, um Farbabweichungen zu vermeiden, und immer eine Rolle über den errechneten Bedarf hinaus kaufen, für den Fall, daß man sich verkalkuliert hat. Nun noch ein Tip von Profis: Während des Tapezierens sollte man immer auf Ordnung und Sauberkeit achten. Es mag zwar ungeheuer zeitraubend erscheinen, feuchte Tapetenreste sofort zu entsorgen und Kleisterspritzer direkt wegzuwischen, aber genau diese Sorgfalt im Detail kann den Unterschied zwischen einer schluderigen Arbeit und einem beneidenswert professionell wirkenden Ergebnis ausmachen.

Übersicht der Tapetenarten

Das riesige Angebot an Tapeten der verschiedensten Ausführungen – von traditionellen Mustern bis zu Effektanstrich-Imitaten – bietet schier unendliche dekorative Möglichkeiten. In der Praxis sind jedoch manche Tapeten für bestimmte Zwecke geeigneter als andere.

Rauhfasertapeten sind meist dünn und damit schwieriger in der Handhabung. Außerdem zeigen sie relativ bald Abnutzungsspuren. Robustere – und deshalb teurere – Tapeten sind meist die bessere Investition.

Die meisten Tapetenrollen (außer Rauhfaser) haben die Standardmaße 53 cm x 10 m. Textiltapeten sind oft exorbitant teuer und werden manchmal wie Stoff am laufenden Meter verkauft.

Die meisten Tapeten sind feuchtigkeitsabweisend behandelt: Es gibt wisch-, wasch- und sogar scheuerbeständige Tapeten; letztere sind meist mit strapazierfähigem Kunststoff beschichtete Vinyltapeten.

Strukturtapeten können kleinere Risse und Unebenheiten des Untergrunds kaschieren. Der Einsatz unterschiedlicher Oberflächenstrukturen in einem Zimmer ist auch eine gute Alternative zum Einsatz unterschiedlicher Farben.

1

2

4

Rauhfasertapete

Eine relativ grobe, robuste Tapete, die kleinere Unebenheiten der Wände und Decken kaschieren kann. Sie ist preiswert und kann passend zum Farbkonzept gestrichen werden, ist aber schwer wieder zu entfernen. Ihre Beliebtheit hat stark nachgelassen. Bei nicht einwandfreien Wänden kann man stattdessen auch eine reizvolle Prägetapete wie Anaglypta wählen oder mit einem »patinierten« Farbanstrich einen interessanteren Effekt erzielen. 1

Rollenmakulatur

Untertapete in verschiedenen Stärken, die man nach dem Glätten der Putzschicht, aber vor dem Streichen oder Tapezieren anbringt, um einen glatten, makellosen Untergrund und damit ein ansprechenderes Resultat zu erhalten.

Vinyltapete

Dieser verbreitete Tapetentyp wird in zahlreichen Dessins angeboten, viele davon mit passenden Bordüren oder Friesen. Diese Tapete besteht aus einer Papierunterlage mit einer aufkaschierten Schicht aus wasserfestem Vinylkunststoff, so daß eine sehr strapazierfähige, naß abwaschbare Oberfläche entsteht. Vinyltapete kann man leicht kleben und wieder abziehen; es gibt auch vorgekleisterte Ausführungen. Bei nicht vorgekleisterter Tapete empfiehlt es sich, Tapetenkleister mit Fungizidzusatz zu nehmen, um Schimmelbildung unter der Tapete zu vermeiden.

Präge- und Strukturtapeten

Prägetapeten aus festem, mehrschichtigem Papier, dessen Oberfläche durch Prägung strukturiert wird, gibt es in diversen Reliefdekoren von schlichten Strukturen über Flechtmuster und Holzeffekte bis zu floralen Motiven und ornamentalen Stildessins. Unbedruckte Prägetapeten kann man mit Dispersionsfarben, in stark beanspruchten Bereichen noch besser mit Latexfarben überstreichen. Dank ihrer strapazierfähigen Oberfläche sind sie beliebt für den Wandsockelbereich in Dielen, auch für Wände mit nicht ganz einwandfreier Oberfläche; nach dem Überstreichen sind sie wieder abwaschbar.

Anaglypta zum Beispiel ist eine gebräuchliche, sehr strapazierfähige Prägetapetensorte. 2

3

5

Großer Beliebtheit erfreuen sich heute die sehr robusten, beliebig überstreichbaren Strukturvinyltapeten, die es auch in zahlreichen Dekoren von Rustikalputzeffekten über Webmuster bis zu ornamentalen Motiven gibt.

Handbedruckte Tapeten

Diese Tapeten sind in den verschiedensten Dessins erhältlich und an Qualität und Farbtiefe unübertroffen, allerdings auch teuer. Man kann sie aber auch sparsam einsetzen, etwa in Form von mit Holzprofilen abgegrenzten Wandfeldern oder nur unter – oder oberhalb der Sockelleiste – in Kombination mit billigerer Tapete oder einem Farbanstrich. Sie sind nicht vorgekleistert und müssen mit äußerster Sorgfalt verarbeitet werden. 4

Maschinell bedruckte Tapeten

Dies ist der verbreitetste Tapetentyp. Er ist in den verschiedensten Dessins und Oberflächenqualitäten erhältlich und preiswerter als handbedruckte Tapeten. Manche lassen sich auch mit einem Überzug aus Polyurethan-Mattlack verschönern. 5

Polyäthylenschaum-Tapete

Eine weiche, leichte Tapete, in diversen Dekoren auch unter dem Namen »Novamura« angeboten; relativ leicht zu kleben.

Friese und Bordüren

Zu vielen Tapetensortimenten gibt es heutzutage passende Bordüren oder Friese, die die dekorative Ausschmückung sehr erleichtern. Scheuen Sie sich aber nicht, mit ungewöhnlichen Kombinationen originelle Effekte zu kreieren oder auch gestrichene Wände mit solchem Zubehör hervorzuheben. Bordüren und Friese werden als Rollen von etwa 7,5–30 cm Breite verkauft. Friese klebt man meist waagerecht in Höhe der Fuß-, Sockel- oder Bilderleiste, aber mit Bordüren kann man zum Beispiel auch sehr gut quadratische oder rechteckige Wandfelder abgrenzen. 3

Untergrundvorbereitung zum Tapezieren

▶ *Das Tapetenangebot ist von geradezu verwirrender Vielfalt: von rustikal bis romantisch, von zarten, handbedruckten Qualitäten bis zu strapazierfähigem Vinyl. Diese hübsche Tapete mit duftigem Druckmuster im ländlichen Stil bietet zugleich eine abwaschbare Oberfläche – für die Küche ein unschätzbarer Vorteil.*

Wie beim Streichen ist auch beim Tapezieren eine gründliche Untergrundvorbereitung die wichtigste Voraussetzung für ein einwandfreies Resultat. Eine neue Tapete kann die Erscheinung eines Raums verwandeln, aber nicht unbedingt größere Mängel der zugrunde liegenden Wände verbergen. Manche Strukturtapeten, wie Rauhfaser oder Anaglypta, gleichen kleinere Unebenheiten aus, aber glatte Tapeten können Mängel des Untergrunds äußerst unbarmherzig enthüllen.

Wie zum Streichen (siehe Seiten 56–57) sollte man auch vor dem Tapezieren die Möbel aus dem Raum schaffen, die übrigen in die Raummitte schieben und mit Planen abdecken. Der Fußboden muß mit Plastikfolie abgedeckt werden, auf die man am besten noch eine Stoffplane legt, damit man auf dem nassen Plastik nicht ausrutscht. Das Abziehen alter Tapeten ist eine feuchte Angelegenheit, bei der man auch die eigene Sicherheit im Auge behalten sollte. So empfiehlt es sich beim Abziehen der Tapete um Lichtschalter, Steckdosen und sonstige elektrische Anschlüsse, die Hauptsicherung abzuschalten.

Vorarbeiten

Es ist sehr wichtig, alte Tapeten sorgfältig zu entfernen und etwaige Wandschäden zu beheben, bevor man mit dem Tapezieren beginnt. Unbehandelte Feuchtigkeitsflecken dringen auf die Dauer durch die Tapete, und Verunreinigungen im Putz können die Tapete über kurz oder lang ruinieren. Es ist wesentlich, etwaige Probleme in diesem Stadium zu erkennen und zu beheben, damit man später nicht die Tapete abziehen und ganz von vorn anfangen muß.

Alte Tapeten abziehen

Vinyltapeten sind generell am leichtesten zu entfernen. Viele von ihnen sind sogar spaltbar, d. h. so konzipiert, daß man die geprägte Nutzschicht von der Wand ziehen kann, während die Papierträgerschicht auf der Wand zurückbleibt und als Makulatur für die neue Tapete dienen kann. Manchmal ist sie in zu schlechtem Zustand, um als Makulatur zu dienen; dann muß man sie einweichen und abkratzen, um auf den glatteren Untergrund zu gelangen.

Nicht spaltbare Vinyl- und andere Tapeten müssen angeweicht werden, um den Kleister zu lösen, bevor man sie abziehen kann. Es gibt verschiedene Methoden, das Eindringen der Feuchtigkeit in die Tapetenoberfläche zu unterstützen. Am simpelsten ist es, die Tapete mit der Ecke eines Tapetenschabers leicht anzuritzen; dabei nicht so fest drücken, daß der darunterliegende Putz beschädigt wird. Es gibt auch spezielle Perforierwalzen, mit denen man einfach über die Tapete fährt. Sie hinterlassen winzige Löcher, durch die das Wasser gut eindringen kann, ohne die Wand zu beschädigen.

Tapete gründlich mit warmer Spülmittellösung einweichen, die mit einem Handsprüher oder Schwamm aufgebracht wird; dabei von oben nach unten arbeiten, so daß das Wasser die Wand hinunterläuft und den unteren Teil der Wand schon vorweicht. Wenn das Wasser gut eingezogen ist, Tapete mit einem Spachtel oder Tapetenschaber abziehen, sehr hartnäckige Stellen mit dem Schwamm nachfeuchten.

Man kann auch ein Dampf-Tapetenablösegerät mieten oder kaufen, was die Vorbereitungszeit zweifellos deutlich verkürzt: Durch die Wärme und Feuchtigkeit des Dampfs löst sich der Kleister besonders schnell.

Wenn die Tapete entfernt ist, sollte man die gesamte Wand noch einmal gründlich überarbeiten, wobei man etwaige Tapeten- und Kleisterreste, die noch an der Wand haften, vorsichtig wegkratzt und abwischt. Löcher und Risse muß man sorgfältig verfüllen und Verunreinigungen wie Schimmelflecken oder Mineralsalzablagerungen entsprechend behandeln (siehe Seiten 56–57).

Grundieren

Durch Vorstreichen der Wand mit verdünntem Tapetenkleister, Streichmakulatur oder Tiefgrund wird die Saugkraft des Putzuntergrunds vermindert, damit die Tapete besser haftet. Die Grundierung mit einer großen Kleisterbürste auf die fertig vorbereitete Wand – die nach Einweichen oder Dampfbehandlung erst gründlich trocknen muß – auftragen. Abschließend sollte man etwaige Spritzer auf Holzteilen mit einem feuchten Lappen abwischen.

Rollenmakulatur

Unebene oder rissige Wände sollte man mit Rollenmakulatur bekleben, um einen glatten Untergrund zum Anstreichen oder Tapezieren zu erhalten. Für die Wände nimmt man mittelschwere, für die Decke schwerere Makulatur, da diese beim Kleben nicht so leicht reißt. Wie bei Tapeten auch sind hinsichtlich der zu verwendenden Grundierung und Kleisterart die Herstelleranweisungen zu befolgen. Die Makulatur nach dem Kleben gründlich, am besten über Nacht, trocknen lassen, bevor man Tapete darüber klebt.

Wenn die Wand gestrichen werden soll, klebt man die Makulatur normalerweise senkrecht. Wenn man sie übertapezieren will, könnte es allerdings passieren, daß die Stoßkanten von Makulatur und Tapete aufeinander zu liegen kommen, wodurch unschöne Nahtstellen entstehen. Um das zu vermeiden, sollte man die Makulatur in diesem Fall waagerecht statt senkrecht kleben. Die Grundmethode ist auch bei dieser Ausrichtung die gleiche: Die Wände ausmessen, dabei darauf achten, das Maßband genau waagerecht zu halten. Die Makulaturbahnen auf die passende Länge zuschneiden und von der oberen Wandkante ausgehend quer auf die Wand kleben.

Alte Tapeten abziehen

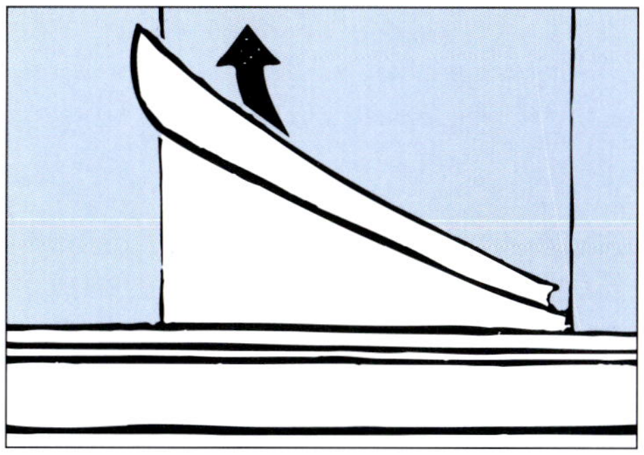

1 Moderne Vinyltapeten lassen sich meist einfach von der Wand ziehen.

2 Andere Tapeten vorher einweichen. Zuerst mit dem Schaber anritzen, damit die Feuchtigkeit einziehen kann.

3 Warme Seifenlauge auftragen, einwirken lassen; Tapete mit dem Schaber abziehen.

4 Mit einem Dampfablösegerät läßt sich der Kleister besonders gut lösen. Tapete mit dem Schaber abziehen.

Rollenmakulatur kleben

1 Makulatur zum Übertapezieren waagerecht kleben, um unschöne Nähte zu vermeiden.

2 Bahnen ziehharmonikaförmig zusammenlegen, während des Anbringens nach und nach entfalten.

Werkzeug/ Ausrüstung

Vorarbeiten

- **Plastikeimer:** für Seifenlauge und zum Anmischen von Grundierungsmitteln.
- **Schwamm:** zum Einweichen alter Tapeten.
- **Handsprüher:** zum Einweichen alter Tapeten, anstelle des Schwamms.
- **Dampfablösegerät:** Spezialgerät zur Tapetenentfernung. Ideal zum Abziehen großer Flächen, jedoch so teuer, daß man es besser mietet.
- **Schaber:** zum Anritzen und Abziehen der Tapete.
- **Perforierwalze:** Spezialgerät zum Anritzen der Tapete.
- **Grundierung:** Verwenden Sie am besten das Mittel, das der Hersteller der überzuklebenden Tapete empfiehlt.
- **Holzstab:** zum Anrühren der Grundierung.
- **Große Maler-/Kleisterbürste:** zum Auftragen der Grundierung.
- **Schwamm:** zum Sauberwischen.
- **Plastikmüllsäcke.**

Planung

Musteransätze

Das Problem der Musteranpassung am Übergang von einer Bahn zur nächsten gehört wohl zu den beängstigendsten Aspekten des Tapezierens. Eigentlich ist die Sache aber gar nicht so heikel, sofern man ausreichende Tapetenmengen kauft und schon beim Zuschneiden sorgfältig auf den Musteransatz achtet.

Unifarbene Tapeten und solche mit senkrechten Streifen oder kleinen, unregelmäßigen Mustern, wie etwa winzige Blumendrucken, sind ansatzfrei, d. h. man braucht das Muster beim Zuschneiden nicht zu beachten, sondern schneidet einfach fortlaufend Bahnen gleicher Länge von der Rolle, wobei man an jedem Ende etwa 5 cm Verschnittzugabe vorsieht.

Um komplexere Muster richtig anzusetzen, legt man die zugeschnittene Tapetenbahn mit der Musterseite nach oben auf den Tapeziertisch, dann die nächste Bahn daneben, wobei man das Muster an den beiden aneinanderstoßenden Kanten genau passend ausrichtet; dann muß man 5 cm Verschnittzugabe an jedem Ende der angesetzten Bahn zugeben, d. h. etwa 10 cm. Vor dem Schnitt kontrollieren, ob sich das Muster auf beiden Bahnen gleich oft wiederholt und beide mit Verschnittzugabe ausgestattet sind.

Bei Mustern mit geradem Ansatz verläuft das Muster an beiden Bahnkanten symmetrisch. Diese Art Tapete ist nicht allzu schwierig anzubringen. Man muß nur an beiden Enden eine ausreichende Verschnittzugabe vorsehen, um das Muster richtig ausrichten zu können.

Bei Tapeten mit versetztem Ansatz sind die Motive gegeneinander verschoben, so daß man auch die Bahnen versetzt zuschneiden und ansetzen muß: Die Rapporthöhe – das ist der Abstand, in dem sich das Muster wiederholt – ist normalerweise auf der Rolle angegeben. Man kann versuchen, die aneinanderstoßenden Bahnen abwechselnd von zwei verschiedenen Rollen zu schneiden, was allerdings auch zu Verwirrung führen kann.

Die Senkrechte festlegen

Es ist natürlich von entscheidender Wichtigkeit, die erste Bahn an einer Wand genau senkrecht anzubringen: Nicht nur, weil sich eine von der Senkrechten abweichende Ausrichtung kaum Bahn für Bahn exakt wiederholen ließe, so daß fast zwangsläufig zwischen den Bahnen immer größere Lücken entstünden, sondern auch weil die meisten Muster natürlich zur senkrechten Anbringung konzipiert sind und nicht richtig

▶ Für diejenigen, die gern alle Dekorationselemente aufeinander abstimmen, gibt es zu vielen Tapeten passende Bordüren und sogar Textilien. Es empfiehlt sich dann allerdings, die übrige Dekoration schlicht zu halten: Hier bilden der hell gestrichene Fußboden, unifarbene Läufer und eine unaufdringliche Fensterdekoration einen perfekten Rahmen für die eher unruhige, blau-weiß gemusterte Tapete.

Nützliche Tips

1 Erste Bahn an einem augenfälligen Blickpunkt zentrieren; von dort in beide Richtungen tapezieren.

2 In Räumen ohne Blickfang rechts vom Hauptfenster beginnen; in beide Richtungen zur Tür hin tapezieren.

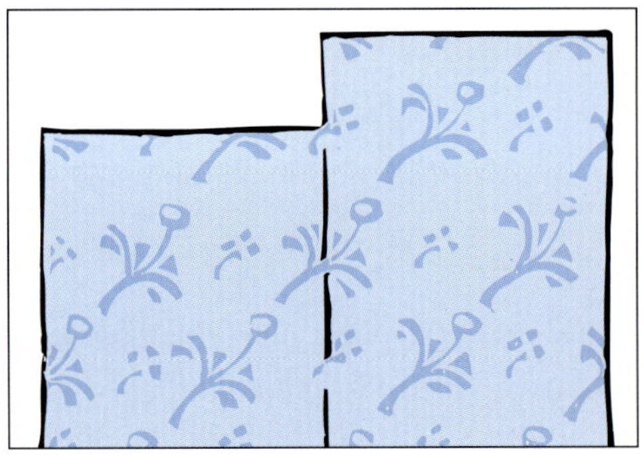

3 Benachbarte Bahnen so nebeneinander auf den Tapeziertisch legen, daß der Musteransatz paßt.

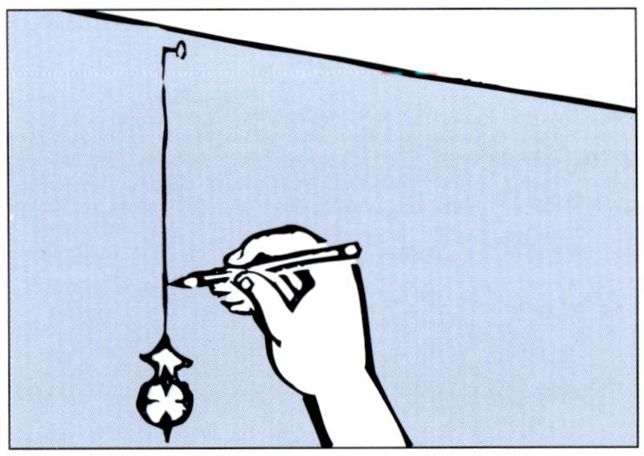

4 Vor Anbringung der ersten Bahn mit Senklot oder Wasserwaage die genaue Senkrechte ermitteln.

◀ *Falls es Ihnen es an Zeit oder Selbstvertrauen mangelt, mit Effektanstrichen zu experimentieren: Es gibt Tapeten, die Anstricheffekte simulieren. Die dezenten Streifen dieser Tapete ähneln der weichen Wirkung eines Anstrichs in fein abgestuften Farbtönen und verleihen den Schlafzimmerwänden eine warme, beruhigende Ausstrahlung.*

wirken, wenn sie schief hängen. Benutzen Sie eine Wasserwaage oder ein Senklot, um die erste Tapetenbahn exakt senkrecht auszurichten; orientieren Sie sich nicht an Fenster- oder Türrahmen, die vor allem in älteren Häusern nicht immer gerade sind.

Das Senklot mit einer Stecknadel an der oberen Wandkante befestigen und die Lotlinie ganz leicht mit Kreide oder Bleistift auf der Wand anzeichnen. Natürlich sollte man diesen Vorgang sicherheitshalber bei jeder zu tapezierenden Wand wiederholen.

Tapezierreihenfolge

Es gibt keine festen Regeln, wo man mit dem Tapezieren beginnt; wichtig ist vor allem, daß man sich in einer logischen Reihenfolge rund um den Raum vorarbeitet. Wenn der Raum einen optischen Schwerpunkt hat – etwa ein Kamin in der Mitte einer Wand –, sollte man das Muster der ersten Tapetenbahn daran zentrieren und von dort aus in beide Richtungen rund um den Raum tapezieren, bis sich die beiden Enden auf der anderen Seite oder an einem geeigneten Punkt – etwa einer Tür – treffen.

Wenn sich kein augenfälliger Punkt zur Zentrierung der Tapete anbietet, beginnt man am besten rechts vom Hauptfenster und tapeziert im Uhrzeigersinn um den Raum herum bis zur Tür. Dann zur ersten Bahn zurückkehren und gegen den Uhrzeigersinn ebenfalls bis zur Tür arbeiten. Daran denken, daß man den Fensterrahmen nicht zur Bestimmung der Senkrechten nehmen darf.

Werkzeug/Ausrüstung

Tapezierwerkzeuge

- **Bandmaß oder Zollstock.**
- **Universal- oder Cuttermesser:** zum Zuschneiden der Tapete.
- **Stahllineal/Richtscheit.**
- **Wasserwaage:** für exakte waagerechte und senkrechte Linien.
- **Kleisterbürste.**
- **Tapezierbürste:** zum Feststreichen der geklebten Tapete.
- **Heizkörperroller:** um Tapete hinter Heizkörpern oder in unzugänglichen Ecken festzustreichen.
- **Sauberer Handbesen:** um die Tapete beim Deckentapezieren zu halten.
- **Kleister:** Empfehlungen des Tapetenherstellers befolgen. Bei Schimmelproblemen fungizidhaltigen Kleister verwenden; für Vinyltapeten benötigt man einen speziellen Vinylkleister.
- **Tapetenwanne:** zum Einweichen vorgekleisterter Tapetenbahnen.
- **Plastikeimer:** zum Anmischen des Kleisters.
- **Tapeziertisch:** Man kann jeden Tisch nehmen, wenn man ihn gut abdeckt und er die richtige Arbeitshöhe hat.
- **Nahtroller:** zum Glätten der Stoßkanten geklebter Tapetenbahnen.
- **Tapezierschere.**
- **Holzstab:** zum Anrühren des Kleisters.
- **Schwamm:** zum Sauberwischen.
- **Senklot:** zur Bestimmung der Senkrechten.

Werkzeuge für andere Wandbekleidungen

- **kleine, scharfe Scheren oder Skalpelle:** für Ausschneidemotive.
- **Für Stoffbespannungen:** Tacker, Holzlatten, Karton zur Verstärkung von Nahtstellen, Gardinen- oder Vorhangstangen für geraffte Stoffe, Spannelemente.

Ausmessen, Zuschneiden und Einkleistern

Bei Berechnung des Tapetenbedarfs besser etwas zu großzügig als zu geizig kalkulieren, und die gesamte Tapete auf einmal kaufen, damit sie aus derselben Charge stammt.

Um die Anzahl der benötigten Tapetenrollen zu errechnen, die Raumhöhe messen und 5–10 cm für Verschnitt sowie gegebenenfalls die Rapporthöhe (Musterhöhe) hinzuaddieren. Dies ist die Länge einer Bahn. Die Gesamtlänge einer Tapetenrolle (in der Regel 10 m) durch die Länge dieser Bahn dividieren, um zu ermitteln, wie viele Bahnen eine Rolle hergibt (A).

Den Raumumfang messen; das Ergebnis durch die Rollenbreite (meist 53 cm) dividieren, um festzustellen, wie viele Bahnen man braucht, um den Raum rundherum zu tapezieren (B).

Dann die Zahl der zum Tapezieren des Raums benötigten Bahnen durch die Zahl der Bahnen pro Rolle dividieren, um zu errechnen, wie viele Rollen (C) man für den Raum benötigt (B : A = C). Auf die nächste volle Rolle aufrunden und sicherheitshalber noch eine Rolle hinzuaddieren.

Zeitaufwand

Tapezieren ist eine zeitaufwendige Arbeit, bei der man nicht hetzen sollte. Bei der Planung vor allem reichlich Trockenzeit – nach dem Abziehen, nach Anbringen der Makulatur und nach dem Tapezieren – einkalkulieren, um spätere Enttäuschungen zu vermeiden, die nur die Gefahr eines Fiaskos vergrößern.

Zuschneiden

Immer daran denken, an jedem Ende einer Tapetenbahn etwa 5 cm zum exakten Kantenbeschnitt zuzugeben. Die Tapete immer vor dem Einkleistern zuschneiden.

Die Senkrechte an der Wand bestimmen, dann die Wandhöhe von der Decke bis zur Fußleiste messen. Tapetenrolle auf dem Tapeziertisch entrollen. Gesamtlänge einer Bahn mit Verschnittzugabe abmessen und auf dem Tapeziertisch anzeichnen, damit man nicht jede Bahn einzeln ausmessen muß. Mit dem Anschlagwinkel die Schnittlinie auf der Bahn im rechten Winkel zur Seitenkante anzeichnen; mit der Tapezierschere sauber abschneiden.

Wenn man einen Musteransatz beachten muß, die erste Bahn zuschneiden, dann die Tapete

▲ *Dekorativ gemusterte Tapeten müssen nicht dem Schlafzimmer vorbehalten bleiben, sondern können auch an anderer Stelle sehr schön wirken. Der nostalgische Charme dieser kräftig grünen Tapete mit ihrem filigranen Spaliermuster aus Tautropfen und Rosen harmoniert sehr gut mit der lavendelfarbenen Holzverkleidung des angrenzenden Raums.*

Berechnung des Rollenbedarfs

Europarollen (53 cm x 10,05 m) unter Zugabe von 5–10 cm Verschnitt (1 Rolle ergibt 3 Bahnen)

Raumumfang (einschließlich Tür- und Fensterflächen)

Raumhöhe	9 m	10 m	11 m	12 m	14 m	15 m	16 m	17 m	18 m	20 m	21 m	22 m	23 m
2,50 m	6	7	7	8	9	10	11	11	12	13	14	14	15
2,75 m	6	7	7	8	9	10	11	11	12	13	14	14	15
3 m	6	7	7	8	9	10	11	11	12	13	14	14	15

Die Angaben gelten für ansatzfreie Tapeten auf Rollen zu 53 cm Breite mal 10 m Länge.

Sicherheitshalber sollte zu der hier angegebenen Bedarfsmenge noch eine Rolle hinzuaddiert werden.

Ausmessen, Zuschneiden und Einkleistern

1 Tapete auf dem Tisch ausrollen, erste Bahn abmessen, Schnittstelle mit Bleistift markieren.

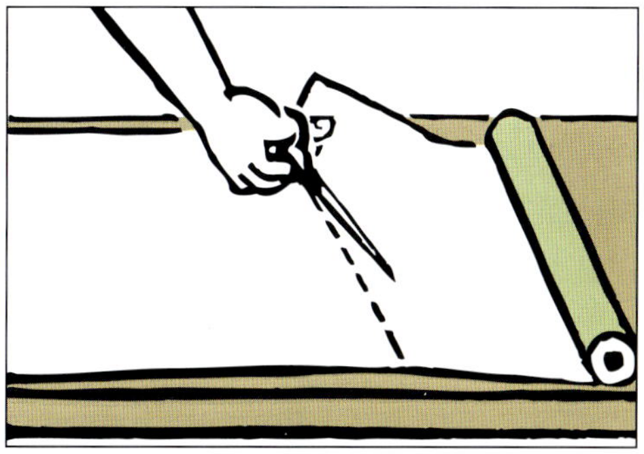

2 Erste Bahn mit einer langen Tapezierschere abschneiden.

3 Zwei Bahnkanten an den Tischkanten ausrichten, die Bahn von der Mitte aus einkleistern.

4 Kleister mit einer breiten Kleisterbürste nach den Seiten verstreichen, dabei auf gleichmäßige Verteilung achten.

mit der Musterseite nach oben drehen, das Muster der anstoßenden Bahn passend ausrichten und etwa 5 cm an jedem Ende dieser Bahn zugeben, bevor man sie abschneidet. Bahnen mit Musteransatz auf der Rückseite durchnumerieren, um sie beim Kleben nicht in der Reihenfolge durcheinanderzubringen. Außerdem mit einem Pfeil auf der Rückseite markieren, welches Ende nach oben gehört, falls sich das aus dem Muster nicht klar ergibt.

Einkleistern

Tapeziertisch möglichst so aufstellen, daß man beim Einkleistern gegen das Licht blickt; so sind noch nicht eingekleisterte Stellen leichter zu erkennen: Sie sind matter als der Rest.

Kleister anrühren. Tapete mit der Musterseite nach unten auf den Tisch legen. Den Tisch sauber halten, damit kein Kleister auf die Vorderseite der Tapete gelangt. Kleister gleichmäßig verteilen, sonst wirft er Blasen. Kleister mit einer breiten Kleisterbürste auftragen; immer von der Bahnmitte zu den Seiten streichen.

Kontrollieren, ob die Tapete vor dem Anbringen eine Weichzeit benötigt. Tapete weichen lassen, bis sie geschmeidig ist; diese Zeitdauer vermerken, um die Weichzeit von einer Bahn zur nächsten konstant zu halten und so eine unterschiedlich starke Dehnung zu vermeiden.

Eine etwaige Blasenbildung kann durch zuviel Kleister verursacht werden. Häufiger entsteht sie jedoch dadurch, daß man die Tapete nicht lang genug hat weichen lassen; in jedem Fall die Herstelleranweisungen durchlesen und eine ausreichende Weichzeit einhalten. Wenn nur ein oder zwei Blasen auf einer Bahn auftreten, kann man sie mit einem scharfen Messer aufschneiden. Mit einem Künstlerpinsel etwas Kleister hinter die Tapete geben, Tapete mit der Tapezierbürste vorsichtig glätten. Austretenden Kleister mit einem feuchten Schwamm abwischen. Treten viele Blasen auf, muß man die Bahn abziehen und neu anlegen.

Vorgekleisterte Vinyltapeten

Vorgekleisterte Vinyltapete ist für den unerfahrenen Tapezierer das vielleicht beste Material, da sie aufgrund ihrer robusten Oberfläche nicht so leicht reißt oder sich dehnt. Eine Tapetenwanne zur Hälfte mit Wasser füllen und neben den zu tapezierenden Wandabschnitt stellen. Tapete ausmessen und zuschneiden. Bahn mit der Musterseite nach innen zusammenrollen und ganz in die Wanne eintauchen.

Die vom Hersteller empfohlene Weichzeit abwarten, dann die Tapete mit beiden Händen an ihrer Oberkante fassen und vorsichtig hochziehen, so daß das Wasser in die Wanne abläuft. Bahn genau entlang der senkrechten Lotlinie (siehe Seiten 82–83) an die Wand anlegen und anstelle der Bürste mit einem sauberen Schwamm feststreichen, der gleich einen Teil des überschüssigen Wassers aufnimmt.

Es gibt Tapeten und Bordüren, die nicht nur vorgekleistert sind, sondern auch kein Einweichen mehr erfordern. Ihre selbstklebende Beschichtung wird durch Abwickeln von der Rolle freigelegt, so daß man sie direkt auf die Wand kleben kann. Praktisch ist auch die Tatsache, daß der Klebstoff nicht sofort fest haftet und man die Tapete so nötigenfalls noch verschieben kann.

Vorgekleisterte Vinyltapete

1 Tapete mit dem Muster nach innen aufrollen, in Wanne einweichen. Entrollen und auf die Wand kleben.

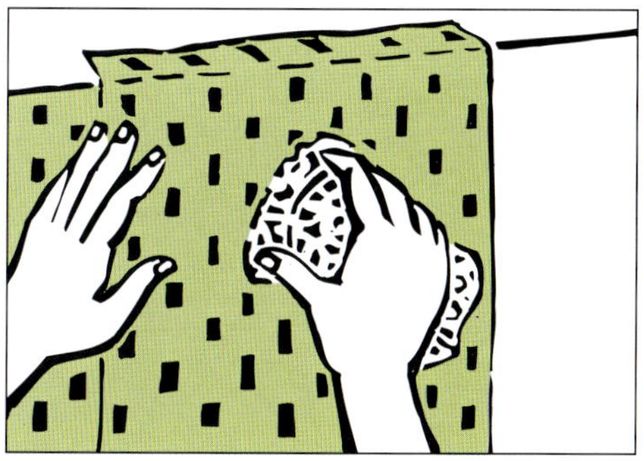

2 Tapetenbahn so anlegen, daß das Muster paßt, und mit einem sauberen Schwamm feststreichen.

Gerade Bahnen anbringen

Eine gerade Wand zu tapezieren ist relativ einfach. Darauf achten, Mustertapeten mit dem richtigen Ende nach oben zu kleben. Das klingt selbstverständlich, aber beim Hantieren mit vielen langen Bahnen kann man schon einmal durcheinander kommen.

Ziehharmonikafaltung

Nach dem Einkleistern der gesamten Tapetenbahn (siehe Seiten 84–85) kontrollieren, ob der Kleister irgendwo zu dünn oder trocken ist, dann die Bahn in Ziehharmonikafalten zusammenlegen, wobei jede Falte etwa 75 cm lang sein sollte. Das untere Bahnende nach innen einschlagen, so daß die eingekleisterten Seiten aufeinander liegen, damit es während der Arbeit nicht an der Wand festklebt.

Bei kürzeren Bahnen beide Enden nach innen zur Mitte einschlagen und darauf achten, sie beim Hantieren nicht zu knautschen.

Tapetenbahnen anbringen

Die Tapetenbahn wird zunächst mit etwas Überstand am oberen Wandende angelegt und festgestrichen, bevor man die obere Kante exakt beschneidet (siehe rechts). Erst dann wird die Bahn die Wand hinunter sauber festgestrichen und am unteren Ende entsprechend beschnitten.

Zunächst die obere Hälfte der ersten Ziehharmonikafalte entfalten und die Tapete so am oberen Wandende anlegen, daß sie an der Dekkenkante etwas übersteht. Darauf achten, daß die Seitenkante der Bahn exakt senkrecht an der Lotlinie verläuft.

Tapetenbahn mit einer Tapezierbürste von der Mitte nach außen feststreichen; am Übergang zwischen Wand und Decke gut andrükken. Mit dem Rücken der Tapezierschere die Faltlinie entlang der Deckenkante nachziehen, um sie deutlich zu markieren.

► *Wer noch nie tapeziert hat, fängt am besten mit einem unkomplizierten Muster wie dieser breit gestreiften Tapete an. Bei einem derart simplen Dessin ist das richtige Ansetzen der Bahnkanten kein Problem. Streifentapeten sind wie unifarbene Tapeten oder solche mit kleinem, ungleichmäßigem Muster ansatzfrei, d. h. man kann die Bahnen fortlaufend von der Rolle schneiden, ohne sich um den Musteransatz zu kümmern.*

Oberes Tapetenende weit genug von der Wand abziehen, um die so markierte Faltlinie freizulegen, mit der Schere entlang der markierten Linie sauber abschneiden. Tapete mit der Tapezierbürste wieder sauber feststreichen; die Oberkante sollte jetzt exakt an der Decke sitzen. Kleisterüberschuß abwischen, allen Verschnitt, den man nicht mehr anderweitig verwenden kann, sofort entsorgen.

Ziehharmonikafalten fortlaufend entfalten, während man die Bahn nach unten feststreicht; dabei immer von der Mitte nach außen streichen. Aufpassen, daß die Tapete keine Falten wirft. Falls doch Falten entstehen und der Kleister noch naß ist, die Tapete an der Stelle vorsichtig von der Wand ziehen und sorgfältig neu feststreichen. Wenn der Kleister schon trocken ist, Falte mit einem scharfen Messer aufschneiden und so vorgehen, wie für die Entfernung von Blasen beschrieben (siehe Seiten 84–85).

Zuletzt das untere Bahnende entfalten und die Unterkante so markieren und beschneiden wie für das obere Ende bereits beschrieben. Gut feststreichen. Überschüssigen Kleister mit einem Schwamm abwischen, bevor er trocknet. In dieser Weise weitere Bahnen die Wand entlang kleben, bis man an einer Ecke ankommt. Die

Tapetenbahnen anbringen

▲ *Mit ihrer unvergleichlich frischen, klaren Wirkung lassen sich Streifenmuster in fast jedem Raum des Hauses einsetzen. Blau-weiß ist die ideale Farbkombination für dieses maritim gestaltete Schlafzimmer, dem die Kombination aus Tapete, abgestimmter Bordüre und einem Farbanstrich in passenden Tönen eine harmonische, ruhige Atmosphäre verleiht.*

Stoßkanten mit einem Nahtroller glätten. Wenn die Bahnkanten auseinanderstreben oder sich von der Wand lösen, hat man den Kleister nicht ausreichend bis zur Tapetenkante verstrichen. Kante vorsichtig mit einem Messer anheben, mit einem Künstlerpinsel etwas Kleister darunterstreichen. Mit dem Nahtroller festrollen.

Wenn man mit vorgekleisterter Tapete arbeitet, ist es empfehlenswert, in jedem Fall mit einem Künstlerpinsel etwas Vinylkleister unter die Stoßkanten der Tapete zu streichen. Dann gut feststreichen, um saubere, fest klebende Bahnansätze zu erhalten. Oberfläche auf Kleisterreste kontrollieren, diese mit einem feuchten Schwamm abwischen. Kleister ist in feuchtem Zustand immer leichter zu entfernen als nach dem Antrocknen.

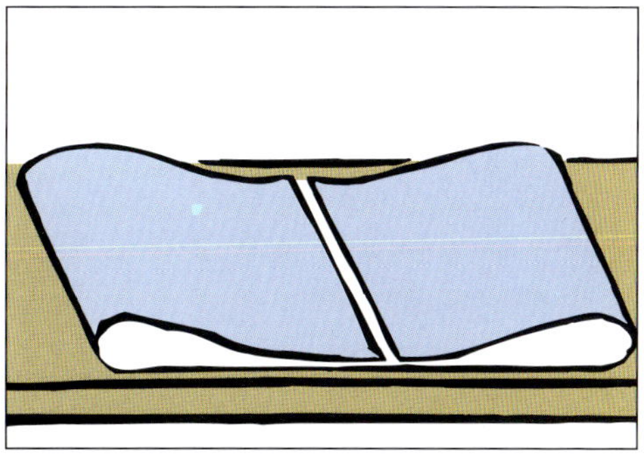

1 *Bei kurzen Bahnen die Enden nach innen einschlagen, so daß die eingekleisterten Seiten aufeinander liegen.*

2 *Längere Bahnen ziehharmonikaförmig zusammenlegen, unteres Ende nach innen einschlagen.*

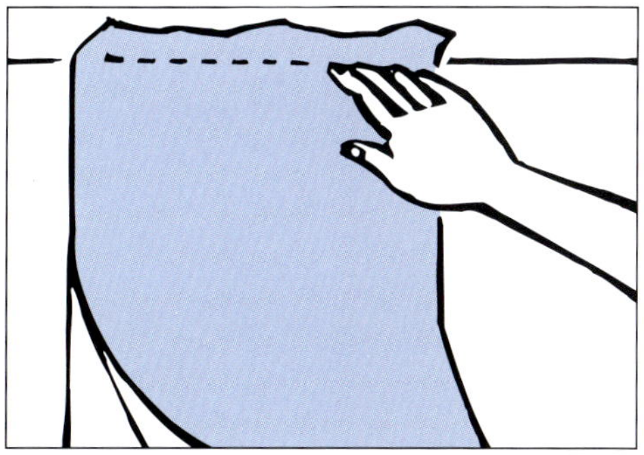

3 *Oberes Bahnende mit etwa 5 cm Überstand an die obere Wandkante anlegen.*

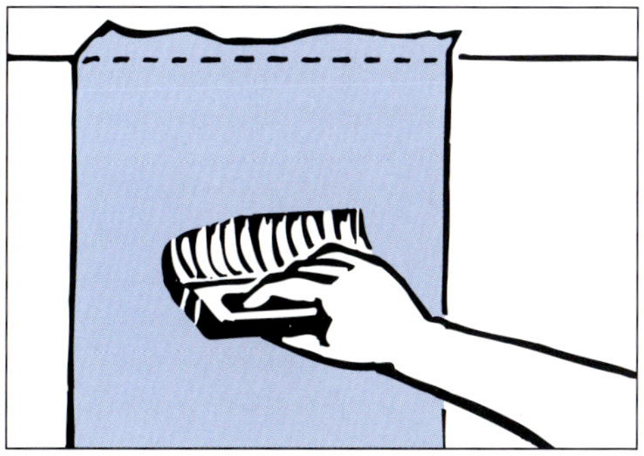

4 *Tapete von der Mitte nach außen mit einer breiten Tapezierbürste feststreichen.*

5 *Obere Kante mit dem Scherenrücken nachziehen, um eine deutliche Markierungslinie zu erhalten.*

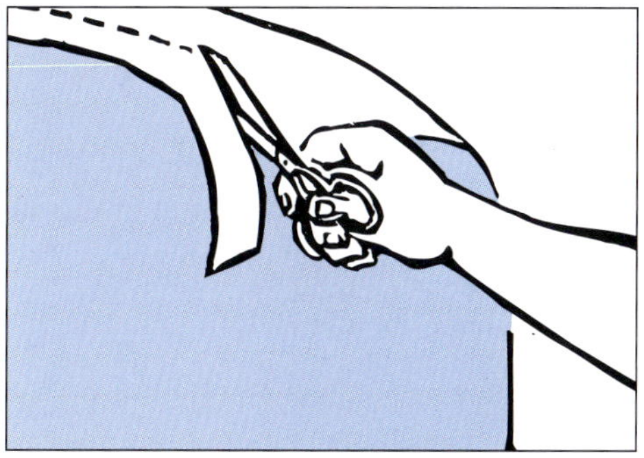

6 *Oberes Bahnende von der Wand ziehen, an der markierten Linie sauber abschneiden, feststreichen.*

7 *Überschüssigen Kleister sorgfältig mit einem sauberen Schwamm abwischen, bevor er antrocknet.*

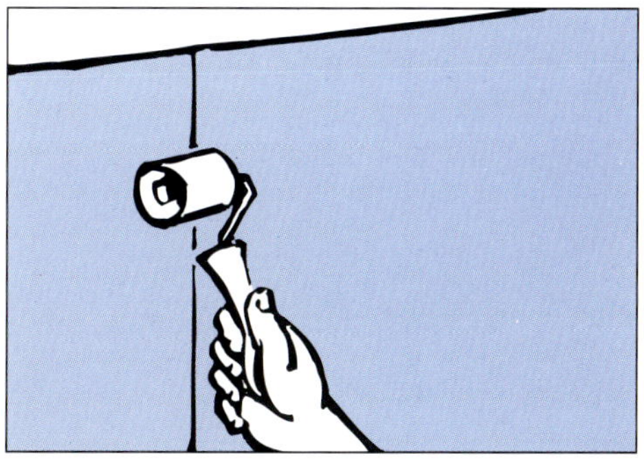

8 *Stoßkanten der Tapetenbahnen mit einem Nahtroller sauber andrücken.*

Ecken tapezieren

Wenn man eine Wand tapeziert, kommt man natürlich zu einer Ecke. Beim Tapezieren von Ecken muß man eine Bahn etwas um die Ecke kleben und dann eine zweite überlappend darüber kleben, unabhängig davon, ob es sich um eine Innen- oder Außenecke handelt. Da man dafür zwei Streifen der gleichen Bahn verarbeitet, geht durch die Überlappung immer etwas vom Muster verloren; solche kleineren Unstimmigkeiten im Musteransatz müssen aber gerade in Zimmerecken nicht unbedingt auffallen.

Innenecken

Den Abstand zwischen der Kante der letzten ganzen Bahn und der Ecke am oberen Wandende, auf halber Wandhöhe und am unteren Wandende ausmessen. Zum größten Meßwert 2,5 cm für die Überlappung hinzuaddieren.

Bei Tapeten mit kleinformatigem Muster oder senkrechten Streifen die Breite der Überlappung nach der Breite des Musterrapports auswählen, um den Musteransatz auf der neuen Wand zu erleichtern.

Eine zugeschnittene Bahn der Länge nach auf die gemessene Breite zuschneiden. Den Reststreifen auf dem Tapeziertisch liegen lassen. Den zugeschnittenen Streifen auf die Wand kleben, dabei die seitliche Schnittkante um die Ecke feststreichen. Die Schnittkante mit dem Nahtroller gut an der Wand feststreichen.

Dann den Reststreifen einkleistern. Mit Senklot oder Wasserwaage die Senkrechte auf der neuen Wand markieren. Sie muß auf jeder Wand neu ermittelt werden, weil Ecken selten exakt rechtwinklig sind. Wenn man das unterläßt, hängt die Tapete meist nicht mehr senkrecht, wenn man wieder beim Ausgangspunkt ankommt – eine ursprünglich kleine Abweichung kann nach der Umrundung von vier Ecken recht unerfreuliche Ausmaße angenommen haben.

Jetzt den Reststreifen sorgfältig senkrecht an die neue Wand anlegen und möglichst weit in die Ecke schieben; gegebenenfalls den Musteransatz passend ausrichten.

Außenecken

Die Tapetenbahn bis zur Ecke mit der Tapezierbürste feststreichen, dann vorsichtig um die Ecke führen, hier nicht zu fest andrücken. Die

Innenecken

1 *Oben, unten und in der Wandmitte von der Kante der letzten ganzen Tapetenbahn bis zur Ecke messen.*

2 *Zum größten Meßwert 2,5 cm für die Überlappung addieren. Bahn zuschneiden, um die Ecke kleben.*

3 *Mit dem Senklot auf der neuen Wand die Senkrechte in der Breite des Reststreifens markieren.*

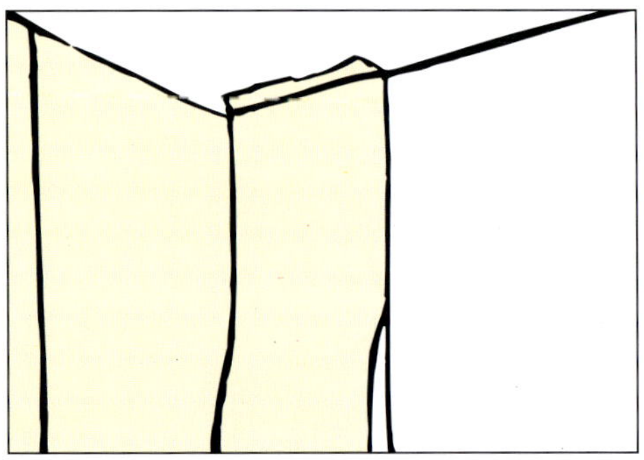

4 *Reststreifen beim Anbringen möglichst weit in die Ecke schieben und auf richtigen Musteransatz achten.*

Außenecken

1 *In 2,5 cm Abstand von der Ecke eine Senkrechte bestimmen und mit Bleistift auf der Tapete markieren.*

2 *Tapete entlang der Bleistiftlinie mit einem scharfen Universalmesser und mit einem Stahllineal abschneiden.*

3 *Die umgeschlagene Tapetenkante mit einem Nahtroller gut andrücken.*

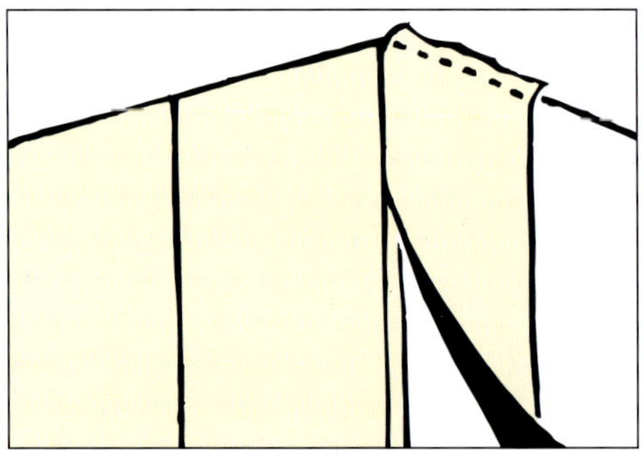

4 *Den Reststreifen mit der Schnittkante ganz nah an der Ecke anbringen; auf den Musteransatz achten.*

◄ *Breite Streifen sind gut geeignete Tapetenmuster für Räume mit scharfen Ecken und Kanten. Hier betont die Streifentapete die klaren Linien und Winkel der Kamineinfassung, während ihre gedämpften Farben eine Aura von verhaltener Eleganz schaffen – genau das Richtige für einen repräsentativen Salon.*

▼ *Es empfiehlt sich, für stark beanspruchte Bereiche wie Dielen, Treppenhäuser und Küchen eine Tapete von robuster Oberflächenqualität und längerer Lebensdauer zu wählen. In diesem Treppenhaus wurde unterhalb der Sockelabschlußleiste eine strapazierfähige Vinyltapete, darüber eine Mustertapete in normaler Qualität geklebt.*

Tapete mit der Hand gut um die Ecke feststreichen. Die Überstände am oberen und unteren Ende bis zur Deckenkante bzw. Fußleiste einschneiden, damit sich die Tapete sauber um die Ecke legen läßt, ohne sich zu verziehen. Mit Senklot oder Wasserwaage etwa 2,5 cm von der Ecke entfernt die Senkrechte bestimmen und mit Bleistift und Lineal auf der Tapete anzeichnen. Die Tapete mit Lineal und einem scharfen Universalmesser entlang dieser Linie abschneiden. Den abgeschnittenen Streifen vorsichtig abnehmen, mit der Musterseite nach unten auf den Tapeziertisch legen.

Die Schnittkante des schon geklebten Tapetenstreifens mit dem Nahtroller fest andrücken. Den abgeschnittenen Streifen, falls der Kleister zu sehr eingetrocknet ist, neu einleimen und so an die Wand kleben, daß die Schnittkante möglichst nah an der Ecke liegt; Musteransatz gegebenenfalls sorgfältig ausrichten. Die Tapetenkanten mit dem Nahtroller sorgfältig andrücken.

Um Türen und Fenster tapezieren

Sobald man die Grundtechniken des Anlegens und Beschneidens erst einmal gemeistert hat, kann man sie relativ leicht adaptieren, um auf fachmännische Weise um Türen und Fenster zu tapezieren.

Um bündig in die Wand eingesetzte Türen und Fenster kann man relativ leicht tapezieren. Die Tapete muß nur entsprechend beschnitten werden, damit sie sauber um den Rahmen verläuft. Bei vertieft in die Wand eingelassenen Türen oder Fenstern ist aber eine etwas sorgfältigere Planung und Vorgehensweise erforderlich. Die Kanten der Tapetenbahnen sollten möglichst nicht genau auf die Außenkanten der Laibung fallen; deshalb ist es wichtig, den richtigen Ausgangspunkt zu ermitteln, bevor man die erste Tapetenbahn klebt. Nötigenfalls einfach den vorgesehenen Ausgangspunkt um 5 cm nach rechts oder links verschieben. Es empfiehlt sich, die Wand mit der Vertiefung als erste zu tapezieren.

▲ *In einem derart unregelmäßig geschnittenen Raum ist eine Tapete mit einem kleinen, regelmäßigen Muster oder schmalen Streifen die beste Lösung. Hier wurde die Tapete durchgehend bis an das Fenster in der Dachschräge herangeklebt, um die ungünstigen Proportionen des Raums zu überspielen und eine harmonische Raumstimmung zu schaffen.*

Bündig eingesetzte Türen und Fenster

Die Wand, in der sich die Tür oder das Fenster befindet, ganz normal tapezieren, bis man zu der ersten Bahn gelangt, die das Hindernis überlappen wird. Diese Bahn so anbringen, daß sie vor der Tür oder dem Fenster hängt. Die über die Öffnung vorstehende Tapete bis auf einen Restüberstand von etwa 4 cm am Rahmen ausschneiden; den Verschnitt wegwerfen. Tapetenüberstand an den Rahmenecken diagonal bis zur äußeren Rahmenkante einschneiden. Die Tapete um den Rahmen feststreichen, mit dem Scherenrücken die Rahmenkante nachziehen, um sie deutlich zu markieren. Dann die Tapete vorsichtig von der Wand wegziehen und entlang der Markierung sauber abschneiden. Bei Arbeiten an Ecken immer besonders sorgfältig vorgehen, da die Tapete an solchen Stellen sehr leicht reißen kann. Schließlich die passend beschnittenen Kanten wieder um den Rahmen feststreichen.

Vertiefte Fenster

Beim Tapezieren um ein vertieftes Fenster die erste Bahn an einer Fensterseite so kleben, daß sie das Fenster überlappt.

Die Bahn wie üblich an der Deckenkante passend beschneiden, dann mit einem scharfen Universalmesser am Fenstersturz und an der Fensterbank waagerecht einschneiden. Das seitlich überstehende Stück sorgfältig um die Ecke

Um Fensterrahmen, -bänke und -nischen tapezieren

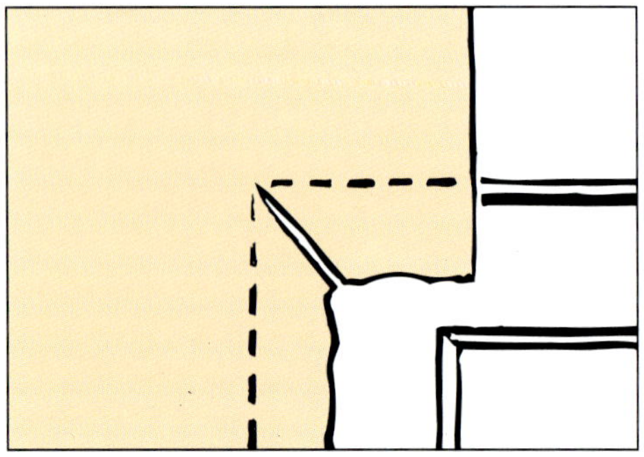

1 *An Rahmen Tapete bis auf einen Überstand von 4 cm ausschneiden. Diagonal zur Rahmenecke einschneiden.*

2 *Tapete um den Rahmen anstreichen, abziehen und an der Faltlinie sauber abschneiden, wieder feststreichen.*

3 *Die Schritte 1–2 gelten auch an Fensterbänken. Vorsicht an Ecken: Die Tapete kann dort leicht reißen!*

in die Laibung umschlagen. An der Fensteroberseite entlang wie beim Tapezieren einer geraden Wand weiterarbeiten, aber entsprechend kürzere Bahnen verwenden und ihre unteren Enden unter den Fenstersturz bis zum Fensterrahmen einschlagen. An dem Punkt aufhören, wo die nächste Bahn wieder über die ganze Wandhöhe reichen würde, und zunächst den Bereich unter dem Fenster in Angriff nehmen.

Hier nach dem normalen Verfahren kurze Bahnen vom Fensterbrett bis zur Fußleiste kleben. Wenn man unter dem Fenster genauso viele Bahnen geklebt hat wie darüber, eine weitere lange Bahn kleben, welche die Laibung überlappt. Wie bei der ersten Bahn die Tapete an Fenstersturz und -bank waagerecht einschneiden und sauber in die Laibung falten.

Die noch untapezierten Ecken der Fenstersturzunterseite mit Verschnittstücken tapezieren; dabei den Musteransatz möglichst passend ausrichten. Zunächst einen ausreichend großen Streifen für das untapezierte Stück mit Überlappungszugabe rundum ausschneiden.

Tapetenstück am Fensterrahmen wie üblich mit der Schere markieren und passend beschneiden, die übrigen Kanten nacheinander unter die umgebenden Tapetenbahnen schieben: zuerst unter das schmale Stück über dem Fenster, dann – wie beim Eckentapezieren – unter die in die Laibung umgeschlagene Bahn, zuletzt auf der anderen Seite unter die um den Fenstersturz geführte Bahn. Dabei die bereits geklebte Tapete vorsichtig abheben und, falls der Kleister schon angetrocknet ist, vor dem Feststreichen etwas neuen Kleister darunter geben.

▲ *Um Türrahmen zu tapezieren, ist gar nicht so schwierig, wie man annehmen sollte. Bei diesem stilisierten Lilienmuster ist der Ansatz relativ leicht zu bewerkstelligen. Das Muster lenkt das Auge zugleich von der ungewöhnlichen Wandneigung ab und harmonisiert gut mit den schönen Walnußholzmöbeln.*

Gaubenfenster

Beim Tapezieren eines Raums mit Gaubenfenster muß man zunächst entscheiden, welcher Teil der Gaube tapeziert werden soll – d.h. welche Bereiche man den Wänden bzw. der Decke zurechnet und welche Abschnitte tapeziert bzw. gestrichen werden sollen, um diese Unterscheidung deutlich zu machen.

In der Mitte unter dem Fenster beginnen und von dort nach außen tapezieren. Kurze Bahnen vom Beginn der Dachschräge bis zum Boden kleben, Kanten nach dem üblichen Verfahren markieren und beschneiden.

Man kann die dreieckigen, senkrechten Seitenwände des Fensters auch einfach streichen. Will man sie tapezieren, so sind sie als nächstes an der Reihe. An der Kante zur Dachschräge einen Überstand lassen und um die Kante falten; die Tapete auf der Dachschräge wird dann bis zur Kante geklebt.

Die Dachschrägen zuletzt tapezieren; dabei die Bahnen sorgfältig nach den bereits geklebten ausrichten. Deshalb kann man die erste Bahn u. U. nicht in voller Breite kleben. Unter dem Fenster von der Fensterseitenkante nach außen zur nächsten Bahnkante messen. Die Bahn für die Dachschräge auf diese Breite zuschneiden; dann sollte die Tapete vom oberen Ende der Dachschräge bis zum Fußboden ein einheitliches Bild ergeben.

Es wirkt sauberer, wenn man den unteren Überstand der Bahn auf der Dachschräge unter die beschnittene Kante der unteren Bahnhälfte schiebt; man kann den Übergang auch mit einer Bordüre kaschieren (siehe Seiten 96–97).

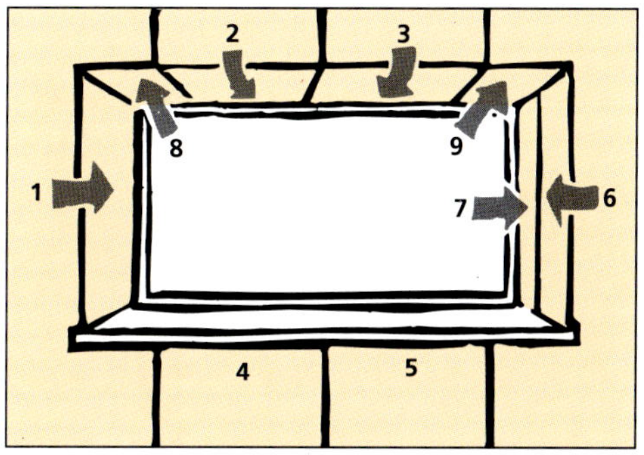

4 Fensternischen: erst eine lange, überlappende Bahn, dann kurze Bahnen über und unter dem Fenster kleben.

5 Freibleibende Fenstersturzecken mit Resten tapezieren; die Kanten unter die angrenzenden Bahnen kleben.

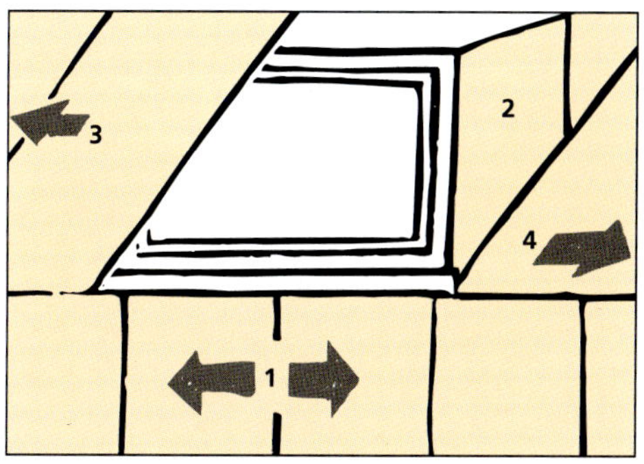

6 Bei Gaubenfenstern in der Mitte unter dem Fenster beginnen und beidseits nach außen tapezieren.

Um Hindernisse tapezieren

▶ Es gibt verschiedene Möglichkeiten beim Umgang mit Lichtschaltern: Man kann um sie herum tapezieren, eine Schalterplatte aus Plexiglas installieren, durch die man die darunterliegende Tapete sehen kann, oder, wie hier gezeigt, den Schalter mit einem sorgfältig angepaßten Stück Tapete übertapezieren, wodurch man eine besonders einheitliche, bruchlose Wirkung erzielt.

▼ Es gibt keine allgemeingültige Methode zum Tapezieren um Kaminsimse, da jeder seine eigenen Winkel und Ecken hat. Um einen sauberen Tapetenanschluß zu erreichen, sollte man auf jeden Fall langsam und methodisch vorgehen und die Tapete Stück für Stück sorgfältig anpassen, zurechtschneiden und feststreichen.

Lichtschalter und Steckdosen

Vor Tapezierarbeiten im Umfeld von Steckdosen, Schaltern und elektrischen Anschlüssen immer die Hauptsicherung herausnehmen bzw. abschalten; Kleister gründlich trocknen lassen, bevor man sie wieder einschaltet.

Schalter und Steckdosen zunächst übertapezieren; Tapete an der Wand feststreichen und an den Kanten des Schalter-Abdeckrahmens andrücken, so daß er sich deutlich abzeichnet. Tapete über dem Abdeckrahmen kreuzweise einschneiden, so daß die beiden Schnitte die Rahmenecken diagonal verbinden. Durch die Öffnung den Abdeckrahmen von der Wand ziehen; dazu gegebenenfalls die Halteschrauben lösen. Tapetenlaschen so abschneiden, daß rundum ein Überstand von etwa 1 cm bleibt. Tapete flach unter den Abdeckrahmen schieben, diesen wieder festdrücken bzw. -schrauben; nach Trocknen des Kleisters die Sicherung wieder einschalten.

Bei Deckenanschlüssen die Tapete über den Anschluß legen, als ob man ihn übertapezieren wollte. Ein Helfer sollte den Rest der Bahn mit einem Besen an der Decke festhalten, während man die Tapete an der Stelle, wo das Anschlußkabel durchgeführt werden muß, kreuzförmig einschneidet und dann das Kabel durchzieht. Die Öffnung in der Mitte etwas ausschneiden, dann bis zum Rand der Anschlußplatte rundum keilförmig einschneiden; mit dem Rücken einer kleinen Schere um die Abschlußplatte fahren, um ihre Kante deutlich zu markieren.

Kaminsimse, Heizkörper und Elektroanschlüsse

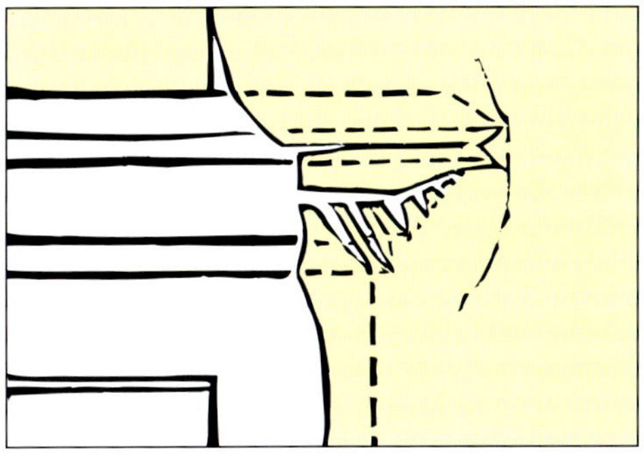

1 An Kaminen von oben nach unten arbeiten; Tapete bei jeder Winkeländerung einschneiden und anpassen.

2 Stück für Stück sorgfältig an den Kantenverlauf anpassen, feststreichen. Ggf. eine normale Schere nehmen.

3 An Heizkörpern die Tapete von unten so einschneiden, daß die Halterung zwischen die beiden Streifen paßt.

4 Die beiden Tapetenstreifen hinter dem Heizkörper mit einem Heizkörperroller feststreichen.

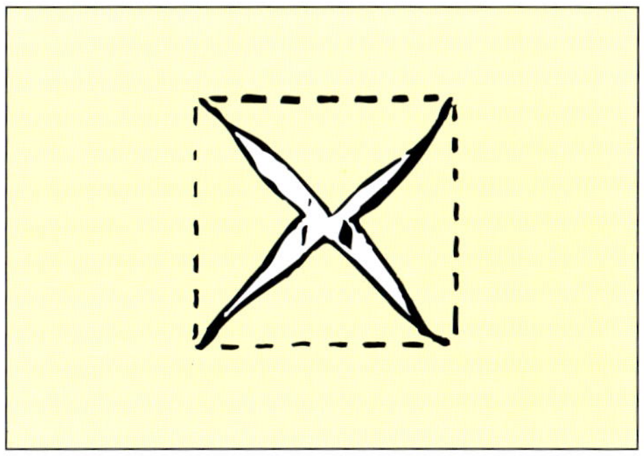

5 Tapete am Abdeckrahmen des Lichtschalters fest andrükken und kreuzweise einschneiden.

6 Abdeckung lösen; Tapete bis auf 1 cm Überstand abschneiden, diesen unter die Abdeckung schieben.

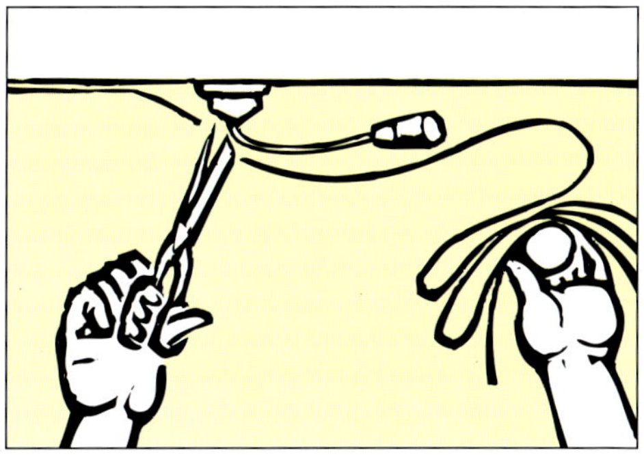

7 Tapete über den Deckenanschluß legen und kreuzweise einschneiden, um das Kabel durchzuziehen.

8 Tapete rundum bis zur Kante der Anschlußplatte keilförmig einschneiden; Laschen unter die Platte schieben.

Die Anschlußplatte lösen, Tapetenlaschen darunter schieben und die Platte wieder festschrauben. Bei Tapeten, in denen Metall enthalten ist, darf diese Technik allerdings nicht angewendet werden.

Heizkörper

Es ist schon lästig und ziemlich aufwendig, Heizkörper vor dem Tapezieren von der Wand abzunehmen; man tapeziert besser um sie herum. Tapezieren Sie die Wand so weit, bis Sie feststellen, daß die nächste Bahn hinter dem Heizkörper verläuft.

Nun den Abstand von der Oberkante der Fußleiste bis zum oberen Rand der Heizkörperhalterung und von der Halterung bis zur Kante der angrenzenden Tapetenbahn messen. Zu dem senkrechten Meßwert die Verschnittzugabe hinzuaddieren. Die Tapetenbahn vom unteren Ende aus so einschneiden, daß der untere Abschnitt der Tapetenbahn in zwei Streifen geteilt wird und zwischen die Halterung paßt.

Die Tapetenbahn wie üblich an der Wand feststreichen, dabei die beiden Streifen mit einem Heizkörperroller hinter dem Heizkörper feststreichen. Die untere Kante an der Fußleiste passend zuschneiden und mit der Tapezierbürste feststreichen.

Kamineinfassungen

Kamineinfassungen können sehr komplex gestaltet sein, mit einer Vielzahl von Ecken, Winkeln und Rundungen, um die man herumschneiden muß, aber das Prinzip bleibt immer das gleiche: Tapete bei jeder Änderung des Kantenverlaufs bis zur Kante einschneiden; dann jede Tapetenlasche einzeln gegen die Kaminkante glattstreichen und exakt beschneiden – bis hinunter zur Fußleiste.

Wenn sich eine Seite der Kamineinfassung sehr dicht an einer Wandecke befindet, kann es einfacher sein, die Tapetenbahn auf Höhe des Kaminsimses sorgfältig waagerecht abzuschneiden und die untere Hälfte separat zu kleben. Das vermindert die Gefahr, daß die Tapetenbahn einreißt, und muß, wenn man sorgfältig arbeitet, gar nicht auffallen.

Für solche Feinarbeiten ist möglicherweise eine normale Schere geeigneter als die große, unhandliche Tapezierschere.

Decken und Treppenhäuser

Beim Tapezieren von Decken und Treppenhäusern sollten Sie vor allem an Ihre Sicherheit denken. Arbeitsbühnen und Stehleitern können bei Über-Kopf-Arbeiten sehr gefährlich sein.

Es ist äußerst wichtig, die richtige Arbeitshöhe herzustellen, damit man sich nicht zu sehr recken muß. Auf diese Weise lassen sich auch schwierige Arbeiten effizient und mit möglichst wenig Anstrengung erledigen.

Um die Arbeit zu erleichtern, sollte die Stehleiter oder Arbeitsbühne so hoch sein, daß sich die Decke etwa 8 cm über Ihrem Kopf befindet.

Decken

Decken werden häufiger gestrichen als tapeziert, aber leicht rissige Decken müssen eventuell mit Makulatur überklebt werden. Schwerere Qualitäten sind besser zu handhaben und reißen nicht so leicht wie die dünneren. Um eine sichere Arbeitsbühne zu erhalten, am besten ein paar stabile Gerüstbretter mieten und diese auf zwei standfeste Stehleitern oder robuste Böcke auflegen. Wenn sich die Bretter unter Ihrem Gewicht durchbiegen, den Abstand zwischen den Leitern verringern.

Zuerst eine Richtlinie markieren: Tapetenbreite ausmessen und 1 cm abziehen; das bietet etwas Spielraum für den Fall, daß die Wände nicht genau parallel sind. Diese Breite an zwei entgegengesetzten Enden der Decke anzeichnen. Eingekreidete Schlagschnur zwischen die Markierungen spannen und gegen die Decke schnellen, um eine Richtlinie zu erhalten. Die Länge dieser Richtlinie zuzüglich 5 cm Verschnittzugabe an jedem Ende ist die Länge der Tapetenbahn. Wenn die Deckenlänge über den ganzen Raum gleich bleibt, kann die erste Bahn als Maßvorlage für die übrigen dienen. Tapete einkleistern und in lockere Ziehharmonikafalten legen (siehe Seiten 86–87).

Die Arbeitsplattform unter die Richtlinie stellen und die vorbereitete Decke im Bereich der ersten Bahn mit Tapetengrundierung vor-

▶ *Diese Streifentapete bringt den eleganten Schwung der Treppe besonders schön zur Geltung. Die raffinierte Kordelbordüre verleiht dem Ganzen klassischen Schliff und macht jede weitere Verzierung überflüssig.*

Decken u. Treppenhäuser

1 Zwischen zwei Stehleitern gelegte Gerüstbretter ergeben eine stabile Bühne für Deckenarbeiten.

2 In Ziehharmonikafalten gelegte Tapete abschnittweise an der Richtlinie entlang andrücken und anbürsten.

3 In Treppenhäusern die längste Bahn zuerst kleben, von dort beidseits nach außen arbeiten.

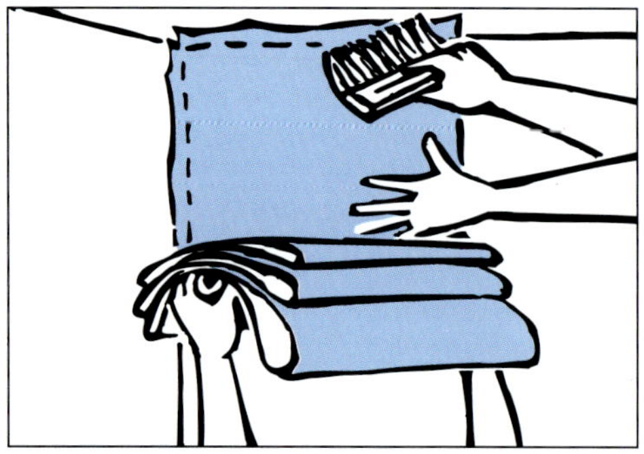

4 Ein Helfer sollte den unteren Teil der Bahn halten, während man den oberen an der Wand feststreicht.

streichen. Gefaltete Tapete mit der linken Hand oder einem sauberen Handbesen unter die Decke halten und den ersten Tapetenabschnitt mit der rechten Hand gegen die Decke drük-ken, dabei an der Richtlinie ausrichten. Tapete mit der Tapezierbürste feststreichen; dabei an beiden Enden und an der Seite zur Wand hin die Verschnittzugabe überstehen lassen. Den nächsten Tapetenabschnitt entfalten und entlang der Richtlinie weiterarbeiten; Tapete dabei jeweils von der Mitte nach außen feststreichen, bis man das andere Raumende erreicht. Kante zwischen Wand und Decke mit dem Scherenrücken markieren, Überstand von der Wand abziehen und mit der Tapezierschere passend beschneiden. Bei schwereren Tapetenqualitäten hinterläßt der Scherenrücken manchmal keine deutliche Markierung; dann muß man die Linie dünn mit Bleistift nachziehen, bevor man die Tapete abzieht und zurechtschneidet.

Tapete wieder an der Decke feststreichen; dann als Vorbereitung für die nächste Bahn eine Schicht Tapetengrund auf den angrenzenden Deckenstreifen aufbringen. Die nächste Bahn auf Stoß neben die erste kleben; die Stoßkanten mit dem Nahtroller gut feststreichen. Auf diese Weise die ganze Decke tapezieren. Zum Tapezieren um Lichtanschlüsse siehe Seiten 92–93.

Treppenhäuser

Zum Tapezieren von Treppenhäusern braucht man ein richtiges Arbeitsgerüst oder einen anderen stabilen Unterbau. Man kann ein Arbeitsgerüst mieten oder sich aus Leitern und Gerüstbrettern selbst eins bauen: eine Anlegeleiter gegen die Stirnwand lehnen, eine standfeste Stehleiter auf den oberen Treppenabsatz stellen und ein bzw. mehrere Bretter als Arbeitsbühne dazwischen legen. Zur zusätzlichen Stabilisierung Holzleisten auf die Trittstufen der Treppe nageln, damit die Leitern nicht wegrutschen können, und das Brett bzw. die Bretter mit einem Seil an den Leitern festzurren.

Die längste Bahn zuerst anbringen. Bahnlänge sorgfältig ausmessen, dabei die Schräge der Stufen berücksichtigen: Man muß bis zur tiefsten Stelle der Fußleiste bzw. Treppenwange messen und die übliche Verschnittzugabe hinzuaddieren. Tapetenbahn großzügig einkleistern, damit sie während des Arbeitens nicht eintrocknet, in Ziehharmonikafalten legen und an der oberen Wandkante anlegen. Wegen der Länge und des Gewichts der Tapetenbahn braucht man einen Helfer, der die untere Hälfte festhält, während man die obere klebt; wenn man sie frei herabhängen läßt, dehnt sie sich.

▲ *Wände, Bogendurchgang und die dahinterliegende Diele sind in zartblauem Harlekinkaro tapeziert, so daß ein fließender Übergang zwischen den Räumen entsteht – gerade in engen oder ungünstig geschnittenen Bereichen ist das wichtig, die man nicht durch unüberlegte Farb- und Musterkombinationen optisch zerstückeln sollte.*

Bogendurchgänge

Eine ungekleisterte Tapetenbahn mit etwa 5 cm Überstand am oberen Ende an die Wand halten. So an der Bogenöffnung entlangstreichen, daß sie eine deutliche Markierung auf der Tapete hinterläßt. Tapete entlang dieser Markierung mit etwa 5 cm Verschnittzugabe sauber abschneiden. Die Position der Bahnkante an der Wand markieren, um die weiteren Bahnen für die Bogenöffnung fortlaufend so zuzuschneiden. Dann erst die Tapete einkleistern und anbringen.

Tapetenüberstand an Bogenöffnung auf ca. 2,5 cm zurückschneiden; in regelmäßigen Abständen keilförmig einschneiden, damit er beim Einschlagen in die Bogenöffnung flach anliegt.

Die Wand auf der Gegenseite der Bogenöffnung entsprechend tapezieren, wobei man sich bemühen sollte, das Tapetenmuster zur ersten Seite passend auszurichten.

Wanddicke ausmessen, einen passenden Tapetenstreifen in dieser Breite zuschneiden – mit den üblichen 5 cm Verschnittzugabe an beiden Enden. Diesen Streifen von unten nach oben in den Bogen kleben, dasselbe von der anderen Bogenseite wiederholen, so daß sich die beiden Streifen in der oberen Mitte treffen. Streifen entlang der Biegung glattstreichen, so daß er die Überstandslaschen ordentlich überlappt.

Treppenneigung messen

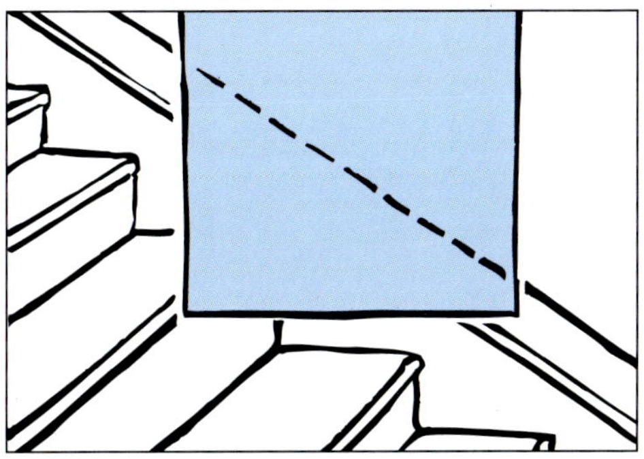

Beim Ausmessen der Bahnenlänge immer bis zum tiefsten Punkt der Fußleiste messen.

Bogengänge tapezieren

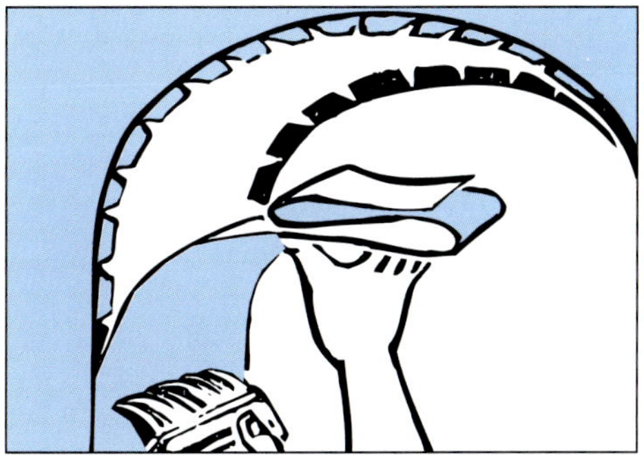

Tapetenüberstand einschneiden, in die Bogenöffnung einschlagen und mit zwei Tapetenstreifen überdecken.

Friese und Bordüren anbringen

▲ *Ein architektonisch nicht besonders interessanter Raum läßt sich mit Bordüren und Friesen schön aufpeppen. Dieses Kinderzimmer erhält durch die grün-weiß gestreifte Tapete und die fröhliche, mit allerlei Bauernhoftieren bedruckte Bordüre eine frische, lebhafte Ausstrahlung.*

Gestrichene oder tapezierte Wände lassen sich durch Anbringen einer Bordüre oder eines Frieses völlig verwandeln; die meisten Hersteller haben heutzutage auf das Tapetensortiment abgestimmte Dekore im Programm. Mit Bordüren kann man etwa ein Raumelement, wie eine Tür oder ein Fenster, umrahmen oder dekorative Wand- oder Deckenfelder abteilen, während Friese meist als Zierstreifen auf Decken- oder Bilderleistenhöhe angebracht werden. Mit normalem Tapetenkleister geklebte Bordüren halten auf Vinyltapeten nicht; hier sollte man entweder selbstklebende Bordüren oder einen speziellen Kleber verwenden.

Friese anbringen

Wenn man mit einem Fries die Wirkung eines Deckensimses, einer Bilder- oder Sockelleiste nachahmen möchte, zunächst den Raumumfang in der entsprechenden Höhe ausmessen.

Mit Wasserwaage, Lineal und Bleistift rundum eine gerade, waagerechte Markierungslinie zum Anlegen der unteren Frieskante ziehen. Fries mit der Musterseite nach unten in die Mitte des Tapeziertischs legen und sorgfältig bis zu den Kanten mit Kleister bestreichen. In lokkere Ziehharmonikafalten legen und an die Wand kleben; darauf achten, daß die untere Kante genau an der Markierungslinie anliegt. Mit einer Bürste feststreichen.

Bordüren auf Gehrung aneinanderfügen

Mit Wasserwaage und Bleistift die Umrisse des abzugrenzenden Wandfeldes vorzeichnen. Jeden Bordürenstreifen etwa 10 cm länger zuschneiden als die Außenmaße des Feldes. Streifen einkleistern und exakt entlang der Markierungslinien so auf die Wand kleben, daß sie sich an den Enden jeweils um 5 cm überkreuzen.

Die überlappenden Streifen als eine Art Rahmen betrachten. Das Stahllineal an einer Rahmenecke diagonal von der Außen- zur Innenecke anlegen, so daß es durch die Schnittpunkte der Streifen verläuft. Mit einem scharfen

Friese und Bordüren anbringen

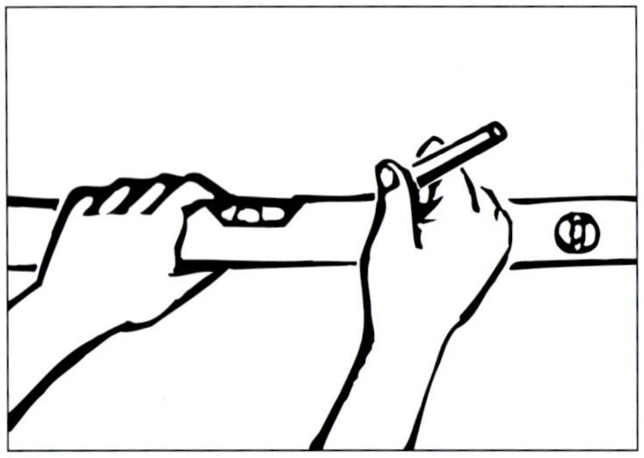

1 Mit Wasserwaage, Lineal und Bleistift eine Markierungslinie für die Friesunterkante ziehen.

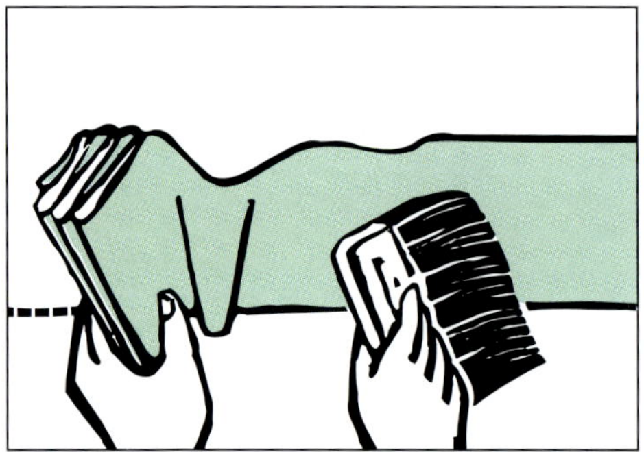

2 Fries ziehharmonikaförmig falten, entlang der Bleistiftlinie anlegen. Mit einer Bürste feststreichen.

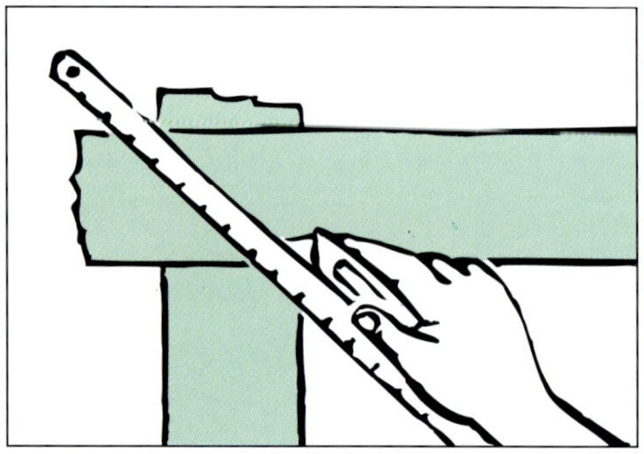

3 Für sauber gegehrte Ecken die Bordürenstreifen überkreuzend kleben und eine Diagonallinie anzeichnen.

Deckensimse und -kehlen anbringen

1 *Profile passend zuschneiden, provisorisch mit Nägeln an der Wand abstützen. Position mit Bleistift markieren.*

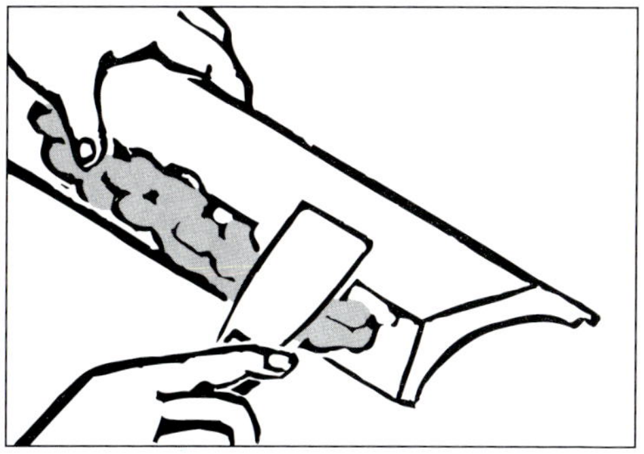

2 *Die Rückseiten der zugeschnittenen Profile mit Klebstoff bestreichen und fest an die Wand drücken.*

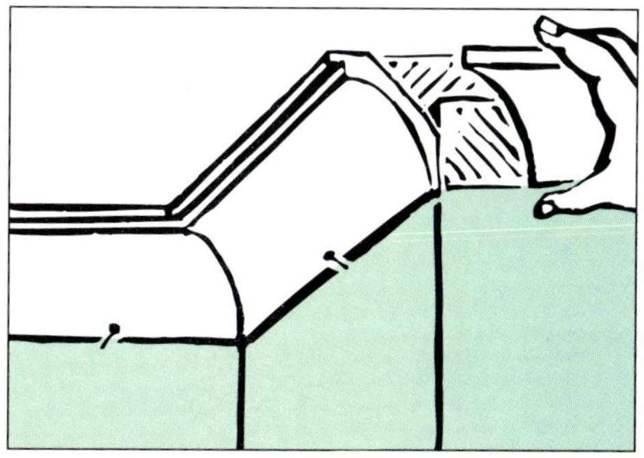

3 *Nägel wieder anbringen, um die Profile zu sichern, während der Klebstoff trocknet.*

Messer dieser Linie folgend diagonal durch beide Bordürenstreifen schneiden, so daß ein Gehrstoß entsteht. Die abgeschnittenen Bordürenenden entfernen. Die Stoßnaht mit einer Bürste wieder feststreichen.

Historische Raumdetails ergänzen

Wandsockelverkleidung

Traditionell verkleidete man die Wandsockelbereiche besonders in Dielen und Treppenhäusern oft mit einer Prägetapete namens Linkrusta, die heute nur noch selten zu bekommen ist. Als Ersatz kann man eine robuste Papier-Hochprägetapete mit einem geeigneten, zur jeweiligen Epoche passenden Stilmuster wählen. Solche Tapeten können auch rissige Wände kaschieren und bilden nach dem Trocknen eine unempfindliche, mit entsprechendem Anstrich auch scheuerbeständige Oberfläche. Wände zum Tapezieren vorbereiten und waagerecht mit Makulatur bekleben (siehe Seiten 80–81).

Prägetapete passend zuschneiden, gegebenenfalls auf den Musteransatz achten. Mit geeignetem Spezialkleister einstreichen (siehe Herstellerempfehlung). Dabei auf eine gründliche Einleimung der Kanten achten. Tapete nach Herstellerempfehlung weichen lassen; darauf achten, sie nicht zu knicken. Die Bahnen mit dem oberen Ende an die Sockelleiste legen und mit einer weichen Tapezierbürste oder Lammfellrolle andrücken; keinesfalls mit dem Nahtroller behandeln, um das Prägemuster nicht flach zu drücken! Zu steife Prägetapeten sollte man nicht um scharfe Innen- oder Außenecken führen, sondern so zuschneiden, daß sie genau bis zur Ecke reichen, und auf Stoß aneinanderfügen.

Unbedruckte Prägetapeten mit Dispersionsfarbe – in stark frequentierten Bereichen mit Seiden- oder Hochglanz-Latexfarbe – überstreichen.

4 *Diagonal durch beide Bordürenstreifen schneiden, abziehen und die abgeschnittenen Enden entfernen.*

Wandsockel tapezieren

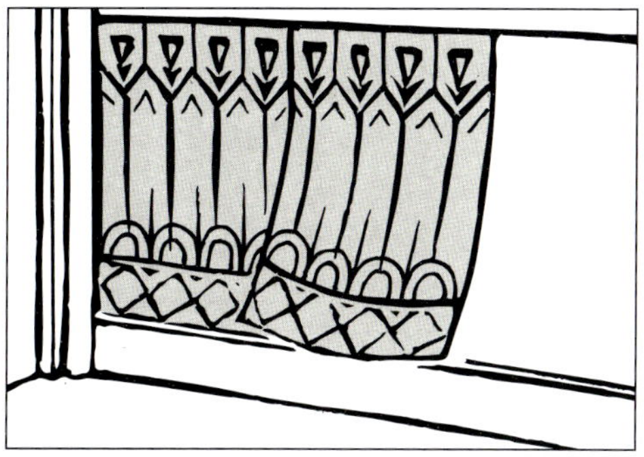

Den Bereich zwischen Fuß- und Sockelleiste mit strapazierfähiger Prägetapete verkleiden.

Deckensimse und -kehlen

Simse und Hohlkehlprofile werden am Übergang zwischen Wand und Decke angebracht. Ein Deckensims ist ein Zierprofil, eine Deckenkehle ein schlichteres Profil mit konkavem Querschnitt. Man schneidet sie auf die benötigte Länge zu. Simse oder Profile, die sich zu schmal und unscheinbar ausnehmen, wirken besser, wenn man noch eine schmale Profilleiste an der Deckenkante ansetzt und passend streicht.

Wände und Decke müssen vor Anbringen der Profile trocken und staubfrei sein. Das gesamte Profil zunächst »trocken« anbringen, indem man Ober- und Unterkante mit Mauernägeln stützt; Position mit Bleistift markieren. Profile mit einer Feinsäge zuschneiden. An Außenecken etwas Überstand lassen (genaue Maße siehe Herstelleranweisungen), um die Profile mit den Schablonen auf Gehrung zu schneiden.

Profile abnehmen, rauhe Kanten glattschmirgeln. Stütznägel entfernen, die zu beklebenden Wand- und Deckenflächen mit Spachtel oder Schleifpapier anrauhen. Soviel Klebstoff anrühren, wie man in 45 Minuten – bevor er anzieht – verarbeiten kann. Die Rückseiten der Profile mit einem schmalen Spachtel einleimen.

Profile zwischen die Markierungslinien setzen; gut andrücken. Überschüssigen Klebstoff mit der Fugenkelle entfernen und für die Stoßfugen verwenden. Man kann die Stütznägel in diesem Stadium nochmals anbringen, um die Profile zu sichern, bis der Klebstoff trocken ist; danach können sie wieder entfernt werden.

Bei Anbringen schwerer Profile an jedem Ende Nägel durch die Oberkante in die Decke schlagen. Nägel versenken und mit Leim bedecken. Stoßfugen mit feuchtem Pinsel glätten.

Eigene Tapeten kreieren

▶ *Mit etwas Phantasie kann man die erstaunlichsten Effekte zu minimalen Kosten zustande bringen. Hier schwimmen aus einer Tapetenrolle ausgeschnittene Fischmotive als ungewöhnlicher Wandfries rund um ein Treppenhaus. Auch Fotokopien, alte Stiche und Buchillustrationen kann man auf diese Weise verarbeiten.*

Es gibt eine solche Fülle unterschiedlicher Tapeten und Bordüren auf dem Markt, daß man darüber tatsächlich die Möglichkeit aus den Augen verlieren kann, seine Tapeten selbst zu machen – maßgeschneidert zum jeweiligen Einrichtungskonzept, einmalig und individuell. Viele dieser hausgemachten Lösungen liefern für relativ wenig Geld einen hohen dekorativen Gegenwert.

Als wirkungsvolle Lösung, die den Geldbeutel schont, ist nichts raffinierter als einfaches braunes Packpapier. Kaufen Sie es in großen Rollen im Bürobedarf. Es wird angebracht wie normale Tapete (siehe Seiten 86–87). Nehmen Sie auf jeden Fall eine schwere Qualität, weil sonst der Kleister das Papier zu stark durchweicht, so daß es sich schlecht verarbeiten läßt.

Eine Methode, eine Rolle Tapete sehr weit zu strecken, ist die Ausschneidetechnik. Im Rahmen ihrer Wiederentdeckung als künstlerisches Gestaltungsmittel hat man sie auch zur Dekoration von Wänden abgewandelt; so lassen sich schlichte Wände sehr schön mit Bordüren und Motiven verzieren, die man aus einer Tapetenrolle mit Blumen- oder Bildmuster schneidet.

Man kann Dekorationsmotive auch selbst zaubern. Suchen Sie sich markante Bildvorlagen, die zu Ihrem Einrichtungskonzept passen, und fotokopieren Sie sie schwarzweiß oder in Farbe, wobei sie auf das gewünschte Format vergrößert oder verkleinert werden können. Diese Motive kann man dann ungleichmäßig oder aber nach einem regelmäßigen Muster auf der Wand verteilen. Am besten befestigt man sie zunächst mit einem Klebstoff, der ein Wiederabziehen erlaubt, z. B. Sprühkleber. Wenn man die richtige Anordnung gefunden hat, kann man sie dann mit Tapetenkleister festkleben und gegebenenfalls mit mattem Polyurethanlack überziehen.

Auf diese Weise läßt sich auch eine Art Stichkabinett schaffen, wie sie im 18. Jahrhundert üblich waren. Dafür kann man schöne Reproduktionen alter Stiche samt Schleifen- und Kordelverzierungen kaufen oder ein paar billige alte Stiche mit fotokopierten Motiven kombinieren. Das wirkt ganz besonders attraktiv vor einem Hintergrund in kräftigen Farben wie Goldgelb, Terrakotta oder leuchtendem Grün.

Auch alte Land- oder Navigationskarten kann man zu sehr eindrucksvollen Tapeten umfunktionieren. Sie können mit normalem Tapetenkleister eine ganze Wand mit bunten Landkarten tapezieren oder auch die Karten aufziehen und mit Profilleisten einrahmen. Mit Tauen kann man ein nautisches Flair schaffen.

◄ Land- und Seekarten sind eine sehr wirkungsvolle Wandbekleidung, wie in diesem ausgefallenen Arbeitszimmer zu sehen. Besonders alte Landkarten oder Navigationskarten eignen sich als originelle und attraktive Tapeten, die man aufziehen, in Rahmen spannen oder einfach mit Tapetenkleister direkt auf die Wand kleben kann.

Übersicht spezieller Wandbekleidungen

1

2

Es gibt natürlich noch andere Wandbekleidungen als Anstriche und normale Tapeten – eine Fülle von Materialien, mit denen man schöne Raumwirkungen schaffen kann. Einige sind teuer, manche schwierig zu verarbeiten, und wieder andere erfordern einen absolut einwandfreien Untergrund, aber der Arbeits- und finanzielle Aufwand kann sich angesichts der erstaunlichen, originellen Effekte, die man mit ihnen erzielen kann, durchaus bezahlt machen.

Oft gibt es einfache und preiswerte Alternativen zu den kostspieligeren Effekten. – Sie hätten gern stoffbespannte Wände, fürchten aber, daß das Anbringen zu schwierig oder die benötigte Stoffmenge unerschwinglich ist? Hier kann man anstelle von aufwendig hinterfütterten Wänden als zwanglosere Lösung preiswerten Musselin oder Kattun wählen und dann passend zum Farbkonzept einfärben. Wie so oft beim Einrichten kann man ein unbegrenztes Budget durch etwas Zeit und Einfallsreichtum ersetzen.

Kork

Auf Rollen in verschiedenen Naturtönen von honigfarben bis dunkelbraun erhältlich, teils auch mit selbstklebender Rückseite. Bei Verwendung in Bad oder Küche mit mattem Absperrlack behandeln, da er feuchtigkeitsempfindlich ist.

Velourstapeten

Hier ist das oft großformatige Tapetenmuster in Veloursflor ausgeführt. Wie normale Tapete zu kleben; darauf achten, den Flor nicht mit dem Nahtroller platt zu drücken.

Metalltapete

Mit Metallfolie kaschierte Tapete. Kann enge Bereiche wie Dielen aufhellen und geräumiger wirken lassen. Der Untergrund muß sehr eben sein, am besten waagerecht geklebte Makulatur: Die glänzende Oberfläche hebt jede Unregelmäßigkeit hervor. 1

3

4

Gras oder Raffiabast

Es gibt luxuriöse Wandbekleidungen aus verwobenem Gras oder Raffiabast auf Papierträgerschicht. Bei diesen Tapeten kann es jedoch schwierig sein, die Stoßkanten zu kaschieren. 2

Jutegewebe

Als Tapete mit dicker Papierträgerschicht erhältlich und leicht anzubringen. Allerdings bleiben auch hier der groben Struktur wegen die Stoßkanten oft sichtbar. 3

Baumwolle

Manche Baumwollstoffe lassen sich auch direkt auf die Wand kleben, am besten werden sie aber zwischen Holzlatten gespannt oder gerafft (siehe Seiten 102–103).

Filz

Filz gibt es in den verschiedensten Farben und Mustern. Da er eine dichte Struktur hat, recht strapazierfähig ist und nicht zum Ausfransen neigt, gehört er zu den Stoffen, die sich am ehesten direkt auf die Wand kleben lassen (siehe Seiten 102–103). 4

Leinen

Manche dicht gewebten Leinenstoffe kann man direkt auf die Wand kleben. Für den weniger erfahrenen Raumgestalter ist es vielleicht empfehlenswerter, Leinentapete auf Papierträgerschicht zu kaufen, die sich wesentlich einfacher anbringen läßt.

Seide

Sie ist sicher die luxuriöseste Form der Wandbekleidung. Es gibt sehr elegante Tapeten aus gewebter Seide auf dünner Papierschicht. Allerdings sind diese Tapeten nicht unbedingt leicht zu verarbeiten und recht empfindlich gegen Verschmutzung. Auch sind die Stoßkanten nicht leicht zu kaschieren.

Wandbespannungen aus Stoff

▶ *Dieser gesteppte Durham-Behang in leuchtend rot-goldenem Streifenmuster macht sich sehr gut als Wandbekleidung und setzt einen schönen Struktur- und Farbakzent in dem traditionell eingerichteten Raum. Weitere Vorzüge sind seine zugluftemmenden und schalldämmenden Eigenschaften.*

Stoffbekleidungen an Wand und Decke sind unüblicher als Anstriche oder Tapeten, haben aber Vorteile: Sie können manche Unregelmäßigkeiten der Wände verdecken, wirken wärme- und schalldämmend und bewahren bei pfleglicher Behandlung ihr gutes Aussehen länger als Anstriche oder Tapeten. Man kann sie schmutzabweisend appretieren, mit Fleckentferner behandeln und mit dem Staubsauger reinigen.

Stoffe direkt auf die Wand kleben

Viele Stoffe lassen sich direkt auf die Wand kleben; hierzu sollten sie möglichst schmutzabweisend und schimmelfest ausgerüstet sein. Am besten eignen sich mittelschwere Stoffe in fester, straffer Webart. Filz, in vielen kräftigen Farben erhältlich, ist ein bewährtes Material.

Der Hauptunterschied beim Kleben von Tapeten und Stoffen besteht darin, daß man bei letzteren den Klebstoff auf die Wand und nicht auf den Stoff aufbringt.

Stoff auf die benötigte Länge (zuzüglich Verschnittzugabe) schneiden, zur besseren Handhabung mit der Nutzfläche nach innen auf einen Besenstiel rollen. Stoffbahn an einer Lotlinie entlang auf die mit Klebstoff bestrichene Wand entrollen und mit einem trockenen Farbroller feststreichen. Bahnkanten überlappend kleben, mit einem Messer an einem Stahllineal durch beide Lagen schneiden. Abgeschnittene Ränder entfernen, Stoßkanten glattstreichen.

Die Stoffkanten, die ausfransen können, am besten mit Borte o. ä. kaschieren. Da solche Besätze oft teuer und schwer wieder zu entfernen sind, mehrere Musterstücke provisorisch an den Wänden anbringen, um die Wirkung zu prüfen, bevor man das Geld dafür investiert.

Manche Stoffe, wie Seide, Jute, Veloursleder, Kordsamt und Grasgewebe kann man in leichter anzubringender Form als fertige Tapeten mit Papierrücken kaufen; diese sind so zu behandeln wie normale Tapeten, d.h. der Kleister wird auf die Tapetenrückseite aufgetragen.

Stoffe mit Latten, Spannelementen oder Spanndrähten anbringen

Wenn Sie den Stoff nicht direkt auf die Wand kleben möchten, gibt es verschiedene Alternativen dazu. Man kann ihn mit einem Tacker auf die Wand heften und die Heftklammern mit Borte kaschieren. Dies ist jedoch eher eine Behelfslösung für Mietwohnungen oder vorübergehende Dekorationen. Wesentlich professioneller und eleganter wirkt es, wenn man den Stoff zwischen Holzlatten spannt. Latten entlang der oberen und unteren Wandkanten anbringen; senkrechte Latten in 2 m Abstand an die Wand schrauben. Es empfiehlt sich, an Stellen, an denen man Bilder oder Spiegel aufhängen will, weitere Latten zur sicheren Befestigung von Bilderhaken usw. anzubringen.

Um eine schöne, gepolsterte Wirkung zu erhalten – und die Schall- und Wärmedämmung noch zu verbessern –, kann man den Stoff zusätzlich hinterfüttern.

Zwei Stoffbahnen aneinanderzufügen und an einer Wand zu befestigen, klingt komplizierter, als es ist. Mit der hier beschriebenen Grundtechnik läßt sich ein professionelles Ergebnis erzielen; eine Abwandlung der Technik (mit nur einer Stoffbahn) dient als Ausgangspunkt. Zwei Stoffbahnen werden rechts auf rechts liegend an eine Latte angelegt; obendrauf kommt ein Verstärkungsstreifen. Alle Lagen mit einem Tacker festheften, dann die obere Stofflage zurückschlagen, so daß die rechte Seite außen liegt.

Zunächst so viele Stoffbahnen rechts auf rechts aneinandernähen, daß man eine Wand mit ihnen bedecken kann – dabei an Verschnittzugabe und richtigen Musteransatz denken. Dann eine senkrechte Seitenkante des Bespannungsstoffs mit der rechten Seite nach innen an einer Ecke der zu bespannenden Wand anlegen, als wolle man die angrenzende Wand mit der Stoffrückseite nach außen bespannen. Einen Verstärkungstreifen auflegen und beides an der Holzlatte festtackern.

Stoff über den Verstärkungsstreifen zurückschlagen, so daß der Stoff auf der zu bespannenden Wand liegt und die rechte Seite sichtbar ist. Stoff provisorisch oben und unten festklammern. So schrittweise weiterarbeiten; die Stoßkanten jeweils von der Mitte nach oben und unten vorgehend sorgfältig festtackern, dabei den Stoff immer straff halten. Rundum einen Überstand lassen; abschließend die provisorischen Klammerungen entfernen, alle Kanten sauber beschneiden und mit Borte abdekken. Hierzu einen schnell trocknenden, nicht durchschlagenden Tapetenkleister verwenden.

Wenn das zu kompliziert klingt, kann man auch spezielle Spannsysteme verwenden, in die man den Stoff einfach einlegt, ohne sich mit

Stoffbespannungen anbringen

1 Stoff auf eine Stange rollen (Nutzfläche innen). An der Lotlinie auf die klebstoffbestrichene Wand entrollen.

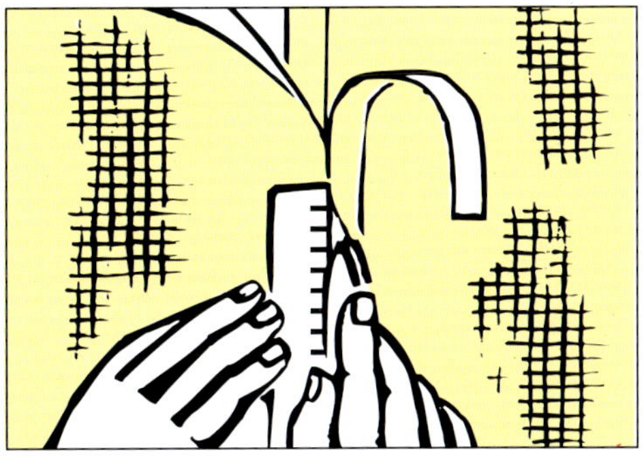

2 Bahnen überlappend kleben, an einem Lineal entlang durch beide Lagen schneiden. Verschnitt entfernen.

3 Alternativ mit einem Tacker an die Wand heften. Heftklammern mit Borte kaschieren.

4 Oder Spannlatten an Wandober- und -unterkante und senkrecht im Abstand von 2 m anbringen.

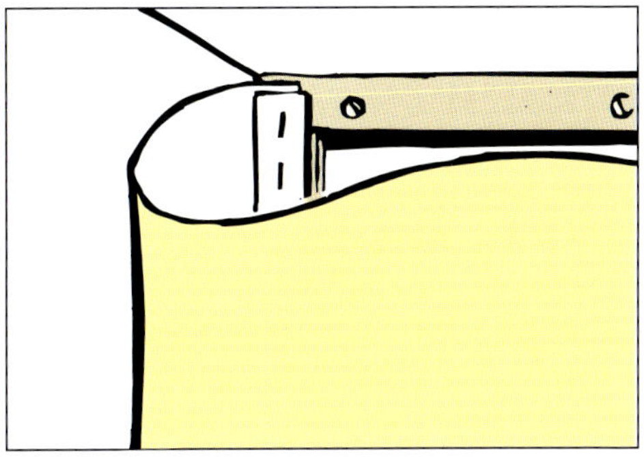

5 Bahnen aneinandernähen. Eine Kante auf rechts mit Verstärkungsstreifen auf die Ecklatte tackern.

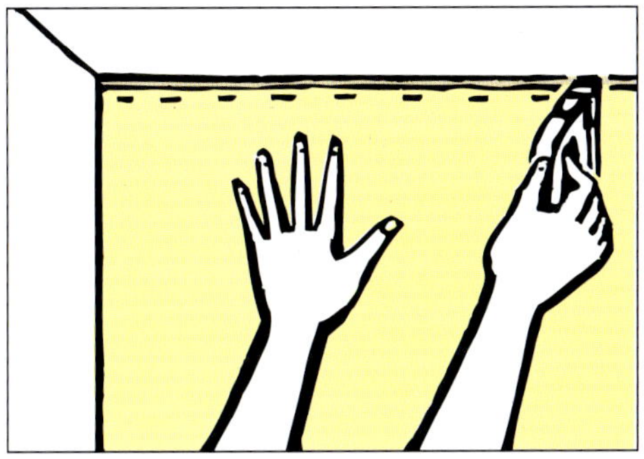

6 Stoff weiter festheften; dabei von der Mitte nach oben und unten arbeiten. Kanten mit Borte besetzen.

Holzlatten und Tackern herumschlagen zu müssen: Lange Kunststoff-Klemmleisten verbergen ausfransende Kanten; selbstklebende Kunststoffleisten halten den Stoff straff gespannt.

Oder man hängt den Stoff an Stangen oder Drähten vor die Wand. Dies ist eine gute Lösung, wenn man zur Miete wohnt, da die Wände nicht beschädigt werden und man den Stoff beim Umzug mitnehmen kann.

Leichte Baumwollstoffe kann man säumen und gerafft auf Stangen oder Drähte ziehen, die knapp unterhalb der Decke und oberhalb der Fußleiste befestigt werden. Dabei sollte der Stoff etwa die dreifache Wandbreite haben, um eine üppige Wirkung zu erzielen. Er kann an Fenstern und Türen seitlich gerafft werden, oder man bringt einen zusätzlichen Draht bzw. eine Stange direkt oberhalb der Öffnung an, um den Stoff darauf zu ziehen.

Schwerere Stoffe wie Leinen oder Wolle kann man auf Stangen ziehen und frei bis zum Boden hängen lassen. An Fenstern und Türen kann man den Stoff gegebenenfalls mit Stoffbändern oder Kordel seitlich raffen.

◀ Wandbespannungen aus Stoff gewähren große gestalterische Freiheit und lassen sich leicht an das jeweilige Einrichtungskonzept anpassen. Hier wurde preiswerter Kattun zwischen Holzlatten gespannt und dann mit einem ausdrucksvollen, goldfarbenen Schablonenmuster bemalt.

Fliesen, Paneele, Zierleisten

Das Fliesenangebot ist in seiner Vielfalt schier überwältigend. Aber bevor man seine Wahl zwischen verschiedenen Oberflächenstrukturen, Farben und Mustern trifft, sollte man sich über den Einsatzzweck klarwerden. Winzige Mosaikfliesen oder buntbemalte Fayencefliesen sind äußerst dekorativ und vielleicht genau das Richtige fürs Badezimmer, aber kaum geeignet für stark beanspruchte Küchen- oder Eingangsbereiche, wo man vor allem eine robuste, leicht zu reinigende Oberfläche zu schätzen weiß.

Mit Fliesen kann man vielerlei dekorative Effekte schaffen, ob man nun Anhänger eines kühl klassizistischen oder eher eines ultramodernen Stils ist. Und das gilt nicht nur für Leute, die im Geld schwimmen. Man kann natürlich ein Vermögen für handgetöpferte und -bemalte Kacheln ausgeben; genausogut kann man aber eine Handvoll teurer Fliesen raffiniert mit einfacheren kombinieren oder preiswertere Fliesen auf besonders interessanter Weise arrangieren, etwa indem man auffällige Streifenmuster aus kontrastierenden Farben kreiert.

Dekor-, Relief-, Mosaik-, Spiegel- oder Glasfliesen sind gleichermaßen geeignet, in einem architektonisch wenig interessanten Raum dramatische Blickfänge zu schaffen, die das Auge von prosaischeren Raumdetails ablenken. Mit Fliesen kann man auch die Proportionen eines Raums betonen oder optisch verändern. Ein kräftiger, waagerechter Farbstreifen etwa schafft eine Illusion von Geräumigkeit – weshalb es beim Fliesen eines kleinen Bads sinnvoll sein kann, eine kontrastfarbene Bordüre vorzusehen. Entsprechend können senkrechte Farbstreifen auf den Wänden eine bedrückend niedrige Decke optisch erhöhen.

Das Verfliesen ist keine Geheimwissenschaft; man muß nur einfach sorgfältig und methodisch vorgehen. Tatsächlich ist es eine relativ leicht zu erlernende Technik. Wände sind selten einfach gerade Flächen, sondern enthalten Fenster, Nischen und Türen, die man schon vor Arbeitsbeginn berücksichtigen muß, um sich keine Probleme einzuhandeln.

Als erstes Projekt sollten Sie sich vielleicht etwas nicht allzu Schwieriges vornehmen – beispielsweise den Spritzschutz um ein Spülbecken –, um Ihre Technik an einer kleinen Fläche zu perfektionieren und Selbstvertrauen zu gewinnen, bevor Sie eine ganze Wand in Angriff nehmen.

◀ Fliesen sind so praktisch und dekorativ, daß es schade wäre, ihren Einsatz auf Badezimmer und Küchen zu beschränken. Die in traumhaften Blautönen gekachelte Wand bildet einen ungewöhnlichen Hintergrund für das üppige Veloursledersofa. Glas und Fliesen ergänzen sich fast immer gut – wie der gläserne Couchtisch beweist, dessen Oberfläche die bunten Fliesen so schön spiegelt.

▲ Dieses phantasievoll gestaltete Badezimmer zeichnet sich durch eine äußerst reizvolle Kombination verschiedener Strukturen und Materialien aus. Glas und Licht verleihen dem kleinen Raum eine zusätzliche Dimension, während der originelle Einsatz grober Holzplatten als Wandtäfelung dem Ganzen eine besondere Naturverbundenheit verleiht.

◀ Die Wandverkleidung aus gebürstetem Metall hat mit ihrem matten Glanz eine erstaunlich sinnenfrohe Ausstrahlung, die wunderbar mit den übrigen Oberflächenstrukturen des Raums harmoniert.

Übersicht der Wandfliesen

1

2

3

4

Größen u. Formen

Quadratisch oder rechteckig

Fliesen gibt es in vielen Größen von winzigen Mosaiksteinen bis zum Standardformat 30 x 30 cm und darüber. Sie sind meist um 4 mm dick. Quadratische Keramikfliesen sind am verbreitetsten. Man kann sie der Abwechslung halber diagonal oder stoßversetzt anordnen oder mit kontrastfarbenen Fliesen des gleichen Typs kombinieren. Fliesen haben gerade oder abgeschrägte Kanten; manchmal sind ein oder zwei Kanten glasiert. **1**

Andere Formen

Ungewöhnlich geformte, etwa sechs- oder achteckige Fliesen sind für sich allein oder aber in Kombination mit normalen Fliesen äußerst wirkungsvoll. Wie bei jeder ungewöhnlichen Fliesenform sollte man den angestrebten Effekt vor dem Arbeitsbeginn auf Millimeterpapier vorzeichnen, um auf diese Weise folgenschwere Fehler zu vermeiden. **2**

Bordüren

Es gibt ein breites Angebot an Sockel- und Bordürenfliesen – schlicht, gemustert oder reliefiert. Man kann sie als dekorativen Abschluß einer schlichten Fliesenwand oder als augenfälligen Zierstreifen in größeren Fliesenflächen einsetzen.

Strukturiert oder glatt

Bei Fliesen sind nicht nur Farben und Muster zu berücksichtigen; auch ihre Oberflächenstruktur und ggf. Glasur spielen für den Gesamteindruck eine erhebliche Rolle. Die warme Wirkung rustikaler Terrakottafliesen paßt gut zu ungebleichtem Musselin, groben Wollstoffen und Holzböden. Blanke Glasfliesen wiederum können einem nüchternen, modernen Einrichtungsstil zusätzlichen Glanz verleihen.

Glasierte/unglasierte Keramik

Glasierte Fliesen haben eine glänzende, wasserdichte Oberfläche, unglasierte muß man meist versiegeln – etwa mit Acryllack oder mit Wachs. Letzteres ist zwar zeit- und arbeitsaufwendiger, ergibt aber einen viel zarteren und schöneren Glanz.

Glas

Glasfliesen oder Hohlglasbausteine sind eine gute Möglichkeit, eine Fläche aufzulockern, ohne eine beengte Raumwirkung zu schaffen. **3**

5

Terrakotta

Die warmen, natürlichen Erdtöne glasierter oder unglasierter Terrakottafliesen fügen sich hervorragend in den neuen Trend zu natürlichen Interieurs. Unglasierte Terrakottafliesen müssen mit Wachs oder mit Polyurethanlack schmutz- und wasserabweisend versiegelt werden. 5

Spiegelfliesen

Spiegelfliesen und -folien können einen engen oder ungünstig geschnittenen Raum völlig verwandeln und ihm ein neues Gefühl von Geräumigkeit verleihen. Sie sind selbstklebend und damit besonders leicht anzubringen. Es ist allerdings zu bedenken, daß man eine völlig ebene, gerade Wand braucht, um ein unverzerrtes Spiegelbild zu erhalten; alles andere macht die Wirkung zunichte.

Metallicfliesen

Sie sind eine preiswertere Alternative zur Metallverkleidung der Wände; sie schaffen eine ähnliche glänzende Wirkung und können sehr elegant aussehen.

Mosaikfliesen

Mosaikfliesen können sehr dekorativ wirken, ob man nun eine ganze Wand mit ihnen bedeckt oder sie zwischen einfachen Fliesen einfügt, vielleicht auch als Bordüre. Die kleinen Fliesen kauft man auf eine Papier- oder Netzschicht vorgeklebt, so daß man größere Flächen – ob einfarbig oder als Muster – in einem verlegen kann.

Reliefmuster

Einfarbig glasierte Fliesen mit Reliefmuster können ebenfalls Abwechslung in eine größere Fliesenfläche bringen. Reliefmuster sind auch sehr beliebt für Bordürenfliesen, die oft ähnlich wie Deckensimse gestaltet sind.

Dekor- und Musterfliesen

Musterfliesen oder solche mit Bildmotiven können wirklich frappierende Akzente setzen, die auch nicht allzusehr ins Geld gehen müssen, wenn man sie mit schlichteren Fliesen kombiniert. 4

Erste Schritte beim Fliesenlegen

Auch beim Fliesen hängt ein gutes Ergebnis völlig von der Sorgfalt der Vorarbeiten ab. Die Vorbereitung des Untergrunds und Planung der Fliesenanordnung müssen sehr gewissenhaft erfolgen, denn auch kleinere Fehler können sich bis zum Wandende zur Katastrophe auswachsen. Wenn die Fliesen beginnen, von der geraden Linie abzuweichen, kann man sie nur noch abnehmen und von vorn anfangen.

Fliesenbedarf berechnen

Die Anzahl der benötigten Fliesen zu errechnen ist nicht weiter schwierig. Bei quadratischen Fliesen dividiert man die Breite der Wand durch die Breite der Fliesen. Damit erhält man die Anzahl der Fliesen pro Reihe. Dann teilt man die Höhe der Fläche durch die Höhe der Fliesen. Jetzt weiß man, wie viele Fliesenreihen man benötigen wird. Schließlich multipliziert man die Anzahl der Fliesen pro Reihe mit der Anzahl der benötigten Reihen, und schon hat man die Gesamtzahl der benötigten Fliesen. Dazu addiert man 5 bis 10 Prozent für Verschnitt und Bruch. Man sollte alle benötigten Fliesen auf einmal kaufen, da zwischen verschiedenen Chargen leichte Farb- und Oberflächenunterschiede auftreten können.

Für ungewöhnliche Fliesenformen und handgetöpferte Kacheln oder zur Anordnung der Fliesen in ausgefallenen Mustern sollte man sich eine Fliesenlehre fertigen, um den Mengenbedarf genau ermitteln zu können. Auch sonst ist eine Fliesenlehre ein gutes Hilfsmittel.

Eine Fliesenlehre anfertigen

Eine Fliesenlehre ist leicht herzustellen und erleichtert Ihnen das Leben, wenn es darangeht, die waagerechte und senkrechte Positionierung der Fliesen festzulegen. Mit der Fliesenlehre kann man auf einen Blick feststellen, wie viele Fliesen zwischen zwei Punkte passen und Fliesen über Badewannen oder an Fenstern akkurat zentrieren. Sie besteht aus einer 1,2 m langen Holzlatte von 50 x 25 mm Querschnitt. Fliesen auf einer ebenen Fläche so auslegen, wie sie an der Wand angeordnet werden sollen. Fugenkreuze zur Berücksichtigung der Fugenbreite zwischen die Fliesen legen. Auf der Latte mit Kugelschreiber deutlich die Fliesen- und Fugenbreite markieren.

► *Mit kleinen Mosaikfliesen kann man erstaunlich kunstvolle und komplexe Muster schaffen. Sie eignen sich auch gut zur Gestaltung markanter, geometrischer Wanddekorationen aus kontrastfarbenen Streifen wie in diesem schicken, modernen Badezimmer.*

Untergrundvorbereitung

Sorgfältige Vorbereitung ist der Schlüssel zum erfolgreichen Fliesen. Der Untergrund muß glatt, sauber, fett- und staubfrei sein. Untergrundmängel und jede Nachlässigkeit in diesem Stadium werden etwa durch glänzende Keramikfliesen oder geometrische Verlegemuster schonungslos und überdeutlich enthüllt.

Putzuntergründe sollte man genauso sorgfältig vorbereiten wie für einen Anstrich (siehe Seiten 56–57) und etwaige Feuchtigkeits- oder Schimmelflecken gründlich behandeln. Bei sehr schlechtem Zustand des Untergrunds muß man eventuell eine dünne Schicht neuen Putz aufbringen. Dieser muß vor dem Fliesen völlig durchtrocknen und mit einer speziellen Absperrgrundierung versiegelt werden. Untergründe aus Span- oder Sperrholzplatten mit verdünntem PVA-Leim oder Spezialgrundierung versiegeln.

Anstriche anrauhen

Die Vorbereitung einer gestrichenen Wand ist unabhängig von der Art der Anstrichfarbe simpel. Man muß nur die Anstrichoberfläche mit grobem Schleifpapier anrauhen, das man zur besseren Handhabung um einen Schleifklotz wickelt. So kann der Fliesenkleber besser in den Untergrund eindringen, so daß die Fliesen tatsächlich an der Wand haften.

Nach dem Anschleifen mit einem Spachtel etwaige abblätternde Farbreste abkratzen und die Fläche mit einem feuchten Lappen oder Schwamm gründlich von Staub reinigen. Wand gut trocknen lassen.

Tapeten abziehen

Man kann Tapeten nicht überfliesen, weil sie nicht tragfähig genug sind. Alle Tapetenschichten müssen komplett entfernt werden, um dem

Werkzeug/Ausrüstung

- **Schleifpapier:** grobgekörnt, zum Anschleifen der Wände.
- **Siliciumcarbidpapier:** zum Anrauhen alter Fliesenflächen.
- **Wasserwaage:** zur Festlegung waagerechter und senkrechter Linien.
- **Anschlagwinkel:** zur genauen Markierung rechter Winkel.
- **Schlagschnur:** zur Markierung gerader Linien auf langen Wänden.
- **Fliesenlehre:** zum Abmessen langer Fliesenreihen.
- **Holzlatten:** als Auflage für untere Fliesenreihe.
- **Filzstift oder Fettstift:** zum Markieren der Fliesen.
- **Fliesenritzer:** schlichtestes Werkzeug zum Fliesenschneiden.
- **Fliesenschneider und -brecher:** zum Fliesenschneiden.
- **Fliesenschneidegerät:** Komfortableres Werkzeug zum Fliesenschneiden.
- **Schnabelzange:** zum Auszwicken von Aussparungen in Fliesen.
- **Fliesenfeile:** zum Glätten von Kanten.
- **Fliesensäge:** zum Aussägen runder Aussparungen.
- **Geeigneter Fliesenkleber:** zur Befestigung der Fliesen an der Wand. Es gibt verschiedene Sorten.
- **Spitzkelle:** zum Aufbringen des Klebers auf die Wand.
- **Zahnspachtel:** zum Verteilen des Leims.
- **Plastikfugenkreuze oder Streichhölzer:** um gleichbleibende Fugenbreiten zu sichern.
- **Geeigneter Fugenmörtel:** zur Verfugung und Herstellung einer wasserdichten Oberfläche.
- **Gummispachtel/Holzstab:** zum Glätten und Formen des Fugenmörtels.
- **Malerschwamm:** zum Abwaschen der Fliesen und zur Entfernung überschüssigen Fugenmörtels.
- **Lappen:** zum Nachpolieren der Fliesen nach Abschluß der Arbeiten.
- **Silikondichtungsmasse und -handpistole:** zum Abdichten von Fugen zwischen Fliesen und Sanitärzubehör.

Zu mietendes Gerät

- **Elektrischer Trennschleifer.**
- **Diamantscheiben-Fliesenschneidemaschine.**

◀ Fliesen sind nicht nur überaus praktisch und strapazierfähig, sondern können auch einen wesentlichen Beitrag zum Einrichtungskonzept leisten. Hier verwandeln die in mediterranem Blau gehaltenen Wand- und Bodenfliesen eine nüchterne, funktionale Küche in ein stimmungsvolles Interieur.

Fliesenkleber einen geeigneten Haftgrund zu geben. Hinweise zum Tapetenabziehen finden Sie auf den Seiten 80–81. Nach dem Abziehen muß man den Untergrund ausbessern (siehe Seiten 56–57).

Alte Fliesen anrauhen

Es ist möglich – wenn auch nicht unbedingt empfehlenswert – neue Fliesen über alte zu kleben, wenn die Oberfläche glatt und stabil ist. Vor dem Überfliesen die glasierte Oberfläche mit Siliciumcarbidpapier anrauhen, um so eine bessere Haftung des Klebers zu erreichen. Die Oberfläche mit einem feuchten Lappen oder Schwamm von Staub reinigen. Dort, wo eine doppelte Fliesenschicht unschön auffallen würde, die alten Fliesen mit Fäustel und Fugenmeißel abschlagen; dabei unbedingt Schutzbrille tragen.

Nach Abschlagen der Fliesen muß man die Wand erst neu verputzen, was natürlich den Gesamtarbeitsaufwand erheblich vergrößert.

Vorarbeiten zum Fliesen

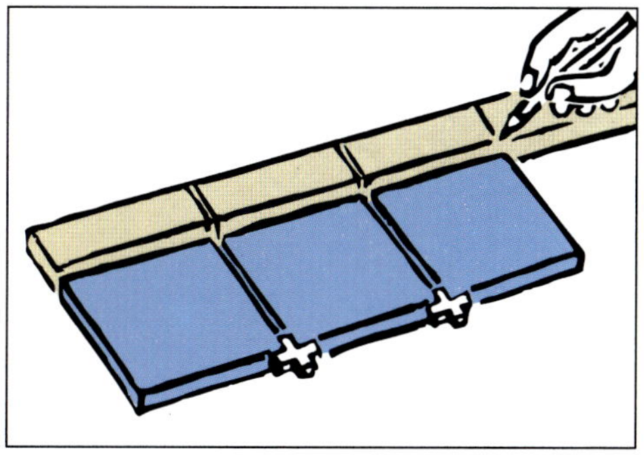

1 Eine Fliesenlehre herstellen: mit dem Kugelschreiber die Fliesen- und Fugenbreite auf einer Holzlatte markieren.

2 Alte Fliesen mit Fäustel und Fugenmeißel abschlagen; dabei unbedingt eine Schutzbrille tragen.

Planung

▲ *Diese Wand aus Hunderten winziger Fliesen macht einen sehr dekorativen und professionellen Eindruck. Solch kleine Fliesen freihändig zu kleben wäre sicher schwierig und zeitraubend, aber meist kauft man sie in größeren Abschnitten auf Netze vorgeklebt, was die Sache wesentlich erleichtert.*

Vor dem Verfliesen muß man unbedingt planen, wo ganze Fliesen bzw. Teilfliesen angeordnet werden. Dazu kann man die Fliesenlehre zur Hilfe nehmen. Kompliziertere Anordnungen zuerst auf Millimeterpapier vorzeichnen und dann auf die Wand übertragen.

Anordnungsplanung

Dies ist die wichtigste Phase des Verfliesens; die dabei beachtete Sorgfalt ist für den späteren Gesamteindruck entscheidend. Zunächst genau überlegen, wo man ganze Fliesen plazieren will und wo beschnittene Fliesen am wenigsten auffallen. Dies ist an einer geraden Wand relativ einfach: Wandmittelpunkt ermitteln und die ganzen Fliesen von diesem Punkt nach außen verlegen. Bei den meisten Wänden gibt es jedoch Unterbrechungen wie etwa Fenster und Türen. In diesem Fall den »natürlichen« Mittelpunkt bestimmen – d.h. den Punkt, der den Blick am stärksten auf sich zieht – und als Ausgangspunkt nehmen. Vor dem Kleben der ersten Fliese unbedingt mit der Fliesenlehre (siehe Seiten 108–109) prüfen, ob man so keine zu schmalen Fliesenstreifen an auffälligen Stellen erhält. Fußleiste bzw. Fußbodenkante sind selten genau eben; es ist daher wesentlich, zunächst eine genaue Waagerechte zu bestimmen und von dieser ausgehend zu fliesen, damit die Fliesenreihen exakt waagerecht verlaufen.

Richtlinien anzeichnen

Mit Wasserwaage und einer Latte eine Waagerechte in etwa dreiviertel Fliesenhöhe Abstand von Fußboden oder Fußleiste auf die Wand

Richtlinien anzeichnen

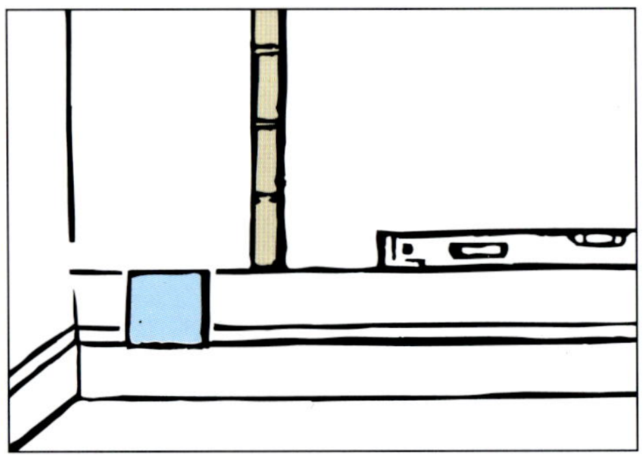

1 *Eine Waagerechte in etwa dreiviertel Fliesenhöhe anzeichnen. Fliesen mit der Fliesenlehre ausmessen.*

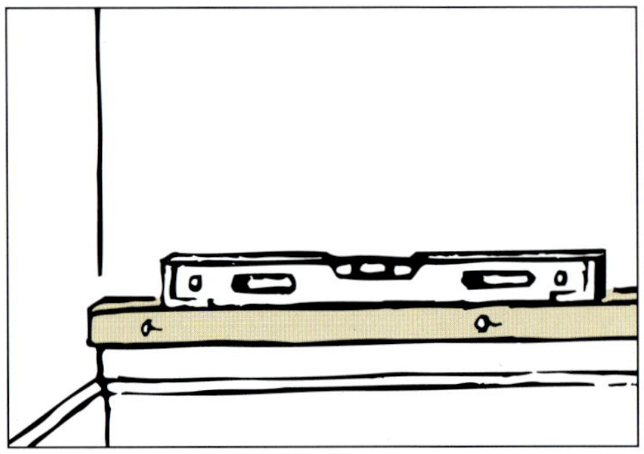

2 *Waagerechte Auflagelatte an der Wand befestigen; Ausrichtung mit der Wasserwaage kontrollieren.*

ziehen. Die Linie darf sich an keinem Punkt mehr als eine Fliesenhöhe über Fußboden bzw. Fußleiste befinden, sonst muß sie weiter unten neu angezeichnet werden, damit man nicht mit viel zu schmalen Fliesenstreifen arbeiten muß.

Die Fliesen brauchen eine Auflage, während der Kleber trocknet. Eine Reihe von Holzlatten mit Mauernägeln so an der Wand fixieren, daß ihre Oberkante mit der angezeichneten Waagerechten bündig ist. Die Latten nicht zu fest anbringen.

Mit der Fliesenlehre ausmessen, wo die Seitenkante der letzten ganzen Fliese liegen wird. Dort mit der Kreideschnur eine Senkrechte markieren. Eine senkrechte Latte so an der Wand anbringen, daß ihre Innenkante bündig mit dieser senkrechten Linie ist. Die exakt vertikale und horizontale Ausrichtung der Latten vor dem Fliesen noch einmal kontrollieren.

Anordnungsplanung

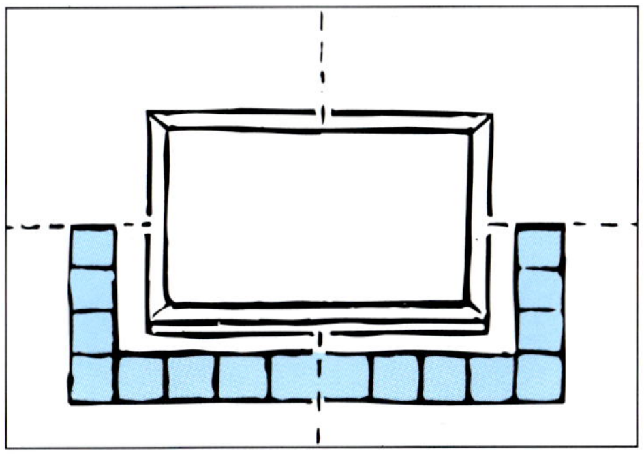

Um schmale Fliesenstreifen zu vermeiden, erste Reihe dreiviertel Fliesenbreite von der Kante entfernt ansetzen.

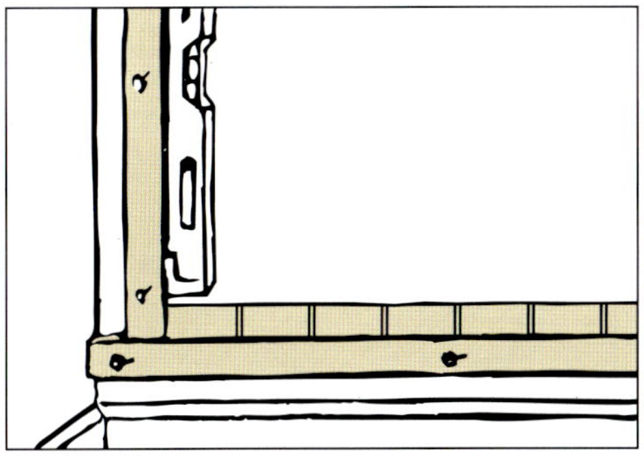

***3** Senkrechte Anlegelatte anbringen. Genaue Ausrichtung mit der Wasserwaage kontrollieren.*

▲ Durch Verwendung des richtigen Fliesenformats kann man geschwungene und gerade Linien eines Raums zusätzlich betonen. Fliesen sind oft die erste Wahl für Bade- und Duschbereiche, weil sie nach dem Verfugen eine völlig wasserdichte, leicht zu reinigende Oberfläche bilden – aber Innenarchitekten schätzen sie vor allem als Gestaltungsmittel.

Ganze Fliesen kleben

Nach sorgfältiger Anbringung und Kontrolle der waagerechten und senkrechten Latten kann man mit dem Fliesen anfangen.

Fliesen kleben

Verwenden Sie den Fliesenkleber, den der Hersteller für den gewählten Fliesentyp empfiehlt. Von der Ecke ausgehend, in der sich die waagerechte und die senkrechte Latte treffen, Kleber mit der Spitzkelle jeweils auf etwa 1 m^2 Wandfläche so verteilen, daß er nirgends mehr als 3 mm dick ist.

Kleber mit dem Zahnspachtel gleichmäßig durchkämmen, so daß sich deutliche Rillen bilden. Durch diese Rillen entsteht beim Anlegen der Fliesen eine Saugwirkung, die hilft, die Fliesen an der Wand zu halten. Bei Verwendung eines Dichtungsbands dieses zuvor in den Kleber einbetten. Wenn man befürchtet, daß es sich wieder löst, sollte man es provisorisch mit einigen Nägeln sichern.

Die erste Fliese fest auf den Kleber drücken, so daß sie exakt an den waage- und senkrechten Latten anliegt. Ein Fugenkreuz oder Streichholz an die Ecke der Fliese anlegen und die nächste Fliese daneben kleben. Auf diese Weise waagerechte Fliesenreihen übereinander aufbauen; zwischendurch mit der Wasserwaage kontrollieren, ob die Fliesen noch exakt bündig und waagerecht sind. Klebstoffspritzer mit einem feuchten Lappen von den Fliesen abwischen.

Nach Kleben aller ganzen Fliesen die Zwischenräume an den Außenkanten auffüllen. Um zu ermitteln, wie man die Fliesen zuschneiden muß, jeweils eine lose Fliese mit der glasierten Seite zur Wand so über die letzte ganze Fliese legen, daß ihre Außenkante an die angrenzende Wand stößt. Rückseite der losen Fliese an den Schnittpunkten mit der bereits geklebten Fliese mit Filz- oder Fettstift markieren. Unter Abzug des durch das Fugenkreuz markierten Fugenzwischenraums mit dem Stahllineal eine gerade Linie über die Rückseite der Fliese ziehen.

▶ *Diese mediterranen, geometrisch gemusterten Fliesen sind nicht nur ein farbenprächtiger Blickfang, sondern zugleich eine überaus praktische Wandbekleidung. In stark beanspruchten Bereichen – hier der Wandsockel einer Diele – erweisen sich Fliesen als unempfindlich gegen Stöße, Schrammen und Schmutzspritzer.*

Fliesen kleben

1 Den Kleber mit dem Zahnspachtel gleichmäßig auf der Wand verteilen, so daß Rillen entstehen.

2 Erste Fliese genau an den Latten anliegend fest auf den Kleber drücken. Weitere Fliesen daneben kleben.

3 Exakte waagerechte und senkrechte Ausrichtung zwischendurch mit der Wasserwaage kontrollieren.

4 Lose Fliese über die letzte ganze Fliese legen, Schnittlinie zum Zuschneiden der Teilfliese markieren.

▲ *Auch mit unifarbenen Fliesen kann man interessante Wirkungen erzielen. Diese einfarbigen Kacheln passen hervorragend zum unaufdringlichen Stil dieses Badezimmers, während die Kombination zweier kräftiger Farben zu Weiß den streng funktionellen Eindruck des Raums abmildert.*

Um Ecken fliesen

► *Fliesen können eine Vielzahl unterschiedlicher Aufgaben erfüllen, wie in diesem Bad zu sehen: Die Steinfliesen bilden eine wasserdichte Wand für die Duschecke, die Mosaikfliesen haben als hübsche Sockelleiste eine eher dekorative Funktion, und die Glasbausteine lassen Licht herein, bieten aber gleichzeitig auch Sichtschutz.*

Lose Fliese mit dem Fliesenritzer oder dem Schneidrad des Fliesenschneiders tief einritzen. Fliese entlang der Linie mit der Fliesenbrechzange, Brecheinrichtung oder über eine gerade Tischkante brechen. An Fliesenschneidegeräten kann man oft die Breite der Teilfliese fest einstellen. Lassen Sie sich aber nicht verleiten, alle Fliesen auf einmal zu schneiden, ohne die benötigte Breite jeweils einzeln auszumessen, da Wände selten genau gerade verlaufen und man so nur Fliesen verschwendet.

Wenn man um kleine oder kompliziertere Hindernisse herumschneiden muß, sollte man die Aussparung mit einer Schnabelzange Stückchen für Stückchen auszwicken.

Beschnittene Fliese vor dem Festkleben zunächst an den Zwischenraum halten, um sicherzugehen, daß sie paßt. Dann die Fliese auf eine ebene Fläche legen, Schnittkante mit der Fliesenfeile glätten. Es empfiehlt sich, die Rückseite der Fliese vor dem Andrücken mit Kleber zu bestreichen, damit sie sicher haftet.

Um Ecken fliesen

Häufig muß man um Ecken und Kanten fliesen. Dabei sind methodisches Vorgehen und eine ruhige Hand Voraussetzungen für ein einwandfreies optisches Ergebnis. Auch hier gilt: Beim Umgang mit Teilfliesen den Kleber am besten mit einem kleinen Zahnspachtel direkt auf den Fliesenrücken geben, damit kein überschüssiger Kleber auf die Fliesenoberseite gelangt.

Innenecken

An Innenecken muß man eine Reihe Teilfliesen mit einer weiteren überlappen. Bevor man anfängt, sollte man überlegen, welche Überlappungskante am wenigsten auffallen wird.

Außenecken

Zum Fliesen einer Außenecke benötigt man eine zusätzliche Anlegelatte. Diese Latte wird senkrecht so an der Ecke angebracht, daß sie über die Wand vorspringt und die letzte senkrechte Fliesenreihe, die man auf der angrenzenden Wand klebt, an die Latte stößt. (Tatsächlich schafft man mit Hilfe der Latte eine Art Innenecke.) Dann entfernt man die Latte und klebt die Randfliesen an der zweiten Wand so, daß sie bündig mit der erste Fliesenreihe

Fliesen schneiden

1 Fliese mit einem Fliesenritzer oder dem Schneidrad des Fliesenschneiders einritzen.

2 Die Fliese an der Ritzlinie mit der Fliesenbrechzange brechen.

3 Fliesenschneider haben oft eine Skalenschiene, an der man die Breite der Teilfliese fest einstellen kann.

4 Kompliziertere Aussparungen am besten Stück für Stück mit einer Schnabelzange auszwicken.

▲ *Es steht nirgends geschrieben, daß Fliesen immer quadratisch sein müssen. Man kann sie genauso kreativ einsetzen wie andere Dekorationsmittel: In diesem zitronenfarben gefliesten Badezimmer etwa wechseln sich abstrakte Mosaikmuster mit schlichteren Fliesenfeldern ab.*

abschließen, wobei eine glasierte Kante der zweiten Fliesenreihe sichtbar bleibt. Man kann auch Kantenband zum sauberen Abschluß von Außenecken verwenden. Das Band wird vor dem Fliesenkleben simultan auf beide Eckenkanten geklebt, um eine exakte Ausrichtung zu gewährleisten.

Fensternischen

Um sauber um ein vertieftes Fenster zu fliesen, empfiehlt sich die kombinierte Anwendung der Methoden zur Ausmessung von Teilfliesen und zum Fliesen von Innen- und Außenecken. Fliesen in Reihen kleben, bis man auf eine Fliesenbreite an die Ecke der Fensterbank herangekommen ist. Den auszuschneidenden Winkel auf einer Fliese anzeichnen. Dann die Fensterbank so fliesen, daß die vorderste Fliesenreihe bündig mit der Oberfläche der gefliesten Wand abschließt, wie man es bei einer Außenecke machen würde. Schließlich die Fensterlaibung fliesen, wobei der Übergang zwischen Fensterbank und Laibung wie eine Innenecke zu behandeln ist.

Um Ecken fliesen

***1** An Innenecken sollte die schmalere Teilfliese hinten liegen, wo sie am wenigsten sichtbar ist.*

***2** An Außenecken ganze Fliesen rechtwinklig aneinander stoßen lassen.*

***3** An Fensternischen eine ganze Fliese an die Ecke setzen und den auszuschneidenden Winkel anzeichnen.*

***4** Kante der vordersten Fliesenreihe auf der Fensterbank bündig mit der gefliesten Wand abschließen lassen.*

Um Hindernisse fliesen

Vor allem in Bädern und Küchen gibt es an den zu fliesenden Wänden oft Hindernisse, die sich nicht demontieren lassen, so daß man um sie herum fliesen muß. Rohrdurchführungen stellen für Anfänger eine besondere Herausforderung dar. Hier fertigt man eine Papierschablone der auszuschneidenden Aussparung und überträgt sie mit Filz- oder Fettstift auf die Fliese.

Für große Aussparungen wie Abflußrohre oder Waschbecken das Papier zunächst auf das Fliesenformat zuschneiden, dann jeweils im Abstand von 12 mm parallel einschneiden. Papier an das Hindernis andrücken, die Laschen entlang der Hinderniskante umfalten. Eine saubere Kurvenlinie an den Faltkanten entlang ziehen, das Papier an dieser Linie ausschneiden. Schablone auf die glasierte Fliesenseite legen. Kurve auf der Fliese anzeichnen, Fliese vorsichtig mit festem, gleichmäßigem Druck entlang der Linie einritzen.

Die Fliese in einen Schraubstock spannen, mit der Fliesensäge aussägen, Schnittkante mit der Fliesenfeile glätten. Kleber auf den Fliesenrücken streichen, Fliese festkleben.

Bei kleineren Rohren die Fliese an das Rohr halten, die Position des Rohrs an Ober- und Seitenkante der Fliese markieren. Sich schneidende Linien auf die Fliese zeichnen. An ihrem Treffpunkt einen Kreis anzeichnen, der etwas größer als der Rohrdurchmesser ist. Fliese entlang der senkrechten Linie halbieren. Kreislinie einritzen, Kreisöffnung mit der Schnabelzange auszwicken. Die Fliesenhälften von beiden Seiten um das Rohr kleben. Um Fliesen einem Lichtschalter anzupassen, Fliese gegen den Schal-

▲ *Große Flächen in einer Farbe zu fliesen ist eine sehr wirkungsvolle Methode, um ein Gefühl von Geräumigkeit zu schaffen. Hier wurden beigefarbene Fliesen, durch einige graue aufgelockert, mit Chromarmaturen und -accessoires zu einem elegant funktionalen Badezimmer kombiniert.*

Hindernisse

1 *Papier parallel einschneiden, um das Hindernis drücken, Laschen umfalten, an der Faltlinie abschneiden.*

2 *Kurve mit der Schablone auf der Fliese anzeichnen. Fliese einspannen und mit einer Fliesensäge aussägen.*

3 *Fliese aus dem Schraubstock nehmen und die Schnittkanten vorsichtig mit einer Fliesenfeile glätten.*

ter halten, die waagerechten und senkrechten Schnittlinien mit Filz- oder Fettstift anzeichnen. In eine Schraubzwinge einspannen, entlang der Schnittlinien mit der Fliesensäge einsägen. Vor dem Anbringen zusätzlichen Kleber auf den Fliesenrücken streichen.

Abschlußarbeiten

Zu vielen Fliesen gibt es passende Bordüren, man kann aber auch eine Holzleiste oder einen Kunststoffstreifen als Abschlußkante nehmen. Holzleisten werden *nach*, Kunststoffstreifen *vor* dem Verfliesen angebracht. Ein keramisches Kehlprofil am Übergang zur Badewanne ergibt einen sauberen, wasserdichten Abschluß.

Die Fugen zwischen den Fliesen werden mit Fugenmörtel ausgefüllt. Vor dem Verfugen muß aber der Fliesenkleber völlig durchtrocknen. Dazu die Herstelleranweisungen beachten: Die Trockenzeiten bewegen sich meist zwischen 12 und 24 Stunden. Fugenmörtel gibt es als Pulver oder fertig angemischt. Er wird mit einem Gummispachtel aufgetragen und verstrichen. In Bädern und Küchen wasserdichten Fugenmörtel und Dichtungsmasse verwenden.

Auf jeden Fall um Badewannen und Duschen wasserdichten Fugenmörtel verwenden, für Arbeitsflächen Epoxydharz-Fugenkitt, um sie keimfrei zu halten. Es gibt auch schmutzabweisende Fugenmassen, die ihr schönes, sauberes Aussehen länger bewahren.

Mit senkrecht gehaltenem Gummispachtel über die Fläche streichen, um den Fugenmörtel in die Fugen zu drücken. Wenn man überschüssigen Fugenmörtel rasch abkratzt, kann man ihn weiterverwenden. Mörtelreste vor dem Trocknen mit einem feuchten Lappen abwischen. Fugen mit einem Holzstab glätten und leicht konkav eindrücken oder über die Fugen wischen, um einen bündigen Fugenabschluß zu erhalten. Fliesen nach Trocknen des Fugenmörtels mit einem sauberen, flusenfreien Lappen nachpolieren.

Beim Restaurieren von Interieurs des 19. Jahrhunderts sind im Sinne der Authentizität hauchdünne Fugen anzustreben.

Fugen zwischen Fliesen und anderen Flächen, wie einer Bade- oder Duschwanne, mit Silikondichtungsmasse verschließen. Silikon direkt aus der im 45°-Winkel zur Fuge gehaltenen Kartusche gleichmäßig in die Fuge spritzen; dazu die Tülle der Fugenbreite entsprechend abschneiden. Dichtungsmasse mit dem Finger oder einem angefeuchteten Löffelrücken sauber in die Fuge streichen, etwaigen Überschuß mit einem feuchten Schwamm abwischen.

4 An Rohrdurchführungen Fliese senkrecht halbieren. Kreislinie einritzen; die Kreisaussparung auszwicken.

Probleme und Lösungen

Schiefe Fliesenreihen

Sie entstehen meist dadurch, daß die Anlegelatten vor Arbeitsbeginn nicht richtig ausgerichtet wurden. Entweder eine Katastrophe, da man nur alle Fliesen abschlagen und von vorne anfangen kann – oder man findet sich damit ab.

Risse in Fliesen

Einzelne Fliesen vorsichtig mit dem Meißel herausschlagen: von der Mitte nach außen arbeiten und darauf achten, angrenzende Fliesen nicht zu beschädigen. Fliesenkleber so weit wie möglich herauskratzen; Staub und Mörtelreste mit einem Staubsaugerschlauch entfernen. Ersatzfliese mit Kleber bestreichen und fest in die Lücke drücken. Überschüssigen Kleber mit einem feuchten Schwamm abwischen, trocknen lassen und neu verfugen.

Verfärbung des Fugenmörtels

Je nach Zeit, Lust und Ausmaß der Verfärbung kann man versuchen, den verfärbten Fugenmörtel mit Haushaltsbleichmittel zu bleichen, den ganzen Fugenmörtel mit einem Schraubenzieher herauskratzen und die Fliesen neu verfugen oder den Fugenmörtel mit spezieller Fugenfarbe streichen.

Abschlußarbeiten

1 Fugenmörtel mit senkrecht gehaltenem Gummispachtel in die Fugen drücken.

2 Mörtelreste vor dem Antrocknen von der Fliesenoberfläche abwischen.

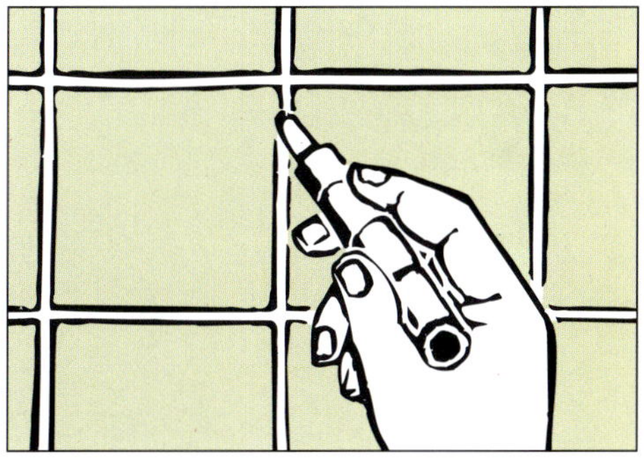

3 Mit Holzstab oder ähnlichem den Fugenmörtel in den Fugen glätten und leicht konkav eindrücken.

4 Dichtungsmasse in die Anschlußfugen spritzen; Tülle der Fugenbreite entsprechend abschneiden.

Holzverkleidungen

▶ *Eine solche Wandverkleidung mit Profilbrettern kann eine preiswerte, aber attraktive Lösung sein. Billigem Weichholz kann man durch einen Anstrich mit Lackfarbe eine dekorative und strapazierfähige Oberfläche verleihen. Eine Holzverkleidung ist auch ideal zur Kaschierung schadhafter Wände.*

Eine Holzverkleidung kann sich als dauerhafte und attraktive Wandoberfläche gut in die zeitgemäßen, strukturreichen Interieurs einfügen. Eine Vielzahl von Maserungen und Farbtönen steht zur Wahl; auch preiswerte Weichhölzer kann man mit Farbe, Lack oder Beize in vielerlei natürlichen Holztönen oder bunteren Farben gestalten.

Außerdem ist Holz die vielleicht beste Tarnung für nicht einwandfreie Wände und eine ausgezeichnete Schall- und Wärmedämmung. Um unschöne Ansätze zu vermeiden, sollte man ausreichend lange Bretter kaufen, die vom Boden bis zur Decke bzw. bei waagerechter Montage von Wand zu Wand reichen.

Vor der Verarbeitung muß man dem Holz Zeit geben, sich an das Raumklima anzupassen. Die Bretter in dem zu verkleidenden Raum einige Wochen flach auf dem Boden liegen lassen, damit sie sich an Temperatur und Luftfeuchtigkeit Ihres Hauses gewöhnen können. Bretter alle paar Tage wenden, um das Austrocknen zu beschleunigen. Sonst kann es passieren, daß das Holz an der Wand schrumpft und häßliche Lücken zwischen den Brettern entstehen.

Holzarten

Am gebräuchlichsten für Wandverkleidungen sind Weichhölzer wie Kiefer und Fichte; sie sind preiswert und lassen sich gut mit Farbe oder Beize behandeln. Wenn Sie nicht zu sparen brauchen, erkundigen Sie sich im Holzhandel nach erhältlichen Edelhölzern, die oft wesentlich luxuriöser wirken und mit dem Alter immer schöner werden. Beliebteste Edelhölzer für Wandtäfelungen sind Ramin, Eiche, Mahagoni, Meranti und Zeder. Der köstliche Zederndluft hält übrigens Motten fern. Aus diesem Grund wird das Holz gern als Innenverkleidung für Kleiderschränke und Schubladen verwendet.

Um die Regenwälder zu schonen, sollten Sie Tropenhölzer nur aus Plantagenanbau kaufen oder versuchen, alte Holztäfelungen aus Abrißhäusern zu bekommen.

Verkleidung anbringen

Um die Profilbretter oder Paneele an der Wand zu befestigen, muß man zunächst eine Unterkonstruktion aus Latten mit 2,5 x 5 cm Querschnitt herstellen, die im Abstand von 40 cm an der Wand angebracht werden. Bei senkrechter Montage der Holzverkleidung müssen die Latten waagerecht angebracht werden, bei waagerechter Montage senkrecht. Am Deckenabschluß wird eine zusätzliche Latte angebracht; wenn man ohnehin eine neue Fußleiste anbringen will, kann man die bisherige als Befestigungsleiste unter der Holzverkleidung belassen. Latten an die Wand nageln oder dübeln.

Für die Holzverkleidung kann man schlichte Nut- und Federbretter kaufen, deren Kanten so bearbeitet sind, daß sie sich einfach ineinander stecken lassen. Es gibt auch aufwendiger bearbeitete Bretter mit interessanterer Optik und furnierte Paneele.

Die Profilbretter werden in verschiedenen Breiten angeboten; bei der Planung sollte man ausreichend Spielraum für Überlappungen und Verschnitt einkalkulieren. Man kann teilweise auch komplette Montagesets kaufen, die sich einfacher montieren lassen und mit passenden Wandsockel- und Fußleisten geliefert werden; sie sind aber teurer. Bei der Montage der Bretter ist darauf zu achten, daß dahinter ein kleiner Freiraum bleibt, damit die Luft ungehindert zirkulieren kann; schon 1 cm genügt. Das beugt der Schimmelbildung und dem Verziehen des Holzes vor; der Zwischenraum ist so schmal, daß er nicht weiter auffällt.

Nach Montage der Unterkonstruktion das erste Brett mit der Nutseite an die Wandecke anlegen und auf die darunterliegende Latte nageln. Mit dem Senklot kontrollieren, ob es senkrecht sitzt. Die weiteren Bretter mit dem Hammer und einem zwischengelegten Verschnittstück zusammentreiben, in regelmäßigen Abständen (je nach Holzgewicht) unsichtbar durch die Nut nageln oder wie unten mit Paneelstiften befestigen. Vor Anbringen des vorletzten Bretts das letzte Brett überlappend anhalten und auf richtige Breite schneiden; beide Bretter zusammen einsetzen.

Die Holzverkleidung vor allem in Bädern und Küchen abschließend mit Wachs oder mattem Polyurethanlack behandeln.

Holzverkleidung anbringen

1 Nut- und Federbretter an der Wand ineinanderfügen. Vorsichtig mit dem Hammer auf Stoß klopfen.

2 Paneelstifte diagonal durch die Paneelkanten in die Latten-Unterkonstruktion schlagen.

3 Am Wandende das letzte Brett zusägen und die beiden letzten Bretter zusammen einsetzen.

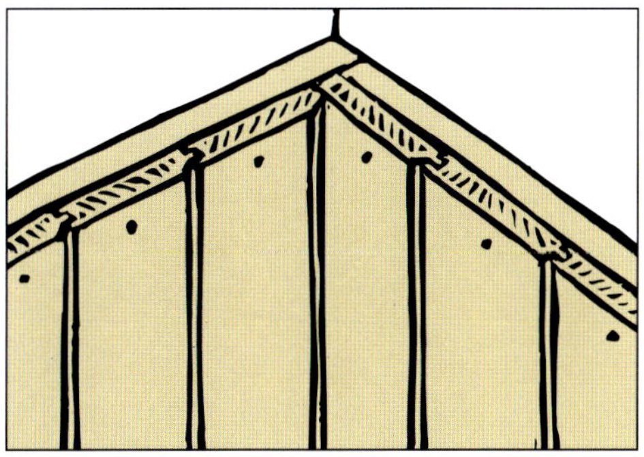

4 Bretter an Innenecken stumpf aneinanderstoßen lassen und den Stoß mit einer Profilleiste verdecken.

5 An Außenecken die Feder abhobeln, Bretter stumpf aneinanderstoßen lassen, ggf. mit Profilleiste kaschieren.

6 Steckdosen herausziehen und auf Rahmen aus Lattenstücken setzen; Aussparungen in die Bretter sägen.

Zierleisten und Metallverkleidungen

► *Die Verkleidung mit einfachen Nut- und Federbrettern verleiht diesem Badezimmer eine schöne, altmodische Atmosphäre. Die etwas massiver als üblich ausgeführte Bilderleiste bildet einen attraktiven Abschluß und dient gleichzeitig als praktische Aufhängung für den Badezimmerspiegel, so daß man die Holzverkleidung nicht mit Nägeln beschädigen muß.*

Bilder-, Wandsockel- und Fußleisten

Vor dem Anbringen von Wandsockel- oder Bilderleisten muß man zunächst entscheiden, auf welcher Höhe sie montiert werden sollen. Wandsockelleisten werden meist auf etwa ein Drittel der Wandhöhe bzw. 1 m über dem Fußboden angebracht. Man kann auch die Höhe der Stuhllehnen im Raum als Anhaltspunkt nehmen. Bilderleisten in geeignetem Abstand von Sockelleiste und Decke montieren, jedoch näher an der letzteren. Man sollte an ihnen Bilder so aufhängen können, daß sie im Sitzen gut zu betrachten sind; das erfordert meist eine Höhe von mindestens 1,8 m über dem Fußboden.

Nach Ermittlung der richtigen Höhe mit Wasserwaage und Bleistift oder einer eingekreideten Schlagschnur eine waagerechte Richtlinie rund um den Raum ziehen.

Beim Anbringen einer neuen Fußleiste kann sich herausstellen, daß der Fußboden nicht ganz eben ist. Die meisten Unregelmäßigkeiten lassen sich jedoch kaschieren, indem man die Leiste etwas höher setzt und die entstehende Fuge mit Teppich und Unterlage verdeckt oder eine schmale Profilleiste so vor die untere Kante der Fußleiste nagelt, daß sie den Boden berührt.

Zierleisten passend zuschneiden, Schraubenlöcher in etwa 60 cm Abstand vorbohren und ansenken. Leiste entlang der Richtlinie an die Wand halten und die Schraubenlöcher an der Wand markieren.

Leiste weglegen; Wandlöcher mit Bohrmaschine und Steinbohrer vorbohren und Kunststoffdübel für 45-mm-Senkschrauben einsetzen.

Sockel- und Bilderleisten anbringen

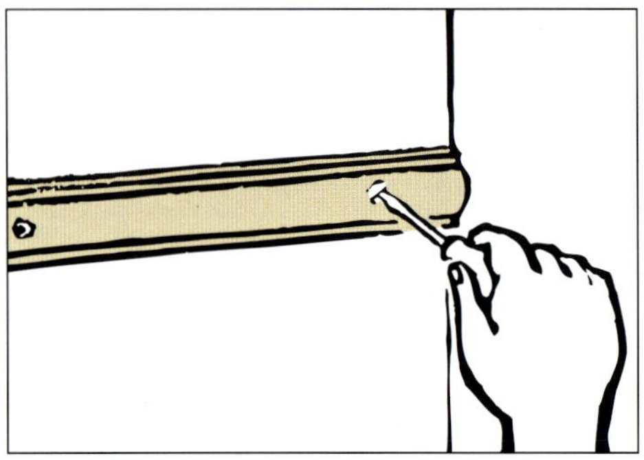

__1__ Leisten zuschneiden, Schraubenlöcher vorbohren; die Leiste an der Richtlinie auf die Wand schrauben.

__2__ Für stumpfe Stöße an Innenecken Leistenprofil auf der Rückseite der zweiten Leiste anzeichnen und aussägen.

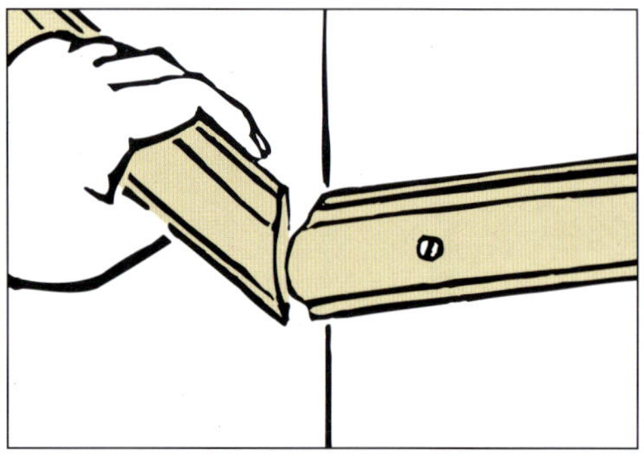

__3__ An Außenecken oder auf geraden Wänden aneinanderstoßende Leisten auf Gehrung sägen.

Bei Zwischenwänden aus Holzrahmen mit Gipskartonplatten muß man die Schrauben entweder in die Latten des Rahmens schrauben, deren Position man durch Abklopfen der Wand auf weniger hohl klingende Stellen ermittelt, oder man verwendet geeignete Hohlraumdübel. Man kann auch spezielle Montagesätze kaufen, bei denen die Leisten einfach in Spezialhalterungen eingerastet werden.

Wo zwei Profilleisten an einer Innenecke aneinanderstoßen, stellt man einen stumpfen Stoß her, indem man das Leistenprofil auf der Rückseite der Leiste anzeichnet, die an die angrenzende Wand montiert werden soll. Sorgfältig entlang der Linie mit einer Bügelsäge zusägen, das gesägte Ende dicht auf die Vorderkante der Leiste an der ersten Wand setzen.

An Außenecken beide Profile mit Hilfe einer 45°-Gehrungslade auf Gehrung sägen. Wenn die Leiste nicht in die Gehrungslade paßt, die Schnittlinie auf der Vorderseite anzeichnen und im 45°-Winkel auf der Kante weiterzeichnen. Hierzu der Genauigkeit halber einen Winkelmesser verwenden oder ein Quadrat auf die Kante zeichnen, dessen eine Ecke an die auf der Vorderseite angezeichnete Schnittlinie anstößt, und von diesem Punkt eine diagonale Schnittlinie zur gegenüberliegenden Ecke des Quadrats ziehen. Entlang der beiden Schnittlinien absägen. Auch auf einer geraden Wand aneinanderstoßende Leisten am Stoß auf Gehrung sägen. Kleinere Lücken an Stoßfugen kann man meist mit Holzkitt kaschieren.

Metallverkleidungen

Wandverkleidungen aus Metall gehören zu den interessantesten Trends der letzten Jahre. Sie kamen zuerst in Cafés und Restaurants auf, sind aber jetzt auch im Privatbereich zu finden. Metall ist eine elegante und dauerhafte Wandbekleidung, aber kostspielig und pflegeintensiv: Die meisten Metalloberflächen laufen leicht an und lassen jeden Fingerabdruck und Fleck erkennen, so daß man sie häufig mit einem weichen Lappen polieren muß, um ihren Glanz zu erhalten.

Je nach gewünschter Wirkung kann man zum Beispiel Kupfer, Zink, Aluminium oder den noch teureren Edelstahl wählen. Wenn eine komplett metallverkleidete Wand Ihre finanziellen Möglichkeiten sprengen würde, können Sie das Material auch etwas sparsamer einsetzen – beispielsweise in Wandfeldern oder unterhalb der Sockelleiste.

Die Metallbleche oder -platten werden direkt auf die verputzte Wand oder auf Holzplatten geschraubt. Bei diesem sehr speziellen und kostspieligen Material kann es sinnvoll sein, die Montage einem Fachmann zu überlassen, statt sich selbst daran zu versuchen.

▶ *Polierte Metallbleche können vor allem in Kombination mit traditionelleren Materialien sehr interessant wirken. Eine solche Raumgestaltung verlangt allerdings einigen Geld- und Arbeitsaufwand, da das Metall teuer ist und intensive Pflege braucht, um sein glanzvolles Aussehen zu bewahren – man sieht auf ihm jeden Fingerabdruck.*

FUSSBÖDEN

▲ *Der königsblau gestrichene Betonboden harmoniert gut mit dem helleren Blau der Küchenstühle und bildet einen interessanten Kontrast zum warmen Holzton des Parketts im Vordergrund. Die klare Grenzlinie der beiden Bodenmaterialien erleichtert die strikte Trennung zwischen Büroraum und den Annehmlichkeiten des angrenzenden Wohnbereichs.*

Fußböden und Bodenbeläge sind nicht unverwüstlich: Es kommt der Tag, an dem man über den abgewetzten Teppich, den schäbigen PVC-Belag oder die ramponierten Dielen nicht länger hinwegsehen kann. Selbst wenn der Bodenbelag noch in brauchbarem Zustand ist, hat man sich vielleicht an ihm sattgesehen, oder man teilt nach einem Umzug den Geschmack des vorherigen Bewohners nicht. Auch andere Faktoren können bei der Entscheidung für einen neuen Bodenbelag mitspielen. Ein staubiger Teppich, der zum Niesen reizt, mag eine ganze Population von Hausstaubmilben beherbergen; ein nichttextiler Fußbodenbelag wäre vielleicht weniger allergiefördernd. Ein Holzboden mag arg zerschrammt sein oder in der Farbe nicht recht zum neuen Einrichtungsstil passen. Doch ist es nicht immer die einzige oder beste Möglichkeit, den ganzen Fußboden herauszureißen und einen neuen zu verlegen.

Als erstes sollte man die verschiedenen Alternativen prüfen und feststellen, welche davon überhaupt erschwinglich sind. Bodenbeläge von guter Qualität sind meist teuer; allerdings gehören die billigeren Teppichböden und Kunststoffbeläge zu den rationellsten Bodenbelägen überhaupt. Bei einem sehr knappen Budget ist vielleicht eine Renovierung des vorhandenen Bodens sinnvoll (siehe Seiten 126–147). Das Ergebnis kann viel besser aussehen als ein Billigteppich.

In vor den 1960er Jahren erbauten Häusern hat man oft noch Weichholz- oder sogar Eichendielen oder Parkett. Kahlgewetzte Teppiche und lädierte PVC- oder Linoleumbeläge mögen nicht mehr zu retten sein, aber heben Sie einmal eine Ecke an, um herauszufinden, was darunter ist (siehe Seiten 126–127). Viele Leute lassen auch absolut brauchbare Holzböden unter Teppichen verschwinden, und solche Entdeckungen können ganz neue und aufregende Möglichkeiten eröffnen.

In neueren Häusern und sanierten Altbauten findet man meist Beton-, Estrich- oder Spanplattenböden. Obwohl diesen Materialien der Charme alter Holzdielen fehlt, kann man sie mit einem Farbanstrich durchaus attraktiv herausputzen (siehe Seiten 138–145). Selbst auf Betonboden lassen sich mit einem entsprechenden Anstrich teurere Materialien wie

▲ *Hier sind die ursprünglichen Eichendielen erhalten, die man oft in sehr alten Häusern findet. Ein solcher Fußbodenbelag altert mit Würde und fügt sich, einfach nur gewachst und poliert, in fast jede Umgebung gut ein. In diesem großzügigen Raum etwa bilden die patinierten Dielen eine ideale Ergänzung zum zwanglos gruppierten Mobiliar in hellen Tönen.*

Kalksteinplatten imitieren, und zumindest hat er die Massivität des Vorbilds.

Es gibt kaum einen Fußboden, den man nicht mit einem der vielen verfügbaren Gestaltungsmittel deutlich verschönern könnte. Selbst wirklich hoffnungslos erscheinende Böden kann man, solange sie ausreichend tragfähig sind, mit Sperrholzplatten belegen, die man dann streicht oder beizt – vielleicht so, daß sie wie Naturstein- oder Marmorplatten aussehen (siehe Seiten 144–145). Das kann einen häßlichen alten Boden mit sehr geringem Kostenaufwand völlig verwandeln und wirkt wesentlich stilvoller als ein billiger Teppichboden.

Blanke Holz- oder Betonböden sind nicht jedermanns Sache und auch nicht für jede Situation geeignet, doch kann man ihnen durch einen neuen Belag ein völlig anderes Gesicht verleihen. Es gibt eine Fülle verschiedener Fußbodenbeläge und innerhalb jeder Kategorie wiederum viele Varianten und Stile für jeden Geschmack und Bedarf. Die meisten lassen sich relativ schnell und einfach verlegen. Keramikfliesen und Steinplatten eignen sich als verschleißfester Belag besonders für stark begangene Flächen und Feuchträume (siehe Seiten 158–161). Elastische Beläge wie PVC oder Linoleum in Bahnen- oder Fliesenform sind weicher, aber ebenfalls wasserdicht und speziell für Küchen und Sanitärbereiche gut geeignet (siehe Seiten 166–169). Selbst neue Holzböden lassen sich ohne allzuviel Aufwand oder handwerkliche Erfahrung verlegen (siehe Seiten 176–179). Äußerst fußschmeichelnd ist das riesige Angebot an Teppichen und Mattenware – unübertroffen in Variantenreichtum und preislicher Bandbreite (siehe Seiten 182–185).

So unterschiedlich sie sind, erfordern all diese reizvollen Bodenbeläge in der Regel einen stabilen, ebenen Untergrund, damit sie gut aussehen und lange halten. Vor Verlegen eines neuen Bodenbelags sollte daher der vorhandene Boden auf Mängel überprüft und instandgesetzt bzw. dem neuen Belagmaterial entsprechend vorbereitet werden (siehe Seiten 152–155).

Angesichts dieser Fülle von Möglichkeiten kann wirklich jeder, ob reich oder arm, einen schönen Fußboden sein Eigen nennen. Lassen Sie Ihrer Phantasie freien Lauf, und Sie werden erstaunliche, faszinierende Ergebnisse erzielen.

▲ Mattenbeläge aus Pflanzenfasern sind in großer Auswahl relativ preiswert erhältlich und passen zu fast jedem Stil. Die Binsenmatten bringen mit ihrer markanten Struktur willkommene Abwechslung in diesen Raum voller schlichter, glatter Flächen; ihr neutraler Farbton fügt sich gut in das im übrigen lebhafte Farbkonzept ein.

◀ Fliesen gehören zu den vielseitigsten Bodenbelägen, zumal sie wasserdicht und fast unverwüstlich sind. Die handgeformten Fliesen verleihen dieser Dusche ein rustikales Flair; die handbemalten Dekorfliesen und die keilförmig geschnittenen Sockelfliesen machen den beengten, ansonsten schmucklosen Raum optisch interessanter.

Böden verschönern

Auch wenn der Zustand des vorhandenen Fußbodens hoffnungslos erscheint, muß man ihn nicht unbedingt unter einem kostspieligen neuen Bodenbelag verschwinden lassen. Solange der Boden ausreichend tragfähig ist, kann man ihn entweder in altem Glanz wiederherstellen oder mit einer Vielzahl kreativer Dekorationsmöglichkeiten verschönern. Bei alten Bodenbelägen lohnt es sich immer, an mindestens zwei Stellen einen Blick darunter zu werfen, um die Beschaffenheit des Unterbodens zu prüfen.

Alte Dielen mögen abgetreten und schmuddelig aussehen, können sich aber erstaunlich verschönen, wenn man sie abschleift (siehe Seiten 134–135) und neu lackiert. Dazu sollte der Boden in halbwegs brauchbarem Zustand sein: Schadhafte Dielen vorher ersetzen, zu große Ritzen verschließen (siehe Seiten 132–133). Wenn die Farbe der Dielen nicht zur übrigen Dekoration paßt, kann man sie anstreichen oder auf verschiedenste Weise behandeln. Ein aufgemaltes Dekor kann atemberaubend wirken und bietet Besuchern immer Gesprächsstoff.

Risse und Löcher in Betonböden lassen sich relativ leicht ausbessern (Seiten 152–153); den Boden kann man dann unifarben streichen oder mit beliebigen Mustern versehen. Man kann einen Beton- oder Estrichboden aber auch mit Sperrholzquadraten belegen und diese raffiniert bemalen, um Steinplatten oder einen Marmorboden zu imitieren (Seiten 144–145).

Zu den wenigen Fußbodenmaterialien, die sich nicht problemlos mit Anstrichstoffen behandeln lassen, gehören Fliesen: Die Farbe platzt von diesen meist stark beanspruchten Böden auf die Dauer wieder ab, zumal Fliesen ja vor allem in Küchen und Bädern verlegt werden. Ungeliebte Bodenfliesen muß man entweder entfernen oder mit einem anderen Bodenbelag bedecken. Auch Kunststoffböden lassen sich nicht überstreichen, da der Anstrich mit dem Kunststoff reagiert und abblättert.

Hat man sich für die Renovierung eines vorhandenen Bodens entschieden, so gilt es zunächst, zu entscheiden, wie der fertige Fußboden aussehen soll, denn davon hängt ab, welche Vorbereitungsarbeiten nötig sind.

Klarlackierte Böden

Eine der einfachsten, schnellsten und beliebtesten Methoden zur Verschönerung vorhandener Böden ist das maschinelle Abschleifen alter Dielen, die dann mit einer schützenden Lackschicht überzogen werden (siehe Seiten 134–135, 146–147). Ein besonders schönes Ergebnis verspricht dies bei Hartholzdielen, wie Eiche oder Esche. Meist bestehen vorhandene Dielenböden aus Kiefer oder Fichte. Diese billigen Weichhölzer waren bis in die 1960er Jahre ein gebräuchliches Fußbodenmaterial; danach ging man dazu über, noch billigere Werkstoffe aus Holzabfällen zu verwenden.

▲ Das Abschleifen alter Holzdielen ist eine kostengünstige und praktische Lösung, wenn man bedenkt, wie viele ältere Häuser noch brauchbare Holzböden aufweisen. Dieser Boden wurde nur abgeschliffen und mit mehreren Schichten Glanzlack versiegelt, so daß er das durch die großen Fenster einfallende Tageslicht herrlich spiegelt.

Ein Problem bei alten Weichholzböden besteht darin, daß das Holz mit den Jahren nachdunkelt und oft zu einem recht grellen Orangeton tendiert. Vergilbende Lacküberzüge können diesen Farbton noch intensivieren, der sich mit den meisten gebräuchlichen Dekorationsfarben nicht besonders gut verträgt. Kühle Blau- und Grüntöne sind vielleicht die einzigen Farben, die mit abgeschliffenen Kieferndielen harmonieren. Zum Glück ist es jedoch kein Problem, den Kieferndielen einen Farbton zu verleihen, der dem heutigen Geschmack besser entspricht.

Gebeizte Böden

Beizen (siehe Seiten 136–137) verändern die Holzfarbe, ohne die natürliche Holzmaserung zu überdecken. Es ist jedoch zu beachten, daß das Holz dabei in jedem Falle dunkler wird. Dunkel gebeizte Dielen bilden einen sehr schönen Untergrund für farbenprächtige Teppiche

▲ Ein farbig gestrichener Betonboden ist erstaunlich praktisch und strapazierfähig: Dieser phantasievoll bemalte Badezimmerboden sieht nicht nur gut aus, sondern ist auch wasserdicht, preiswert in der Herstellung und pflegeleicht. Die größte Investition, die man aufbringen muß, ist eigene Zeit und künstlerisches Talent.

◄ Farbe gehört zu den billigsten und vielseitigsten Möglichkeiten, einen Boden zu verschönern. Dieser Betonboden, eigentlich ein tristes Material, wurde durch das dynamische, farbenfrohe Muster zu neuem Leben erweckt. Ein solches Muster kann man natürlich nach Belieben der Größe und Funktion des Raums anpassen.

und Läufer; allerdings sollte man darauf achten, eher einen neutralen Farbton als einen so kräftigen wie etwa Mahagoni zu wählen, der sich beispielsweise mit einem vorwiegend rot gemusterten Läufer »beißen« würde. Elegante Räume – repräsentative Salons, Speisezimmer und Bibliotheken – wirken mit dunklen Fußböden noch vornehmer. Da solche Räume, die oft abends bei sanfter Beleuchtung genutzt werden, meist in üppigen, dunklen Tönen dekoriert werden, fügt sich ein dunkler Fußboden hier auch meist besser ein. Natürlich kann ein dunkler Boden auch in einem sehr hellen Raum gut wirken, entweder als dramatischer Kontrast oder als Untergrund für dunklere Teppiche. Dunkle Farben wirken um so weniger bedrückend, je tiefer im Raum sie eingesetzt werden; ein dunkler Eichenboden kann sehr gut zu hellen Wänden und Möbeln passen.

Gebleichte Böden

Holz dunkelt mit der Zeit nach und kann gelegentlich einen sehr düsteren oder unattraktiven Farbton annehmen, während eine hellere Farbe vielleicht ein lebendigeres, modernes Flair vermitteln könnte. Das Holz aufzuhellen, ohne sein typisches Erscheinungsbild zu beeinträchtigen, kann problematisch sein, da ein transparenter Anstrich das Holz immer dunkler macht. Chemische Bleichmittel bieten sich als eine Lösung an.

Helle Böden sind ideal für zwanglose Küchen, Eßecken oder andere Bereiche, in denen man eine frische, großzügige Atmosphäre schaffen will. Sie vertragen sich mit fast jeder Einrichtung, da der Boden als unaufdringlicher Hintergrund hinter den vorherrschenden Farben zurücksteht. Dunklere Möbel heben sich von ihnen deutlich ab, was die Aufmerksamkeit auf besonders schöne Stücke lenken kann.

Gekalkte Böden

Hartholzböden wie Eiche oder Esche kann man auch mit der Technik des Kalkens (siehe Seiten 136–137) aufhellen. Dadurch wird die gesamte Fläche heller, vor allem aber die Maserung des Holzes, was eine sehr ausdrucksvolle Wirkung schafft. Kalken ist aufwendig, aber das Ergebnis kann wirklich erstaunlich sein. Wenn man das Holz zuerst schwarz oder in einer anderen Farbe beizt, erhält man eine noch interessantere Wirkung, die helle und dunkle Farbtöne in so natürlicher Weise kombiniert, daß sie zur Hauptattraktion des Raums werden kann.

▲ *Holz nimmt sowohl transparente Farben, die die Maserung durchscheinen lassen, als auch deckende Farben sehr gut an. Dieser Holzboden wurde mit einem zwanglosen Schachbrettmuster bemalt und mit naiven Motiven verziert, die gut mit den Kelims auf dem Bett harmonieren und zum folkloristischen Gesamteindruck beitragen.*

► *Hier sind die Dielen im gleichen blassen Farbton gestrichen wie Wände und Decke. So werden die Farben der Einrichtung stärker hervorgehoben; der Fußboden wird Teil eines umschließenden, unaufdringlichen Hintergrunds, der nur von den markanten Linien der Balken, Wandpaneele und Dielenbretter akzentuiert wird.*

Farbanstriche für Böden

Böden, die sehr schlecht erhalten sind oder aus sehr schlichten Materialien wie Beton oder Spanplatten bestehen, können durch einen einfachen Farbanstrich, der alle Flecken überdeckt und eine einheitliche Oberflächenwirkung herstellt, ein neues Gesicht erhalten. Man kann sie in jeder nur vorstellbaren Farbe streichen, von strahlend hellem Weiß bis hin zu lichtschluckendem Schwarz. Neutrale Grau- und Beigetöne sind ideal als dezenter, schmeichelnder Hintergrund für fast jede Einrichtung.

Wenn Ihnen ein unifarbener Fußboden zu langweilig ist, können Sie ihn auch mit Mustern bedecken – vom einfachen Karomuster bis zur Nachahmung eines kunstvollen Perserteppichs. Auf Fußböden kann man beliebige Ornamente aufschablonieren (siehe Seiten 140–141) oder Schachbrettmuster aufmalen (siehe Seiten 142–143). Selbst Naturstein läßt sich imitieren, so daß man Beton oder Spanplatten im Nu in einen Marmor- oder Steinfußboden verwandeln kann.

Ein Farbanstrich ist schnell, preiswert und läßt sich leicht verändern, wenn das Ergebnis nicht den Erwartungen entspricht oder man sich sattgesehen hat. Es kann sehr schön wirken, wenn man die Fußbodenfarbe auf die Raumtextilien abstimmt; manche Farbhersteller bieten einen Spektrophotometer-Service an, mit dessen Hilfe Farben genau nach Vorlage gemischt werden.

Versiegeln

Abgeschliffene oder gebeizte Holzböden muß man mit einem geeigneten Klarlack, am besten einem speziellen Fußboden- bzw. Parkettlack (siehe Seiten 146–147) vor Abnutzung schützen; wie strapazierfähig diese Schutzschicht sein muß, hängt mehr von der Beanspruchung des Bodens ab als von der Qualität des Bodenmaterials.

◀ Dielen aus Kiefernholz, wie man sie häufig in alten Häusern antrifft, bieten, wenn sie noch intakt sind, vielfältige dekorative Möglichkeiten. Hier wurde eine dezente Bordüre in einer auf die Treppenstufen abgestimmten Farbe aufgemalt, der Rest des Fußbodens im Naturton belassen und nur versiegelt – schlicht, aber wirkungsvoll.

Übersicht der dekorativen Holzbehandlungen

Holzfußböden kann man in unterschiedlicher Weise behandeln. Sie können im natürlichen Zustand belassen, gebeizt, lasiert oder mit Lackfarben gestrichen werden. Dunkles Holz kann man aufhellen, um eine Alterungswirkung aufzuheben oder die Maserung hervorzuheben. Holzböden, die nicht mit Fußbodenfarbe oder Wachs behandelt wurden, abschließend mit einem Lacküberzug schützen.

Deckende Anstriche

Deckende Anstrichstoffe wie Lackfarben sind ideal zum Streichen unattraktiver Spanplattenböden oder für schadhafte, vielfach ausgespachtelte Dielen. Zwei bis drei Anstrichschichten ergeben eine glatte, einheitliche Oberfläche, die alle Mängel überdeckt. Deckende Anstrichfarben sind in einer fast unbegrenzten Auswahl fertig gemischter Farbtöne und in unterschiedlichen Zusammensetzungen und Oberflächenwirkungen erhältlich. Sie sind ideal für helle Farbtöne und schlichte Farbgebungen, dunklere Töne können jedoch dominant und erdrückend wirken, wenn der Farbton nicht mit Bedacht gewählt wird. Man kann verschiedenste Anstricharten verwenden, aber sofern es sich nicht um spezielle Fußbodenfarben handelt, müssen sie meist mit einer Schicht Fußbodenlack geschützt werden. Bei strapazierfähigen Glanzlackanstrichen kann sich dies in wenig beanspruchten Bereichen wie Schlafzimmern erübrigen. Anstrichfarben auf Wasserbasis sind am umwelt- und benutzerfreundlichsten – sie verbreiten keine gesundheitsschädlichen Dämpfe und lassen sich leichter aus den Pinseln waschen. **1**

Beizen

Holzbeizen sind konzentrierte Farblösungen, die tief ins Holz eindringen und seine Farbe stark verändern, ohne das Bild der natürlichen Holzstruktur zu beeinträchtigen. Wer hofft, einen schlichten Kiefernboden durch Beize in etwas wesentlich Exotischeres verwandeln zu können, muß bedenken, daß die Eigenfarbe des Holzes erheblichen Einfluß auf das Resultat hat: Je heller die Beize, desto stärker schlägt die ursprüngliche Holzfarbe durch. Es gibt auch bunte Beizen; Farbtöne der gleichen Marke kann man mischen. Beizen, ob auf Wasser-, Lösemittel- oder Ölbasis, trocknen so schnell, daß es schwierig sein kann, eine gleichmäßige Wirkung zu erreichen. Gebeizte Holzflächen muß man mit Klarlack bzw. mit speziellem Fußbodenlack versiegeln.

Spezielle Lackbeizen beizen und schützen das Holz in einem Arbeitsgang, dürften für stark beanspruchte Fußböden jedoch nicht strapazierfähig genug sein. **2**

Transparente Anstriche

Transparente bzw. lasierende Anstriche verändern den Farbton einer Holzfläche, nicht aber ihre Struktur und ihren Charakter. Sie wirken viel sanfter als deckende Anstriche, so daß auch lebhafte oder dunklere Farbtöne nicht aufdringlich und erdrückend erscheinen. Durch mehrschichtigen Aufbau komplexer Farbtöne erzielt man eine satt leuchtende Wirkung. Neben den gebrauchsfertigen kann man transparente Lasuren in fast jedem Farbton aus Künstlerfarben und Klarlack auf Wasser- bzw. Lösemittelbasis selbst anmischen. Man kann mit ihnen ganze Bodenflächen streichen oder Muster gestalten – einfacher als mit deckenden Anstrichen, da man nur eine Anstrichschicht benötigt. Wenn man Holztöne verwendet, erinnert das Ergebnis an eine Einlegearbeit. Einziger Nachteil ist vielleicht, daß die ursprüngliche Bodenfarbe stets ins Dunklere verändert wird. **3**

Halbtransparente Anstriche

Sie sind nützlich in Fällen, in denen man die Holzmaserung sichtbar erhalten, gleichzeitig aber die Holzfarbe aufhellen möchte. Sie entstehen durch Mischung transparenter und deckender Anstrichstoffe, etwa weißer Lackfarbe mit Klarlack. Das weiße Pigment deckt die Holzoberfläche teilweise ab, aber nicht so weit, daß die Maserung unsichtbar wird, und hat zugleich eine aufhellende Wirkung. Man kann auch andersfarbigen Lack zugeben, um die Holzfarbe leicht zu verändern. Das Resultat sieht je nachdem, wieviel

4

5

Weiß man zugibt, unter Umständen etwas milchig aus, aber das Holz scheint immer noch deutlich durch. **4**

Bleichen

Mit chemischen Bleichmitteln kann man dunkler gewordenes Holz aufhellen, ohne die Maserung zu beeinträchtigen. Man trägt das Bleichmittel aufs blanke Holz auf, läßt es einwirken und neutralisiert es, sobald das Holz die gewünschte Farbe angenommen hat. Dann kann der Boden lackiert werden.

Man kann Holz auch aufhellen, indem man etwas weiße Farbe in die Maserung einarbeitet; man muß sie jedoch sparsam verwenden. **5**

Kalken

Ein für großporige Hölzer wie Eiche oder Esche geeignetes Verfahren, das die Oberfläche aufhellt und die Maserung ausfüllt und sehr ausdrucksvoll betont. Früher nahm man echten Kalk, der jedoch ätzend wirkt; heute kann man mit unschädlicheren Alternativen die gleiche Wirkung erzielen. Die Mittel werden aufgetragen und nach dem Trocknen wieder abgerieben, wobei die Maserung weiß bleibt. Eine farbigere Note erhält man, indem man das Holz vor dem Kalken beizt. Gekalktes Holz mit Lack schützen.

Pigmentwachs

Eine weitere Möglichkeit zur Aufhellung von Holz. Das weiß pigmentierte Wachs wird in die Maserung gerieben und poliert. Simpler in der Anwendung als Kalkpaste, kann aber nicht überlackiert werden, da kein Anstrich auf dem Wachs haftet. Der Boden muß daher nachgewachst werden.

Versiegeln

Ungeschützte Holzböden muß man mit Klarlack, am besten mit Fußbodenlack, versiegeln. Verschiedene Lacke können Farbton und Charakter der Holzoberfläche beeinflussen; manche Lacke verfärben sich mit dem Alter. Gebräuchliche Klarlacke sind in matt, seidenmatt und glänzend erhältlich; hochstrapazierfähige Fußbodenlacke erfordern meist mehr Sorgfalt und Zeit. Generell bringen lösemittelhaltige Lacke die natürliche Holzfarbe besser zur Geltung und geben ihr eine Üppigkeit, die Lacke auf Wasserbasis nicht bieten; letztere sind aber umwelt- und benutzerfreundlicher.

Holzdielen ausbessern und vorbereiten

▶ *Abgewetzte Dielen, wie man sie typischerweise unter alten Teppichen findet. Auch wenn sie manchmal beunruhigend uneben und mitgenommen aussehen, läßt sich mit modernen Schleifmaschinen schnell eine glatte, ebene Oberfläche herstellen, die dann gestrichen und versiegelt werden kann.*

Bedarfsschätzung

Es gibt nichts Lästigeres, als wenn einem mitten in der Arbeit irgendwelche Materialien ausgehen und man die Arbeit unterbrechen muß, um sie nachzukaufen. Deshalb sollte man vor Beginn einer Renovierungsarbeit sorgfältig überlegen, welche Mengen welcher Materialien man benötigt. Im Hinblick auf mögliche Fehler und Abfall sicherheitshalber immer etwas mehr besorgen. Gleichzeitig kontrollieren, ob man das richtige Werkzeug und genug Nägel hat.

Ersatzdielen

Vor dem Nachkauf Dicke und Breite der vorhandenen Dielenbretter sorgfältig ausmessen und diese Maße beim Händler angeben. Beim Berechnen der benötigten Dielenlängen sollte man berücksichtigen, daß jedes Ersatzstück von Tragbalken zu Tragbalken reichen muß; die Lage der Tragbalken ist an den Nagelreihen in den Dielen zu erkennen. Wenn man größere Mengen benötigt, daran denken, daß je nach Lieferlänge der Dielenbretter die Verschnittreste oft für eine sinnvolle Verwendung zu kurz sind. Sicherheitshalber mindestens 10 Prozent über den errechneten Bedarf kaufen.

Schleifpapier für Schleifmaschine

Die Berechnung des Schleifpapierbedarfs ist nicht so problematisch, da die Vermieter von Schleifmaschinen in der Regel auch das Schleifpapier bereitstellen und nicht verbrauchtes Papier zurücknehmen. Man braucht mehr grobes als feines Papier; fünf Blatt der Körnung 24 und je zwei der Körnungen 40, 80 und 100 sollten ausreichen, um etwa 30 m^2 Kieferndielen in annehmbarem Zustand abzuschleifen.

Farbe und Beize

Es ist schwierig, den Bedarf an Anstrichstoffen genau zu kalkulieren; grob geschätzt benötigt man auf 30 m^2 Fußboden etwa 2–2,5 Liter für jede Anstrichschicht.

Es ist schwer zu veranschlagen, wieviel Holzbeize man für die gleiche Fläche benötigt, da dies von der Art der Beize und der Saugfähigkeit des Holzes abhängt. Als Richtlinie sollte jedoch 1 Liter für etwa 10–20 m^2 ausreichen.

Klarlack und Bodenlack

Zur Versiegelung einer Fläche von 30 m^2 benötigt man etwa 2 Liter Klarlack auf Lösemittel- oder Wasserbasis je Anstrichschicht. Spezial-Fußbodenlack hat eine geringere Reichweite: Hier braucht man etwa 3 Liter pro Schicht.

Holzböden zum Streichen oder Versiegeln vorbereiten

Etwaige Mängel des Fußbodens müssen schon im Frühstadium, d.h. vor dem Abschleifen oder Überstreichen, ausgebessert werden. Alte Dielen haben manchmal Risse über die gesamte Länge; alle beschädigten Dielen müssen ausgetauscht werden. Oder sie sind geschrumpft, so daß unschöne Ritzen entstehen. Im Grunde empfiehlt es sich, mit solchen Lücken einfach zu leben, da sie zum Charme eines alten Fußbodens gehören; auf einem bemalten Boden konzentriert sich das Auge eher auf die Dekorlinien als auf etwaige Ritzen. Dies ist jedoch nicht immer praktikabel, weshalb man sie unter Umständen ausfüllen muß.

Vor dem Versiegeln muß man den Boden meist abschleifen, wobei die obersten Millimeter der Holzoberfläche abgenommen werden, um eine frische, glatte, überstreichbare Fläche freizulegen. Vor Farbanstrichen ist dies nicht immer nötig. Manchmal reicht es, den Boden gründlich zu schrubben. Die Entfernung von Wachs oder Altanstrichen erfordert aber Terpentinersatz, Abbeizmittel und viel Arbeit.

Dielen anheben und ersetzen

Glattkantige Dielen lassen sich recht einfach anheben. Diele an einem Ende mit einem Fugenmeißel hochhebeln, ohne die benachbarte Diele zu beschädigen. Wenn die Unterkante über der Bodenfläche liegt, mit einem Stück Holz abstützen. Diele mit dem Fugenmeißel von der Nagelung freihebeln. Nicht versuchen, die Diele gleich vom Ende aus anzuheben, da sie wahrscheinlich durchbrechen würde. Prozedur wiederholen, bis der gesamte beschädigte Abschnitt angehoben ist. Diele bis zur Mitte des nächsten Tragbalkens anheben, abstützen, mit dem Anschlagwinkel eine rechtwinklige Schnittlinie auf der Diele anzeichnen. Diele mit dem Fuchsschwanz durchsägen (siehe Seiten 154–155), ohne die benachbarten Dielen zu beschädigen. Ersatzstück abmessen, passend zusägen und mit Stauchkopfnägeln festnageln.

Dielenböden ausbessern

__1__ Beschädigte Diele mit einem Fugenmeißel hochhebeln, dann mit einem Holzbrettchen abstützen.

Der Austausch von Nut- und Federbrettern ist schwieriger, da die Bretter ineinandergreifen. Man muß die Feder des anzuhebenden Bretts wegschneiden, bevor man es hochhebelt. Am besten mit einer Kreissäge (siehe Seiten 154–155) an der Dielenkante entlangsägen; Schnittiefe auf die Dicke der Dielen einstellen, um keine Rohre oder Kabel zu treffen. Oder man setzt den Schnitt mit Fäustel und einem Stechbeitel an, arbeitet mit einer Handsäge weiter und greift an den Tragbalken wieder zum Beitel, doch ist dies schwieriger. Die Diele wird durch ein glattkantiges Brett ersetzt.

Ritzen ausfüllen

Kleinere Zwischenräume kann man mit Pappmaché ausfüllen. Größere Ritzen, die von Tragbalken zu Tragbalken reichen, sollte man mit Holzleisten verschließen. Lücke ausmessen, eine entsprechend breite Leiste von der Kante einer Ersatzdiele sägen und in die Ritze leimen.

Wenn der Boden voller Lücken ist, kann es einfacher und befriedigender sein, alle Dielen herauszunehmen und neu einzusetzen. Dielen beim Ausbau numerieren, um sie in der richtigen Reihenfolge wieder einzusetzen. Natürlich behält man jetzt eine große Lücke, die man mit einer neuen Diele oder Teildiele ausfüllt.

Nagelköpfe

Etwaige alte Drahtklammern oder Teppichnägel entfernen; überstehende Nagelköpfe ins Holz hämmern. Man muß die Nägel vor dem maschinellen Abschleifen nicht zwangsläufig versenken, aber es spart Schleifpapier.

▲ Das Abschleifen und Versiegeln von Treppenstufen kann eine sehr zeitraubende, unerfreuliche Arbeit sein. Manchmal ist es nicht nur einfacher, sondern auch authentischer, sie im natürlichen Zustand zu belassen. Diese Treppe aus altem Kiefernholz beschwört eine Aura rustikaler Schlichtheit herauf, die perfekt zur übrigen Gestaltung des Hauses paßt.

***2** Beschädigtes Dielenstück in der Mitte des nächsten Tragbalkens mit dem Fuchsschwanz quer durchsägen.*

***3** Für breite Ritzen eine passende Leiste zusägen und einleimen. Mit Zwischenstück in die Ritze klopfen.*

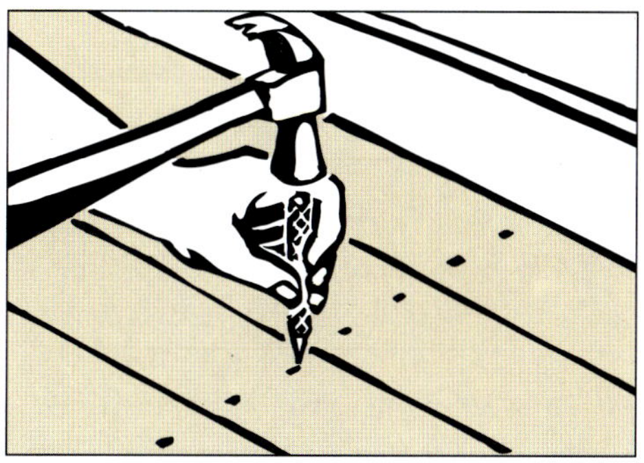

***4** Alle überstehenden Nagelköpfe und Stifte ins Holz hämmern; nötigenfalls versenken.*

Dielen abschleifen und reinigen

▲ *Diese alten Kieferndielen wurden nur abgeschliffen und versiegelt. Kiefernholz variiert im Ton von sehr hell bis zu dunklem Orange: Je heller die Bodenfarbe, desto einfacher ist es, Teppiche und andere Teile zu finden, die sich gut mit dem unbehandelten Holz vertragen. Die hier gewählte Kombination wirkt verhalten, frisch und behaglich.*

Zum Abschleifen von Fußböden setzt man in der Regel zwei Maschinen ein, die größere zum Abschleifen der Hauptfläche, die kleinere für die Bodenränder. Sie produzieren reichlich Lärm und Staub, weshalb man einen Gehörschutz und eine Staubmaske tragen sollte.

Ein Blatt grobes Schleifpapier möglichst fest um die Trommel der Schleifmaschine legen, damit es während des Schleifvorgangs nicht reißt. Schleiftrommel beim Einschalten vom Boden hochgekippt halten. Maschine vorwärts bewegen, dabei die Trommel langsam absenken, so daß sie Bodenkontakt bekommt, bevor das volle Gewicht der Maschine auf den Dielen lastet. Trommel am Ende jeder Schleifspur vorsichtig vom Boden hochkippen, um keine Furchen in den Boden zu schleifen. Sehr unebene oder stark gekrümmte Dielen lassen sich schneller planschleifen, wenn man zunächst diagonal darüberfährt. Wenn die Dielen plan sind, in Laufrichtung der Bretter schleifen, um die diagonalen Schleifspuren auszugleichen. Wie beim Rasenmähen die Maschine immer geduldig vor und zurück bewegen. Von Zeit zu Zeit das Schleifpapier wechseln, da es sich abnutzt und seine Wirksamkeit nachläßt. Den Staubbeutel leeren, sobald er zu einem Drittel gefüllt ist, damit die Maschine möglichst wenig Staub freisetzt.

Wenn der Fußboden eben ist, Schleifpapier der gleichen Körnung auf die Randschleifmaschine ziehen.

Nach dem Schleifen der Ränder Schleifpapier der nächstfeineren Körnung auf die große Maschine spannen. Damit muß man meist nur drei- oder viermal über den Boden gehen,

Schleifmaschine einsetzen

__1__ Trommel vor dem Einschalten und vor jeder neuen Schleifspur hochkippen, um keine Furchen zu schleifen.

__2__ Maschine zunächst diagonal mit möglichst wenig Überlappung über die Dielen führen.

__3__ Dann in Laufrichtung über die Dielen schleifen; dies muß evtl. zwei- bis dreimal wiederholt werden.

__4__ Bodenränder mit dem Randschleifer jeweils mit Schleifpapier der gleichen Körnung bearbeiten.

bevor man zur nächstfeineren Körnung wechselt. Zwischendurch jeweils die Ränder mit der gleichen Körnung bearbeiten. Ecken und schwer zugängliche Bereiche mit einem Schwingschleifer oder von Hand bearbeiten. Bei lackierten Böden am besten den Lack in den Ecken mit Abbeizer anweichen, bevor man ihn dann von Hand abzieht.

Staub mit dem Staubsauger aufsaugen; Ritzen zwischen den Dielen gründlich absaugen, damit beim späteren Beizen, Streichen oder Lackieren der Pinsel keine Staubkörner aus den Ritzen aufnimmt, die den Anstrich verderben.

Vorbereitung für Farbanstriche

Ein Abschleifen des Bodens ist nur erforderlich, wenn er in schlechtem Zustand ist oder man das Holz mit Beize oder transparenten Anstrichen behandeln will. Vor einem deckenden Anstrich reicht es aus, den Boden mit Wasser, Putzmittel und reichlich Muskeleinsatz zu schrubben. Dabei bleibt auch der Charakter des alten Bodens besser erhalten; einige Schrammen, leicht ausgetretene Dielen, eine ungleichmäßige Maserung verleihen ihm einen Charme, der besser zu alten Häusern paßt.

Wenn der Boden gewachst war, muß das Wachs in jedem Fall entfernt werden, selbst wenn der Boden abgeschliffen werden soll, da die Maschine das Wachs schmelzen und noch tiefer eindrücken könnte. Den ganzen Boden zwei- bis dreimal gründlich mit in Terpentinersatz getränkter Stahlwolle bearbeiten, abschließend mit sauberem Lappen nachwischen.

Alte Anstriche kann man mit Abbeizer oder Heißluft entfernen. Beim Einsatz von Heißluftgeräten darauf achten, das Holz nicht anzusengen. Anstrichreste von Hand abschleifen.

Wenn ein deckender Anstrich vorgesehen ist, kann man etwaige Löcher und Schrammen mit Holzkitt ausbessern, der sich nach dem Streichen nicht mehr von der Umgebung abhebt. Löcher verfüllen und glattschmirgeln.

▶ *Eichenfußböden sind von Natur aus dunkler und meist schon im Hinblick auf dekorative Wirkung verlegt; nicht nur als konstruktiver Bestandteil des Gebäudes. Wenn Ihnen ein Kiefernholzboden zu hell ist, können Sie ihn nach dem Abschleifen in einem wärmeren Farbton beizen, der den Raum weniger nüchtern erscheinen läßt.*

Bleichen, Kalken und Beizen

Betonen der Maserungsstruktur

Bleichen, Kalken und Beizen sind dekorative Behandlungsmethoden, mit denen man den Farbton des Holzes verändern kann, ohne den einzigartigen Maserungscharakter zu verlieren. Ganz im Gegenteil: Bleichen und Kalken betonen die Maserung sehr ausdrucksvoll.

▲ *Bei Harthölzern, wie dieser Treppe aus Esche, läßt sich durch Kalken die natürliche, warme Holzfarbe zu einem kühleren, graustichigen Farbton abwandeln und die Maserung besonders schön hervorheben. Das Holz muß gründlich vorbearbeitet werden, damit die Kalkpaste richtig einziehen und diese ausdrucksvolle, elegante Wirkung hervorrufen kann.*

Bleichen

Die gebleichten Holzböden alter skandinavischer Häuser bilden mit ihrem typischen Grauton einen dezenten, stilvollen Hintergrund für fast jede Einrichtung und Farbgebung. Durch jahrzehntelanges Schrubben wurde die weiche Holzoberfläche abgetragen, so daß nur die erhabenen, härteren Maserungslinien zurückblieben, doch kann man bei alten Dielen auch mit weniger Zeit- und Arbeitsaufwand eine ähnlich zarte und natürliche Wirkung erzielen, indem man das Holz entweder bleicht oder einfach weiße Farbe in die Maserung reibt.

Man kann verschiedenste chemische Holzbleichmittel kaufen, die auf starken Säuren oder Laugen beruhen. Bei ihrem Einsatz die Herstelleranweisungen genau befolgen und für gute Belüftung sorgen. Schutzkleidung, Gummihandschuhe und Schutzmaske tragen. Als zusätzliche Produktinformation kann man beim Händler nach einem Datenblatt fragen.

Weiße Dispersions- oder Vorstreichfarbe ins Holz einzureiben ist ein viel simplerer Vorgang. Farbe mit einem alten Lappen einreiben; Überschuß mit einem sauberen, trockenen Lappen in Maserungsrichtung abwischen. Man kann auch eine Farbtünche aus 1 Teil weißer Dispersion auf 3 Teile Wasser anmischen und mit Acrylfarben in Umbra natur und Elfenbeinschwarz zu einem warmen Grau abtönen, dem man mit Siena natur noch mehr Wärme geben kann. Farbe an einer unauffälligen Bodenecke ausprobieren und vor Beurteilung trocknen lassen. Wenn sie zu stark deckt, mehr Wasser zugeben; Farbton nach Wunsch anpassen.

Bei beiden Methoden empfiehlt sich ein anschließender Mattlacküberzug.

Kalken

Das Kalken ist eine uralte Technik. Als Eiche noch ein gebräuchliches Baumaterial war, behandelte man das Holz mit stark ätzendem Kalk, um es vor Bohrkäfern und Holzwürmern zu schützen. Bald erkannte man, daß diese Behandlung außerdem eine attraktive Oberflächenwirkung ergab. Heute verwendet man unschädlichere Alternativen statt Kalk.

Zuerst den Boden bis aufs blanke Holz abschleifen. Dann das Holz mit einem Lappen anfeuchten und die Maserung mit einer feinen Drahtbürste »auskratzen«. Hierzu sanft in Richtung des Maserungsverlaufs über das Holz bürsten, um das weiche, poröse Holz zwischen den Maserungslinien zu entfernen, ohne die Oberfläche zu verkratzen. Ausgekratztes Holz mit einem feuchten Lappen wegwischen. Dann eine Spezial-Kalkpaste oder eine dünnflüssige Paste aus Titandioxid (Künstlerbedarf) und Wasser mit einem Pinsel auftragen, abschließend mit dem Pinsel quer über die Maserung fahren. Paste trocknen lassen, dann sanft mit mittelfeiner Stahlwolle abreiben. Sie sollte sich von der Oberfläche lösen, aber in der Maserung zurückbleiben. Pulverige Rückstände mit einem nur ganz leicht feuchten Schwamm abwischen. Trocknen lassen, dann überlackieren.

Beizen

Mit Beizen, in vielen Holz- und Bunttönen erhältlich, läßt sich die Holzfarbe stark verändern und an jedes Einrichtungskonzept anpassen, ohne daß die typische Holzstruktur verlorengeht. Man kann fertig erhältliche Beize verwenden oder Klarlack zu einem Drittel mit geeignetem Verdünnungsmittel verdünnen und

Kalken

1 Holz anfeuchten und sanft mit einer Drahtbürste abbürsten, um die Maserung »auszukratzen«.

2 Kalkpaste mit dem Pinsel in Faserrichtung, gegen die Faser und schließlich quer zur Faser einarbeiten.

3 Getrocknete Paste sanft mit Stahlwolle von der Oberfläche abreiben, aber in der Maserung belassen.

4 Vor dem Lackieren alle Pulverrückstände mit einem leicht angefeuchteten Schwamm abwischen.

▲ Manche Hölzer, etwa Kiefer, sind ihrer Maserungsstruktur wegen zum Kalken ungeeignet. Dafür kann man einem Kiefernboden, wie hier zu sehen, durch Bleichmittel, die die gesamte Holzoberfläche aufhellen, eine ähnlich blaße Erscheinung verleihen, die gut zur großzügigen Atmosphäre dieses in weichen Farben möblierten Raums paßt.

mit Künstlerfarben abtönen. Für starke Farbveränderungen empfiehlt es sich eher, eine gebrauchsfertige Beize zu kaufen. Man kann die Farbtöne mischen, um ein bestimmtes Resultat zu erzielen. Komplexe und interessante Effekte erreicht man, indem man mehrere Schichten in verschiedenen Farbtönen aufbringt. Mahagonibeize etwa hat manchmal ein etwas künstliches Rotbraun, erhält aber durch eine zusätzliche Schicht Walnußbraun einen üppigen, warmen Schimmer, der sich durch bloßes Zusammenmischen zweier Farben niemals erreichen ließe. Farben zuerst auf einem Holzrest ausprobieren, um sicherzugehen, daß sie in den jeweiligen Raum passen; dabei ist zu bedenken, daß die gleiche Beize auf verschiedenen Holzarten sehr unterschiedlich wirken kann.

Beize am besten mit einem Lappen auftragen; dabei je eine Diele über die ganze Länge bearbeiten. Das hinterläßt eine dünne Farbschicht; der endgültige Farbton wird aus mehreren Schichten aufgebaut, bis man mit dem Ergebnis zufrieden ist. Beizen muß man mit einer Lackschicht schützen, die der Holzfarbe auch eine tiefere, leuchtendere Wirkung gibt. Spezielle Lackbeizen werden mit dem Pinsel, nicht mit einem Lappen, aufgetragen.

Beizen

1 Beize mit einem Lappen Diele für Diele in mehreren dünnen Farbschichten auftragen.

2 Lackbeize mit dem Pinsel auftragen, aber auch jeweils eine Diele der ganzen Länge nach bearbeiten.

Farbige Fußbodengestaltung

► *Dieser Betonboden wurde zunächst schlüsselblumengelb gestrichen, dann mit einem aufschablonierten geometrischen Muster bemalt. Das auf den ersten Blick recht kompliziert wirkende Muster ist im Grunde sehr schlicht. Eine solche Gestaltung ohne Randeinfassung vereinfacht die Arbeit von der Planung bis zur Umsetzung erheblich.*

Zur farbigen Gestaltung von Fußböden kann man nach Belieben Farben wählen, die entweder genau auf andere Einrichtungselemente abgestimmt sind oder diese in irgendeiner Form ergänzen. Das Angebot an fertig käuflichen Farben ist riesig; eine zunehmende Zahl sogenannter »historischer« Farbsortimente bietet besonders ansprechende und wohnliche Farbtöne. Selbstgemischte Farben eröffnen unbegrenzte Möglichkeiten. Bei transparenten Anstrichen kann man auch reine, kräftige Farben einsetzen, die lebhaft, aber doch wohltuend fürs Auge sind; ein leuchtendes Blau etwa erinnert, als verdünnte Lasur eingesetzt, an Lichtreflexe auf einer Wasserfläche.

Die Vielfalt dekorativer Möglichkeiten bietet praktisch unbegrenzten Spielraum zur Verwandlung und Verschönerung eines Fußbodens durch Farbe und gibt Ihnen Gelegenheit, Ihren persönlichen künstlerischen Schaffensdrang auszuleben. Farbe ist im Vergleich zu allen Arten von Bodenbelägen so billig, daß Zeit der einzige limitierende Faktor für die vollständige Ausschöpfung ihres dekorativen Potentials ist.

Die vielen Möglichkeiten machen es schwer zu entscheiden, wo und wie man beginnen soll. Das Geheimnis erfolgreicher Fußbodenmalerei ist Schlichtheit. Bei sparsamer Einrichtung mit schlichten Naturholzmöbeln und neutralen Textilfarben mag ein farbenprächtiges, komplexes Bodenmuster als schöner Blickfang fungieren, aber das ist eher selten. In den meisten Räumen finden sich farblich gemischte Textilien und Möbel; manche sind infolge des städtischen Wohnraummangels geradezu vollgestopft. Soll der Boden als ruhiger Hintergrund für den Raum dienen, so empfehlen sich neutrale Töne, zusätzlich vielleicht eine, höchstens zwei Farben, die auf eine andere im Raum verwendete Farbe abgestimmt sind. Verschiedene Töne einer Farbe sind meist sehr wirkungsvoll.

Ein neutraler Boden kann durch eine einfache Farblinie als Einfassung ein völlig anderes Gesicht erhalten. So könnte man einem Boden aus halbtransparenten, cremeweißen Feldern im Wechsel mit eichenen Parkettfeldern eine Randeinfassung in den gleichen Farben geben und sie durch zwei Linien in gedämpftem Grün absetzen, um ihr klarere Konturen zu verleihen und die Gesamtwirkung zu steigern.

▲ *Statt den ganzen Fußboden zu bemalen, kann man auch wie hier den größten Teil der Fläche undekoriert lassen und nur rundum eine Bordüre anbringen. Dadurch, daß diese Randeinfassung die Farbe des Türrahmens und des Teppichs aufgreift, wirkt sie nicht nur äußerst dekorativ, sondern trägt auch zu einer geschlosseneren Raumwirkung bei.*

Bodenflächen, auf denen Möbel stehen oder Teppiche liegen sollen, kann man durch einfache Karomuster auflockern oder durch Parkettimitationen reizvoller gestalten. Es gibt viele simple Imitationseffekte; die versetzte Anordnung aufgemalter Steinplatten etwa kann neue Gäste veranlassen, sie mit der gleichen Achtsamkeit zu begehen wie Kinder beim Himmel-und-Hölle-Spiel. Eine zentrale Sitzgruppe oder dergleichen kann man mit einem auf diesen Bereich zugeschnittenen Dekor beleben: Große Sterne oder Kreise etwa, die geometrische Muster umschließen, oder die Imitation eines farbenprächtigen, exotischen Teppichs.

Große Eingangsbereiche bieten Platz für ein zentrales Dekor oder aufwendigeres Rapportmuster. Ungünstig geschnittene Zimmer mit zu vielen Kaminvorsprüngen und verwinkelten Ecken bekommen durch eine geradlinige Randeinfassung des Bodens eine ordentlichere Wirkung. Randeinfassungen sollten eine gewisse Breite haben, Karomuster nicht zu klein und verspielt sein, sofern man nicht den Eindruck handbemalter Fliesen nachzuahmen sucht.

Anregungen für Ornamente und Muster kann man Büchern oder auch dem Raum selbst entnehmen, etwa indem man das Zierprofil eines gußeisernen Kamins abwandelt, eine interessante Deckensimsform auf dem Boden widerspiegelt, ein Teppichmotiv aufgreift. Vielleicht kann man ein Dekormotiv, das man im Museum oder als teures Objekt im Laden gesehen hat, für den Fußboden vereinfachen oder ein bestimmtes Thema, etwa die Jahreszeit, zum Ausgangspunkt machen. Ein bestimmter Stil kann als Vorbild dienen; die typische Bildsprache des Islam etwa bietet ein breites Feld. Manche Leute verwenden ihr Firmenlogo oder beziehen Anregungen aus ihrem Hobby, etwa einer Muschelsammlung.

Wer sich an der Fußbodenmalerei versuchen will, kann unter vielen Maltechniken wählen; die hier besprochenen sind ein guter Ausgangspunkt. Schablonen erlauben die Anlage von Rapportmustern oder anderen Arrangements mit Einzelmotiven (siehe Seiten 140–141). Mit Schachbrettmustern kann man Böden markant gestalten (siehe Seiten 142–143). Stein- und Marmoreffekte bieten einen rustikalen oder luxuriösen Bodenbelag zu einem Bruchteil der Kosten des Vorbilds (siehe Seiten 144–145).

▲ *Dieser Fußboden wurde in freier Nachahmung eines raumfüllenden Teppichs bemalt; kleinere Ausführungen in der Raummitte können ebenfalls sehr schön wirken. Durch die leuchtenden Farbbänder mit aufschablonierten Motiven wird der Fußboden perfekt in den üppig dekorierten Raum mit seinen bunt bemalten Wänden und Möbeln eingebunden.*

Schablonieren

▲ *Auch komplexe Motive lassen sich mit Schablonen gut übertragen; bei mehrfarbigen verwendet man am besten für jede Farbe eine eigene Schablone. Dieses Muster wurde aufgesprüht – eine schnelle Methode, die aber unangenehme Dämpfe freisetzt. Durchgehende Linien kann man mit Schablonen nicht malen, weil man immer Verbindungsstege braucht.*

Eine Schablone ist ein Hilfsmittel zur schnellen und genauen Übertragung eines Motivs, das durchaus aufwendig und komplex sein kann. Jede zusätzliche Farbe des Motivs erfordert entweder eine eigene Schablone oder das abwechselnde Abdecken verschiedener Schablonenteile. Schablonen eignen sich für Motive der unterschiedlichsten Stilrichtungen.

Als Randeinfassung kommen zart rankende Dekore, deren Blätter und Blüten auf die Hauptbodenfläche überquellen, ebenso in Frage wie streng geometrische Muster, die die Raumgestalt kraftvoll abgrenzen.

Schablonen können natürlich auch zur Dekoration der gesamten Bodenfläche dienen. Aus fließend ineinander übergehenden Ornamenten lassen sich unaufdringliche Gesamtmuster bilden. Auch auf Böden im Schachbrettmuster kann man zusätzliche Motive aufschablonieren. Schablonen können sogar zur Gestaltung komplizierter oder mit geschwungenen Linien und Kreisen ausgeschmückter Schachbrettmuster dienen. Auch sehr kleine Karos oder Mosaikmuster lassen sich so einfacher auf den Boden aufmalen.

Besonders geeignet zum Schablonieren sind Acrylfarben, da sie leicht aufzutragen sind und schnell trocknen, so daß die Gefahr des Verschmierens minimiert wird. Wenn die Farben zu konzentriert sind, kann man sie mit Acrylbindemittel zur gewünschten Intensität verdünnen; immer daran denken, vor Arbeitsbeginn eine ausreichende Farbmenge für das ganze Vorhaben anzumischen. Normale Lackfarben sind zum Schablonieren meist zu dickflüssig und klebrig.

Schablonenmotive

Es gibt eine laufend wachsende Auswahl fertiger Schablonen im Handel; man kann seine Schablonen aber auch selbst anfertigen. Manche Motive erfordern kleine Stege, um die Schablonenteile zusammenzuhalten; die von diesen abgedeckten Bereiche nötigenfalls nachträglich von Hand ausmalen. Man kann auch Elemente verschiedener Motive mischen. Übertragen Sie sie zuerst auf einen Skizzenblock, um die Wirkung zu prüfen. Es kann sinnvoll sein, ein Motiv zunächst in einer besser handhabbaren Größe vorzuzeichnen und dann mit einem Kopierer auf das gewünschte Format zu vergrößern.

Exaktes Anlegen

Es ist wichtig, daß die Schablone immer in der richtigen Position angelegt wird und eine etwaige zweite Farbe im Verhältnis zur ersten richtig aufgebracht wird. Mit Bleistift Richtlinien auf den Fußboden zeichnen. Für Randeinfassungen eine Linie im entsprechenden Abstand von der Fußleiste rund um den Raum ziehen; Schablone an diese Linie anlegen. Bei ganzflächigen Mustern muß zur exakten Ausrichtung ein Gitter vorgezeichnet werden.

Zusätzlich kann man mit Bleistift kleine Paßmarken zur Ausrichtung der Schablonen für die verschiedenen Farben auf den Boden zeichnen; darauf achten, daß alle Schablonen die gleiche Größe haben. Bei einer Bordüre mit Rapportmuster sollte die Schablone wenigstens die anderthalbfache Rapportbreite haben, um das Anlegen zu erleichtern. Auch in die Schablone geschnittene Sichtfenster sind manchmal hilfreich.

Schablonen zuschneiden

Schablonen müssen wasserfest und stabil sein. Geölter Karton hat den Vorzug, billig und problemlos verfügbar zu sein; man braucht dann allerdings Pauspapier zur Übertragung des Motivs auf den Karton. Durchsichtige Acetatfolie ist teurer als Karton und für komplizierte Motive nicht immer geeignet, weil sie dazu neigt, sich einzurollen. Sie ist allerdings sehr biegsam und läßt sich leichter in unzugängliche Ecken drücken als Karton. Da Acetat transparent ist, läßt sich auch leicht feststellen, ob eine zweite Schablone richtig auf dem ersten Teil des Motivs anliegt. Die Übertragung des Mo-

Schablonieren

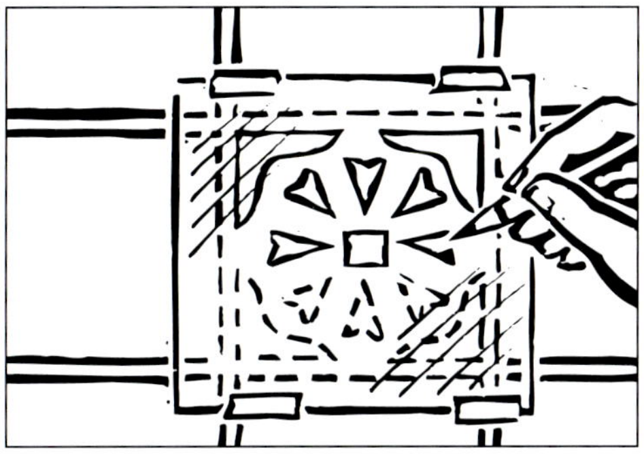

1 Pauspapier mit Kreppband über das gewünschte Motiv kleben; Konturen sorgfältig nachzeichnen.

2 Pauspapier wenden, auf geölten Karton kleben. Über die Konturen schraffieren, um sie zu übertragen.

3 Motiv und Paßmarken mit einem scharfen Messer auf einer geeigneten Unterlage ausschneiden.

4 Schablone an den Paßmarken ausrichten, festkleben. Farbauftrag bis zur gewünschten Intensität aufbauen.

5 Nach Trocknen der Farbe überprüfen, ob das Motiv vollständig ist; die Schablone vorsichtig abziehen.

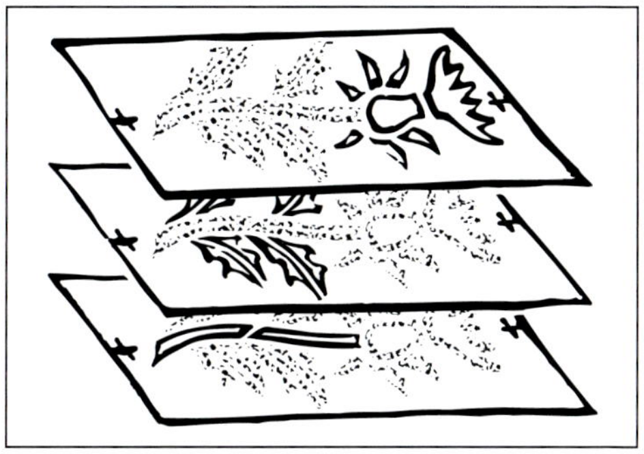

6 Bei mehrfarbigen Motiven für jede Farbe eine Schablone anfertigen; mit gepunkteten Hilfslinien versehen.

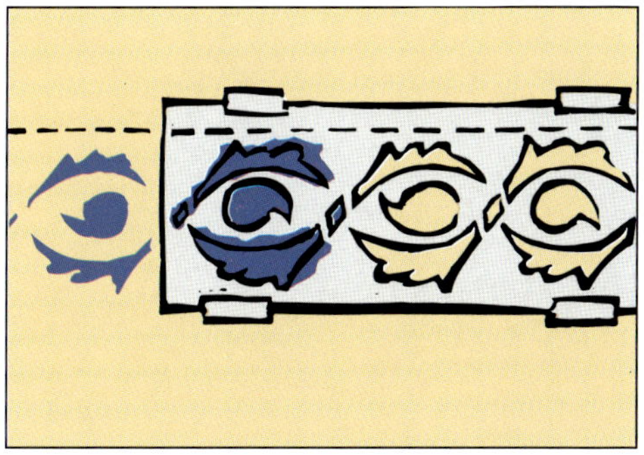

7 Bordürenschablone jeweils über einen Teil des bereits gemalten Abschnitts anlegen.

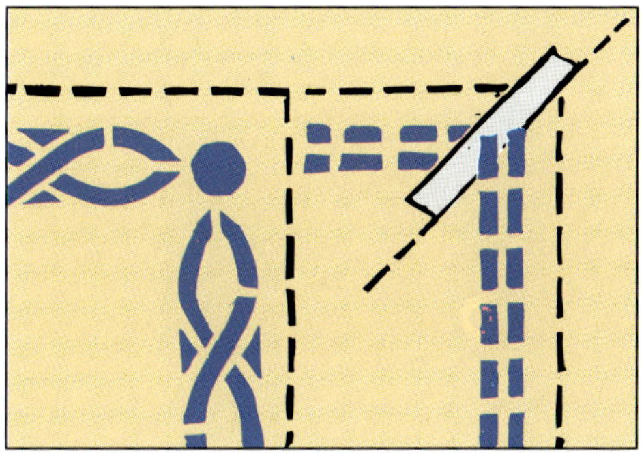

8 In Ecken ein separates Eckmotiv verwenden oder das Muster durch diagonales Abkleben gehren.

tivs auf das Acetat ist das Einfachste von der Welt: Acetat mit Kreppband auf der Vorlage befestigen und die Konturen mit einem feinen Filzstift nachziehen. Im Künstlerbedarf gibt es im übrigen auch spezielle Schablonenfolien.

Die Schablone mit einem scharfen Schablonen- oder Cuttermesser auf einer Glasplatte oder speziellen Schneideunterlage ausschneiden; bei Acetat aufpassen, daß es nicht reißt. Karton läßt sich leichter schneiden; dabei eine nach oben abgeschrägte Schnittkante anstreben. Möglichst nicht ruckartig, sondern in fließender Bewegung schneiden. Am besten behält man eine bequeme Haltung bei und bewegt vorwiegend die Schablone. Sauber bis in die Ecken schneiden, dabei an die Anbringung der Paßmarken denken.

Motiv auf den Boden übertragen

Schablone so mit Kreppband befestigen, daß sie sich nicht verschieben kann, oder die Rückseite mit Sprühkleber einsprühen; dann kann man die Schablone mehrfach abziehen und neu positionieren. Vor dem Überlackieren alle Sprühkleberrückstände mit einem geeigneten Lösungsmittel vom Fußboden entfernen.

Farbe sehr sparsam verwenden. Pinselspitze in die Farbe tauchen, über eine Zeitung oder einen Teller streichen, um die Farbe auf dem Pinsel zu verteilen. Mit dem fast trockenen Pinsel über die Schablone stupfen oder leicht kreisen, um nach und nach eine deckende Farbschicht aufzubauen. Wenn man die Farbe dikker aufträgt, sickert sie unweigerlich unter die Schnittkanten der Schablone. Wenn die erste Farbe trocken ist, Schablone abnehmen, eine etwaige zweite Schablone in der gleichen Weise fixieren; an den Paßmarken ausrichten.

Um Ecken schablonieren

Bordürenmuster lassen sich, sofern sie nicht sehr geradelinig sind, schlecht um Ecken führen. Am besten läßt man das Hauptmuster knapp vor der Ecke enden und füllt die Ecke mit einer separaten Eckschablone, etwa einem Kreisornament. Um ein Bordürenmuster zu gehren, die Ecke im 45°-Winkel mit schwach haftendem Kreppband abkleben. Farbe nur bis zum Kreppband auftragen. Nach dem Trocknen das Kreppband auf die andere Seite der Winkellinie kleben, Vorgang wiederholen.

Schachbrettmuster malen

Einfache Karos können große Flächen auflokkern und sind eine gute Möglichkeit, einen Fußboden in zwei Farben oder zwei Tönen einer Farbe zu dekorieren. Wenn man erst einmal ein einfaches Schachbrettmuster angelegt hat, kann man die Felder noch ausschmücken, etwa hier und da Streifen einfügen oder Schmuckmotive in die Felder schablonieren.

Bei gemalten Feldern kann man das Format natürlich frei wählen, so wie es am besten zur Größe der auszufüllenden Fläche paßt. Am besten wählt man ein Maß, das genau in der Fußbodenfläche aufgeht. Mit etwas Rechenarbeit lassen sich die Quadrate so bemessen, daß sie jedenfalls an drei Wänden des Raums genau passen. Im eher seltenen Fall eines genau quadratischen Raums passen sie dann auch noch an die vierte Wand. Wenn man mehrere Wandnischen hat, kann es einfacher sein – und besser aussehen –, nur den Mittelbereich als Schachbrett auszumalen und rundum einen Rand in einer der beiden Farben zu malen.

Einfache Quadratfelder wirken interessanter, wenn man sie diagonal anordnet, was auch von der Planung her nicht schwierig ist. Das Gittermuster wird nach demselben Verfahren wie beim Fliesenlegen angelegt (siehe Seite 156–157). Bodenmittelpunkt ermitteln, eventuell etwas verschieben und wie dort beschrieben eine Diagonale festlegen. Von ihr ausgehend den gesamten Boden in diagonale Felder einteilen. Eine Schlagschnur ist nützlich zur Festlegung des Gittermusters; die Linien müssen aber mit Bleistift nachgezogen werden, damit sie sich durch Begehen nicht verwischen. Ein weicher Bleistift (2B) ergibt dunkle, scharfe Linien, die zur sauberen Konturierung der aufgemalten Felder beitragen.

Farbe auftragen

Das Ausmalen der Felder ist ein Kinderspiel. Man nimmt am besten einen 2,5 cm breiten Flachpinsel, bei sehr großen Feldern einen 5 cm breiten Pinsel. Mit transparenter Lasur ist die Vorgehensweise einfacher als bei deckender Farbe. Mit der am weitesten von der Tür entfernten Wand beginnen, von dort zur Tür hin arbeiten und jeweils jedes zweite Feld ausmalen. Zuerst die Konturen ziehen – manche Leute nehmen dazu lieber die Seitenkante des Pinsels, um eine gerade Linie zu erzielen. Dann mit

▲ *Das schlichte, in den gleichen Farben wie der restliche Raum gestaltete Schachbrettmuster trägt auf simple, aber wirkungsvolle Weise zur Geschlossenheit des Raumkonzepts bei; die Fußleiste dient gleichzeitig als Einfassung des Bodenmusters. Zunächst wurde der gesamte Boden weiß gestrichen, danach erst die dunkleren Felder aufgemalt.*

Schachbrettmuster

▲ Dieser Küchenboden ist in einem klassischen Fliesenmuster gestaltet, wobei jede zweite Fliese (mangels trennender Fugen) in einem etwas dunkleren Ton gemalt wurde. Die Bordüre ist in kräftigem Grün gehalten, ebenso wie die kleineren »Einleger« – von denen ein paar spaßeshalber und als zusätzlicher Blickfang rot ausgemalt wurden.

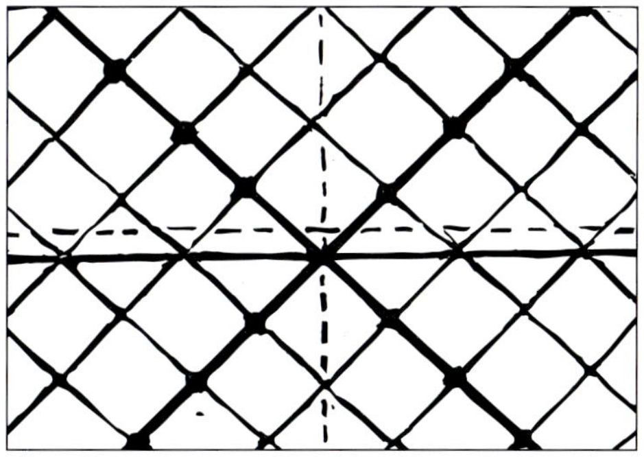

1 Bodenmittelpunkt ermitteln, ggf. etwas verschieben; die Felder diagonal anzeichnen.

2 Boden in einer Farbe vorstreichen, versetzte Felder in dunklerer Farbe übermalen. Die Konturen zuerst malen.

3 Ecken mit einem feinen Künstlerpinsel vormalen; dann die Feldmitte flächig ausmalen.

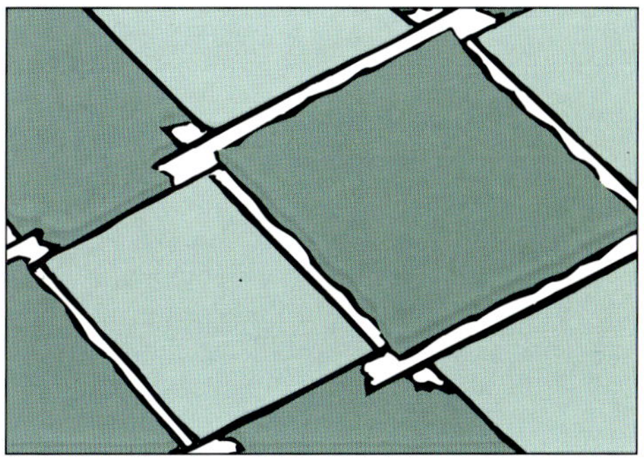

4 Durch Abkleben erhält man sauberere Kanten, es kann aber verwirren: Nur jedes zweite Feld ausmalen!

einem Künstlerpinsel die Ecken ausmalen. Schließlich den Rest flächig ausmalen. Wenn die Felder in der ersten Farbe gut getrocknet sind, den Vorgang mit den übrigen Feldern und der zweiten Farbe wiederholen. Bei Verwendung deckender Farbe muß man den Fußboden zunächst grundieren und vorstreichen, dann den gesamten Boden in der helleren der beiden Musterfarben streichen und abschließend jedes zweite Feld mit der dunkleren Farbe überstreichen. Wenn die erste Schicht der zweiten Farbe nicht ausreichend deckt, muß man sie nach dem Trocknen noch einmal überstreichen. Um ganz saubere Kanten zu erhalten, kann man die Konturen der dunkleren Felder vor dem Streichen mit schwach haftendem Kreppband abgrenzen.

Auf blankem Holz lassen sich Holzbeizen gut einsetzen. Holz entlang der Bleistiftlinien mit einem scharfen Skalpell einritzen. Holzbeize möglichst dicht an die Linie heranpinseln. Die Beize breitet sich im Holz aus, ähnlich wie Tinte auf Löschpapier, wird aber an der Ritzlinie sauber zurückgehalten und verläuft nicht weiter. Nach Trocknen der Farbe den Fußboden mit Klar- oder Parkettlack überziehen.

Natursteinimitate

Echte Marmor- oder Natursteinböden sind für viele unerschwinglich, lassen sich aber mit Farbe schnell und preiswert nachahmen. Solche Effekte wirken um so überzeugender, da sie selten genauer in Augenschein genommen werden; infolge ihrer großflächigen Anwendung konzentriert sich das Auge mehr auf den Gesamteindruck als auf die Details. Man setzt sie am besten dort ein, wo man auch das echte Material verwenden würde. So erhält eine Eingangshalle durch ein Schachbrettmuster aus schwarzen und weißen Marmorfeldern oder einen komplett im Buntmarmoreffekt bemalten Boden luxuriöses Flair. Bei schlechtem Zustand oder ungünstiger Oberflächenstruktur des Bodens kann man Sperrholzplatten als geeigneteren Malgrund verlegen.

Für die hier beschriebenen Techniken eine Acryllasur aus Künstleracrylfarben mit Wasser und gegebenenfalls etwas Acrylbindemittel oder

▲ *Original und Kopie: Echte Steinplatten und in Steineffekttechnik bemaltes Sperrholz. Die ursprünglich an die Steinplatten angrenzenden Dielenbretter waren arg ramponiert; jetzt gehen die beiden Bereiche harmonisch ineinander über, zumal die Fugen zwischen den Steinimitatplatten der überzeugenderen Wirkung halber verfugt wurden.*

Marmoreffekt

1 *Sperrholzplatten als »Steinplatten« verlegen. Fugen zwischen den Platten verstärken die Illusion.*

2 *Grundanstrich trocknen lassen. Lasur auftragen, mit Lappen abtupfen, um eine fleckige Struktur zu schaffen.*

3 *Mit einem feinen Künstlerpinsel Adern in die nasse Lasur ziehen; eine generelle Laufrichtung beibehalten.*

4 *Adern mit weichem Pinsel erst in Lauf-, dann in Gegenrichtung, zuletzt wieder in Laufrichtung verwischen.*

eine Öllasur aus Künstlerölfarbe mit Leinölfirnis und viel Terpentinersatz verwenden. Letztere trocknet langsam und läßt sich länger bearbeiten; mit Acrylfarbe muß man zügig arbeiten. Die Effektlasur wird auf einen Grundanstrich aus seidenglänzendem Acryl- bzw. Kunstharzlack aufgetragen. Den fertigen Anstrich mit einem Klar- oder Parkettlacküberzug schützen.

Sperrholzplatten verlegen

Sperrholz wird meist in größeren Platten angeboten, die man sich aber im Fachhandel auf das gewünschte Format zusägen lassen kann: 60 x 60 cm wäre ein geeignetes Format für Schachbrettmuster oder Steinplatteneffekte. Bei einigermaßen ebenen Fußböden ist eine Dicke von 6 mm ausreichend.

Sperrholzplatten vor dem Verlegen 48 Stunden in dem jeweiligen Raum akklimatisieren lassen, dann nach der Anleitung zum Verlegen elastischer Fliesen (siehe Seiten 174–175) verlegen. Man kann zwischen den Platten Fugen belassen und diese mit elastischer Fugenmasse ausfüllen, um die Illusion eines Steinfußbodens noch zu verstärken. Sperrholz auf Betonuntergrund mit geeignetem Montagekleber, auf Holzuntergrund mit kleinen Paneelstiften befestigen. Sperrholz grundieren und vorstreichen; je nach geplantem Deckanstrich mit zwei Schichten weißem, seidenglänzendem Acryl- bzw. Kunstharzlack überziehen.

Marmorimitat

Schlicht und dezent wirkt es, wenn man den Boden mit nur einer Grundfarbe und etwas dunklerer Äderung marmoriert. Dunklere und auffälligere Marmoreffekte erhält man durch helle Äderung einer dunklen Grundfarbe. Für Schachbrettmuster oder Einlegefelder wählt man zwei kontrastierende Grundfarben, entweder eine sehr dunkle und eine helle oder eine neutrale Hintergrundfarbe in Kombination mit einem leuchtenderen, kräftigeren Ton.

Nehmen Sie sich für Farbe und Äderung am besten einen echten Marmor als Vorlage. Großflächige Marmorimitate auf Fußböden eher schlicht gestalten; es geht nur darum, den Eindruck des Originalmaterials nachzuempfinden, nicht eine sklavische Kopie zu schaffen. Das Geheimnis liegt vor allem darin, ein Gefühl für die Gestaltung der Äderung zu entwickeln.

Für die Grundlasur weiße Künstleracrylfarbe mit Wasser bzw. Künstlerölfarbe mit Leinölfirnis und reichlich Terpentinersatz zur Konsistenz dünnflüssiger Sahne verdünnen. Für blaßgrauen Marmor etwas Elfenbeinschwarz zugeben; diese Farbe setzt sich stark durch, deshalb immer nur in kleinen Mengen nach und nach zugeben. Wenn die Farbe zu schwärzlich wird, noch etwas Weiß zugeben – bis zum gewünschten Farbton. Farbe auf einem Stück Sperrholz ausprobieren. Als Äderungsfarbe Künstleracryl- bzw. -ölfarbe auf einen Teller geben, mit etwas Wasser bzw. Terpentinersatz zu einer verarbeitbaren Konsistenz verdünnen.

Grundlasur auf eine Fläche von etwa 60 cm^2, d.h. am besten auf jeweils eine Bodenplatte auf einmal auftragen. Lasierte Fläche mit einem Lappen abtupfen, um eine fleckige Struktur zu erhalten. Mit einem sehr feinen Künstlerpinsel unter leichter Hin- und Herbewegung der Hand Adern in die noch nasse Lasur ziehen. Marmor hat eine allgemeine Laufrichtung; die Adern verlaufen eher winklig als geschwungen und brechen niemals abrupt ab, sondern gehen entweder allmählich ins Gestein über oder münden in andere Adern. Die Äderung nicht übertreiben; das Ganze soll nicht wie eine Straßenkarte aussehen. Überschüssige Farbe von den Adern mit einem Lappen abtupfen. Zum Verwischen nimmt man einen sehr weichen Vertreiberpinsel (Künstlerbedarf) oder, wenn man sparen muß, einen Maler-Staubpinsel. Damit erst in Laufrichtung über die Adern fahren, dann vorsichtig in Gegenrichtung, um sie etwas auszubreiten. Abschließend noch einmal in Aderlaufrichtung verschlichten. Farbe gründlich durchtrocknen lassen, mit Parkettlack überziehen.

Kalksteinimitat

Warmer, cremefarbener Kalkstein ist der Inbegriff dezenter Eleganz und läßt sich mit Farbe zum Bruchteil der Kosten des echten Materials imitieren. Ein Fußboden in Steinimitationstechnik harmoniert als imposanter, aber ruhiger Hintergrund mit fast jedem Einrichtungsstil.

Grundlasur aus weißer Künstleracryl- bzw. -ölfarbe mit Wasser bzw. etwas Leinölfirnis und reichlich Terpentinersatz zur Konsistenz dünnflüssiger Sahne anmischen. Mit Siena natur und etwas Umbra natur abtönen. Angestrebt wird eine blasse, aber warme Cremefarbe. Grundlasur auf eine Fläche von etwa 60 cm^2, am besten jeweils auf eine Bodenplatte auf einmal auftragen. Dann die Oberfläche mit einer speziellen Stupfbürste oder ersatzweise mit einem 5 cm breiten Pinsel abstupfen, um eine feine Sprenkelstruktur zu erhalten. Dann die Farbe trocknen lassen.

Als zweite Schicht zwei verschieden dunkle Töne einer Farbe auftragen, um dem »Stein« den Anschein von Alter und Abnutzung zu verleihen. Aus etwas Umbra natur und Schwarz mit reichlich Verdünnungsmittel eine dünnflüssige, »schmutzige« Lasur zur Abstumpfung der Cremefarbe anmischen. Einen helleren und einen dunkleren Ton dieser Farbe herstellen. Beide in willkürlicher Verteilung auftragen, dann wie die erste Lasur mit Bürste oder Pinsel abstupfen. Authentischer wirkt es, wenn man an besonders beanspruchten Stellen, etwa an Türen, einen größeren Anteil der dunkleren Lasur verwendet. Trocknen lassen und überlackieren.

Natursteineffekt

1 Lasur auftragen; Oberfläche mit der Bürste abstupfen, um eine Sprenkelstruktur zu erhalten. Trocknen lassen.

2 Einen helleren und einen dunkleren Ton einer Lasurfarbe willkürlich verteilt auftragen; ebenfalls abstupfen.

Lackieren, Versiegeln und Wachsen

▲ *Dieser Boden hat einen seidenmatten Klarlacküberzug erhalten, der nicht nur oft schmeichelhafter wirkt als sein Hochglanz-Pendant, sondern vor allem auch weniger rutschgefährlich ist – durchaus wichtig in einem solchen Raum mit großer, unbedeckter Bodenfläche oder auch in Häusern, in denen kleine Kinder umherlaufen.*

Lackieren

1 Lack großzügig mit einem Pinsel auftragen, immer einige Dielen auf einmal der Länge nach bearbeiten.

2 Vor Überlackieren alter Lackschichten den Boden mit Stahlwolle, Wasser und Sodalauge reinigen.

Die meisten dekorativen Fußbodengestaltungen brauchen einen zusätzlichen Schutz, damit sie sich nicht abtreten, verschmutzen und verblassen. Deshalb sollte man den Boden mit strapazierfähigem Klarlack oder speziellem Fußbodenlack überziehen, um seine Schönheit und Pflegeleichtigkeit viele Jahre lang zu erhalten.

Wachs, eine von alters her bewährte Methode der Fußbodenbehandlung, bildet eine organische, angenehm riechende Schutzschicht auf dem Boden, deren Schutzwirkung und üppig satter Glanz sich mit jedem Nachwachsen erneuern. Wachs wirkt vor allem auf blanken Holzfußböden gut, denen es eine warme, sehr natürliche Patina verleiht - im Gegensatz zur künstlicheren Wirkung vieler moderner Lacke.

Lackieren

Lacke auf Wasser- oder Lösungsmittelbasis kann man direkt aus dem Behälter auftragen; man muß sie aber vor Verwendung gut aufrühren. Bei langsam trocknenden Lacken kann das Versiegeln des Bodens Tage in Anspruch nehmen. Acryllack ist nach 2 Stunden überstreichbar, was die Sache sehr beschleunigt.

Bei Verwendung von Acryllack in jedem Fall speziellen Fußboden-Lack wählen, da normale Acryllacke generell weniger strapazierfähig sind als manche lösemittelhaltigen Lacke. Man sollte sich auch vergewissern, daß sich der Lack mit bereits aufgetragenen Anstrichschichten verträgt. Ölfarben brauchen oft Tage – wenn nicht Wochen –, um ganz durchzutrocknen; feuchte Ölfarbe kann Risse in Acryllack-Deckschichten verursachen.

In der am weitesten von der Tür entfernten Ecke anfangen und den Lack relativ großzügig mit dem Pinsel auftragen, dabei immer nur einige Dielen auf einmal der Länge nach bearbeiten. Wenn die erste Schicht trocken ist, die zweite in gleicher Weise auftragen. In weniger frequentierten Bereichen mindestens drei, in stärker beanspruchten bis zu fünf Lackschichten auftragen.

Überlackieren

Vor dem Überlackieren alter Lackschichten auf Fußböden die Oberfläche anrauhen und tiefsitzenden Schmutz mit mittelfeiner Stahlwolle und Wasser entfernen. Dann die Oberfläche noch einmal mit Sodalauge abwaschen, um etwaige Fettschmutzrückstände zu entfernen, mit einem feuchten Lappen nachwischen. Neu gestrichene oder gebeizte Böden nur gründlich absaugen, um allen Staub zu entfernen. Wenn der Boden abgeschliffen wurde, vor dem Lackieren sicherstellen, daß auch die Wände und alle anderen Flächen staubfrei sind. Alle Fenster öffnen, da Lacke auf Lösungsmittelbasis gesundheitsschädliche Dämpfe freisetzen.

Sofern es draußen nicht sehr kalt ist, kann Durchzug die Lacktrocknung beschleunigen. Wenn man eine besonders glatte Oberfläche wünscht, Lack vor Auftragen der letzten Schicht mit feinem Siliciumcarbidpapier anschleifen.

▲ *In Badezimmern muß man Holzböden sorgfältig versiegeln, damit sie nicht aufquellen. Dieser Boden wurde mit Mattlack behandelt. Während sich Mattlacküberzüge in stark beanspruchten Bereichen weniger empfehlen, ist die Wirkung hier dezent und elegant. Bei entsprechend pfleglicher Behandlung kann diese Lackoberfläche viele Jahre halten.*

Versiegeln

Angemischten Lack für ein Viertel der Bodenfläche aufbringen, zügig und möglichst dick verteilen.

Wachsen

Bodenwachs mit einem trockenen Lappen auftragen. Nach dem Trocknen mit einem Lappen nachpolieren.

Versiegeln

Speziallacke zur Fußbodenversiegelung sind meist Zweikomponentenlacke. Sie bestehen aus dem sogenannten Stammlack und einem Härter, den man erst unmittelbar vor Verarbeitung untermischt. Dabei die Herstelleranweisungen genau befolgen. Da der Lack nach dem Anmischen innerhalb einer bestimmten Zeit verarbeitet werden muß, vorher ausrechnen, wieviel Lack man benötigt (siehe Seiten 132–133).

Stammlack im Behälter gründlich aufschütteln. Den errechneten Bedarf auf den nächsten ganzen Liter aufrunden und in einen Farbeimer umfüllen. Die entsprechende Menge Härter zugeben, mit einem kleinen Pinsel unterrühren. Vor Verwendung 5 Minuten stehen lassen.

Der Versiegelungslack kann wie normaler Lack mit dem Pinsel verarbeitet werden, sollte aber möglichst dick aufgetragen werden. Ideal ist ein spezieller Lammfell-Mop, aber ein Farbroller mit Verlängerungsstiel mag für große Flächen handlicher sein. Lack einfach aus dem Eimer direkt auf den Boden gießen und mit dem Roller gleichmäßig verteilen. So kann man immer mehrere Quadratmeter auf einmal bearbeiten. Bei großen Ritzen zwischen den Dielen den Lack aus einer Wanne auf den Roller aufnehmen, damit nicht zuviel durch die Ritzen abfließt. Je nach äußeren Umständen ist die Versiegelung nach 1–2 Stunden überstreichbar. Drei Schichten sind für normale Beanspruchungen ausreichend.

Wachsen

Abgeschliffene Holzböden sollte man vor dem Wachsen mit einer Schicht Naturharz-Hartöl versiegeln, damit das Wachs nicht zu stark ins Holz einzieht. Ein spezielles Fußboden-Wachsbalsam verwenden.

Wachs mit einem Lappen auftragen, 1 Stunde einwirken lassen, mit einem trockenen Lappen abreiben, dann mit einem weichen Lappen auf Glanz polieren. In stark beanspruchten Bereichen wie Küchen muß man eventuell wöchentlich nachwachsen, in den meisten Räumen hingegen nur alle paar Monate.

Parketthersteller bieten auch spezielle Wachse auf Wasserbasis zum zusätzlichen Schutz versiegelter Holzböden an. Sie werden mit Pinsel oder Sprühdose aufgetragen und entweder nach dem Trocknen nachpoliert oder einfach so belassen.

Neue Bodenbeläge verlegen

Es gibt so völlig unterschiedliche Bodenbelage, daß das Verlegen eines neuen Fußbodens fast alles bedeuten kann: von wenigen Stunden einfacher Arbeit, für die man nur ein paar simple Werkzeuge und gesunden Menschenverstand braucht, bis zu einer großen Aktion, die Fachkenntnisse und Spezialausrüstung sowie viel Zeit und Energie erfordert. Bevor Sie sich für einen Belag entscheiden, sollten Sie überlegen, was die beste Lösung ist, und die praktischen und ästhetischen Auswirkungen Ihrer Wahl sorgfältig abwägen.

Als erstes muß man feststellen, woraus der vorhandene Fußboden besteht. Beläge wie Teppich oder Linoleum anheben, um festzustellen, was sich darunter verbirgt. Es empfiehlt sich, an mehreren Stellen nachzusehen, da man öfters etwa Betonboden und Dielen auf Tragbalken in ein und demselben Raum findet, und genau hinzusehen, denn die Dinge sind bekanntlich nicht immer das, was sie scheinen. Was wie schlichte Dielen auf einer Tragbalkenkonstruktion aussieht, kann zum Beispiel auch ein Schiffsbodenparkett auf Estrich- oder Spanplattenuntergrund sein.

Dann muß man prüfen, welche Art von Belag man auf den vorhandenen Untergrund verlegen kann. Die meisten Materialien lassen sich auf fast jeden Boden verlegen, doch manchmal kann die entsprechende Vorbereitung des Unterbodens zusätzliche Kosten bedeuten. Das Verlegen geht bei den meisten Belägen schnell und einfach, ist aber bei Fliesen und Platten (siehe Seiten 158–165) generell aufwendiger als bei PVC und Linoleum (siehe Seiten 166–175) oder Holzböden (siehe Seiten 176–181). Stellen Sie sich auf ein gewisses Maß an Schmutz und Unordnung ein.

Wenn man erst weiß, welchen Untergrund man vor sich hat, kann man als nächstes überlegen, welche Art von Bodenbelag man am liebsten hätte und ob seine Verlegung unter den gegebenen Umständen praktikabel ist. Ein Jute-Mattenbelag etwa wirkt in der richtigen Umgebung sehr stilvoll, ist aber für ein Bad, in dem er dauernd naß wird, ungeeignet. Enttäuschung und Frustration wären hier vorprogrammiert, da die Jute sich alsbald schwarz verfärben und zu modern beginnen würde und es keine befriedigende Methode gibt, sie zu reinigen.

Dann kommt die Frage, ob das gewünschte Material erschwinglich ist. Hierzu muß man den Raum ausmessen, den Materialbedarf ausrechnen (siehe Seiten 154–155) und sich dann gründlich umsehen, um alle anfallenden Kosten richtig einzuschätzen. Bei manchen Materialien ist die preisliche Bandbreite sehr groß. Teppichboden etwa gehört je nach Typ und Qualität zu den billigsten oder zu den teuersten Bodenbelägen. Bei sehr teuren Materialien mag es sich lohnen, das bißchen zusätzliche Geld für die fachmännische Verlegung auszugeben, um sicherzugehen, daß das Endresultat die Gesamtinvestition rechtfertigt. Andere Materialien sind dagegen billig in der Anschaffung, aber teuer in der Verlegung, so daß es sich, wenn man genug Zeit und Selbstvertrauen hat, lohnen kann, sie selbst zu verlegen. Das gibt einem auch die Befriedigung, von der Idee bis zur Ausführung alles selbst gemacht zu haben.

Manchmal ist das Verlegen im Preis inbegriffen, obwohl die »kostenlose Verlegung« selten das ist, was sie zu sein vorgibt. Informieren Sie sich über Zusatzkosten für Unterlagen, Nagelleisten, Spezialfliesenkleber für Problemuntergründe etc. Von dem Geld, das man beim Selberverlegen spart, kann man vielleicht einen teureren Belag kaufen. Stellen Sie fest, ob man für die Arbeiten teure Ausrüstung benötigt und ob man sie leihen kann (siehe Seiten 154–155). Entscheiden Sie anhand der Abschnitte in diesem Kapitel, ob Sie es sich zutrauen, den gewünschten Belag selbst zu verlegen.

Wenn Sie sich für einen Fußbodenbelag entschieden haben, sollten Sie sich über Verfügbarkeit und Lieferzeiten informieren. Die meisten Produkte bekommt man relativ rasch, aber manchmal sind Sonderbestellungen notwendig, deren Lieferung Wochen dauern kann. Inzwischen kann man Zubehör und etwa benötigtes Spezialwerkzeug besorgen, d.h. kaufen oder teure Werkzeuge bei Verleihern vorbuchen.

Einige Tage vor Lieferung sollte man den alten Bodenbelag entfernen und den Unterboden ausbessern bzw. vorbereiten. Bei Beton, Spanplatten oder Dielen muß man unter Umständen Unebenheiten ausgleichen oder Risse und Löcher ausfüllen, bevor sich ein neuer Belag sicher darauf verlegen läßt (siehe Seiten 152–153).

Oftmals muß sich das neue Material vor dem Verlegen ein oder zwei Tage in seiner neuen Umgebung akklimatisieren (siehe Seiten

◄ *Schiffsbodenparkett ist ein vielseitig einsetzbarer Bodenbelag, der sich relativ leicht und auf fast jede Art von Unterboden verlegen läßt. Der fertige Boden bietet eine praktische und pflegeleichte Oberfläche – gerade im Eßzimmer wichtig, wo immer einmal Essen oder Wein verschüttet wird.*

▲ *Natursteinplatten gehören zu den am schwierigsten zu verlegenden Bodenmaterialien; dafür halten sie auch ewig. Diese polierten Kalksteinplatten mögen als etwas ungewöhnliche Wahl für ein Schlafzimmer erscheinen, sie passen aber sehr gut zu den klaren Linien und warmen Holztönen der Einbaumöbel.*

144–145, 152–153). Vor dem Fliesenlegen muß man den Boden einteilen und Richtlinien anbringen. Das Grundprinzip ist für alle Fliesentypen gleich, doch die Wahl des Ausgangspunkts richtet sich auch danach, ob ein Raum quadratisch, rechtwinklig oder unregelmäßig geschnitten ist (siehe Seiten 156–157).

Betonböden

Man mag Beton für ein häßliches, undankbares Material halten, doch bildet er den idealen Untergrund für Bodenbeläge jeder Art, solange er eben und glatt ist. Teppich (siehe Seiten 186–187) und Holzböden (siehe Seiten 180–181) lassen sich auf Beton problemlos verlegen. Er bietet einen ausgezeichneten Untergrund für Fliesen (siehe Seiten 162–165) und ist eigentlich das einzige ausreichend tragfähige Material zur Verlegung sehr schwerer Beläge wie Natursteinplatten und Ziegel (siehe Seiten 160–161).

Spanplatten- und Sperrholzböden

Diese Böden sind ähnlich aufgebaut wie herkömmliche, freitragende Dielenböden auf Tragbalkenkonstruktion, nur daß hier anstelle der Dielenbretter Sperrholz- oder Spanplatten auf Balken oder Kanthölzern aufliegen. Sie sind vergleichsweise preiswert, leicht zu verlegen, sehr stabil und vor allem auch in der Altbausanierung als Ersatz bzw. Abdeckung für verrottete Dielenböden beliebt. Sowohl Span- als auch Sperrholzplatten sind ideal als Unterboden für die meisten Fußbodenbeläge, weil sie sehr glatt und eben sind. Beim Verlegen schwererer Belagsmaterialien auf freitragenden Böden sollte man jedoch immer vorsichtig sein; unter Um-

▲ In neueren Häusern hat man meist Beton- und Estrichböden, die sich als Untergrund für fast jeden Bodenbelag eignen. Obwohl Beton gemeinhin als häßliches und undankbares Material gilt, kann man einen ebenen und glatten Betonboden wie hier durch einen einfachen Farbanstrich für wenig Geld sehr attraktiv gestalten.

▶ Gerade in sanierten Altbauten findet man oft Spanplatten- und Sperrholzböden auf Tragbalkenkonstruktion, die einen guten Untergrund für andere Beläge oder zum Streichen bilden. Durch den schwarzen Anstrich wirken diese großen, quadratischen Sperrholzplatten fast wie polierter Schiefer.

▲ *Sofern er ausreichend wasserabweisend behandelt ist, kann ein solcher Holzbelag als Standfläche für eine freistehende Badewanne eine praktische und ansprechende Lösung sein. Im Vordergrund wurden dünne Fliesen sorgfältig auf einen gut vorbereiten alten Dielenboden verlegt, wodurch der monochrome Raum eine abwechslungsreiche Struktur erhält.*

ständen müssen die Tragbalken verstärkt werden, um zusätzlicher Belastung standzuhalten.

Dielenböden

Holzdielen gehören zwar zu den attraktivsten Bodenbelägen, ihre Vorbereitung als Untergrund für andere Beläge ist aber teils aufwendiger als bei anderen Unterböden. Fertigparkett (siehe Seiten 180–181) kann man auf ausreichend ebene Dielen direkt verlegen. Für Teppichböden (siehe Seiten 186–187) oder elastische Beläge (siehe Seiten 166–169) ist jedoch eine Zwischenschicht aus Hartfaserplatten nötig (siehe Seiten 152–153). Fliesen kann man mit elastischem Kleber direkt auf Dielen verlegen, solange sie eben und ausreichend starr sind; sonst 12 mm dicke Sperrholzplatten über die Dielen legen, um die Steifigkeit herzustellen. Spezielle Unterlagen und elastische Fliesenkleber können eine solche Sperrholzzwischenschicht überflüssig machen; erkundigen Sie sich im Fliesenfachgeschäft. Sehr dünne Naturstein- und Schieferplatten kann man eventuell auf freitragende Dielenböden verlegen.

Untergrundvorbereitung

Vor dem Verlegen neuer Bodenbeläge muß man sich vergewissern, daß der Fußboden in ausreichend gutem Zustand ist, um als Untergrund zu dienen. Generell erfordern die meisten Bodenbeläge einen glatten, ebenen Untergrund, der frei von Rissen, Vertiefungen und Höckern ist. In manchen Fällen muß man eine Zwischenschicht auf den vorhandenen Fußboden verlegen. Dies sollte man vor Arbeitsbeginn prüfen und einkalkulieren, da der zusätzliche Kostenanfall später nicht nur als böse Überraschung kommen könnte, sondern sogar Einfluß darauf haben kann, welche Art von Bodenbelag Sie sich überhaupt leisten können.

Beton- und Estrichböden

Die Verlegung jeder Art von Fußbodenbelag auf Beton und Estrich setzt einen glatten, ebenen Untergrund voraus, sofern der Belag nicht gerade in Mörtel oder mit Kleber im Dickbettverfahren verlegt wird. Böden im Wohnungsbau sind häufig als schwimmender Estrich ausgebildet. Bei älteren Gebäuden kann der Bodenaufbau als »Estrich auf Trennschicht« ausgeführt sein. Der Verbundestrich ist nur in untergeordneten Räumen oder im Industriebau verwendet worden. Betonböden bestehen meist aus einer Zementestrich-Deckschicht auf grobem Zementuntergrund; dazwischen sollte sich eine feuchtigkeitsdichte Schicht befinden.

Bodenfeuchtigkeit mit Feuchtemesser kontrollieren. Wenn sie höher ist als vom Hersteller für den vorgesehenen Belag angegeben, muß vor dem Verlegen eine Feuchtigkeitssperrschicht aufgebracht werden. Das kann eine Polyäthylen-Folie oder ein Bitumensperranstrich sein.

Besondere Vorkehrungen sind zu treffen, wenn eine Fußbodenheizung installiert ist. Dann muß man Spezial-Fliesenkleber verwenden.

Risse ausbessern

Risse in Betonböden sind ein häufiges Problem, das sich mit Zementmörtel leicht beheben läßt. Den Riß auskratzen, mit Hammer und Fugenmeißel etwas erweitern, dann den auszubessernden Bereich mit Wasser anfeuchten.

Sand und Zement im Verhältnis 3:1 mischen, mit Wasser zu einer verarbeitungsfähigen Konsistenz anrühren. Mörtel mit einer Kelle in die Risse drücken. Oberfläche glätten, die aus-

▲ *Hier bildet geschliffener und polierter Beton eine robuste und praktische Bodenfläche, die diesem modernen Interieur angemessen scheint. Bei einem Boden in derart gutem Zustand wäre natürlich keine weitere Vorbereitung erforderlich, wenn man ihn aus praktischen oder ästhetischen Erwägungen mit irgendeiner Art von Bodenbelag bedecken wollte.*

Betonböden vorbereiten

1 *Mit einer Kelle Mörtel in den angefeuchteten Riß geben. Glätten und einige Tage durchtrocknen lassen.*

2 *Fließfähige Ausgleichsmasse auf den angefeuchteten Boden verteilen, verlaufen und trocknen lassen.*

gebesserten Stellen vor Verlegen des neuen Bodenbelags mehrere Tage trocknen lassen.

Boden versiegeln

Sehr staubige Betonböden, bei denen die Deckschicht absandet, sollten mit Betonversiegelung oder einem PVA-Universal-Bauversiegler behandelt werden, den man den Herstelleranweisungen entsprechend mit Wasser verdünnt.

Unebenheiten ausgleichen

Unebene Beton- und Estrichböden mit Rissen und Vertiefungen bis zu etwa 3 mm kann man mit selbstverlaufender Ausgleichsmasse aus dem Baumarkt egalisieren. Boden zuvor mit Wasser anfeuchten. Ausgleichsmasse den Herstelleranweisungen entsprechend mit Wasser zu dickflüssiger Konsistenz verdünnen. In der am weitesten von der Tür entfernten Ecke beginnen und die Masse mit einer Glättkelle 3 mm dick verteilen. Sie verläuft von selbst gleichmäßig und härtet rasch aus, so daß der neue Bodenbelag nach 1–2 Tagen verlegt werden kann.

Holzböden

Span- u. Sperrholzplatten ersetzen

Spanplatten- und Sperrholzfußböden weisen selten größere Schäden auf. Feuchtigkeit oder Wasserleckagen können allerdings bei Spanplatten zur Auflösung, bei Sperrholz zum Aufquellen führen. Etwaige beschädigte Platten einfach loshebeln und durch eine passend zurechtgeschnittene Platte ersetzen. Wenn mit Trittschallübertragung ins darunterliegende Stockwerk zu rechnen ist, sollte man vor Verlegung von Parkettböden oder Kunststoffbelägen eine Trittschalldämmschicht auf den alten Boden legen.

Holzdielen

Dielen mit starken Krümmungen oder großen Fugen können praktisch jeden neuen Bodenbelag ruinieren. Teppiche und PVC scheuern sich an den Dielenkanten durch, Fliesen springen, Parkettböden knarren und wackeln, wenn man hier nichts unternimmt. Einzelne schadhafte Dielen kann man ersetzen (siehe Seiten 132–133), einen insgesamt unebenen Boden sollte man komplett mit Hartfaserplatten oder, im Falle eines schlechten Zustands, mit dünnem Sperrholz abdecken.

Hartfaser- und Sperrholzplatten verlegen

Hartfaser- und Sperrholzplatten werden auf die gleiche Weise verlegt, aber anders befestigt. Beide Materialien werden in großformatigen Platten verkauft, sind aber leichter zu handhaben und zu verlegen, wenn man sie im Geschäft auf ein kleineres Format, z. B. 1,20 x 1,20 m, zusägen läßt. Platten vor Verlegung am Verlegungsort 48 Stunden akklimatisieren lassen. Hartfaserplatten kann man mit Wasser anfeuchten.

In einem normal geschnittenen Raum mit der Verlegung an der längsten geraden Wand beginnen und auf die gegenüberliegende Wand zuarbeiten. Bei unregelmäßig geschnittenen Räumen von der Mitte nach außen arbeiten; Raummittelpunkt ebenso wie zum Fliesenlegen ermitteln (siehe Seiten 156–157).

Platten stoßversetzt verlegen, wie man es von Mauerwänden kennt. Spanplatten mit kleinen, höchstens 18 mm langen Nägeln in Abständen von 15 cm befestigen. Bei Verlegung von 12 mm dicken Sperrholzplatten, die als Untergrund für Fliesen dienen sollen, die Sperrholzplatten im Abstand von 30 cm am Untergrund festschrauben.

Hartfaserplatten mit der rauhen Seite nach oben legen. Von der Mitte nach außen radial ausstrahlend auf die Dielen nageln, damit sie sich nicht wölben. Nägel in 15 cm Abstand setzen, an den Plattenkanten in 10 cm Abstand. Bei Sperrholz ist das nicht erforderlich, weil es größere Steifigkeit besitzt.

Um Platten an den Rändern passend zuzusägen, lose Platte mit der Oberseite nach unten so auf die letzte verlegte Platte legen, daß sie an die Fußleiste anstößt. Die Stellen, an denen sich die Kanten der unteren und der oberen Platte treffen, mit Bleistift markieren. Platte an der Verbindungslinie der beiden Markierungen absägen, mit der richtigen Seite nach oben verlegen. Das funktioniert nur, wenn die an der Fußleiste anliegende Plattenkante ganz gerade ist. Wenn man ein Verschnittstück als Randplatte verwendet, darauf achten, die ungesägte, gerade Plattenkante an die Fußleiste anzulegen. Türrahmenprofile mit einer Kammschmiege (siehe Seiten 154–155) auf die Platte übertragen, um diese passend auszusägen; Platten bis zum Türanschlag legen.

Hartfaserplatten verlegen

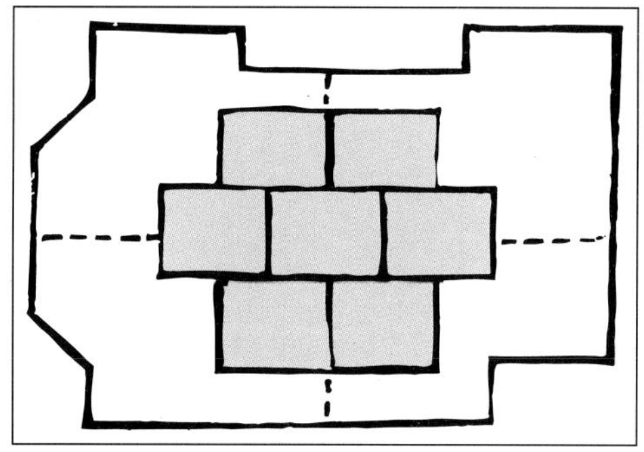

1 In unregelmäßig geschnittenen Räumen vom Mittelpunkt nach außen arbeiten; Platten stoßversetzt legen.

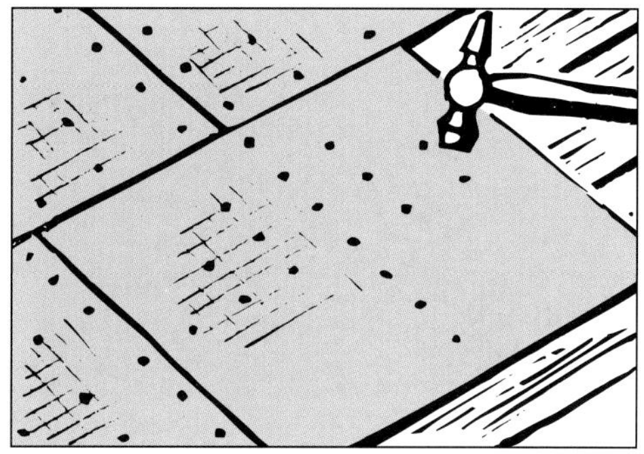

2 Platten mit kurzen, im Radialmuster eingeschlagenen Nägeln befestigen; Nägel an den Kanten enger setzen.

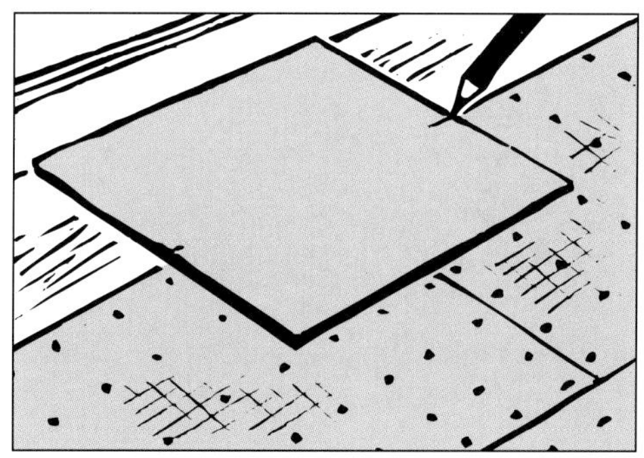

3 Zum Einpassen von Randplatten gewendete Platte auf bereits befestigte legen, Kantenüberlappung markieren.

4 An Türrahmen und dergleichen die Platten mit Hilfe einer Kammschmiege passend aussägen.

Bedarfsschätzung und Ausrüstung

▲ *Um von teuren Belägen wie diesem Escheparkett nicht zuviel zu kaufen, sollte man bei unregelmäßig geschnittenen Räumen mit Unterbrechungen wie etwa Kücheneinbauten oder diesen abgerundeten Stufen einen maßstäblichen Grundriß anfertigen. Eine Bedarfsunterschätzung ist ebenfalls ärgerlich und kann zu Farbabweichungen beim Material führen.*

Für die einwandfreie Ausführung der Verlegearbeiten ist es sehr wichtig, von vorneherein genug Material einzukaufen. Das gilt vor allem bei Bahnenmaterial, um unschöne Ansätze und mögliche Farbabweichungen zwischen verschiedenen Chargen zu vermeiden. Wesentlich zuviel Material zu kaufen ist natürlich reine Geldverschwendung, aber man sollte vorsichtshalber immer etwas mehr als den errechneten Bedarf einkaufen, um Spielraum für Verschnitt, Verlegefehler und Bruch zu lassen. Zum Beispiel wird man kaum alle Teilfliesen, die beim Zuschneiden an den Bodenrändern übrigbleiben, an anderer Stelle weiterverwenden können. Natürlich sollte die Bedarfsschätzung möglichst genau ausfallen, damit man nicht übermäßig viel Material übrigbehält. Dazu muß man zunächst möglichst genau ausmessen. Nehmen Sie sich Zeit, prüfen Sie alle Messungen und Berechnungen noch einmal nach – das kann Zeit und Geld sparen.

Ausmessen

Es lohnt sich immer, einen exakten Grundriß Ihres Raums mit zum Fachhändler zu nehmen, der am besten weiß, wie man materialsparend arbeitet – vor allem bei ungünstig geschnittenen Räumen. Quadratische oder rechteckige Räume, deren Wände keine nennenswerten Unterbrechungen aufweisen, sind jedoch leicht auszumessen. Einfach Länge und Breite des Raums messen und miteinander multiplizieren; dies ergibt die Anzahl der zu bedeckenden Quadratmeter. In den meisten Räumen gibt es jedoch verschiedene Problemstellen: fest eingebaute Schränke, Kamineinfassungen, Wandnischen. In diesem Fall zuerst die Breite und Länge des unverbauten Rechtecks in der Raummitte messen und seine Fläche berechnen. Dann Breite und Tiefe jeder Nische messen und zusammenaddieren, um die Gesamtfläche aller Nischen zu berechnen. Dieses Maß zu der Fläche der Raummitte addieren, um die Gesamtboden-

Werkzeug/Ausrüstung

Allgemeine Werkzeuge

Außer allgemein gebräuchlichen Werkzeugen braucht man zur Untergrundvorbereitung und zur Verlegung von Bodenbelägen einige etwas speziellere Geräte. Die allgemeineren Hilfsmittel sind unten aufgeführt; die spezifischeren Werkzeuge werden in den entsprechenden Abschnitten dieses Kapitels beschrieben.

- **Richtscheit:** lange Metalleiste, mit der man die Geradheit von Kanten und Linien prüft. Man kann mit ihr auch die ebene Verlegung von Fliesen kontrollieren.
- **Schlagschnur:** eine Schnur, die aus einem Gehäuse gezogen und dabei automatisch bunt eingekreidet wird. Sie dient zur Markierung langer, gerader Linien. Die Schnur wird straff zwischen zwei Punkte gespannt und gegen die Oberfläche geschnalzt, so daß sie eine Kreidelinie hinterläßt.
- **Fäustel:** schwerer Hammer, mit dem man kraftvoll zuschlagen kann. Ideal in Kombination mit dem Fugenmeißel.
- **Fugenmeißel:** breiter, stumpfer Flachmeißel; für viele Zwecke einsetzbar, z.B. zum Hochhebeln von Dielen, zum Spalten schwerer Fliesen und Steinplatten; zum Teppichverlegen.
- **Anschlagwinkel:** dient zum Anzeichnen einer rechtwinkligen Linie an einer Kante und generell zur Markierung rechter Winkel.
- **Universalmesser:** solider Griff mit ausfahrbarer scharfer Klinge, die man auswechseln kann, wenn sie stumpf wird. Zum Zuschneiden elastischer Materialien wie Kork, PVC und Teppichboden.
- **Cuttermesser:** zierlicher und schärfer als das Universalmesser. Ideal zum Ausschneiden von Ölkarton.
- **Kelle:** dient beim Ausbessern von Betonböden zum Anmischen kleiner Zementmengen, Verfüllen von Rissen und Glätten ausgebesserter Stellen.
- **Glättkelle:** zum Glätten von Estrichflächen und zur Verteilung selbstverlaufender Bodenausgleichsmassen (auch »Traufel« genannt).
- **Kammschmiege:** eine Halteleiste, durch die eine Reihe beweglicher Metallstifte geführt ist.

fläche in Quadratmetern zu erhalten. Bei einem trapezförmigen Raum bleibt einem nichts übrig, als einen maßstäblichen Grundriß auf Millimeterpapier zu zeichnen.

Bahnenmaterial

Bei Bahnenbelägen braucht man so viel Material, daß es zwischen die beiden großen Raummaße paßt; an etwaigen Hindernissen überstehendes Material wird einfach weggeschnitten, um unnötige Ansätze zu vermeiden. Große Verschnittstücke kann man oft an anderer Stelle verwenden. Ansätze möglichst in unauffälligen Ecken unterbringen. Stoßkanten fallen am wenigsten auf, wenn sie im rechten Winkel zum Fenster verlaufen. Bahnenbeläge gibt es in verschiedenen Rollenbreiten; die Summe der Rollenbreiten muß mindestens der Raumbreite entsprechen. Die benötigte Gesamtlänge an Material ergibt sich aus der Anzahl der benötigten Rollenbreiten, multipliziert mit der Raumlänge (unter Berücksichtigung von Musteransätzen und Verschnitt).

Fliesen

Rechnen Sie aus, wie viele Fliesen Sie je Quadratmeter benötigen, und multiplizieren Sie diese Anzahl mit der Quadratmeterzahl des Raums. Um den Verschnitt an den Bodenrändern zu berücksichtigen, genug Fliesen hinzuaddieren, um eine zusätzliche Fliesenreihe um den halben Raumumfang zu kleben; dann noch einige Fliesen für Bruch hinzurechnen. Bei größeren, teuren Fliesen vorher überlegen, ob man Verschnittstücke an anderer Stelle verwenden kann. Das Endresultat wird noch auf den nächsten ganzen Karton aufgerundet, so daß man vermutlich ein paar Fliesen übrigbehält.

Schiffsboden- und Fertigparkett

Je nach vorgesehener Laufrichtung die Raumlänge durch die Länge der Parkettelemente und die Raumbreite durch die Elementbreite dividieren. Die beiden Ergebnisse miteinander multiplizieren, um die Gesamtzahl der benötigten Parkettelemente zu errechnen. Eine gewisse Verschnittzugabe einrechnen. Bei Fertigparkett auf den nächsten gesamten Kartoninhalt aufrunden.

▲ *Bei Berechnung des Fliesenbedarfs ist zu bedenken, daß an den Wänden viel Verschnitt anfällt. Oft kann man solche Teilfliesen an anderer Stelle verarbeiten, um die Materialverschwendung zu minimieren – hier zum Beispiel am rechten Ende des keilförmigen Streifens –, aber man sollte sich nicht darauf verlassen.*

Werkzeug/Ausrüstung

Für Holzböden

- **Fuchsschwanz:** lange Säge für Sägearbeiten quer zur Holzfaser.
- **Spaltsäge (Längsschnittsäge):** lange Säge mit großen, weit auseinanderstehenden Zähnen zum Sägen in Richtung der Holzfaser.
- **Feinsäge:** kleine Handsäge mit verstärktem Rücken und sehr feinen Zähnen für Feinarbeiten.
- **Dielensäge:** Spezialsäge mit gekrümmtem Sägeblatt zum Durchsägen einer Bodendiele ohne Beschädigung der angrenzenden Dielen.
- **Bügelsäge:** dünnes, in einen Metallbügel eingespanntes Sägeblatt, mit dem man bogenförmige Aussparungen in Holz sägen kann, etwa um Dielen an ein Hindernis anzupassen.
- **Stechbeitel:** meißelähnliches Werkzeug mit sehr scharfer Klinge in verschiedenen Breiten. Nützlich zum Schneiden an Stellen, an denen man keine Säge einsetzen kann. Wird mit einem Holzhammer eingesetzt.
- **Kreissäge:** elektrische Säge mit rundem Sägeblatt, mit der man Holz in alle Richtungen schneiden kann.
- **Elektrische Stichsäge:** Säge mit schmalem, nur an einem Ende eingespanntem Sägeblatt; vor allem für Kurvenschnitte in Holz, Metall, Kunststoff.

Anordnungsplanung für Fliesen

Man sollte sich die Mühe machen, vor dem Verlegen keramischer (siehe Seiten 158–161) oder elastischer Bodenfliesen (siehe Seiten 166–169) eine sinnvolle Anordnung festzulegen, um sich Probleme zu ersparen: Die Fliesenreihen müssen immer genau rechtwinklig und parallel verlaufen, und man sollte vermeiden, am Schluß einen häßlich schmalen Fliesenstreifen an die letzte Wand legen zu müssen.

▲ *Auf andere Einrichtungsfarben abgestimmte Fliesen können ein Gefühl von Harmonie schaffen. Die cremefarbenen Bodenfliesen ergänzen sich hier mit dem zarten Rosa der Treppenstufen trotz des kalten Charakters der verwendeten Materialien zu einer warmen Gesamtwirkung. Gedämpfte Farben können einen Eindruck von Geräumigkeit erwecken.*

Regelmäßig geschnittene Räume

Die beiden einander gegenüberliegenden kürzeren Wände ausmessen und jeweils den Wandmittelpunkt bestimmen. Zwischen den beiden Punkten mit der Schlagschnur eine Linie markieren. Auf dieser Längsachse von ihrem Mittelpunkt in beide Richtungen je 1 m abmessen; markieren. Dann im geschätzten rechten Winkel zur Längsachse vom Mittelpunkt nach beiden Seiten je 1 m abmessen und markieren. Die Diagonalen zwischen den vier Markierungen messen; die rechtwinkligen Markierungen so lange verschieben, bis alle Diagonalen 1,415 m lang sind.

Eine durch diese beiden Punkte gelegte gerade Linie schneidet die Längsachse jetzt exakt im 90°-Winkel. Die Diagonalen können zugleich als Richtlinien zur diagonalen Fliesenverlegung dienen.

Mit Hilfe der Schlagschnur den Mittelpunkt der Längsachse mit den 90°-Markierungen verbinden und diese Linie als Querachse bis zur Wand verlängern.

An diesen beiden Achsen entlang jeweils eine Reihe Fliesen ohne Kleber bis zu jeder Wand legen, um sicherzustellen, daß man nirgends mit einem zu schmalen Fliesenstreifen abschließen muß. Sollte dies doch der Fall sein, die entsprechende Achse um eine halbe Fliesenbreite verschieben, so daß am Rand ein ausreichend breiter Fliesenstreifen bleibt

Um die Fliesen wirklich exakt verlegen zu können, am besten den ganzen Boden von den Achsen ausgehend in eine Reihe quadratischer Felder von etwa 1 m^2 einteilen. Die genaue Größe der Felder hängt natürlich vom Format der vorgesehenen Fliesen ab.

Bei Keramikfliesen muß man daran denken, ausreichend breite Fugen zu lassen: etwa 6 mm für kleinere Fliesen und bis zu 10 mm für größere oder handgeformte und möglicherweise etwas ungleichmäßige Terrakottafliesen. So könnte man in ein Feld von 918 mm Seitenlänge 36 Fliesen im Format 15 x 15 cm oder 9 Fliesen im Format 30 x 30 cm legen. Auch die umlaufende Fuge an den Wänden entlang nicht vergessen. Die Verlegefelder mit der Schlagschnur markieren. Sobald man den Boden in dieser Weise eingeteilt und markiert hat, kann man mit dem Fliesen beginnen.

Unregelmäßig geschnittene Räume

Das Grundprinzip zur Bodeneinteilung ist das gleiche, nur daß man hier von der längsten und geradesten Wand als Hauptwand ausgeht. Die

Bodenflächen zum Fliesen einteilen

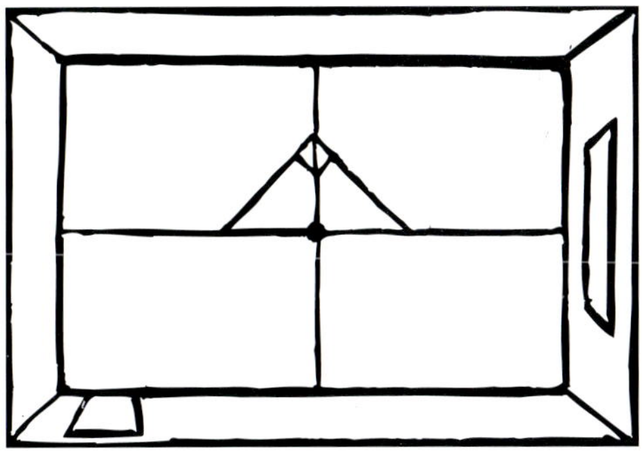

1 Die Mittelpunkte der Stirnwände verbinden; in der Mitte wie beschrieben einen rechten Winkel errichten.

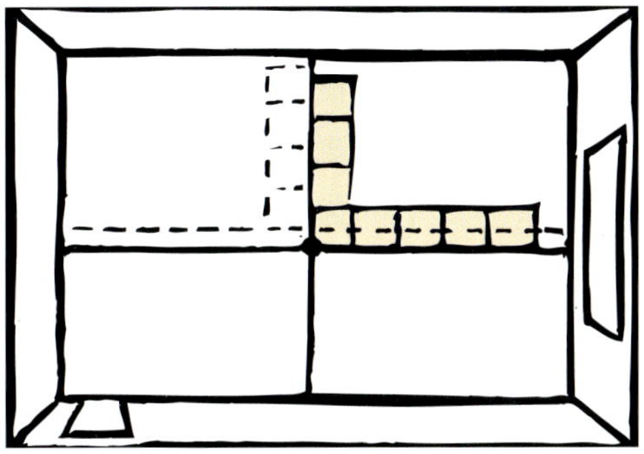

2 Fliesen ohne Kleber von der Mitte auslegen. Achsen verschieben, wenn zu schmale Randstreifen bleiben.

3 Zur exakten Verlegung vom Mittelpunkt aus ein Verlegegitter auf dem ganzen Boden markieren.

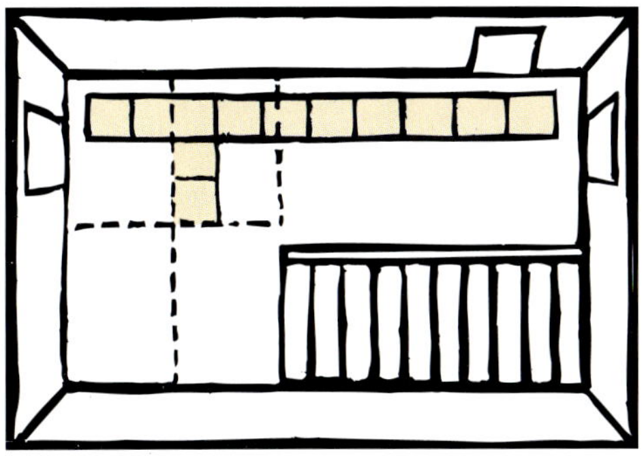

4 In unregelmäßigen Räumen Achsen so wählen, daß die Fliesen an der längsten Wand ausgerichtet sind.

5 In sehr unregelmäßigen Räumen Fliesen parallel zu einer Tür legen; Achsen entsprechend anpassen.

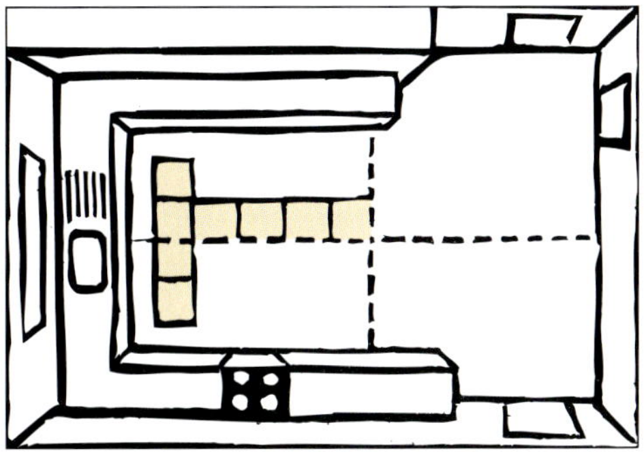

6 Man kann die Hauptachse auch mittig durch ein dominantes Raumelement wie eine Küchenzeile legen.

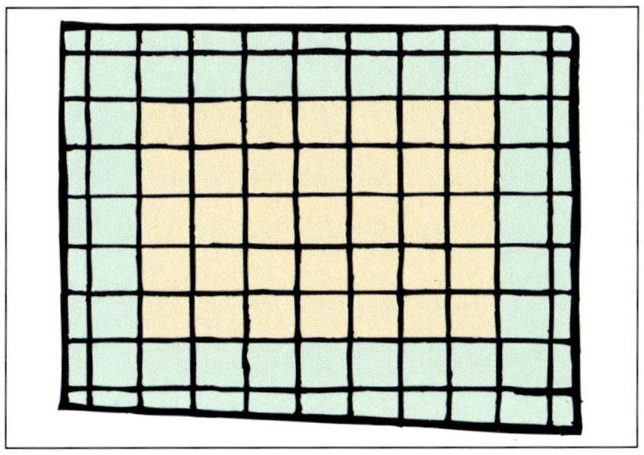

7 Erst den Innenbereich, dann die Randeinfassung verlegen; Fliesen an der Wand wie üblich zuschneiden.

8 Bei diagonaler Verlegung im Innenbereich erst die gerade Randeinfassung, dann die Diagonalfliesen legen.

Lage der Hauptachse so anpassen, daß man von ihr aus eine Reihe ganzer Fliesen zur längsten Wand hin verlegen kann. Wenn die Wände sehr schiefwinklig sind, muß die letzte Fliesenreihe – der langen, geraden Wand gegenüber – keilförmig zugeschnitten werden, wobei die Fliesen sehr unterschiedlich groß werden, was aber optisch akzeptabel ist.

Wenn die Wände nur leicht schiefwinklig sind, kann es passieren, daß man als letzte Fliesenreihe einen sehr dünnen Streifen erhält, der immer spitzer zuläuft. In diesem Fall sollte man die Achse um ein halbe Fliesenbreite verschieben, damit man am Rand mit halben Fliesen arbeiten kann.

In unregelmäßig geschnittenen Räumen ohne eindeutige Hauptwand ist es eine Ermessensfrage, wo man mit dem Fliesen beginnt. Am besten ein bestimmtes Raumelement – etwa eine Tür – auswählen und die Fliesen so ausrichten, daß sie zu diesem parallel verlaufen.

Wenn der Raum ein beherrschendes Element wie eine U-förmige Küchenzeile oder ein sehr großes Erkerfenster hat, sollte man die Hauptachse mittig durch dieses »U« legen.

Wenn sich die Achsen im rechten Winkel schneiden, sind auch die Fliesenreihen rechtwinklig. Fliesen immer erst ohne Kleber auslegen, um sicherzugehen, daß nirgends zu schmale Streifen anfallen, oder eine Fliesenlehre anfertigen (Holzlatte, auf der die Fliesen und gegebenenfalls die Fugenbreiten markiert werden), um die Fliesen nicht mehrfach auslegen zu müssen.

Verlegung mit Randeinfassung

Auch hier von den Wänden aus messen, um ein Verlegegitter festzulegen, dessen Ausrichtung jedoch so erfolgen muß, daß rundum genug Platz für die Randeinfassung bleibt.

Das Gitter entweder so ausrichten, daß an zwei Wänden entlang ganze Fliesen an der Einfassung anliegen, oder das Gitter an der Raummitte zentrieren und die an die Einfassung angrenzenden Fliesen rundum passend zuschneiden, sofern dabei keine zu schmalen Fliesenstreifen entstehen.

Mittelbereich zuerst fliesen, abschließend die Randeinfassung verlegen. Diagonal verlegte Fliesen sollten eine parallel zur Wand verlaufende Einfassung erhalten.

Harte Bodenbeläge

Wie ihr Überdauern in den ältesten Gebäuden bezeugt, sind Steinplatten und Keramikfliesen die haltbarsten und praktischsten aller Bodenbeläge. Naturstein war einst als einzig verfügbares, wirklich strapazierfähiges Fußbodenmaterial für das Erdgeschoß von Katen und Kuhställen gleichermaßen gebräuchlich, während Holz dem luxuriöseren Leben in den oberen Stockwerken vorbehalten blieb. Fliesen, schon seit dem Altertum geschätzt, bieten zugleich größere dekorative Vielfalt.

▲ *Wie Form und Oberfläche lebhaft vor Augen führen, liegen diese altehrwürdigen Steinplatten hier sicher schon seit Generationen. Solche unregelmäßigen Natursteinplatten, heutzutage in der Verlegung teuer, lassen uns vor allem an alte Bauernhäuser denken, obwohl sie einst auch in Häusern anderer Kategorien gebräuchlich waren.*

Tatsächlich verdanken wir selbst unser Wissen über das Römische Reich zum Teil den Mustern und Szenendarstellungen der Mosaikböden jener Zeit – oft das einzige Übrigbleibsel ihrer Gebäude und Einrichtungen.

Uns bietet sich heute eine ständig wachsende Auswahl an Bodenfliesen und -platten zur Einrichtung unserer vier Wände (siehe Seiten 160–161), von exotisch buntem Schiefer und Marmor aus aller Herren Länder bis zu vielgestaltigen Keramikfliesen in lebhaften Farben. Selbst die schlichten, von jeher beliebten Terrakottafliesen gibt es jetzt in vielerlei Farbtönen, Formen und Größen (siehe Seiten 160–161), von denen die handgeformten Fliesen mit nuancierten Farbvariationen wohl die schönsten sind.

Die Herstellungsweise oder Endbehandlung eines scheinbar schlichten Materials kann enormen Einfluß auf seine dekorative Wirkung haben. Die grob strukturierte Oberfläche gebrochener Schieferplatten etwa ist wie geschaffen für schlichte Einrichtungen im traditionellen Landhausstil, das gleiche Material kann aber – zu regelmäßigen Quadraten geschnitten und glattgeschliffen – auch perfekt mit der chromglänzenden Ausstattung eines modernen Badezimmers harmonieren.

◀ *Harte Beläge sind vor allem für Durchgangsbereiche wie etwa Hauseingänge von zeitloser Beliebtheit, weil sie so überaus praktisch sind. Diese Schieferplatten sind diagonal verlegt, was immer eine elegantere Wirkung schafft; die Kombination hellerer und dunklerer Platten des gleichen Materials gibt dem Ganzen dekorativen Reiz.*

▲ *Die lebhaften, buntgemusterten Fliesen in der rechten Hälfte dieses Badezimmers bilden einen auffallenden Blickfang und einen deutlichen Kontrast zu den schlichten Fliesen auf der linken Seite. Das auf die untere Türhälfte gemalte Muster ist übrigens von einer der bunt zusammengewürfelten Bodenfliesen abgeschaut.*

Fliesen- und Steinböden sind, da relativ teuer und sehr dauerhaft, als langfristige Investion zu sehen, weshalb man sie sehr sorgfältig auswählen sollte. Sie sind aus praktischen Gründen besonders in wärmeren Klimazonen beliebt, wo sie drinnen eine kühle Zuflucht vor der sengenden Sonne schaffen – in physikalischem wie in psychologischem Sinn. In vielen Ländern werden fast alle Böden im Innenbereich gefliest; lose Teppiche steuern dekorative Auflockerung und ein Gefühl von Wärme und Luxus bei.

Die Bewohner der kühleren Regionen der Nordhalbkugel verlangt es meist nach Wärme, doch für Küchen und Badezimmer, wo robuste Funktionalität gefordert ist, sind Fliesen und Steinplatten auch hier ideal. Sie sind wasserfest und praktisch unzerstörbar; wenn man Porzellan oder Glas auf Fliesen- oder Steinböden fallen läßt, gibt es allerdings Scherben.

Auch Eingangshallen und Dielen sind bevorzugte Einsatzbereiche für harte Beläge: Die strenge und doch luxuriöse Ausstrahlung von Naturstein läßt den Besucher gerade lange genug innehalten, um diesen ersten Eindruck auf sich wirken zu lassen. In Räumen, die Funktions- und Entspannungsbereiche kombinieren, wie einer Küche mit Eß- oder Sitzecke, kann man diese mit zweierlei Bodenbelägen voneinander abgrenzen, etwa Fliesen für den Küchenboden, Holz für den Wohnbereich. Das sanfte, einladende Holz und die praktischen, funktionellen Fliesen harmonieren gut.

Auch die Farbe ist wichtig. Bunt leuchtende Fliesen können als beherrschendes Gestaltungselement, neutralfarbene als Hintergrund für Wände, Textilien oder Teppiche in kräftigeren Farben dienen: Kühler Schiefer etwa wirkt sehr luxuriös mit einem persischen Teppich in warmen Rot- und Blautönen.

Fliesen sind ideal zur Gestaltung von Böden mit Randeinfassungen. Viele Hersteller bieten auf ihre Fliesensortimente abgestimmte Bordüren an; man kann aber auch andere passende Fliesen als Einfassung wählen. Für Geduldige bieten Mosaikmuster interessante dekorative Möglichkeiten, wobei es wahrscheinlich vernünftig ist, sich auf kleinere Räume und Muster mit nicht allzu vielen Farben zu beschränken. Verwenden Sie immer speziell als Bodenbelag vorgesehene Fliesen, die strapazierfähiger und abriebfester als reine Wandfliesen sind.

Übersicht der harten Bodenbeläge

1

2

3

Von den harten Bodenbelägen sind keramische Fliesen in modernen Wohnungen am gebräuchlichsten. Durch verschiedene Herstellungsverfahren entsteht eine breite Auswahl an praktischen, strapazierfähigen Produkten für fast alle häuslichen Gegebenheiten. Ihre Gestaltung reicht von natürlichen Erdtönen bis zu lebhaft bunten Farben und paßt sich damit jedem Einrichtungsstil bestens an. Terrakotta, das einfachste und älteste Keramikmaterial, wird von alters her für Küchenböden sehr geschätzt. Auch Spaltplatten, preiswert und strapazierfähig, erfreuen sich bleibender Beliebtheit. Die in vielen Farben und Ausführungen erhältlichen Steinzeugfliesen sind der vielleicht vielseitigste Bodenfliesentyp. Mosaikfliesen dienen seit uralter Zeit als Fußbodenschmuck und eignen sich zur Gestaltung komplexer Ornamente wie auch schlichterer, farbiger Randeinfassungen. Aus rechteckigen Ziegelplatten kann man verschiedenste Muster legen.

Manche Interieurs erhalten durch Natur- oder Kunststeinplatten genau die richtige Note. Schiefer etwa ist ein sehr praktisches Material und relativ leicht zu verlegen, da manche Platten kaum dicker sind als Keramikfliesen. Metallbodenbeläge kommen sicher nicht für jeden in Frage, sind aber ideal für den ultramodernen Schick.

Terrakottaplatten

Terrakotta, unglasiert und weicher als andere Fliesen, entsteht aus stranggepreßtem oder handgeformtem Ton in verschiedenen Formaten von kleinen Sechsecken bis zu großen Quadraten. Die Farbe variiert von dunklem Ocker über Orange bis zu Rottönen. Diese Farbvariationen von Fliese zu Fliese und innerhalb jeder Fliese, und die ungleichmäßige Oberfläche tragen zum besonderen Reiz von Terrakotta bei. Die porösen Fliesen müssen mit Leinöl versiegelt und dann gewachst werden.

Spaltplatten

Spaltplatten werden aus feuchtem Ton stranggepreßt und bei höheren Temperaturen als Terrakotta gebrannt, um sie zu sintern, ein Prozeß, der den Fliesen eine hohe Dichte gibt und sie sehr robust und wasserdicht macht. Die Farbauswahl ist relativ begrenzt: Ocker-, Rot- und Brauntöne sind am häufigsten; weiße und schwarze Spaltplatten sind selten. Es gibt glasierte und unglasierte Ausführungen in verschiedenen quadratischen und rechteckigen Formaten; sie sind aber weniger maßhaltig als Steinzeugfliesen. 1

Steinzeugfliesen

Steinzeugfliesen werden aus trocken gepreßten Tonrohlingen ebenfalls bei sehr hohen Temperaturen gebrannt. Sie können glasiert oder unglasiert sein; unglasierte Steinzeugfliesen sind sehr abriebfest. Bei voll durchgesinterten Steinzeugfliesen handelt es sich um die wasserdichtesten Fliesen überhaupt, und sie sind damit für Naßräume wie Bäder sehr gut geeignet. Sie können aus dekorativen Gründen und zur Erhöhung der Rutschsicherheit strukturiert oder profiliert sein. Während des Herstellungsprozesses zugesetzte Oxide geben auch unglasierten Fliesen ein großes Farbspektrum. Steinzeugfliesen sind dünner als Spaltplatten oder Terrakottafliesen; ihre einheitliche Dicke ermöglicht eine problemlose Verlegung. Poliertes Feinsteinzeug wirkt besonders edel.

Mosaikfliesen

Dies sind kleine, aus Glas, farbiger Keramik, Terrakotta, Stein oder Marmor geschnittene Plättchen; zur einfacheren Verlegung auf Netze vorgeklebt. Ihr Aussehen hängt vom Material ab und davon, ob es maschinell oder von Hand geschnitten wurde. 2

Enkaustische Fliesen

Enkaustische Fliesen sind einfarbig oder mit dekorativen Mustern glasiert und haben eine matte Oberflächenwirkung mit sanft ineinander übergehenden Farben. Das Dekor aus natürlichen Oxiden wird zunächst auf eine Form aufgebracht, auf die man dann die Fliese preßt, um es auf ihre Oberfläche zu übertragen. 4

Ziegelplatten

Ziegelplatten sind wie Terrakottafliesen ungesintert und porös. Aus Ziegelriemchen kann man sehr dekorative Muster legen, etwa Fischgrätmuster oder auch individuellere Gestaltungen.

Kalkstein

Kalkstein, ein auf dem Grund warmer Meere aus Korallen- und Muschelablagerungen entstandenes Sedimentgestein, zeigt ein sehr vielfältiges Erscheinungsbild – von fast weißen, feinkörnigen über gröbere Exemplare mit eingebetteten Fossilien bis zu sehr dunk-

4

5

len Grün- und Blautönen. Er wird in verschiedenen Bearbeitungen von bruchrauh bis glanzpoliert angeboten. Da er sehr porös und schmutzempfindlich ist, sollte er immer versiegelt werden. Antiker Kalkstein wird an einer Reihe historischer Stätten abgebaut, die aber nicht unerschöpflich sind. Neuer Kalkstein ist regelmäßiger und besitzt nicht die Patina abgenutzter alter Platten – obwohl manche Hersteller bereits versuchen, ihren Platten ein gealtertes Aussehen zu geben.

Schiefer

Ein Umwandlungsgestein aus Schieferton, das sich gut in dünne, ebene Platten spalten läßt. Spaltrauher Schiefer hat eine natürlich rustikale, ungleichmäßige Optik. Er wird quadratisch zugeschnitten oder behauen, was den Kanten eine passende, grobe Erscheinung verleiht. Er ist meist blaugrau mit silbrigem Schimmer, es gibt aber auch ausgefallenere Farben: von hell pergamentfarben mit warmen, gelbbraunen Flecken bis zu dunklen Rot- und Rosttönen. Dank dieser Vielfalt läßt sich Schiefer praktisch überall einsetzen, wo man eine strapazierfähige, pflegeleichte Oberfläche benötigt.

Sandstein

Ein aus Sandkörnchen gebildetes Ablagerungsgestein. Seine natürliches Farbspektrum reicht von sanfter Cremefarbe über Ocker bis zu einem warmen Ziegelrot. Er ist aufgrund seiner Strapazierfähigkeit als Bodenmaterial von jeher beliebt. Besonders nützlich ist er da, wo hohe Rutschsicherheit erforderlich ist, etwa für Duschräume, wenn er auch manchen zum Barfußlaufen zu rauh sein mag. Wegen seiner grobkörnigen Struktur ist er nicht ganz leicht zu reinigen und somit für Küchen nicht ideal. 3

Marmor

Marmor ist ein Umwandlungsgestein aus Kalkstein mit charakteristischer Äderung aus farbigen Mineralien. Er ist äußerst vielgestaltig, so ist etwa Carrara-Marmor hellgrau mit verschwommener, schwarzer Äderung, während Brochella-Marmor kräftige Rot- oder Schwarztöne mit wirbelnder, bunter Äderung aufweist – ideal zur repräsentativen Prunkentfaltung.

Terrazzo

Ein aus Marmorsplittern in Zement hergestelltes Material, das zu Platten verarbeitet und auf Hochglanz poliert wird. Die Farbe ist von der Art des verwendeten Marmors abhängig. Dabei können verschiedene Farben zu Muster- und Dekorplatten verarbeitet werden, aus denen sich leicht großflächige Bodenmuster oder Randeinfassungen gestalten lassen. Terrazzo, in den Mittelmeerländern besonders verbreitet, ist sehr strapazierfähig und kommt auch im gewerblichen Bereich häufig zum Einsatz. 5

Quarzit

Quarzit, einer der härtesten Natursteinbeläge, ist in verschiedenen Farbtönen, auch mehrfarbig, erhältlich: von sanften Grau- bis zu wärmeren Ockertönen; es gibt auch dunklere, grünliche oder fast schwarze Platten. Quarzit ist mit seiner rauhen, rutschhemmenden und sehr strapazierfähigen Oberfläche ein beliebtes Material für den gewerblichen Bereich.

Metallböden

Die bewährten Aluminium-Trittbleche sind heute allgegenwärtig: von Lkw-Ladeflächen bis zu Lagerhäusern. Die großformatigen Platten lassen sich ganz oder zu kleineren Platten zugeschnitten auf vorhandene Böden verlegen. Aluminium-Trittbleche sind rutschsicher und korrosionsbeständig. Die schimmernde Oberfläche paßt ausgezeichnet in moderne Interieurs.

Steinzeugfliesen verlegen

▲ *Maschinell hergestellte Fliesen wirken immer eleganter, wenn man sie mit Fugenkreuzen verlegt, um ganz gleichmäßige Fugen zu erhalten. Dieser Fliesentyp läßt sich sauber teilen, eine sehr nützliche Eigenschaft, wenn man viel schneiden muß – etwa bei diagonaler Verlegung oder um Fliesen an Hindernisse anzupassen.*

Moderne Steinzeugfliesen sind regelmäßig geformt und relativ dünn, wodurch sie sich gut schneiden lassen. Bevor man Fliesen auf einen Holzboden legt, diesen zunächst mit einem PVA-Universal-Baukleber oder einer speziellen Fliesengrundierung für Holzböden grundieren. Wenn er uneben oder nicht ausreichend steif ist, muß man ihn zuvor mit Sperrholz oder mit klimabeständigen, kochfest verleimten Spanplatten belegen (siehe Seiten 152–153).

Fliesen legen

Zuerst ein Verlegegitter auf dem Boden anlegen und markieren (siehe Seiten 156–157). Fliesenkleber nach Herstelleranweisung anmischen; dabei zum Fliesen auf Holzböden spezielle Zusatzstoffe für größere Elastizität zumischen. Fliesenkleber hat eine begrenzte Verarbeitungszeit von etwa 20 Minuten; man sollte also nicht mehr anmischen, als man voraussichtlich in dieser Zeit verarbeiten kann.

Die erste Fliese in der am weitesten von der Tür entfernten Ecke legen. Um sie richtig auszurichten, eine Reihe Fliesen ohne Kleber vom Mittelpunkt an der Hauptachse entlang bis zur Wand legen. Dann an der Kante der letzten ganzen Fliese eine Linie im rechten Winkel zur Hauptachse ziehen. Fliesen ohne Kleber entlang der neuen Linie legen, dann wie zuvor eine Linie an der Kante der letzten ganzen Fliese im rechten Winkel zu Ihrer Richtlinie ziehen. Wenn diese Linie zur Hauptachse parallel verläuft, ist die letzte ohne Kleber verlegte Fliese Ihre »Ausgangsfliese«. Kleber immer nur auf eine Fläche von etwa 1 m^2 auf einmal verteilen. Kleber mit der Glättkelle in der richtigen Dicke, meist etwa 3 mm, auftragen, mit dem Zahnspachtel durchkämmen. Je nach verwendetem Kleber auch die Fliesenrückseite mit Kleber einstreichen. Fliese mit leichter Drehbewegung in Position schieben; sie muß ohne Luftlöcher in den Kleber eingebettet werden. Um saubere und gleichmäßige Fugen von normalerweise 6–12 mm zu erhalten, Fugenkreuze zwischen die Fliesen legen. Das erste markierte Feld komplett mit Fliesen auslegen, dabei mit Wasserwaage und Richtscheit prüfen, ob die Fliesen eben sind. Man muß zügig arbeiten, da der Zeitraum, in dem sich die Fliesen noch verschieben lassen, relativ kurz ist. Wenn Kleber auf die Fliesenoberfläche gelangt, sofort mit einem feuchten Lappen abwischen; auch die Fugen sollen kleberfrei bleiben.

Wenn das erste Feld komplett gefliest ist, das nächste mit Kleber bestreichen und fliesen und so weiter, bis die erste Feldreihe an der hinteren Wand vollendet ist. Zweite Feldreihe fliesen und so Reihe für Reihe auf die Tür zuarbeiten. Fliesenkleber vor Begehen der Fliesen gut durch-

▲ *Breite Fugen zwischen kleinformatigen Fliesen können sehr wirkungsvoll sein. Nützlich sind sie bei unregelmäßig geformten Fliesen: Unterschiedlich breite Fugen fallen weniger unangenehm auf als Fliesen ungleicher Größe. Hier wurden zwei Fugenbreiten gewählt, um den Charme der handgeformten und -bemalten Fliesen zu betonen.*

trocknen lassen. Herkömmlicher Kleber braucht dazu mindestens 24 Stunden; es gibt aber auch schnelltrocknende Kleber, die in wenigen Stunden fest werden.

Meist muß man an den Bodenrändern Fliesen zuschneiden; bei diagonaler Verlegung muß man mindestens jede zweite Fliese beschneiden. Steinzeugfliesen kann man mit einem mechanischen Fliesenschneider teilen.

Um Randfliesen zuzuschneiden, eine lose Fliese auf die letzte ganze Fliese legen. Zur Berücksichtigung der Fuge eine Fliese hochkant an die Wand stellen. Eine weitere Fliese so auf die beiden aufeinanderliegenden legen, daß sie an die hochkant stehende anstößt. Auf der mittleren Fliese entlang der Kante der oberen eine Bleistiftlinie ziehen. Fliese entlang der Linie abschneiden, ihre Rückseite mit Kleber bestreichen, Fliese festdrücken. Auf diese Weise alle Randfliesen legen; die Eckfliesen zuletzt legen.

An Türrahmen die Fliesenkante mit einer Schnabelzange passend auszwicken. Bei Rohrdurchführungen muß man die Fliese halbieren und jede Hälfte halbkreisförmig auszwicken oder eine eckige Aussparung in eine Kante schneiden. Zwischen den beiden Hälften eine möglichst schmale Fuge lassen, damit der Schnitt nach dem Verfugen weniger auffällt.

Verfugen

Nach Trocknen des Klebers werden die Fliesen mit einem für Fußböden geeigneten Fugenmörtel verfugt. Der Fugenmörtel wird den Herstelleranweisungen entsprechend mit Wasser angemischt. Es gibt ihn in verschiedenen Tönen von weiß bis schwarz und auch in bunt. Auf Holzböden muß auch der Fugenmörtel einen Elastizitätszusatz erhalten.

Für Küchenarbeitsplatten empfiehlt sich Epoxydharz-Fugenmasse, die besonders hart und reinigungsfreundlich ist. Sie besteht aus zwei Komponenten, die zusammengemischt und mit einem pulverigen Füllstoff aufgefüllt werden. Dabei immer die Herstelleranweisungen beachten. Fugenmasse auf die Fläche gießen, mit einem Gummispachtel verteilen und in die Fugen drücken; immer nur eine kleine Fläche auf einmal bearbeiten. Nach 15 Minuten überschüssige Fugenmasse feucht abwischen. Wenn sie hart genug ist, Fliesen mit einem sauberen, trockenen Lappen nachpolieren.

Keramikfliesen legen

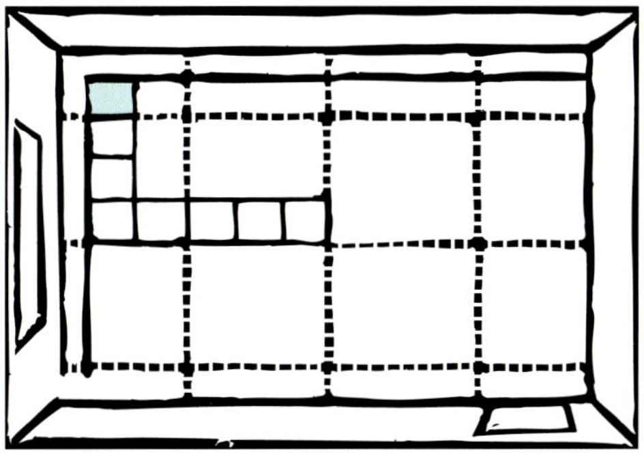

__1__ Erste Fliese in die hinterste Raumecke legen: Position durch zwei ohne Kleber verlegte Fliesenreihen ermitteln.

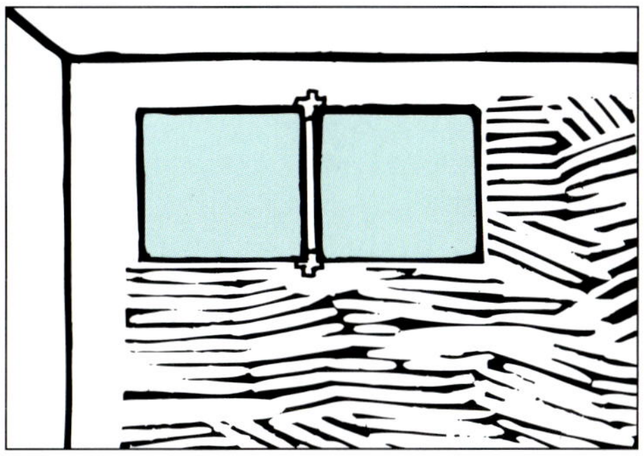

__2__ Kleber auf überschaubare Fläche verteilen, Fliesen festdrücken. Fugenkreuze ergeben gleichmäßige Fugen.

__3__ Erstes Feld zügig ausfliesen; zwischendurch immer wieder kontrollieren, ob die Fliesen eben liegen.

__4__ Randfliesen nach der nebenstehend beschriebenen Methode zuschneiden; Randfuge nicht vergessen.

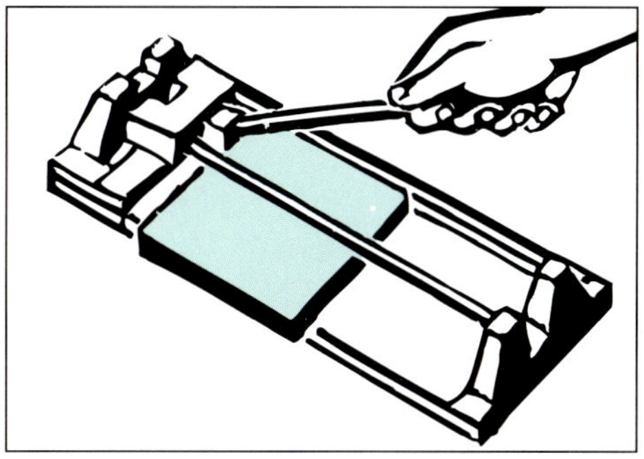

__5__ Mit einem solchen Fliesenschneider lassen sich die Randfliesen am einfachsten zuschneiden.

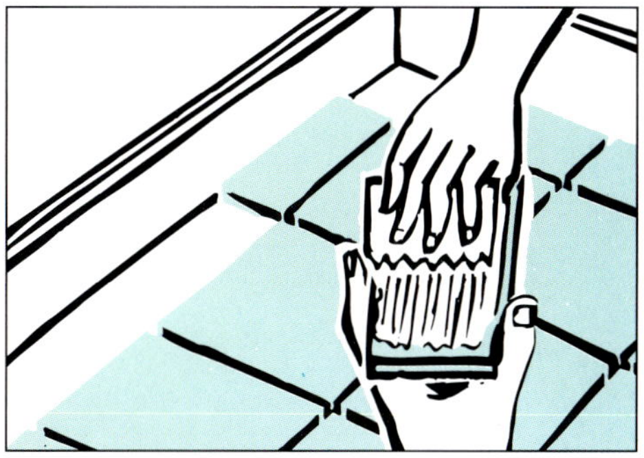

__6__ Die zugeschnittenen Randfliesen rückseitig mit Kleber bestreichen und festdrücken.

__7__ Nach dem Trocknen des Klebers jeweils auf eine kleine Teilfläche Fugenmörtel geben, in die Fugen streichen.

__8__ Überschüssige Fugenmasse mit einem feuchten Lappen von der Oberfläche wischen; dann nachpolieren.

Terrakottaplatten legen

Terrakottaplatten sind meist größer und schwerer als Steinzeugfliesen und müssen daher in ein dickeres Kleberbett verlegt werden, vor allem handgeformte Fliesen von ungleichmäßiger Dicke. Auf die gleiche Weise kann man auch andere unregelmäßige Platten, wie Spaltplatten oder Schiefer, verlegen, wobei das dickere Kleberbett zum Ausgleich unterschiedlicher Plattendicken dient. Bei vielen schweren Platten kann man Zementmörtel verwenden, der aber für Terrakottaplatten weniger geeignet ist. Sie sind sehr porös und könnten mit dem Zement reagieren, was zur Ausfällung löslicher Salze als weiße Flecken auf der Oberfläche führt. Verwenden Sie hier einen Dickbettkleber, den man in Schichtdicken von 5 mm bis 2,5 cm auftragen kann. Man kann ihn auch auf unebenen Untergründen einsetzen, und er trocknet schnell, so daß das Kleben und Verfugen der Platten unter Umständen am gleichen Tag erfolgen kann. Sehr unebene Untergründe jedoch wie auf den Seiten 152–153 beschrieben vorbereiten.

Die Grundregeln für das Anordnen und Verlegen der Platten sind weitgehend die gleichen wie für normale Fliesen (siehe Seiten 162–163). Man beginnt in der hintersten Ecke, nachdem man zunächst einen Mittelpunkt festgelegt und ein Verlegegitter markiert hat, um die Platten daran gerade auszurichten. Fliesenkleber nach den Herstelleranweisungen anmischen. Manche Dickbettkleber gießt man einfach auf den Boden, verteilt sie mit einem geeigneten Gerät und legt die Platten hinein. Bei anderen Klebern muß auch die Plattenrückseite mit Kleber bestrichen werden: Hierzu immer die Herstelleranweisungen beachten. Handgeformte Platten können in Größe und Dicke etwas variieren; hier mehr Kleber auf die Rückseite dünnerer Platten auftragen und breite Fugen von etwa 12 mm lassen, um Größenabweichungen ausgleichen zu können. Dabei muß man sich anhand der auf dem Boden markierten Gitterlinien ständig vergewissern, daß die Platten rechtwinklig ausgelegt werden, und regelmäßig mit Wasserwaage und Richtscheit kontrollieren, ob sie eben liegen. Zuerst den gesamten Innenbereich mit ganzen Platten auslegen; Rand- und Eckplatten erst zuletzt zuschneiden und verlegen.

Platten schneiden

Terrakottaplatten lassen sich am einfachsten mit einem Winkelschleifer mit Steinbearbeitungsscheibe schneiden. Fliese bis auf zwei Drittel ihrer Dicke einfräsen, entlang der Schnittlinie brechen. Gegebenenfalls kann man mit dem Winkelschleifer auch durch die ganze Plattendicke schneiden – etwa um Aussparungen für Rohre oder andere Hindernisse anzubringen.

▶ In diesem hohen, in kühlem Weiß gehaltenen Wohnzimmer wurden schlichte rechteckige Spaltplatten stoßversetzt verlegt. Dabei muß man besonders darauf achten, daß die Fliesen immer parallel bleiben. Der farbliche Nuancenreichtum dieser Fliesen schafft auch ohne aufwendige Verlegungsplanung eine sehr attraktive, abwechslungsreiche Bodenfläche.

▲ Die alten, handgefertigten Fliesen machen sich sehr dekorativ in dieser Küche, sind aber schwieriger zu verlegen als maschinell hergestellte Fliesen. Denken Sie daran, daß man bei handgeformten Fliesen die Fugenbreite etwas variieren muß, um Unregelmäßigkeiten der Fliesengröße auszugleichen; auch die Fliesendicke kann variieren.

Terrakottaplatten legen

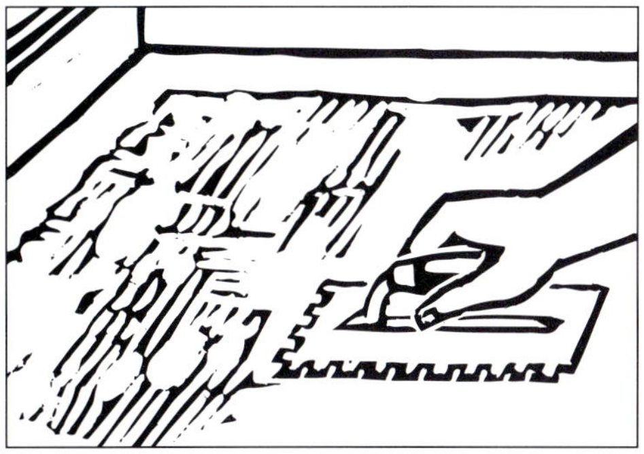

1 *Kleber mit dem Zahnspachtel in der vom Hersteller angegebenen Dicke auf etwa 1 m² Fläche verteilen.*

2 *Bei manchen Klebersorten muß der Plattenrücken ebenfalls mit Kleber bestrichen werden.*

3 *Laufend mit der Wasserwaage kontrollieren, ob die verlegten Platten eben sind.*

4 *Dickere Platten schneiden sich meist besser mit dem Winkelschleifer als mit einem Fliesenschneider.*

5 *Terrakottaplatten müssen vor dem Verfugen mit einer Schicht Leinölfirnis versiegelt werden.*

6 *Poröse Fliesen mit einer Spitzkelle verfugen, Fugenmörtel nicht auf die Fliesenoberfläche gelangen lassen.*

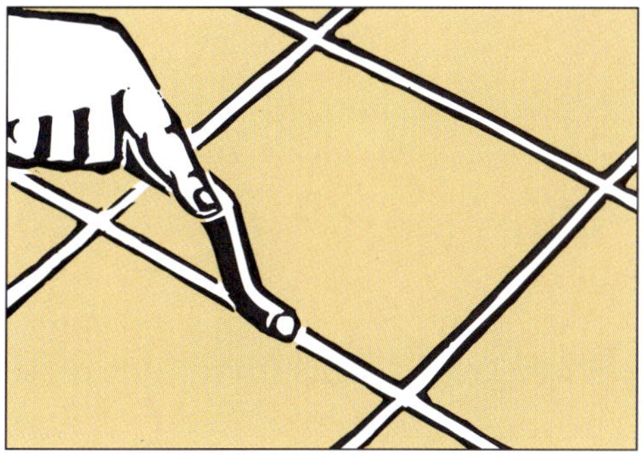

7 *Fugenmörtel gut in die Fugen drücken, Fugenoberfläche mit einem Metallrohr konkav ausstreichen.*

8 *Nach der zweiten Versiegelung Wachs mit dem Lappen auftragen, trocknen lassen, maschinell nachpolieren.*

Versiegeln

Unglasierte Terrakottaplatten sind sehr porös und müssen vor dem Verfugen versiegelt werden, um eine strapazierfähige und pflegeleichte Oberfläche zu erzielen. Die Plattenoberfläche muß frei von Staub und Fliesenkleberresten sein. Mit dem Pinsel oder einem kurzflorigen Farbroller eine Schicht Leinölfirnis möglichst gleichmäßig auftragen, um eine Streifenbildung zu vermeiden. Das Öl zieht in die Platten ein, so daß der Ölglanz der Oberfläche 2–10 Minuten nach dem Auftragen verschwindet. Wenn die Oberfläche schon früher matt wird, das Öl etwas großzügiger auftragen. Vor dem Verfugen gut trocknen lassen. Nach dem Verfugen eine zweite Versiegelungsschicht aufbringen.

Verfugen

Für Terrakottaplatten einen Spezialfugenmörtel für breite Fugen verwenden. Poröse Fliesen werden gezielter verfugt als Steinzeugfliesen, bei denen man den Fugenmörtel einfach über die ganze Oberfläche verteilt. Fugen mit einer Spitzkelle verfüllen; darauf achten, daß kein Fugenmörtel auf die Plattenoberfläche gelangt. Fugen schließlich mit einem entsprechend zurechtgebogenen, dünnen Metallrohr leicht konkav glattstreichen.

Bei manchen handgeformten Fliesen macht sich eine Schlämmtechnik gut, die alle Vertiefungen und Ritzen ausfüllt und eine gealterte Wirkung schafft. Fugenmörtel sahnig verdünnen, dann wie bei Steinzeugfliesen verfugen (siehe Seiten 162–163). Darauf achten, daß der Fugenmörtel in alle Ritzen dringt. Überschuß mit einem feuchten Schwamm abwischen.

Abschlußarbeiten

Fugenmörtel gut trocknen lassen, dann eine zweite Versiegelungsschicht aufbringen. Dabei das Öl sparsamer auftragen, da die Platten jetzt weniger porös sind. Überschüssiges Öl, das nach 20 Minuten noch nicht eingezogen ist, mit einem Lappen abwischen. Wenn das Öl ganz in die Platten eingezogen ist, was einige Stunden oder über Nacht dauern kann, kann man die Platten zweimal mit einem Spezialbodenwachs einwachsen. Den neuen Boden über den folgenden Monat einmal wöchentlich nachwachsen, um eine glatte, strapazierfähige, warm patinierte Nutzschicht aufzubauen.

Elastische Bodenbeläge

Elastische Bodenbeläge sind die unbesungenen Helden der Fußbodenwelt – der wohl am universellsten einsetzbare, aber meist übersehene Belagtyp. Obwohl nur wenige Millimeter dick, können sie den Boden auf einen Schlag um Farbe und Struktur bereichern und so völlig verwandeln. Daß sie so strapazierfähig, kostengünstig und pflegeleicht sind, erklärt auch ihre Allgegenwart – in Küchen, Werkshallen, Krankenhäusern, Flughäfen oder Geschäften.

Elastische Bodenmaterialien werden zwar meist in Feuchträumen wie Küche und Badezimmer verlegt, eignen sich aber im Grunde für Räume jeder Art und sind vor allem auch für Eingangsbereiche eine gute Wahl. Unter normaler, häuslicher Beanspruchung sind diese Materialien praktisch unverwüstlich.

Linoleum, Vorläufer modernerer Kunststoffbeläge wie PVC, war früher für viele Menschen das einzig erschwingliche Material zur Abdeckung ihrer Dielenböden, um sie pflegeleichter zu machen und ihre optische Erscheinung zu verbessern. In seiner häufigsten Erscheinungsform, einem trübseligen Braun, war es auch in öffentlichen Gebäuden sehr verbreitet. Inzwischen hat Linoleum, im Wohnbereich durch die vielseitigeren PVC-Beläge zeitweise völlig verdrängt, sein überliefertes, schäbiges Image abgelegt und ist wieder stark im Kommen. Es ist sehr viel fröhlicher geworden und heute in einer überwältigenden Vielfalt bunter, lebhafter Farben verfügbar, die völlig auf dem Stand der Zeit sind.

Die in einer großen Auswahl dekorativer Ausführungen überall erhältlichen PVC-Beläge waren viele Jahre lang ein bevorzugtes Fußbodenmaterial. Die Gestaltungsmöglichkeiten bei der Herstellung von PVC sind vielfältiger als bei Linoleum, weshalb das Angebot an Farbtönen, Mustern und Imitaten natürlicher Materialien hier wesentlich größer ist. Letztere sind in manchen Fällen kaum vom Original zu unterscheiden. Und z. T. sind sie sogar teurer als das entsprechende Naturmaterial und empfehlen sich nur durch ihre Pflegeleichtigkeit; außerdem weil sie wärmer und weicher als ihre natürlichen Gegenstücke, etwa Steinplatten, sind.

Gummi, das als Bodenbelag für den Wohnbereich ebenfalls an Beliebtheit gewinnt, ist extrem strapazierfähig und sehr unempfindlich gegen Verschrammen und Zigarettenglut, so daß es sein gutes Aussehen oft länger bewahrt als andere elastische Bodenbeläge. Mit seiner genoppten, rutschfesten Oberfläche ist Gummi ein durchaus ansprechendes Bodenmaterial.

Kork, als Naturprodukt lange Zeit beliebt, ist in den letzten Jahren nicht mehr ganz so gefragt, kann sich in der richtigen Umgebung aber als ungeheuer praktisch erweisen. Obwohl nur in einer schmalen Palette natürlicher Farbtöne erhältlich, ist er gerade für ein naturorientiertes Einrichtungskonzept bei knappem Budget eine sehr attraktive Alternative.

Elastische Bodenbeläge gibt es in Bahnen- und Fliesenform. Da Bahnenmaterial manchmal nicht ganz einfach zu verlegen ist, kann es sich lohnen, teurere Beläge vom Fachmann verlegen zu lassen. Große Bahnen sind schwer, unhandlich und lassen sich auf begrenztem Raum unter Umständen schlecht manövrieren. Und ein einziger Ausrutscher mit dem Messer kann die sonst einwandfreie Wirkung ruinieren. Linoleum neigt zum unvorhersehbaren Schrumpfen und Dehnen, was seine Einpassung wirklich erschweren kann. PVC ist viel einfacher zu verlegen als andere Bahnenmaterialien (siehe Seiten 170–173).

Elastische Fliesen sind auch für den Laien problemlos zu verlegen (siehe Seiten 174–175) und lassen sich auch leichter kreativ gestalten als das Bahnenmaterial, etwa mit Randeinfassungen oder Einlegern (siehe Seiten 174–175). PVC und Linoleum lassen sich gut ausschneiden und mit andersfarbigen Stücken des gleichen Materialtyps einlegen. Bei Linoleum kann dies entweder gleich beim Verlegen geschehen oder auch später noch, um einen vorhandenen Belag nachträglich aufzulockern. Manche Hersteller von PVC-Belägen bieten ein umfangreiches Dekorsortiment für dekorative Einlegearbeiten an, entweder ab Lager oder auf besondere Bestellung.

Man kann mit besonderen Schnittechniken kunstvolle Bordüren und Intarsien für PVC- und Linoleumböden kreieren; kompliziertere Dekore bedürfen jedoch der fachmännischen Ausführung durch erfahrene Handwerker.

◄◄ Linoleum ist nicht nur zweckmäßig, sondern inzwischen auch in einer ausgezeichneten Auswahl modischer Farben und Dessins erhältlich. Es kann mit recht komplexen Einlegearbeiten verziert werden: In diesem schlichten, weiß vertäfelten Badezimmer wirkt das extravagante, abstrakte Einlegemuster aus wäßrigen Blau- und Grautönen äußerst attraktiv.

◄ Kork ist ein sehr praktisches Material, das mit seinem natürlichen, goldbraunen Farbton jedem Raum Wärme verleiht – nicht nur im dekorativen, sondern auch im physikalischen Sinn. Das Material wird meist in Form von Platten angeboten, die manchmal in sich dezent gemustert sind, wie in dieser Küche zu sehen.

Übersicht der elastischen Bodenbeläge

Alle hier aufgeführten elastischen Bodenbeläge sind strapazierfähig. Qualität und Preis variieren innerhalb der Kategorien erheblich, vor allem bei den PVC-Belägen von recht erschwinglich bis zu sehr kostspielig. Elastische Beläge werden in Form von Fliesen angeboten, aus denen sich auch Muster legen lassen, oder in Bahnen bis zu 4 m Breite. Wenn man sich für einen Belagtyp entschieden hat, steht als nächste Hürde natürlich die Auswahl der Farbe bzw. des Musters an: Der ungeheure Formenreichtum der modernen Materialien bietet eine Fülle faszinierender Möglichkeiten.

1

2

Linoleum

Ein reines, umweltfreundliches Naturprodukt, das aus Leinöl, organischen Füllstoffen wie Holzmehl und Mineralien wie Kreide und Farbpigmenten hergestellt wird. Diese Linoleummasse wird auf Jute- oder Glasfasergewebe aufgewalzt und einem dreiwöchigen Reifeprozeß unterzogen. Das Ergebnis ist ein hartes, leicht glänzendes Material. Linoleum gibt es in einer breiten Farbpalette – uni oder mehrfarbig marmoriert. Unifarbenes Linoleum hat eine relativ leblose Oberflächenwirkung, die Schrammen leicht erkennen läßt, und sollte nur dort eingesetzt werden, wo eine sehr unaufdringliche Fußbodenfarbe gewünscht wird. Da Linoleum von Natur aus antistatisch und antibakteriell wirkt, ist es ideal zum Einsatz in der Industrie und im Gesundheitswesen. Kontrastfarbene Einlegearbeiten bieten fast unbegrenzte Gestaltungsmöglichkeiten. 1

Kunststoff

Kunststoffbeläge bestehen meistens aus PVC, einem sehr strapazierfähigen und elastischen Material, und sind je nach Einsatzzweck in verschiedenen Dicken erhältlich. Die einfachen Qualitäten bestehen aus einer einzigen farbigen PVC-Schicht, die mit einer zweiten Farbe marmoriert, gesprenkelt oder gestromt sein kann; auch Kombinationen aus mehr als zwei Farben sind möglich. Aufwendigere Beläge sind mehrlagig – etwa eine einfarbige Grundschicht mit gemusterter Deckschicht. Transparente Deckschichten mit eingebetteten Farbsprenkeln über einer andersfarbigen Grundschicht schaffen einen subtil dreidimensionalen Eindruck; Siliciumcarbid-Einsprengsel verleihen dem Material außer einem leichten Glitzern auch ausgezeichnete Rutschfestigkeit. Die aufwendigsten Ausführungen bestehen aus einer bedruckten Lage zwischen Grundschicht und transparenter Deckschicht. Dies sind oft Imitationen natürlicher Materialien, deren Qualität von verblüffend naturgetreu bis zum offensichtlich künstlichen Abklatsch variiert. Die glatte PVC-Oberfläche kann der besseren Rutschfestigkeit halber oder zu einer überzeugenderen Nachahmung natürlicher Materialien strukturiert werden. Auch bei PVC sind Einlegearbeiten möglich. Viele PVC-Beläge

4

3

für den Wohnbereich sind noch zusätzlich unterpolstert, um ein weicheres, angenehmeres Trittgefühl zu bieten. **4**

Gummi

Gummibeläge werden aus Synthese- oder Naturkautschuk mit mineralischen Füll- und Farbstoffen hergestellt. Sie sind sehr elastisch und äußerst unempfindlich gegen Schrammen und Zigarettenglut und werden daher oft in extrem beanspruchten Bereichen eingesetzt. Ihre Oberfläche kann glatt oder auch genoppt oder gerillt sein, was hauptsächlich der Rutschfestigkeit dienen soll, dem Material aber eine besondere dekorative Wirkung verleiht, die Teil seines besonderen Reizes ist. Es erweckt einen etwas weicheren, griffigeren Eindruck als PVC und bildet eine praktische und pflegeleichte Oberfläche. Es ist in einer Vielzahl von Unitönen und in marmorierten und granulierten Ausführungen zu bekommen. **2**

Kork

Kork ist ein Naturprodukt, das aus der Borke der Korkeiche gewonnen wird. Die Borke wächst nach dem Abschälen nach und kann nach neun Jahren erneut »abgeerntet« werden.

Kork hat im Vergleich zu manchen anderen Bodenbelägen viele praktische Vorzüge. Er ist strapazierfähig und recht problemlos in der Verlegung. Er isoliert ausgezeichnet und ist so immer fußwarm. Dank seiner ausgezeichneten Schalldämmung wird er sogar als Trittschall-Dämmunterlage für andere Bodenbeläge eingesetzt. Er ist auf Rollen, häufiger aber in Form von Fliesen unterschiedlicher Dicke erhältlich.

Korkfliesen können aus Korkfurnierstreifen bestehen, die auf einen Untergrund aus Preßkork geklebt sind, oder einfach aus gepreßtem Korkgranulat, was dem Produkt eine körnige Struktur verleiht. Die Farbauswahl ist auf die abgestuften Brauntöne der Natur beschränkt. Man kann Fliesen unterschiedlicher Tönung kombinieren, um die Gestaltungsmöglichkeiten etwas zu erweitern. Nichtselbstklebende Fliesen werden mit einem geeigneten Kleber auf den Boden verlegt.

Korkfliesen gibt es vorversiegelt oder unbehandelt; im letzteren Falle müssen sie nach Verlegung versiegelt werden. Es gibt auch laminierte Korkfliesen, die sehr strapazierfähig und pflegeleicht sind. Die Verlegung unbehandelter Korkfliesen kann Probleme aufwerfen, weil das Material zur Blasenbildung neigt. In Feuchtbereichen verlegte Korkfliesen am besten mit einer zusätzlichen Lackschicht überziehen, um kleine Zwischenräume zwischen den Fliesen zu verschließen und den Belag wasserfester zu machen. **3**

PVC-Bahnen verlegen

▲ *PVC-Bahnenmaterial ist weniger anfällig für Beschädigungen und sieht natürlich sauberer und ordentlicher aus, wenn es in einem Stück verlegt wird. Nähte zwischen den Bahnen würden die klaren Linien dieses Raums beeinträchtigen. Es ist erstaunlich und interessant, wie gut sich dieser moderne graue PVC-Boden zwischen alter Holztäfelung und antiken Stühlen einfügt.*

PVC-Bahnenmaterial sollte man möglichst in einem Stück verlegen, um Nähte zu vermeiden. Sie sehen nicht nur unschön aus, sondern lassen auch Schmutz und Feuchtigkeit durchdringen. Die meisten PVC-Beläge sind in Rollenbreiten bis zu 4 m erhältlich, so daß nur in großen Räumen Nähte erforderlich sind. Man verlegt sie am besten im leeren Raum, d.h. vor Montage von Einbauküchen oder Sanitärinstallationen: Je kleiner die Zahl der Hindernisse, um die man herumschneiden muß, desto größer die Wahrscheinlichkeit, daß das Resultat fachmännisch aussieht und völlig wasserdicht ist. Um den Belag später wieder zu entfernen, einfach um die Einbauten herum mit einem scharfen Universalmesser abschneiden.

PVC-Bahnen sollten vor der Verlegung lokker entrollt mindestens 24 Stunden in dem Raum liegen, in dem sie verlegt werden sollen. So kann sich das Material ausdehnen und akklimatisieren, bevor man mit dem Zuschneiden beginnt.

PVC-Bahnen einpassen

Die PVC-Bahn so zuschneiden, daß rundum 5 cm Überstand bleiben. Das kann man in einem Raum machen, der größer ist als der Verlegeraum; wenn ein solcher nicht vorhanden ist, kann man das PVC auch draußen zuschneiden, aber darauf achten, daß es dabei sauber bleibt. Wenn man zwei PVC-Bahnen verlegen muß, diese entrollen und nur die Endkanten zuschneiden. Dabei auf einen etwaigen Musteransatz zwischen den Bahnen achten.

An der längsten geraden Wand mit der Verlegung beginnen. PVC-Bahn diagonal entrollen, so verschieben, daß sie parallel zur langen Wand liegt, wobei zwischen Wand und Bahnkante etwa 3 cm Zwischenraum bleiben sollten. An den anderen Raumseiten sollte der Belag an den Fußleisten bzw. Wänden hochstehen. Kontrollieren, ob der Belag parallel zur Wand liegt: Hierzu an beiden Raumenden den Abstand zwischen Wand und Musteransatz messen, Belag nötigenfalls verschieben. Mit einem weichen Besen über den Belag gehen, um sicherzustellen, daß er glatt aufliegt und keine Luftblasen unter ihm eingeschlossen sind.

Wandlinie anzeichnen

Um das PVC an der langen Wand exakt zuzuschneiden, einen kleinen Holzklotz so an die Wand anlegen, daß er den PVC-Belag überlappt. Holzklotz an der ganzen Wand entlangführen und an ihm entlang eine durchgehende Markierungslinie auf dem PVC anzeichnen, die genau der Kontur der Wand folgt. PVC entlang der Markierungslinie mit einem scharfen Universalmesser zuschneiden. Wenn man sich das zutraut, kann man auch gleich mit dem Messer (anstelle eines Stifts) an dem Holzklotz entlang fahren. Schnittkante an die Wand legen; sie sollte genau passen.

In Ecken zuschneiden

Damit das PVC flach aufliegen kann, zunächst an den Ecken Entspannungsschnitte anbringen. An Außenecken das PVC einfach gegen die Unterkante der Fußleiste drücken und von die-

PVC-Bahnen verlegen

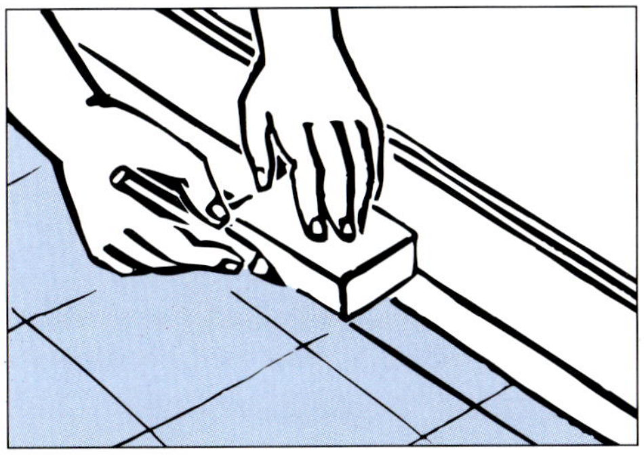

1 Einen Holzklotz an der Wand entlang führen, um die Wandkontur exakt auf den PVC-Belag zu übertragen.

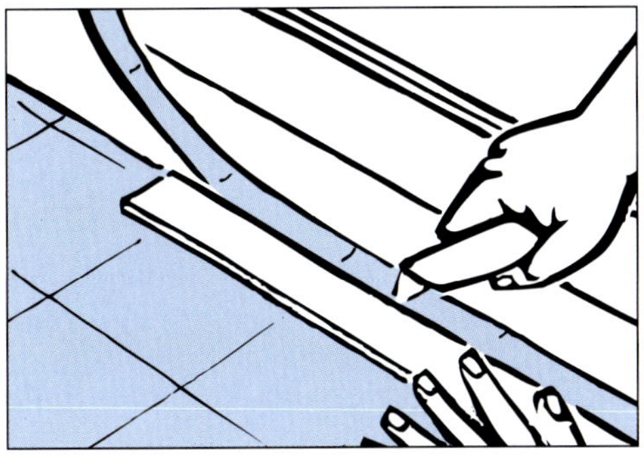

2 Erste Kante des PVC-Belags entlang dieser Markierung mit einem scharfen Universalmesser zuschneiden.

3 An Außenecken das PVC unten an die Fußleiste drücken, mehrere Entspannungsschnitte anbringen.

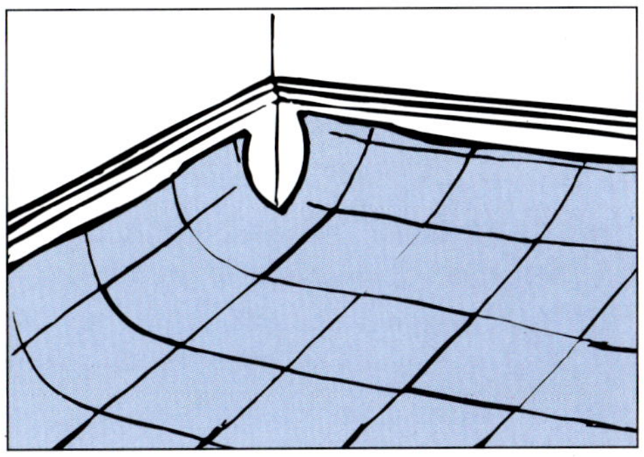

4 An Innenecken die PVC-Bahn wie nebenstehend beschrieben diagonal abschneiden, so daß sie flach anliegt.

5 PVC mit einem Spachtel fest an die Wand drücken und zunächst einzelne Laschen herausschneiden.

6 Oder, wenn man sich das zutraut, PVC mit dem Stahllineal andrücken, in einem Zug daran entlangschneiden.

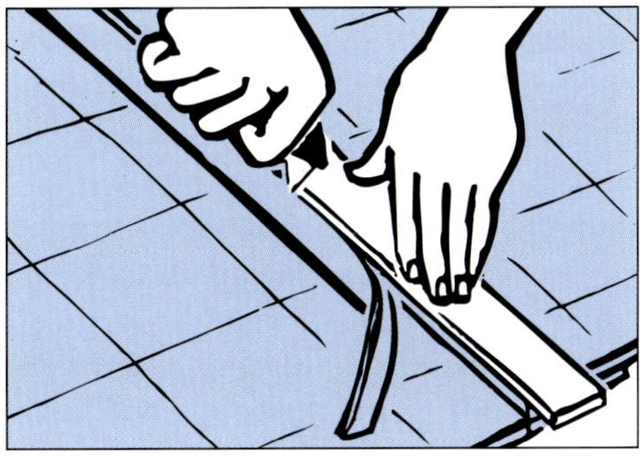

7 Nahtkanten durch zwei überlappende Bahnen schneiden, am besten an einer Musterlinie.

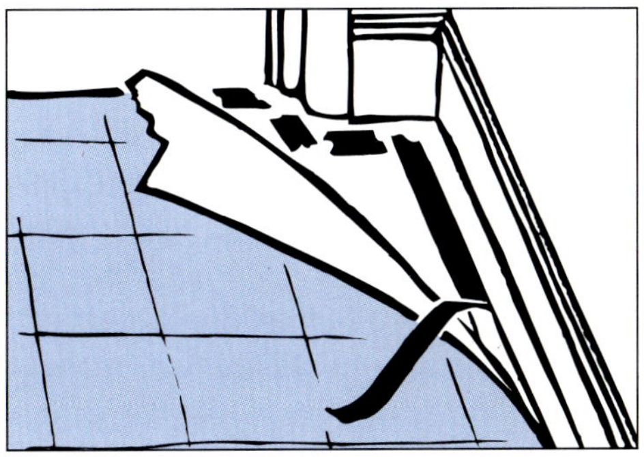

8 PVC-Belag an strategischen Punkten mit doppelseitigem Spezial-Klebeband für PVC sichern.

sem Punkt nach oben bis zur Kante des PVC-Belags schneiden, so daß das Material flach liegt. An Innenecken ein Dreieck von der Ecke der PVC-Bahn abschneiden, so daß sich die beidseitigen Überstände beim Hochfalten nicht überlappen. Hierzu das PVC etwa 5 cm in den Raum umfalten. Von der Raumecke bis zur Faltkante messen. Dann von der Faltkante zum Eckpunkt der PVC-Bahn hin den gleichen Abstand abmessen, markieren und die Ecke der Bahn am markierten Punkt diagonal abschneiden; der Belag sollte jetzt genau an der Ecke anliegen, so daß der Überstand rechts und links sauber an der Wand hochsteht. Zum Abschneiden des Überstands das PVC in Abständen von etwa 15 cm mit einem Spachtel fest in den Winkel zwischen Fußleiste und Boden drükken. Entlang der Faltkante abschneiden, das Stück entfernen. Vorgang wiederholen, so daß eine Reihe 15 cm breiter Laschen zurückbleibt. PVC von der Wand zurückziehen, ein Lineal entlang der Ansatzkante der Laschen anlegen und diese sauber abschneiden, so daß das PVC genau an der Wand anliegt. Wer es sich zutraut, kann das PVC auch mit einem Stahllineal anstelle des Spachtels an die Wand drücken und in einem Zug daran entlang schneiden.

Nahtkanten beschneiden

Wo Nähte notwendig sind, die zweite PVC-Bahn überlappend so über die erste legen, daß der Musteransatz stimmt. Da, wo die Naht verlaufen soll, ein Stahllineal auf die beiden Bahnen legen. Naht nach Möglichkeit auf eine Musterlinie legen, damit sie weniger auffällt. Am Stahllineal entlang durch beide PVC-Lagen schneiden; die Kanten müßten so genau aneinander passen.

Befestigen und verkleben

PVC-Bahnen für den Wohnbereich sind meist unterpolstert und brauchen deshalb nicht vollflächig verklebt zu werden; in bestimmten Bereichen muß allerdings geklebt werden: etwa an Türen, um schwere Möbelstücke herum, die bewegt werden und den Bodenbelag verschieben könnten, außerdem an Nähten. Man sollte den Belag mit speziellem doppelseitigem Klebeband für PVC-Beläge oder Acrylkleber für PVC-Böden sichern; dabei die Herstelleranweisungen beachten.

Um Hindernisse herumschneiden

Am besten fertigt man von Hindernissen wie Waschbecken eine Papierschablone an. Makulaturtapete ist gut geeignet. Nötigenfalls mehrere Stücke aneinanderkleben, um ein ausreichend großes Blatt zu erhalten. Papier im rechten Winkel zur Kante so weit einschneiden, daß man es um das Hindernis bis an die Fußleiste anlegen kann. Einen zweiten Einschnitt im rechten Winkel zum ersten machen, dann eine Reihe senkrechter Einschnitte anbringen, bis das Papier sauber um das Hindernis anliegt. Papierlaschen so umfalten, daß sich am Übergang zwischen Hindernis und Fußboden eine deutliche Falte bildet, diese mit Bleistift nachziehen. Papier abnehmen, an der Bleistiftlinie ausschneiden, um eine Schablone zu erhalten.

Jetzt das PVC provisorisch um das Hindernis legen, um die Kante an der Fußleiste zuzuschneiden. Die PVC-Kante einmal rechtwinklig einschneiden, dann einen weiteren Schnitt im rechten Winkel hierzu anbringen, wie die beiden ersten Schnitte für die Papierschablone. PVC um das Hindernis legen, entlang der Fußleiste passend zuschneiden, wieder abnehmen. Den ursprünglichen ersten Einschnitt der Papierschablone sauber mit Klebeband verkleben.

Schablone so auf das PVC legen, daß die Kanten von Papier und PVC genau aufeinander liegen und die Einschnitte im PVC genau in die Aussparung im Papier passen. Eine Aussparung auf dem PVC anzeichnen und ausschneiden, dann den PVC-Belag um das Hindernis verlegen.

Man kann statt dessen auch eine ähnliche Methode wie zum Anpassen des PVC-Belags an die erste Wand (siehe Seiten 170–171) verwenden, indem man einen Holzklotz als improvisierte Profillehre einsetzt. Holzklotz um das Hindernis herumführen und an seiner Außenkante entlang eine Bleistiftinie auf eine bereits grob zugeschnittene Papierschablone ziehen. Schablone auf den PVC-Belag legen (dabei die Tiefe des PVC bis zur Fußleiste berücksich-

▲ *Auf großen Bodenflächen können auch auffällige Muster gut wirken. Die in dieser Küche und im angrenzenden Raum durchgehend verlegten PVC-Fliesen vermitteln einen Eindruck von Weitläufigkeit. Die passend zu den roten Fliesen gestrichenen Küchenwände stellen auf kühne Weise einen harmonischen Zusammenhalt her.*

Um Hindernisse herumschneiden

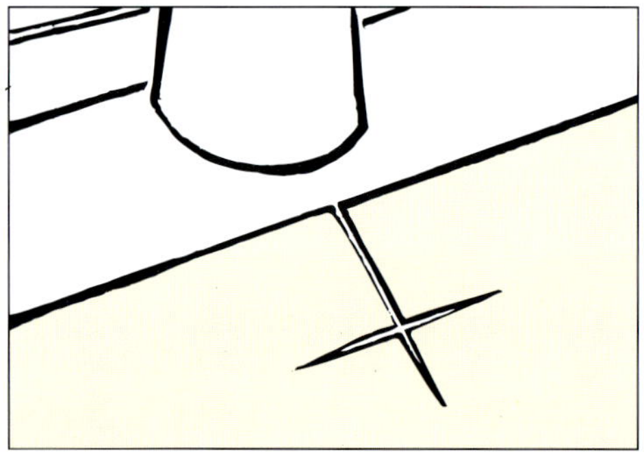

1 *Zwei zueinander rechtwinklige Einschnitte ins Papier machen, so daß es sich bis an die Wand schieben läßt.*

2 *Papier mit senkrechten Schnitte an das Hindernis anpassen, Laschen umfalten, Linie nachzeichnen, ausschneiden.*

3 *Zwei Einschnitte in den PVC-Belag machen. Umriß mit der Schablone aufs PVC übertragen, ausschneiden.*

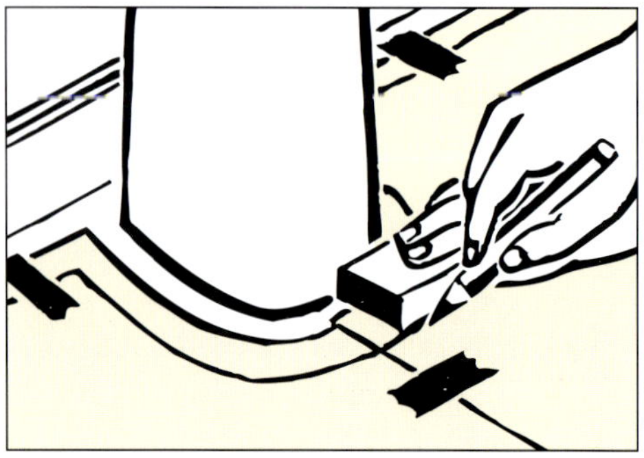

4 *Alternativ den Umriß des Hindernisses mit Hilfe eines Holzklotzes exakt auf die Papierschablone übertragen.*

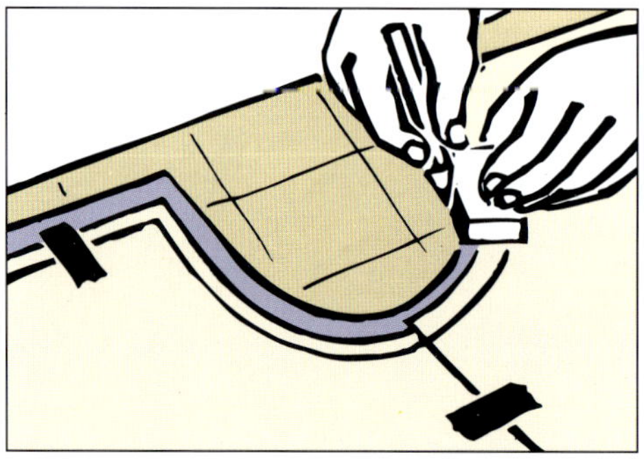

5 *Schablone aufs PVC kleben; Holzklotz an der Linie entlangführen, an der Innenkante eine Linie aufs PVC ziehen.*

6 *Zur Anpassung um ein Rohr: Senkrechten Einschnitt machen, Rohrposition markieren, Loch ausschneiden.*

tigen). Die Außenkante des Holzklotzes an der Markierungslinie auf der Schablone entlang führen, dabei an seiner Innenkante eine Markierungslinie auf dem PVC anzeichnen.

Um PVC-Beläge um Rohrdurchführungen anzupassen, das PVC zuerst im rechten Winkel zur Kante einschneiden, so daß man es bis zur Wand anlegen kann. Position des Rohrs markieren, PVC von der Wand zurückklappen. Aussparung in der richtigen Größe mit Hilfe einer Münze oder ähnlichem auf dem PVC anzeichnen, ausschneiden, das PVC um das Rohr legen.

Zuschneiden an Türrahmen

Wie an Ecken eine Reihe kleiner, senkrechter Einschnitte ins PVC machen, um eine Lasche genau in den Türrahmen einzupassen (siehe Seiten 170–171). Man kann auch die Form des Türrahmens mit einer Kammschmiege auf das PVC übertragen, um dieses exakt passend zuzuschneiden, oder eine Miniatur-Papierschablone fertigen. Eine weitere Möglichkeit: das PVC zurückklappen, sehr vorsichtig mit dem Ende einer langen Säge einen sehr dünnen Streifen vom unteren Ende des Türrahmens absägen, ohne den umgebenden Fußboden zu beschädigen; PVC-Kante sauber unter den Türrahmen schieben.

Abschlußarbeiten

Man kann etwaige Nähte »kalt verschweißen«, damit weder Schmutz noch Feuchtigkeit in die Ritzen gelangen. Dafür gibt es lösemittelhaltige Produkte, die die Nahtkanten miteinander verkleben. Dabei die Herstelleranweisungen beachten. Belagränder vor allem in Naßbereichen, wie etwa um Badewannen und andere Sanitärinstallationen herum, mit Silikondichtmasse abdichten. An Türen eine Abschluß- bzw. Übergangsschiene aus Metall anbringen. Durch Verlegefehler entstandene Ritzen am Wandabschluß kann man mit Holzleisten abdecken.

◀ In kleineren Räumen mit begrenzter Bodenfläche, wie vielen Küchen, kann man den Fußboden durch einen unifarbenen Bahnenbelag optisch vergrößern. PVC, das sich für kleine Räume in einem Stück zuschneiden läßt, ist für Küchen besonders gut geeignet, weil sich kein Schmutz in Ritzen festsetzen kann.

Linoleum- und Korkfliesen verlegen

▶ *In solch einer schmalen Diele arbeitet man am besten von einer längs verlaufenden Mittelachse zu den Wänden hin. Genau vorplanen und die Mittelachse nötigenfalls vor Arbeitsbeginn entsprechend verschieben. Die Fliesen dicht aneinanderstoßen lassen, an den Rändern passend zuschneiden. Die Abdeckleiste im Türrahmen verhindert eine Beschädigung der Fliesenkante durch Dagegentreten.*

Elastische Bodenfliesen zu verlegen ist eine einfache Angelegenheit. Die Fliesen werden einfach ohne Fugen aneinanderstoßend verlegt. Sie lassen sich leicht passend zuschneiden und sind überhaupt viel besser zu handhaben als das Bahnenmaterial. Fliesen bieten auch größere dekorative Möglichkeiten, etwa durch Gestaltung einer Randeinfassung oder eines zentralen Blickfangs in der Raummitte.

Linoleumfliesen kann man mit einfachen Einlegedekoren verzieren; simple, zweifarbige Schachbrettmuster etwa lassen sich durch quadratische Einleger interessant beleben. Solche Dekorstücke kann man fertig zugeschnitten kaufen oder selbst zuschneiden und verlegen.

Vor Arbeitsbeginn den Boden wie auf den Seiten 152–153 beschrieben vorbereiten. Der Untergrund muß absolut eben sein, da jede noch so kleine Beule oder Vertiefung auf dem fertigen Boden sichtbar wird und die Gesamtwirkung beeinträchtigt. Den Boden sollte man am besten mit einem Latex-Fließspachtel vorbehandeln.

Sofern die Fliesen nicht selbstklebend ausgerüstet sind, kann man sich vom Fachhändler einen geeigneten Kleber empfehlen lassen. Unbehandelte Korkfliesen sollte man wie Holzdielen mit einer Lackschicht versiegeln (siehe Seiten 146–147).

Fliesen verlegen

Fußboden wie auf den Seiten 156–157 beschrieben ausmessen und markieren; man benötigt hier aber nicht unbedingt ein vollständiges Verlegegitter: Die maschinell geschnittenen, elastischen Fliesen müßten, solange man sie richtig an den Hauptachsen ausrichtet, bis zu den Wänden parallel laufen. Von der Mitte ausgehend auf die Wände zu arbeiten.

Einen geeigneten Kleber für das jeweilige Material verwenden. Empfehlenswert und in den meisten Fällen geeignet sind Acrylkleber auf Wasserbasis, die keine unangenehmen Lösemitteldämpfe freisetzen. Kleber mit einem Zahnspachtel der vom Hersteller empfohlenen Größe auf einen Flächenabschnitt verteilen, den man problemlos fliesen kann, bevor der Kleber fest wird. Einen Farbroller mit Kleber anfeuchten und die Kleberschicht damit glattrollen, damit sich unter den Fliesen keine Grate aufbauen, die an der Oberfläche sichtbar werden.

Selbstklebende Fliesen sind wesentlich leichter und sauberer zu verlegen. Hier braucht man nur die Papierschicht von der Rückseite abzuziehen und die Fliese exakt auszurichten, bevor man sie festdrückt.

Erste Fliese am Schnittpunkt der beiden Hauptachsen anlegen, von der Mitte nach außen andrücken, um Lufteinschlüsse unter der Fliese zu vermeiden, die zu Blasenbildung führen können. Die nächste Fliese genau anstoßend legen, in gleicher Weise festdrücken. Überschüssigen Kleber auf der Oberfläche mit einem sauberen Lappen abwischen. Zuerst eine Raumhälfte im Pyramidenmuster zur Wand hin fliesen. Wenn die Fliesen an den Hauptachsen richtig ausgerichtet sind, sollten alle weiteren

▲ *Besonders verlegefreundlich sind selbstklebende Korkfliesen, aber auch sonst sind Korkfliesen problemlos in der Verlegung. Unbehandelte Korkfliesen sollte man versiegeln; auch bei vorversiegelten Fliesen ist eine weitere Lackschicht empfehlenswert, wenn sie regelmäßig feucht gereinigt werden, wie etwa in Küchen oder Eßbereichen.*

Fliesen automatisch exakt parallel verlaufen, da die Kanten maschinell geschnittener Fliesen in der Regel genau rechtwinklig sind.

Randfliesen zuschneiden

Wenn alle ganzen Fliesen gelegt sind, kann man mit der Verlegung der Randfliesen beginnen. Ein lose Fliese genau auf die letzte ganze Fliese legen. Eine weitere Fliese so darauf legen, daß ihre Kante an die Fußleiste anstößt. An ihrer Gegenkante eine Markierungslinie auf die darunterliegende lose Fliese ziehen. Diese entlang der Markierungslinie mit dem Stahllineal und einem scharfen Messer abschneiden; der abgeschnittene Streifen sollte jetzt genau in den Randzwischenraum passen. Vorgang für die übrigen Randfliesen wiederholen. An etwaigen Hindernissen kann man so vorgehen wie beim Verlegen von PVC-Bahnenmaterial (siehe Seiten 172–173).

Einleger einpassen

Quadratische Einleger können eintönige Böden auflockern und schlichte Schachbrettmuster raffinierter machen; zugleich ist dies eine relativ einfache Methode, eine zusätzliche Farbe in ein Fußbodenkonzept einzuarbeiten. Wenn Sie keine passenden vorgefertigten Einleger finden, können Sie sie auch selbst zuschneiden.

Man kann auch andere Dekore, wie etwa Sterne, einlegen, doch das Ausschneiden komplizierter Formen ist handwerklich anspruchsvoll und kann leicht mit Lücken zwischen den eingelegten Stücken enden. Bevor man den Fußboden zerschneidet, kann man an Verschnittstücken üben oder sich vielleicht an einfachere Formen halten.

Den quadratischen Einleger auf Schablonenkarton zeichnen und ausschneiden. Die Schablone mit diagonalen Bleistiftlinien in vier gleich große Dreiecke unterteilen. Schablone so auf den Stoßpunkt von vier Fliesen legen, daß die Bleistiftlinien exakt auf den Stoßlinien liegen. Umriß der Schablone mit einem feinen Bleistift auf die Fliesen zeichnen. Mit einem scharfen Messer sehr sauber ausschneiden; das Linoleum innerhalb des ausgesparten Feldes vollständig herauslösen. Mit derselben Schablone ein Quadrat auf dem Einlagematerial anzeichnen. Sorgfältig ausschneiden, in die entsprechende Aussparung des Bodenbelags kleben.

Elastische Bodenfliesen verlegen

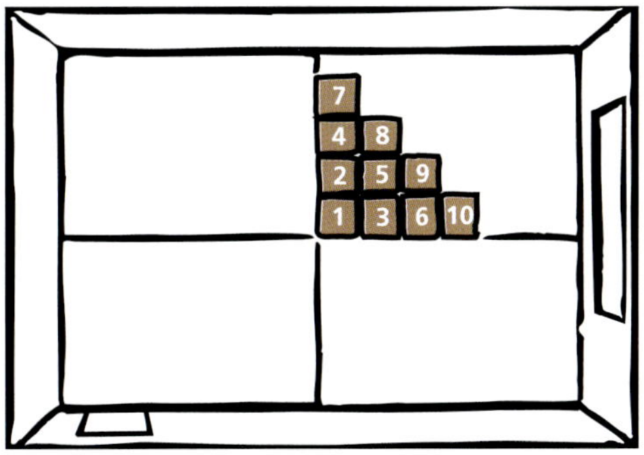

1 *Nach Festlegung der Hauptachsen die Fliesen vom Mittelpunkt nach außen legen.*

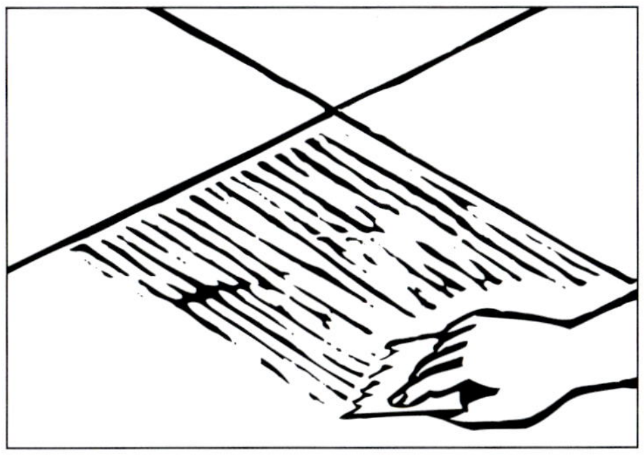

2 *Kleber mit einem Zahnspachtel verteilen, aber nicht zu tief einfurchen.*

3 *Selbstklebende Fliesen sind sauberer zu verlegen. Einfach die Papierschicht abziehen, Fliese andrücken.*

4 *Erste Fliese am Achsenschnittpunkt anlegen, nach außen feststreichen, um Lufteinschluß zu vermeiden.*

5 *Am Rand eine Fliese auf die letzte ganze Fliese legen, eine weitere gegen die Wand; mittlere Fliese markieren.*

6 *An der Markierung abschneiden; das abgeschnittene Stück sollte genau in den Randzwischenraum passen.*

7 *Einlegerschablone auf den Stoßpunkt von vier Fliesen legen, den Umriß mit Bleistift nachziehen.*

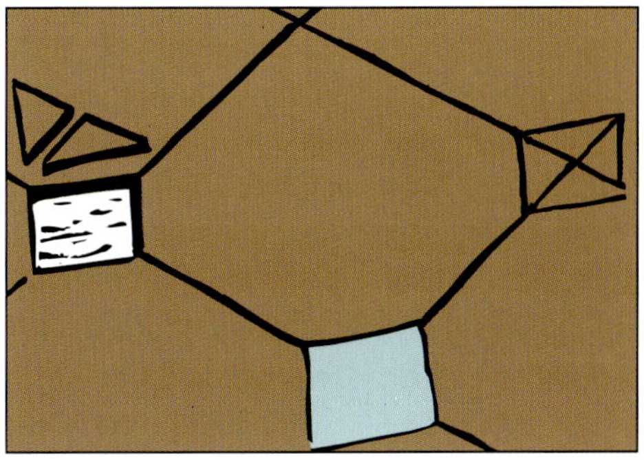

8 *Aussparung für den Einleger ausschneiden, Einleger rückseitig mit Kleber bestreichen und festdrücken.*

Dekorative Holzböden

Holz wurde als fast überall verfügbares, leicht zu bearbeitendes und praktisches Material von alters her als Bodenbelag genutzt. Seine Vielfalt, Schönheit und Wärme, in der ihm kaum ein anderes Bodenmaterial gleichkommt, verleihen ihm eine unvergleichliche Anziehungskraft. Mit seiner dezent eleganten und luxuriösen Wirkung ist ein neuer Holzboden der einzige Bodenbelag, der sich praktisch in jeden Raum nahtlos einfügt.

Aus praktischen Erwägungen wäre es allerdings unklug, Holzböden in sehr feuchten Räumen zu verlegen; ein dauernd unter Wasser stehendes Bad ist nicht der ideale Ort für einen Holzboden.

Eine neu geschliffene und versiegelte Holzfläche ohne störende Lücken paßt besonders gut zu modernen, minimalistischen Interieurs, die ihre Wirkung aus einfachen, klaren Linien und dem Einsatz natürlicher Materialien beziehen. Holz verträgt sich aber auch mit jedem anderen zeitgenössischen Einrichtungsstil. In einem Raum im traditionellen Landhausstil mögen jedoch alte, breite Dielen mitsamt ihren über die Jahre entstandenen Lücken und Unregelmäßigkeiten besser wirken. Und doch ist der unvergängliche Reiz von Holz so ausgeprägt, daß solch ein Boden genauso gut zu einem moderneren Konzept passen könnte. Holz altert mit Würde, dunkelt meist nach und gewinnt über Jahrzehnte immer mehr Charakter.

Jede Holzart hat ihre typische Farbe und Maserung, von der blassen Esche bis zum fast schwarzen Ebenholz – heute zu selten, um als Bodenbelag in Frage zu kommen. Dazwischen liegt eine Fülle warmer Braun- und Rottöne und üppiger Beigenuancen. Durch Beizen lassen sich weitere Variationen erzielen. Die Maserungsstrukturen reichen von ganz schlicht mit minimaler Zeichnung bis zu wild verschlungenen Mustern von großem Farbreichtum. Ihre Ausprägung ist von der Holzart abhängig, variiert aber auch innerhalb einer Art erheblich. Gleichmäßig gemaserte Hölzer ohne Astansätze sind meist teurer als unregelmäßig gemaserte mit einigen Unvollkommenheiten.

Holz bietet ein derart breites Farbspektrum, daß es mit fast jeder Art von Einrichtung harmonieren kann. Die Farbtöne sind meist gedämpft und neutral. Seine Wirkung ist in sich interessant genug, um es undekoriert zu belassen; wenn man aber mehr Farbe und Wärme wünscht, bildet es auch einen idealen Hintergrund für lose Teppiche und Läufer.

Holz gehört zu den leichter zu verlegenden Bodenbelägen. Früher legte man es meist in Form von Dielen auf Tragbalken; heute werden Holzbeläge oft schwimmend verlegt. So kann man in wenigen Stunden einen nagelneuen Holzboden aus vorgefertigten Elementen auf einen vorhandenen Unterboden legen.

Fertigparkett wird fast ausschließlich aus Harthölzern gefertigt, wenn auch die tatsächliche Holzschicht meist nur ein dünnes Furnier ist. Gebräuchliche hellere Harthölzer sind etwa Esche, Ahorn und Buche. Birke und Ahorn haben eine besonders unauffällige Maserung – ideal für Räume, die einen hellen, schlichten Boden erhalten sollen, der keine zusätzliche Strukturwirkung einbringt. Eiche ist ein dunkleres Hartholz mit besonders interessanter Maserung, das häufig für Fußböden verwendet wird. Auch andere dunklere Hölzer, wie etwa Walnuß, werden manchmal als Bodenbelag eingesetzt, ebenso exotischere Holzarten wie Mahagoni und Teak, die einen üppigen goldroten Farbton haben. Bedenken Sie bei der Auswahl des Holztyps jedoch, daß Tropenhölzer oft aus Regenwäldern stammen.

Alle Hölzer kann man durch Beizen im Farbton verändern. Helle Hölzer wie Buche werden meist gebeizt oder halbtransparent lackiert, um sie noch mehr aufzuhellen. Falls Sie üppig warme Tropenhölzer lieben, kann eine entsprechend gebeizte europäische Holzart eine befriedigende Alternative sein. Holz gibt es in sehr unterschiedlicher Qualität: Teurere Qualitäten sind meist astfrei und von einheitlicher Färbung; bei billigeren Qualitäten kann die Farbe von Brett zu Brett erheblich variieren. Alle Harthölzer sind für den häuslichen Bereich ausreichend strapazierfähig, einige, etwa Ahorn, noch deutlich härter als andere. Mehrschichtiges Fertigparkett kann sogar noch stabiler sein als Massivholz, da die Mittellage stoßdämpfend ausgelegt ist. Neues Kiefernholz hingegen ist sehr weich und verschrammt leicht.

◀ *Die klare Schlichtheit moderner Parkettdielenböden kommt dem Zeitgeschmack besonders entgegen; der blasse, neutrale Farbton dieses Bodens bildet für die markanten Möbel einen idealen Hintergrund. Holzböden sind stilvoll und praktisch und fügen sich dank der Vielfalt an Farben und Strukturen in fast jeden Raum harmonisch ein.*

▲ *Ein typisches Beispiel des zeitgemäß zwanglosen Einrichtungsstils. Der helle, dezent gemaserte Boden ist pflegeleicht und allergenfrei, zugleich aber warm und einladend. Der Teppich gibt der undekorierten Bodenfläche eine zusätzliche Farbnote und mehr Gemütlichkeit; die übrige Einrichtung ist großzügig um ihn herum arrangiert.*

Übersicht der dekorativen Holzböden

Holzbodenelemente gibt es in unbehandelter und in wohnfertig versiegelter Form. Unbehandelte Elemente werden erst nach dem Verlegen abgeschliffen und versiegelt. Sie sind zwar im Anschaffungspreis günstiger; man muß allerdings die Kosten für diese Nachbehandlung hinzurechnen. Sehr beliebt sind heute die vorversiegelten Fertigbeläge, die schneller und recht unproblematisch zu verlegen sind. Ihre Versiegelungsschicht wird unter kontrollierten Werksbedingungen aufgebracht und ist aus diesem Grund besonders gleichmäßig. Sie besteht oft aus einem speziellen Acryllack, der eine nur wenige Millimeter dicke Schicht bildet, die manchmal der größeren Rutschfestigkeit halber leicht strukturiert wird. Manche vorbehandelten Fertigbeläge werden mit Verschleißgarantien von bis zu 25 Jahren geliefert; üblicher sind jedoch Garantiezeiten von 5 bis 10 Jahren.

1

2

Dielenböden

Sie bestehen aus massiven Dielenbrettern, die auf Tragbalken oder einen vorhandenen Unterboden verlegt werden. Früher verwendete man relativ breite, glattkantige Dielenbretter, heute nimmt man meist Nut-und-Feder-Bretter. Diese bieten bessere Dichtigkeit gegen Zugluft aus dem Unterbodenbereich; auch etwaige Holzschrumpfungen und -bewegungen sind bei ihnen weniger augenfällig. Der Hauptvorteil eines massiven Dielenbodens liegt darin, daß man ihn mehrfach abschleifen und neu versiegeln kann.

Freitragende Dielenböden sollten mindestens 18 mm dick sein; schwimmend auf einen Unterboden verlegte Dielen können bis zu 1 cm dünn sein. Moderne Hartholzdielen sind recht schmal, oft nur 6–9 cm breit, so dass Schrumpfungen weniger auffallen, weil die Fugen schmaler sind und ein mögliches Verziehen der Bretter weniger ausgeprägt ist. Die Dielenbretter können unbehandelt oder vorversiegelt sein. **1**

Stabparkett

Es besteht aus mit Nut und Feder ausgestatteten, etwa 2 cm dicken Massivholzstäben, die in verschiedenen Mustern angeordnet werden können. Besonders gebräuchlich sind Fischgrät-, Würfel- und Flechtmuster, teils mit gerader Randeinfassung, sowie der sogenannte Schiffsbodenverband, bei dem die Parkettstäbe stoßversetzt parallel angeordnet werden. Wenn man die Parkettstäbe mit Bitumen-Kleber auf einen Estrichuntergrund verlegt, erhält man einen sehr dauerhaften Bodenbelag, der mehrfach abgeschliffen werden kann. **4**

Mosaikparkett

Mosaikparkett ist selbst als Massivparkett relativ preiswert. Es besteht aus kleinen Holzlamellen von etwa 8 mm Dicke, die in Mustern zu Platten zusammengesetzt werden und oft auf einer Unterlage befestigt sind.

Besonders gebräuchlich sind Würfel- und Flechtmuster. Die Mosaikparkettplatten werden ähnlich wie elastische Fliesen (siehe Seiten 174–175), aber mit speziellem Parkettklebstoff, auf den Unterboden verklebt, der sehr glatt und eben sein muß; es gibt auch Ausführungen mit selbstklebender Rückseite. Die Platten sind meist mit Nut und Feder ausgestattet, so daß sie sich sauber ineinanderstecken lassen. Auch Mosaikparkett ist vorversiegelt oder unbehandelt erhältlich. **2**

Tafelparkett

Neben Parkettafeln in gebräuchlichen Würfel-, Flecht- und Fischgrätmustern gibt es auch aufwendigere Gestaltungen wie das traditionelle »Parquet de Versailles« und spezielle Ornamenttafeln, etwa mit kunstvollen Intarsienarbeiten aus helleren und dunkleren Hölzern: rechtwinklige Mäanderornamente, komplex aufgebaute Sterne und viele andere Formen. Sie werden im Werk mit Laser geschnitten und zu verlegefertigen Tafeln zusammengesetzt, die auf den Unterboden verklebt werden und beispielsweise zur Gestaltung dekorativer Randeinfassungen oder großflächiger Muster dienen

3

5

können. Solche Elemente haben natürlich ihren Preis, so daß es sinnvoller sein mag, sie vom Fachmann verlegen zu lassen, sie gehören allerdings zu den schönsten Möglichkeiten der Fußbodengestaltung. 5

Fertigparkett

Im Gegensatz zu Massivparkett sind Fertigparkettelemente aus mehreren Schichten aufgebaut, wobei nur die oft

4

sehr dünne Nutzschicht aus Edelholzfurnier besteht. Die darunterliegenden, rechtwinklig zueinander verleimten Trägerschichten bestehen aus Weichholz oder Holzwerkstoffen wie Sperrholz oder Tischlerplatte, manchmal auch aus Kork. Fertigparkett bietet mehrere Vorteile. Es ist in der Herstellung relativ billig, da das Edelholzfurnier bis zu 1 mm dünn sein kann (meist ist es aber etwas dicker), und daher vergleichsweise preisgünstig. Es ist sehr formstabil, da der mehrschichtige Aufbau Schrumpfungen, Dehnungen und Verwerfungen unterbindet. Fertigparkettelemente sind in Stärken von etwa 6–20 mm erhältlich. Die dickeren Ausführungen können mehrmals abgeschliffen werden.

Dieser Fußbodentyp ist grundsätzlich mit einer sehr strapazierfähigen Lackschicht vorversiegelt und bedarf keiner weiteren Behandlung. Es gibt Fertigparkettelemente in verschiedensten Ausführungen: als Landhausdiele, Tafelparkett, Mosaikparkett, Schiffsboden, wobei hier tatsächlich jedes Element mehrere Parkettstäbe breit ist, um auf diese Weise eine schnellere und einfachere Verlegung zu ermöglichen. 3

Parkettelemente verlegen

Am einfachsten ist die schwimmende Verlegung von Holzfußböden, bei der die einzelnen Elemente untereinander, aber nicht mit dem Unterboden verbunden werden. Die Elemente können massiv oder mehrschichtig aufgebaut sein und sind in verschiedenen Dicken erhältlich. Die dickeren Elemente sind langlebiger, ergeben aber eine größere Bodenaufbauhöhe.

Der Untergrund muß möglichst eben, aber nicht perfekt sein. Der neue Boden kann auf vorhandene Bodenbeläge verlegt werden – selbst auf Teppichboden mit ausreichend dichtem, kurzem Flor. Tatsächlich verbessert die schwimmende Verlegung eines Holzbodens auf einen alten Teppich die Trittschalldämmung zum darunterliegenden Stockwerk. Natürlich kann man auch eine Unterlage aus schalldämmendem Material wie Kork oder Spezialschaum verwenden. Beton- und Estrichböden müssen vor allem trocken sein. Bei feuchtem Unterboden eine Feuchtigkeitssperrschicht aufbringen (siehe Seiten 152–153).

Bei den meisten Holzbelägen muß man ringsum eine 10 mm breite Dehnungsfuge lassen; erkundigen Sie sich beim Kauf des Bodenmaterials. Am besten wird sie nachher durch die Fußleiste abgedeckt. Wenn die Demontage der Fußleiste vor Verlegung des Bodens zu aufwendig wäre, kann man die Fuge mit einer schmalen Holzleiste kaschieren oder mit Korkstreifen füllen. Die Elemente sollten parallel zur längsten Wand verlegt werden; in quadratischen Räumen ist die Verlegerichtung frei wählbar.

Normalerweise legt man die Elemente der ersten Reihe in voller Breite und sägt dann die letzte Reihe passend zu. Man sollte den Raum jedoch vor Verlegebeginn ausmessen, um festzustellen, ob dieser letzte Streifen nicht zu schmal wird. Dann kann es ausgewogener wirken, wenn man schon die Elemente der ersten Reihe der Länge nach halbiert, so daß die Elemente der ersten und der letzten Reihe etwa die gleiche Breite haben.

▲ *Das Auge folgt der Verlegerichtung der Dielenelemente durch den Korridor zum angrenzenden Raum; das sieht am besten aus und ist einfach zu verlegen. Fertigparkett kann man auf fast jeden glatten, ebenen Untergrund verlegen. Am ordentlichsten wirkt es, wenn Fußleisten, Kücheneinbauten u. a. erst nach Verlegung des Bodens montiert werden.*

Verlegung

An der längsten geraden Wand beginnen. 10 mm dicke Randkeile für die Dehnungsfuge vor die Wand setzen, das erste Element mit der Nutkante zur Wand anlegen. Holzleim auf die Feder am Elementende geben. Das nächste Element auf das Ende des ersten stecken und so fortfahren, bis man zum letzten Element der

Fertigparkett verlegen

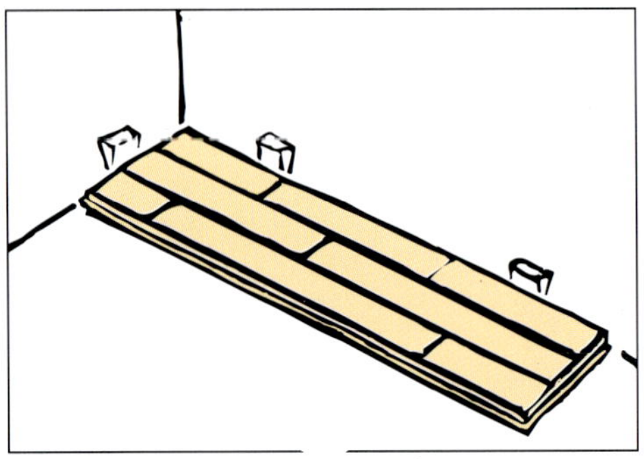

1 Das erste Element an die Randkeile legen; zuvor etwas Leim auf das Ende und die wandseitige Nutkante geben.

2 Das letzte Element umdrehen, an die Wand anlegen, an der Kante des vorletzten Elements markieren, absägen.

3 Die eingeleimten Elemente der zweiten Reihe mit Hammer und Verschnittstück sanft festklopfen.

Mosaikparkett verlegen

1 *Hauptachsen so ausrichten, daß Randtafeln möglichst zwischen den Lamellen zugeschnitten werden können.*

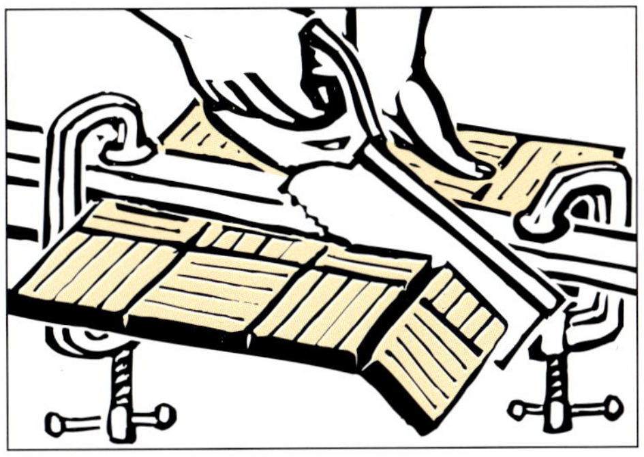

2 *Wenn man durch die Lamellen sägen muß, Tafel fest einspannen und mit dem Fuchsschwanz sägen.*

3 *An Rohren die Lamellen ggf. von der Trägerschicht lösen, trennen, halbkreisförmig ausschneiden.*

Reihe kommt. Um dieses Element zuzusägen, wird es umgedreht und an die Wand angelegt (Dehnungsfuge nicht vergessen), so daß sein Federende neben dem Federende des bereits verlegten Elements liegt. Einen Anschlagwinkel an die Kante des schon verlegten Elements legen, in ihrer Verlängerung eine Schnittlinie auf das lose Element ziehen. Dieses mit dem Fuchsschwanz absägen, Nutende einleimen, Element mit der Sägekante zur Wand einsetzen. Elementreihe an beiden Enden verkeilen, damit sich die Elemente nicht verschieben.

Um keine häßlichen, durchgehenden Querfugen zu erhalten, werden die Elemente stoßversetzt gelegt, wie Ziegel in einer Mauer. Das Reststück der ersten Reihe wird als erstes Element der zweiten Reihe gelegt, mit der gesägten Kante zur Wand. 10 cm lange Leimstränge im Abstand von jeweils 60 cm in die seitliche Nut geben und das Element fest gegen die vorige Reihe drücken. Element mit dem Hammer und einem zwischengelegten Klopfholz – am besten einem auf die Feder gesetzten Verschnittstück – sanft festklopfen. Etwaige Leimspritzer auf der Holzoberfläche mit einem feuchten Lappen abwischen. So weiterarbeiten, bis man zur vorletzten Reihe gelangt.

Das erste Element dieser Reihe ohne Leim einsetzen, dann das Randelement so darauf legen, daß es an die Randkeile vor der Wand anstößt. Mit Bleistift an der Kante des oberen Elements eine Markierungslinie auf das untere Element ziehen. Dieses herausnehmen, sorgfältig entlang der Markierung absägen. Das ungesägte Element als vorletztes, dann das gesägte Element als Randelement festleimen. So fortfahren. Den Boden rundum verkeilen, bis der Leim trocken ist.

Zur Anpassung an Heizungsrohren den Sitz des Rohrs auf dem Parkettelement markieren, an dieser Stelle ein Loch bohren (Spielraum für Holzdehnungen lassen). Einen Keil von der Elementkante bis zum Loch aussägen. Element verlegen, den ausgesägten Keil wieder einkleben. An Türrahmen ist es am einfachsten, ein Verschnittstück an den Rahmen anzulegen und diesen auf entsprechender Höhe abzusägen. So kann man das Bodenelement unter den Rahmen schieben. Oder man sägt das Element mit einer Kammschmiege (siehe Seiten 154–155) auf den Türrahmen passend zu.

4 *Letztes Element über das unverleimte vorletzte Element legen, unteres Element markieren und zusägen.*

5 *Rohrsitz markieren, ein Loch bohren, Keil bis zum Loch aussägen, nach dem Einpassen wieder einsetzen.*

Mosaikparkett verlegen

Mosaikparkettelemente sind leicht zu verlegen. Die Technik ist die gleiche wie bei der Verlegung elastischer Fliesen (siehe Seiten 174–175), allerdings unter Verwendung eines Spezialklebers für Mosaikparkett. Bei selbstklebenden Parkettafeln braucht man nur die Schutzschicht der Rückseite abzuziehen.

Die Tafeln sind schwieriger zu schneiden als elastische Fliesen: Am besten legt man die Hauptverlegeachsen so, daß möglichst viele Randtafeln zwischen den Lamellenfeldern zugeschnitten werden können – wobei man je nach Aufbau nur durch die Trägerschicht zwischen den Feldern zu schneiden braucht. Wenn man durch die Lamellen sägen muß, Tafel zwischen Werkbank und eine Holzlatte einspannen und mit dem Fuchsschwanz durchsägen.

An Türen wie oben beschrieben den Türrahmen unten kürzen oder eine Kammschmiege verwenden und die Kontur mit einer Bügelsäge aussägen. Die Tafeln können um Rohrdurchführungen gelegt werden, indem man sie dort, wo das Rohr sitzen soll, gegebenenfalls von der Trägerschicht löst, teilt und dann zwei Halbkreise aus den Hälften aussägt. Durch die Kleberschicht sind sie nach dem Verlegen fixiert.

Textile Bodenbeläge

In unserem kühleren Klima ist Teppich schon seiner wärmenden Wirkung wegen beliebt und kommt überall dort zum Einsatz, wo lebhafte Farben und Muster in Verbindung mit einer gewissen Opulenz gefragt sind. Teppich, einst ein Luxusgut, ist durch die Entwicklung synthetischer Materialien bei gleichzeitigem Anstieg des Lebensstandards in den Industrieländern nicht nur für die meisten erschwinglich geworden, sondern gehört heute teilweise sogar zu den preiswertesten und praktischsten Bodenbelägen.

Hochwertige Teppichböden sind jedoch immer noch kostspielig; gewebte Wollteppiche gehören nach wie vor zu den teuersten Bodenbelägen. Viele Wollteppichböden enthalten einen gewissen Kunstfaseranteil, um ihre Strapazierfähigkeit zu verbessern; bei preiswerteren Teppichen ist der Chemiefaseranteil meist höher und die Webart lockerer als bei traditionell hergestellten Wollteppichen. Es gibt allerdings auch hochwertige Teppiche aus Synthetikmaterialien.

Teppichböden sind recht robust, durchaus für hochbeanspruchte Durchgangsbereiche geeignet und somit auch im gewerblichen Sektor sehr gebräuchlich. Für Naßräume oder Bereiche, in denen öfters gekleckert wird, wie Bad oder Küche, eignen sie sich jedoch weniger. In stark beanspruchten Räumen ist Teppich aufwendiger in der Pflege als etwa ein Fliesenbelag.

Teppich ist ein derart angenehmes Material, daß man zeitweise dazu neigte, praktisch jeden Raum damit auszulegen. Doch seit unser Wärmebedürfnis durch moderne Heizungen besser gestillt wird, sind auch andere Bodenbeläge, besonders Holz, wieder zu größerer Beliebtheit gelangt. Auch die Zunahme der Allergien gegen Staubmilben, die ein Teppichboden zu Millionen beherbergt, veranlaßt immer mehr Menschen, sich alternativen Bodenbelägen zuzuwenden. Doch für manche Räume wird Teppich stets ein bevorzugtes Material bleiben. Was kann im Winter schöner sein als dicker Teppichboden im Schlafzimmer, mit bloßen Füßen tief in den weichen, warmen Flor einzusinken, der alle Geräusche sanft dämpft? Auch Refugien wie Wohn- und Arbeitszimmer, die man meist nicht mit schlammigen Schuhen betritt, profitieren von dieser Aura des Luxuriösen.

Teppichboden gibt es in einer unüberschaubaren Auswahl an Farben und Ausführungen. Dunklere Farben sind für Bereiche wie Hausflure, in denen mit Straßenschmutz zu rechnen ist, besser geeignet; als schlichter Hintergrund für ein Einrichtungskonzept bietet sich eine Fülle neutraler Farbtöne an. Bordüren, Rapportmuster und zentrale Ornamente stellen den Teppich stärker in den Vordergrund. Es gibt auch spezielle Treppenläufer mit attraktiver Randeinfassung, die einer schmucklosen Treppe dekorativen Reiz verleihen können. Eine schöne Alternative zum klassischen Teppichboden sind die zunehmend beliebten Mattenbeläge aus verschiedenen Pflanzenfasern – ausgezeichnet als eleganter, unaufdringlicher Hintergrund für einen Raum oder auch zur Hervorhebung farbenprächtiger Teppiche.

◀◀ Die kühle Nüchternheit der nackten Ziegelmauern wird durch den warmen, flauschigen Flor des traditionellen Wollteppichs deutlich gemildert. Der Teppich besteht aus schmalen, abwechselnd gemusterten und unifarbenen Bahnen in der gleichen Grundfarbe, was darauf hindeutet, daß er auf einem traditionellen, schmalen Webstuhl gefertigt wurde.

◀ Mattenbeläge aus Pflanzenfasern erfreuen sich neuerdings großer Beliebheit. Die ausdrucksstarke Struktur der Binsenmatten wirkt in diesem traditionellen Salon belebend und harmoniert gut mit den anderen Elementen des Raums. Der Mattenbelag ist hier nicht raumfüllend verlegt, sondern endet kurz vor der Wand mit einer umlaufenden Flechteinfassung.

Die Mattenware besteht oft aus ungefärbten Fasern in verschiedenen Naturtönen. Manchmal werden sie gebleicht, um eine blassere, neutralere Wirkung zu erzielen. Manche Pflanzenfasern lassen sich nicht färben; andere hingegen können sehr wirkungsvoll eingefärbt werden. So kann ein farbiger Schußfaden dem Material eine dezente, farbige Note verleihen, ohne seinen natürlichen Gesamteindruck zu beeinträchtigen.

Der Reiz dieser Materialien liegt zum Teil in ihrer ausdrucksvollen Struktur. Manche sind relativ weich und können zu feinen Mustern verwebt werden; gröbere Fasern werden zu rustikaler strukturierten Mustern verarbeitet.

Solche Mattenbeläge sind vergleichsweise preiswert, teilweise aber schwer zu reinigen und nicht sehr verschleißfest. Es empfiehlt sich, eine schmutzabweisend behandelte Mattenware zu kaufen. Mattenware mit Latexrücken ist generell pflegeleichter und läßt sich wie Teppichboden verlegen.

Es gibt inzwischen auch Bodenbeläge aus Wolle, welche die praktischen Vorzüge und die angenehme Weichheit von Teppichboden mit dem Charakter und dem Erscheinungsbild der Pflanzenfaser-Mattenware vereinen.

Übersicht der textilen Bodenbeläge

Textile Bodenbeläge lassen sich grob in zwei Kategorien unterteilen: Teppichboden aus Wolle oder Synthetikfasern und Mattenware aus Pflanzenfasern. Die Bezeichnungen für Teppichböden richten sich mehr nach dem Herstellungsverfahren als nach dem Ausgangsmaterial. Hier sind die beiden Hauptkategorien gewebte Teppichböden, deren Flor in ein Trägermaterial eingewebt ist, und nichtgewebte Teppichböden, deren Flor auf andere Weise, etwa durch Klebemittel, mit der Trägerschicht verbunden ist. Mattenware besteht aus Pflanzenfasern, die zu stark strukturierten und gemusterten Belägen verarbeitet werden. Aussehen und Textur leiten sich von den Eigentümlichkeiten der jeweiligen Pflanze ab. Neuerdings werden auch Wollfasern zu Belägen ähnlicher Art verarbeitet.

1

2

Gewebte Teppiche

Axminster-Teppiche

Die besonders strapazierfähigen Teppichböden in Axminster-Webart werden gleichzeitig mit dem meist aus Naturfaser bestehenden Untergewebe gewebt. Der Flor besteht aus U-förmigen Schlingen, die durch das Grundgewebe gezogen werden. Oft werden diese auf der Rückseite durch Latex oder Kleber fixiert. Es kann eine Vielzahl verschiedenfarbiger Garne zusammen verarbeitet werden, was unübertroffene Möglichkeiten der Farb- und Mustergestaltung eröffnet.

Wilton-Teppiche

Wilton-Teppiche werden zusammen mit der Trägerschicht gewebt, wobei der Flor aus einem durchlaufend mitgeführten Faden besteht, der auf der Oberfläche Schlingen bildet. Diese können geschlossen bleiben – das nennt man »Bouclé« oder »Brüsseler« – oder zu glattem Flor aufgeschnitten werden. Der durchlaufende Polfaden macht diese Teppiche zwar sehr stabil, begrenzt aber auch die Gestaltungsvielfalt, da höchstens fünf Farben zusammen verarbeitet werden können. Häufig sind strukturierte Muster aus zwei Garnen in verschiedenen Tönen einer Farbe, wobei das eine Garn zu einem höheren Veloursflor aufgeschnitten, das andere in kürzeren Schlingen belassen wird, so daß eine dreidimensionale Wirkung entsteht. 1

Getuftete Teppichböden

Beim sogenannten Tufting werden die Florfäden nachträglich in ein fertiges Grundgewebe, meist ein Synthetikmaterial, eingenadelt und mit einer Latexschicht fixiert, die mit einer zweiten Rückenschicht verstärkt wird. Dies kann ein Textilgewebe sein, was eine Filzunterlage erforderlich macht, oder ein Schaumrücken, den man direkt auf den Unterboden legen kann. Obwohl nicht ganz so robust wie traditionell gewebte Teppiche, sind getuftete Teppiche doch solide aufgebaut und vor allem preiswerter. Die Gestaltungsmöglichkeiten sind bei dieser Technik begrenzt; die Teppiche sind meist unifarben oder in zwei Farben mit sehr schlichten Punkt- oder Strukturmustern gestaltet. Sie können jedoch nachträglich mit Mustern bedruckt werden.

Klebeteppiche

Hier wird das Flormaterial auf ein kleberbeschichtetes Trägermaterial aufgebracht. Das sieht ähnlich aus wie ein schlichter Webteppich, erfordert aber weniger Florgarn.

Nadelfilzteppiche

Feine Synthetikfasern werden durch mit Widerhaken versehene Nadeln in ein Grundgewebe eingenadelt, das dann eine relativ steife Rückenschicht, etwa aus PVC, erhält. So entsteht ein dünner, rauher Teppich, der statt des herkömmlichen Flors eine eher borstige Struktur hat. Nadelfilz ist im gewerblichen Bereich sehr populär.

Flockteppiche

Hier werden die Florfasern elektrostatisch auf das Trägermaterial aufgebracht. Der kurze, senkrechte Flor kann mit Mustern bedruckt werden und läßt sich gut reinigen, weshalb Flockteppiche sehr geeignet für stark verschmutzungsgefährdete Bereiche sind.

Teppichfliesen

Bei Teppichfliesen ist das Material auf einen halbstarren Fliesenrücken verklebt. Ihr größter Vorzug ist der, daß man beschädigte oder abgenutzte Bereiche ersetzen kann, ohne den ganzen Teppich auszutauschen. So kann man unter Möbeln verlegte Fliesen gegen solche im Durchgangsbereich auswechseln. Sie erleichtern darüber hinaus den Zugang zu Unterflur-Leitungen. Gleich eine Anzahl Ersatzfliesen mitkaufen, da bei nachgekauften Fliesen Farbabweichungen wahrscheinlich sind. 2

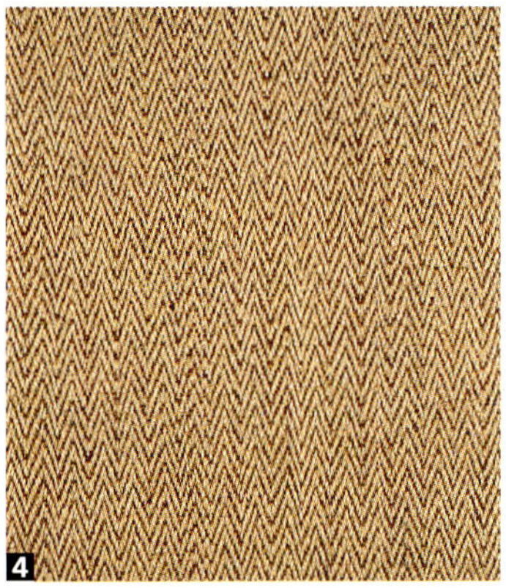

Mattenware

Kokosfaser

Die aus der Faserhülle der Kokosnuß gewonnene Faser wird versponnen, zu Mattenware verwebt und meist mit Latexrücken ausgerüstet. Das grobe, stark strukturierte Material kann verschiedenste, zum Teil wunderbar dreidimensionale Webmuster wie Korbflecht-, Noppen-, Fischgrät- oder Rautenmuster bilden. Neben dem warmen, braunen Naturton gibt es neutralere, gebleichte Ausführungen. Kokosfasern können eingefärbt werden; so gibt es auch Mattenware mit dezentem, zweifarbigem Webmuster oder leuchtendbunten Streifen. Am vertrautesten ist das Material wohl von den bewährten Fußmatten; tatsächlich ist es für stark beanspruchte Bereiche wie Dielen gut geeignet, da mit einer harten Bürste und dem Staubsauber sehr leicht zu reinigen. **3**

Jute

Jute, traditionell eher als Teppichrükken eingesetzt, gehört zu den feinsten und weichesten Mattenbelägen. Das aus den faserigen Stengeln der Jutepflanze gewonnene Garn wird im Bouclé- oder Fischgrätmuster verwebt. Jute hat von Natur einen neutralen, blaßbraunen Farbton, kann aber zu einem sehr hellen Cremeton gebleicht oder bunt eingefärbt und zu schlichten, farbigen Mustern verwebt werden. Verschiedene Garndicken ergeben feinere oder gröbere Strukturen. Das weiche Jutegewebe ist ideal für Schlafzimmerböden, für starke Beanspruchung aber kaum geeignet, da es schwer zu reinigen ist und bei Wassereinwirkung Ränder zurückbehält. **4**

Binsen

Binsen wurden schon im Mittelalter auf kalte Steinböden gestreut, um deren harte Wirkung zu mildern. Die breiten, dünnen Blätter werden geflochten, dann zu Streifen verwebt, die man zu beliebigen Bahnenbreiten vernähen kann. Die Kanten können mit fein gewebter Binsenborte eingefaßt werden. Die warmen, blaßbraunen Binsenmatten können in der richtigen Umgebung phantastisch wirken, sind aber teurer als andere Mattenware und nur für leichte Beanspruchung geeignet. Sie dürfen nicht austrocknen, da sie dann spröde und brüchig werden, und sind somit ideal für leicht feuchte Untergründe; ansonsten sollte man sie alle ein bis zwei Wochen mit Wasser einsprühen.

Seegras

Seegras wird ähnlich wie Reis auf Schwemmfeldern angebaut. Die harte, aber geschmeidige Faser wird in schlichter Webart oder Korbflechtmustern zu Bodenbelägen mit Latexrücken verarbeitet. Sie hat eine attraktive Naturfärbung – braune und beige Stränge mit deutlichem Grünstich –, läßt sich aber ihrer undurchlässigen Oberfläche wegen nicht färben. Andersfarbige Schußfäden können dem Gewebe eine farbige Note geben. Seegras ist fast überall einsetzbar. Es ist, da wenig saugfähig und recht hart, relativ verschmutzungsresistent und läßt sich leicht abbürsten. Frisch verlegtes Seegras verströmt einen wunderbaren Duft wie von frisch gemähtem Heu.

Sisal

Sisalfasern werden aus den Blättern der Sisalagave gewonnen und zu Garnen unterschiedlicher Dicke versponnen. Aus diesen entstehen verschiedene, schlicht gemusterte Gewebe, die je nach Garndicke dezent bis stark strukturiert sind. Sisalfasern kann man vor dem Spinnen einfärben, so daß farbige, teilweise auch mehrfarbig gewebte Beläge erhältlich sind. Mehrfarbig gesponnene Garne haben eine subtil getönte, fast metallische Erscheinung. Sisal läßt sich auch bemalen; so daß man vor oder nach Verlegung der Mattenware Bordüren oder großflächige Muster aufmalen kann. Das dauerhafte, angenehme Material ist für die meisten Einsatzbereiche geeignet. **5**

Mattenbeläge auf Wollbasis

Diese Produkte aus Woll-Nylon- oder Sisal-Woll-Mischungen sind zwischen den Kategorien Teppichboden und Mattenware anzusiedeln. Die Fasern werden zu einem dicken Garn versponnen und anschließend in sehr dichter Webart zu schlichten Mustern verwebt, um die rustikale Struktur der Pflanzenfaser-Mattenbeläge nachzuahmen. Dabei haben die wollenen Bodenbeläge allerdings den Vorteil, daß sie weicher und leichter zu reinigen sind als Pflanzenfaser-Mattenbeläge. Neutrale Braun- und Beigetöne sowie sanfte, verwaschene Farben sind am gebräuchlichsten. Bei manchen Versionen wird auch ein gewöhnlicher Flor im Fischgrät-, Bouclé- oder sonstigen Webmuster eingefärbt, was sie aus einer gewissen Entfernung wie strukturierte Materialien aussehen läßt.

Teppichboden verlegen

Teppichboden kann aus Schurwolle oder verschiedenen Chemiefasern, wie Polyamid, Polypropylen oder Reyon, mit unterschiedlicher Eignung für bestimmte Verwendungszwecke bestehen; die Faserarten werden auch gemischt, um ihre jeweiligen Vorteile zu verbinden. Synthetikmaterialien sind preiswerter als Wolle. Synthetikteppiche können sehr verschleißfest sein, wenn auch vielleicht weniger attraktiv in der Erscheinung, sie schmelzen aber beim Kontakt mit Zigarettenglut. Wolle, ein natürliches, umweltgerechtes Produkt, ist strapazierfähig, optisch attraktiv und hat ausgezeichnete Dämmeigenschaften. Die meisten Wollteppiche enthalten einen Synthetikanteil zur Erhöhung der Verschleißfestigkeit – meist 20 Prozent Synthetik auf 80 Prozent Wolle. Das Verschleißverhalten von Teppichböden wird von gering bis extrem strapazierbar (für hochbeanspruchte gewerbliche Bereiche) eingestuft.

Teppichböden sind in verschiedenen Rollenbreiten von bis zu 5 m für verschiedene Raumgrößen erhältlich. Durch breitere Bahnen lassen sich Ansatzkanten vermeiden, auch wenn mancher das Erscheinungsbild schmaler Teppichbahnen schätzt, das an traditionelle, exklusive Webverfahren gemahnt.

Der Flor des Teppichbodens kann schlingenförmig oder glatt sein. Schlingenteppiche sind meist mit durchlaufendem, in Schlingen durch das Trägermaterial geführtem Florfaden gewebt. Veloursflor entsteht durch Aufschneiden der Schlingen oder indem kurze Fäden so durch das Grundgewebe geführt werden, daß beide Enden nach oben stehen. Die Florlänge ist unterschiedlich. Kurzflorige Teppiche treten sich nicht so stark nieder und bleiben deshalb oft länger schön, was natürlich auch von Flordichte und Material abhängt. Langflorige Teppiche wirken flauschiger; sehr langflorige Teppiche sind jedoch heute weniger gefragt. Um ein Niedertreten des Flors zu verhindern, kann das Wollgarn vor dem Verweben fest verzwirbelt und gleichzeitig erhitzt werden – ähnlich wie beim Lockendrehen. Solche Zwirnteppiche haben mehr Struktur als glatter Veloursflor und sind für stark begangene Bereiche wie Treppen gut geeignet.

Teppiche mit Geweberücken

Traditionell bestehen Teppichrücken aus Jute oder Sackleinen, heute auch aus Polyäthylengewebe. Teppichböden mit Geweberücken werden auf eine Kunstschaum- oder Filzunterlage verlegt, die Unregelmäßigkeiten des Unterbodens ausgleicht und ein angenehmeres Trittgefühl bietet. Schaumunterlagen sind weicher, Filz ist elastischer und eine gute Wahl für unebene Unterböden oder Teppiche mit vernähten Stoßkanten. Eine doppelschichtige Unterlage vereint die Qualitäten beider Materialien.

Das Verlegen von Teppichen mit Geweberücken ist für den Laien knifflig, für den Fachmann aber eine schnelle Angelegenheit und daher relativ preisgünstig. Es ist also fraglich, ob es sich lohnt, einen solchen Teppich selbst zu

Teppichboden verlegen

1 *Unterlage und Klebeband anbringen. Teppich an die erste Wand anlegen, zuschneiden und fixieren.*

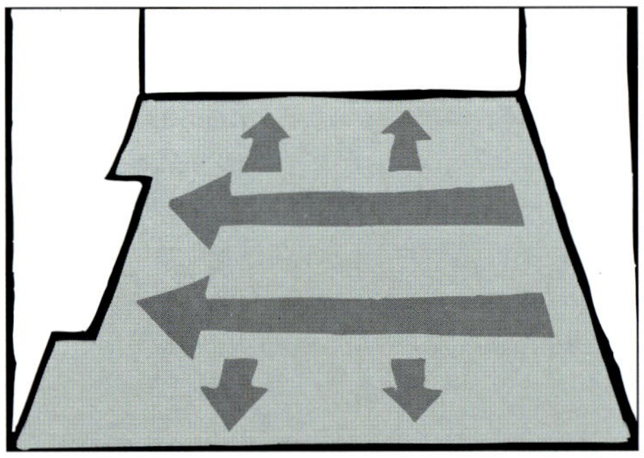

2 *Teppich zur Gegenwand hin glätten, zuschneiden, fixieren. Übrige Kanten anpassen und fixieren.*

3 *An Außenecken senkrecht einschneiden; Innenecken diagonal abschneiden, damit der Teppich flach liegt.*

4 *Teppich mit dem Fugenmeißel gegen Fußleiste drücken, einkerben, zurückschlagen, auf einem Brett schneiden.*

5 *An Stoßkanten eine Bahnkante auf das Klebeband, zweite Bahn anstoßend legen, mit Nahtroller feststreichen.*

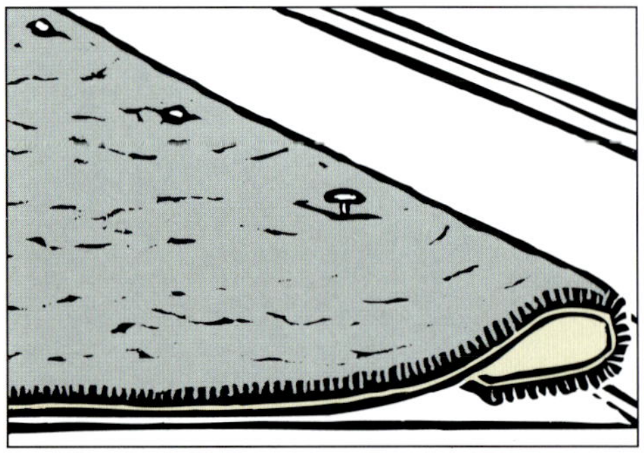

6 *Oder Teppich mit Überstand zuschneiden, Ränder nach unten einschlagen und festtackern oder -nageln.*

verlegen, zumal ungespannte Teppichböden mit Geweberücken bei fehlerhafter Verlegung Falten werfen und sehr schnell verschleißen.

Teppiche mit Schaumrücken

Sie sind meist billiger als solche mit Geweberücken. Die fest auf den Teppichrücken aufgebrachte Schaumgummischicht macht eine zusätzliche Unterlage überflüssig. Es ist aber sinnvoll, Filzpappe unterzulegen, damit der Schaumrücken bei Wiederaufnahme des Teppichs nicht am Boden klebt. Der große Vorteil solcher Teppiche ist der, daß ein Verspannen mit Nagelleisten entfällt. Sie werden wie PVC-Bahnen (siehe Seiten 170–173) passend zugeschnitten und mit doppelseitigem Klebeband am Boden fixiert; man kann die Ränder auch umschlagen und festnageln oder -tackern.

Filzpappe auslegen, doppelseitiges Klebeband entlang der längsten geraden Wand kleben, oberes Schutzpapier noch nicht abziehen. Teppichkante bis an die Wand schieben, nötigenfalls passend zuschneiden. Schutzpapier vom Klebeband abziehen, erste Teppichkante festkleben. Teppich zur Gegenwand spannen, an den Ecken mit Entspannungsschnitten anpassen. Teppich flachstreichen, gegenüberliegende Kante zuschneiden, dann mit doppelseitigem Klebeband entlang der Wand fixieren. Teppich zu den übrigen Wänden hin glätten und spannen; auch diese Kanten beschneiden und festkleben.

Zum Zuschneiden den Teppich mit dem Fugenmeißel gegen die Unterkante der Fußleiste drücken und einkerben. Teppich zurückschlagen, an einem Stahllineal auf einer Brettunterlage an dieser Linie abschneiden. An Stoßnähten die erste Bahnkante auf einem Streifen doppelseitigem Klebeband festlegen, Kante der zweiten Bahn anstoßend anlegen. Mit dem Nahtroller andrücken.

Wahlweise kann man die Teppichränder auch nageln oder tackern. Teppich mit Überstand zuschneiden, die Ränder nach unten einschlagen und festnageln oder -tackern.

▲ *Der strenge Charakter dieses Schlafzimmers, der durch die monochrome Farbgebung und die Möbel aus spindeldürrem Schmiedeeisen entsteht, wird durch den ausdrucksvoll strukturierten Teppich mit eingewebtem Rautenmuster abgemildert. So eindrucksvoll eine schneeweiße Teppichfläche wirkt, ist ihr makelloses Aussehen doch meist nicht von Dauer.*

Teppichfliesen verlegen

1 Fliese mit dem Rücken nach oben an die Wand legen (Florrichtung beachten), die Überlappung mit Einschnitten markieren.

2 Fliese auf einem Brett an der Markierung abschneiden. Randfliesen mit doppelseitigem Klebeband fixieren.

Teppichfliesen

Teppichfliesen sind einfach zu verlegen. Die Vorgehensweise ist die gleiche wie für Linoleum- oder Korkfliesen (siehe Seiten 174–175). Teppichfliesen sollte man jedoch nicht dauerhaft verkleben, sondern nur mit schwach haftendem Teppich-Fixiermittel befestigen, damit man sie leicht wiederaufnehmen und weiterverwenden kann. In Bereichen, wo die Fliesen verrutschen können, und unter schweren Möbeln kann man sie auch mit doppelseitigem Teppichklebeband fixieren. Auf gleiche Florlaufrichtung achten; falls sich keine Markierungen auf dem Rücken finden, über den Flor streichen, um die Laufrichtung festzustellen.

Um Randfliesen zuzuschneiden, Fliese mit dem Rücken nach oben so über den Zwischenraum zwischen Wand und der letzten ganzen Fliese legen, daß sie an die Wand stößt. An der Überlappungskante der beiden Fliesen zwei winzige Einschnitte in die obere Fliese machen. Fliese auf einem Schneidbrett mit Universalmesser und Stahllineal zwischen den Markierungen abschneiden und in die Lücke legen.

Mattenbeläge verlegen

► *Sisal ist vielseitig; er kann, wie hier, zu rustikalen Strukturen oder zu feineren Mustern verwebt werden. Dieser Sisalbelag im Korbflechtmuster wird ähnlich wie ein Spannteppich mit Nagelleisten an der Wand fixiert, damit er beim Stühlerücken nicht verrutscht. Zusätzlich werden solche Mattenbeläge allerdings vollflächig verklebt.*

Im Unterschied zu vielen Teppichböden fallen bei Naturmattenbelägen einige Zusatzkosten für Unterlagematerialien und Verlegen an. Die Arbeitskosten sind oft wesentlich höher als für das Verlegen normaler Teppiche, schon weil viele Teppichleger nur ungern mit Mattenbelägen arbeiten. Auch die Unterlagen können recht teuer sein; durch das Selberverlegen läßt sich hier unter Umständen einiges Geld sparen.

Wenn man ein solches Projekt angeht, sollte man sich allerdings der Schwierigkeiten bewußt sein. Manche Materialien lassen sich schwer zuschneiden. Sie müssen auf die Unterlage geklebt werden, die ihrerseits auf den Unterboden geklebt wird. Außerdem muß man Nagelleisten montieren, die den Bodenbelag zusätzlich fixieren und etwaige Schrumpfungen minimieren. Man kann Pflanzenfaser-Mattenbeläge ohne Unterlage verlegen, aber sie sind dann nicht so angenehm zu begehen, und auch kleinere Unregelmäßigkeiten im Unterboden schlagen schnell als Verschleißstellen durch.

Verlegung vor Arbeitsbeginn gründlich planen. Manche Mattenbeläge sind in 3–4 m Bahnenbreite erhältlich, so daß man sie in kleineren Räumen ohne Stoßnähte verlegen kann. An jeder Kante 7,5 cm Verschnittzugabe einrechnen. Etwaige Stoßnähte sollten in Längsrichtung des Raums laufen. Ist der Raum breiter als die Rollenbreite, so benötigt man eine zweite Bahn. Falls die Überbreite weniger als die halbe Rollenbreite beträgt, kann man Geld sparen, indem man eine weitere Bahn in der halben Raumlänge kauft, längs halbiert und mit aneinanderstoßenden Enden verlegt, was allerdings eine zusätzliche Stoßnaht bedeutet.

Ein aufwendiges Vernähen der Stoßfugen ist bei Pflanzenfaser-Mattenbelägen nicht erforderlich. Die Bahnen werden einfach auf Stoß aneinandergelegt; eine zusätzliche Kleberverbindung ist allerdings empfehlenswert. Darauf achten, daß das Webmuster bei allen Bahnen in die gleiche Richtung verläuft. Belag mindestens 48 Stunden vor dem Verlegen zur Akklimatisierung im Verlegeraum ausrollen.

Unterlage verlegen

Zunächst die Nagelleisten rundum in 6 mm Abstand von der Fußleiste so auf den Boden nageln oder kleben, daß die Nagelspitzen zur Wand weisen. Unterlage mit Fixierkleber am Boden fixieren. Dieser Klebertyp erhärtet nicht, um eine dauerhafte Verbindung zu schaffen, sondern bleibt leicht klebrig, so daß man den Bodenbelag ohne Beschädigung des Unterbodens wiederaufnehmen kann. Fixierkleber den Herstelleranweisungen entsprechend mit einem Zahnspachtel oder Farbroller auftragen. Kleber nach Herstelleranweisung klar auftrocknen lassen, was etwa 40 Minuten dauert. Unterlage mit der Schaumgummiseite nach unten auf dem Kleber ausrollen, an den Nagelleisten passend zuschneiden. Jede Bahn muß exakt an der vorigen anliegen. Mit einem Teppichkehrer oder einem weichen Besen über den Boden fahren, um die Unterlage gut anzudrücken. Der Mattenbelag kann dann sofort auf die Unterlage verlegt werden.

Mattenbelag verlegen

Material zunächst grob zuschneiden, rundum 75 mm Verschnittzugabe lassen. Wenn die Raumbreite größer als die Bahnbreite ist, an der am weitesten von der Tür entfernten Wand mit dem Verlegen beginnen. Material auf dem Boden ausrichten. Die Bahnkante mit Bleistift oder Kreide auf dem Unterboden markieren – als Anhaltspunkt für den Kleberauftrag. Den Mattenbelag, ohne die Bahn insgesamt zu verschieben, so weit von der Wand zurückrollen, daß die halbe Bodenfläche freigelegt wird. Einen Dauer-Teppichkleber mit dem Zahnspachtel in der entsprechenden Dicke auf die Unterlage verteilen. Bei manchen gröberen Mattenbelägen, wie etwa Kokosmatten, benötigt man einen grobzinkigen Zahnspachtel, um den Kleber dicker aufzutragen. Erkundigen Sie sich bei Ihrem Fachhändler.

Mattenbelag vorsichtig auf die Kleberschicht

entrollen und mit einem Teppichkehrer über die verklebte Fläche fahren, um das Material gut festzudrücken. Jetzt die ungeklebte Hälfte der Bahn zurückrollen und den Vorgang für diese Seite wiederholen. Wenn man eine zweite Bahn benötigt, den Kleber für die erste nur bis auf 20 cm Abstand von der Markierungslinie auftragen. Zweite Bahn auf die richtige Länge – einschließlich der 7,5 cm Verschnittzugabe – zuschneiden. Zweite Bahn mit 7,5 cm Überlappung über die erste verlegen, Wandüberstand grob abschneiden, dabei einen ausreichenden Rand zum exakten Zuschneiden belassen. Wenn man drei Bahnen braucht, muß nur die letzte an der Wandkante passend beschnitten werden.

Die zweite Bahn wird von der Stoßkante ausgehend so verklebt, wie für die erste beschrieben. Dabei einen 20 cm breiten Bodenstreifen an der Stoßfuge kleberfrei lassen.

Überstand an den Wänden mit einem scharfen Messer abschneiden; dabei tunlichst darauf achten, sich weder mit dem Messer noch an den sehr scharfen Spitzen der Nagelleiste zu verletzen. Mattenbelag an der Fußleiste hochfalten, entlang ihrer Unterkante (mit einem zwischengelegten Brett zum Schutz der Fußleiste) abschneiden. Es muß genug Überstand bleiben, um den Belag in die Fuge zwischen Nagelleiste und Wand zu drücken.

Zum Beschneiden der Stoßnähte ein Stück Hartfaserplatte unter den Belag legen, um die Unterlage nicht zu beschädigen, und mit dem Messer an einem Stahllineal sauber durch die beiden überlappenden Bahnen auf einmal schneiden. Die Schnittkanten müssen nicht versäubert werden, da die Rückenbeschichtung der Mattenware ein Ausfransen verhindert. Stoßkanten zurückschlagen, Kleber auf die Unterlage auftragen und Stoßkanten gut festdrücken. Noch einmal mit Teppichkehrer oder Besen über den Boden fahren, um sicherzustellen, daß der Bodenbelag gut in den Kleber eingebettet ist. Zuletzt den Belag an den Rändern mit einem Fugenmeißel auf und hinter die Nagelleisten drücken. An Türdurchgängen ist eine Abschlußschiene die sauberste Lösung. Die Schiene auf Höhe des Türanschlags anbringen, ihre Mittellinie auf dem Bodenbelag markieren, diesen entsprechend beschneiden. Den Belag mit dem Fugenmeißel unter die Schiene schieben.

Mattenware verlegen

1 Nagelleisten mit zur Wand zeigenden Nagelspitzen anbringen; beim Nageln die Fußleiste mit Pappe schützen.

2 Fixiermittel für die Unterlage mit dem Zahnspachtel bis an die Nagelleisten auftragen; klar auftrocknen lassen.

3 Unterlage mit der Schaumseite nach unten verlegen, an den Nagelleisten zuschneiden, gut andrücken.

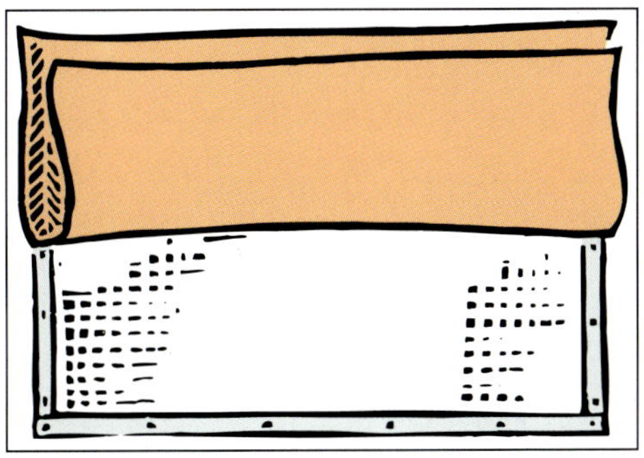

4 Mattenbelag zurückrollen, Kleber auf den Unterboden auftragen, Belag wieder ausrollen und festdrücken.

5 Überstand entlang der Fußleiste mit untergelegtem Brett abschneiden: Vorsicht vor den scharfen Nagelspitzen!

6 An Stoßfugen durch zwei überlappende Bahnen schneiden. Zurückschlagen, Kleber auftragen, Kanten festdrücken.

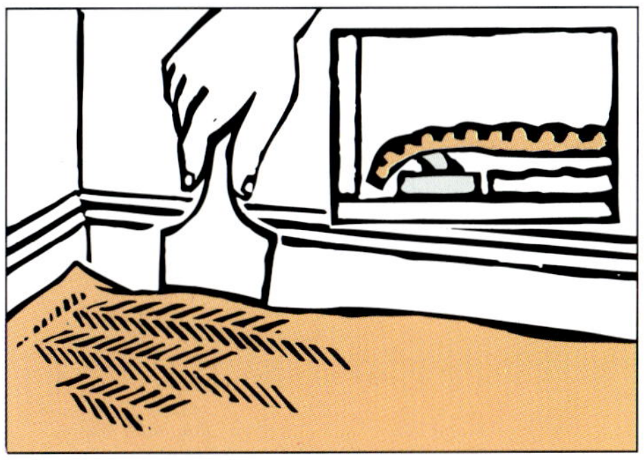

7 Zugeschnittene Belagsränder mit dem Fugenmeißel sauber auf und hinter die Nagelleisten drücken.

8 Anschlußschiene mit der Bügelsäge zusägen, festnageln. Belag zuschneiden, mit dem Meißel einschieben.

Lose Bodenbeläge

Die Teppichherstellung ist ein uraltes, von fast allen Kulturen der Welt ausgeübtes Handwerk – von kleinen Nomadenstämmen bis zu großen Kollektivgesellschaften. Die Zweckbestimmung ist bei Teppichen und Läufern weniger festgelegt als bei anderen Bodenbelägen. Lose Teppiche dienen nicht nur dazu, den Bewohnern kälterer Klimazonen und gebirgiger Regionen Wärme und Komfort zu spenden, sondern haben auch in jeder Umgebung eine nicht unerhebliche schmückende Funktion.

Die meisten losen Teppiche oder Läufer werden nach zwei Grundtechniken gefertigt. Wirkteppiche sind glatt, d.h. sie haben keinen Flor. Der Schußfaden wird über und unter den Kettfäden durchgeführt und festgezogen. Knüpf- oder Florteppiche hingegen haben eine weichere, flauschige Oberfläche und entstehen dadurch, daß kurze Wollfäden um den Kettfaden geschlungen werden. Ein wichtiges Qualitätsmerkmal der Knüpfteppiche ist die Anzahl der Knoten pro Quadratmeter. In Teppiche mit hoher Knotendichte können sehr komplexe, verschlungene Linien- oder Blumenmuster eingearbeitet werden; sie fühlen sich auch weicher an. Teppiche mit weniger Knoten sind meist in geometrischen Mustern gestaltet.

Früher färbte man Teppiche mit natürlichen Pflanzenfarbstoffen; heute werden sowohl chemische als auch pflanzliche Farbstoffe oder Kombinationen der beiden eingesetzt. Natürliche Farbstoffe gelten als höherwertig, weil sie sanftere, ansprechendere Farbtöne erzeugen, die schöner altern; doch weisen hochwertige, chemisch gefärbte Teppiche manchmal ähnliche Eigenschaften auf.

Die meisten Länder haben ihre eigenen charakteristischen Techniken, Muster und Dessins. Bei Orientteppichen richten sich Muster und Farbgebung meist nach dem speziellen Stil des jeweiligen Stammes bzw. der Herkunftsregion. Bei europäischen Teppichen hingegen ist der Stil meist von einer bestimmten Epoche geprägt. Viele Architekten und Designer haben sich auch als Teppichgestalter betätigt: Größen wie Morris, Voysey, Mackintosh und viele andere haben eine Fülle von Teppichentwürfen hinterlassen. Zeitgenössische Teppiche können sehr modern und frei gestaltet sein; manche sind schon eher begehbare Kunstwerke.

Da ein großer Teppich unweigerlich die Aufmerksamkeit auf sich zieht, empfiehlt es sich eher, zuerst einen schönen Teppich zu kaufen und dann den Raum um ihn herum zu gestalten als umgekehrt. Teppiche wirken am besten auf neutralem Untergrund. Holz und Mattenbeläge wie Seegras sind ideal; auch Naturstein wirkt sehr exklusiv. Läufer oder einfachere Teppiche können als schlichter Blickfang oder zur Auflockerung einer großen Bodenfläche dienen oder einem harten und strengen Bodenbelag eine wärmere, weichere Note geben.

Der Teppichkauf

Beim Teppichkauf sollte man größte Vorsicht walten lassen. Hüten Sie sich, leichtfertig eine größere Summe für einen Teppich ausgeben, denn im Teppichhandel geht es zu wie auf dem Gebrauchtwagenmarkt: Es gibt Teppichhändler von äußerst fragwürdigem Charakter. Es kann äußerst schwierig sein, zwischen einem echten, antiken Teppich und einer modernen Kopie oder zwischen natürlich und chemisch gefärbten Teppichen zu unterscheiden, wobei die ersteren in aller Regel attraktiver und damit natürlich auch teurer sind. Besser, man geht in ein seriöses Teppichgeschäft, wo man für sein Geld einen vernünftigen Gegenwert bekommt. Ebenso ist es meist sinnvoller, einen Teppich daheim bei einem verläßlichen Händler als in einem exotischen Urlaubsland zu kaufen. Es mag sich schon einmal ein Schnäppchen auftun; man kann aber auch an etwas geraten, das man zu Hause billiger und einfacher hätte erwerben können.

Unterlagen und Fixierung

Man kann lose Teppiche direkt auf den Boden legen, eine Unterlage mindert jedoch den Verschleiß und erhöht die Rutschsicherheit. Auf Holzböden etwa können gerade Läufer sehr rutschgefährlich sein, wenn sie nicht sicher fixiert werden. Dazu kann man Unterlagematerial für Teppichböden verwenden, wobei solche mit strukturierter Oberfläche bei dünneren Teppichen, vor allem Wirkteppichen wie Kelims, zu vermeiden sind, weil man die Rippen durch den Teppich hindurch sehen und fühlen kann. Günstiger sind Spezialunterlagen für lose Teppiche, die dazu konzipiert sind, solche Teppiche am Verrutschen zu hindern.

Mit Unterlage verlegte Teppiche sind nicht nur besser gegen Pfennigabsätze und allgemeinen Verschleiß geschützt, sondern auch weicher zu begehen. Es gibt auch dünnere Ausführungen, die als Zwischenlage auf Teppichböden zu verwenden sind.

◀ Teppichböden sind nicht jedermanns Sache, und blanke Dielen sind im Sommer wunderbar, wirken im Winter aber vielleicht doch zu hart. Dann schlägt die Stunde der lose verlegten Teppiche, dieser vielseitigsten aller Bodenbeläge. Dieser robuste Teppich im Schachbrett-Webmuster dürfte einiges an winterlicher Kälte abwehren.

▲ Dieses eigenwillige Interieur mit mehr als nur einem Anflug von Surrealismus verlangte nach einem ausgefallenen Bodenbelag wie diesem weißen Teppich mit schwarzem Kreismuster und eingearbeitetem Trompe-l'œil-Effekt: Zwei Kreise wurden ausgeschnitten und durch Holzfolie ersetzt, was die Illusion eines Holzbodens vermittelt.

Übersicht der losen Teppicharten

Glatte Teppiche

Kelims

Kelims sind Wirkteppiche aus Wolle, deren Herkunftsgebiet sich vom Balkan über die Türkei und den Iran bis nach Afghanistan erstreckt. Die Kelims, die lange Zeit als »arme Verwandte« der Handknüpfteppiche galten, gelangten in den 1960er Jahren zu Beliebtheit, da sie sich mit ihren leuchtendbunten Farben und schlichten, geometrischen Muster gut in das Lebensgefühl der Hippie-Kultur einfügten.

Kelims sind viel schneller herzustellen als Knüpfteppiche. Wegen der begrenzten Gestaltungsmöglichkeiten dieser Technik sind die Muster viel simpler und geometrischer als bei Knüpfteppichen. Kelims haben oft senkrechte Schlitze, die dort entstehen, wo eine Garnfarbe entlang eines Kettfadens an eine andere angrenzt. Deshalb vermeidet man Muster mit langen, senkrechten Linien, da die Länge der so entstehenden Schlitze den Teppich schwächen würde. Die meist aus waagerechten und diagonalen Linien mit sehr kurzen Senkrechten gebildeten Muster unterscheiden sich nach Herkunftsregion: Anatolische Kelims sind sehr farbenprächtig mit besonders abstrakten Mustern; typisch für traditionelle ostbulgarische Kelims ist ein vorwiegend schwarzer Hintergrund mit floralen Motiven in Rosa-, Beige- und Gelbtönen. **1**

Dhurries

Diese traditionellen indischen Wirkteppiche werden nicht aus Wolle, sondern aus Baumwolle gefertigt und sind daher von etwas härterer Textur als die Kelims. Da das Garn die Farbstoffe anders annimmt, sind sie in den Farben meist weniger leuchtend als ihre wollenen Vettern. Ursprünglich gab es drei Arten: Der Bett-Dhurrie wurde unter die Matratze gelegt, der Gebets-Dhurrie war in mehrere Gebetsnischen unterteilt, der Zimmer-Dhurrie als Bodenbelag bestimmt. Die schönsten Dhurries wurden zwischen 1880 und 1920 in indischen Gefängnissen gefertigt – als Beschäftigungsprogramm. Gefängniswärter und ihre Frauen kopierten die Muster von persischen oder afghanischen Teppichen; teils wurden auch neue Dessins entworfen. Die traditionellen Dessins sind durch den Kolonialismus verwässert. Moscheen oder Hindutempel werden häufig dargestellt, der speziellen Wirktechnik wegen aber in streng geometrischer Form. Heute werden Dhurries in Teppichmanufakturen für den westlichen Markt gefertigt – in matten Pastellfarben und eintönigen Mustern.

Stickteppiche

Zu ihrer Herstellung wird ein Garn, meist Wolle, mit verschiedenen Sticharten in vorgefertigtes Leinwandgewebe eingezogen. Solche Stickteppiche erfreuten sich im England des 18. Jahrhunderts einer gewissen Beliebtheit. Heute werden Kopien traditioneller Vorlagen in Sticktechnik gearbeitet, da nur sehr wenige Originale erhalten sind, daneben auch typische Dessins anderer Teppicharten, etwa der französischen Aubussonteppiche. Deren besonders eleganter und verfeinerter Stil geht auf die in Aubusson fast ausschließlich für die französischen Könige und Adeligen gefertigten Gobelins zurück, weshalb die Originale selten und äußerst wertvoll sind.

Die Sticktechnik wird auch zur Reproduktion anderer europäischer Teppichtypen des 18. und 19. Jahrhunderts und zur Herstellung eigenständiger Entwürfe eingesetzt; viele dieser Teppiche entstehen allerdings in Niedriglohnländern wie China. **2**

Knüpfteppiche

Gabbeh

Diese von den Stämmen des südlichen Iran gefertigten Teppiche unterscheiden sich stark von traditionelleren Orientteppichen, da sie zur eigenen Verwendung in einem wesentlich freieren, spontaneren Stil gestaltet werden. Die häufig der direkten Umgebung des Teppichknüpfers entnommenen Motive wie Tiere, Vögel, Menschen und einfache Ornamente wie Rauten oder der Lebensbaum werden oft sparsam auf großen, einfarbigen Flächen eingesetzt. Die heute meist in Manufakturen für den westlichen Bedarf hergestellten Gabbehs bestehen aus naturfarbener oder gefärbter Wolle, die man ungestutzt und zottig beläßt.

Floral gemusterte Teppiche

»Florale« Teppiche sind solche mit geschwungenen Linienmustern – im Unterschied zu eher geometrischen Darstellungen und Mustern. Dies kann nur durch eine sehr hohe Knotendichte erreicht werden, mit der sich äußerst komplexe und detaillierte Muster wiedergeben lassen. Teppiche dieser Art, wie der typische »Perserteppich«, werden in durchorganisierten

Werkstätten nach vorgegebenen Entwürfen hergestellt. Diese werden von Teppichknüpfern umgesetzt, die mit dem Entwurfsprozeß wenig zu tun haben. Solchermaßen hergestellte Teppiche sind fast ausschließlich für den Verkauf und Export, vor allem für den westlichen Markt, bestimmt. Typisch sind die sehr verfeinerten, verschlungenen Muster, die oft in satten, dunklen Farben ausgeführt werden.

Geometrische Teppiche

Geometrisch gemusterte Teppiche werden zumeist von nomadischen oder seßhaften Stämmen gefertigt. Die Gestaltung erfolgt durch den Knüpfer während des Knüpfens, obwohl sich die Entwürfe im Gegensatz zum Gabbeh auf überlieferte Muster und Motive stützen. Jeder Teppich ist ein für den Gebrauch des jeweiligen Stammes hergestelltes Unikat; im Zuge der Einbindung dieser kleinen Volksstämme in die Weltwirtschaft werden jedoch zunehmend auch Teppiche zum Verkauf gefertigt. Das Herkunftsgebiet solcher Nomaden- und Bauernteppiche erstreckt sich von der Türkei über den Iran bis nach Afghanistan. Jede Region und jeder Stamm haben ihre eigenen Muster und Farben; manche Motive werden jedoch universell und auch für florale Teppiche verwendet.

Die Gestaltungsweise ist kulturspezifisch und teilweise auf die schwierigen Bedingungen zurückzuführen, unter denen die Teppiche entstehen. Nomadenteppiche sind im Stil freier, weniger formal als florale Teppiche, mehr Volkskunst als klassische Kunst. Sie passen eigentlich besser in moderne Interieurs als die Manufakturteppiche und sind sehr gefragt.

Moderne Teppiche

Moderne Künstler und Designer gestalten Teppiche als Kunst für den Fußboden. Sie werden im Gegensatz zu traditionelleren Teppichen als reine Dekorationsstücke hergestellt. Die Ausführungen reichen von völlig freien, expressiven bis zu gegenständlicheren Gestaltungen. Manche dieser Teppiche werden in den traditionsreichen, teppichproduzierenden Regionen des Ostens von Hand geknüpft und mit pflanzlichen Farbstoffen gefärbt, ganz wie die herkömmlichen Teppiche der Regionen selbst. Im Westen werden heute kaum noch Handknüpfteppiche produziert, weil die Arbeitskosten zu hoch sind. Teppiche dieses Typs werden oft in China, Indien oder anderen asiatischen Ländern gefertigt; tatsächlich kommen die meisten Musterteppiche (ob nach Designerentwurf oder mit schlichterem Muster) aus diesen Weltgegenden. 4

Teppiche aus Stoff

Flickenteppiche

Die frühen amerikanischen Siedler stellten viele ihrer Gebrauchsgegenstände selbst her, darunter auch Teppiche. Diese Menschen waren sehr genügsam und verstanden sich darauf, Materialien wiederzuverwerten. So webten sie zum Beispiel aus Stoffstreifen von verschlissenen Kleidungsstücken verschiedene Arten von Teppichen. Der gebräuchlichste Typ, der Flickenteppich, wird aus schmalen Stoffstreifen auf einem Webstuhl gefertigt, ähnlich wie ein Wirkteppich. Diese Teppiche können ein- oder mehrfarbig sein, sind von schlichter, noppiger Erscheinung und eine preiswerte und wirkungsvolle Möglichkeit, einen blanken Fußboden zu bedecken. Heute findet man Flickenteppiche überall; allerdings werden sie jetzt meist in Ländern wie Indien gefertigt. 3

Flechtteppiche

Hier werden drei oder mehr Stoffstreifen zu einer Art Zopf geflochten; diese Zöpfe werden dann wiederum zu einem Teppich verbunden. Diese Art Teppich wird von der Mitte nach außen gearbeitet; d.h. außen werden immer weitere Zöpfe angesetzt, bis das gewünschte Format erreicht ist. Die Teppiche sind oft rund oder oval. Durch Verwendung unterschiedlicher gefärbter Stoffstreifen für aufeinanderfolgende Zöpfe kann man auch eine Art Muster herstellen. Heute werden Teppiche dieser Art oft maschinell gefertigt; man kann sie aber auch nach der gleichen Technik wie die frühen amerikanischen Siedler in Heimarbeit herstellen.

Schlaufenteppiche

Dabei handelt es sich um Florteppiche, zu deren Herstellung Garn oder Stoffstreifen mit einer Hakennadel durch ein Grundgewebe gezogen werden. Der Flor besteht aus Schlaufen unterschiedlicher Länge – je nachdem, ob man einen dichten, festen oder einen längeren, struppigen Flor erzielen will. Man kann die Florlänge auch innerhalb eines Teppichs variieren, um ihm ein stärker strukturiertes Aussehen zu verleihen. Man kann die Schlaufen aufschneiden, um einen weicheren, samtigeren Flor zu erhalten. Je nach Dichte der Schlaufen und Anzahl der verwendeten Farben lassen sich recht komplizierte Muster gestalten; man kann sich an gegenständlichen Darstellungen, abstrakten Mustern oder Kopien orientalischer Teppiche versuchen. Schlaufenteppiche können eleganter und weniger rustikal wirken als andere Teppicharten aus recyceltem Material. 5

Wachstuchbeläge

Wachstuchbeläge waren die Vorläufer des Linoleums, das dann seinerseits durch PVC-Böden verdrängt wurde. Im 18. Jahrhundert waren Wachstuchbeläge beliebt, da man sie bemalen konnte, um teure Florteppiche nachzuahmen. Sie wurden aus Segeltuch hergestellt, das durch viele Schichten Leinöl eine sehr robuste, strapazierfähige Oberfläche erhielt. Man konnte diese Wachstücher schlicht einfarbig lassen oder mit Ornamenten bemalen. Sie wurden in Korridoren, Eingangshallen und überhaupt in allen stark begangenen Bereichen eingesetzt, in denen normale Teppiche rasch verschlissen wären, und in den Dienstbotenräumen, wo man echten Teppich für zu extravagant befand. Der große Vorzug von Wachstuchbelägen ist der, daß man sie für wenig Geld mit Dekoren jeder Art bemalen kann. Sie sind im übrigen erstaunlich strapazierfähig und ausgezeichnet als Flurläufer. Außerdem kann man sie für jeden beliebigen Raum maßfertigen.

▲ *Solch ein Wachstuchbelag ist eine originelle Alternative zu normalen Teppichen und kann sogar, wie hier, zum beherrschenden Blickfang des Raums werden. Die türkisblaue Grundfarbe harmoniert glänzend mit dem warmen Ocker der Wände, und die grau getünchten Dielen als Untergrund bringen Farben und Muster des Belags sehr gut zur Geltung.*

Tuchbeläge anfertigen

Vorbereitung

Ein Tuchbelag ist eigentlich ein Stück leere Leinwand, das man – wie bei Ölgemälden – beliebig bemalen kann, nur daß der Belag nach Fertigstellung der Bemalung eine schützende Lackschicht erhalten muß. Man kann Künstlerleinwand verwenden; besser erwirbt man die Leinwand aber im Fachbedarf für Bühnenbildner oder kauft Baumwoll-Segeltuch als brauchbare und preiswertere Alternative.

Da man Baumwoll-Leinwand in großen Breiten und beliebiger Länge bekommt, ist es möglich, sehr große Tuchbeläge zu fertigen. Man muß die Leinwand etwas größer kaufen, als der fertige Belag sein soll, da sie durch die Grundierung um etwa 7,5 Prozent schrumpft. Außerdem muß man rundum etwa 2,5 cm zum sauberen Versäumen vorsehen.

Zunächst muß man sich eine geeignete Arbeitsfläche suchen, die größer als der Tuchbelag ist. Etwaige Falten der Leinwand mit einem Dampfbügeleisen ausbügeln. Die Leinwand sollte vor dem Grundieren gespannt werden, damit sie sich nach dem Bemalen nicht wellt. Hierzu kann man aus Latten mit einem Querschnitt von 5 x 2,5 cm einen Rahmen in entsprechender Größe fertigen und die Leinwand darauf spannen oder die Leinwand rundum mit Heftzwecken auf einen vorhandenen glatten und ebenen Fußboden heften, was allerdings kleine Löcher hinterläßt. Zuerst sollte man die Leinwand leimen, wofür die Künstler traditionell Hautleim verwenden, den man in granulierter Form kaufen kann. Als schnellere und einfachere Alternative kann man die Leinwand auch mit einem modernen PVA-Leim einstreichen. Nach dem Trocknen wird die Leinwand mit zwei Schichten gebräuchlicher Acrylgrundierung bzw. -vorstreichfarbe für Holz grundiert; jede Schicht zwei Stunden trocknen lassen. Es kann nicht schaden, auch die Unterseite der Leinwand mit einer Schicht Grundierung zu versehen, die dem Belag größere Steifigkeit verleiht. Die Leinwand schrumpft durch die Grundierung und spannt sich sehr straff. Erst jetzt die Heftzwecken entfernen oder die Leinwand vom Rahmen nehmen. Größe und Format des vorgesehenen Belags mit Zollstock und Bleistift auf der Leinwand anzeichnen, dann eine zweite, außen umlaufende Linie in 2,5 cm Abstand ziehen. Überschüssiges Material entlang der Linie abschneiden. Die Leinwand mit einem scharfen Universalmesser und einem langen Stahllineal ganz sanft entlang der ersten Linie einritzen, die Ecken diagonal an der Markierungslinie abschneiden. Den Stoffkleber oder PVA-Leim bis zur Markierungslinie auf die Kante geben und diese entlang der geritzten Linie umschlagen, so daß ein sauberer Saum entsteht. Jetzt kann der Belag bemalt werden.

Tuchbelag bemalen

Man kann den Belag fast beliebig bemalen; limitierende Faktoren sind dabei einzig die Kunstfertigkeit und Geduld des Malers. Es spricht nichts dagegen, ein richtiges Gemälde auf dem Belag zu kreieren; es handelt sich ja schließlich um eine leere Leinwand. Einfacher ist es, sich an herkömmliche Teppichdessins zu halten oder die Gestaltung eines echten Teppichs zu kopieren, der Ihnen besonders gefällt, für Sie aber unerschwinglich teuer ist. Einfache Schachbrett- oder Gittermuster malt man ähnlich wie auf Holzböden: die Breite der Randeinfassung bestimmen, diese mit Bleistift und Lineal markieren, dann die Quadratfelder im Inneren der Einfassung anzeichnen. Wenn der Belag eine vorherrschende Grundfarbe haben soll, erst die ganze Leinwand in dieser Farbe streichen, bevor man ein Muster vorzeichnet. Tuchbeläge sind meist einfacher zu bemalen als Fußböden, weil sie kleiner und besser zu handhaben sind; sehr kleine Exemplare kann man zum Malen sogar auf einen Tisch legen. Kompliziertere Muster sorgfältig planen und auf der Leinwand vorzeichnen; zur Herstellung kunstvoller Bordüren oder Rapportmuster können Schablonen hilfreich sein (siehe Seiten 140–141). Da der Belag abschließend einen Schutzlacküberzug erhält, kann man zum Abtönen und für feinere Details auch Künstleracryl- oder -ölfarben verwenden. Sie können Anstrichmittel auf Öl- oder Wasserbasis, entweder als deckende Farbe oder, für eine weichere, verwaschenere Wirkung, in halbtransparenten Tönen, verwenden.

Abschlußarbeiten

Wenn die Farbe trocken ist, muß der Belag mit Lack überzogen werden. Nehmen Sie dazu einen Acryl- oder Polyurethanlack, aber bedenken Sie, daß der letztere mit der Zeit vergilbt. Spezielle, hochstrapazierfähige Bodenlacke sind hier weniger geeignet, da sie recht spröde sind und rissig werden könnten. Der Belag sollte mindestens drei Lackschichten erhalten – bei starker Beanspruchung noch mehr.

Wenn der Lack durchgetrocknet ist, kann man den Belag an seinen Platz legen. Auf hartem Untergrund (Holz oder Fliesen) sollte man den Tuchbelag mit einigen kurzen Streifen doppelseitigem Teppichklebeband fixieren, um das Verrutschen zu minimieren und ein ständiges Aufstoßen der Kanten zu vermeiden, was langfristig zum Einrollen der Ränder und Abplatzen der Farbe führen kann. Man kann auch eine Teppichunterlage verwenden, die nicht nur das Rutschen verhindert, sondern auch für ein angenehmeres Trittgefühl sorgt.

▲ *Auch als Läufer sind Wachstuchbeläge gut geeignet. Der einfarbig gelbe Belag im Hintergrund des Hausflurs hat eine warme Ausstrahlung, während das Exemplar im Vordergrund mit einem schlichten, aber markanten Muster geschmückt ist, das die Farben der Wände aufgreift – Paradebeispiel einer klassisch dezenten Gestaltung.*

Einen Wachstuchbelag anfertigen

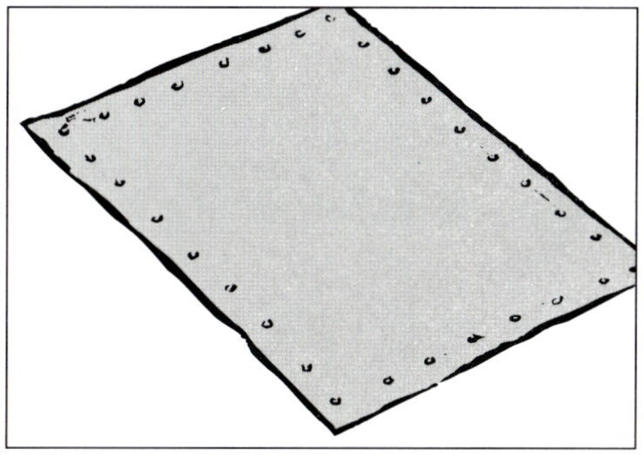

1 *Leinwand glattbügeln und auf einen Rahmen oder mit Heftzwecken auf den Boden spannen.*

2 *Leinwand wie beschrieben einleimen; Leim vor dem Grundieren trocknen lassen.*

3 *Grundierte Leinwand an den markierten Randlinien (mit Saumzugabe) rundum zuschneiden.*

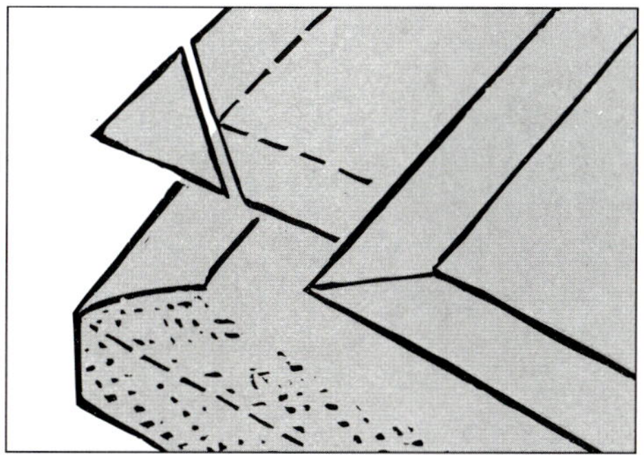

4 *Ecken der Saumzugabe diagonal abschneiden; eingeleimte Kanten zu einem sauberen Saum einschlagen.*

FENSTER UND TÜREN

Das Besondere an Fenstern und Türen ist, daß sie Teil der Architektur sind. Gute Fenster passen in Konstruktion und Gestaltung zur Geschichte des Hauses, seinem Alter und Stil. Sie haben tatsächlich Charakter, diese oft zu Unrecht beschworene Eigenschaft. Fenster können wahre Kunstwerke sein, so etwa elegante alte Sprossenfenster, kunstvolle Bleiglasfenster oder original erhaltene Walzstahl-Flügelfenster der Art-déco-Epoche.

Selbst ein schlichtes altes Schiebefenster, eine Reihe kleiner Landhausfenster oder eine moderne französische Fenstertür aus Holz können durch ihre Proportionen und die Aufrichtigkeit ihrer Erscheinung das Auge erfreuen. Auch einfache, großflächige Fenster in modernen Gebäuden sind oftmals auf ihre Weise attraktiv. Man sollte Fenster in einem konsequenten Stil dekorieren, der mit ihrer Entstehungsperiode und räumlichen Umgebung im Einklang steht, sich ihnen aber nicht unbedingt sklavisch unterwerfen muß.

Auch Türen gibt es in unzähligen Formen und Stilrichtungen. Die beidseitig glatten Flächentüren sind eine relativ moderne Erfindung. Füllungs- oder Kassettentüren haben vertiefte, oft von Profilen umrahmte Felder: Typisch für den georgianischen Stil sind zwei oder sechs Türfüllungen, für den viktorianischen vier, für das frühe 20. Jahrhundert drei. Die bei Landhäusern häufigen Lattentüren aus senkrechten Brettern mit zwei Querlatten gibt es in mehr oder weniger soliden und kunstvollen Ausführungen, wobei die schlichtesten meist auch die ältesten sind.

▲ *Die moderne Flächentür ist im selben Rauchblau wie die Schlafzimmerwände gestrichen. Der zylindrische Türknauf aus Stahl unterstreicht die klaren, schlichten Linien der einstigen Werkstatt im Londoner East End. Der Heizkörper wurde nicht kaschiert, sondern durch den kontrastfarbenen Anstrich zum Dekorationselement erhoben.*

Trotz ihrer Bedeutung und ihrer enormen dekorativen Möglichkeiten kommen Fenster und Türen bei der Raumgestaltung oft zu kurz. Meist werden Wände und Böden zuerst geplant, dann die Einrichtung, während Fenster und Türen gedankenlos weiß oder cremefarben gestrichen oder vielleicht braun gebeizt und klarlackiert werden – in der Hoffnung, sie so mit dem Hintergrund zu verschmelzen. Das soll nicht heißen, daß Weiß, Creme oder Braun nicht in vielen Fällen genau die richtigen Farben sind. Nur sollte der Auswahl der Farbe und Dekoration Ihrer Türen und Fenster eine bewußte Entscheidung zugrundeliegen, nicht ein: »Na ja, Weiß paßt doch immer!«

Kräftige, lebhafte Farben können sich auf Fenstern und Türen aus Holz oder Metall wunderbar ausnehmen und die Aufmerksamkeit auf sie lenken, so daß sie stärker zur Gesamtwirkung des Raums beitragen und manch anderweitige Dekoration überflüssig machen.

Bei Türen ist die Wahrscheinlichkeit größer als bei Fenstern, daß sie im Lauf der Jahrzehnte oder Jahrhunderte in Anpassung an wechselnde Modetrends verändert wurden. Füllungstüren wurden häufig beidseitig mit Hartfaserplatten verkleidet, die man entfernen kann, um die Tür zu restaurieren. Türen, die nicht zum Zeitstil des Hauses passen oder aus irgendeinem anderen Grund nicht richtig wirken, kann man einfach auswechseln.

Unangemessene Flächentüren können durch in Größe und Stil passendere Füllungstüren ersetzt werden. Solche kann man bei spezialisierten Antiquitätenhändlern oder vielleicht bei Abbruchunternehmen finden, in Baumärkten fertig kaufen oder vom Schreiner maßfertigen lassen. Die preiswerteste Lösung: Man verwandelt seine Flächentüren einfach durch Anbringung entsprechender Profilleisten in Füllungstüren.

Wie bei den Türen gibt es auch bei Fenstern ganz unterschiedliche, teilweise epochen- oder

auch landestypische Stilrichtungen. In England sind zum Beispiel einfache Schiebefenster mit zwei senkrecht gegeneinander verschiebbaren Flügeln sehr verbreitet. In manchen Regionen gibt es auch waagerechte Schiebefenster. Die Scheiben der Schiebefenster sind oft durch Sprossen unterteilt, die sie reizvoller und interessanter machen.

Bei uns hingegen sind Drehflügelfenster am gebräuchlichsten, die sich oft auch kippen lassen. Sie werden oft als eine Reihe gleich großer Fensterelemente installiert, von denen sich nur einige öffnen lassen. Auch hier sind Sprossenunterteilungen sehr verbreitet. Eine sehr alte Fensterform ist die Bleiverglasung, bei der die Unterteilung aus Bleistegen besteht, die ein kleinformatiges Rautenmuster bilden. In Häusern des 20. Jahrhunderts sind oft zusätzliche Oberlichter (teilweise kippbar) über den eigentlichen Fensterflügeln angeordnet.

Zu den wichtigeren Fenstertypen gehören außerdem zwei, die zur Beleuchtung von Dach-

◀◀ *In diesem anheimelnden Innenflur eines englischen Landhauses wurden sehr unterschiedliche Türen durch einen pastellgrünen Anstrich vereinheitlicht: eine rustikale, eisenbeschlagene Lattentür, eine viergeteilte Füllungstür sowie eine elegantere, teilweise verglaste Füllungstür.*

◀ *Die großen, schlicht weiß gestrichenen Schiebefenster, unverbrämt durch Vorhänge oder Rollos, passen gut zum sparsamen Einrichtungsstil dieses Wohnzimmers in einem französischen Landhaus und tragen wesentlich zu seiner kühlen, luftigen Atmosphäre bei.*

geschoßräumen dienen. Beim Gaubenfenster handelt es sich um ein senkrechtes Fenster, dessen Verkleidung die Dachschräge durchbricht. Dachflächenfenster hingegen liegen geneigt in der Dachschräge. »Ochsenaugen« sind kleine Rundfenster.

Fenster werden meist mit Vorhängen oder Rollos versehen. Sie sind praktisch und attraktiv und lassen sich aus fast jeder Art von Stoff oder durch Zweckentfremdung von Decken, Saris und sonstigen Textilien phantasievoll und abwechslungsreich gestalten.

Innenfensterläden sind eine oft übersehene, in jüngerer Zeit aber wieder zunehmend beliebte Alternative zu Vorhängen und Rollos. Sie wirken ansprechend und ordentlich, sperren Zugluft, Lärm und Licht sehr wirkungsvoll aus, geben zusätzliche Sicherheit und beanspruchen in geöffnetem Zustand wenig Raum. Nachts kann man zusätzliche Vorhänge davorziehen, aber viele Fensterläden sind attraktiv genug, um keiner weiteren Verschleierung zu bedürfen.

▲ *Die markanten zweiflügeligen Glastüren mit Bogenabschluß lassen reichlich Licht und (wenn geöffnet) Luft in dieses Wohnzimmer im italienischen Umbrien strömen. Draußen leisten schlichte, eiserne Geländer vor den beiden Fenstertüren ihren Beitrag zur modernen Optik und bewahren Unvorsichtige vor dem Absturz.*

Wer Glück hat, findet in seinem Haus noch die alten, hölzernen Roll- oder Klappläden, die manchmal mit Brettern vernagelt ihrer Wiederentdeckung harren. Wenn sie verschwunden sind, kann man vom Schreiner neue fertigen lassen oder sie, wenn man über einige Grundfertigkeiten in der Holzbearbeitung verfügt, selber machen.

Natürlich gibt es keinen zwingenden Grund, Fenster überhaupt zu verhüllen. Fensterläden, Vorhänge, Rollos und dergleichen werden aus vielerlei Gründen eingesetzt: als Sichtschutz, Schutz vor Zugluft oder schmückendes Beiwerk. Wo das nicht nötig ist, sollte man gerade gut proportionierte Fenster oder solche, die Ausblick auf eine schöne Natur- oder Dächerlandschaft bieten, durchaus unbekleidet lassen. Das paßt besonders zu Räumen mit frischer, klarer und schlichter Ausstrahlung.

Fenster findet man nicht nur in Außenwänden, und nicht alle Fenster sind zum Hin-

▲ *Die hohen Fenster des 18. Jahrhunderts hatten oft Innen-Fensterläden, die man tagsüber ordentlich beiseite klappte. Nachts wurden sie geschlossen, um Zugluft abzuhalten und Sicherheit zu bieten. Auch heute noch kann man beim Schreiner Läden für praktisch jedes Fenster maßfertigen lassen – ganz billig ist das aber nicht.*

▶ *Durch dieses schlichte, blau gestrichene Gaubenfenster, nur mit einem einfachen weißen Springrollo versehen, blickt man über ein altes Ziegeldach auf grün belaubte Bäume. Gaubenfenster ragen aus der Dachschräge heraus, um Räumen unter dem Dach genug Lichteinfall, etwas zusätzlichen Platz und mehr Kopffreiheit zu gewähren.*

durchsehen gedacht. Ein Fenster in einer Innenwand kann den dahinterliegenden Raum mit »geborgtem« Licht versorgen. Eine verglaste Tür erfüllt die gleiche Funktion, ob sie nun von Anfang an so konzipiert war oder Türfüllungen nachträglich durch Glas ersetzt wurden.

Klarglas ist die naheliegendste Wahl für die meisten Fenster, da es am meisten Licht durchläßt (was schließlich der Zweck eines Fensters ist). Aber es mag Fenster in Ihrer Wohnung geben – im Treppenhaus oder solche mit weniger schönem Ausblick –, wo die Durchsicht nicht so wichtig ist. Ein Fenster etwa, durch das man auf einen schmuddeligen Innenhof oder etwas ähnlich Deprimierendes blickt, kann durch Hohl-Glasbausteine ersetzt werden, die die Sicht versperren, dabei aber reichlich Licht durchlassen. (Um einen Raum mit Tageslicht zu versorgen, kann man sogar eine ganze Innen- oder Außenwand aus diesen Bauelementen errichten, die man meist mit Industriebauten des frühen 20. Jahrhunderts assoziiert.) Oder man ersetzt die Fensterscheibe durch ein undurchsichtiges Glas.

▲ Das großflächige, mit Metallsprossen unterteilte Innenfenster, dessen Flügel sich teilweise öffnen lassen, läßt Licht durch das Innere dieses umgebauten Lagerhauses in Antwerpen fluten. Die zweiflügelige Tür wurde auf der einen Seite im Naturton belassen und nur auf der Innenseite weiß gestrichen. Die Außenfenster sind mit Naturleinen verhängt.

Für Räume wie Badezimmer und Toiletten empfiehlt sich ein Glas, das Sichtschutz bietet, wie etwa Ornamentglas mit aufgeprägtem, erhabenem Muster oder eingeätztem Dekor. Geätztes Glas wird in einer Vielzahl eher traditioneller Dekore hergestellt. Eine schlichtere Alternative ist Mattglas. Bei waagerecht unterteilten Fenstern kann man auch nur in die untere Hälfte Mattglas als Sichtschutz einsetzen, so daß man durch die obere Hälfte einen optimalen Lichteinfall behält. Mit Hilfe von selbstklebender Kunststoffolie kann man recht einfach »Mattglas« nach eigenem Entwurf herstellen (siehe Seiten 222–223).

Sie können auch einen Künstler mit Entwurf und Herstellung von Ornamentglas zur individuellen Gestaltung Ihres Zuhauses beauftragen. Oder Sie erstellen einen eigenen Entwurf, vielleicht unter Einarbeitung der eigenen Initialen oder anderer Motive, die für Sie eine besondere Bedeutung haben, und lassen ihn beim Glaser auf eine Glasscheibe sandstrahlen.

Farbiges Glas und Fensterregale sind weitere Möglichkeiten zur Gestaltung von Fenstern. Sie können einen gewissen Sichtschutz bieten, einen unschönen Ausblick verdecken oder nur der dekorativen Wirkung halber eingesetzt werden. Hierzu kann man die bisherigen Fensterscheiben gegen getöntes Glas austauschen oder bemalen (siehe Seiten 222–223).

Fensterregale – schmale Böden aus gehärtetem oder laminiertem Glas –, werden wie Wandregale in die Fensterlaibung gesetzt. Man kann auf ihnen zum Beispiel farbenprächtige Glasobjekte oder auch mit der Raumnutzung in Verbindung stehende Stücke arrangieren – wie Muscheln und Modellschiffchen im Bad oder alte Kochutensilien in der Küche.

Dekorative Behandlung für Fensterrahmen und Türen

Die technischen Fortschritte der Farbindustrie haben in Verbindung mit dem neuen Interesse an »historischen« Farbtönen, althergebrachten Oberflächenbehandlungen, überlieferten und umweltfreundlichen Rezepturen für Lacke, Beizen und Farben eine große Auswahl an Mitteln hervorgebracht, mit denen man Türen und Fenster an jedes Einrichtungskonzept anpassen kann.

Eine wachsende Zahl von Spezialfirmen, die ihre Kunden teils per Versandhandel beliefern, nährt das wiederbelebte Interesse an Anstrichfarben und Behandlungsmitteln aus alter Zeit und die Nachfrage nach umweltfreundlichen Produkten und natürlichen Holzveredelungsmitteln. Viele kleinere Hersteller bieten sehr spezielle Produkte wie Anstriche auf Milchbasis und biologisch abbaubare Lacke an.

Bevor man eine Anstrichart und -farbe für Türen oder Fenster auswählt, kann es lohnend sein, sich etwas eingehender über das Produktangebot zu informieren. Als erstes sollte man ein gut sortiertes Farben-Fachgeschäft aufsuchen, wo man die Hinweise auf den Farbbehältern studieren und sich mit Herstellerbroschüren und Farbkarten versorgen kann. Man kann auch Produktinformationen von Spezialfarbenherstellern anfordern.

Abgeschliffenes Holz in gutem Zustand kann man blank lassen, mit einem Schutzlack überziehen oder mit Öl oder Wachs behandeln (siehe Seiten 218–219), um die natürliche Schönheit der Maserung dekorativ zur Geltung zu bringen. Wenn die Holzfarbe aus irgendeinem Grunde nicht gefällt, kann man sie mit Holzbeize verändern (siehe Seiten 218–219). Dabei stehen konventionelle Holztöne, aber auch buntere Farben zur Wahl, die sich in jedes Farbkonzept einfügen. Beizen gibt es in großer Auswahl in Baumärkten und Farbgeschäften; manche Spezialfirmen stellen Beizen her, die sich beliebig mit Wasser verdünnen lassen, um dem Holz eine ausgeblichene Erscheinung zu verleihen.

Anstrichfarben sind ein hervorragendes und äußerst vielseitiges Mittel, um Fenster und Türen in ein Einrichtungskonzept einzubeziehen. Neben herkömmlichen Anstrichtechniken kann man Spezialtechniken einsetzen, um verschiedene Effekte zu erzielen (siehe Seiten 210–211), etwa eine gealterte Wirkung, bei der frühere Farbschichten durch abgenutzte Stellen und Schrammen der Deckschicht durchscheinen.

Zu den sogenannten »neuen« Farben gehören viele lebhafte Farbtöne, die auf den Dekorationsstil des 18. und 19. Jahrhunderts zurückgehen. Diese Farben wirken gerade auf Holz hervorragend und unterstreichen den architektonischen Charakter von Türen und Fenstern. Sie harmonieren gleichermaßen gut mit Wänden und anderen Einrichtungselementen in blassen Tönen, von denen sie sich deutlich abheben, oder Interieurs in kräftigen Farben, wo sie zu Üppigkeit und Abwechslungsreichtum des Gesamteindrucks beitragen.

Mit einigen ausgefalleneren modernen Anstrichmitteln, die die Phantasie der Raumgestalter beflügelt haben, lassen sich erstaunliche Effekte kreieren. Metallic-Sprühlacke etwa wurden zum Ausbessern von Autolackschäden entwickelt, können aber auch auf eine entsprechend grundierte Tür gesprüht werden und zur Herstellung von Schablonenmustern auf Türen oder Fensterdekorationsstoffen dienen. Für Metalluntergründe gibt es Anstrichmittel, die als Rostschutz, Grundierung und Deckschicht zugleich fungieren – einfach zu verarbeiten und für Metallfenster und -türen sehr praktisch.

Das Angebot an Anstrichmitteln mag sich geändert haben, viele der alten Anstrichtechniken aber nicht. Welche Methode Sie auch anwenden: Das Ziel ist eine glatte, makellose Oberfläche. Natürlich kann man die Farbe ohne einen Gedanken an die richtige Technik auf den Untergrund klatschen; solange man zügig arbeitet und die Farbe in der richtigen Dicke aufträgt, wird das Ergebnis für ungeschulte Augen vermutlich ganz zufriedenstellend aussehen. Das große Plus der altbewährten Techniken (siehe Seiten 210–215) ist die Tatsache, daß sie mit größter Wahrscheinlichkeit einwandfreie, dauerhafte Resultate bei einem Minimum an Ärger und Schmutz versprechen.

Das Verschönern von Türen und Fenstern ist keine allzu kostspielige Angelegenheit. Im Vergleich zu anderen Dekorationsmitteln sind Farben, Beizen, Öle und Lacke preiswert. Die billigsten sind allerdings nicht immer die besten: Billigfarben sind mit Füllstoffen gestreckt, die ihr Volumen in der Farbdose aufblähen, aber ihre Deckkraft mindern. Man braucht keine Spezialkleidung (außer einer Sicherheitsausrüstung beim Umgang mit chemischen Abbeizmitteln), sondern nur alte, bequeme Sachen, die ruhig etwas Farbe abbekommen dürfen. Die teuersten Teile sind vermutlich elektrische Geräte, etwa ein Heißluftgerät zum Abziehen alter Anstriche, und ein Satz hochwertiger Pinsel. Betrachten Sie diese als langfristige Investition.

▲ *Die Füllungen dieser doppelflügeligen Tür im spanischen Stil sind mit geschnitzten Rosetten geschmückt; der Farbanstrich ist fast überall bis aufs Holz abgenutzt. Auf Türen aus Abrißhäusern findet man manchmal noch vergleichbar interessant wirkende alte Farbschichten.*

◀ *Die Farbgestaltung dieses Hauses, das einem Webtextildesigner gehört, basiert auf altmodischen Farben in üppigen Tönen aus dem Sortiment des englischen National Trust: Stumpfe Ölfarben für Türen und Holzteile und spezielle Dispersionsfarben mit mehr kalkiger als gummierter Oberflächenwirkung für die Wände.*

Untergrundvorbereitung

▲ *Tür und Fenster dieses Schlafzimmers wurden mit strapazierfähiger, hochglänzender Öllackfarbe gestrichen. Je sorgfältiger die Untergrundvorbereitung, desto makelloser und langlebiger wird der Anstrich – bei so kräftigen Farben wie hier ist das besonders wichtig, da sie jede Unregelmäßigkeit noch stärker hervorheben.*

Wieviel Vorbereitungsaufwand das Streichen, Beizen oder Lackieren von Türen und Fenstern erfordert, hängt davon ab, wie sie vorher behandelt waren. Der Umgang mit früheren Oberflächenbehandlungen auf Holz oder Metall richtet sich nach dem Zustand der Oberfläche und danach, wie man sie überstreichen möchte.

Bevor man Fenster von außen streicht, muß der Zustand des Fensterkitts überprüft werden; ausgetrocknete Stellen, Sprünge und Lücken im Fensterkitt muß man ausbessern.

Verfärbte Stellen an abgeschliffenen Holzteilen kann man ebenso wie größere Holzflächen von unschöner Farbe vor der Weiterbehandlung bleichen. Hierzu verwendet man spezielle Holzbleichmittel aus dem Malerbedarf.

Neues Holz vorbereiten

Neues Holz erfordert kaum Vorbereitung zum Streichen, Beizen oder Lackieren. Es sollte allerdings sauber und staubfrei sein, da Schmutz und Staub den Anstrich verderben können. Rauhe Stellen abschleifen, Staub abwischen.

Vor Anstrichen auf neuem Holz muß man die Aststellen mit speziellem Absperrmittel behandeln, um Harzaustritt zu verhindern, der selbst einen durchgetrockneten Anstrich noch verfärben kann. Es empfiehlt sich, einiges Harz zu entfernen, bevor man die Aststellen versiegelt. Dazu erwärmt man sie mit einem Heißluftgerät, um den Harzfluß anzuregen, und wischt das Harz mit einem in Terpentinersatz getränkten Lappen ab. Absperrmittel mit einem kleinen Pinsel auftragen, mit Brennspiritus nachwischen. Zwei Schichten sind ideal (das Mittel trocknet sehr rasch), aber eine reicht auch.

Holz mit Altanstrichen zum Überstreichen vorbereiten

Wenn Altanstriche in gutem Zustand und die Konturen von Türfüllungen, Profilen oder Sprossen nicht mit Farbe verklebt sind, die Oberfläche nur gründlich mit Sodalauge oder schwachem Anlaugmittel abwaschen (siehe Seiten 206–207). Mit klarem Wasser nachwaschen, trocknen lassen. Wenn man kein Anlaugmittel verwendet hat, Oberfläche mit um einen Korkklotz gewickeltem Schleifpapier leicht anschleifen, damit der neue Anstrich besser haftet und um die Ränder etwaiger Schadstellen des Altanstrichs zu glätten, bevor man sie mit Grundierung ausbessert. Tiefere Löcher gegebenenfalls verfüllen und glattschleifen. Dies sollte erst nach der ersten Grundierungsschicht erfolgen, da die Spachtelmasse dann besser haftet.

Wenn das Holz geölt oder gewachst war, muß es vor dem Überstreichen sehr gründlich abgewaschen werden (siehe Seiten 206–207).

Altanstriche in schlechtem Zustand müssen komplett abgezogen werden, bevor man das Holz neu grundiert und vorstreicht. Trocken abblätternde Farbe kann mit der Drahtbürste oder einem Spachtel entfernt werden. Dann muß man die Oberfläche abschleifen, wobei hartnäckige Anstrichreste besonders gründlich zu behandeln sind. Für größere Flächen empfiehlt sich ein elektrischer Schwingschleifer.

Heißluftgerät: Dicke, schmierige Farbe, die Profilleisten verklebt, kann mit Hilfe eines Heißluftgeräts oder chemischer Abbeizmittel entfernt werden. Heißluftgerät über der Holz-

Behandlung von Altanstrichen

1 Oberfläche mit Schleifpapier und -klotz ebnen und anrauhen. In Maserungsrichtung schleifen.

2 Beim Abschleifen größerer Flächen oder hartnäckiger Anstrichreste hilft ein elektrischer Schwingschleifer.

oberfläche immer in Bewegung halten, um sie nicht anzusengen, erweichte Farbe sofort abkratzen. Für Profile einen Dreikantschaber verwenden. Man sollte sich vor heißen Farbresten in acht nehmen und am besten baumwollene Arbeitshandschuhe tragen. Abgekratzte Farbe in einem Metallbehälter, etwa einem alten Backblech, auffangen und in Zeitung eingewickelt in eine Mülltonne im Freien entsorgen, um Brandgefahr im Haus zu vermeiden. Beim Abziehen von Fenstersprossen einen seitlichen Schutzaufsatz auf das Heißluftgerät stecken, damit sich die Glasscheiben nicht aufheizen und springen.

Chemische Abbeizmittel: Anstriche auf Öl- oder Wasserbasis lassen sich nach Behandlung mit geeigneten Abbeizmitteln mit Spachteln und Dreikantschabern abziehen. Für Fenster und Türen empfehlen sich pastenförmige oder tropfgehemmte Abbeizmittel, da normale flüssige Abbeizmittel an senkrechten Flächen ablaufen. Abbeizmittel aufpinseln und einwirken lassen, bis der Anstrich weich wird. Pastenförmige Abbeizmittel sind für Zierprofile sehr geeignet. Dichtschichtig auftragen, mehrere Stunden einwirken lassen. Aufgeweichten Altanstrich abschaben; dann die Oberfläche gründlich abwaschen. Unbedingt die Herstelleranweisungen zum Auftrag, Abziehen, Entsorgen und vor allem zu Ihrer eigenen Sicherheit beachten. Viele Abbeizmittel wirken ätzend, weshalb man sich bei ihrer Verwendung mit Schutzbrille, Handschuhen, langen Ärmeln und Hosen schützen sollte. Den Arbeitsbereich gut belüften. Eine Atemschutzmaske ist empfehlenswert.

◄ Durch das Abschleifen alter Anstriche kann eine so interessante Oberflächenwirkung entstehen, daß Sie sich vielleicht entschließen, sie gar nicht zu überstreichen. Die hier auf Tür und Tisch nach dem Schleifen zurückgebliebenen, unregelmäßig verteilten Farbreste verleihen ihnen eine überzeugende Erscheinung hohen Alters, die gut zu den farbig getünchten Wänden paßt.

***3** Farbe mit dem Heißluftgerät erweichen, abkratzen. An Glasscheiben einen Schutzaufsatz verwenden.*

***4** Oder flüssiges Abbeizmittel auftragen, einwirken lassen. Farbe abschaben, Oberfläche abwaschen.*

***5** Auf Profile Abbeizpaste auftragen, einige Stunden einwirken lassen. Farbe abziehen, nachwaschen.*

Holzfurniere und Holzteile mit Schellackpolitur darf man nicht auf diese Weise reinigen. Hier einen Spezialreiniger für Holz verwenden oder oberflächlichen Schmierschmutz mit einem in eine Lösung aus warmem Wasser und Malzessig getauchten und sehr gut ausgewrungenen Lappen abwischen. Sofort trockenwischen.

Neues Metall vorbereiten

Vor Anstrich oder Schwärzung neuer Metallteile kontrollieren, ob sie völlig trocken, rost- und fettfrei sind. Roststellen vor Auftrag von Metallgrundierung oder Anstrichfarbe reinigen und mit Rostschutzmittel behandeln, sofern man keine kombinierte Rostschutzfarbe verwendet.

▲ *Die abgezogenen Schiebefenster aus Kiefernholz tragen zur frischen, großzügigen Atmosphäre dieses Schlafzimmers in einem Stadthaus bei. Ihre helle Farbe bildet zusammen mit dem milchigen Weiß des gekalkten Bodens und den ungefütterten Kattunvorhängen einen neutralen Hintergrund für das antike Mobiliar.*

▶ *Rostige Metallrahmen erfordern vor dem Überstreichen einige Vorarbeit: schrubben, entfetten, abwaschen, mit Rostschutz und Metallspachtel behandeln, abschleifen. Doch der Aufwand rentiert sich: Ein sauberer Anstrich auf gut vorbereitetem Untergrund kann auch strapazierten Metallrahmen ein makelloses Aussehen verleihen.*

Holz mit Altanstrichen zum Beizen vorbereiten

Beize kann alte Farb- und Lackanstriche nicht durchdringen. Das Holz am besten mit flüssigem oder pastenförmigem Abbeizer komplett bloßlegen, bevor man die Beize aufträgt; Anstrichreste ergeben fleckige Oberflächen.

Um nach dem Abziehen verbleibende, hartnäckige Anstrichreste zu entfernen, das Holz in Maserungsrichtung mit in Terpentinersatz oder Abbeizer getauchter Stahlwolle nachschrubben.

Bereits behandeltes Holz zum Ölen oder Wachsen vorbereiten

Bevor man geölte oder gewachste Holzteile neu ölt, wachst oder überstreicht, müssen sie gründlich gereinigt werden, um alle alten Wachs- bzw. Ölablagerungen zu entfernen. Oberfläche (außer Furnier oder schellackpolierten Flächen) in Maserungsrichtung mit in Terpentinersatz getauchter Stahlwolle abschrubben, mit sauberem Lappen oder Papiertüchern nachwischen. Vorgang gegebenenfalls mehrmals wiederholen. Dann das Holz abwaschen, vor Weiterbehandlung trocknen lassen.

Metallflächen mit Altanstrichen vorbereiten

Anstriche auf metallenen Fensterrahmen, die noch in gutem Zustand sind, können mit relativ wenig Vorbereitungsaufwand überstrichen werden. Einfach mit Sodalauge abwaschen, klar nachwaschen und abtrocknen. Anstrich mit feinem, um einen Korkklotz gewickelten Schleifpapier leicht anrauhen, damit der neue Anstrich besser haftet. Vor dem Streichen alle Staubreste sorgfältig abwischen.

Anstriche in schlechtem Zustand erfordern mehr Vorbereitungsaufwand. Lose Farb- und Rostpartikel mit einer harten Drahtbürste abbürsten; dabei unbedingt Schutzbrille tragen. Dann das Metall mit Sodalauge abschrubben und klar nachwaschen. Gesamte Oberfläche zur Entfettung mit einem in Terpentinersatz getauchten, sauberen Lappen abwischen. Metall gut trocknen lassen, dann blanke oder rostige Stellen mit Rostschutzmittel einpinseln; Schraubenköpfe, Angeln, Fugen und ihre Umgebung besonders gründlich behandeln. Wenn das Rostschutzmittel trocken ist, Löcher und Vertiefungen mit Metallspachtelmasse verfüllen. Diese trocknen lassen, dann die ganze Fläche abschleifen, um eine glatte, ebene Oberfläche zum Überstreichen zu erhalten. Wenn man den Untergrund zuerst grundiert, eine spezielle Metallgrundierung mit Rostschutzmittel verwenden.

Man kann statt dessen den Altanstrich auch mit einem für Metall geeigneten Abbeizmittel und Stahlwolle komplett abziehen. Heißluftgeräte sind zum Abziehen von Metall ungeeignet, da das Metall die Hitze absorbiert, so daß der Anstrich praktisch eingebrannt wird.

Werkzeug und Ausrüstung

Um Türen und Fenster für eine neue Oberflächenbehandlung vorzubereiten, benötigt man kaum Spezialwerkzeug. Außer den unten aufgeführten Teilen und Materialien braucht man noch Schraubenzieher, um vor Arbeitsbeginn Tür- und Fensterbeschläge zu entfernen.

- **Absperrmittel für Aststellen:** öliges Versiegelungsmittel aus Schellack und Brennspiritus, das man auf die Aststellen von neuem Holz, besonders Kiefer, aufträgt, um die Verfärbung späterer Anstriche durch Harzaustritt zu verhindern (siehe Seiten 204–205).
- **Sodalauge:** Das Abwaschen von Altanstrichen mit warmer Sodalösung ist eine altbewährte Methode, um Schmutz, Fett und selbst jahrzehntealte Schmierschmutzkrusten zu entfernen.
- **Anlaugmittel:** schwache Lauge zur gründlichen Reinigung von Oberflächen vor dem Überstreichen. Besonders nützlich zum Reinigen und Glätten von Zierprofilen und Ecken.
- **Schleifpapier:** Wird in jedem Stadium der Vorbereitung gebraucht – um rissige oder abblätternde Farb- oder Lackstellen zu glätten, Altanstriche zwecks besserer Haftung des neuen anzurauhen, trockene Spachtelmasse zu glätten und zum Schleifen zwischen neuen Anstrichschichten, um eine besonders glänzende Oberfläche zu erhalten.
- **Drahtbürste:** äußerst nützlich zur Entfernung von abblätternder Farbe und Rost von Metallflächen.
- **Heißluftpistole:** das sauberste und, wie manche finden, sicherste Mittel zum Abziehen alter Anstriche auf Holz. Das Gerät sieht ähnlich aus wie ein Haarfön und erweicht selbst mehrere Farbschichten auf einmal, die dann mit einem Spachtel oder Dreikantschaber abgekratzt werden. Manche haben integrierte Schaber und Schutzaufsätze zur Arbeit an Glasscheiben. Mit solchen Aufsätzen ausgestattete Heißluftgeräte sind ideal zum Abziehen von Fenstersprossen. Niemals die Hand vor eine Heißluftpistole halten!
- **Dreikantschaber:** dreieckiger Schaber mit langem Stil zum Abschaben schmaler Flächen. Es gibt auch Ausführungen mit geschwungenen Kanten für abgerundete Profilkanten und Fenstersprossen.
- **Chemische Abbeizmittel:** wirkungsvolle Mittel zur Entfernung von Altanstrichen. Für Anstriche auf Metallen gibt es Spezialabbeizmittel, die man in Verbindung mit Stahlwolle einsetzt. Beim Umgang mit chemischen Abbeizmitteln, ob in Pastenform oder als Flüssigkeit, Augen und Hände schützen. Auch bei warmem Wetter Arme und Beine bedeckt halten, und die Herstelleranweisungen bezüglich der sicheren Aufbewahrung und Entsorgung der Chemikalien befolgen.
- **Rostschutzmittel:** Mittel zur Behandlung rostiger Metallfenster und -türen. Stellen gründlich vom Rost befreien und mit der Lösung einstreichen. Vertiefungen vor dem Überstreichen mit Metallspachtelmasse verfüllen, um eine glatte Oberfläche zu erhalten.
- **Spachtelmasse:** Füllmasse zur Ausbesserung von Schadstellen und Vertiefungen in Holz- und Metallflächen. Immer darauf achten, eine geeignete Spachtelmasse zu verwenden. Es gibt verarbeitungsfertige Spachtelmassen und solche zum Selberanmischen; bei letzteren den Herstelleranweisungen entsprechend genau die richtige Menge Verdünnungsmittel zusetzen.

Vorbereitung zum Streichen

▲ *Eine solche schmale zweiflügelige Tür ist nützlich zwischen zwei benachbarten Räumen, die häufig gemeinsam genutzt werden, da sie in geöffnetem Zustand einladender und weniger trennend wirkt als eine normale einflügelige Tür. Hier wurden mit grob aufgetragener weißer Farbe »Türfüllungen« angedeutet.*

Um zu errechnen, wieviel Anstrichmittel man braucht, zuerst die Fenster bzw. Türen ausmessen, um eine grobe Vorstellung von der zu bedeckenden Fläche zu erhalten; diese mit den Deckungsangaben auf den Farbbehältern vergleichen. Kontrollieren Sie, ob das Anstrichmittel selbst eine Vorbereitung benötigt: Es gibt beispielsweise leicht konzentrierte Farben, die man vor dem Auftrag mit Terpentinersatz oder anderem Verdünnungsmittel verdünnt.

Die meisten Anstriche werden mit dem Pinsel aufgetragen; manche, etwa Beizen, kann man auch mit dem Lappen auftragen. Es ist sinnvoll, außer den erforderlichen Anstreichwerkzeugen einige behelfsmäßige Werkzeuge bereitzuhalten. Ein alter Löffel ist zum Beispiel nützlich, um Farbdosendeckel aufzuhebeln.

Ausrüstung für verschiedene Anstrichtechniken

Kaufen Sie die besten Pinsel, die Sie sich leisten können, möglichst aus Naturfaser; ideal sind reine Schweineborsten. Pinsel auf gute Verarbeitung kontrollieren; sie sollten ein dichtes Bündel geschmeidiger, federnder Borsten und keine losen Teile haben. Man braucht verschiedene Pinsel für unterschiedliche Zwecke und sollte stets Pinsel geeigneter Größe verwenden: Mit einem zu großen Pinsel geht die Arbeit auch nicht schneller vonstatten. Beim Streichen von Fenstern und Türen benötigt man einen 2,5 cm breiten Flach- oder Winkelpinsel für Profilleisten und Fenstersprossen, einen 5 cm breiten Flachpinsel für Füllungstüren, einen 7,5 cm breiten für Flächentüren. Bei pfleglicher Behandlung halten Pinsel jahrelang.

Für dekorative Lasureffekte braucht man Pinsel verschiedener Größen, die trocken eingesetzt werden. Ein Modler etwa ist für die Zugtechnik (siehe Seiten 210–211) von unschätzbarem Wert; mit einer Tapetenkleisterbürste kann man Linien verwischen. Zum Strukturieren von Lasuren dienen gekaufte Kämme aus Stahl oder Gummi oder selbstgemachte aus Karton. Eine regelmäßige Wirkung erhält man durch über die ganze Kammbreite gleichmäßig zugeschnittene Zähne; unsymmetrische Zähne ergeben zwanglosere Effekte. Mit gemusterten Gummiwalzen kann man eine getönte Lasurschicht bearbeiten, um Holzmaserungseffekte zu erzielen.

Streichzieher sind eine lohnende Investition, um lange, gerade Linien mit gleichmäßigem Farbfluß zu ziehen, und zum Aufmalen imitierter Türfüllungen sehr nützlich. Für dünne Lasurfarben sind Marder- und Polyester-Strichzieher am geeignetsten; für dickflüssigere Farben eher Rindshaar- und Schweineborstenpinsel. Zum Marmorieren, für feine Linien und Details empfehlen sich spitze Künstler- oder Aderpinsel.

Die Pinsel müssen bei Arbeitsbeginn sauber und trocken sein. Neue Pinsel gegen die Handfläche einarbeiten, damit lose Borsten herausfallen. Weitere lose Borsten lassen sich entfernen, indem man den Pinsel in Wasser taucht und auf einer Zeitung oder einer rauhen Fläche wie einer Außenwand gründlich ausstreicht. Pinsel dann gut in warmem Seifenwasser auswaschen, ausspülen und ausdrücken. Um das Wasser abzuschleudern, Pinselstiel schnell zwischen den Handflächen drehen; Pinsel mit den Borsten nach unten zum Trocknen aufhängen.

Bei neuen Pinseln ein Loch durch den breiten Teil des Griffs (kurz vor der Zwinge) bohren, das groß genug ist, um einen dünnen Holzstab durchzustecken. Holzstäbchen zuschneiden, die lang genug sind, um quer über die Öffnung eines Glases gelegt zu werden und die Pinsel daran mit den Borsten nach unten aufzuhängen (siehe Seiten 224–225).

▲ *Breite zweiflügelige Türen machen in geschlossenem Zustand einen majestätischen Eindruck; geöffnet schaffen sie einen großzügigen, einladenden Durchgang. Die hier abgebildete ist zweifarbig gestrichen: die Einfassungen grau und die Füllungen senffarben, beides Farbtöne, die dem Schnörkelmuster der Wand entlehnt sind.*

Sauberkeit

Sauberkeit ist eine Grundvoraussetzung beim Streichen. Feuchte Farbflächen ziehen Schmutz und Staub an, wodurch die Wirkung des Anstrichs, in den Sie soviel Mühe investiert haben, verdorben wird. Türen und Fenster, auch wenn man sie für sauber hält, unmittelbar vor dem Anstrich nochmals mit einem nur gerade eben feuchten Lappen oder einem speziellen Staubbindetuch abwischen. Nach Schleifarbeiten an Füllspachtel oder Altanstrichen den Staub aus Profilrillen an Türen und Fenstern entfernen. Hierzu ist ein Staubsauger mit Bürstenaufsatz nützlich.

Farbdosen vor dem Öffnen reinigen, lose Teilchen aus der Randnut entfernen, damit beim Öffnen weder Staub noch angetrocknete Farbreste in die Farbe gelangen. Wenn doch Partikel hineinfallen oder die Farbe klumpt, den Doseninhalt durch ein Stück feinen Baumwollmusselin in einen sauberen Behälter seihen. Etwaige Haut auf der Farbe nicht unterrühren, sondern immer entfernen, auch wenn sie noch so dünn ist.

Lappen mit sauberen Kanten ohne lose Fäden sind nützlich, um verschüttete Farbe und Farbnasen wegzuwischen, sie müssen aber sauber sein, um keinen Schmutz auf frische Anstriche zu bringen. In Baumärkten und im Malerbedarf gibt es hierzu spezielle Staubbindetücher.

Abdeckung und Arbeitskleidung

Sie sollten alles mit Schutzfolien oder -planen abdecken, auch die Stellen, von denen Sie glauben, daß sie außerhalb der Reichweite von Spritzern liegen. Dünne Plastikfolien sind undurchlässig, aber rutschgefährlich, und außerdem reißen leicht. Textilplanen, wie sie Profis benutzen, sind in verschiedenen Größen und Qualitäten erhältlich.

Es versteht sich von selbst, daß man alte Kleidung tragen sollte; sie bekommen immer Farbe ab. Tragen Sie keine Wollsachen, da die Fasern auf den feuchten Anstrich gelangen könnten. Es empfiehlt sich, die Hände vor der Arbeit mit einer speziellen Schutzcreme einzureiben, die man im Malerbedarf erhält. Sie setzt sich in alle Falten und in die Nagelhaut und ist ähnlich wirksam wie Plastikhandschuhe, ohne daß man deren Nachteile in Kauf nehmen muß. Nach der Arbeit läßt sie sich einfach abwaschen.

Farbanstriche

▶ *Der schöne, kräftig blaue Ölglanzlack-Anstrich dieser Tür einer ländlichen Eßküche ist nicht nur dekorativ, sondern vor allem auch praktisch, da problemlos abwaschbar, sehr strapazierfähig und gegen Wasserdampf unempfindlich.*

Farbanstriche auf Holz

Holz kann man mit Wasser-, Öl- oder Kunstharzlacken streichen. Blankes Holz sollte vor dem Deckanstrich eine Grundierung und einen Voranstrich erhalten. Die Grundierung versiegelt das Holz und gleicht Unebenheiten aus. Voranstriche geben der ersten Deckschicht einen soliden Haftgrund. Es gibt kombinierte Grundier-/Vorstreichmittel. Acryl-Vorlack trocknet rasch und kann mit Lacken auf Öl- oder Wasserbasis überstrichen werden.

Farbanstriche auf Metall

Für Metall gibt es spezielle Grundierungen, Füllspachtel, Lackfarben, Verdünner und Reiniger. Am besten Produkte der gleichen Marke verwenden. Manche Speziallacke erfordern keine Vorstreichfarbe, haben rostschützende Wirkung und decken in einer Schicht ausreichend. Als sehr matter, schwarzer Anstrich auf Metall kann auch Schultafelfarbe dienen.

Umgang mit Anstrichmitteln

Farben vor dem Auftragen mit einem sauberen Holzstab gründlich durchrühren. Tropfgehemmte Farbe aber keinesfalls rühren, da die Tropfhemmung sonst verlorengeht. Sollte dies doch geschehen, Farbe verschließen und einige Stunden stabilisieren lassen.

Die Arbeit mit schweren Farbbehältern ist unpraktisch und gefährlich; besser einen Teil der Farbe in einen kleineren, sauberen Metall- oder Plastikeimer mit Henkel umgießen.

Farbe aufnehmen

Pinselborsten zu einem Drittel in die Farbe tauchen; Farbüberschuß am besten an einer über die Öffnung des Farbbehälters gespannten Schnur abstreichen. Man braucht genug Farbe, um damit zu arbeiten, aber nicht soviel, daß sie tropft oder beim Trocknen Runzeln bildet. Spezielle Informationen zur jeweiligen Farbe liefern die Verarbeitungshinweise auf dem Behälter.

Verschiedene Lackfarben

Alkydharz-Lackfarben: Diese besonders gebräuchlichen Kunstharzlacke sind in verschiedenen Glanzgraden von matt bis hochglänzend erhältlich und ergeben hochbeanspruchbare Anstriche. Sie verlaufen beim Auftrag gut und trocknen in 5–6 Stunden, enthalten aber einen hohen Anteil an organischen Lösemitteln. Manche Sorten neigen unter Umständen – etwa bei fehlendem Tageslicht – zum Vergilben.

Acryllackfarben: Die heute sehr beliebten Acryllacke, meist in seidenmatt oder glänzend erhältlich, sind auf Wasserbasis hergestellt und enthalten wenig oder keine organischen Lösemittel. Sie sind wasserverdünnbar, geruchsarm und trocknen sehr schnell, müssen aus diesem Grund aber auch zügig (am besten mit Spezialpinseln) verstrichen werden. Sie verlaufen beim Auftrag nicht ganz so gut wie Alkydharzlacke; der Anstrich ist auch weniger strapazierfähig. Acryllacke lassen sich von Händen und Pinseln mit Wasser und Seife leicht abwaschen.

Öllackfarben: Klassische Öllacke ergeben eine extrem matte bis hochglänzende Oberfläche. Hochglänzende, »fette« Öllackanstriche sind sehr strapazierfähig. Öllacke verlaufen gut, haben allerdings Trockenzeiten von 12–16 Stunden, je nach äußeren Umständen und Witterung auch wesentlich länger, weshalb sie heute nicht mehr sehr gebräuchlich sind.

Unabhängig davon, für welches Anstrichmittel Sie sich entscheiden, kann Ihre Anstrichtechnik für die Wirkung des fertigen Anstrichs entscheidend sein. Vermeiden Sie es, Türen und Fenster bei heißem und feuchtem Wetter zu streichen, da die Farbe dann nicht richtig trocknet und ein erhöhtes Risiko besteht, daß Feuchtigkeit zwischen den Anstrichschichten eingeschlossen wird, die später Probleme verursacht (siehe Seiten 224–225).

Die ersten Pinselstriche

Man sollte immer oben mit dem Streichen beginnen. Auf ebenen Flächen zuerst in Maserungsrichtung drei parallele Abwärtsstriche aufbringen, die sich nicht berühren. Ohne neue Farbe aufzunehmen, mit dem Pinsel quer über

Farbe auftragen

1 Borsten zu einem Drittel eintauchen; Überschuß an einer über den Eimer gespannten Schnur abstreifen.

2 Farbe in drei parallelen, aber sich nicht berührenden Abwärtsstrichen in Maserungsrichtung auftragen.

3 Ohne neue Farbe aufzunehmen, mit dem Pinsel quer darüber fahren, um die Farbe zu verteilen.

4 Noch einmal in Abwärtsrichtung leicht über die Farbe gehen, um Pinselspuren zu verwischen.

diese Abwärtstriche fahren, um die Farbe zu verteilen, bis sie eine einheitliche Fläche bildet.

Abschließend noch einmal in der anfänglichen Abwärtsrichtung – mit der Maserung – leicht mit dem Pinsel über die Oberfläche fahren, um Pinselspuren zu verwischen und eine glatte Oberfläche zu erhalten. Neue Farbe aufnehmen und den nächsten Abschnitt in der gleichen Weise streichen; aneinander angrenzende Abschnitte naß in naß miteinander verschmelzen.

Effektanstriche

Mit Spezialeffekten kann man auch schlichte Holztüren und -fenster reizvoller gestalten. Bei Effekten wie Zug-, Kamm- und Maserungstechniken wird eine zusätzliche Farb- oder Lasurschicht über einem Grundanstrich mit verschiedenen Werkzeugen – von Malerpinseln bis zu speziellen Gummiwalzen – strukturiert.

Je nach vorgesehenem Deckanstrich einen geeigneten Grundanstrich auftragen und trocknen lassen. Aus Künstleracrylfarbe und Wasser oder Künstlerölfarben mit Leinölfirnis und reichlich Terpentinersatz eine dünnflüssige Lasur anmischen. Genug Lasur für die gesamte Fläche ansetzen und gleichmäßig auf zügig bearbeitbare Abschnitte auftragen.

Bei der Zugtechnik wird, wie der Name schon andeutet, ein Modler oder ein anderer geeigneter Pinsel durch die getönte Lasurschicht gezogen, so daß die Pinselstrichstruktur nach dem Trocknen sichtbar bleibt. Sehr wirkungsvoll ist auch das Durchkämmen mit einem breitzinkigen Spezialkamm, wodurch ein Teil der getönten Lasurschicht abgenommen wird und der kontrastfarbene Grundanstrich durchscheint.

Für Maserungstechniken gibt es spezielle Gummiwalzen mit Maserungsstruktur, die man sanft durch die Lasur rollt. Eine impressionistischere Wirkung erzielt man, indem man mit einem spitzen Pinsel dünne, verwischte Linien auf den Grundanstrich zieht, so daß ein marmorähnliches Adermuster entsteht.

Zugtechnik

1 Lasur auf den Grundanstrich auftragen; Tapezierbürste durchziehen, so daß ein Strichmuster zurückbleibt.

2 In etwa der Maserungsrichtung folgen, damit die Wirkung nicht zu mechanisch wird.

▲ Durch Bearbeitung einer getönten Lasurschicht mit Zugtechnik (wie hier) oder anderen Methoden wie Kamm- oder Maserungstechnik kann man subtile Effekte erzielen. Hier stellt die sanfte Farbkombination von Blau auf Cremeweiß eine optische Verbindung zwischen dem Holz und dem marmornen Spritzschutz hinter dem Becken her.

Fenster streichen

Das Streichen von Fenstern ist eine umständliche Sache, die nicht hastig, aber in einem Durchgang erfolgen sollte, um unschöne Ansätze zu vermeiden. Am besten morgens anfangen und das Fenster dann offenlassen, damit der Anstrich abends trocken genug ist, um das Fenster über Nacht zu schließen. Nie bei windigem Wetter streichen, da auf den feuchten Anstrich gewehter Staub diesen ruiniert. Vor dem Streichen Griffe, Riegel und Beschläge entfernen; Scheiben reinigen, damit von ihnen kein Staub und Schmutz auf den feuchten Anstrich gelangt.

Farbe auftragen

Der Anstrich wird schichtweise aufgebaut: zuerst die Holzgrundierung, dann die Vorstreichfarbe und zuletzt ein bis zwei Schichten Deckanstrich. Für ebene Flächen nimmt man einen 2,5 cm breiten Flachpinsel, für Profile und Fenstersprossen einen Winkelpinsel der gleichen Breite. Die Farbe in Abwärtsrichtung – bei Holz mit der Maserung – auftragen. Dann, ohne neue Farbe aufzunehmen, mit dem Pinsel leicht quer darüber fahren; darauf achten, daß die Farbe (aber nicht zuviel davon) in alle Rillen etwaiger Profilleisten gelangt. Abschließend mit dem Pinsel noch einmal in Abwärtsrichtung über die Oberfläche gehen, um Pinselspuren zu glätten.

Glas abdecken

Man kann die Fensterscheiben mit einer Anstreichschiene vor Farbe schützen oder das Glas dicht an Rahmen bzw. Sprossen mit Kreppband

An Scheiben streichen

Durch eine solche Anstreichschiene lassen sich Farbkleckser auf Fensterscheiben vermeiden.

▲ Kräftige Farbkontraste ziehen das Auge auf sich, wie hier der smaragdgrüne Fensterrahmen in der tiefblauen Wand. Der Farbanstrich des Fensterrahmens hat sich mit der Zeit abgenutzt, was aber den Gesamteindruck keineswegs stört, sondern vielmehr das grelle Grün etwas abmildert und zu einer reizvollen Wirkung beiträgt.

Reihenfolge zum Streichen von Drehflügel- und Schiebefenstern

Beim Drehflügelfenster nach der Numerierung vorgehen; öffnende Fenster zuerst streichen.

Beim Schiebefenster die Flügel gegeneinander verschieben, dann nach der Numerierung streichen.

abkleben. Auf jeden Fall sollte der Anstrich immer um etwa 1 mm auf das Glas überlappen, um die Fuge zwischen Glas und Rahmen gegen Feuchtigkeit zu versiegeln.
Eine Anstreichschiene ist eine Metall- oder Kunststoffschiene mit einer flach zulaufenden Längskante. Während des Streichens wird diese Kante aufs Glas gedrückt, so daß sie den Fensterrahmen bzw. die Fenstersprosse fast berührt. Schiene beim Streichen häufig sauberwischen.

Man kann die Scheiben auch dicht am Holz mit Kreppband abkleben. Spezielles Malerband, das zur Hälfte aus selbstklebendem, zur anderen aus schlichtem Papier besteht, läßt sich nach dem Streichen einfacher abziehen. Klebeband vor Trocknen der Farbe entfernen.

Drehflügelfenster

Einen Draht um einen Nagel wickeln, diesen in den unteren Fensterschenkel schlagen und das Fenster in geöffneter Stellung fixieren. Zuerst Sprossen und Falze streichen, dann obere und untere Querschenkel und den scharnierseitigen, senkrechten Schenkel. Zuletzt Schlagleiste, Rahmen und Fensterbank streichen.

Schiebefenster

Zuerst den unteren Schiebeflügel ganz nach oben, den oberen nach unten schieben. Unteren Querschenkel, Seitenschenkel und Sprossen des äußeren Schiebeflügels so weit wie möglich streichen. Dann die untere Hälfte der Rahmeninnenseite mit den Laufflächen streichen. Jetzt den unteren Querschenkel und die Unterkante des inneren Flügels streichen. Trocknen lassen. Fensterflügel entgegengesetzt verschieben, und zuerst den oberen Querschenkel des äußeren Flügels, dann die Restfläche seiner Seitenschenkel und Sprossen streichen. Schließlich den oberen Querschenkel des inneren Flügels, seine Seitenschenkel und Sprossen und zuletzt die obere Hälfte der Rahmeninnenseite, die Rahmeneinfassung und die Fensterbank streichen.

Innenfensterläden

Fensterläden kann man ähnlich wie Füllungstüren behandeln. Vor Arbeitsbeginn den Fensterladen in geöffnetem Zustand verkeilen. Das Fenster geöffnet lassen (wenn es nicht windig ist), damit die Farbe schneller trocknet.

▲ Das geräumige Zimmer im Kolonialstil ist mit sehr praktischen zweigeteilten Lamellen-Innenläden ausgestattet: Eine Hälfte der Läden kann geschlossen werden, um Blendungen bei der Arbeit am Schreibtisch zu vermeiden, während darüber oder darunter immer noch Sonnenlicht hereinströmen kann.

Türen streichen

Wie Fenster sollte man auch Türen in einem Durchgang streichen, um sichtbare Ansätze zu vermeiden. Denken Sie daran, daß Sie, wie bei anderen Dekorationsarbeiten, Ihr Werk bei Tageslicht besser beurteilen können als bei Kunstlicht. Fußboden im Türbereich abdecken; Tür gut verkeilen, damit sie sich beim Streichen nicht bewegt. Vor Arbeitsbeginn Türknäufe, -klinken, -riegel, Schlüssellochabdeckungen, Schonschilder und andere Beschläge abmontieren. Einen alten Schraubenzieher bereithalten, um die Schlitze der Scharnierschrauben nach dem Überstreichen auszukratzen.

Türkanten nach außen zu den Ecken hin streichen, damit keine Farbe an den Ecken abläuft und Nasen bildet. Bei Füllungstüren einen 5 cm breiten Flachpinsel für ebene Flächen, einen 2,5 cm breiten Pinsel für Profile verwenden. Für Flächentüren ist ein 7,5 cm breiter Pinsel geeignet.

▲ *Füllungstüren bieten Gelegenheit, mit Farbe zu spielen. Die augenfällige Kombination aus hellem Türkis und kräftigem Blau bildet eine angemessene Einführung in diesen interessanten Raum. Früher pflegte man Füllungstüren in leicht abgestuften Tönen derselben Farbe zu streichen, um ihnen eine dezente optische Tiefenwirkung zu verleihen.*

Beschläge

Metallbeschläge reinigen (siehe Seiten 226–227) und mit einem geeigneten Anstrich behandeln; darauf achten, bewegliche Teile und Schraubenlöcher nicht mit Farbe zu verkleben.

Hölzerne Türknäufe, auch an Schränken, kann man zum Farbkonzept passend streichen. Hierzu strapazierfähige Lacke wie Polyurethanlack oder Ölglanzlack in mehreren dünnen Schichten auftragen, unter Umständen mit einer oder mehreren Schichten Bootslack schützen.

Füllungstüren

Zuerst die Profile um die Füllungen, dann die Füllungen selbst streichen; dabei immer in Maserungsrichtung arbeiten. Jetzt die mittleren Höhenfriese und die Querfriese über, unter und zwischen den Füllungen streichen. Als nächstes kommen die seitlichen Höhenfriese, die Kanten des Türblatts und schließlich der Türrahmen (Sturz, Laibung, Schwelle und etwaige Profileinfassungen). Beim Streichen der Außenkanten des Türrahmens eine Anstreichschiene (siehe Seiten 212–213) verwenden, damit keine Farbe auf die Wand gelangt.

Eine althergebrachte Gestaltungsweise für Füllungstüren besteht darin, die verschiedenen Teile der Tür in leicht unterschiedlichen Tönen einer Farbe zu streichen. Indem man die Füllungen im dunkelsten Ton, die Einfassungen im hellsten und die Profile in einem Zwischenton streicht, wird der architektonische Charakter der Tür stärker hervorgehoben: Sie wirkt dann mehr drei- als zweidimensional.

Flächentüren

Die große, ebene Fläche einer solchen Tür unterteilt man am besten vor dem geistigen Auge in sechs oder acht gleich große Abschnitte, indem man sie längs halbiert und in der Höhe drittelt oder viertelt. Zuerst das obere linke Feld streichen, dann das obere rechte, das nächste auf der linken Seite, wieder rechts, und so weiter bis zur Unterkante der Tür. Die Abschnittskanten naß in naß verschmelzen. Zuletzt die Kanten des Türblatts und den Türrahmen streichen.

Flächentüren bieten vielseitigere Möglichkeiten für eine ausgefallene Gestaltung als Füllungstüren. Ihre große, ebene Fläche eignet sich zur bildlichen Bemalung, etwa mit verwir-

Reihenfolge beim Streichen von Türen

Bei Füllungstüren zuerst die Profile um die Füllungen streichen, dann der Numerierung folgen.

▲ Der schwarz gestrichene Metallrahmen der Glastür unterstreicht ihre streng geometrische Rechteckigkeit, die einen interessanten Kontrast zur großzügigen Kurve der roten Wand bildet. Hohl-Glasbausteine am oberen Wandabschluß dienen als Innenfenster und nehmen zugleich das Muster der Glasscheiben wieder auf.

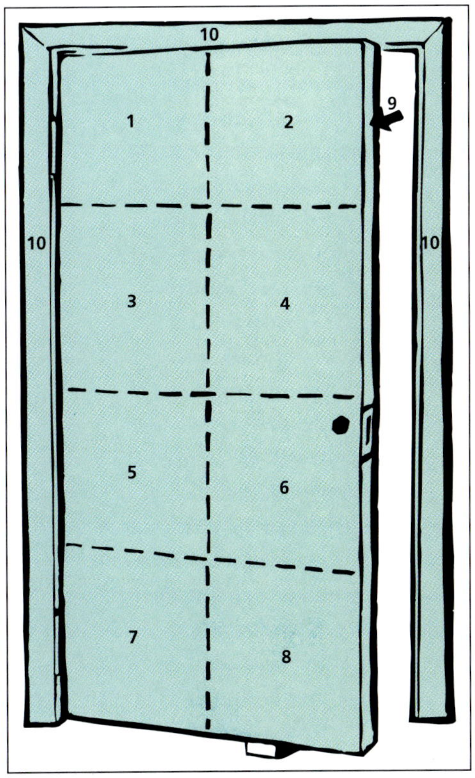

Flächentür abschnittweise von oben nach unten streichen; Ansätze naß in naß verschmelzen.

renden geometrischen Mustern wie denen der Op-Art-Künstlerin Bridget Riley oder vergrößerten Comic-Bildern à la Roy Lichtenstein. Einige der berühmtesten Beispiele von Türmalerei findet man im Charleston Farmhouse in Sussex, wo die Künstler Vanessa Bell (Schwester von Virginia Woolf) und Duncan Grant jede Oberfläche, einschließlich der Türen, als »Leinwand« nutzten. Anregungen zur Gestaltung eigener Muster oder Gemälde kann man fast überall finden.

Glastüren

Verglaste Türen in der für Füllungstüren empfohlenen Reihenfolge streichen; mit den Einfassungen der Glasscheiben beginnen. Türen mit vielen durch Sprossen unterteilten Glasscheiben oder einer einzigen großen Scheibe kann man wie ein großes Drehflügelfenster behandeln. Scheiben mit Kreppband oder Anstreichschiene vor Farbe schützen (siehe Seiten 212–213).

Boden vor Farbe schützen

An der Unterkante der Tür mit einer Anstreichschiene oder einem Stück Karton verhindern, daß der Pinsel Staub vom Boden aufnimmt und Farbe auf den Boden gelangt. Das gilt auch beim Streichen von Fußleisten.

Fußboden schützen

An der Türunterkante schützt ein Stück Karton den Boden vor Farbe und den Pinsel vor Staub.

Weitere Türanstriche

▲ *Hier wurde mit Hochglanzlack in leuchtenden Farben gearbeitet: Signalrot auf der Flurseite und kräftiges Matisse-Blau im Zimmer. Bei geöffneter Tür ist die Wirkung lebhaft, dynamisch und konstrastreich; bei geschlossener Tür ist vom Treppenhaus aus kein Blau zu sehen.*

Zweifarbige Türen

Bei verschiedenfarbigen Türseiten sollte die zweite Farbe bei geschlossener Tür nicht zu sehen sein.

Verschiedenfarbige Türseiten

Häufig muß man die beiden Seiten einer Tür in unterschiedlichen Farben streichen – jeweils passend zur Farbgebung der Räume oder Bereiche, die sie verbindet. Es ist egal, welche Seite man zuerst streicht; wichtig ist, daß der Gesamteindruck von jeder Seite stimmt.

Man stelle sich zum Beispiel eine Tür vor, die sich vom Flur in einen Raum öffnet. Dann streicht man auf der Öffnungsseite den Türrahmen bis einschließlich der Kante des Türanschlags, die Anschlagkante des Türblatts und die Türfläche in einer Farbe. Auf der anderen, dem Flur zugewandten Seite streicht man den Türrahmen bis zum Türanschlag, die Scharnierkante der Tür und die diesseitige Türfläche in der zweiten Farbe.

Aufgemalte Türfüllungen

Auf Flächentüren kann man mit aufgemalten Türfüllungen eine wirkungsvolle, dreidimensionale Illusion schaffen. Tür ausmessen; Größe und Anzahl der Türfüllungen und Abmessungen der Höhen- und Querfriese festlegen. Füllungen mit Bleistift vorzeichnen. Zwei Töne der vorgesehenen Farbe anmischen; Füllungen mit dem dunkleren Ton ausmalen. Trocknen lassen, dann die übrige Tür in dem helleren Ton streichen, zuerst die mittleren Höhenfriese, dann die Querfriese, zuletzt die äußeren Höhenfriese. Wenn die Farbe gut durchgetrocknet ist, kann man die Konturen der Türfüllungen schattieren, um ihnen mehr Tiefe zu geben. Dazu benötigt man einen noch dunkleren und einen noch helleren Ton der Grundfarbe. Festlegen, aus welcher Richtung das Licht (ob real oder imaginär) auf die Tür fällt. Die Ober-

Aufgemalte Türfüllungen

1 Füllungen ausmessen, mit Bleistift vorzeichnen, im dunkleren Ton der Grundfarbe ausmalen.

2 Trocknen lassen, übrige Tür in der üblichen Reihenfolge (siehe Seiten 214–215) etwas heller streichen.

3 Nach dem Trocknen die Füllungen mit Lineal und einem feinen Pinsel konturieren; Ecken gehren.

4 Im Einklang mit dem Lichteinfall zwei Kanten heller konturieren, um die Illusion zu verstärken.

◀ Durch gemalte Türfüllungen und Glaseinsätze ist eine simple und humorvolle Trompe-l'oeil-Tür entstanden – samt Katzenklappe, Briefschlitz und Türriegeln. Unschattierte Konturen und kräftige, fröhliche Farben runden den Effekt ab, der beweist, daß stilvolle Interieurs auch witzig sein können.

kanten der Türfüllungen und die zur Lichtquelle gelegenen Seitenkanten im dunkleren Ton konturieren, die Unterkanten und die weiter von der Lichtquelle entfernten Seitenkanten in dem helleren. Je breiter die Konturlinien, desto tiefer erscheinen die Türfüllungen. Man sollte es nicht übertreiben, sondern sich am besten an den Proportionen der aufgemalten Füllungen orientieren und einen Pinsel in passender Breite wählen. Ein feiner Pinsel ist empfehlenswert. Ein Holz- oder Kunststofflineal mit abgeschrägter Kante mit der Unterseite nach oben auf die Tür legen, so daß seine Kante nicht an der Türfläche anliegt. Die Linealkante an der Füllung ausrichten, Metallzwinge des Pinsels an die Linealkante anlegen und den Pinsel sanft an ihr entlangziehen. Die Ecken müssen gegehrt werden; die Farbe immer gut trocknen lassen, bevor man eine angrenzende Linie in dem anderen Farbton zieht. Wer keine ausreichend ruhige Hand zur Arbeit mit dem Lineal hat, kann die Linien auch mit einem schwach haftenden Kreppband abkleben.

Holzbehandlungen

Türen und Fenster aus Holz muß man nicht unbedingt farbig anstreichen, damit sie gut aussehen oder sich in ein Einrichtungskonzept einfügen. Man kann auch alle Altanstriche entfernen und sie blank lassen, um die natürliche Schönheit der Maserung hervorzuheben. Zwei mögliche Nachteile bei unbehandeltem Holz: Es ist nicht vor Schmutz, etwa schmierigen Fingerabdrücken, geschützt, und es kann durch das Abziehen alter Anstriche trocken und rau geworden sein. Das Holz alter Türen, die industriell im heißen Chemikalienbad abgebeizt wurden, ist meist im schlimmsten Zustand; kalt wirkende Chemikalien richten weniger Schaden an, sind aber teurer. Abschleifen kann rauhe Oberflächen verschönern oder sogar kurieren. Im übrigen kann man blankes Holz durch verschiedene Oberflächenbehandlungen reizvoller gestalten oder schützend versiegeln. Bevor man sich für eine Methode entscheidet, sollte man sich vergewissern, daß sie die gewünschte Wirkung bringt.

Farbverändernde Mittel zuerst an einem Stück Holz des gleichen Typs ausprobieren, bis man den Effekt erzielt. Wenn mehrere Mittel nacheinander aufgetragen werden müssen, sollte man Produkte der gleichen Marke verwenden, um Unverträglichkeiten zu vermeiden. Stets die Herstelleranweisungen beachten.

Beizen

Es gibt verschiedenste Beizen, die meist mit dem Lappen aufgetragen werden. Bei Profilleisten empfiehlt sich der Genauigkeit halber ein Pinsel. Schnell trocknende Beizen können einen gleichmäßigen Auftrag erschweren; man sollte sie zunächst auf einem Brettchen ausprobieren. Türen aushängen und flach hinlegen, damit die Beize nicht an ihnen herunterläuft. Holz muß zum Beizen sauber und völlig frei von alten Anstrichen und Behandlungen sein.

Beizen auf Wasserbasis ergeben die leuchtendsten und schönsten Farben; außerdem gibt es Beizen auf Öl- oder Spiritusbasis. In Baumärkten findet man vorwiegend Beizen in Naturholztönen, es gibt aber mittlerweile auch Beizen in bunteren Farben. Im Farbfachhandel kann man teilweise Pigmente oder Konzentrate kaufen, um Farbbeizen selbst anzumischen bzw. bis zur gewünschten Wirkung – von intensiven Farben bis zu verwaschenen Tönen – zu verdünnen. Oder man stellt sich eine Art Beize her, indem man Dispersions- oder Acrylfarbe stark mit Wasser verdünnt, so daß beim Auftrag auf das Holz die Maserung durchschimmert. Beizen schützen das Holz nicht vor Abnutzung und Verschmutzung; deshalb sollte man sie unter Umständen mit einer Lackschicht überziehen: Lackieren Sie entweder die gesamte Tür bzw. das Fenster oder nur die Bereiche rund um Griffe und Klinken, wo sich sonst Fingerabdrücke ansammeln können.

Klarlackieren

Um blankes oder gebeiztes Holz vor Verschmutzung zu schützen, kann man es mit normalem Klarlack oder speziellen Versiegelungslacken behandeln. Sie werden in unterschiedlichen Glanzgraden angeboten: von matt über seidenmatt bzw. seidenglänzend bis zu hochglänzend.

Als »Klarlack« angebotene Öllacke haben meist einen Gelbstich, der mit dem Alter oder direkter Sonneneinwirkung zunimmt. Manche Kunstharzlacke neigen bei fehlendem Tageslicht zum Vergilben. Acrylklarlacke (auf Wasserbasis) hingegen vergilben auch mit dem Alter nicht. In feuchten Räumen empfehlen sich allerdings Kunstharz- oder Öllacke. Extrem strapazierfähig sind Lacke mit Teflonanteil.

Lacke werden einfach mit dem Pinsel aufgetragen. Eine besonders glatte Oberfläche erzielt man, indem man Zwischenschichten vorsichtig mit Sandpapier anschleift.

Ölen

Unbehandelte Holztüren erhalten durch Spezialöle oder sogar abgestandenes Olivenöl eine sanfte, warme Patina. Ölen macht das Holz immer etwas dunkler. Leinöl, zu gleichen Teilen mit Holzpoliermittel gemischt, gibt ihm einen leichten Glanz. Öl mit einem weichen Lappen ins blanke Holz einreiben. Mit Ausnahme bestimmter Spezialöle schützt das Ölen jedoch nicht vor Verschmutzung und Wasserflecken.

Wachsen

Wachs ist nicht wasserdicht und kann Schmutz annehmen, wenn das Holz nicht zuvor mit einem Versiegelungsmittel behandelt wird. Klares Wachs, etwa Bienenwachs, kann man farbig tönen, indem man es vorsichtig mit Künst-

▲ *Zu kräftigen Wandfarben wirken gut erhaltene Holztüren oft im natürlichen Holzton am besten. Wie hier nur mit Wachs, Beize oder Klarlack behandelt, die die Maserung durchscheinen lassen, wird das helle Holz von Türen, Fußboden und Brüstung zum augenfälligen, belebenden und verbindenden Gestaltungsfaktor.*

lerölfarbe schmilzt. Vor dem Auftragen abkühlen lassen.

Poliertes Wachs ergibt eine glänzendere Oberfläche als Öl, läßt aber wie Öl die Holzmaserung durchscheinen. Wachs schützt nicht vor Verschmutzung und Wasserflecken.

Bleichen

Mit speziellen Holzbleichmitteln aus dem Malerfachbedarf kann man Holz aufhellen, so daß es ein weiches, sonnengebleichtes Aussehen bekommt, ähnlich wie Treibholz.

Kalken

Diese vor allem für Eiche und andere Holzarten mit markanter Maserung geeignete Methode hellt Naturholz auf und gibt ihm eine ausdrucksvolle, milchige Erscheinung. Kalkwachs und Kalkpasten sind im Fachhandel erhältlich. Sie werden stets mit Anleitung geliefert: In aller Regel muß man das Holz in Maserungsrichtung mit der Drahtbürste bearbeiten, um die Faser zu öffnen, reinigen, das Kalkwachs einreiben, den Überschuß abwischen und das getrocknete Wachs nachpolieren. Das Holz muß hierzu sauber und völlig frei von alten Anstrichen und Behandlungen sein.

Wenn man das Holz vor dem Kalken zusätzlich beizt, ist die Wirkung noch ausdrucksstärker. Einen ähnlichen Effekt kann man erzielen, indem man das blanke Holz mehrfach mit stark wasserverdünnter, weißer oder hell getönter Dispersionsfarbe streicht und diese abwischt. Abschließend mit Lack versiegeln.

▶ *Wenn Ihnen das Kalken zu aufwendig oder langwierig erscheint, können Sie auch ein bißchen mogeln: Ein ähnlicher Effekt läßt sich erzielen, indem man blankes Holz mehrfach mit wasserverdünnter Dispersionsfarbe streicht, den Überschuß wieder abwischt und es abschließend mit einer Schicht Lack versiegelt.*

Türen mit Papier, Stoff oder Metall dekorieren

Neben den herkömmlicheren Anstrichen oder Oberflächenbehandlungen (siehe Seiten 214–219) gibt es noch andere interessante Möglichkeiten zur Verschönerung von Türen. So läßt sich mit etwas Phantasie und Begabung jede Tür durch ein aufgemaltes Muster oder ein richtiges Gemälde in ein wahres Kunstwerk verwandeln.

Außerdem kann man Türen aber auch mit unterschiedlichsten Materialien wie Papier, Stoff oder sogar Metallblechen verkleiden.

Türen tapezieren

Wer sich der Aufgabe, selbst ein Dekormuster zu gestalten, nicht gewachsen fühlt, kann Flächentüren auch mit praktisch jeder Art von Papier oder Tapete bekleben und überlackieren. Tür und Papier müssen einwandfrei sauber sein, und man sollte einen geeigneten Kleber für die jeweiligen Materialien wählen.

Einen bunten, fröhlichen, vielleicht sogar gewollt kitschigen Effekt kann man etwa mit Titelblättern von Mode- oder Einrichtungszeitschriften oder bunt bedruckten Lebensmittelverpackungen – vor allem aus exotischen Weltgegenden – erzielen. Letztere wären für eine Küche besonders passend.

Eleganter wirkt schwarz-weißes oder zart gemustertes Papier wie alte Notenblätter, Seiten aus alten Autoatlanten oder Landkarten, Zeitungen (die mit der Zeit vergilben), alte Stiche vom Flohmarkt, Fotokopien von Stichen aus Büchern oder sogar alte Briefe.

Stoffverkleidungen

Eine andere Möglichkeit wäre, die Tür mit einer Stoffbahn, wie etwa buntem Flanell, Filz oder Kunstleder zu verkleiden, die man mit dekorativen Messing-Polsternägeln befestigt. Das Material muß natürlich zur übrigen Einrichtung des Raums passen.

Man kann den Stoff genau auf die Größe der Tür zuschneiden und mit geeignetem Kleber vollflächig verkleben. Dabei muß man ihn sorgfältig glattstreichen, damit etwaige Luftblasen entweichen; gegebenenfalls kann man die Kanten einschlagen und festkleben. Alternativ kann man das Material auch etwas hinterfüttern und mit Heftnägeln befestigen. Das gibt der Tür eine etwas opulentere, elegantere Erscheinung und läßt sich leichter wieder entfernen.

▲ *Die mit Metallfolie beschichtete Tür bildet einen interessanten Blickfang in diesem in Silbertönen gehaltenen Raum. Metallfolie auf Holz aufzubringen ist eine relativ unkomplizierte – wenn auch zeitraubende – Angelegenheit, und das Resultat lohnt den Aufwand. Die Folienoberfläche wird mit einem Klarlacküberzug vor Beschädigung geschützt.*

▲ *Bei dieser zweiflügeligen Tür wurden die Innenkonturen der Türfüllungen und die Ecken der Türflügel mit quadratischen schwarzen Ziernägeln betont. Trotz sparsamer Verteilung ist ihre Wirkung eindrucksvoll und erinnert an eisenbeschlagene Türen mittelalterlicher Burgen. Massive Türknäufe runden den Gesamteindruck ab.*

Eine gepolsterte Tür

Türklinke abmontieren. Die Kanten des Türblatts und den Rand der zu polsternden Türfläche auf einigen Zentimetern Breite in einem zum Verkleidungsmaterial passenden Farbton streichen. Ein Stück Polstermaterial etwas kleiner als die Türfläche ausschneiden. Hierzu kann man zum Beispiel Vorhangzwischenfutter oder einen Rest Teppichunterlage verwenden. Polstermaterial mit Heftnägeln oder einem Tacker (gibt es im Baumarkt für verschiedene Klammergrößen) an der Tür befestigen.

Vor Anbringung des Verkleidungsmaterials auf der Tür rundum in regelmäßigen Abständen die Stellen markieren, an denen die Heftnägel sitzen sollen. Stoff etwas größer als die Tür zuschneiden. Kanten so einschlagen, daß die Stoffbahn genau auf die Tür paßt. Je nach Material die Saumkanten umbügeln, dann festnähen oder -kleben. Dabei Materialüberstand an den Ecken diagonal abschneiden, die Kanten so einschlagen, daß ein Gehrstoß entsteht.

Ziernägel zur Befestigung der Stoffbahn erhält man im Polstereibedarf in verschiedensten Ausführungen und Größen, darunter auch die traditionellen messingfarbenen Rundkopfnägel. Oder man heftet den Stoff einfach mit einem Tacker auf die Tür und kaschiert die Tackerklammern dann mit einer aufgeklebten Borte.

Bei Befestigung des Stoffs an der Tür darauf achten, daß er gerade hängt. Einen Nagel (bzw. eine Tackerklammer) durch die Mitte der oberen Stoffkante in die Tür treiben. Für die richtige Spannung sorgen – nicht zu straff, aber auch nicht zu lose – und den zweiten Nagel durch die Mitte der Stoffunterkante in die Tür schlagen.

Dann den Stoff rundum befestigen – zuerst entlang der Oberkante, dann an der Unterkante und zuletzt an den Seiten; zwischendurch immer wieder kontrollieren, ob er richtig gespannt und (gegebenenfalls anhand der Webstruktur) gerade ausgerichtet ist. Abschließend die Ecken mit je einem Nagel sauber befestigen. Man kann auch mit zusätzlichen Nagellinien auf der Türfläche ein Muster oder »Türfüllungen« kreieren.

Ein kleines Loch für den Vierkant der Türklinke bzw. des Türknaufs durch die Stoffschichten schneiden; Türgriff wieder montieren.

Metallverkleidungen

Eine ausgefallene Wirkung im High-Tech-Stil ergibt eine Metallblechverkleidung der Tür, etwa mit Zink oder Edelstahl. Das ist etwas aufwendig, aber nicht allzu schwierig, und das Ergebnis kann frappierend sein. Man muß die Tür exakt ausmessen und sich einen Metallhändler suchen, der bereit ist, ein einzelnes Blech zu verkaufen und passend zuzuschneiden. Wählen Sie ein Metall und eine Oberflächenstruktur, die Ihnen zusagen; bedenken Sie dabei, daß die Tragfähigkeit mancher Leichtbau-Flächentüren nur für dünnere Bleche ausreicht. 1 mm wäre eine optimale Stärke.

Vor dem Zuschnitt sollten Sie angeben, daß die Ecken genau rechtwinklig sein müssen und das Blech keine Schrammen oder Flecken aufweisen darf. Bleche vorsichtig handhaben, da man sich an den rauhen Kanten verletzen kann; Kanten mit robustem Naß-Schleifpapier glätten.

Man kann das Blech mit verschiedensten Befestigungsmitteln anbringen, u.a. mit Ziernägeln, Rundkopfschrauben, Dornnieten und sogar mit Tapeziernägeln. Die Wahl des Befestigungsmittels liegt ganz bei Ihnen, da sie alle gleichermaßen geeignet sind. Dornnieten ergeben einen besonders stimmigen »Industrie-Look«; ein geeignetes Nietgerät bekommt man in Eisenwarenläden und Baumärkten.

Unabhängig von der Art des Befestigungsmittels zunächst kleine Löcher durchs Metall und ins Holz bohren; der Bohrer sollte den gleichen oder einen etwas kleineren Durchmesser als das Befestigungsmittel haben (an einem Brettchen ausprobieren). Wenn man sowieso eine neue Tür einhängt, Metallverkleidung vorher anbringen; das erleichtert die Arbeit an der Türunterkante. Sonst das Blech zuerst oben, dann an den übrigen Kanten befestigen. Blechkanten zusätzlich mit geeignetem Metall-Holz-Kleber oder doppelseitigem Klebeband an der Tür befestigen. Die Befestigungselemente können in beliebiger Anordnung angebracht werden; man kann auch unterschiedliche Typen oder Größen kombinieren.

Um eine Öffnung für den Türgriff herzustellen, erst ein kleineres Führungsloch ins Metall vorbohren, dann mit einem 1,5-cm-Bohreinsatz ein größeres Loch bohren. Falls Sie sich das nicht recht zutrauen, können Sie es auch vom Fachmann ausführen lassen.

Natürlich kann man auch Schranktüren mit Metallblechen gestalten, aber man braucht nicht unbedingt echtes Metall, um entsprechende Wirkungen zu erzielen. Auch Metallic-Farben wirken sehr überzeugend. Der Autozubehörhandel führt entsprechende Autolacke in verschiedensten Farben – auch Silbergrautönen, die wie echtes Aluminium oder Stahl wirken.

◀ *Diese imposante Tür wurde von außen mit edlem rotem Leder verkleidet; die gediegene Wirkung wird durch die in Form von Türfüllungen angeordneten Messingziernägel noch gesteigert.*

Eine gepolsterte Tür

1 *Polstermaterial etwas kleiner als die Tür zuschneiden, mit Heftnägeln oder -klammern befestigen.*

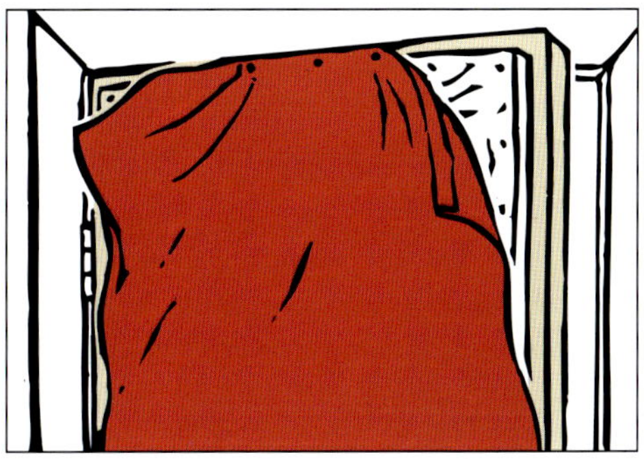

2 *Stoff etwas größer als die Tür zuschneiden; Kanten einschlagen. Zuerst die Mitte der Oberkante befestigen.*

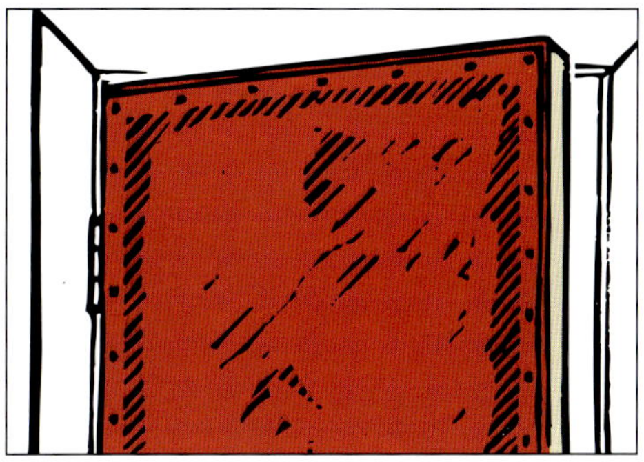

3 *Stoffoberkante, -unterkante und -seiten in regelmäßigen Abständen mit Nägeln bzw. Klammern befestigen.*

Effekte für Glas

▶ *Bei dieser Duschkabine wurden verschiedene Glasarten kombiniert, die für Tageslichteinfall sorgen, zugleich aber auch Sichtschutz gewährleisten: Hohl-Glasbausteine teilen sie von der Badewanne ab, während die im Schachbrettmuster mit Palmenmotiven ornamentierte Tür aus geätztem Glas besteht. Eine ähnliche Wirkung ließe sich auch mit einer Mattglas-Imitationstechnik erzielen.*

Mattglas, gemustertes und farbiges Glas sind von jeher gebräuchliche Materialien für Sichtschutzfenster oder auch zur bloßen Verschönerung von Fenstern. Buntglas ist seit Jahrhunderten beliebt; seit dem frühen 19. Jahrhundert schmückte man auch Privathäuser mit bunten, geschliffenen, geätzten oder bemalten Fensterscheiben. Buntglas kann Fenster und Glastüren interessanter machen und wirkt am schönsten, wenn das Sonnenlicht hindurchfällt und bunte Lichtflecken auf Wände und Decken malt. Mattglasfenster sind nützlich, um Räume zu erhellen, aber gleichzeitig gegen Einblicke zu schützen.

Mattglas

Raumgestalter setzen ohne Bedenken einen simplen Trick zur Herstellung ornamentierter Mattglasfenster ein – selbstklebende Kunststofffolie mit Mattglaseffekt. Es gibt sie in verschiedenen Stärken und Oberflächenstrukturen bei Schildermachern, Dekorationsfachgeschäften, teilweise sogar in Eisenwarenläden. Man kann die komplette Scheibe mit Folie abkleben oder durch Ausschneidearbeiten individuelle Dekore kreieren. Dabei sollten Sie vorher überlegen, auf welche Seite der Glasscheibe Sie die Folie kleben. Bei Bädern, wo Kondenswasser zwischen Glas und Folie gelangen kann, empfiehlt es sich vielleicht, die Folie auf die Außenseite der Tür zu kleben. Die Vorlage muß in diesem Fall seitenverkehrt sein.

Eine andere Art von Mattglaseffekt erhält man, indem man Selbstklebefolie (es muß keine Mattglaseffektfolie sein) als Abdeckschablone verwendet, über die man eine Mischung aus weißer Lackfarbe und Klarlack stupft. Zuerst die Vorlage mit einem feinen schwarzen Marker auf Papier zeichnen (wobei die ausgeschnittenen Formen den unmattierten Teil der Fensterscheibe darstellen). Man kann das Papier auch ans Fenster heften und vor Ort zeichnen.

Mattglas-Imitation

1 *Vorlage auf selbstklebende Plastikfolie übertragen und mit einem Cuttermesser ausschneiden.*

2 *Papierschicht von den Folienteilen abziehen und diese auf die Fensterscheibe kleben.*

3 *Farbmischung auf das Glas und über die Kanten der Folienteile stupfen.*

4 *Nach Trocknen der Farbe die Folienteile abziehen, um das Klarglas darunter freizulegen.*

Bei nebeneinanderliegenden Fenstern könnte man eine durchgehende Gestaltung vorsehen.

Die Zeichnung mit Klebestreifen auf eine feste Unterlage heften. Selbstklebende Folie mit Klebstreifen darauf befestigen, Vorlage nachziehen und die Formen mit einem Cuttermesser aus der Folie ausschneiden. Bei komplizierteren Dekoren kann man versuchen, nur durch die Folie, nicht durch die Papierschicht zu schneiden, so daß die Teile zunächst zusammenbleiben. Oder man heftet die Vorlage mit Klebestreifen auf die andere Seite des Fensters und ordnet die ausgeschnittenen Folienteile auf der Vorderseite entsprechend an. Das Glas muß absolut sauber und trocken sein. Folienteile von der Papierschicht abziehen und auf dem Glas feststreichen, ohne die Kanten umzuknicken.

Weiße Künstlerölfarbe mit Leinölfirnis etwas verdünnen und zu gleichen Teilen mit mattem Polyurethanklarlack mischen (man benötigt nicht viel: 3 Eßlöffel von jedem reichen für ein relativ großes Fenster). Nach Aufkleben der Folie die Paste mit einem Schablonierpinsel sanft stupfend auftragen. Folie erst abziehen, wenn die Farbe völlig getrocknet ist. Hierzu die Folienecken vorsichtig mit dem Cuttermesser anheben. Dekor abschließend mit einer Schutzschicht aus klarem Acrylsprühlack überziehen.

Glasmalerei

Man kann sich vom Fachmann ein Fenster oder einen Glaseinsatz aus echtem Buntglas fertigen lassen; wesentlich preiswerter ist es jedoch, eine Glasscheibe in Nachahmung eines Buntglasfensters zu bemalen. Hierzu kann man im Künstlerbedarf spezielle Glasfarben und Bleistreifenimitate oder eine spezielle Reliefpaste zur Trennung der Farben kaufen. Oder man nimmt Künstlerölfarbe, die man mit Leinölfirnis und Terpentinöl oder Terpentinersatz verdünnt und mit einer kleinen Menge Polyurethanklarlack mischt.

Den Entwurf auf Papier vorzeichnen. Man muß nicht unbedingt traditionelle Buntglasfenster imitieren, wie man sie in Kirchen und alten Villen findet. Lassen Sie sich von zeitgenössischer Kunst und abstrakter Glasmalerei anregen. Beim ersten Versuch sollte man sich vielleicht an schlichte geometrische Formen halten.

Um ein Verlaufen der Farben zu vermeiden, empfiehlt es sich, eine lose, liegende Glasscheibe zu bemalen und dann gegen die vorhandene Fensterscheibe auszutauschen. Man kann das Glas auch vor Ort bemalen, sollte dann aber die Farbe entsprechend dickflüssig anrühren. Das Glas muß völlig sauber, fettfrei (auch frei von Fingerabdrücken) und trocken sein.

Vorlage unter bzw. hinter dem Glas mit Klebestreifen fixieren. Die Konturen der Vorlage auf dem Glas mit spezieller Reliefpaste nachbilden. Die Flächen dazwischen mit einem feinen Künstlerpinsel farbig ausmalen. Immer nur ganz wenig Farbe auf den Pinsel nehmen, damit die Farbe nicht verläuft. Gegebenenfalls den Farbauftrag aus dünnen Schichten aufbauen. Wenn Sie sich vermalen, die Farbe entweder in nassem Zustand mit einem in Terpentinersatz getauchten, sauberen Lappen abwischen oder nach dem Trocknen abkratzen. Die Farben gründlich durchtrocknen lassen, dann mit einer Schicht Polyurethanlack übersprühen.

◀ Die Glaseinsätze dieser Küchentür wurden rot und gelb bemalt und tragen so zur eigenwilligen Gestaltung der Küche bei. Solche Effekte, die mit Glasfarben sehr einfach zu erzielen sind, können selbst bei sparsamem Einsatz auf kleinen Flächen jeden Raum sofort beleben.

Glasmalerei

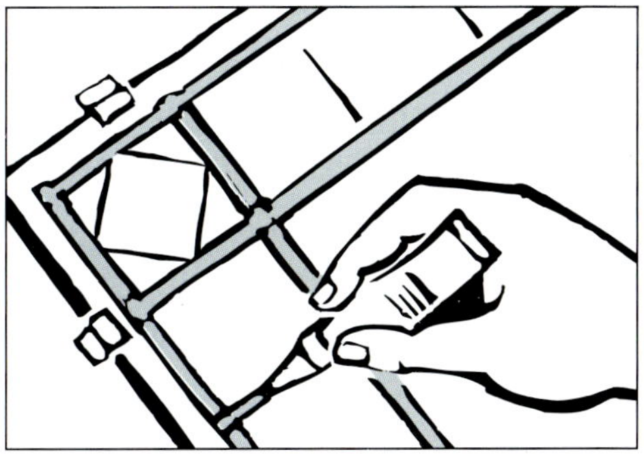

***1** Vorlage hinter die Scheibe kleben, Konturen auf dem Glas mit Bleipaste nachbilden, trocknen lassen.*

***2** Zwischenräume der Bleipastenlinien mit einer speziellen Glasfarbe ausmalen.*

Aufräumarbeiten und Anstrichprobleme

Werkzeuge und Ausrüstung vor Antrocknen des Anstrichmittels säubern und richtig verstauen. Zum Verschließen von Farbdosen ein Holzbrettchen über den Deckel legen und mit dem Hammer darauf klopfen. Gebrauchte Lappen in eine draußen stehende Mülltonne werfen, nachdem die Chemikalien verdunstet sind. Metallwerkzeuge wie Dreikantschaber mit Wasser bzw. Terpentinersatz reinigen.

▲ *Glanzlackanstriche können wunderbar wirken, wie diese warme Cremefarbe auf Bretterwand und Holztür, die das einfallende Sonnenlicht reflektiert. Fehler beim Auftrag von Grundierung oder Voranstrich können zu einem Glanzverlust führen. In diesem Fall den Anstrich trocknen lassen, anschleifen, abwischen und den Glanzlack neu auftragen.*

Pinsel säubern und aufbewahren

Durch sorgfältige Pflege kann man die Lebensdauer von Pinseln erhöhen. Pinsel, die man für wasserverdünnbare Farben oder Holzbeizen benutzt hat, in Wasser auswaschen. Mit nicht-wasserverdünnbaren Anstrichmitteln verwendete Pinsel in Terpentinersatz auswaschen, um die Farbe zu lösen; in warmer Seifenlauge nachwaschen. Für hochwertige Pinsel lohnt sich auch der Kauf spezieller Pinselreiniger. Gereinigte Pinsel gut ausspülen, auf einem sauberen Lappen halbwegs trockenstreichen.

Zur Aufbewahrung über Nacht einen Draht durch ein in den Pinselstiel gebohrtes Loch ziehen; den Pinsel so in Wasser hängen, daß die Borsten den Behälterboden nicht berühren. Bei kürzeren Unterbrechungen den Pinsel in Alu- oder Klarsichtfolie wickeln, um sie auf diese Weise feucht zu halten.

Zur langfristigen Aufbewahrung das Wasser vom gesäuberten Pinsel abschütteln und ein Gummiband um die Borsten legen, damit sie beim Trocknen in Form bleiben. Den Pinsel auf die Seite legen. Völlig getrocknete Pinsel in Papier wickeln und an einem trockenen Ort aufbewahren.

Farbspritzer und -kleckse entfernen

Farbe auf Glas einfach antrocknen lassen, dann abkratzen. Eingetrocknete Farbe auf dem Fußboden ist etwas problematischer. Von Holzböden vorsichtig abkratzen; Holzoberfläche möglichst nicht verletzen. Es kann nötig sein, den Farbfleck vorsichtig abzuschleifen, wobei man das umgebende Holz möglichst wenig beschädigen sollte; nötigenfalls mit geeignetem Holzbehandlungsmittel nachbearbeiten.

Von Teppichen läßt sich Farbe sehr schlecht entfernen. Wenn nur wenig Farbe auf die Oberfläche eines Florteppichs gelangt ist, kann man vielleicht nach ihrem Antrocknen die Faserspitzen vorsichtig abschneiden. Man kann versuchen, tiefer eingezogene Farbe mit einem starken chemischen Reinigungsmittel zu entfernen, was aber auch zu ihrer weiteren Ausbreitung führen kann. Wenn sich der Fleck nicht entfernen läßt, muß man ein kleines Stück Teppich herausschneiden und ersetzen.

Wenn Farbe auf eine neu gestrichene Holzfläche gelangt, diese leicht abschmirgeln und mit der entsprechenden Farbe ausbessern. Unter Umständen muß man die Schadstelle vor dem Überstreichen neu grundieren.

Anstrichmängel

Blasenbildung

Sie entsteht durch Feuchtigkeitseinschluß zwischen Farbschichten. Schadhafte Anstrichschichten abziehen (bei starker Blasenbildung blättert ein großer Teil der Farbe ohnehin einfach ab) und wieder neu auftragen. Auch Unverträglichkeiten verschiedener Anstrichmittel können zu Blasenbildung führen – etwa wenn man eine Farbe auf Wasserbasis auf einen Öllack aufträgt.

Runzelbildung

Das ist ein Zeichen, daß man Lackfarbe zu dick aufgetragen hat. Farbe trocknen lassen, so weit abschleifen, daß eine glatte Oberfläche entsteht, und die Deckschicht neu auftragen. Oder den Anstrich bis auf die Grundierung abziehen und neu auftragen – diesmal weniger dick.

Läuferbildung

Sie entsteht, wenn man zuviel Farbe auf den Pinsel nimmt. Läufer und »Nasen«, die man während des Streichens bemerkt, vor dem abschließenden Glätten (siehe Seiten 210–211) quer verstreichen. Bereits angetrocknete Läufer und Nasen völlig durchtrocknen lassen, glattschleifen, nötigenfalls mit Farbe nachbessern.

Durchscheinen des Voranstrichs

Dies kann mehrere Ursachen haben: Entweder hat man für den Voranstrich den falschen Farbton gewählt (zu dunkel bzw. zu hell im Verhältnis zum Deckanstrich) oder beim Deckanstrich mit der Farbe gespart. Evtl. haben Sie vergessen, eine zweite Schicht aufzubringen. Ein bis zwei weitere Deckschichten auftragen.

Pinselpflege bei Gebrauch lösemittelhaltiger Farben

1 *Pinsel vor längerer Lagerung zuerst in Terpentinersatz, dann in warmer Seifenlauge auswaschen.*

2 *Ungereinigte Pinsel über Nacht in wassergefüllte Marmeladengläser hängen oder in Folie einwickeln.*

▲ *Der makellose Anstrich in leuchtendem Gelb zieht den Blick auf diesen Fensterrahmen und den dahinterliegenden Garten. Wenige haben eine so ruhige Hand, daß die Scheiben beim Streichen des Fensterrahmens keine Farbe abbekommen. Zum Glück läßt sich Farbe von Glas aber leicht entfernen: antrocknen lassen und vorsichtig abkratzen.*

Fremdkörper auf dem Anstrich

Alles, was mit feuchter Farbe in Berührung kommt, bleibt an ihr haften: Kleidungsfasern, Staubkörnchen, kleine Insekten etc. Profis empfehlen normalerweise, den Anstrich trocknen zu lassen, abzuschleifen und mit Farbe nachzubessern. Bei einem einzelnen Fremdkörper (etwa einer Pinselborste oder einer Fliege) in noch nasser Farbe kann man versuchen, ihn durch einmaliges Darüberwischen mit einem sauberen Lappen zu entfernen.

Rißbildung

Feine Risse bilden sich, wenn eine Farbschicht aufgetragen wurde, bevor die vorige ganz durchgetrocknet war, oder verschiedene Anstrichschichten sich nicht vertragen. Leider kann man hier nur den Anstrich komplett abziehen und neu auftragen.

Farbe trocknet nicht

Dafür gibt es verschiedene Ursachen: Man hat die Farbe vor dem Auftragen nicht richtig durchgerührt, der Untergrund war nicht sauber oder es herrscht zu schwüle Witterung. Nach Möglichkeit die Fenster einige Tage lang geöffnet halten. Wenn das nicht hilft, muß man den Anstrich abziehen und neu auftragen; diesmal auf einen völlig sauberen Untergrund achten.

Glanzlack wirkt stumpf

Das passiert, wenn Grundierung und/oder Voranstrich falsch (oder gar nicht) aufgetragen wurden oder nicht richtig durchtrocknen konnten. Oder man hat den Deckanstrich bei Frost oder außergewöhnlich niedrigen Temperaturen aufgebracht. Anstrich ganz durchtrocknen lassen, dann leicht anschleifen, gut abwischen und bei normalen Witterungsbedingungen eine weitere Deckschicht auftragen.

Sichtbare Pinselspuren

Billige Pinsel hinterlassen eher Pinselspuren als höherwertige; Pinselspuren entstehen aber auch bei zu dickem Farbauftrag oder Unterlassen des abschließenden Glättens (siehe Seiten 210–211). Um dieses Problem zu beheben, die Oberfläche schleifen, abwaschen und gründlich trocknen lassen; dann die Deckschicht mit einem hochwertigen Pinsel neu auftragen und dabei besonders auf die richtige Technik achten.

Übersicht der Tür- und Fensterbeschläge

Türen und Fenster sind mit verschiedenen Beschlägen versehen, die hauptsächlich ihrer Bedienung und Sicherung dienen. Sie können unaufdringlich oder dekorativ, auch passend zur Stilepoche des Hauses gestaltet sein. Bis auf manche Türknäufe und -griffe bestehen sie meist aus Metall, wie etwa Eisen, Messing oder Chrom.

Eine Haustür kann mit Sicherungen wie Riegeln und Schlössern, außerdem aber auch mit zusätzlichem Zubehör wie Spion, Türklopfer, Briefeinwurfklappe und Hausnummer ausgestattet sein; gleich neben ihr findet sich oft der Klingelknopf. Diese Teile können kunstvoll gestaltete antike Stücke, Reproduktionen oder moderne Designerobjekte sein; sollten aber in jedem Fall in Größe und Gestaltung zur Tür passen.

Türen

Knäufe und Knöpfe

Türknäufe dreht man, um den Öffnungsmechanismus zu betätigen; Türknöpfe an Schränken sind meist einfach zum Ziehen gedacht. Türknäufe können etwa aus Eisen, Messing, Glas, Porzellan, Kunststoff oder Holz bestehen und sind manchmal mit anderen Materialien wie Kupfer oder Chrom überzogen. Manche Exemplare aus dem 18. und 19. Jahrhundert sind kunstvoll verziert und auf interessant gestaltete Anschraubplatten montiert. Zeitgenössische Versionen variieren in Form und Stil von eleganten Stahlobjekten bis zu Muschelformen aus buntem Kunstharz. Alte Türknäufe findet man zum Beispiel auf Trödelmärkten und in Second-Hand- oder Antiquitätenläden. 1

Klinken

Wegen des auf sie ausgeübten Drucks werden Türklinken meist aus robusten Materialien wie Stahl, Messing oder Kunststoff hergestellt. Die Gestaltungsformen sind sehr unterschiedlich.

1

Kastenschlösser

Bei Kastenschlössern befindet sich der Schließmechanismus der Tür in einem Metallgehäuse, das auf die Türfläche montiert wird. Dieser »Kasten« kann schlicht und schwarz gestrichen oder dekorativ gestaltet sein. Man bekommt auch Kastenschlösser aus Messing, Reproduktionen antiker Stücke, wie man sie im 18. und 19. Jahrhundert an Innentüren anbrachte. Kastenschlösser haben eine ansprechend bescheidene Erscheinung, die sehr gut zu alten Häusern und Landhäuschen paßt, sie scheinen aber die Phantasie moderner Designer nicht in gleicher Weise wie Türknäufe und -klinken beflügelt zu haben.

Da man sie von der Tür abhebeln kann, sind Kastenschlösser weniger einbruchsicher als Einsteckschlösser und deshalb für Außentüren meist ungeeignet. 3

Einsteckschlösser

Einsteckschlösser werden in das Türblatt eingelassen und sind von außen kaum zu sehen. Versicherungen stellen meist bestimmte Anforderungen an die Art von Einsteckschloß, die sie als Haustürsicherung akzeptieren. 2

2

Daumendrücker

Ein vor allem zu schlichten Lattentüren passender Schließmechanismus. Man ergreift einen senkrechten Griff und drückt gleichzeitig mit dem Daumen auf ein unmittelbar darüber vorstehendes Plättchen aus Metall (manchmal auch Holz). Dadurch hebt sich der Riegel, so daß sich die Tür öffnen bzw. schließen läßt. Der offen auf der Tür angebrachte Schließmechanismus verleiht dem Daumendrücker seinen besonderen Reiz.

3

Schlüssellochblende

Abdeckung um das Schlüsselloch, oft in Rosettenform, manchmal auch mit Schwingdeckel, um das Schlüsselloch gegen Zugluft abzudichten. Die Schlüssellochblende ist meistens in die Anschraubplatte der Türklinke integriert.

Schonschilder

Rechteckige Leisten, die senkrecht über, manchmal auch unter dem Türknauf montiert werden, um vielbenutzte Türen vor Fingerabdrücken zu schützen. Antike Exemplare bestehen aus dem gleichen Material wie die Türknäufe; moderne Versionen gibt es auch aus Plastik, Kunstharz oder

Edelstahl. Sie sind heute weniger gebräuchlich, da moderne Anstriche problemlos abwaschbar sind, haben aber vor allem bei unbehandelten Holztüren ihren Sinn und verleihen der Tür einen Hauch von Eleganz. Durchsichtige Glas- oder Kunststoffschonschilder kann man vor Montage von hinten dekorativ bemalen.

Angeln

Die Angelbänder an Türflügeln sind bis auf den länglichen Typ, den man für Tore und Lattentüren verwendet, eher unauffällig. Diese sind oft dekorativ gestaltet und schwarz gestrichen, damit sie sich von der Tür abheben.

Die eingelassenen Bänder von Füllungs- und Flächentüren bestehen meist aus Messing – dann sollte man sie nicht streichen – oder Eisen, das man überstreichen kann. Schraubenköpfe nicht mit Farbe verkleben, damit sie sich nötigenfalls leicht abschrauben lassen. **4**

Portiere

Ausgeklügelter Türvorhangmechanismus, um Zugluft im Eingangsbereich abzuhalten. Eine metallene Vorhangstange wird mit dem einen Ende gelenkig an der Wand, mit dem anderen gelenkig an der Tür befestigt, so daß sich der Vorhang zusammen mit der Tür öffnet.

Fenster

Drehflügelfenster

Diese Fenster haben meist einen seitlichen Verschlußmechanismus. Der einfachste Typ ist der Vorreiber, eine Art Drehriegel, der über den Fensterflügel greift. Gebräuchlicher ist der sogenannte Einreiber mit Fenstergriff (auch »Olive« genannt).

Nützliche Zusatzbeschläge sind Fensterfeststeller, die das Fenster in geöffneter Stellung fixieren. Es gibt sie in verschiedenen Ausführungen, darunter auch dekorative Gestaltungen, die zum Beispiel in einer Spirale enden.

Schiebefenster

Senkrechte Schiebefenster haben in der Mitte Fensterriegel, die die beiden Flügel vertikal fixieren und horizontal gegeneinander und gegen den Rahmen drücken, was auch der Zugluft-Abdichtung dient. Herkömmliche Versionen sind aus Eisen, das geölt oder lackiert werden kann, oder lackiertem Messing, das man nicht weiter behandeln sollte.

Espagnolette

Dies ist der lange Drehstangenverschluß französischer Fenster. Ein Griff in der Mitte dreht die Verschlußstange, die oben und unten am Fensterrahmen angreift. **5**

Metallbeschläge restaurieren

Tür- und Fensterbeschläge kann man säubern und dann mit Metallpolitur, Abbeizmitteln oder alten Hausmitteln behandeln.

Das Teil erst gut in Seifen- oder Sodalauge waschen, um seinen Zustand beurteilen zu können. Alten Klarlack kann man mit Aceton entfernen. Eiserne Beschläge in Paraffin einweichen, dann mit Stahlwolle abschrubben, um den Rost zu entfernen. Chrom mit einer Lösung aus Spülmittel und einem kleinen Schuß Ammoniak abwaschen. Angelaufenes Messing mit einer salzbestreuten halben Zitrone polieren. Mit einem für das jeweilige Material geeigneten Mittel nachpolieren. Metallbeschläge bleiben auch ohne dauerndes Polieren glänzend, wenn man sie mit Acrylklarlack überzieht.

Vorhänge

Vorhänge haben nicht nur praktische Funktionen, wie Schutz vor Lichteinfall, Zugluft und Einblicken, sondern sind darüber hinaus ein beliebtes Gestaltungsmittel, weil sie eine angenehme Aura von Behaglichkeit schaffen. Außerdem kann man mit ihnen je nach Art und Verarbeitung des Materials unterschiedlichste Wirkungen kreieren: Hauchdünne, wehende Vorhänge sind romantisch, üppig gefütterte wirken luxuriös, karierte erscheinen ländlich-frisch.

Die Auswahl des Vorhangstils sollte sich am Gesamtkonzept des Raums orientieren. Seine Gestaltung und Farbgebung spiegelt Ihren persönlichen Stil und Ihre Vorlieben wider.

Vorüberlegungen

Es sind viele Faktoren zu berücksichtigen. Studieren Sie Größe, Form und Position des Fensters bzw. der Fenster, und berücksichtigen Sie Stilepoche und Proportionen sowohl des Fensters als auch des Raums insgesamt. In alten Häusern kann man die Vorhänge nach eigenem Dafürhalten auf den Zeitstil abstimmen oder auch nicht, aber sie wirken meist besser, wenn sie mit den architektonischen Proportionen des Raums in Einklang stehen. Knappe Vorhänge, die das Fenster nur gerade eben bedecken, wirken etwa in einer typischen Altbauwohnung mit hohen Decken eher albern; das gleiche gilt für den Versuch, ein schlichtes Landhausfenster mit einer übertrieben grandiosen Fensterdekoration aufzumöbeln.

Man kann die Fenster eines Raums durchaus unterschiedlich dekorieren, um das Ganze optisch reizvoller zu gestalten oder vielleicht Stoffe einzubeziehen, die sonst zu extravagant oder kostspielig erscheinen würden. So könnte man von drei nebeneinanderliegenden Fenstern das mittlere mit üppig gebauschten, bodenlangen Vorhängen schmücken und an den beiden seitlichen hübsche Faltrollos (siehe Seiten 260–265) aus dem gleichen Stoff anbringen. Das wirkt auffallend und nicht alltäglich, und der Stoffbedarf wäre etwa der gleiche wie für knappe Vorhänge an allen drei Fenstern.

Ein Vorhang muß nicht aus zwei Hälften bestehen. Eine einzelne Vorhangbahn kann völlig ausreichen, wenn sich das Fenster nahe an einer Seitenwand befindet oder mehrere Fenster dicht nebeneinander liegen. Ein zusätzlicher Vorhang am anderen Ende der Reihe sorgt für ein symmetrisches Bild bei geöffneten Vorhängen.

Licht und Wärme

Ein ebenfalls wichtiger Gesichtspunkt ist die Lage des Raums und die Frage, wieviel Licht und Wärme er bekommt. Bei reichlicher Sonneneinstrahlung könnte man eine einzige große Vorhangbahn über jedem Fenster anbringen und tagsüber seitlich raffen. Wenn der Raum aber ohnehin dunkel ist und von der Sonnenseite abgekehrt liegt, können Vorhänge, die sich ganz zurückziehen lassen, den Lichteinfall maximieren. Man kann die Laibung mit Spiegelglas verkleiden, um mehr Licht in den Raum zu lenken und ein schmales Fenster optisch zu verbreitern. Weiche, halbtransparente Vorhänge, die kaltes Licht filtern, lassen Räume wärmer erscheinen; schwere, seitliche Übervorhänge vermitteln Behaglichkeit.

◄ *Eine mehrlagige Fensterdekoration in einheitlicher Farbgebung – Terrakotta und Cremegelb –, aber unterschiedlicher Musterung: Das Faltrollo im schlichten Karomuster ist mit der gleichen Quastenborte geschmückt wie eines der Kissen; das breite Streifenmuster der schweren, gefütterten Vorhänge ist mit schmaleren, grünen Streifen abgesetzt.*

◄◄ *Ideal für Nähfaule: Die transparente Stoffbahn, die hier in einer Brise weht, wurde einfach auf das Doppelte der erforderlichen Länge zugeschnitten und über eine Stange vor der Tür gehängt, um das grelle Sonnenlicht zu filtern. Die weißen, grob verputzten Wände und der hellblaue Anstrich auf Fenstern und Türen tragen zum maritimen Ambiente bei.*

Vorhanglänge

Am gebräuchlichsten sind Vorhanglängen bis zur Fensterbank, bis unter die Fensterbank und bis zum Boden.

Bodenlänge

Bodenlange Vorhänge können gerade nur auf dem Boden aufstehen oder schleppend aufliegen. Sie wirken großzügig, meist eindrucksvoller als kurze Vorhänge, in prächtigeren Ausführungen geradezu überwältigend. Diese Vorhanglänge bringt schöne oder groß gemusterte Stoffe sehr gut zur Geltung und harmoniert ausgezeichnet mit dekorativen Querbehängen, die bei zu kurzen Vorhängen wirklich albern aussehen können. Am besten passen sie zu hohen, schmalen oder bis zum Boden reichenden Fenstern. So fügen sie sich in hohe Altbauwohnungen besonders gut ein. Bodenlange Vorhänge bieten auch einen sehr wirkungsvollen Schutz vor Zugluft, vor allem, wenn sie üppig

▲ *Ein in lebhaften Farben gebatikter, an den Enden verknoteter Musselinstreifen wurde hier einfach in lockeren Schlingen über eine Holzstange gelegt: ein aparter Vorhang, der einen öden Ausblick verschleiern kann, aber keinen wirklichen Licht- oder Sichtschutz bietet. Die phantasievolle Sperrholzumrahmung des Fensters unterstreicht seine Wirkung.*

auf dem Boden drapiert werden. Weil man mehr Stoff benötigt, gehen lange Vorhänge natürlich stärker ins Geld als kürzere, aber man bekommt auch mehr Gegenwert für seine Mühen. Was übrigens auch für lange Vorhänge spricht: Anfänger brauchen sich nicht allzusehr um gerade Säume zu sorgen; selbst mehrere Zentimeter Abweichung fallen bei schleppend auf dem Boden aufliegenden Vorhängen nicht weiter auf.

Fensterbanklänge

Kurze Vorhänge wirken eher ländlich-rustikal und passen besonders zu kleinen oder quadratischen Fenstern sowie zu solchen, die breiter als hoch sind. Sie können bis kurz unter die Fensterbank reichen oder knapp über der Fensterbank enden; bei weit vorspringenden Fensterbänken bleibt nur die zweite Möglichkeit, weil längere Vorhänge nicht gerade fallen können. Vorhänge, die bis unter die Fensterbank reichen, bieten mehr Schutz vor Zugluft und wirken auch großzügiger als solche, die nur gerade eben auf der Fensterbank aufstehen.

Fensterbanklange Vorhänge sind auch für Küchen oder Badezimmer praktisch, obwohl hier ein Rollo die noch bessere und preisgünstigere Lösung sein kann.

Finanzielle Aspekte

Neben Stilfragen spielt der finanzielle Aspekt eine wesentliche Rolle für die Wahl des Stoffs und die erschwingliche Stoffmenge. Doch selbst bei begrenztem Budget müssen lange, bauschige Vorhänge nicht von vornherein ausscheiden: Man kann sie auch aus preiswertem Stoff nähen und ungefüttert lassen. Oder man schafft mit anderen Vorhanggestaltungen oder durch Kombination mit Rollos (siehe Seiten 258–269) einen ähnlichen Effekt bei geringerem Stoffbedarf, etwa durch Raff- oder Wolkenrollos (siehe Seiten 266–267) oder ein Rollo hinter einem Querbehang.

▲ *Ein sehr origineller Vorhang aus Chinapapier: Die quadratischen Blätter wurden mit Blattgold verziert und auf unten beschwerte Hanfschnüre geklebt. Sie sind in sorgfältig versetzten Reihen aufgehängt, so daß sie sich nicht berühren und der Lichtdurchfall zwischen ihnen ein Zickzackmuster bildet.*

Der Kostenfaktor ist auch für die Frage wichtig, ob man die Vorhänge fertig kauft oder selbst macht. Eine Kompromißlösung bestünde darin, einen preisgünstigen Stoff zu kaufen und von jemand anderem zu Vorhängen verarbeiten zu lassen. Weitere Möglichkeiten der Kostendämpfung: auf den nächsten Schlußverkauf warten, um Stoff oder fertige Vorhänge zu kaufen, Stoff direkt im Fabrikverkauf kaufen, gebrauchte Vorhänge kaufen und gegebenenfalls ändern oder die ursprüngliche Idee einer aufwendigen Vorhanggestaltung zu etwas Praktikablerem abwandeln.

Vorhänge nähen

Vorhänge selbst zu nähen (siehe Seiten 240–253) spart natürlich Geld; man muß den Vorhangstil dann aber den eigenen Nähfertigkeiten und der verfügbaren Zeit anpassen. Ein knappes Budget kann sogar ein Segen sein, weil es dazu zwingt, einen schlichten Stil von zeitloser Attraktivität zu wählen. Je rüschiger und üppiger der Vorhang, desto schwieriger und langwieriger die Herstellung und desto größer der Stoffbedarf.

Aufhängung

Auch die Aufhängung des Vorhangs sollte unter Berücksichtigung der übrigen Raumgestaltung gewählt werden. Man kann den Vorhang an einer Vorhangstange oder einer Schiene aufhängen (siehe Seiten 232–233). Schienen kann man sichtbar lassen oder hinter einer Schabracke verbergen (siehe Seiten 254–255); es gibt auch Vorhangstangen mit unsichtbar integrierter Schienenführung. Falls zwischen Decke und Fenster nur wenig Raum bleibt, ist eine Schabracke nicht ideal, da sie entweder zu schmal und dürftig wirken oder zu tief über die Fensteröffnung reichen würde. Dort, wo genug Platz ist, kann eine gut proportionierte Schabracke hingegen attraktiv sein und auch helfen, ein Fenster höher wirken zu lassen.

Stoff

Die Auswahl an Vorhangstoffen ist von verwirrender Vielfalt (siehe Seiten 236–239). Überlegen Sie zunächst, welche Art von Fensterdekoration dem Stil des Raums am angemessensten wäre: ein duftiger Stoff für fließende Wirkungen oder mehrlagige Dekorationen; unifarbener Stoff in sanften Pastelltönen oder kräftigen Farben, vielleicht mit samtigem Flor oder interessanter Webstruktur; frische Karo- oder Streifenmuster; markante Druckmotive; traditionelle Stoffe wie geblümter Chintz, Schottenkaro, bedrucktes Leinen oder Toile de Jouy; folkloristische und exotische Stoffe wie Kammgarnstickereien, Kelimdrucke, handbedruckte indische Baumwolle; edle Seide oder Damast.

Dabei spielen auch praktische Gesichtspunkte eine Rolle. Seide etwa verschießt und zersetzt sich unter Sonneneinwirkung; waschbare Baumwolle ist praktisch für Küchen und Bäder. Proportionen sind zu berücksichtigen: Große Fenster vertragen großformatige Muster; umgekehrt können kleingemusterte Stoffe an großen Fenstern zu pingelig aussehen.

Besätze

Besätze und Verzierungen können viel ausmachen, sind aber mit Bedacht einzusetzen (siehe Seiten 238–239). Eine kontrastierende Borte oder Litze etwa kann die Ränder eines unifarbenen Vorhangs oder Rollos sauber abgrenzen und ihm mehr Gewicht verleihen. Ein Raffrollo kann durch einen breiten Fransenbehang erhaben und luxuriös wirken.

Fütterung

Eine letzte, aber wichtige Frage ist die, ob man den Vorhang füttern soll (siehe Seiten 248–253). Leichte, ungefütterte Vorhänge sind einfacher zu nähen; gefütterte Vorhänge schirmen den Raum besser gegen Licht und Zugluft ab und wirken solider. Der Futterstoff kann lose am Vorhang befestigt (siehe Seiten 250–251) oder fest angenäht werden; durch ein zusätzliches Zwischenfutter fällt der Vorhang besonders schön und schwer. Sehr praktisch sind abnehmbare Futter, die man zum Waschen abnehmen oder im Sommer weglassen kann, um den Vorhängen eine duftigere Erscheinung zu verleihen.

◀ Die ungefütterten, elegant auf dem Fußboden drapierten Vorhänge mit integriertem Volant sind mit geknoteten Bandschlaufen an einer schlanken Holzstange aufgehängt. Weil die Vorhänge aus vorgeschrumpftem Kattun und die Volants, Kanteneinfassungen und die Schlaufenbänder aus vorgeschrumpftem Leinenmischgewebe bestehen, kann man diese Vorhänge problemlos in der Maschine waschen.

Übersicht der Stangen, Schienen und Zubehörteile

Vorhangstangen

1

2

Vorhangstangen leisten als deutlich sichtbares Gestaltungselement einen wesentlichen Beitrag zum Gesamteindruck einer Fensterdekoration – im Gegensatz zu den dezenter konzipierten Vorhangschienen, die oft hinter Schabracken oder Volants versteckt werden. Vorhangstangen sind in vielfältigen hölzernen oder metallenen Ausführungen erhältlich.

Die Stangen werden in verschiedenen Durchmessern, teils am laufenden Meter verkauft, so daß man sie passend zuschneiden lassen kann. Es gibt sie auch als komplette Garnitur mit Montagezubehör und Vorhangringen.

Hölzerne Vorhangstangen

Vorhangstangen aus Holz sind oft mit dekorativen Endstücken ausgestattet. Man kann die Stangen und Ringe streichen, beizen, ölen oder wachsen.

Naturholz paßt zu vielen Interieurs. Schwarz, Grau oder Weiß wirken sehr dezent, oder man streicht die Stangen passend zur Wandfarbe, anderen Holzteilen oder der Vorhangfarbe. Zu einem bunten Brokat wäre eine gold gestrichene Vorhangstange wirkungsvoll. Statt an Ringen kann man den Vorhang hier auch mit Tunnelsaum oder Schlaufen aufhängen. **1**

Gardinenstangen

Für leichte Vorhänge und Gardinen eignen sich vielerlei Stangen: Holzrundstäbe, Gardinenstangen aus Kunststoff, Scheibengardinenstangen aus Messing. Sie passen gut zu kleinen Fenstern und Aufhängungen ohne Ringe, etwa mit Tunnelsaum oder Schlaufen. Sie nehmen wenig Raum ein und sind auch dort nützlich, wo sich die Fensteroberkante gleich unter einer niedrigen Decke befindet. Bei Gauben- und anderen vertieften Fenstern kann man die Stange mit einem Scharnier an einem Ende befestigen und den Vorhang tagsüber beiseite klappen.

Metallene Vorhangstangen

Diese Vorhangstangen bestehen meist aus Messing, Schmiedeeisen oder Stahl. Stahl- und Eisenstangen, oft in schwarz angeboten, können in beliebigen Farben gestrichen werden. **3**

Schienenstangen

Sie sehen aus wie normale Vorhangstangen aus Messing oder Holz, sind aber mit einer eingelassenen Schiene versehen, in der die Ringe auf Gleitschuhen laufen. Ein unsichtbares Schnurzugsystem öffnet und schließt die Vorhänge.

Vorhangschienen

Vorhangschienen haben eine Führungsrille für Rollen oder Gleiter, an denen die Vorhanghaken eingehängt werden. Es gibt sie aus Kunststoff oder Metall in verschiedenen Ausführungen und Qualitäten, manche davon mit Schnurzugsystem, das empfindliche Stoffe vor Verschleiß schützt. Mehrläufige Schienen sind für Volants sehr praktisch.

Schienen benötigen sehr wenig Platz und sind damit ideal für Fenster, die knapp unter der Decke enden. Man kann sie auch um Erkerfenster herum führen. Bei geöffneten Vorhängen sind die Schienen allerdings sichtbar, sofern man sie nicht hinter einer Schabracke oder sonstigen Blende versteckt.

Die benötigte Schienenlänge hängt von der Stoffülle des Vorhangs ab und davon, wie weit man ihn tagsüber vom Fenster zurückziehen will. Man kann Vorhangschienen als kompletten Montagesatz oder die Einzelteile nach Bedarf separat kaufen. Rollen oder Gleiter werden separat verkauft. **4**

4

Metallschienen

Sie sind belastbarer und langlebiger als Kunststoffschienen und für schwere Vorhänge die bessere Wahl. Biegsame Metallschienen mit Schnurzugsystem sind die einfachste Möglichkeit, Vorhänge um Biegungen zu ziehen; hierzu sollte man sie vom Fachmann montieren lassen, um ein einwandfreies Resultat zu erhalten. Bei mehrläufigen Schienen können die Vorhanghälften in der Mitte überlappend geschlossen werden. Metallschienen kann man mit geeigneten Metallacken streichen.

3

Schnurzugsysteme

Schnurzüge sind besonders bei empfindlichen Vorhangstoffen sinnvoll, weil man zum Auf- und Zuziehen nicht jedesmal am Stoff selber anpakken muß. Man kann sie entweder mit der Schiene oder separat kaufen. Bei elektrischen Schnurzugsystemen wird ein kleiner Motor am Schienenende durch Knopfdruck oder Fernbedienung aktiviert, um den Vorhang zu schließen bzw. zu öffnen.

Schleuderstäbe sind eine simplere Alternative zum Schnurzug. Man befestigt je eine solche Kunststoffstange an der Innenkante jeder Vorhanghälfte, um die Vorhänge von Hand, aber ohne Berührung des Stoffs zu öffnen und zu schließen.

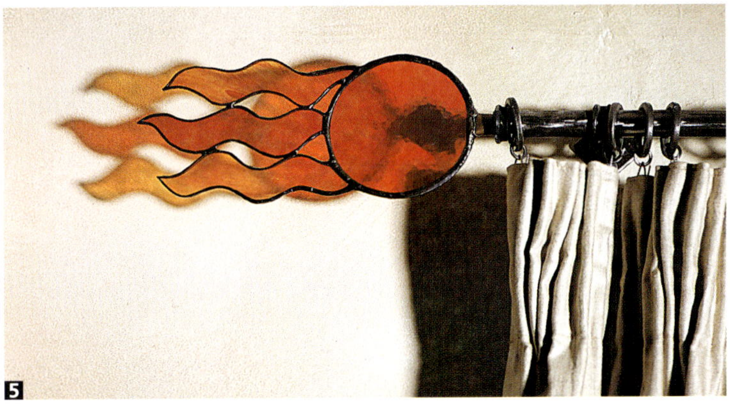

5

Kunststoffschienen

Sie sind leichter zu montieren als Metallschienen und für leichte bis mittel schwere Vorhänge ausreichend. Manche, vor allem solche mit Metallkern, lassen sich um nicht allzu scharfe Ecken biegen; ansonsten kann man Bogenstücke einsetzen. Kunststoffschienen sind für Anstriche ungeeignet.

Zubehör

Vorhangringe

Sie werden mit Vorhangstangen eingesetzt. Komplette Garnituren enthalten Montagezubehör und Ringe. Sonst kann man die Ringe separat kaufen; sie sollten nicht zu eng auf der Stange sitzen, damit sich der Vorhang leicht aufziehen läßt. Einen Ring an jedem Stangenende zwischen Halterung und Endstück aufstecken, um die Vorhangaußenkante zu fixieren. 2

Vorhangklammern

Diese kleinen Ringe haben unten keine Öse für einen Haken, sondern eine dekorative Klammer. Sie sind vor allem für leichte Vorhänge geeignet. Vor Anbringen der Klammern wird der Vorhangstoff oben doppelt umgeschlagen und gesäumt; die unversäuberte Futterkante evtl. mit in den Saum fassen. Klammern in regelmäßigen Abständen an der oberen Vorhangkante anbringen.

Angenähte Ringe

Kleine Metall-, Holz- oder Plastikringe kann man direkt an die obere Vorhangkante nähen. Bei schweren Vorhängen empfiehlt sich das nicht, da die Ringe den Stoff ausreißen können.

Haken

Neben normalen Vorhanghaken aus Plastik oder Metall, die man mit dem einen Ende in das Vorhangband und mit dem anderen in die Gleiter der Vorhangschiene bzw. die Vorhangringe einhängt, gibt es auch Spezialausführungen, etwa solche mit integrierter Volantaufhängung, um einen zweiteiligen Volant tagsüber mit dem Vorhang zurückzuziehen, statt ihn als festen Querbehang zu belassen.

Endstücke

Sie dienen als dekorativer Abschluß einer Vorhangstange und sollten in den Proportionen zu ihr passen. So wirkt ein zu zierliches Endstück auf einer robusten, rustikalen Vorhangstange merkwürdig. Es gibt sie in verschiedensten Materialien und Formen, von Kugeln über Speerspitzen, Pfeilenden und allerlei Schnörkeln bis zu Widderköpfen und Ananasfrüchten. 5

Volantschienen

Diese kann man zusammen mit der Vorhangschiene oder separat kaufen und mit dem entsprechenden Zubehör auch nachträglich an die meisten Vorhangschienen montieren.

Gewichte

Sie können in den Vorhangsaum eingenäht werden, damit er besser fällt. Es gibt sie in zwei Formen: Als Knöpfe oder Bleiband. Die Knöpfe sind runde Gewichte mit Löchern in der Mitte, um sie festzunähen, damit sie nicht im Saum wandern. Bleiband ist ein dünner, mit kleinen Metallkügelchen gefüllter Stoffschlauch, der durchgehend in den Vorhangsaum eingelegt wird.

Schnuraufwickler

Ein kleines Kunststoffteil, auf das die Schnüre des Kräusel- oder Faltenbands nach Kräuseln des Vorhangs aufgewickelt werden. Der Aufwickler wird dann in eine der Einschubtaschen des Kräuselbands gesteckt. Schnüre niemals abschneiden, sonst kann man das Kräuselband zum Waschen oder Ändern des Vorhangs nicht mehr glattziehen.

Vorhangstangen und -schienen montieren

▲ Diese schlichten Baumwollvorhänge sind an Eisenringen aufgehängt, die direkt an der Vorhangoberkante festgenäht und auf eine schmiedeeiserne Stange mit verschnörkelten Endstücken aufgezogen wurden. Weil der Vorhang lang und schwer ist, wurde die dünne Stange in der Mitte durch eine zusätzliche Halterung abgestützt.

► Hübsche Gingan-Vorhänge dieser Art passen hervorragend in ländliche Küchen. Dieser hier hängt an einer einfachen Vorhangschiene, die durch eine mit Vorhangstoff bezogene Blendleiste verdeckt wird.

Vorhangstangen montieren

Vorhangstangen werden mit entsprechenden Halterungen an beiden Enden – nötigenfalls auch in der Mitte – auf die Wand montiert. Es gibt auch Teleskopstangen, die zwischen zwei Seitenwände geklemmt werden.

Die Vorhangringe können nicht über die Halterung hinaus geschoben werden, so daß die Position der Halterungen und die Länge der Stange danach gewählt werden sollten, wie üppig der Vorhang ist und wie weit man ihn zurückziehen möchte. Häufig werden die Halterungen zu nahe am Fenster montiert. Als Richtschnur: Sie sollten mindestens 15 cm vom Fensterrahmen entfernt sein; zwischen Halterung und Endstück sollten etwa 10 cm Platz bleiben. Der äußerste Ring sitzt zwischen Halterung und Endstück, um die äußere Vorhangkante beim Zuziehen zu fixieren.

Die Stange sollte parallel zur Fensteroberkante montiert werden, sofern diese halbwegs parallel zur Zimmerdecke liegt. Sonst kann man die Vorhangstange entweder mit der Wasserwaage exakt waagerecht ausrichten oder etwa mittig zwischen der Waagerechten und der Fensteroberkante – je nachdem, was besser aussieht. Die Stange sollte hoch genug über dem Fenster angebracht werden, um oben kein Licht durchzulassen, aber es sollte keine zu große Wandfläche zwischen ihr und der Fensteroberkante bleiben.

Wenn der Vorhang weiter in den Raum hineinhängen soll, als mit den vorhandenen Halterungen möglich – etwa wegen einer weit vorstehenden Fensterbank oder eines dahinter angebrachten Rollos –, kann man die Halterungen auf Holzklötze montieren, die man am besten passend zur Wand streicht oder tapeziert. Da die Halterungen einiges Gewicht zu tragen haben, sollte man darauf achten, sie mit langen Schrauben sicher an der Wand zu befestigen.

Gardinenstangen werden mit den Enden in kleine Metallhalterungen gesteckt, die man auf Wand oder Fensterrahmen montiert. Teleskopstangen passen sich der Fensterbreite an. Holzrundstäbe sind weniger stabil als richtige Vorhangstangen und müssen nötigenfalls in der Mitte abgestützt werden, damit sie sich nicht durchbiegen. Das kann durch einen kleinen dekorativen Haken geschehen. In der Regel gilt: Je dicker die Stange, desto mehr kann sie auch ohne Mittelhalterung aushalten, aber bei schwereren Vorhängen kann selbst eine sehr solide Stange eine solche brauchen.

Vorhangschienen montieren

Auf welcher Höhe man die Schiene montiert, hängt von der gewünschten Wirkung ab und davon, ob eine Schabracke vorgesehen ist. Es gibt Schienen zur Wand- oder Deckenmontage.

An der Wand werden die Schienen mit Halterungen befestigt, die teilweise in der Tiefe verstellbar sind. Solche Halterungen können nützlich sein, wenn man möchte, daß der Vorhang ausreichenden Abstand von einem dahinter aufgehängten Rollo oder einer Gardine hat. Man kann die Halterungen direkt auf die Wand oder auf eine an der Wand befestigte Holzlatte schrauben, um die Last besser zu verteilen. Mehrläufige Schienen ermöglichen die Anordnung mehrerer Vorhänge oder Gardinen hintereinander.

Die Schiene sollte mindestens 5 cm über dem Fenster angebracht werden und 15–40 cm über die Fensterseiten hinausreichen. Die Halterungen in einer waagerechten Linie mit regelmäßigen Abständen an die Wand schrauben.

Vorhangstangen und -schienen montieren

1 Stangenhalterungen auf die Wand schrauben. Bei Beton und Mauerwerk Dübel verwenden.

2 Bohrlöcher für die Schienenhalterungen an einer mit Wasserwaage gezogenen Waagerechten ausrichten.

3 Gardinenbrett mit von unten aufgeschraubten Metallwinkeln an der Wand befestigen.

4 Die Vorhangschiene kann man durch eine mit Vorhangstoff bezogene Blendleiste kaschieren.

Kunststoff- bzw. Metallschiene mit einer Bügelsäge auf die benötigte Länge sägen. Schiene in die Halterungen einrasten und den Herstelleranweisungen entsprechend sichern.

Wenn das Fenster mit einer Schabracke oder sonstigen Blende versehen wird, kann man die Schiene entweder an der Wand oder an der Unterseite des Gardinenbretts anbringen. Die Schiene sollte dann weit genug von der Brettvorderkante entfernt befestigt werden, um der Stoffülle des geöffneten Vorhangs Platz zu lassen, aber nicht so weit hinten, daß sie von unten zu sehen ist. Bei ungefütterten Vorhängen kann sie knapp 5 cm hinter der Brettvorderkante angebracht werden, bei schweren, mit Einlage gefütterten Vorhängen muß sie weiter hinten sitzen.

Die Schiene kann bei geöffnetem Vorhang auch hinter einer kleinen Blendleiste verborgen werden. Dabei handelt es sich um eine schmale Holzleiste, die man mit dem Vorhangstoff beziehen und mit Klettband, Heftnägeln oder Klebstoff entweder an der Kante eines Gardinenbretts oder an der Vorderkante der Schiene befestigen kann. Dabei werden die in die Schienenrollen greifenden Vorhanghaken so am Vorhang angebracht, daß der gekräuselte Stoffüberstand der Vorhangoberkante die Blendleiste bei geschlossenem Vorhang verdeckt.

Retouren

Um eine gute Abschirmung gegen Licht und Zug zu erhalten, kann man Vorhänge auf Schienen mit Retouren ausstatten, d.h. die äußeren Vorhangenden so fixieren, daß sie den Raum zwischen Schienenende und Wand füllen. Bei kurzen Wandhalterungen ist der Zwischenraum klein, so daß Retouren vielleicht entbehrlich sind. Bei längeren Halterungen kann man mit einer Ringschraube eine Befestigung für die Vorhangaußenkante herstellen. Wenn kein Gardinenbrett vorgesehen ist, kann man hierzu einen Holzklotz an der Wand anbringen oder einen speziellen Schienenretourensatz verwenden. Er umfaßt ein rechtwinkliges Abschlußstück, in das der Vorhang eingehakt wird. Kunststoffschienen mit Metallkern lassen sich zu einer solchen Retoure zurechtbiegen.

Übersicht der Vorhangstoffe

Es gibt eine ungeheure Vielfalt an Stoffen, die für Vorhänge und Rollos geeignet sind. Bevor man sich entscheidet, sollte man etwas Zeit in einem gutsortierten Stoffgeschäft oder der Stoffabteilung eines Kaufhauses verbringen und jeden Stoff, der einem besonders gefällt, ans Fenster halten, um Farbe und Oberflächenstruktur bei natürlichem Licht zu beurteilen; Kunstlicht kann Farbtöne stark verändern. Sicher können Sie eine kleine Stoffprobe zum Mitnehmen bekommen; für größere Probestücke muß man meist eine Kaution hinterlegen.

Wenn Sie einen Stoff ausgesucht haben, nehmen Sie Ihre Maßangaben und Berechnungen zum Kauf mit, um sich gegebenenfalls hinsichtlich des Stoffbedarfs beraten zu lassen. Man sollte auf jeden Fall von vornherein genug Stoff kaufen, um Farbabweichungen bei Nachkäufen zu vermeiden.

Die folgenden Beschreibungen sollen Ihnen bei der Auswahl des geeigneten Stofftyps für die gewünschte Wirkung helfen.

1

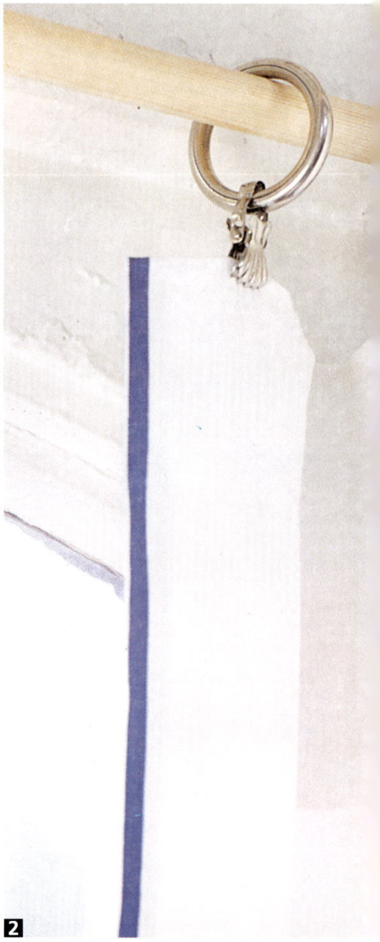

2

4

Transparente Stoffe

Transparente oder halbtransparente Stoffe können das Licht filtern und tagsüber einen gewissen Sichtschutz bieten. Für Rollos sind sie zu zart; man kann aber eine ungekrauste Bahn vors Fenster hängen und mit einem schwereren Vorhang davor, einem Rollo dahinter oder einem Querbehang mit Seitenschals kombinieren.

Voile ist ein sehr feiner, durchsichtiger Stoff, oft mit aufgedruckten oder eingewebten Mustern oder Bildmotiven. Einfache Nylongardinen bekommt man fertig gesäumt – mit Tunnelsaum für die Gardinenstange an einem Ende – in verschiedenen Breiten. Spitze ist wunderschön als Fensterdekoration, vor allem wenn man ein passendes Panneau mit Bildmotiv oder ein Stück antike Spitze findet. Bestickte Baumwolle ist eine reizvolle Alternative. Musselin, ein feines, lockeres, weniger durchsichtiges Baumwollgewebe, läßt sich gut drapieren, es knittert aber leicht. **1**

Unifarbene Stoffe

Schlichter Köper besteht meist aus reiner Baumwolle mit dezenter Gewebestruktur, wobei am attraktivsten wohl die Fischgrät- und Waffelstrukturen sind. Noppiger Stoff ist oft handgewebt und hat deshalb unregelmäßige Fäden.

Kattun, in vielen Breiten erhältlich, so daß man meist ohne senkrechte Nähte auskommt, ist ein preiswerter, schlichter Baumwollstoff, den man mit Farbe verschönern kann; zuvor sollte man ihn durch Waschen vorschrumpfen und die Appretur entfernen.

Reines Leinen und Leinen-Baumwoll-Mischgewebe sind robuste, langlebige Stoffe, die sich ausgezeichnet färben lassen und schön fallen. Sie sind in verschiedenen Stoffqualitäten erhältlich und wirken als Vorhänge oder Rollos gleichermaßen großartig. **4**

Karos und Streifen

Karos und Streifen sind die fröhlichsten und geradlinigsten aller Muster. Es gibt sie in den verschiedensten Formen und Farben, die sich meist gut

mischen oder auch mit traditionellen Druckstoffen wie geblümtem Leinen oder Toile de Jouy kombinieren lassen.

Geometrische Muster sind schön für Rollos, müssen allerdings gerade gedruckt und geschnitten sein, um richtig zu wirken.

Gingan ist ein hübsches Karomuster aus farbigen Webstreifen auf weißem Untergrund. Die verwirrende Vielfalt der Karomuster reicht von verhaltenen Versionen in zwei gedeckten Farbtönen bis zu augenfälligen Kombinationen grellbunter Farben. Madras ist ein bunt gemusterter Karostoff aus Baumwolle.

Breite Streifen können sehr ausdrucksvoll wirken, ob als Rollo, auf eine Stange über dem Fenster drapiert oder als bodenlanger Vorhang. **2**

Schmale Streifen wirken dezenter und können eine Atmosphäre ruhiger Eleganz vermitteln. Sie lassen sich gut mit Blumendrucken und Karomustern in ähnlichen Farbtönen kombinieren. Waagerechte Streifen sieht man seltener als senkrechte; sie wirken ähnlich, können aber breite, gedrungene Fenster nicht höher erscheinen lassen.

Drillich oder Drell, traditionell vor allem als Matratzenbezug eingesetzt, hat typische Streifen in verschiedenen Farben auf weißem oder naturfarbenem Untergrund und ist heute auch als preiswerter und strapazierfähiger Möbelbezugsstoff beliebt.

Traditionelle Musterstoffe

Traditionell gemusterte Stoffe verleihen mit ihrem historischen Assoziationsreichtum jedem Raum Anmut und Würde und gehören nach wie vor zu den schönsten Stoffen überhaupt.

Blumenmuster sind typisch englisch. Zu den bezauberndsten gehören die mit leicht verblichener Erscheinung, als wären sie schon seit Generationen in der Familie. Durch Mischung mit anderen Mustern, etwa Streifen, erhalten sie eine frischere Wirkung. Glänzender Baumwoll-Chintz mit Blumendruck, etwa Rosen oder Päonien, ist ein Inbegriff englischen Stils. **3**

Toile de Jouy ist ein Druckstoff mit typischen einfarbigen Bildmotiven, meist ländlichen Szenen, auf weißem oder naturfarbenem Untergrund.

Provenzalische Drucke, die auf im 17. Jahrhundert aus Indien importierte Stoffe zurückgehen, sind mit Blumen und abstrakten Motiven in Schwarz und üppigen Farbtönen wie Dottergelb und Flaschengrün verziert. Ihre Wirkung beruht auf einer Kombination aus bäuerlichem Charme und dem exotischen Reiz der Provence.

Jacquard hat ein eingewebtes Muster, oft aus Blumen und Blättern, und einen leicht seidigen Glanz.

Paisley ist ein beliebtes, schottisches Stoffmuster aus verschlungenen Schnörkelmotiven, meist in üppigen, kräftigen Farbtönen gefertigt. **5**

Das traditionsreiche Schottenkaro, Königin Viktorias Lieblingsstoff, hat eine solide, maskuline Ausstrahlung und meist satte, volle, manchmal aber auch triste Farbtöne. **1**

Grafische Druckstoffe

Beliebte Motive sind Sterne, Wappenzeichen, Kreise, Dreiecke und Buchstaben; teils scharf umrissen, teils zwanglos, wie freihändig aufgetragen, aber in aller Regel frisch. Die Farbpalette reicht von pastellig bis knallbunt. Die Stoffe gibt es oft in mehreren Farbstellungen, so daß man etwa Vorhänge in einem Farbton mit einer andersfarbigen Schabracke kombinieren kann, wobei das Muster als verbindendes Element dient.

Druckstoffe mit Bildmotiven

Stoffe mit Bildmotiven können herrlich frisch und ansprechend wirken. Man sollte die Motive – ob Zirkusartisten, Schiffe, Tiere, Tassen, Obst und Gemüse, klassische Motive, Spielkarten o.ä. – zum Raum passend wählen. Manche Dessins für Kinderzimmer sind besonders reizend. **2**

Exotische Stoffmuster

Mit solchen Stoffen lassen sich nicht nur folkloristische Interieurs reizvoll gestalten. Aus Indien kommen naturfarbene Baumwollstoffe, im Kettenstich mit Wollfäden bestickt, Vögel und Blattmuster in sanften Blau-, Grün- und Rosatönen zeigen. Es gibt Kelimdruckstoffe in den für Kelims und Webteppiche aus Zentralasien typischen kräftigen Farben und markanten, geometrischen Mustern. Handbedruckte indische Baumwolle ist oft zart und mit Sorgfalt zu behandeln.

Edle Stoffe

Diese prächtigen Stoffe sind ideal zur Gestaltung opulenter Interieurs mit luxuriöser Aura. Reine Seide ist der glanzvollste aller Stoffe; es gibt jedoch erhebliche Typ-, Qualitäts- und Preisunterschiede. Sie ist in überwältigender Farbvielfalt erhältlich, teils mit einer weiteren Farbe durchwirkt, mit aufgedrucktem Muster oder eingewebten Karo- oder anderen Mustern. Sie ist für Rollos nicht robust genug und wird unter Sonneneinwirkung

3

brüchig, ist als Vorhangmaterial aber nicht zu verwerfen, sofern sie mit Überlegung eingesetzt wird. 4

Damast ist ein Stoff aus Seide, Baumwolle oder Kunstfaser mit Webmuster in zwei Tönen einer Farbe, meist aus verschlungenen Blättern und/oder Blumen. Besonders edler Damast ist zusätzlich mit Applikationen und/oder Stickereien verziert. Brokat hat ebenfalls ein eingewebtes, jedoch mehrfarbiges Muster.

Bei Samt, dem luxuriösesten aller Stoffe, muß stets auf gleiche Florrichtung geachtet werden, weil dies die Farbwirkung beeinflußt. Er ist in vielen Farben und Mustern erhältlich und von unvergleichlich üppiger Wirkung – unschätzbar, um eine Atmosphäre von Behaglichkeit und Eleganz zu schaffen. Mit seinem dicken Flor ist er für Rollos ungeeignet. Plüsch hat einen ähnlichen Flor wie Samt, der aber länger und weniger dicht gewebt ist, und war im 19. Jahrhundert besonders für Tischdecken und Vorhänge bei mehrlagiger Fensterdekoration beliebt.

Futterstoffe

Futterstoffe gibt es in breiter Farbauswahl, so daß man fast immer etwas zum Vorhangstoff Passendes findet. Obwohl viele als farbecht ausgewiesen werden, sind Weiß oder Creme stets die sicherste Wahl. Von den sehr unterschiedlichen Qualitäten haben die besseren eine gewisse Steifigkeit, die auch die Reinigung überdauert.

Spezielles Abdunklungsfutter gibt es in verschiedenen Qualitäten; die schwereren sind manchmal schlecht zu verarbeiten. Es gibt auch sehr wirkungsvolle wärmedämmende Futterstoffe, die auf einer Seite mit Aluminium beschichtet sind und weniger auftragen als ein zusätzliches Einlagefutter.

Zwischenfutter

Füllige Vorhänge, die sich schön drapieren lassen und gut vor Zug schützen, erhält man durch ein zusätzliches Zwischenfutter. Eine Einlage aus Molton oder Kalmuck, einem einseitig bzw. doppelseitig gerauhten Baumwollgewebe, läßt Vorhänge schön üppig fallen und bietet ausgezeichneten Kälte- und Wärmeschutz. Zu leichteren Stoffen und zur Versteifung von Faltrollos und Schabracken eignet sich ein weniger gewichtiger Flanell. Leichtes Synthetikfutter kann etwas durchsichtig sein, hat aber den Vorteil, daß es preiswert ist, in der Reinigung nicht einläuft und außerdem beim Nähen nicht fusselt.

Besätze

Besätze, auch »Posamenten« genannt, können aus einem hübschen Vorhang etwas ganz Besonderes machen. Ein schmales, kontrastfarbenes Band, in etwas Abstand von der Vorhang- oder Rollokante angebracht, kann die Fensterdekoration ausdrucksvoll abgrenzen. Borten, gewebte Besatzbänder in verschiedensten Farben und Gestaltungen, sind oftmals wahre Wunder der Textilkunst und entsprechend teuer. Eine Pomponborte an den Innenkanten schlichter Vorhänge aus Musselin oder transparentem Stoff kann diese völlig verwandeln. Fransenbesätze sind besonders schön für die Unterkante von Raff- oder Wolkenrollos (siehe Seiten 266–267), wo sie sich bei hochgezogenem Rollo schön gegen das Licht abheben und dem heruntergelassenen Rollo mehr Gewicht und Präzision verleihen. Schabracken oder Rollos mit ausgeformter Unterkante können durch Verzierung der tiefsten Punkte mit Troddeln regelrecht exotisch wirken. Es gibt auch Borten mit Perlstickerei; ebenso kann man selbst Glasperlen entlang der Kante eines dünnen Vorhangs aufnähen oder -reihen, um ihm auf diese Weise Gewicht, Abwechslung und zarte Farbtupfer zu verleihen. 3

Vorbereitung zum Vorhangnähen

Ausmessen und Stoffbedarf berechnen

Als erstes muß man das Fenster ausmessen und ausrechnen, wieviel Stoff man benötigen wird. Dazu multipliziert man die Anzahl der benötigten Stoffbreiten mit der Arbeitslänge der Vorhänge und kalkuliert gegebenenfalls eine Zugabe für den richtigen Musteransatz ein. Die Berechnung dieser einzelnen Faktoren wird nachstehend näher erläutert.

Wenn Sie sich für einen Vorhangstil entschieden haben, läßt sich der Stoffbedarf am besten nach Montage der entsprechenden Vorhangstange bzw. -schiene (siehe Seiten 234–235) ausmessen. Stangen und Schienen müssen seitlich weit genug über das Fenster hinausreichen, um Platz für die geöffneten Vorhänge zu bieten (schwere Stoffe nehmen mehr Raum ein als leichte), und sollten mindestens 5 cm über dem Fenster befestigt werden.

Soll die Aufhängung erst mit dem Stoff gekauft werden, so muß man die Positionierung der Stange oder Schiene und die Größe etwaiger Vorhangringe vorher genau einschätzen.

Da Sie vor Auswahl eines Stoffs weder die Stoffbreite noch die Rapportmaße kennen, können Sie die meisten Berechnungen erst im Laden anstellen. Nehmen Sie hierzu Ihre Maßangaben und einen Taschenrechner mit.

▲ *Diese lichtdurchflutete Fensterwand ist mit einem halbtransparenten Stoff behangen, der mit farbigen Streifen aus einem etwas robusteren Material abgesetzt wurde. Ungemusterte Stoffbahnen lassen sich einfacher zu breiten Vorhängen aneinandersetzen; allerdings müssen bei durchsichtigen Stoffen die Nähte von beiden Seiten sauber aussehen.*

Stoffbreiten ausmessen

Um die Anzahl der benötigten Stoffbreiten zu ermitteln, zunächst die Länge der Vorhangstange oder -schiene (A) (nicht die Fensterbreite) ausmessen. Gegebenenfalls Zugaben für Überlappung in der Mitte und/oder seitliche Retouren (Entfernung zwischen Schiene und Wand) hinzuaddieren.

Dieses Breitenmaß (A) mit dem Multiplikationsfaktor für die geplante Faltenlegung multiplizieren (siehe Seiten 244–245). Je Vorhanghälfte 7,5 cm als seitlichen Saumzuschlag hinzuaddieren. Die Summe durch die Rollenbreite des gewählten Stoffs dividieren. Das Ergebnis ist die Anzahl der benötigten Stoffbahnen. Dieses auf die nächste ganze Zahl aufrunden. (Wenn das Resultat nur knapp über einer ganzen Zahl liegt, kann man es unter Umständen ab- statt aufrunden, um nicht zuviel Stoff übrigzubehalten, was vor allem bei teuren Materialien ins Gewicht fällt.)

Arbeitslänge ausmessen

Die Stofflänge richtet sich nach der gewünschten Vorhanglänge, gegebenenfalls mit Zuschlag für die Überdeckung der Aufhängungsvorrichtung durch das obere Vorhangende.

Sollen Vorhangstange und -ringe vollständig sichtbar sein, so mißt man von der Unterkante eines Rings. Soll ein Stoffüberstand die Ringe teilweise verdecken, so muß man von der vorgesehenen Oberkante des Überstands messen.

Bei einer Schiene, die durch die geschlossenen Vorhänge verdeckt werden soll, mißt man von knapp oberhalb der Schienenoberkante. Ist eine Schabracke zur Kaschierung der Schiene vorgesehen, so mißt man von den Schienengleitern aus. Für seitlich geraffte, nicht aufziehbare Vorhänge von der Oberkante des Gardinenbretts messen. In jedem Fall 4 cm für den oberen Saum zugeben.

Nach unten bis zur Fensterbank (B), bis unter die Fensterbank (C) oder bis zum Boden (D) messen. Bei Vorhängen, die auf dem Boden

Vorhänge ausmessen

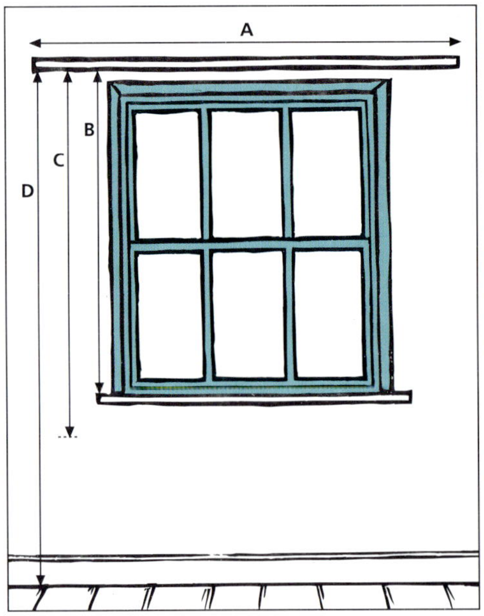

Die Vorhangmaße ergeben sich aus dem seitlichen Überstand zum Fenster und der gewünschten Länge.

Werkzeug/Materialien

Zum Ausmessen und Montieren
- **Stehleiter.**
- **Stahlbandmaß:** ein langes Metallbandmaß ist besser als ein Gewebebandmaß, das sich mit der Zeit dehnen kann.
- **Notizblock und Stift:** zum Notieren der Maßangaben.

Für alle Vorhänge
Um Vorhänge anzufertigen, braucht man viel Platz – am besten einen großen Tisch. Wenn er zu klein ist, sollte man eine große Platte darauf legen.
- **Nähmaschine und Ersatznadeln:** Jede geradstichfähige Maschine mit Fußantrieb oder Elektroantrieb und Pedalbetätigung ist geeignet.
- **Stoff, Futterstoff, Zwischenfutter und Besätze** (die letzten drei nur, wenn gewünscht).
- **Garn:** zum Heften (dunkles Garn für hellen Stoff und umgekehrt) und Nähen (ausreichende Menge in zum Vorhangstoff passender Farbe). Möglichst Garn der gleichen Faserart und Stärke verwenden wie das, aus dem der Vorhangstoff besteht.
- **Gewichte:** Damit der Vorhang besser fällt, kann man Gewichte in den Saum einnähen oder ein spezielles Bleiband aufnähen.
- **Scharfe Scheren:** in mehreren Größen.
- **Stecknadeln:** Sie müssen spitz und rostfrei sein. Solche mit bunten Köpfen sind besser zu sehen und gehen nicht so leicht in den Vorhangfalten verloren. Stecknadeln nicht zu lange im Stoff lassen.
- **Schneiderkreide:** um Schnittlinien anzuzeichnen.
- **Dampfbügeleisen:** um das Material vor und nach dem Nähen glattzubügeln.

Halten Sie Ihr Nähzeug in Ordnung; räumen Sie nach Arbeitsende immer auf. Lose Teile am besten in einer Schale oder Schachtel aufbewahren. Nützlich sind Gewichte, um den Stoff während der Arbeit zu fixieren, etwa Ziegelsteine, die man mit Futterresten umwickeln und dann in Stoffreste einnähen kann. Oben Griffe annähen, damit man sie während der Arbeit leicht versetzen kann.

◀ *Bei großen Fensterflächen kann man als sparsame, modern wirkende Lösung Vorhänge anbringen, die in geschlossenem Zustand ganz glatt hängen. Man kann sie passend nähen oder einfach Fertigtextilien wie Schultertücher, Überwürfe oder Tischdecken verwenden.*

aufliegen sollen, den eigenen Vorstellungen entsprechend 15–25 cm zugeben; bei solchen, die nur gerade auf dem Boden aufstehen sollen, statt dessen 6 mm abziehen. Untere Saumzugabe von 16 cm für ungefütterte bzw. 10 cm für gefütterte Vorhänge hinzuaddieren. Das Ergebnis ist die Arbeitslänge des Vorhangs.

Musteransätze

Viele gemusterte Stoffe haben einen sogenannten Rapport; das ist der Abstand, in dem sich das Muster wiederholt. Bei Stoffen mit Rapportmuster benötigt man ausreichend Material, um das Muster beim Zusammennähen der Stoffbahnen und auch am Treffpunkt der Vorhanghälften richtig ausrichten zu können. Um den zusätzlichen Stoffbedarf zu berechnen, die Arbeitslänge des Vorhangs auf das nächste ganze Vielfache der Rapporthöhe aufrunden, d.h. bei einer Arbeitslänge von 1,95 m und einer Rapporthöhe von 20 cm würde die Arbeitslänge auf das nächste ganze Vielfache von 20 cm, also auf 2 m aufgerundet.

▲ *Eine weitere Sparlösung zur Dekoration großer Fenster besteht darin, sie mit Vorhängen aus unterschiedlichen Stoffbahnen zu behängen, die interessante Farb- oder Strukturkontraste bilden. Dazu kann man billige Stoffe verwenden, wie diese blaue Baumwollgaze, oder Stoffe günstig im Schlußverkauf oder als Reststücke kaufen.*

Stoffbahnen zuschneiden und aneinandernähen

▲ *Ein schlichter, weißgelb gestreifter Baumwollstoff wurde hier raffiniert verwandelt, indem man den Vorhang aus senkrechten und waagerechten Abschnitten zusammensetzte, die durch schmale schwarze Streifen abgegrenzt sind. Zusätzlichen optischen Reiz gewinnt das Ganze durch die hinter den Vorhängen montierten karierten Faltrollos.*

Stoff zuschneiden

Stoff glattbügeln, damit er sich besser ausmessen läßt. Stoffbahnen in der benötigten Länge zuschneiden; darauf achten, daß die Schnittkanten oben und unten gerade sind und einen rechten Winkel zu den Webkanten bilden. Bei lose gewebten Stoffen und Leinen kann man einen Schußfaden (Querfaden) herausziehen, um eine gerade Schnittlinie zu markieren. Sonst benötigt man einen Zeichenwinkel.

Ungemusterte Stoffe

Bahnlängen ausmessen; Schnittlinien mit Stecknadeln an beiden Webkanten markieren. Nötigenfalls die Schnittlinie zwischen den beiden Markierungen mit Metermaß und Schneiderkreide anzeichnen. Beim Zuschneiden das obere Bahnende jeweils mit einer Sicherheitsnadel kennzeichnen. Jede Bahn ordentlich falten oder auf eine Papprolle wickeln, damit sie nicht knittert. Wenn man zwei Vorhanghälften näht, muß man an diesem Punkt die Anzahl der benötigten Stoffbreiten halbieren (z.B. 4 Bahnen = 2 Vorhanghälften zu je 2 Bahnen; 3 Bahnen = 2 Vorhanghälften zu je 1 1/2 Bahnen). Die benötigte Gesamtvorhangbreite läßt sich selten durch ganze Bahnen teilen. Kleinere Abweichungen kann man gegebenenfalls durch die Vorhangfältelung ausgleichen. Bei ungefütterten, leichten Stoffen läßt sich eine Überbreite natürlich leichter in die Faltenzwischenräume verteilen als bei einem schweren, in Kellerfalten gelegten Stoff.

Beim Zuschnitt in Längsrichtung den Stoff immer an der Außenkante, nicht an der Innenkante der Vorhanghälfte abschneiden. Auch wenn eine Bahn halbiert werden muß, um die richtige Vorhangbreite zu erhalten, die halbierten Bahnen immer außen ansetzen.

Gemusterte Stoffe

Die Stoffe vor Arbeitsbeginn auf Mängel und Druckfehler kontrollieren. Der Stoff sollte mit dem Fadenlauf geschnitten werden. Wenn das Muster nicht rechtwinklig zur Webkante bzw. zum Fadenlauf gedruckt ist, sollte man den Stoff in den Laden zurückbringen oder den Zuschnitt am Musterverlauf ausrichten.

Gemusterte Stoffe am besten so ausrichten, daß das untere Vorhangende auf ein Rapportende fällt. Eine Querlinie entlang der Unterkante des ersten Rapports anzeichnen, dann darunter eine zweite Linie für die Saumzugabe – 16 cm für gefütterte, 10 cm für ungefütterte Vorhänge – markieren. An der zweiten Linie abschneiden. Bei bodenlangen Vorhängen, die an einer Stange aufgehängt und nicht allzu stark gerafft werden, kann es besser wirken, eine vollständige Rapporthöhe am oberen Ende anzuordnen. In diesem Fall beim Ausmessen von der Oberkante ausgehen. Die erste Querlinie an der Oberkante des ersten Rapports zeichnen; eine zweite Linie für die Saumzugabe 4 cm darüber markieren. An der zweiten Linie abschneiden.

Beim Aneinandersetzen von Bahnen und an den Stoßkanten der Vorhanghälften auf den Musteransatz achten. Zugeschnittene Bahn neben den ungeschnittenen Stoff legen, Muster ausrichten, dann die zweite Bahn zuschneiden.

Bahnen aneinandernähen

Ungemusterte Stoffe

Bahnen rechts auf rechts aufeinanderlegen, Kanten zusammenstecken. Naht heften, dann vom unteren Rand aus in 1,5 cm Abstand von der Kante steppen. Naht ausbügeln. Bei ungefütterten Vorhängen kann man eine flache Kappnaht herstellen: Eine Nahtzugabe auf ihre halbe Breite zurückschneiden. Die andere Nahtzugabe über die erste schlagen und unter deren Kante umbiegen, so daß beide Kanten umschlossen sind. Eine Naht durch alle Lagen steppen. Sie ist auf der Vorhangvorderseite sichtbar.

Gemusterte Stoffe

An der Seitenkante einer Bahn eine Nahtzugabe von 1,5 cm einschlagen und umbügeln. Diese Kante auf die nicht eingeschlagene Nahtzugabe der zweiten Bahn legen (beide Bahnen mit der rechten Seite nach oben), Musteransatz ausrichten, feststecken. Mit Leiterstich heften: Einen geknoteten Faden von unten durch die Faltkante ziehen, quer über den Stoß und durch die untere Bahn nach unten führen, Nadel unter dem Stoff etwas weiterführen, dann wieder nach oben, über den Stoß in die Faltkante usw., so daß eine Reihe waagerechter »Leitersprossen«-Stiche quer über die Stoßkante entsteht. Rechte Stoffseiten aufeinander legen, Naht mit der Maschine nachsteppen.

Stoffbahnen zuschneiden und aneinandernähen

1 Rechtwinklige Schnittlinie durch Herausziehen eines Schußfadens oder mit dem Anschlagwinkel markieren.

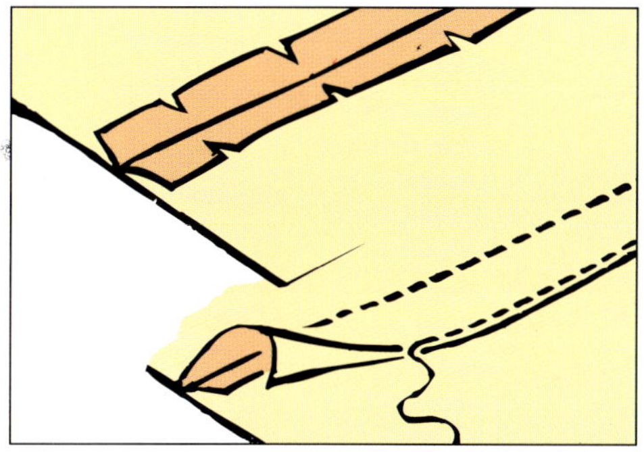

2 Nähte ausbügeln oder eine Nahtzugabe zurückschneiden, die andere darunter falten und feststeppen.

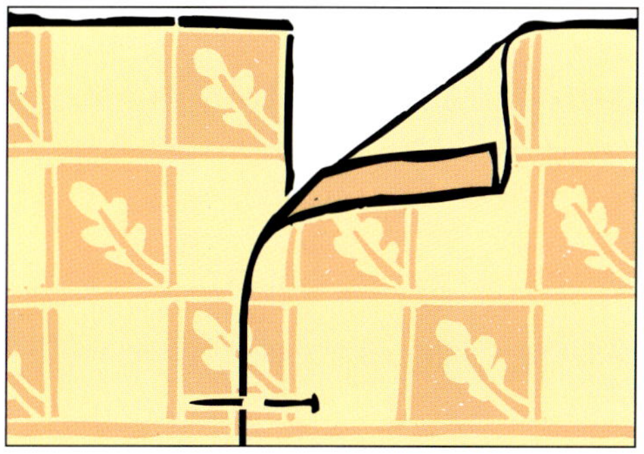

3 Bei Musterstoffen eine Nahtzugabe einschlagen, auf die andere legen, Muster ausrichten, feststecken.

4 Von Hand mit Leiterstich heften, obere Bahn zurückschlagen, Naht mit der Maschine nachsteppen.

▲ Die nicht aufziehbaren Vorhänge dieser prächtigen Fensterbekleidung haben oben einen Tunneldurchzug aus dem Streifenstoff des Rollos, wobei auf exakten Musteransatz an der Mittelnaht geachtet wurde. Fest angebrachte Vorhänge lassen sich besonders schön drapieren; die Vorhangstange mit dekorativen Endstücken rundet den Gesamteindruck ab.

Faltenlegebänder

Die geraffte, gekräuselte oder in Falten gelegte Oberkante des Vorhangs wird auch »Kopf« genannt. Ihre Gestaltung bestimmt sowohl den Fall des geschlossenen Vorhangs als auch den Stoffbedarf für seine Herstellung.

Bei schweren Vorhängen mit dickem Zwischenfutter wird der Kopf am besten von Hand gestaltet – mit einzeln eingenähten Falten und Haken. Das sollte man Fachleuten oder Leuten mit Erfahrung im Vorhangnähen überlassen. Für Laien und Anfänger bietet sich hier eher die Verwendung vorgefertigter Kräusel- und Faltenlegebänder an.

Die Bänder sind je nach Art der Fältelung verschieden dick und steif. Sie haben Zugschnüre zur Raffung des Vorhangs und außerdem Einschubtaschen für die Vorhanghaken, mit denen der Vorhang an eine Stange oder Schiene gehängt wird. Bei manchen Faltenlegebändern entsteht die Fältelung nicht durch Zugschnüre, sondern durch gabelartige Haken, die sich zum Waschen sehr leicht herausnehmen lassen.

Faltenlegebänder werden als Meterware verkauft. Die benötigte Länge beträgt etwas mehr als die Gesamtstoffbreite des Vorhangs.

Verschiedene Faltenbänder

Zu den einzelnen Faltenbandtypen sind Multiplikationsfaktoren für die Stoffbreite angegeben. Wo zwei Werte aufgeführt sind, ist der eine die Mindeststoffbreite, damit die Fältelung ordentlich aussieht, der zweite die Maximalbreite für eine üppigere Wirkung.

Kräuselfalten: Dieses Band ergibt eine dezente, flache Kräuselung – besonders für leichte, ungefütterte Vorhänge geeignet. Je nach gewünschter Üppigkeit wird als Stoffbreite die eineinhalbfache bis doppelte Stangen- oder Schienenlänge benötigt. Wenn man das Band 2,5 cm unter der Vorhangoberkante aufnäht, bildet sich ein »Köpfchen«, das die Schiene oder den Ansatz der Vorhangringe verdeckt. Wenn man es näher an der Oberkante anbringt, kann der Vorhang unter den Vorhangringen hängen.

Bleistiftfalten: Dieses Band sorgt für einen deutlich tieferen, präziseren und eleganteren Faltenfall als einfaches Kräuselband. Es ist mit seinen schmalen, gerundeten Falten für die meisten Vorhangtypen geeignet, in verschiedenen Breiten erhältlich und erfordert als Stoffbedarf das Zweieinviertel- bis Zweieinhalbfache der Stangen- oder Schienenlänge. Es hat drei

▶ *Dieser Vorhang mit Dreierfalten, auch »flämischer Kopf« genannt, ist fest über dem kleinen Fenster angebracht, was eine besonders ordentliche Fältelung erlaubt. Die seitliche Raffung ist hier eine praktische Lösung, da rechts vom Fenster ohnehin kein Platz zum Aufziehen des Vorhangs wäre.*

Verschiedene Faltenarten

Faltenbänder für Kräusel-, Bleistift-, Quetsch-, Keller- und Dreierfalten und Gardinenband.

Faltenlegebänder

1 Obere Saumzugabe einschlagen, Faltenband darauflegen, Schnüre darunter verknoten.

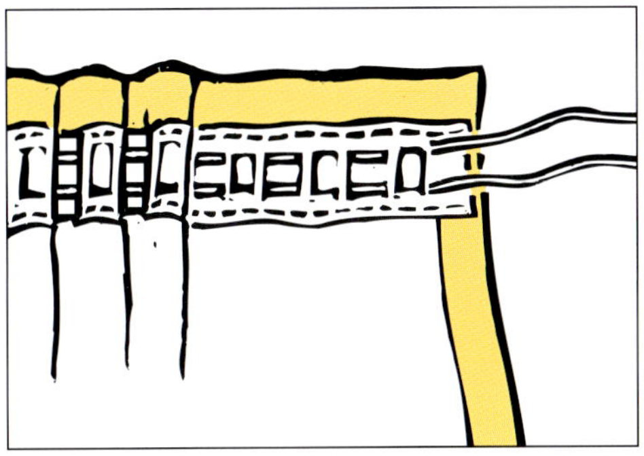

2 Lose Schnurenden festhalten; Band auf die erforderliche Länge zusammenschieben.

3 Haken an beiden Enden und gleichmäßig verteilt dazwischen einhängen; Schnur sauber aufwickeln.

4 Für Dreierfalten in vier Taschen je ein Gabelende des Faltenhakens einschieben; dann eine Tasche überspringen.

Taschenreihen, so daß man zwischen mehreren »Köpfchenhöhen« wählen kann. Es sollte 3 mm unter der Vorhangoberkante aufgenäht werden.

Quetschfalten: Dies sind regelmäßige, etwas breitere, gerundete Falten mit breiten Zwischenräumen. Sie wirken besonders bei schweren, bodenlangen Vorhängen stilvoll. Bei Anziehen der Zugschnüre auf gleichmäßige Anordnung der Falten bei beiden Vorhanghälften achten. Die Außen- und Innenkanten der Vorhänge sollten flach bleiben. Für Quetschfalten benötigt man als Stoffbreite die zweieinhalbfache Schienen- oder Stangenlänge. Das Band wird 3 mm unter die Vorhangoberkante genäht.

Kellerfalten: ähnlich regelmäßige, ordentliche Falten wie Quetschfalten; die Falten sind jedoch flacher und liegen hinter, nicht vor der Stoffebene. Sie eignen sich für Vorhänge jeder Art, besonders schwere, gefütterte. Auch hier auf gleichmäßige Faltenanordnung bei beiden Vorhanghälften achten. Als Stoffbreite benötigt man das Dreifache der Schienen- oder Stangenlänge; das Band wird 3 mm unter der Vorhangoberkante angebracht.

Dreierfalten oder flämische Falten: Dies sind regelmäßige, fächerförmige Dreierfalten mit flachen Zwischenräumen zwischen den Faltengruppen. Sie geben eleganten, gefütterten Vorhängen eine attraktive und ordentliche Erscheinung und sind in verschiedenen Höhen erhältlich. Die Stoffbreite sollte hier das Doppelte der Schienen- oder Stangenlänge betragen; das Band ist 3 mm unter der Vorhangoberkante anzubringen.

Gardinenband: dezentes Faltenband für Gardinen und leichte Stoffe mit Taschen für Haken und Schlaufen für Drähte. Je nachdem, wie herum man es aufnäht, erhält man einen unterschiedlich hohen Stoffüberstand oberhalb der Haken. Alternativ kann man einen Draht oder eine Stange durch die Schlaufen ziehen. Die Stoffbreite kann das Zwei- bis Dreifache der Draht-, Stangen- oder Schienenbreite betragen.

Faltenbänder annähen

Die Bänder werden rückseitig auf die Oberkante des fertigen Vorhangs genäht. Band über

▲ Ein ansonsten schlichter Vorhang mit Dreierfältelung gewinnt durch die aufgesetzten stoffbezogenen Knöpfe, die die Faltengruppen dezent betonen, zusätzlichen dekorativen Reiz. Die Vorhangstange ist absichtlich knapp über dem Fenster angebracht, um das Deckensims mit seinen bezaubernden Stuckrosen nicht zu verdecken.

die unversäuberte Kante der eingeschlagenen Saumzugabe legen (siehe Abbildung links), feststecken und -heften. An der Vorhanginnenkante die Zugschnüre auf etwa 2,5 cm Länge entfädeln, unter dem Band verknoten. Bandende umschlagen, um die Knoten zu bedecken; festheften. An der Außenkante wiederholen; hier jedoch die Schnüre unverknotet auf der Bandoberseite lassen. Beide Bandkanten mit der Maschine in gleicher Richtung feststeppen, damit es sich nicht verzieht. Beide Bandenden feststeppen; dabei dürfen die Zugschnüre an der Außenkante nicht festgenäht werden.

Zugschnüre anziehen

Um den Vorhang in Falten zu legen, die losen Schnurenden festhalten und das Band so weit zusammenschieben, bis es der Länge der Stange bzw. der halben Stange (bei zwei Vorhanghälften) entspricht. Eine etwaige Überlappung in der Vorhangmitte berücksichtigen. Lose Schnurenden auf einen Schnuraufwickler wickeln (siehe Seiten 232–233). Dann die Haken einhängen – einen an jedem Ende, die übrigen in regelmäßigen Abständen dazwischen.

Handgearbeitete Aufhängungen

Außer Gardinen- und Faltenbändern mit Haken gibt es noch andere Möglichkeiten, Vorhänge an Stangen aufzuhängen, wie etwa Ösen-, Schlaufen-, Band- und Tunnelsaum-Aufhängungen. Außer beim Tunnelsaum muß man bei all diesen Aufhängungen darauf achten, eine Schlaufe, Öse oder Bänder direkt oder sehr nah an jeder Vorhangecke anzubringen, damit die Enden nicht herunterhängen. Die Stoffbreite für einen Vorhang mit Schlaufenaufhängung entspricht der Länge der Vorhangstange, bei Ösen- und Bandaufhängungen braucht man etwa das Doppelte der Stangenlänge, je nach Art des Stoffs und gewünschtem Faltenfall. Lassen Sie sich im Zweifelsfall im Geschäft beraten.

▲ *Diese ländlich-fröhlichen Vorhänge in sonnengelbem Gingan-Karo sind ungefüttert, um das Licht durchschimmern zu lassen. Der aufgenähte Volant verleiht dem Vorhangkopf mehr Gewicht, und die um die Vorhangstange zur Schleife gebundenen Aufhängungsbänder sind besonders lang, so daß sie dekorativ herabhängen.*

Ösenaufhängung

Hierzu schlägt man entlang der Oberkante des Vorhangs Metallösen ein, durch die eine dünne Stange geführt wird. In Baumärkten und Eisenwarenläden kann man Ösen mit beiliegendem einfachem Einschlagwerkzeug kaufen. Ösen in Abständen von etwa 10 cm auf der Saumrückseite anordnen.

Bevor man Löcher in den Vorhang schlägt, die Technik an einem Stoffrest üben. Das runde Schlageisen des Ösenwerkzeugs unter den Stoff legen, Werkzeugende auf den Stoff setzen und mit dem Hammer daraufschlagen, um ein Loch auszustanzen. Eine Ösenhälfte unter, die andere auf das Loch legen; die flache Ösenhälfte sollte sich oben, d.h. auf der Stoffrückseite befinden – mit ihrer gerillten Seite nach unten. Das breite Werkzeugende darauflegen, Öse mit dem Hammer festschlagen. Vor dem Einschlagen der Ösen in den Vorhang entsprechende Positionsmarkierungen auf der Vorhangoberkante anbringen. Um ein Ausreißen des Stoffs zu verhindern, kann man die Vorhangoberkante zuvor mit Einfaßband, Baumwollgurtmaterial oder ähnlichem verstärken.

Schlaufenaufhängung

Hier wird die Vorhangstange durch Schlaufen aus Stoffstreifen geführt, die man auf die Vorhangoberkante näht. Zuerst muß man entscheiden, wie viele Schlaufen man über die Vorhangbreite anbringen will und wie breit sie sein sollen. Für 5 cm breite Schlaufen muß man den Stoffstreifen zunächst auf das Doppelte, also 10 cm, zuzüglich einer Nahtzugabe von 3 cm zuschneiden. Um die Länge der Streifen zu ermitteln, Umfang der Vorhangstange messen, 5 cm Spielraum und 3 cm Nahtzuschlag geben.

Stoffstreifen zuschneiden, rechts auf rechts der Länge nach falten. Mit 1,5 cm Nahtzugabe längs zusammennähen. Die Stoffschläuche wenden und so glatt bügeln, daß die Naht in der Mitte einer Seite verläuft. Zu Schlaufen zusammenlegen, an den Enden mit 1,5 cm Nahtzugabe zusammennähen. 1,5 cm unter der Vorhangoberkante so auf seine Vorderseite nähen, daß die Schlaufen nach unten hängen.

Als Verblendung einen 7,5 cm breiten Stoffstreifen in Länge der Vorhangbreite mit 3 cm Zuschlag zuschneiden. An einer Längskante schmal umsäumen. Blendstreifen rechts auf rechts so auf dem Vorhang feststecken, daß die nicht gesäumte Kante auf der Befestigungslinie der Schlaufen, 1,5 cm unter der Vorhangoberkante, liegt. Streifen entlang der Oberkante heften, dann feststeppen, dabei die Schlaufenenden mitfassen. Seine Enden schmal umsäumen, so daß er mit den Vorhangkanten abschließt.

Blendstreifen hinter den Vorhang umschlagen, so daß die linken Stoffseiten aufeinander-

Aufhängung ohne Faltenband

1 Eine schmale Vorhangstange läßt sich durch in die Vorhangoberkante eingestanzte Ösen führen.

2 Auf die Vorhangvorderseite genähte Stoffschlaufen; ein Blendstreifen verdeckt die Aufnähung.

3 Auf ähnliche Weise lassen sich lose Bänder anbringen, die man um die Stange zu Schleifen bindet.

4 Ein Tunnelsaum kann gleich an der Vorhangoberkante oder etwas tiefer, mit Stoffüberstand, genäht werden.

Aufhängungen anbringen

1 Stoff über das Schlageisen legen; mit dem Hammer auf das schmale Ende des Ösenwerkzeugs schlagen.

2 Stoffstreifen längs falten, nähen. Auf die Vorhangoberkante nähen; mit Blendstreifen abdecken.

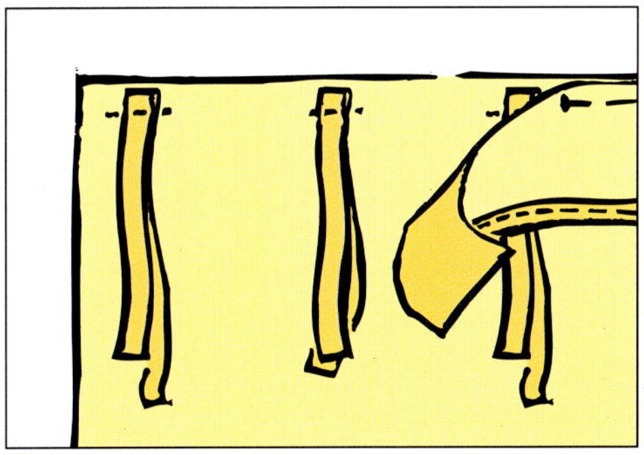

3 Lose Bänder auf die Vorhangoberkante nähen; wie die Schlaufen mit einem Blendstreifen abdecken.

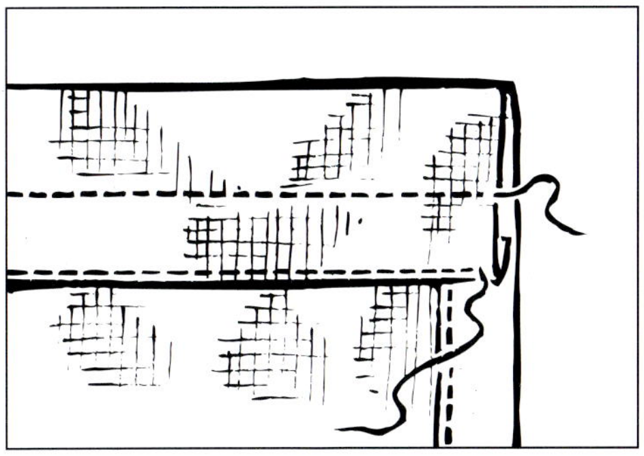

4 Ausreichend breiten Doppelsaum für Tunnel und »Köpfchen« (falls gewünscht) einschlagen; feststeppen.

liegen. Schlaufen umbügeln, so daß sie nach oben stehen. Hintere Unterkante und Enden des Blendstreifens mit Saumstich festnähen.

Bandaufhängung

Die Bänder mit je zwei losen Enden werden ähnlich wie die Schlaufen auf den Vorhang genäht, dann um die Vorhangstange gebunden. Solche Bänder – Borte, Bast, Kordel oder »unsichtbare« Angelschnur – kann man auch durch in den Vorhang geschlagene Ösen ziehen.

Tunnelsaum-Aufhängung

Hier wird entweder direkt an der Vorhangoberkante ein breiter Tunnelsaum genäht, durch den man die Vorhangstange führt, oder man näht den Tunnel etwas tiefer, so daß über der Stange ein »Köpfchen« bleibt. Dazu einen ausreichend breiten Doppelsaum umschlagen und beide Längskanten in gleicher Richtung feststeppen. Die Breite des Tunnels richtet sich nach dem Durchmesser der Vorhangstange, wobei ausreichend, aber nicht zuviel Spielraum vorgesehen werden sollte. Als Gesamtstoffbreite benötigt man die zweieinhalbfache Stangenlänge zuzüglich Saumzuschlag. Vorhänge mit Tunnelsaum-Aufhängung lassen sich relativ schwer ziehen; diese Aufhängung eignet sich daher besonders für Gardinen oder halbtransparente Vorhänge, die ständig zugezogen bleiben oder nur seitlich gerafft werden.

▲ Diese hauchdünnen Leinenvorhänge bekommen durch die abgenähten Querfalten mehr Struktur und optischen Reiz. Die lose hängenden Falten werden von oben zum Boden hin zunehmend breiter. Der oben mit Tunnelsaum ausgestattete Vorhang ist schleppend auf den Boden drapiert.

Sonstige Aufhängungen

Bei leichten Vorhängen kann man oben einen Doppelsaum nähen und kleine Messingringe annähen, durch die man die Vorhangstange führt. Eine andere Möglichkeit sind Vorhangklammern – Ringe mit dekorativen Klammern am unteren Ende –, die man auf die Stoffoberkante klemmt (siehe Seiten 232–233).

Ungenähte Vorhänge

Man kann Vorhänge anfertigen, ohne einen einzigen Stich zu nähen. Hierzu braucht man nur Werkzeug und Materialien wie Textilkleber, Zackenschere, Hammer und Nägel oder einen Tacker mit Klammern, Ösenwerkzeug oder Vorhangklammern. Bei Verwendung von Ösen oder Klammern ein breites Stoffband um die unversäuberte Vorhangoberkante kleben, um sie zu versäubern und zu verstärken.

Für solche Vorhänge sollte man einen Stoff wählen, der breit genug liegt, um das Fenster ohne zusätzliche Nähte zu bedecken und möglichst eine Webkante in gleicher Farbe hat. Man kann die Kanten einfach so belassen oder einschlagen und mit dekorativer Borte, etwa mit gezackter, gebogter oder gezahnter Kante, bekleben.

Freihand-Drapierung

Eine ganz simple Methode: einfach eine Stoffbahn von doppelter Fensterhöhe lose über eine Stange legen, ein oder beide Stoffenden seitlich raffen. Den Stoff, damit er nicht verrutscht, an mehreren Punkten mit Verstärkungsunterlage auf die Stange nageln oder tackern.

Ungefütterte Vorhänge und Gardinen

Ungefütterte Vorhänge werden oft als Stiefkinder der Vorhangfamilie betrachtet, sind aber eine äußerst vielseitige und bei richtigem Einsatz wunderschöne Fensterdekorationen. Zwar bietet ein leichter, ungefütterter Stoff keine optimale Abschirmung gegen Licht und Zugluft, dafür läßt er sich problemlos über einen Raffhalter oder auf dem Boden drapieren, filtert die Sonnenstrahlung, bietet Sichtschutz, ohne das Licht auszuschließen, und kann Teil einer mehrlagigen Fensterdekoration sein.

Naturstoffe

Leinen, Baumwollköper, noppiges Baumwollgewebe und Kattun wirken gleichermaßen gut als ungefütterte Vorhänge, ebenso leichte Textilerzeugnisse wie gestreifte Baumwollaken, handbedruckte indische Bettüberwürfe und Saris mit eingewebten Metallfäden (reine Seide verschießt und zersetzt sich allerdings unter Sonneneinwirkung). Schlichte Baumwollvorhänge kann man mit Textilfarben oder -stiften individuell dekorieren.

Transparente Stoffe

Gardinenstoffe, Voile, Spitze und Musselin sind nicht zum Füttern gedacht; d.h. sie eignen sich eher zur Verschleierung als zur Bedeckung des Fensters. Manche sehr dünnen Stoffe, vor allem solche aus bestimmten Kunstfasern, sind schwer zu verarbeiten. Bei sehr rutschigen Stoffen kann man Seidenpapierstreifen zwischen die zu nähenden Stofflagen und unter den Nähfuß der Maschine legen und nachher einfach abreißen.

►► Hier wurden zwei Musselinlagen in unterschiedlichen, lebhaften Farbtönen nur an der Oberkante zusammengenäht, um so einen zauberhaften, bauschig fallenden Vorhang zu schaffen. Naturfasern wie Baumwolle lassen sich in der Waschmaschine mit handelsüblichen Stoffarben lichtecht einfärben.

► Diese ungekräuselte und ungefütterte Vorhangbahn kann tagsüber zur einen oder anderen Seite gerafft werden. Die mit Verzierungen behängte Borte an der Oberkante des Vorhangs macht ihn optisch interessanter und mildert seine schlichte, strenge Wirkung.

Für leichte Stoffe entsprechend dünnes Nähgarn verwenden. Manche Fensterdekostoffe werden für gebräuchliche Fensterhöhen bereits unten und oben fertig gesäumt verkauft und können in beliebiger Breite von der Rolle abgemessen werden.

Ungefütterte Vorhänge waschen

Ungefütterte Vorhänge kann man im Prinzip waschen, was sich bei gefütterten Vorhängen allerdings nicht empfiehlt, da die unterschiedlichen Materialien verschieden stark einlaufen.

Es kann sinnvoll sein, den Stoff vor Nähen der Vorhänge durch Waschen vorzuschrumpfen. Dabei wird jedoch eine etwaige schmutzabweisende Appretur oder Ausrüstung herausgewaschen.

Statt der Vorwäsche kann man den Vorhang auch mit Überbreite und -länge zuschneiden, so daß er auf dem Boden aufliegt, beim ersten Aufhängen oben stark raffen und erst waschen, wenn es unbedingt nötig ist. Ein etwaiges Einlaufen wird dann durch die üppige Länge und Breite ausgeglichen.

Die Vorhänge nähen

Ungefütterte Vorhänge sind am einfachsten zu nähen, vor allem, wenn man ein leicht zu verarbeitendes Material gewählt hat. Bei ausreichender Stoffbreite braucht man keine senkrechten Verbindungsnähte, sondern muß nur die Kanten säumen und Faltenband oder Vorhangringe annähen. Bei Verbindungsnähten ist zu bedenken, daß sie von hinten sichtbar sind. Hier wirken französische Doppelnähte oder Kappnähte, die die Stoffkanten umschließen, wesentlich ordentlicher als einfache Flachnähte.

Wenn man etwaige Stoffbahnen aneinandergenäht und den Stoff rundum passend zugeschnitten hat, wird an jeder Seitenkante ein 2 cm breiter und an der Unterkante ein 5 cm breiter Doppelsaum eingeschlagen und festgebügelt. In den unteren Saum sollte man gegebenenfalls Bleiband für einen schwereren Fall einlegen.

Wenn saubere Gehrnähte an den Ecken gewünscht werden, je einen Einschlag des unteren und seitlichen Saums entfalten; dabei die Innenkante des Doppelsaums mit Stecknadeln an den Stoffrändern markieren. Die Stoffecke an den Stecknadelmarkierungen diagonal umfalten. Unteren und seitlichen Saum wieder einschlagen, so daß ein sauberer Gehrstoß entsteht. Säume und Gehrnaht mit Saumstich festnähen. Stoffüberschuß an der Ecke nicht abschneiden – vielleicht möchte man den Vorhang ja irgendwann ändern.

Gewünschte Vorhanglänge vom unteren Saum aus abmessen; die entsprechende Linie mit Stecknadeln markieren. Den oberen Stoffüberstand einschlagen; an den Seiten etwas schräg umfalten, um einen sauberen Kantenabschluß zu erhalten. Einschlag festbügeln; die umgeschlagene, unversäuberte Kante gegebenenfalls so weit zurückschneiden, daß sie durch das Faltenband bedeckt wird. Saumzugabe an jedem Ende der Faltlinie einschneiden, um die Spannung aus dem Stoff zu nehmen. Faltenband aufnähen, Vorhang raffen (siehe Seiten 244–245).

Jetzt kann der Vorhang aufgehängt werden. Dabei wird der äußerste Vorhanghaken jeder Vorhanghälfte fixiert, indem man ihn in eine Ringschraube (im Gardinenbrett oder einem auf die Wand geschraubten Holzklotz), den Randfeststeller einer Schiene oder den Vorhangring zwischen Halterung und Endstück einer Vorhangstange einhängt.

Ungefütterte Vorhänge nähen

1 Seitlich je 2 cm breite Doppelsäume, unten einen 5 cm breiten Doppelsaum einschlagen, festbügeln.

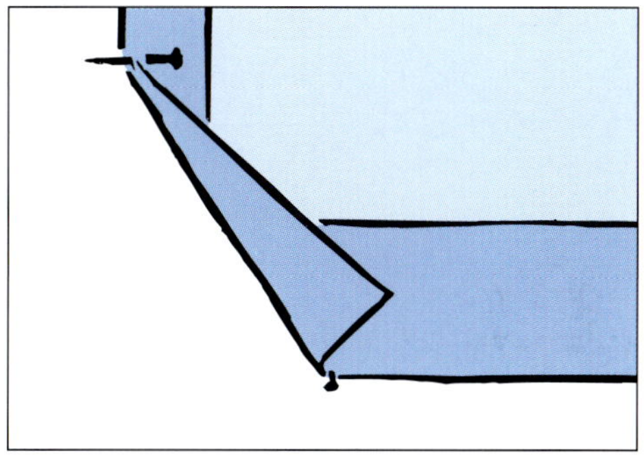

2 Einen Einschlag entfalten; Doppelsaumbreite mit Stecknadeln markieren. An den Nadeln diagonal umfalten.

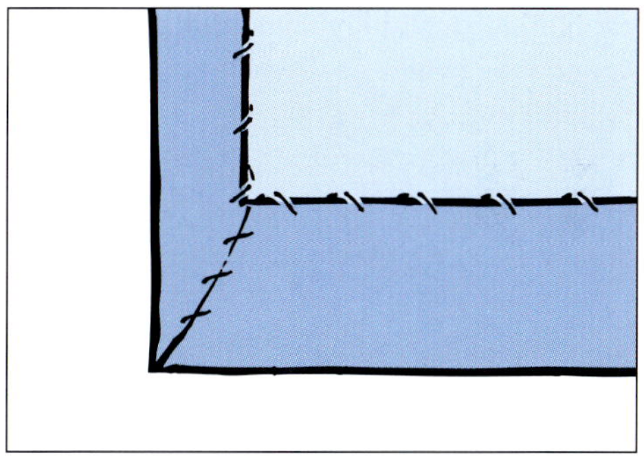

3 Säume zum Gehrungsstoß einschlagen; Gehrnaht und Säume mit Saumstich festnähen.

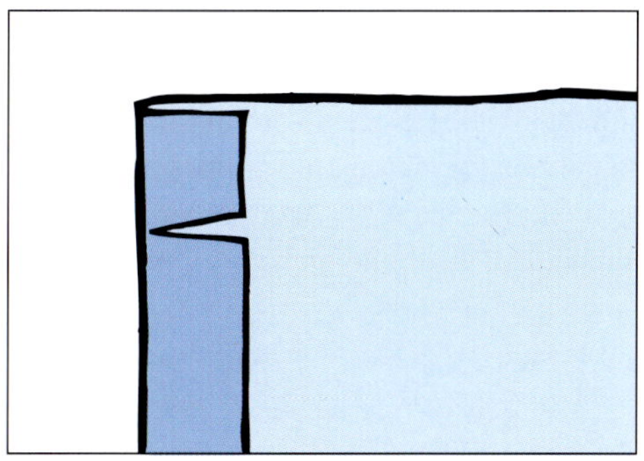

4 Oberkante säumen; Saumzugabe an den Enden einschneiden, um Spannung aus dem Stoff zu nehmen.

Lose gefütterte Vorhänge

Die Vorhänge nähen

Bei lose gefütterten Vorhängen wird das Futter nur an Seiten- und Oberkante mit dem Vorhang verbunden und hängt ansonsten lose – im Gegensatz zu fest angenähten Futtern, die rundum und mit zusätzlichen Längsnähten am Vorhangstoff befestigt werden. Die einfachste Methode zur Herstellung eines lose gefütterten Vorhangs besteht darin, eine Art »Schlauch« aus Vorhang- und Futterstoff zu nähen. (Die etwas kompliziertere Anfertigung von Vorhängen mit fest angenähtem Futter ist auf den Seiten 252–253 beschrieben.)

Gegebenenfalls Stoffbahnen senkrecht aneinandernähen; Nähte an Vorhang- und Futterstoff ausbügeln (siehe Seiten 242–243). Der Futterstoff sollte etwa 10 cm schmaler und 8 cm kürzer als der Vorhang sein. An der Futterunterkante mit der Maschine einen 5 cm breiten Doppelsaum umsteppen. Die beiden Stoffe rechts auf rechts aufeinanderlegen, wobei die Futterunterkante 18 cm oberhalb der ungesäumten Vorhangunterkante liegen soll. Jeweils eine Seitenkante von Vorhang und Futter aufeinanderlegen, mit 1,5 cm Nahtzugabe zusammensteppen; die Naht sollte ein Stück vor den Ober- und Unterkanten enden, um Platz zum Gehren der Ecken zu lassen.

Entstandenen Stoffschlauch auf rechts wenden. Seitenkanten so bügeln, daß der Vorhangstoff auf beiden Seiten gleich weit auf die Rückseite reicht. Dazu kann man auf der Stoffrückseite von Vorhang- und Futterstoff jeweils den Mittelpunkt mit Schneiderkreide markieren und die Markierungen vor dem Bügeln aufeinander legen. Am Vorhangstoff unten einen 8 cm breiten Doppelsaum nähen, über den das Futter hängt; dabei Bleiband oder -gewichte einnähen und die Ecken gehren (siehe Seiten 248–249). Wenn man ein Perfektionist ist oder irgendwelche Zweifel an der Parallelität von Fußboden und Vorhangstange hat, sollte man den Saum zunächst nur heften, den Vorhang aufhängen und gegebenenfalls nach einigen Tagen die nötigen Korrekturen vornehmen und den Saum mit Saumstich festnähen.

Vorgesehene Vorhanglänge von der Unterkante aus messen; Oberkantenlinie mit Stecknadeln markieren. Vorhangstoff an der Linie nach hinten umschlagen. Zu großen Überstand evtl. abschneiden; Futterstoff so weit zurückschneiden, daß er sauber unter den Einschlag paßt. Einschlag an den Ecken schräg umfalten (siehe Seiten 248–249) und das Faltenband aufnähen (siehe Seiten 244–245). Faltenband auf die benötigte Länge zusammenziehen; Schnüre lose zusammenbinden. Vorhang aufhängen.

Wenn der Vorhang gerade hängen soll, kann man die Falten nach der folgenden Methode fixieren: Vorhang schließen und unten am Saum in Falten ziehen – jeweils in gerader Linie mit den oben gelegten Falten. Die Falten mit den Fingern über die ganze Vorhanglänge vertiefen. Vorhang vorsichtig aufziehen, ohne die Falten zu derangieren. Den so gebündelten Vorhang von unten ausgehend an mehreren Stellen – nicht zu fest – mit Bändern oder Stoffstreifen

▲ Die üppigen, schweren Vorhänge sind oben fest aufgehängt und werden tagsüber zurückgeschlagen, so daß das limonengrüne Futter sichtbar wird. Ein Vorhangfutter kann aus unifarbenem oder gemustertem Stoff gefertigt werden, solange es genug Steifigkeit besitzt, um dem Vorhangstoff Halt zu geben, und lichtecht ist.

▶ Das unifarbene Futter dieser Streifenvorhänge wurde so weit nach vorne herumgeführt, daß es oben und an den Seiten als Blendkante dienen kann. Dadurch, daß die Vorhanghälften an getrennten Stangen auf unterschiedlicher Höhe hängen, läßt sich der Vorhang in der Mitte breit überlappend und zuglufthemmend schließen.

Gefütterte Vorhänge

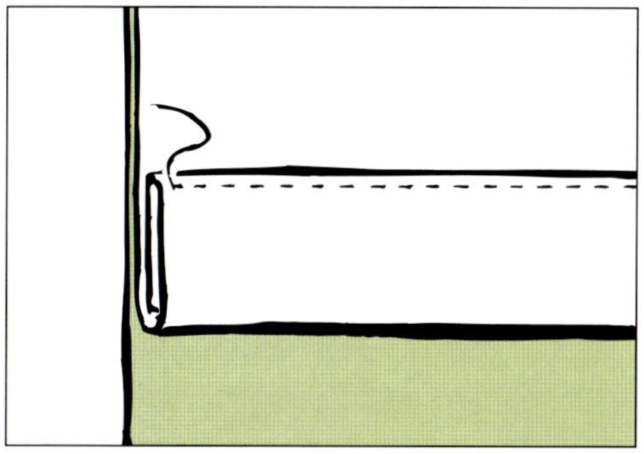

1 Futterunterkante zum Doppelsaum umsteppen; 18 cm über der Vorhangunterkante auf den Vorhang legen.

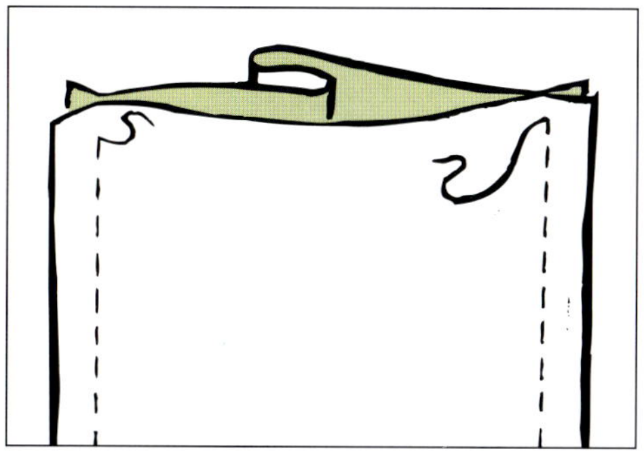

2 Vorhangseiten zusammensteppen; Nähte kurz vor Ober- und Unterkante enden lassen, um die Ecken zu gehren.

3 Stoffschlauch auf rechts wenden; Stoffmittelpunkte aufeinander legen; Seitenkanten bügeln.

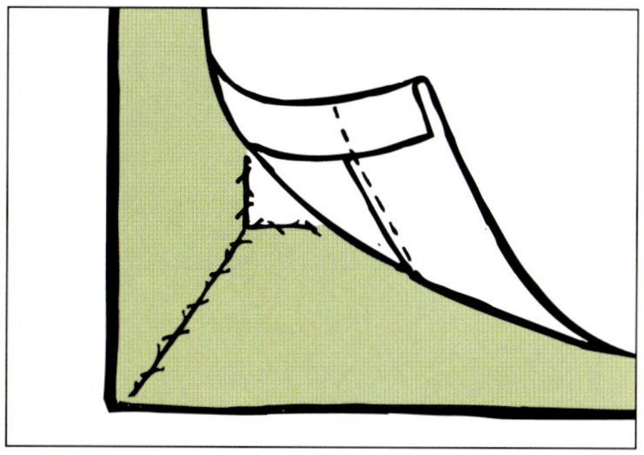

4 Unteren Saum entfalten, mit dem Seitensaum zur Gehrnaht einschlagen. Beides mit Saumstich nähen.

5 Vorhang zuziehen, Falten drapieren. Vorhang öffnen, mit Bändern verschnüren, einige Tage so belassen.

umschnüren. Möglichst lange (mindestens einige Tage) so belassen, um die Falten gut zu fixieren.

Abnehmbare Futter

Abnehmbare Futter kann man vom Vorhang lösen, um sie zu waschen oder im Sommer wegzulassen. Vorhangstoff und Futter jeweils so behandeln, als wolle man zwei getrennte, ungefütterte Vorhänge nähen (siehe Seiten 248–249). Das Futter braucht nicht so üppig gerafft zu werden wie der Vorhang selbst. Die unversäuberte Oberkante des Futterstoffs in den offenen unteren Teil eines Y-förmigen Spezialbands für abnehmbare Vorhangfutter einschieben und entlang dessen Unterkante feststeppen. Die Vorhanghaken werden dann zuerst durch den oberen Teil dieses Bands gesteckt, bevor man sie mit dem einen Ende in das Faltenband des Vorhangs und mit dem anderen in die Gleiter einer Schiene bzw. die Ringe an einer Vorhangstange einhängt.

Abnehmbare Futter

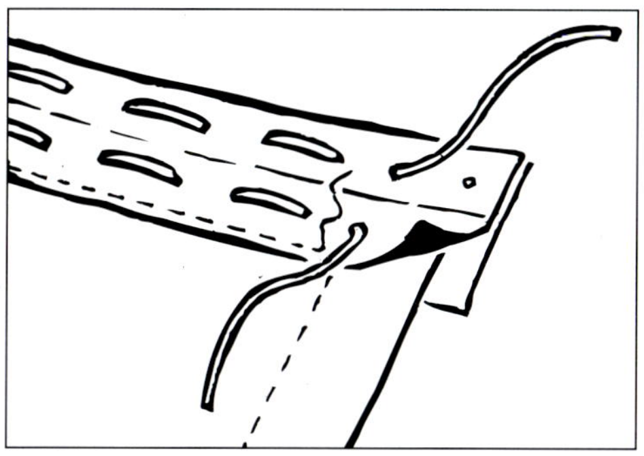

Oberkante des Futters zwischen die beiden Hälften des Futterbands schieben und feststeppen.

Fest angenähtes Vorhangfutter

▲ *Fest angenähte Futter und Zwischenfutter geben dem Vorhangstoff mehr Substanz und einen besonders schönen Faltenfall, wie bei diesem Seidenvorhang in markantem Karomuster zu sehen ist. Durch die zusätzlichen Futterlagen werden außerdem die Schalldämmung und die Abschirmung gegen Licht und Zugluft verbessert.*

Vorhänge mit fest angenähtem Futter

Sie erfordern etwas mehr Zeitaufwand und Handnäharbeit als lose gefütterte Vorhänge, aber die Mühe zahlt sich aus. Als zusätzliche Möglichkeit bietet sich dann noch die Einlage eines Zwischenfutters zwischen Futter- und Vorhangstoff an (siehe Gegenseite).

Vorhang- und Futterstoff möglichst in gleicher Stoffbreite kaufen. Alle Bahnen zuschneiden und evtl. senkrecht aneinandernähen (siehe Seiten 242–243). Das Futter 8 cm schmaler und 8 cm kürzer als den Vorhangstoff zuschneiden.

Die Vorhänge nähen

Seitenkanten des Vorhangstoffs 4 cm weit umschlagen, unten einen 8 cm breiten Doppelsaum einschlagen, alles festbügeln; dabei die Ecken gehren und Gewichte in den Saum einlegen (siehe Seiten 248–249). Seitenkanten mit Hexenstich, Saum mit Saumstich nähen.

Mit der Maschine einen 5 cm breiten Doppelsaum an der Futterunterkante steppen; dann das Futter links auf links auf den Vorhang legen. Es sollte mittig und etwa 2 cm oberhalb der Vorhangunterkante liegen. Futter entlang seiner senkrechten Mittellinie zurückschlagen und entlang dieser Linie von oben nach unten mit langem, lockerem Schlingenstich am Vorhangstoff festnähen; die Nadel etwa alle 10–15 cm durch den Stoff führen. Jeweils nur ein oder zwei Gewebefäden des Vorhangsstoffs mit der Nadel greifen, damit der Stich auf der Vorhangvorderseite unsichtbar bleibt. Die Naht muß

Fest angenähtes Vorhangfutter

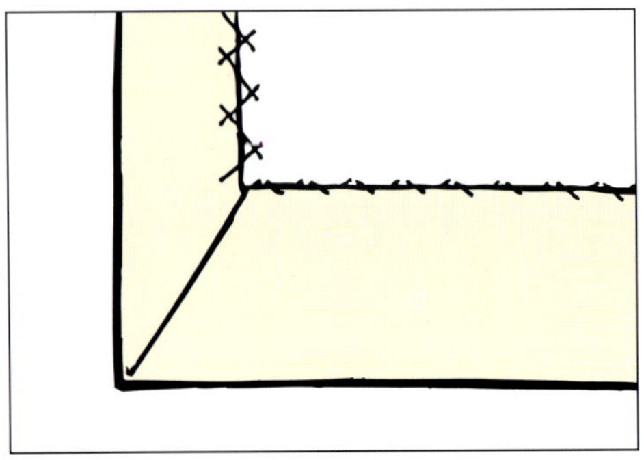

1 Seiten- und Unterkanten des Vorhangstoffs mit gegehrten Ecken einschlagen, mit Hexenstich nähen.

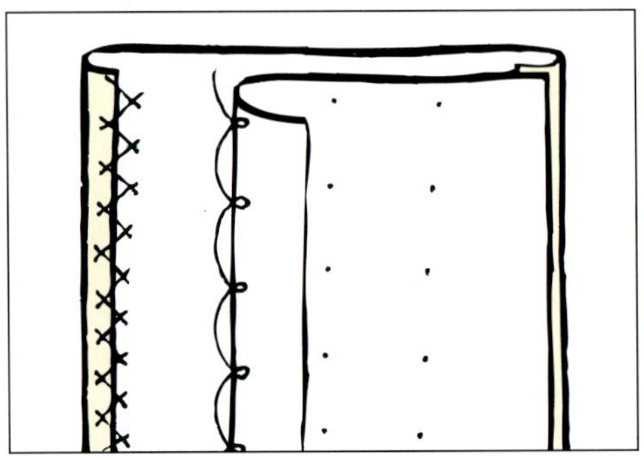

2 Futter links auf links auf den Vorhang legen; zurückschlagen, senkrecht mit langem Schlingenstich annähen.

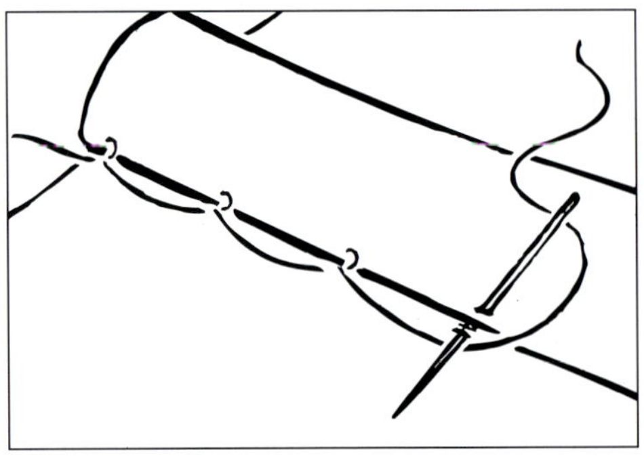

3 Jeweils nur ein bis zwei Fäden des Vorhangstoffs aufnehmen, damit die Stiche von vorn unsichtbar bleiben.

lose, ohne Spannung, ausgeführt werden; deshalb einen einzigen langen Faden für die ganze Vorhanglänge verwenden, anstatt kürzere Fäden aneinanderzuknoten. Ein Garn in zum Vorhangstoff passender Farbe verwenden. Je eine solche Naht an den Seitenkanten und entlang der Mittellinien jeder Stoffbahn anbringen. An der zweiten Vorhanghälfte wiederholen.

Futterseitenkanten auf links einschlagen, mit Saumstich so am Vorhangstoff festnähen, daß auf beiden Seiten ein gleich breiter Überstand des Vorhangsstoffs bleibt. Unteren Futtersaum mit Saumstich auf den Vorhangsaum nähen. Wenn der Vorhangsaum zwecks späterer Korrekturen nach Aushängen nur geheftet ist, sollte der Futtersaum erst nach endgültigem Säumen des Vorhangs genäht werden.

Nach Annähen des Futters die Vorhangoberkante nach hinten umschlagen und das Faltenband wie üblich über die unversäuberte Kante nähen (siehe Seiten 244–245). Dann den Vorhang in Falten legen, aufhängen, drapieren und fixieren (siehe Seiten 250–251).

Vorhänge mit Zwischenfutter

Vorhänge mit Zwischenfutter wirken nicht nur üppiger und eleganter als irgendein anderer Vorhangtyp, sondern bieten gleichzeitig eine äußerst wirkungsvolle Abschirmung gegen Licht und Zugluft. Da sie außerdem schwer sind, sollte man sie nur an sehr soliden, sicher befestigten Schienen oder Stangen aufhängen.

Die Anfertigung von Vorhängen mit Zwischenfutter ist eine sehr aufwendige Arbeit, die Konzentration und enorme Geduld erfordert.

▲ *Futterstoffe müssen ausreichend robust sein, um dem Vorhangstoff Halt zu bieten, besonders bei Vorhängen aus schwerem Wollstoff. Das Gewicht dieser Vorhänge wird durch die abgenähten Querfalten noch erhöht, weshalb auf eine besonders sichere Montage der Vorhangstangen zu achten ist.*

Man braucht reichlich Arbeitsfläche, Zeit und Erfahrung im Vorhangnähen. Das Hauptproblem besteht darin, alle Materialien flach und gerade zu halten, damit die Vorhänge nachher gerade und glatt hängen. Gepolsterte Arbeitsgewichte können hier helfen; manche Leute benutzen auch große Flügelklammern.

Die Vorhänge nähen

Etwaige Verbindungsnähte des Zwischenfutters müssen flach sein: Kanten mit 2 cm Überlappung aufeinanderlegen, mit Zickzackstich übernähen. Zwischenfutter genau auf das vorgesehene Vorhangformat zuschneiden (d.h. kleiner als den Vorhangstoff, der Saumzugaben bekommt). Seitenkanten und unteren Saum des Vorhangstoffs einschlagen, bügeln, entfalten. Zwischenfutter zwischen die Bügellinien legen.

Zwischenfutter wie für das Futter beschrieben mit langem Schlingenstich am Vorhangstoff befestigen. Nach Abschluß jeder Längsnaht die Unterkante des Zwischenfutters mit dem gleichen Schlingenstich entlang der Saumlinie festnähen – jeweils von der letzten Schlingenstich-Längsnaht bis zur fertiggestellten. Vorhangseiten nach hinten umschlagen, mit Hexenstich festnähen. Untere Saumzugabe auf 10 cm zurückschneiden, mit Hexenstich am Zwischenfutter befestigen. Futter wie beschrieben annähen.

Eine zusätzliche Hinterfütterung der Säume kann optisch reizvoll sein. Zwischenfutter breiter und länger als das Vorhangformat zuschneiden. Zwischenfuttersäume einschlagen; vorher entlang der Faltlinien mit Schlingenstich an die Saum-Faltlinien des Vorhangstoffs nähen.

Vorhänge mit Zwischenfutter

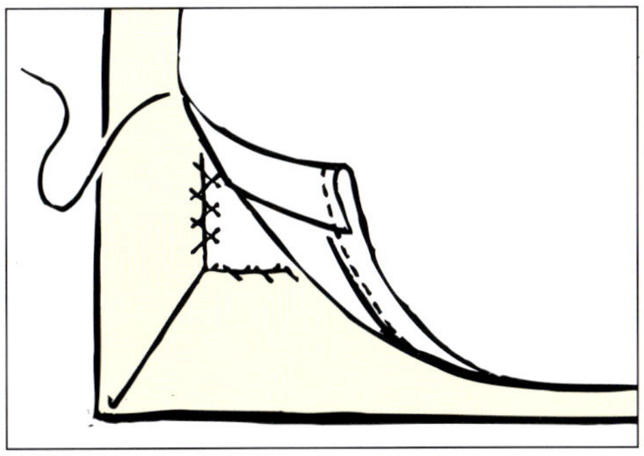

***4** Futterkanten einschlagen; unten und an den Seiten mit Saumstich auf die Vorhangsäume nähen.*

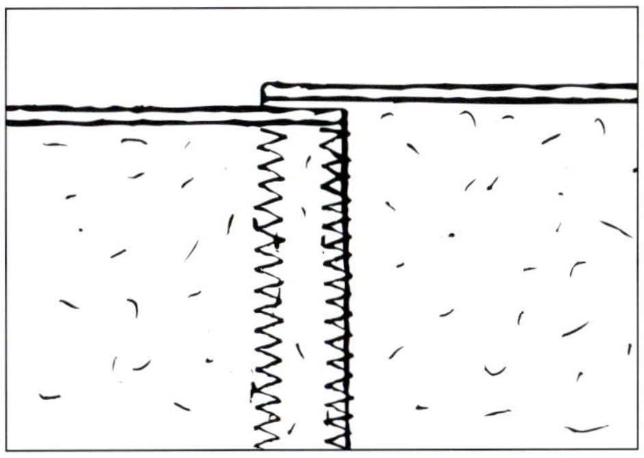

***1** Für Verbindungsnähte des Zwischenfutters die Kanten überlappen und im Zickzackstich nähen.*

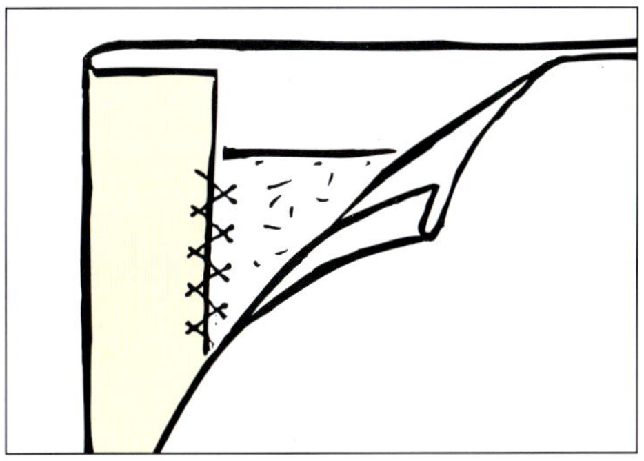

***2** Zwischenfutter zwischen Vorhang und Futterstoff legen; mit langem Schlingenstich am Vorhang befestigen.*

Schabracken, Volants, Behänge mit Seitenschärpen

▲ *Die gezackte Unterkante der mit Vorhangstoff bezogenen Schabracke hebt sich bei geöffnetem Vorhang äußerst wirkungsvoll gegen das Licht ab. Sie reicht weit genug herab, um nicht winzig zu erscheinen, ohne dabei den Lichteinfall nennenswert zu beeinträchtigen.*

Die Fläche oberhalb des Vorhangs bietet sich für reizvolle Ausschmückungen an. Wenn man sich gegen eine Vorhangstange entscheidet, steht einem die ganze Auswahl dekorativer Querbehänge wie etwa Schabracken, Volants und Drapierungen mit Seitenschärpen offen.

Schabracken

Eine Schabracke kann aus Stoff mit Versteifungseinlage oder aus Holz bestehen und wird auf ein an der Wand befestigtes Gardinenbrett montiert. Die schlichteste Form besteht aus einem rechteckigen, mit dem Vorhangstoff bezogenen Brett. Noch interessanter wirken Versionen mit einer ausgeformten Unterkante, etwa Bogenrundungen, Zacken oder viereckiger Zahnung. Die Schabracke kann mit Besätzen wie Bändern, Borten, Quasten oder Fransen verziert werden.

Indem man die Schabracke aus einem anderen Stoff fertigt als den Vorhang, kann man interessante Kontraste schaffen, vielleicht auch einen teureren Stoff einsetzen, den man sich für den Vorhang selbst nicht leisten konnte. Der Schabrackenstoff könnte etwa ein auffälligeres Muster in den gleichen Farben haben – oder ein Muster, das auf der glatten Schabracke besser wirkt als in den Vorhangfalten. Karos können als klare Abgrenzung für gestreifte Vorhänge dienen, Streifenmuster als erfrischende Ergänzung zu geblümten Baumwollvorhängen. Alternativ kann man einen unifarbenen Stoff mit kontrastierender Randeinfassung verwenden oder sich mit Applikationen, Stickerei oder Stoffarbe eigene Stoffdessins schaffen.

Schabracken

***1** Ein Gardinenbrett so anbringen, daß der Vorhangkopf durch die Schabracke verdeckt wird.*

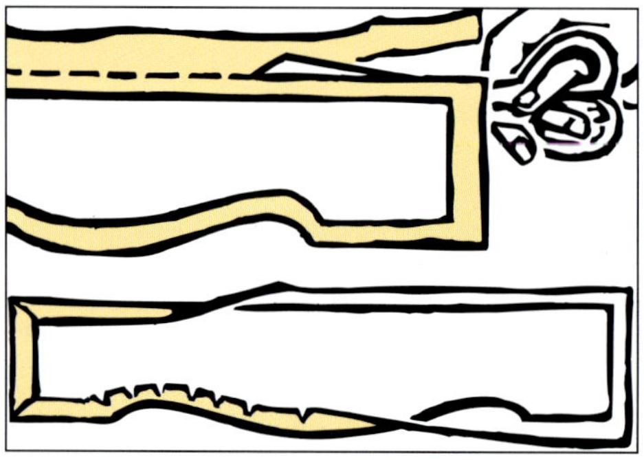

***2** Versteifungseinlage zuschneiden, den Stoff darauf befestigen; Stoffkanten nach hinten umschlagen.*

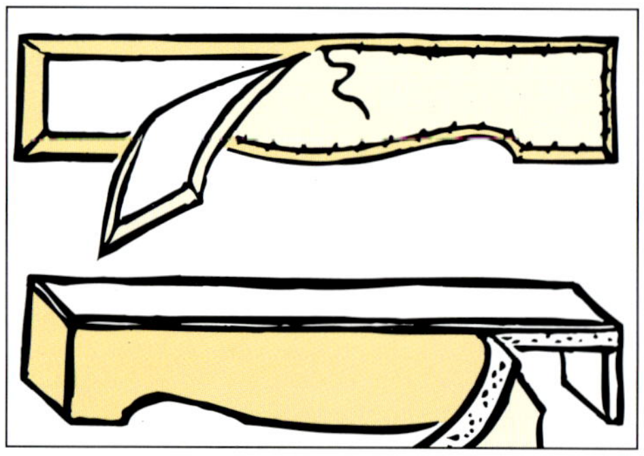

***3** Futterstoff mit Saumstich auf die Rückseite nähen; Schabracke mit Klettband am Gardinenbrett befestigen.*

Drapierhilfe

1 Stoffschlaufe von hinten durch die Spirale ziehen; Stoffende als Schärpe herabhängen lassen.

2 Stoffschlaufe knotenartig um die Spirale winden, so daß der Halter verdeckt wird.

Eine hölzerne Schabracke kann aus Vollholz, Sperrholz oder Hartfaserplatte gefertigt werden; letztere lassen sich bei komplexen Formen besser zusägen. Man kann sie bemalen, mit Stoff beziehen und beispielsweise mit aufgeklebten Verzierungen, wie Muscheln, Perlen oder Kordeln versehen.

Eine Schabracke anfertigen

Ein 10 cm breites Gardinenbrett aus 12 mm dickem Sperrholz in Länge der Vorhangschiene mit etwa 12 cm Zuschlag zusägen, so daß man an jedem Ende 6 cm Überstand erhält. Auf Wunsch Seitenstücke für Retouren ankleben und -schrauben. Gardinenbrett unmittelbar oberhalb der Vorhangschiene mit in 20 cm Abstand angeschraubten Metallwinkeln befestigen. Es muß so tief hängen, daß der Vorhangkopf durch die Schabracke verdeckt wird, aber das Fenster muß sich natürlich auch mit Schabracke noch problemlos öffnen lassen.

Die Schabrackenform aus Versteifungsmaterial zuschneiden; sie muß so lang sein, daß sie um Vorderkante und Seitenkanten des Gardinenbretts gelegt werden kann. Gebräuchliche Versteifungseinlagen sind etwa Steifleinen, das mit einer Moltonzwischenlage aufgenäht wird, oder aufbügelbare Vlieseline. Es gibt auch ein- oder doppelseitig selbstklebende Einlagen, die die Sache wesentlich erleichtern – sogar mit Millimeterpapier als Schutzschicht, wodurch sich die Schabrackenform einfacher vorzeichnen läßt. Die einseitig klebende Version hat auf der Gegenseite eine Veloursabfütterung, die an Klettband haftet; die doppelseitig klebende Version muß rückseitig mit Futterstoff beklebt werden.

Die gleiche Form aus dem Schabrackenstoff zuschneiden; dabei rundum 3 cm zum Einschlagen zugeben. Versteifungseinlage auf der Stoffrückseite befestigen. Stoffränder einschlagen; an Biegungen und Ecken einschneiden, damit der Stoff flach anliegt. Futterstoff in Schabrackenform mit 1,5 cm Überstand zuschneiden. Diese Zugabe auf links umbügeln und den Futterstoff mit Saumstich von hinten auf den Schabrackenstoff nähen. Schabracke mit Klettband an der Oberkante des Gardinenbretts befestigen; hierzu die Bandhälfte mit den harten Widerhaken auf das Brett, die weiche Florhälfte auf die Schabrackenrückseite tackern oder kleben.

▲ Eine lose Stoffbahn, elegant über das schmale Fenster drapiert und an den Enden zu lockeren Knoten geschlungen, fungiert hier als bezaubernd zwangloser Querbehang mit Seitenschärpen. Ein solcher Effekt läßt sich mit speziellen Drapierhilfen leicht erreichen und ist eine reizvolle Alternative zu manchen steiferen Vorhangabschlüssen.

Drapierte Querbehänge

Lose Querbehänge über Fenstern nennt man auch »Lambrequins«. Hier gibt es eine ungeheure Gestaltungsvielfalt mit auf unterschiedlichste Weise gefältelten, gerafften, gerüschten und drapierten Behängen aus einem oder mehreren Stoffstücken, die teilweise in seitliche Schärpen oder Schals auslaufen. Die üppigeren Versionen im historischen Stil passen am besten zu bodenlangen Vorhängen an großen Fenstern. Schlichtere, glatte Ausführungen können auch zur Einrahmung eines Fensters mit Rollo oder Spitzengardine dienen oder als alleinige Dekoration eines Fensters, an dem kein Vorhang benötigt wird.

Querbehänge können am Gardinenbrett angebracht oder seitlich über spezielle Drapierhilfen drapiert werden. Dazu zieht man eine Stoffschlaufe von hinten durch das spiralförmige Vorderende der Drapierhilfe, so daß das Stoffende als Schärpe hinten herunterhängt. Die Stoffschlaufe wird so um die Spirale gewunden, daß sie die Drapierhilfe verdeckt.

Volants

Außer Schabracken und drapierten Querbehängen können auch Volants als oberer Abschluß einer Fensterdekoration dienen. Ein aufgesetzter Volant ist ein gefältelter oder gekrauster Stoffstreifen, der vor der Oberkante des eigentlichen Vorhangs hängt – eine sehr geschickte Lösung, durch die sich ein dekorativer Vorhangabschluß auch bei Einsatz einer Vorhangstange verwirklichen läßt.

Man kann den Stoff auch separat über Fenstern mit oder ohne Vorhang oder Rollo drapieren. Er sollte gefüttert werden, um ihm mehr Halt und Festigkeit zu geben, und kann dann über eine eigene Stange gelegt, an hölzernen oder metallenen Raffhaltern befestigt oder auf andere Weise angebracht werden.

Raffbänder und -halter

▶ *Hier wurden einfache Vorhangraffbänder einfallsreich und amüsant durch eine Vielzahl aufgenähter Perlmuttknöpfe verziert, die im einfallenden Tageslicht ebenso schön funkeln wie die Glitzerpunkte des Vorhangstoffs selbst.*

Tagsüber werden Vorhänge zurückgezogen, um möglichst viel Licht hereinzulassen oder weitere Lagen der Fensterdekoration, wie Spitzenvorhänge, Gardinen oder ein lichtfilterndes Rollo, zu enthüllen. Die Vorhänge können dann entweder gerade herunterhängen oder mit seitlich an den Wänden befestigten Raffhaltern oder -bändern gehalten werden. Raffbänder bestehen aus Stoff, Seil, Kordel oder anderen weichen Materialien, Raffhalter aus Metall oder Holz.

Raffbänder kann man nach Belieben mit allem verzieren, was sich auf Stoff nähen oder kleben, auf Kordel fädeln oder in Schnur einflechten läßt und robust genug ist, um das tägliche Ein- und Aushängen der Vorhänge zu überstehen. Perlen etwa lassen sich aufnähen oder -fädeln; Korken kann man zu einer Art Fransenkante aufziehen; Rosenblüten und Blätter aus Samt oder glanzappretierter Baumwolle können großartig aussehen; rustikale Flechtzöpfe aus Hanfschnur passen gut zu ungebleichtem Kattun oder Naturleinen.

Raffbänder aus Stoff

Ein solches Raffband besteht aus zwei in Form geschnittenen, aufeinandergenähten Stofflagen mit einer Zwischenlage aus Steifleinen oder anderem Versteifungsmaterial. An den Enden werden Messingringe oder Schnürbänder angenäht, um es an einem Wandhaken oder einer Öse festzumachen. Man kann, muß aber nicht den gleichen Stoff wie für Vorhang oder Schabracke verwenden. Die Ränder kann man mit kontrastfarbenen Schrägstreifen einfassen, mit Borte besetzen oder mit Paspeln verzieren.

Ein Raffband nähen

Ein Bandmaß um den aufgezogenen Vorhang legen, die Enden an die Stelle der vorgesehenen Wandbefestigung halten, um die erforderliche Länge des Bands zu ermitteln. Gewünschte Breite festlegen. Rechteckige Papierschablone in der benötigten Länge und Breite zuschneiden und der Länge nach falten. Wenn die Enden gerundet oder geschwungen sein sollen, diese auf einer Schablonenseite vorzeichnen. Gewünschte Form durch beide Papierlagen ausschneiden; Schablone entfalten. Mit Stecknadeln um den Vorhang befestigen; Länge kontrollieren, nötigenfalls korrigieren.

Anhand der Schablone vier Stoffstücke (zwei für jedes Band) ausschneiden; dabei rundum 1,5 cm Saumzugabe vorsehen. Für jedes Band ein Stück Versteifungseinlage ohne Saumzugabe ausschneiden. Versteifungseinlage mittig auf die

Raffbänder

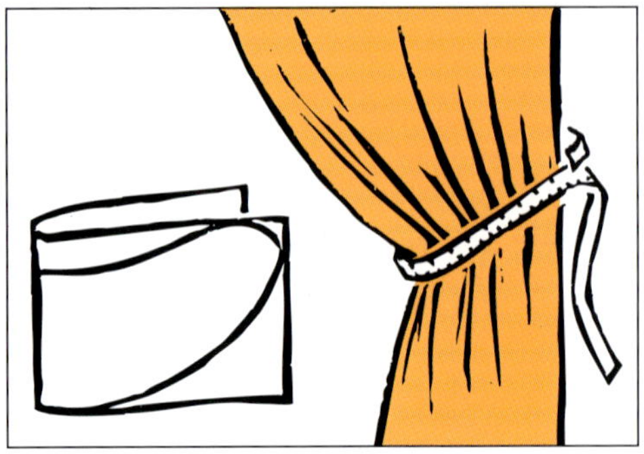

1 Benötigte Raffbandlänge mit einem Bandmaß messen; eine Papierschablone anfertigen.

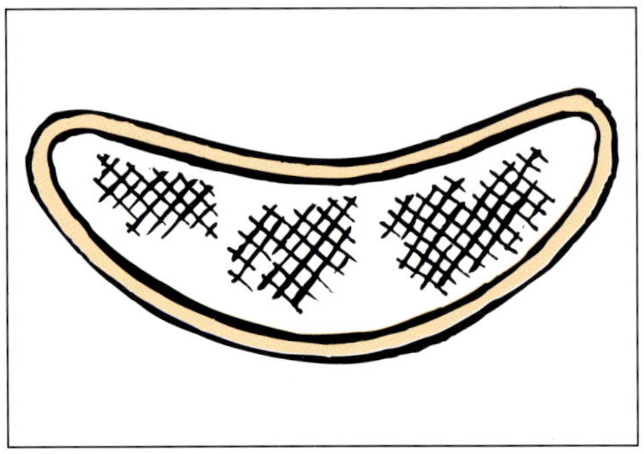

2 Zwei Versteifungseinlagen und vier Stoffstücke mit Saumzugabe zuschneiden. Versteifung aufbügeln.

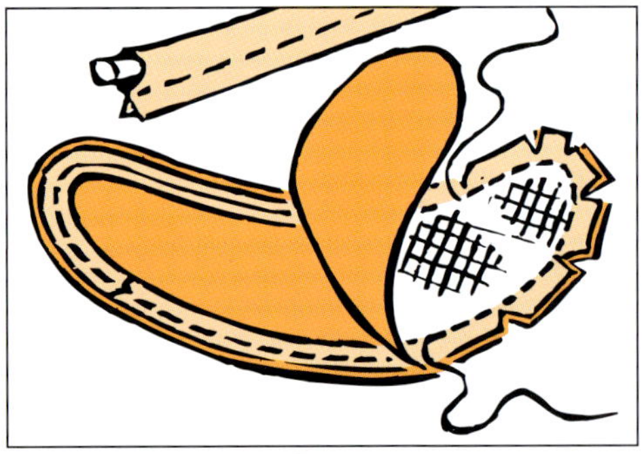

3 Stoffhälften, gegebenenfalls mit Paspel, rechts auf rechts zusammensteppen; Öffnung zum Wenden lassen.

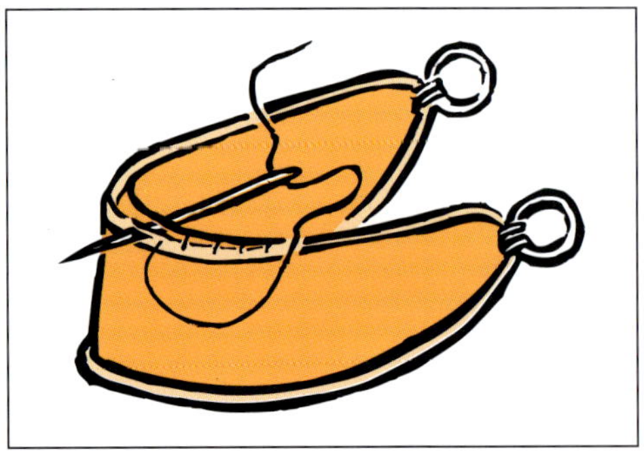

4 Stoff wenden; Öffnung schließen. Ringe an beiden Enden oder etwas nach innen versetzt annähen.

Rückseite eines Stoffstücks legen und befestigen. Am einfachsten funktioniert das mit aufbügelbarer Vlieseline.

Die beiden Stoffstücke rechts auf rechts legen, rundum entlang der Saumlinie zusammennähen. Eine Öffnung zum Wenden lassen. Die Nahtkanten zurückschneiden, an Kurven und Ecken senkrecht einschneiden, das Raffband auf rechts wenden und bügeln.

Öffnungskanten nach innen einschlagen; überwendlich schließen. Ringe kann man direkt auf die Enden oder etwas weiter nach innen nähen, so daß sie vom Band verdeckt werden.

Paspeleinfassung

Eine Paspel stellt man durch Einlage von Paspelierkordel in einen Schrägstreifen her. Die Länge dieses Stoffstreifens muß einmal ganz um den Rand des Raffbands reichen, zuzüglich einer Zugabe von 3 cm zur Überlappung der Enden. Unter Umständen muß man mehrere Streifen aneinandernähen. Die Breite des Schrägstreifens muß dem Umfang der Paspelierkordel zuzüglich 3 cm als doppelter Saumzugabe entsprechen. Der Schrägstreifen wird längs gefaltet und die Paspelierkordel der Länge nach hineingelegt. Stofflagen möglichst dicht an der Paspelierkordel zusammensteppen; die unversäuberten Saumkanten so belassen.

Die Paspel wird beim Zusammennähen der beiden Raffbandhälften mit eingenäht. Sie wird an der Saumlinie auf die rechte Stoffseite gesteppt. Hierzu die unversäuberten Kanten der Raffbandhälften und der Paspel aufeinanderlegen. An Biegungen oder Ecken muß die Saumzugabe der Paspel keilförmig eingeschnitten werden, damit sie sich nicht verzieht.

Abschließend das Raffband auf rechts wenden und die Öffnung auf der Innenseite der Paspel mit Saumstich schließen.

Schrägstreifeneinfassung

Schrägstreifen kann man fertig kaufen oder selbst aus kontrastfarbenem Stoff schräg zum Fadenlauf zuschneiden. Ihre Breite muß das Doppelte der vorgesehenen Einfassungskante zuzüglich 3 cm Saumzugabe betragen.

Die Raffbandhälften wie gehabt zuschneiden; eine Hälfte auf der Rückseite mit Versteifungseinlage versehen. Dann die Stoffhälften links auf links aufeinanderlegen und rundum zusammensteppen.

Längskanten des Schrägstreifens jeweils 1,5 cm weit einschlagen, festbügeln. Schrägstreifen längs falten, nochmals bügeln. Längsfaltung öffnen; unversäuberte Kante des Schrägstreifens rechts auf rechts auf die unversäuberte Kante des Raffbands legen. 1,5 cm von der Kante entfernt steppen. Schrägstreifen um die Kante des Raffbands schlagen, rückseitig entlang der Nahtlinie mit Saumstich festnähen; die eingeschlossenen Kanten nötigenfalls zurückschneiden. Schrägstreifenenden einschlagen.

Raffhalter

Hölzerne Raffhalter sind oft pilzähnlich geformt, mit Fuß, Stiel und einem runden, unter Umständen geschnitzten oder vergoldeten

▲ *Raffhalter können dekorativ und originell gestaltet sein. Dieses Blatt aus dünnem vergoldetem Metall läßt den schlichten Vorhang aus billigem Stoff gleich ganz anders wirken. Es ist mit einem dicken Stiel auf die Wand montiert, so daß genug Spielraum zur großzügigen Drapierung des Vorhangs bleibt.*

Kopf, hinter den der geöffnete Vorhang drapiert wird. Hölzerne Raffhalter kann man passend zum Vorhangstoff oder anderen Einrichtungselementen streichen oder beizen.

Metallene Raffhalter können fest oder gelenkig angebracht sein. Ein fest montierter Raffhalter steht als U-förmiger Bügel von der Wand ab, in den man den geöffneten Vorhang einlegt. Er kann bei geschlossenem Vorhang etwas unmotiviert wirken. Das Problem entfällt, wenn der Vorhang seitlich weit genug übersteht, um ihn zu verbergen, und so weit vor der Wand hängt, daß er sich nicht als Beule durch den Stoff drückt.

Gelenkig angebrachte Raffhalter in Hakenform haben ein Scharnier oder einen Ring in Wandnähe, so daß sie, wenn sie nicht in Gebrauch sind, flach auf der Wand hängen. Wenn man den Vorhang öffnet, wird der Raffhalter hochgeklappt und der Vorhang eingelegt, dessen Fülle ihn zugleich hält.

Schrägstreifeneinfassung

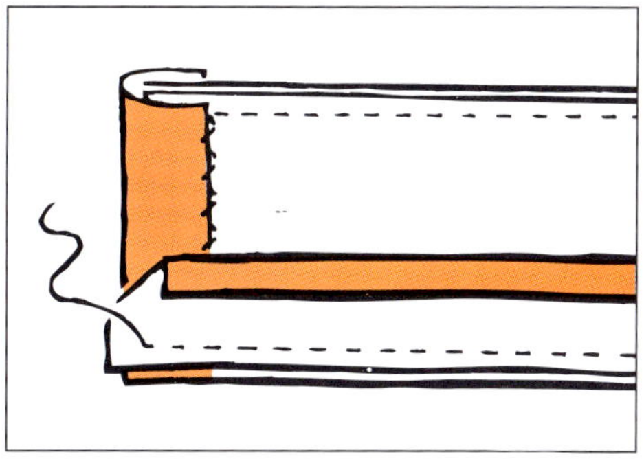

1 *Schrägstreifen kantengleich rechts auf rechts auf das Raffband legen, 1,5 cm von der Kante entfernt steppen.*

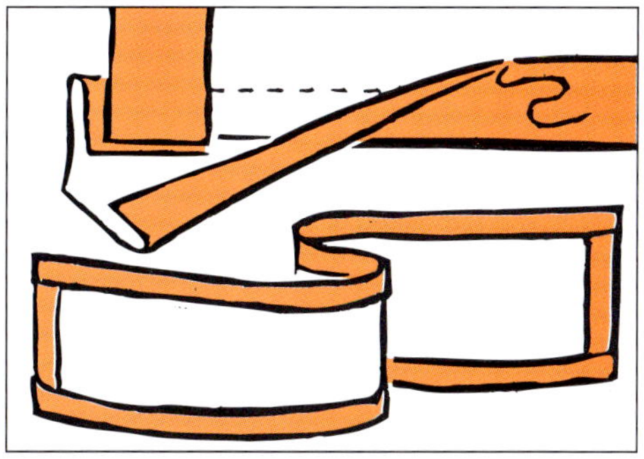

2 *Schrägstreifen auf die Gegenseite umschlagen und mit Saumstich festnähen; dabei die Enden einschlagen.*

Rollos

Für viele Fenster bieten sich Rollos als einfache, ansprechende Lösung an. In kleinen Räumen, in denen kein Platz verschwendet werden sollte, oder bei Fenstern mit wenig seitlichem Spielraum kann ein flaches, genau in den Fensterrahmen eingepaßtes Spring- oder Faltrollo wesentlich sinnvoller sein als ein in den Raum vorstehender Vorhang. Glatte Rollos bringen den Stoff schön zur Geltung, sind oft preiswert und bieten bei richtiger Abmessung und Fütterung ausgezeichneten Lichtschutz.

Es gibt Rollos für fast alle praktischen und dekorativen Erfordernisse – von ganz schlicht bis zu extravagant luxuriös. Rollos aus leichten, ungefütterten Stoffen sind nützlich, um Lichteinfall bei gleichzeitiger Abschirmung gegen Einblicke oder unschöne Ausblicke zu erlauben, während gefütterte Rollos mehr Schutz gegen Licht und Zugluft bieten.

Je nach Gestaltung fügen sich Rollos in fast jeden Raum und Einrichtungsstil ein. Schiefe Fenster in alten Häusern sind vielleicht die einzige Ausnahme, weil Rollos ganz gerade aufgehängt werden müssen und merkwürdig aussehen können, wenn sie nicht parallel zum Fenster hängen. Bei besonders breiten Fenstern empfiehlt es sich, zwei oder mehr Rollos nebeneinander zu hängen, da sich ein zu breites Rollo unter Umständen schlecht betätigen läßt.

Als simpelste Lösung kann man eine glatte, dünne Stoffbahn fest vor einem Fenster anbringen, um eine unschöne Aussicht zu verdecken, aber trotzdem Licht ins Zimmer zu lassen. Etwas flexibler, aber immer noch sehr schlicht ist das Schnürrollo, das man nur dort einsetzen sollte, wo es nicht ständig geöffnet und geschlossen werden muß – vielleicht im Bad. Es besteht aus einer ungefütterten Stoffbahn, an deren Oberkante vier Kordeln oder Bänder angebracht sind. Sie werden rechts und links um etwa ein Viertel der Rollobreite nach innen versetzt befestigt, so daß zwei vorne und zwei hinten herunterhängen und unter der Unterkante des Rollos zusammengebunden werden können. Durch Verschnüren der Bänder auf unterschiedlicher Höhe läßt sich das Rollo beliebig weit öffnen oder schließen. Das Rollo selbst kann mit Klettband am Gardinenbrett befestigt werden. In den unteren Saum kann man einen Holzrundstab einnähen, damit die Unterkante gerade hängt.

Springrollos sitzen auf einer Welle mit Federmechanismus, die das Hochziehen des Rollos erleichtert und über dem Fenster wenig Raum beansprucht. Sie sind nützlich für Situationen, in denen bei geöffnetem Rollo maximaler Lichteinfall gewünscht wird, das Rollo aber oft zugezogen werden muß. Außerdem sind sie günstig für geneigte Dachflächenfenster, wo man die Holzleiste der Rollounterkante in nach unten offene Wandhaken einhängen kann, während das Rollo sich der Dachschräge anpaßt.

◀ *Eine ungewöhnliche Kombination durchscheinender weißer Rollos im Rahmen eines minimalistischen Interieurs: Das eine, zum Herunterlassen, ist unter dem Fenstersturz angebracht; ein zweites, größeres Rollo kann aus einem Kastengehäuse auf dem Fußboden hochgezogen werden, um das ganze Fenster breit überlappend zu verdecken.*

◀ *Diese eindrucksvolle, geräumige Eßküche in einem modernen Gebäude ist mit integrierten Lamellenrollos oder Jalousetten an den Fenstern ausgestattet, die gut zur sparsamen Einrichtung passen. Ihr großer Vorteil ist, daß man bei heruntergezogenem Rollo den Lichteinfall durch Verstellung der Lamellen regulieren kann.*

▲ *Solche Rollos aus Holzlamellen, die sich innerhalb der Zugschnur aufrollen, bieten Schatten und Sichtschutz und können auch als preiswerte Raumteiler eingesetzt werden. Hier lassen sie in zugezogenem Zustand die Küchenecke verschwinden und harmonieren ausgezeichnet mit den Rattanmöbeln und den Türen aus Holzgitterwerk.*

▲ *Ein einziges breites Rollo für dieses großflächige Fenster wäre unhandlich hochzuziehen; statt dessen wurden drei elegante Faltrollos nebeneinander angebracht. Das mittlere ist breiter, so daß es zwei Fensterflügel bedeckt. Es besteht aus dem gleichen grünen Leinen wie der Bezug des linken Sessels; die übrigen sind zum rechten Sessel passend weiß.*

Springrollos können grelles Licht filtern und nächtlichen Sichtschutz bieten, sie haben aber keine guten Dämmeigenschaften. Da man sie aus abwaschbarem Stoff anfertigen kann, eignen sie sich für Feuchträume wie Küchen und Bäder. Es gibt speziell versteifte Stoffe für Springrollos, man kann aber auch normale Stoffe (mit Ausnahme lose gewebter) verarbeiten, wenn man sie zuvor mit Versteifungsappretur behandelt.

Das Faltrollo ist ein besonders eleganter, adretter Rollotyp. Beim Hochziehen legt es sich in saubere, hintereinander angeordnete Querfalten. Sie entstehen durch schmale Holzrundstäbe oder -leisten, die in waagerechten Einschubtaschen auf der Rückseite des Rollos stecken. An diese Einschubtaschen näht man kleine Messing- oder Plastikringe, durch die vertikale Zugschnüre geführt werden. Durch ihre Betätigung werden die Holzstäbe ordentlich nacheinander hochgezogen. Viele Leute ziehen Faltrollos normalen Vorhängen vor, weil sie (besonders in leicht abgefütterter Ausführung) ähnlich luxuriös, aber weniger füllig wirken.

In hochgezogenem Zustand nimmt das Faltrollo mehr Platz ein als das Springrollo und kann dadurch den Lichteinfall stärker behindern; dafür bietet ein gefüttertes (und vielleicht mit leichtem Zwischenfutter ausgestattetes) Faltrollo ebenso effektiven Licht- und Zugluftschutz wie ein Vorhang, besonders wenn es dem Fenster genau angepaßt ist oder es breit überlappt. Da die Holzleisten in hochgezogenem Zustand ein Faltenpaket hinter dem Rollo bilden, erfordert das Faltrollo eine gewisse Fenstertiefe.

Raff- und Wolkenrollos

Die verschiedenen Arten von Raffrollos unterscheiden sich in ihrer optischen Wirkung ganz erheblich von den schlichteren, glatten Rollos. Die extravaganteren Ausführungen passen besser in üppig dekorierte Interieurs als zu Einrichtungen mit einer frischen, modernen Ausstrahlung – das gilt vor allem für kleinere Räume.

Raffrollos werden ähnlich wie Faltrollos an durch Ringe geführten Schnüren hochgezogen, sie haben aber keine Versteifung durch eingelegte Holzleisten und legen sich aus diesem Grund weniger streng in Falten. Bei manchen Arten, wie beispielsweise dem sogenannten Wolkenrollo, ist der Stoff zusätzlich waagerecht gerafft, gekräuselt oder gefältelt, so daß er beim Hochziehen in üppigen Bögen, den »Wolken«, fällt. Wie Faltrollos können auch Raffrollos eine wirkungsvolle Dämmung und Lichtabschirmung gewährleisten. Auch in sparsam möblierten Räumen mit hohen Decken und Fenstern können sie attraktiv wirken, wenn man darauf achtet, keine zu beengende Atmosphäre zu schaffen. Besonders geeignet sind hier Raffrollos, die in heruntergelassenem Zustand wie ein gerader Vorhang bis zum Boden (oder Fensterbrett) fallen.

Beim typischen Wolkenrollo hingegen bleiben die Rüschenbögen oder Wolken auch im geschlossenem Zustand noch erhalten. Eine Variante davon ist das Raffrollo mit Seitenschärpen, bei dem die Zugschnüre an den Seitenkanten weggelassen werden, so daß der Stoff bei hochgezogenem Rollo seitlich herunterhängt.

▲ *Die schmalen, lose hängenden Faltrollos aus grobem Naturleinen geben der mehrflügeligen Falttür mit Glaseinsätzen eine eindringliche, originelle Wirkung. Die unten geknoteten Rollos bedecken jeweils eine Glasscheibe und akzentuieren so die Gestaltung der Tür aus mehreren schmalen Flügeln.*

Stoffe und Verarbeitung

Rollostoffe sollten mit Bedacht gewählt werden. Da ein Raffrollo meist schon durch seine Üppigkeit eindrucksvoll wirkt, empfiehlt sich hier ein unifarbener oder schlicht gemusterter Stoff, etwa ein Streifenmuster.

Auch zur Schlichtheit des Springrollos und zur eher strengen Wirkung des Faltrollos passen am ehesten unifarbene Stoffe mit interessanter Struktur oder aber grafische Muster. Bevor man sich für einen Stoff entscheidet, sollte man überlegen, wie er zum Beispiel am hochgezogenen Faltrollo wirken würde. Andererseits kann man Stoffe mit Bildmotiven zu fröhlichen Springrollos für Bad oder Küche verarbeiten; frische Muster wie Streifen und Karos sehen eigentlich an Rollos jeder Art gut aus. Auf glatten Rollos kommen großformatige Muster besser zur Geltung als auf üppig gerafften.

Bei jeder Art von Rollo kommt es darauf an, den Stoff absolut gerade zu schneiden, sonst sieht das fertige Rollo schluderig aus. Bei Musterstoffen ist darauf zu achten, daß das Muster symmetrisch auf dem Rollo ausgerichtet wird. Es muß außerdem vollig gerade aufgedruckt sein. Den Stoff vor Verarbeitung sorgfältig kontrollieren und bei etwaigen Mängeln dieser oder anderer Art sofort in den Laden zurückbringen.

Durch eine kontrastfarbene Borte, mit etwas Abstand zu den Kanten angebracht, läßt sich ein Rollo schön abgrenzen. Wenn die Unterkante eines Faltrollos so abgesetzt werden soll, muß unter der untersten Falte ein Stoffüberstand vorgesehen werden, damit die Borte bei hochgezogenem Rollo nicht verdeckt wird.

Ein Springrollo kann man durch eine schräg zulaufende oder auch gezackte oder gezahnte Unterkante interessanter gestalten. Die untere Holzleiste wird dann oberhalb dieser ausgeformten Kante angebracht; die Zugschnur sollte an der Leiste, nicht an der Stoffunterkante befestigt werden.

Rollos aus anderen Materialien

Natürlich müssen Rollos nicht aus Stoff bestehen. Es gibt ebenso Versionen aus Bambus, Papier, Holz-, Metall- oder Kunststofflamellen (auch Jalousetten genannt) in den verschiedensten Farben und Gestaltungen (siehe Seiten 268–269).

Rolloanfertigung vorbereiten

▶ *Dieses ordentliche und unaufdringliche Faltrollo ist genau in den Fensterrahmen eingepaßt. Es ist aus schlichtem weißem Leinen gefertigt, das das Sonnenlicht durchschimmern läßt, und harmoniert gut zu dem schneeweiß gestrichenen Fensterrahmen und der dezenten Struktur der bretterverkleideten Wände.*

Rollos ausmessen

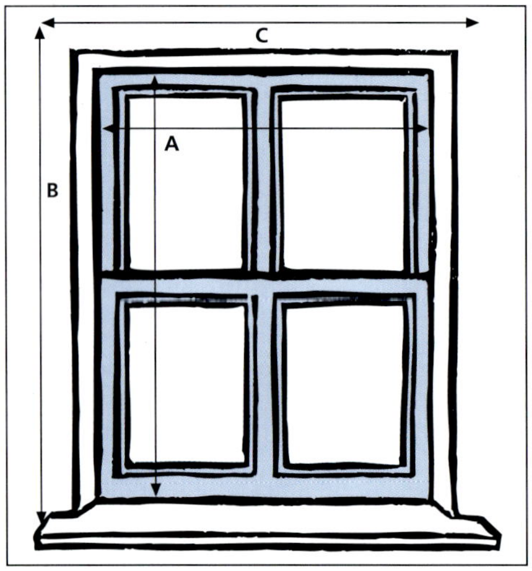

Höhe und Breite des Fensters – entweder in der Nische oder die Öffnung überlappend – ausmessen.

Ausmessen und den Stoffbedarf berechnen

Zuerst genau festlegen, wo das Rollo hängen soll, dann wie unten beschrieben ausmessen, um die benötigte Stoffmenge zu berechnen.

Für ein Rollo, das in eine Fensternische eingepaßt werden soll, Höhe und Breite der Nische (A) ausmessen. Bei Springrollos 3 cm von der Breite abziehen, um den seitlichen Überstand des Wellenmechanismus zu berücksichtigen.

Für ein vor die Wand zu montierendes Rollo von der Oberkante der vorgesehenen Aufhängung bis zur Fensterbank (B) (für längere Rollos entsprechend tiefer) messen. Die benötigte Stoffbreite entspricht der Breite der Fensternische zuzüglich je 5 cm Überstand auf jeder Seite zur Lichtabschirmung. Wenn man die Aufhängungslatte mit dem gleichen Stoff beziehen will, Stofflänge entsprechend anpassen.

Faltrollo-Mechanismus

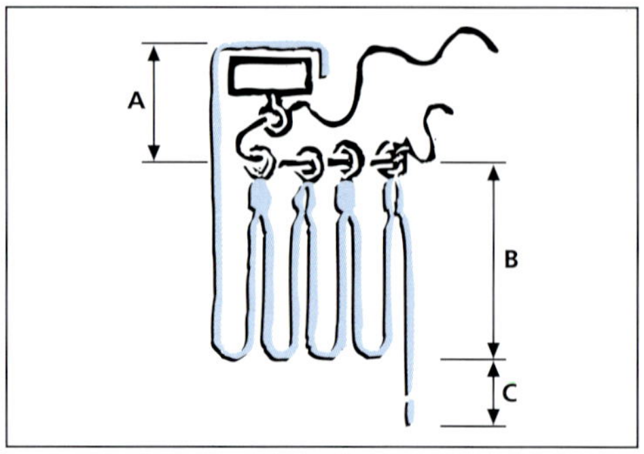

Ein ganz hochgezogenes Faltrollo. A = oberer Stoffüberstand, B = Faltenhöhe, C = unterer Überstand.

Springrollo

Bei Springrollos zur Stofflänge 30 cm Zuschlag für den unteren Saum und die Federwelle am oberen Ende hinzuaddieren.

Wolkenrollos

Bei Wolkenrollos in der Länge 5 cm für den oberen Einschlag und 20 cm für den Doppelsaum am unteren Ende zugeben. Als Stoffbreite benötigt man die zweieinhalbfache Länge der Aufhängungslatte zuzüglich 4 cm Saumzugabe. Wenn das Rollo gefüttert werden soll, benötigt man etwa die gleiche Menge Futterstoff.

Wenn das heruntergelassene Rollo wie ein Vorhang wirken soll, müßte seine fertige Länge dem Abstand zwischen Fensteroberkante und Fensterbank entsprechen. Will man die Rüschenbögen der Unterkante in geschlossenem Zustand erhalten, muß es ca. 45 cm länger sein.

Faltrollos

Stoffbedarfsrechnungen für Faltrollos sind etwas kniffelig; deshalb immer noch einmal nachkontrollieren. Eine übersichtliche Skizze anfertigen und alle Maße darauf eintragen, damit man sich beim Nähen des Rollos darauf beziehen kann. Beim Ausmessen 6 cm für Saum und Einschubtasche am unteren Ende und 6 cm zum Einschlag hinter die Aufhängungslatte (Querschnitt 5 x 2,5 cm) zugeben. Außerdem muß man in der Breite 6 cm für seitliche Saumzugaben von je 3 cm hinzuaddieren.

Beim Futterstoff in der Länge je 6 cm für jede Einschubtasche (für Versteifungsleisten mit 25 x 5 mm Querschnitt) hinzuaddieren; die Breite entspricht der des Rollostoffs. Für andere Leistenquerschnitte oder Rundstäbe den Stoff-

Werkzeug/Ausrüstung

Zur Anfertigung eines Rollos braucht man die unten aufgeführten Materialien und Werkzeuge, für Faltrollos (siehe Seiten 264–265) oder Wolkenrollos (siehe Seiten 266–267) darüber hinaus praktisch die gleichen Materialien und Ausrüstungsteile wie zum Vorhangnähen (siehe Seiten 240–241). Falt-, Raff- und Wolkenrollos werden an einer Latte von etwa 5 x 2,5 cm Querschnitt in Länge der Rollobreite aufgehängt, die mit Schrauben und geeigneten Dübeln an der Wand befestigt wird und gestrichen werden kann.

Zum Ausmessen und Montieren

- Meßlatte und Zeichenwinkel: zur Anzeichnung rechtwinkliger Linien.
- Wasserwaage, Bohrmaschine, Schrauben und Dübel bzw. Hammer und Nägel zur Wandmontage.
- Säge: Zusägen der Springrollo-Welle.
- Hammer: zum Einschlagen des Federwellen-Endstücks.

Für Springrollos

- Springrollo-Bausatz mit Federwelle, Endstücken, Halterungen, Abschlußlatte, Schnurhalter und Schnurgriff (man kann die Teile auch einzeln kaufen).
- Bleistift und Kreppband.
- Flüssig- oder Sprüh-Appretur: zur Versteifung unbehandelter Stoffe.

Für Falt-, Raff- und Wolkenrollos

- Zugschnur, Fallgewicht und Schnurklampe: zum Hochziehen und Herunterlassen des Rollos.
- Messing- oder Plastikringe: als Führungen für die Zugschnur.
- So viele Ringschrauben, wie Schnüre auf der Rollorückseite laufen, und eine zusätzliche zur Zusammenfassung aller Schnüre.
- Nähmaschine mit Reißverschlußfüßchen.
- Holzstäbe mit 6, 10 o. 12 mm Durchmesser o. Leisten bis maximal 25 x 5 mm Querschnitt in ausreichender Länge für alle Einschubtaschen eines Faltrollos.
- Falten- oder Kräuselband mit Klettbandrückseite (Wolkenrollo).
- Bleiband (falls gewünscht) (Wolkenrollo).
- Fransenbesatz oder ähnliches (falls gewünscht) (Wolkenrollo).

◀ Das sorgfältig ausgearbeitete Arrangement in Weiß mit verwaschenen Blautönen und patinierten Putz-, Metall- und Holzflächen verlangt nach einer eher verhaltenen Fensterdekoration – wie diesen schlicht gearbeiteten Raffrollos aus einfachem Streifenstoff ohne Fransen oder sonstige Besätze.

bedarf der Einschubtaschen mit etwas Spielraum berechnen, damit sich die Leisten leicht einstecken lassen.

Um zu berechnen, wie viele Einschubtaschen das Rollo braucht, zuerst die Höhe des Stoffstreifens an der Rollo-Oberkante festlegen. Dieser reicht in der Regel 4–10 cm über die letzte Falte hinaus, bedeckt die Ringe und läßt genug Spielraum, damit die Falten glatt liegen können. Je höher er ist, desto tiefer reicht das hochgezogene Rollo über die Fensteröffnung.

Dann muß man entscheiden, ob die untere Stoffkante bei hochgezogenem Rollo unter den Falten heraushängen soll, damit eine etwaige Randverzierung sichtbar bleibt. Die Höhe des oberen Stoffstreifens und gegebenenfalls des Überstands am unteren Ende von der vorgesehenen Gesamtlänge des Rollos abziehen, um die gefältelte Länge zu erhalten.

Als nächstes muß man überlegen, wie viele Falten das Rollo haben soll. Die Höhe einer Falte beträgt meist 20–30 cm. Um die Höhe der vorgesehenen Falten zu ermitteln, die gefältelte Länge durch die gewünschte Faltenzahl zuzüglich einer halben Falte teilen. Eine ganze Falte ist die komplette Stoffmenge zwischen zwei Versteifungsleisten. Die zusätzliche halbe Falte ist das Stoffstück, das bei hochgezogenem Rollo von der letzten Versteifungsleiste bis zur Faltenunterkante hängt.

Die Anzahl der Falten ist zugleich die Anzahl der benötigten Einschubtaschen für Verstärkungsleisten, mit deren Hilfe man den Bedarf an Futterstoff errechnen kann.

Faltrollos

▶ *Die Rollos unter dem Dach und an den Fenstern des Wintergartens verhindern ein Aufheizen durch die starke Nachmittagssonne. Im Winter kann man die Rollos ganz wegfalten, um einen maximalen Lichteinfall zu ermöglichen.*

Ein Faltrollo anfertigen

Eine Aufhängungslatte (Querschnitt 5 x 2,5 cm) in Länge der Rollobreite zusägen. Man kann sie passend zu Wänden oder Fensterrahmen anstreichen oder (einschließlich der Enden) mit einem Stück Rollo- oder Futterstoff beziehen. Mit einem Nagelbohrer Schraublöcher zur Montage der Aufhängungslatte vorbohren und sonstige erforderliche Vorbereitungen treffen.

Rollo- und Futterstoff auf das benötigte Format zuschneiden (siehe Seiten 262–263). Um den Stoff genau rechtwinklig zu schneiden, an Ober- und Unterende je einen Schußfaden (Querfaden) herausziehen und entlang dieser Linie schneiden.

Die beim Ausmessen des Rollos angefertigte Skizze mit allen Maßangaben (siehe Seiten 262–263) gut sichtbar zurechtlegen. Bei allen im weiteren beschriebenen Schritten sollte man sich genau an die Maßangaben der Skizze halten. Alle Linien auf Rollo- und Futterstoff mit Hilfe eines Zeichenwinkels anzeichnen, damit sie exakt rechtwinklig zu den Seitenkanten verlaufen. Auf der Rückseite des Rollostoffs die Rollo-Oberkante 6 cm unter der Stoffoberkante, die Lage aller Versteifungsleisten und die vorgesehene Rollo-Unterkante anzeichnen. Auf der Vorderseite des Futterstoffs die Lage und Höhe aller Einschubtaschen anzeichnen.

Die Seitenkanten des Rollostoffs 3 cm weit umschlagen und bügeln. Am Futterstoff die tunnelartigen Einschubtaschen abnähen. Jede Naht zuerst sorgfältig feststecken und heften; es ist sehr wichtig, daß diese Nähte exakt waagerecht verlaufen, sonst hängt das Rollo schief und läßt sich nicht richtig bedienen.

Rollostoff mit der Rückseite nach oben auf die Arbeitsfläche legen; den Futterstoff links auf links mittig darauflegen. Die Einschubtaschen des Futters an den entsprechenden Markierungen auf dem Rollostoff ausrichten. Einschubtaschen nach unten umfalten, feststecken, heften und dann mit Hilfe des Reißverschlußfüßchens der Nähmaschine ganz knapp oberhalb der Tunnelnähte am Rollostoff feststeppen.

Die Oberkanten von Rollo- und Futterstoff mit Zickzackstich zusammennähen. Die Seitenkanten des Futterstoffs mit Saumstich auf den Rollostoff nähen, ohne die Einschubtaschen zuzunähen; die Nähte sollen 2 cm über der Unterkante des Rollostoffs enden. Futterstoff auf diese Länge zurückschneiden. Rollostoff an der Unterkante 2 cm weit einschlagen, bügeln. Dann noch einmal so weit einschlagen, daß die Faltkante an der angezeichneten Markierungslinie für die Rollo-Unterkante liegt. Dabei sollte ein etwa 4 cm hoher Hohlsaum entstehen, der als Einschubtasche für die untere Abschlußlatte dient. Saum entweder knapp unter der Faltlinie mit der Maschine steppen oder, wenn die Naht auf der Vorderseite nicht sichtbar sein soll, mit Saumstich von Hand nähen.

Als nächstes die Versteifungsleisten auf die benötigte Länge sägen: die untere Abschlußlatte etwas kürzer als die Rollobreite, die übrigen etwas kürzer als die Futterbreite. Leisten in die Taschen einstecken; deren Öffnungen mit Saumstich verschließen.

Ringe in senkrechten Reihen mit regelmäßigen Abständen von 30–60 cm (je nach Rollobreite) von hinten auf die Einschubtaschen nähen; an den unteren Hohlsaum kommen keine Ringe. Die äußeren Ringe sollten etwa 8 cm von den Seitenkanten des Rollos entfernt sitzen. Schnur zuschneiden, je ein Stück an die untersten Ringe knoten und nach oben durch die übrigen Ringe der Reihe führen.

Die Aufhängungslatte von hinten so auf das Rollo legen, daß ihre Oberkante an der angezeichneten Rollo-Oberkante liegt. Rollo straff nach hinten um die Aufhängungslatte schlagen und mit Heftnägeln oder Tackerklammern sicher befestigen. Wenn der Stoff nicht allzu schwer ist, kann man das Rollo auch mit Klettband oder starkem doppelseitigem Klebeband an der Aufhängungslatte befestigen.

Oberhalb jeder Ringreihe der Rollorückseite eine Ringschraube in die Aufhängungslatte schrauben, um die Schnüre durchzuziehen; eine zusätzliche Ringschraube knapp vor einem Ende der Aufhängungslatte anbringen. Dann die Schnüre durch die Ringschrauben fädeln und nach einer Seite führen.

Aufhängungslatte mit kleinen Winkeln oder Trägern an der Wand, am Fensterrahmen oder unter dem Fenstersturz anbringen; dann die Schnurklampe auf die Wand montieren. Sie muß mit Bedacht plaziert werden; wenn sie zu

Anfertigung eines Faltrollos

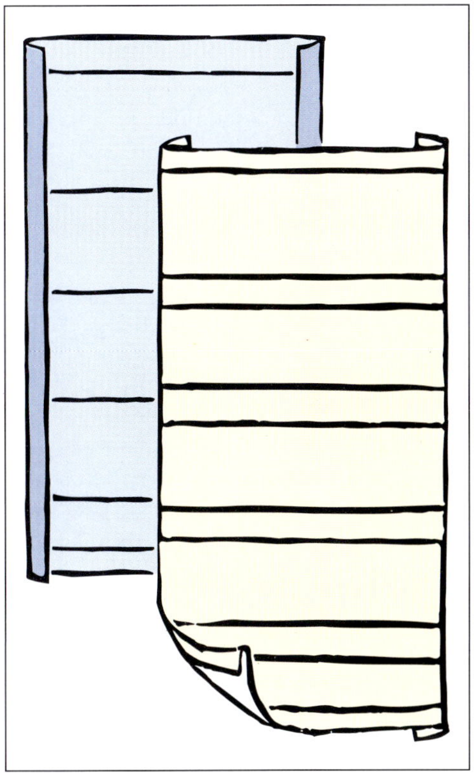

1 *Rollo- und Futterstoff mit Saumzugaben zuschneiden; Faltlinien anzeichnen.*

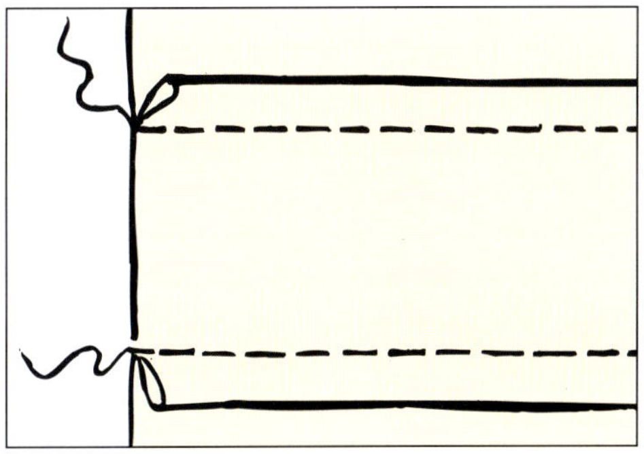

2 *Am Futterstoff Tunnel als Einschubtaschen für die Versteifungsleisten abnähen.*

3 *Futter mittig auf den Rollostoff legen; beide wie beschrieben zusammennähen. Leisten einstecken.*

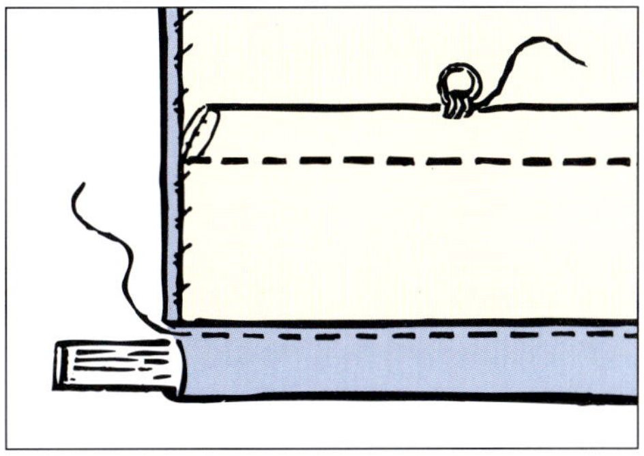

4 *Futter unten zurückschneiden; Rollostoff zum Hohlsaum umnähen. Ringe aufnähen; Latte einschieben.*

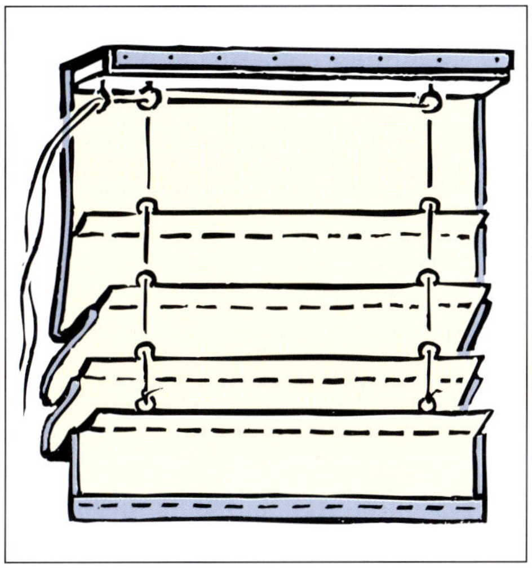

5 *Rollo an Aufhängungslatte befestigen. Ringschrauben anbringen; Schnüre von unten durchfädeln. Montieren.*

weit vorspringend angebracht wird, zerren die Schnüre am Rollo, was unschön aussieht und den Stoff beschädigen kann. Zuletzt die Schnüre durch das Fallgewicht fädeln, auf gleiche Länge schneiden und verknoten.

Dies ist nur eine Version des Faltrollos, zu der es viele Abwandlungen gibt. Man kann die Tunnel-Einschubtaschen vom Futter getrennt anfertigen und erst nach Befestigung des Futters am Rollostoff aufnähen. Das Rollo kann auch ungefüttert bleiben, wobei man die Einschubtaschen entweder aus Faltungen des Rollostoffs näht oder separat anfertigt und von hinten aufnäht. Man kann die Einschubtaschen, ob aus Rollostoff oder einem kontrastfarbenen Stoff, sogar auf die Rollovorderseite nähen. Wenn man anstelle der Versteifungsleisten nur Verstärkungsbänder aufnäht, erhält man weichere, bauschigere Falten. Diese Ausführung bildet einen fließenden Übergang zum Raffrollo, vor allem wenn man auch die untere Abschlußlatte wegläßt, um durch die lose herabhängende Stoffkante eine weniger strenge Wirkung zu erzielen.

◀ *Dieses schöne, einfache Faltrollo aus weißem Leinen mit attraktiver, kontrastfarbener Randeinfassung (und sauber gegehrten Ecken) filtert das einfallende Licht. Der weiße Stoff ist unten mit einem schlichten, aufgestickten »A« geschmückt – von Albrecht Dürers Kupferstichen inspiriert.*

Spring- und Wolkenrollos

Ein Springrollo anfertigen

Am einfachsten geht das mit entsprechend versteiftem Stoff und einem Springrollo-Bausatz (siehe Seiten 260–261). (Wenn man andere Stoffe verwenden will, muß man sie zunächst mit versteifender Appretur behandeln. Stoff zuvor bügeln.) Die Aufhängungswelle hat an einem Ende einen Federmechanismus und kann am anderen auf gewünschte Länge gesägt werden, bevor man das zweite Endstück mit dem Hammer einschlägt. Außerdem umfaßt der Bausatz zwei Halterungen für die Wellenenden, die auf die Wand bzw. in die Fensterlaibung geschraubt werden.

Halterungen (die mit dem Einhängeschlitz auf der linken Seite) in der Laibung 3 cm unter dem Sturz montieren, um Platz für das aufgerollte Rollo zu lassen. Wenn das Rollo vor der Wand hängen soll, 5 cm über dem Sturz mit 5 cm Überstand an jeder Seite anbringen.

Den Stoff auf die Länge der Federwelle (ohne Endstücke) zuschneiden; Stoffbahnen nötigenfalls mit Flachnähten aneinandersetzen. Mit Hilfe eines Zeichenwinkels und einer langen Meßlatte exakt rechtwinklig zu den Seitenkanten und genau mit dem Fadenlauf schneiden.

Wenn die Latte für die Unterkante einen Querschnitt von 25 x 5 mm hat, einen 4 cm breiten Saum nach hinten einschlagen und mit Zickzackstich festnähen, um eine Einschubtasche für die Latte herzustellen. Latte etwa 1 cm kürzer als die Rollobreite zusägen, damit sie unsichtbar bleibt. Latte in die Tasche einstekken; deren Enden mit Saumstich schließen. Schnurhalter an der Rückseite der Latte befestigen.

Federwelle passend zusägen; das zweite Endstück mit dem Hammer einschlagen. Eine zu den Enden rechtwinklige Richtlinie auf die Welle zeichnen, falls diese nicht bereits vorgezeichnet ist. Die Welle so auf die Vorderseite des Stoffs legen, daß die Stoffoberkante an der Richtlinie auf der Welle anliegt. Mit Klebeband fixieren, damit sie nicht verrutscht, dann den Stoff mit Heftnägeln oder Tackerklammern an der Welle befestigen.

Rollo von Hand aufrollen und mit dem rechten Ende zuerst in die Halterungen einhängen. Rollo herunterziehen, um die Federspannung zu kontrollieren; nötigenfalls von Hand wieder aufrollen, um die Spannung zu erhöhen.

Ein Wolkenrollo anfertigen

Es wird ähnlich wie ein Vorhang angefertigt, ist aber nicht seitlich aufziehbar aufgehängt, sondern wird rückseitig mit einem System aus Ringen und Ringschrauben für die Zugschnüre ausgestattet. (Zubehör- und Materialbedarf: siehe Seiten 262–263). Hier ist eine Ausführung mit einzeln angenähten Ringen beschrieben; man kann aber auch Ringband verwenden.

Je nach Stoffgewicht kann man das Rollo mit Klettband oder mit einer Spezialschiene für Wolkenstores an Aufhängungslatte bzw. Kopfbrett befestigen. Die Schiene hat Schnurhalter, die sich an den Schnüren ausrichten lassen.

Bei leichtgewichtigen Rollos kann man eine Aufhängungslatte und Klettband verwenden. Die Klettbandhälfte mit den steifen Widerhaken auf die Vorderkante der Latte nageln oder takkern. Es gibt auch spezielles Klett-Kräuselband, das sich wie normales Kräuselband zusammenziehen läßt, aber anstelle der Haken-Einschubtaschen eine Klettseite hat.

Zum Ausmessen und Errechnen des Stoffbedarfs siehe Seiten 262–263. Rollo wie einen ungefütterten Vorhang nähen (siehe Seiten 248–249). Falls gewünscht, kann man Bleiband in den Saum einlegen und eine Fransenkante oder einen anderen Besatz von hinten auf den Saum nähen. Eine markante Abgrenzung der Unterkante, etwa durch lange Fransen, hebt sich bei hochgezogenem Rollo schön gegen das Licht ab und gibt bei heruntergelassenen Rollo der Unterkante mehr Gewicht und Präzision.

Um das Rollo zu füttern, Rollo- und Futterstoff rechts auf rechts an drei Kanten zusammensteppen; dabei etwaige Fransenbesätze oder dergleichen mit einnähen. Wenden, bügeln und die vierte Kantennaht schließen.

Wenn man kein Kräuselband mit Klettrückseite verwendet, normales Kräusel- oder Faltenband auf die Oberkante nähen. Man kann fast jede Art von Faltenband nehmen; besonders geeignet sind Bleistiftfalten. Dann das Rollo in regelmäßigen Abständen (etwa 60 cm) längs falten – den Abgrenzungen der gewünschten Wolkenbögen entsprechend. Entlang dieser Faltlinien werden die Ringe aufgenäht. Das Rollo wirkt besser mit einer ungeraden Anzahl von Wolkenbögen. Die äußersten Ringe sollten 5 cm von den Seitenkanten entfernt sitzen.

Springrollo anfertigen

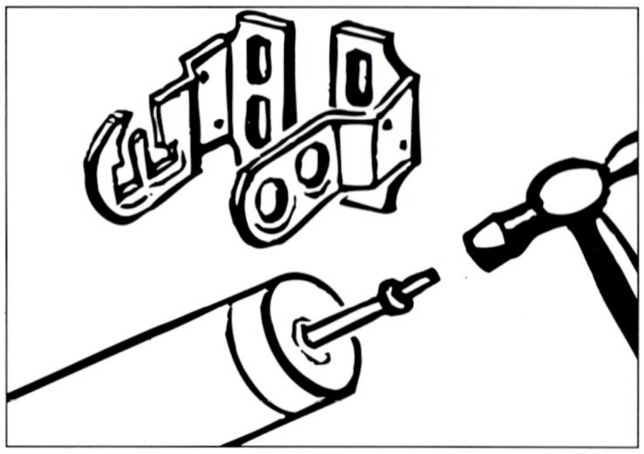

1 Zum Bausatz gehören zwei Wandträger. Welle auf die richtige Länge sägen; zweites Endstück einschlagen.

2 Unten am Rollo mit Zickzackstich einen Hohlsaum nähen. Latte einstecken; Enden mit Saumstich schließen.

3 Schnurhalter für die Betätigungsschnur auf die Rückseite der unteren Abschlußlatte schrauben.

4 Rollo-Oberkante so auf die Welle nageln oder tackern, daß das Rollo ganz gerade hängt.

Die Ringe entlang der Faltlinien annähen: Sie müssen jeweils über die Rollobreite die gleiche Höhe aufweisen. Bei gefütterten Rollos muß man beim Annähen der Ringe auch einige Gewebefäden des Rollostoffs mit aufnehmen. Wenn die Wolkenform auch bei ganz heruntergelassenem Rollo erhalten bleiben soll, außerdem an den Zugschnüren einen Ring anbringen, der das Rollo am gewünschten Punkt arretiert.

Die zweite Hälfte des Klettbands auf einen Streifen Rollo- oder Futterstoff nähen, der etwas breiter als das Kräuselband ist. Das Kräuselband bis auf die vorgesehene Rollobreite zusammenziehen; dann die Rückseite des Klettband-Stoffstreifens mit eingeschlagenen Kanten über das Kräuselband nähen. Darauf achten, daß dieser Klettbandstreifen in der zur Aufhängung richtigen Höhe aufgenäht wird; d.h. direkt an oder knapp unter der Rollounterkante.

Wie beim Faltrollo (siehe Seiten 264–265) über jeder Ringreihe eine Ringschraube von unten in die Aufhängungslatte schrauben; eine zusätzliche Ringschraube an dem Ende anbringen, an dem die Schnüre herunterhängen sollen. Aufhängungslatte montieren; mit der Wasserwaage auf waagerechte Lage kontrollieren. Schnurklampe an Fensterrahmen oder Wand schrauben.

Eine lange Schnur an jeden der untersten Ringe knoten, durch die Ringe nach oben führen. Rollo an der Aufhängungslatte befestigen. Schnüre durch die Ringschrauben nach einer Seite ziehen, auf eine Länge schneiden, durch ein Fallgewicht fädeln und verknoten.

▲ *Dieses Raffrollo ist ein Zwischending zwischen Falt- und Wolkenrollo: Es hat eine untere Abschlußlatte und hebt sich daher nicht in Wolkenbögen, sondern gerade, legt sich aber andererseits in weiche, bauschige Falten, weil die Faltlinien nicht mit Holzleisten versteift sind.*

Anfertigung eines Wolkenrollos

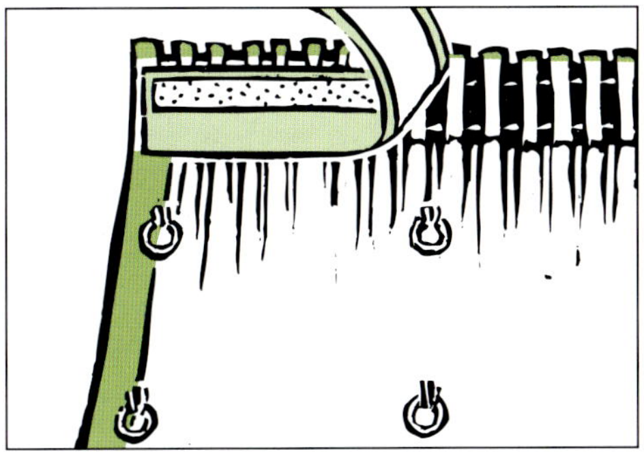

1 *Parallele Ringreihen auf die Rollorückseite nähen. Klettband mit Saumstich über das Kräuselband nähen.*

2 *Rollo am Kopfbrett befestigen; Zugschnüre durch die Ringe und Ringschrauben ziehen.*

3 *Man kann auch Spezial-Ringband verwenden. Darauf achten, die Ringe auf gleicher Höhe anzuordnen.*

Rollos aus anderen Materialien

▶ *Die unter das Glasdach dieses Wintergartens gespannten Rattanrollos spenden wohltuenden Schatten und bilden eine harmonische Entsprechung zu Naturton und -struktur des Grasflechtteppichs auf dem Boden.*

▲ *Ein großflächiges Rollo aus Aluminiumlamellen filtert das grelle Sonnenlicht, das durch diese Fensterwand strömt, und bildet einen geometrisch strengen Hintergrund für die sparsame Möblierung. Die neutrale, geradlinige Wirkung des Rollos läßt interessante Einrichtungsteile, ob antik oder modern, besonders gut zur Geltung kommen.*

Rollos werden nicht nur aus Stoff, sondern auch aus anderen Materialien wie Bambus, Papier, Holz-, Metall- oder Kunststofflamellen gefertigt – zu jeder Art von Einrichtungsstil passend. Manche davon werden einfach aufgerollt und können in geöffnetem Zustand etwas sperrig wirken. Andere werden nach dem Rolladenprinzip in einen Kasten unter dem Fenstersturz hochgezogen. Bei Rollos mit verstellbaren Lamellen (auch Jalousetten genannt) läßt sich in heruntergelassenem Zustand der Lichteinfall beliebig regulieren.

Es gibt ein breites Angebot an Fertigrollos in verschiedenen Standardmaßen; viele Typen kann man auch bei Rolladenherstellern maßfertigen lassen. Die Preise variieren je nach Material und Herstellungsaufwand. Gefältelte Papierrollos gehören meist zu den billigsten Ausführungen, während Metalljalousien und solide Holzrollos nicht unbedingt billiger sind als ein aufwendig gefütterter Vorhang.

Papier

Bei gefältelten Papierrollos bleiben die Falten auch in heruntergelassenem Zustand erhalten. Da sie in die Fensterlaibung passen, kann man sie gut mit Vorhängen kombinieren. Sie sind problemlos abzustauben. Manche Ausführungen haben eingestanzte Löcher. Papierrollos sind preiswert und werden in einer breiten Farbpalette angeboten.

Bambus

Rollos aus ganzen oder gespaltenen Bambusrohren rollen sich beim Hochziehen entweder auf oder legen sich in Falten. Sie schirmen den Lichteinfall nicht vollständig ab, können grelles Sonnenlicht aber angenehm filtern. Nachts sind sie bei eingeschaltetem Licht von außen praktisch durchsichtig. Man kann sie aber mit einfachem, unifarbenem Stoff abfüttern, um den Sichtschutz zu verbessern: Stoffbahn etwas kürzer und einige Zentimeter schmaler als das Rollo zuschneiden und von hinten auf die Oberkante des Rollos nähen oder kleben. Beim Hochziehen des Rollos wird der Futterstoff mit aufgerollt bzw. in Falten gelegt.

Holz

Solide Holzrollos oder -jalousien bestehen aus bis zu 5 cm breiten Lamellen, die durch Bänder fixiert und betätigt werden. Bei Ausführungen mit verstellbaren Lamellen läßt sich der Lichteinfall stufenlos regulieren. Das Holz kann unbehandelt, gebeizt oder farbig gestrichen sein. Es gibt auch attraktive Rollos aus schmalen, mit Baumwollstreifen durchwebten Holzlamellen, die das Sonnenlicht sehr schön filtern, nachts aber – wie Bambusrollos – leider von außen durchsichtig sind.

Kunststoff

Rollos aus Kunststofflamellen gibt es ebenfalls in verstellbaren Ausführungen und in vielen Farben. Sie sind feuchtigkeitsbeständig und leicht abwischbar und damit für Küchen und Bäder besonders geeignet.

Metall

Sie bestehen meist aus Aluminiumlamellen, sind ähnlich konstruiert wie Holz- und Kunststoffrollos und in verschiedensten Farben und Oberflächengestaltungen erhältlich, etwa in verspiegelten oder gestreiften Ausführungen. Es gibt auch perforierte Lamellenrollos, die auch in geschlossenem Zustand etwas Licht einlassen.

Vertikaljalousetten

Vertikaljalousetten oder Lamellenvorhänge bestehen aus senkrecht an einer Schiene aufgehängten Lamellen, die unten durch eine Kette verbunden sind. Sie können aus Holz oder elastischem Synthetikmaterial bestehen, werden aber meist aus versteiften Stoffstreifen von etwa 9–13 cm Breite, oft in strukturierter Webart, gefertigt. Sie reichen meist von der Decke bis zum Boden und sind besonders zur Abschirmung großer Fensterwände oder Glasschiebetüren nützlich. Der Lichteinfall läßt sich durch den Stellwinkel der Lamellen regulieren.

▲ *Dieses Rollo wurde aus vorgrundierter Leinwand aus dem Theaterbedarf gefertigt, die um einen Holzrundstab aufgerollt wird, es könnte aber ebensogut aus Papier mit reißfest verstärkten Kanten bestehen. Ähnliche Seile aus Naturfasern bekommt man in jedem gutsortierten Baumarkt.*

MÖBEL UND WOHNTEXTILIEN

Wie auch immer Wände, Decke und Fußboden eines Raums gestaltet sind, ist es doch der Stil der Möbel und Möbelbezüge, der dem Raum seinen endgültigen Charakter verleiht. Ein Raum mit schlichten, weißen Wänden und weißem Boden, dessen Mobiliar in üppigem Samt und farbenprächtig schillernder Seide gepolstert ist, präsentiert sich in kraftvoll vitaler, von Farbe beherrschter Ausstrahlung. Das Auge wird auf die Form der Möbel gelenkt, die sich von dem neutralen, klaren Hintergrund abheben.

Durch Austauschen des Mobiliars kann man denselben Raum völlig verwandeln und ihn etwa warm und strukturreich gestalten, indem man das Gewicht auf hell gebleichte Holzmöbel mit cremefarbenen, stark strukturierten Kissenbezügen und lose drapierten weißen Baumwollüberwürfen für Sofas und Sessel verlagert – vielleicht mit sparsamen Farbtupfern in warmem Rot und Terrakotta, etwa in Form der Kissenbänder oder eines bemalten Stuhls.

Bei der Gestaltung eines Raums wird man sich zwangsläufig zuerst den Wänden und vielleicht dem Fußboden zuwenden. Wenn man viel Zeit, Geld und Energie in größere Renovierungen gesteckt hat, mag einem die Verschönerung des Mobiliars zunächst zweitrangig erscheinen. Das ist schade, denn die Möbelstücke, auf, in und an denen wir sitzen, schlafen, uns ausruhen, essen, Dinge verstauen und arbeiten, tragen nicht nur wesentlich zum Erscheinungsbild eines Raums bei, sondern spielen auch eine wichtige praktische Rolle in unserem Leben. Und so sollte man diesen Elementen unter praktischen wie auch unter ästhetischen Gesichtspunkten gebührende Beachtung schenken.

Stoffe sind das vielleicht anregendste und vielseitigste Material zur Bedeckung und Verschönerung von Möbeloberflächen. Ob als Polster, Überwürfe, Drapierungen oder Kissen – durch phantasievollen Einsatz erwachen Stoffe zum Leben. Vom feinsten, zartesten Leinen bis zum strukturreichsten, üppigsten Samtbrokat bietet Stoff schier unbegrenzte Möglichkeiten zur Dekoration und Verwandlung des Mobiliars, ganz zu schweigen von den Borten, Knöpfen und sonstigen Besätzen, mit denen man einen Stoff herausputzen, die Linien eines Sofas, die Falten eines Vorhangs auf attraktive Weise akzentuieren kann.

▲ *Der Einsatz kräftiger Farben verleiht diesem Raum ein dramatisches, orientalisches Flair. Der schlichte Holzboden dient als neutraler Hintergrund für das in satten Rottönen drapierte Sofa. Im Kontrast dazu steht das tiefe Blau der Wand, das auch im Türrahmen wieder auftaucht und so zur Geschlossenheit der Raumwirkung beiträgt.*

▶ *Licht und Geräumigkeit sind die hervorstechendsten und durchgehend betonten Charakteristika dieses Raums, der durch Gruppierung der Möbel in mehrere Funktionsbereiche gegliedert ist. Verblichene Stoffe, der abgenutzte Anstrich des Schranks und diverse Fundstücke aus Trödelläden verleihen ihm eine nostalgische Stimmung.*

Außerdem kann man Stoffe individuell einfärben oder bemalen, ob mit klar abgegrenzten Schablonen oder freizügig von Hand. Natürlich kann man auch die Möbeloberflächen selbst bemalen, etwa in Imitation natürlicher Effekte oder um ihnen eine gealterte, »eingewohnte« Erscheinung zu verleihen. Solche Wirkungen lassen sich schnell und einfach durch mehrere, großzügig aufgebrachte Schichten farbiger Tünche erzielen und jederzeit der Gesamtatmosphäre des Raums anpassen: die Anstrichfarbe oder -struktur zu verändern ist nicht schwieriger, als einen Kissenbezug auszutauschen. Andere Anstrichtechniken erfordern etwas mehr Zeit und vermitteln entsprechend einen dauerhafteren, vielleicht nicht ganz so unbefangenen Eindruck – der Kontrast zwischen einem gescheuerten Kiefernholztisch und einem antiken Mahagonischreibtisch. Beides hat seinen Reiz – je nachdem, welche Wirkung man anstrebt.

Entscheidend ist die Ausgewogenheit. Man sollte weder eine Anstrichtechnik überstrapazieren, noch sämtliche Möbel eines Raums mit dem gleichen Musterstoff bedecken. Weniger ist mehr. Ein farbenprächtig getünchter Stuhl zwischen dezenten Textilien ist oft eindrucksvoller als eine Farborgie. Obwohl auch diese im richtigen Rahmen großartig wirken kann.

Wichtig ist auch die Plazierung der Möbel im Raum. Große Teile müssen nicht immer an den Wänden aufgereiht werden, sondern können auch diagonal angeordnet oder mittig zusammengerückt unerwartet gut wirken. In größeren Räumen mit vielen Möbeln sollte man diese zu Gruppen oder »Inseln« arrangieren, anstatt sie einzeln verloren herumstehen zu lassen. Durch Einsatz gleicher Farben, Anstriche und Stoffe kann man raumübergreifende Verbindungen zwischen nicht zusammengehörigen Teilen schaffen. Probieren Sie verschiedene Materialien aus, lassen Sie Ihre Phantasie spielen – aber achten Sie dabei auf Ausgewogenheit.

▲ *Der honigfarbene Holzboden bringt etwas Abwechslung in den eleganten, harmonisch in blassen Cremetönen, hellem Stein und reinem Weiß gestalteten Raum. Die Textilien bilden zusammen mit der durch die Fensterwand flutenden Lichtfülle das beherrschende Element dieses geschmackvollen und erholsamen Interieurs.*

Dekorative Behandlung für Möbel

Ein Wandanstrich in neutralem Farbton läßt einem die Freiheit, durch das Mobiliar Farbakzente zu setzen. Verschiedene Anstrichtechniken können Möbeln ein ganz neues Gesicht verleihen und dramatische Effekte schaffen. Holz, das je nach Behandlung mit Farbe, Klarlack oder Wachs immer wieder anders aussieht, ist vielseitig und kann innerhalb eines Raums verschieden gestaltet werden. Auch Metallmöbel können verschönert werden.

Die Auswahl unterschiedlicher Effektanstriche ist enorm: So können Rost- und Grünspan-Imitationseffekte (siehe Seiten 280–281) Holz oder Metall mehr Struktur und »Gewicht« geben, während eine schlichte Behandlung mit Klarlack oder Bienenwachs die natürliche Farbe, Maserung und Charakteristik des Holzes zur Geltung bringt. Einen subtilen Tönungseffekt irgendwo dazwischen kann man erzielen, indem man Klarlack oder Wachs mit etwas Pulverpigment anmischt oder Anstrichfarben zur Tünche verdünnt.

Einbaumöbel wie Bücherregale oder Schränke in Wandnischen werden oft passend zu den übrigen Holzelementen eines Raums gestrichen – fast unweigerlich in einem einfallslosen gebrochenen Weißton. Mit farbiger Tünche oder Alterungsanstrichen lassen sich hier originellere Wirkungen schaffen.

Eine interessante Oberflächenbehandlung kann ein Möbel völlig verwandeln. So könnte man einen schlichten Holzstuhl in warmem Terrakotta mit bunten Schablonenverzierungen oder im schwedischen Stil des 18. Jahrhunderts in kühlem Grau oder zu einem französischen Salon des 19. Jahrhunderts passend in Creme, Rostbraun und Gold streichen.

Es empfiehlt sich nicht immer, einzelne Möbelstücke wie Tische oder Stühle durch einen auffälligen Anstrich zu stark herauszuheben: Es kann auch stilvoll und harmonisch wirken, wenn man mehrere Stücke in unterschiedlichen Cremetönen streicht.

Farbtünche ist eine herrlich vielseitige Methode zur farbigen Verschönerung von Holz. Verdünnte Dispersionsfarbe zieht in blankes Holz ein und gibt ihm eine zarte Färbung, die seine Maserung durchscheinen läßt. Je stärker man die Farbe verdünnt, desto deutlicher setzt sich die Holzstruktur durch. Zwei übereinander aufgetragene Farbtöne ergeben eine üppigere Wirkung. Helle Tünchen können blassen Hölzern wie Kiefer oder heller Eiche eine dezente Farbnote geben, während eine konzentriertere tintenschwarze Tünche auf dunklerem Holz mit ausgeprägter Maserung deutlich dramatischer wirkt. Rauhe und relativ dunkle Eiche etwa kann eine recht kräftige Tünche vertragen. Die Tünche wird in die Maserung eingearbeitet und nach einigen Minuten mit einem Lappen etwas abgewischt. Das tiefe Holzbraun schimmert dann noch durch. Aber auch blasses Kalkweiß kann auf stärker gemaserten Hölzern einen wunderbaren Effekt hervorrufen. Das Schöne am Farbtünchen ist seine unmittelbare Wirkung und unkomplizierte Anwendung.

Durch einfache Abwandlungen lassen sich mit Farbtünchen sehr unterschiedliche und attraktive Effekte schaffen. So kann man Randeinfassungen im Schachbrettmuster malen oder ganze Möbelstücke mit breiten Streifen in verschiedenen Farben verzieren. Diese Anstrichtechnik bietet reichlich Spielraum für eigene Ideen und die Freude am Experimentieren mit Farben und Strukturen, ob man nun stilvolle Farbkombinationen aus kalkigem Weiß und verwaschenem Blau kreieren oder in leuchtendem Orange, Minzgrün und tiefem Indigo drauflosmalen möchte.

Leicht strukturierte Metallic-Effektfarben können prachtvoll und ausgesprochen interessant wirken: Silberne Metallic-Farbe auf den vorbereiteten Untergrund auftragen. Schwarze Dispersionsfarbe mit Wasser und etwas Spülmittel verdünnen, mit einem feuchten Lappen auf die Oberfläche und in Profilleisten tupfen, um eine üppige, augenfällige Patina aufzubauen. Dieses Silbergrau wirkt großartig zu satten Hintergrundfarben wie Smaragdgrün, Orange oder Weinrot. Man könnte zum Beispiel die Beine samtgepolsterter Schemel so behandeln.

◀ Mit etwas Phantasie läßt sich ein abgenutztes altes Möbelstück geradezu magisch verwandeln. Diese bemalte Kommode – wild, bunt und abstrakt – fügt sich mit ihrer lebhaften, witzigen Wirkung gut in den fröhlichen Raum ein, in dem selbst die Blumentöpfe mit Farbe verziert sind.

▲ Dieser lange, honigfarbene Eßtisch ist ein gutes Beispiel für die warme Schönheit polierter Holzflächen. Die durch Wachs oder Lack betonte Maserung und Patina kontrastieren mit dem kalkigen Effekt der Bodendielen. Der nuancierte Farb- und Strukturreichtum des Tischs hebt sich schön von den neutralen Wänden ab.

Untergründe für dekorative Behandlungen

▶ *Der Zustand dieses Schränkchens mag vom Alter herrühren oder von einem gezielten Effektanstrich, um eine interessante, abgenutzte Wirkung zu imitieren. Falls man für ein solches Teil einen deckenden Anstrich oder eine andere dekorative Behandlung plant, muß man den Altanstrich gründlich entfernen, das Holz glattschleifen und abwaschen.*

Wenn die zu streichende Fläche nicht einwandfrei vorbereitet wird, ist alle Sorgfalt beim Anstrich vergebens. Sofern der angestrebte Effekt nicht gerade nach einer rauhen, ungeschliffenen Fläche mit alterstypischen Oberflächenmängeln verlangt, lohnt es sich schon, einigen Vorbereitungsaufwand für ein makelloses, professionelles Resultat zu investieren.

Holz vorbereiten und grundieren

Bei Holz- und Metallmöbeln ist es wichtig, alte Farb- und Lackanstriche vollständig zu entfernen. Hierzu Abbeizflüssigkeit oder -paste nach Herstelleranweisung auftragen; dabei unbedingt Gummihandschuhe und Schutzbrille tragen. Sobald sich die Anstrichschichten erweichen und Blasen werfen, kann man sie mit einem Spachtel abkratzen – darauf achten, das Holz nicht zu beschädigen. Hartnäckige Stellen mit Stahlwolle bearbeiten. Oberfläche je nach verwendetem Mittel gründlich mit Wasser oder Terpentinersatz nachwaschen.

Man kann Möbelstücke auch bei Spezialfirmen im Laugenbad abbeizen lassen. Das mag vor allem bei großen Möbeln oder solchen mit zahlreichen, alten Farbschichten sinnvoll sein, weil man nicht nur Arbeitsaufwand spart, sondern auch die teils sehr unangenehmen und schädlichen Dämpfe der Abbeizen vermeidet.

Durch alkalische Abbeizmittel (Ablaugmittel) kann sich das Holz verfärben und rauh werden, was sich aber durch mehrfache Bearbeitung mit feinem Schleifpapier meist beheben läßt. Hierzu wickelt man das Schleifpapier am besten um einen Schleifklotz. Zur Bearbeitung einfacher Zierprofile kann man das Schleifpapier um einen Holzdübel wickeln. Vor Anstrichen oder sonstigen Oberflächenbehandlungen auf neuem Holz sollte man die Aststellen mit speziellem Versiegelungsmittel behandeln, da aus ihnen austretendes Harz den Anstrich verfärben kann. Je nach Herstelleranweisung ein bis zwei Schichten Versiegelungsmittel auf die Aststellen auftragen. Etwaige Löcher und andere Schadstellen der Holzoberfläche nötigenfalls mit einem zur Holzfarbe passenden Holzkitt verfüllen; nach dem Trocknen glattschleifen.

Die auf diese Weise vorbereitete Oberfläche muß aber nicht in jedem Falle grundiert werden. Bei allen Behandlungen, die einen Schellackvoranstrich erfordern, wird grundsätzlich nicht grundiert. Für deckende Anstriche muß man den Untergrund aber zunächst grundieren. Hierzu ein mit dem vorgesehenen Deckanstrich verträgliches Grundierungsmittel mit einem breiten Pinsel großzügig auftragen. Anschließend mit einem sauberen Pinsel einen geeigneten Vorlack auftragen; dann kann der Deckanstrich erfolgen.

Metall vorbereiten und grundieren

Vorbereitung und Grundierung von Metall erfolgen ähnlich wie bei Holz; zur Entfernung von Altanstrichen dienen hier spezielle Lösungsmittel.

Sprühlacke lassen sich mit Aceton entfernen, Lacke auf Ölbasis mit Terpentinersatz und Spirituslacke mit Brennspiritus. Alte Anstrichschichten und Rost mit Stahlwolle oder einer harten Drahtbürste entfernen. Die Oberfläche so lange scheuern, bis sie völlig glatt und wirklich sauber ist. Es gibt spezielle zinkhaltige Grundierungsmittel für Metall. Mennige bietet einen besonders guten Rostschutz und ist deshalb gerade für Gartenmöbel ideal. Beim Umgang mit Mennige immer Gummihandschuhe

Holz vorbereiten

1 *Abbeizer mit einem alten Pinsel auftragen; einwirken lassen. Erweichten Anstrich abkratzen.*

2 *Abgebeizte Oberfläche glattschleifen. Schleifpapier an den Kanten nur mit den Fingerspitzen leicht andrücken.*

tragen. Grundierung in einer Schicht gleichmäßig auftragen; anschließend 24 Stunden trocknen lassen.

Kunststoff vorbereiten und grundieren

Die Oberflächen mit einem sauberen Lappen und warmer Spülmittellösung abwaschen. Anschließend gründlich mit klarem Wasser nachwaschen und vor dem Überstreichen trocknen lassen.

Metall vorbereiten und grundieren

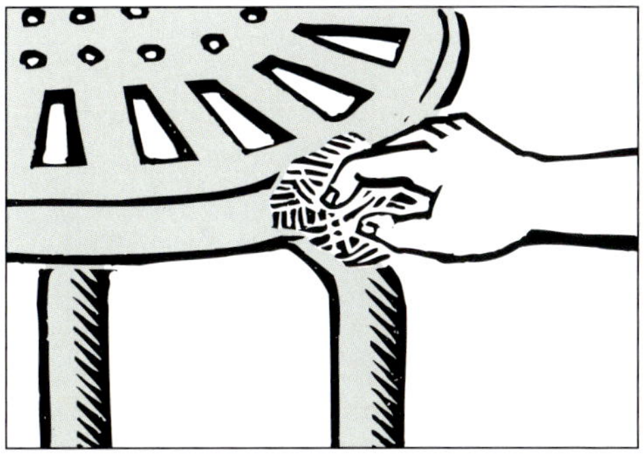

1 *Alte Anstrichreste und Rost mit Stahlwolle oder einer Drahtbürste entfernen.*

2 *Metall vor dem Streichen mit zinkhaltiger Metallgrundierung behandeln. 24 Stunden trocknen lassen.*

Werkzeug/Ausrüstung

Zur Vorbereitung und Grundierung von Holz

- **Schleifpapier:** von fein bis grob, zur Entfernung von Altanstrichen und zum Glätten von Holzkitt.
- **Arbeitsoverall, Schutzmaske und Gummihandschuhe:** für Arbeiten, bei denen Staub und Schmutz anfällt, und zum Umgang mit Lösungsmitteln.
- **Flachspachtel:** zum Abkratzen von Altanstrichen.
- **Brennspiritus:** zum Entfernen von Spirituslacken und Schellack.
- **Abbeizmittel:** zum Entfernen anderer Lackanstriche.
- **Alter Pinsel:** zum Auftragen von Abbeizmitteln.
- **Spezielles Versiegelungsmittel für Aststellen:** vor dem Grundieren aufzutragen.
- **Holzkitt:** zum Ausbessern von Löchern und Schadstellen in Holz.
- **Grundierung.**
- **Vorlack.**
- **Plastikfolie:** zum Abdecken des Bodens.

Zur Vorbereitung und Grundierung von Metall

- **Brennspiritus:** zum Entfernen von Spirituslacken.
- **Aceton:** zum Entfernen von Sprühlacken.
- **Terpentinersatz:** zum Entfernen von Lacken auf Ölbasis.
- **Stahlwolle:** zum Entfernen von abblätternden Anstrichen und Rost.
- **Metallgrundierung.**

▲ *Badewanne und Waschtisch in prächtigem Rot setzen warme Farbakzente in diesem kühlen graublauen Interieur. Metallflächen, vor allem mit alten Farbresten und Rost, erfordern einige Vorbereitung. Die rauhe Oberfläche der Badewanne wurde abgebürstet, grundiert, vorgestrichen, geglättet und dann mit mehreren Schichten Glanzlack behandelt.*

Klarlacke, Lasuren und Beizen

▲ *Wachspolituren können die natürliche Holzfarbe vorteilhaft hervorheben. Stärkere Farbveränderungen kann man mit Beizen oder Lasuren erzielen. Diese vom Zahn der Zeit angenagte Bank wurde in einem satten Kastanienbraun gebeizt, das durch die kräftige Wandfarbe besonders schön betont wird.*

Klarlacke

Es gibt verschiedene Arten von Klarlacken; gebräuchlich sind vor allem Alkydharzlacke (Verdünnungsmittel: Terpentinersatz), Acryllacke (Verdünnungsmittel: Wasser), Spirituslacke (Verdünnungsmittel: Brennspiritus) und Polyurethanlacke (Spezialverdünnung). Man hat die Wahl zwischen matten, seidenmatten und glänzenden Lacken.

Als wirkungsvoller Schutzüberzug für eine dekorativ gestrichene Oberfläche sind die meisten handelsüblichen Klarlacke geeignet. Polyurethanlack zeigt eine gewisse Tendenz zum Vergilben. Auf vielen Anstrichen fällt das nicht weiter auf, aber bei einer zartfarbig getünchten Tischplatte zum Beispiel sollte man darauf achten, die Wirkung nicht durch den falschen Lacküberzug zu verderben. Klarlacke können mit Spezial- oder Universal-Abtönpasten getönt werden.

Wasserverdünnbare Acryllacke enthalten kaum oder gar keine organischen Lösungsmittel und sind daher geruchsärmer und gesundheitsunschädlicher als lösemittelhaltige Lacke. Sie trocknen sehr rasch. PVA-Lacke sind ebenfalls nützlich. Sie sind in flüssigem Zustand weiß, trocknen aber klar auf und eignen sich als Schutzüberzug für die meisten Untergründe, besonders für Papierschichten.

Schellack ist eine gelblich-braune Flüssigkeit, die weniger hart wird als normale Klarlacke, aber als Absperrmittel nützlich ist. Spiritusemaillelack aus gebleichtem und chemisch abgetöntem Schellack sieht ähnlich aus und kann zum Beispiel glänzendem Messing eine stumpfe, patinierte Wirkung geben. Es gibt ihn in verschiedenen Pigmentierungen; er läßt sich mit Brennspiritus verdünnen. Man kann mit ihm Holz in einem Arbeitsgang beizen und lackieren; er trocknet aber sehr rasch, so daß man zügig arbeiten muß.

Klarlack auftragen

Klarlacküberzüge sind mit Sorgfalt aufzutragen. Zur zügigen Trocknung darf die Luftfeuchtigkeit nicht zu hoch sein, weshalb man möglichst an einem trockenen, warmen Tag lackieren sollte. Auf eine gute Belüftung des Arbeitsbereichs achten und die Umgebung mit Plastikfolie abdecken.

Es gibt spezielle Lackierpinsel mit besonders elastischen Borsten für strichfreien Verlauf in unterschiedlichen Formen. Am besten experimentiert man mit verschiedenen Typen, um herauszufinden, welcher einem am besten liegt. Schellack trägt man möglichst mit spitz zulaufenden Pinseln auf; für die meisten anderen Lacksorten sind Flachpinsel gut geeignet. Leisten Sie sich einen hochwertigen Pinsel, und behandeln Sie ihn pfleglich; er muß nach jeder Benutzung gereinigt werden. Den Klarlackpinsel nicht für Farbanstriche verwenden.

Pinselborsten zu einem Drittel in den Lack tauchen. Pinsel nicht am Dosenrand abstreichen, da dies zu Blasenbildung führen kann. Lack auf die Oberfläche bringen und von der Mitte nach außen verstreichen. Etwaigen Überschuß mit einem sauberen Lappen entfernen. Nach Bedarf mehrere Lackschichten jeweils in unterschiedlicher Strichrichtung auftragen. Jede Zwischenschicht mit feinem Schleifpapier anschleifen, besonders wenn eine hochglänzende Oberfläche erzielt werden soll.

Reißlackierung

Für diese Effektlackierung benötigt man spezielle Reißlacke (Künstlerbedarf), die in zwei separaten Behältern verkauft werden: ein langsam trocknender Grundlack auf Ölbasis und ein schnelltrocknender Decklack auf Wasserbasis. Die Spannungsunterschiede der beiden Lackschichten führen zur Bildung feiner, dekorativer Risse, »Krakelierung« genannt.

Das Möbelstück mit heller Lackfarbe auf Ölbasis vorstreichen. Dann den zu krakelierenden Bereich mit dem Grundlack überstreichen. Hierzu einen weichen Fischpinsel nehmen, um einen dünnen, glatten Anstrich zu erzielen. Etwa 45 Minuten bzw. nach Herstelleranweisung trocknen lassen; er soll sich noch klebrig anfühlen. Mit dem Decklack überstreichen. Diesen auftrocknen lassen; man kann die Trocknung durch Heißluft aus einem Haarfön beschleunigen. Bei Trocknung der Deckschicht bildet sich ein Netz feiner Risse. Nach etwa einer Stunde, wenn der Lack durchgetrocknet und die Rißbildung abgeschlossen ist, kann man mit einem weichen Lappen Künstleröl-

Krakelieren

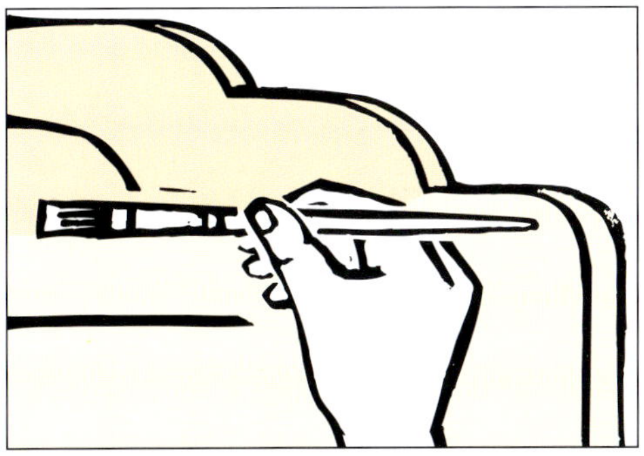

1 Grundlack mit einem Fischpinsel auftragen. Vor dem völligen Antrocknen mit Reiß-Decklack überstreichen.

2 Der Reiß-Decklack bildet beim Trocknen feine Risse. Man kann den Prozeß mit einem Haarfön beschleunigen.

3 Nach dem Durchtrocknen mit einem weichen Lappen getönte Öllasur in die Risse reiben.

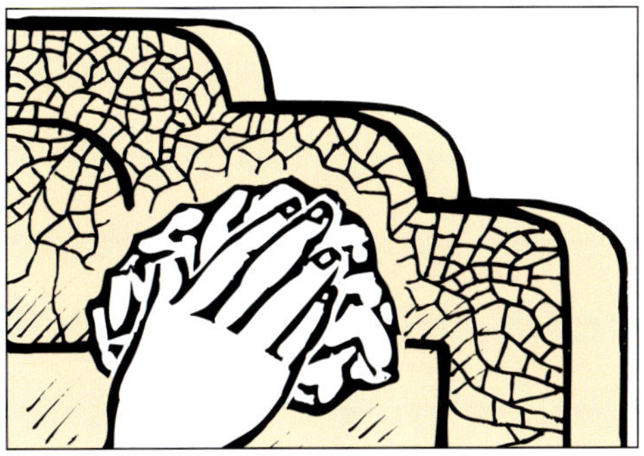

4 Ölüberschuß abwischen, so daß nur die Risse dunkel betont bleiben. Mit Schutzlack überziehen.

farbe oder mit solcher abgetönten Leinölfirnis so auf die Oberfläche reiben, daß sich die Farbe in die Risse setzt und diese zusätzlich betont. Wenn man mit der Wirkung zufrieden ist, überschüssige Ölfarbe abwischen, mehrere Tage trocknen lassen. Dann mit Schellack und/oder einem Lack auf Ölbasis überziehen.

Öllasuren

Mit Öllasuren lassen sich auf Papier oder Holz schöne Wirkungen erzielen. Sie werden zu gleichen Teilen aus Leinölfirnis und Terpentinöl bzw. Terpentinersatz angerührt und mit kleinen Mengen Künstlerölfarbe farbig abgetönt. Nach dem Trocknen ergeben sie eine zarte Farbschicht, die den Untergrund deutlich durchscheinen läßt.

Holzoberflächen mit Öllasur patinieren

Aus einem Teil Künstlerölfarbe auf vier Teile Leinölfirnis und vier Teile Terpentinöl bzw. Terpentinersatz eine trübfarbige Lasur anmischen. Patinierende Lasuren trägt man am besten auf rauhe Oberflächen auf, damit sie sich richtig in Maserung, Risse und Vertiefungen setzen können. Neue Anstriche auf Holz zuerst mit Schleifpapier oder Drahtbürste behandeln, um ihnen ein rissiges Aussehen zu verleihen. Lasur gleichmäßig dünn verstreichen, dann mit einem Lappen stellenweise wieder abreiben, so daß eine fleckige Wirkung entsteht.

Getönte Öllasuren wirken nicht nur auf blankem oder gestrichenem Holz gut, sondern auch auf Fotokopien oder Zeitungspapier, die auf Möbel oder Wandschirme geklebt wurden. Sie verleihen dem Papier die Erscheinung von altem Pergament. Abschließend einen schützenden Klarlacküberzug auftragen.

Beizen

Holzbeizen verändern die Holzfarbe, haben aber keine versiegelnde Wirkung. Man kann sie ganzflächig auftragen oder mit ihnen dekorative, geometrische Muster gestalten, die wie Einlegearbeiten wirken. Anregungen können zum Beispiel Fliesenmuster in alten Häusern oder Kirchen liefern. Das vorgesehene Muster mit einem scharfen Messer leicht ins Holz vorritzen. Auf diese Weise wird ein Einsickern der verschiedenfarbigen Beizen in angrenzende Bereiche unterbunden. Beize mit einem Pinsel auftragen, trocknen lassen und mit mehreren Schichten Klarlack überziehen.

◀ Die Wirkung einer mit dem Alter rissig gewordenen Anstrichoberfläche läßt sich durch eine spezielle Reißlackierung nachahmen. Besonders bei hellen Anstrichen wirkt es attraktiv, wenn man die feinen Netzrisse durch Einreiben einer getönten Lasur zusätzlich betont.

Farbanstriche und Wachsbehandlung

Farbanstriche auf Holz

Farbtünchen

Auch mit einer Art »Tünche« aus wasserverdünnter Dispersions- oder Acrylfarbe lassen sich dünne, transparente Farbschichten auf Holzoberflächen erzeugen.

Farbe und Struktur des Anstrichs nach und nach aus mehreren Schichten aufbauen und die Farbe nach Wunsch grob und ungleichmäßig verteilen, um einen lebendigen, »lockeren« Effekt zu erzielen. Eine gleichmäßigere Wirkung erhält man durch eine abschließende Deckschicht in blasserer Farbe. Um die unregelmäßige Wirkung auszubalancieren, sollte man das Möbelstück vor einen ebenmäßigen Hintergrund plazieren. Durch Tünchen in drei Farbtönen erzielt man eine intensive, üppige Tiefenwirkung.

Farbtünchen mit Wachsabdeckung

Durch diese Technik kann man gestrichenen oder farbig getünchten Teilen eine leicht ramponierte, verwitterte Erscheinung geben. Das Wachs nimmt keine Farbe an und wird nach dem Überstreichen abgerieben, um die Grundschicht – ob blankes Holz oder ein Farb- oder Lasuranstrich – freizulegen.

Bienenwachspolitur oder Rubbelkrepp (im Künstlerbedarf) mit einem kleinen Pinsel in unregelmäßigen Streifen oder Klecksern auf den Grundanstrich auftragen. Je abgenutzter das Teil wirken soll, desto mehr Abdeckungsmittel muß man auftragen. Trocknen lassen. Eine Schicht Dispersionsfarbe auftragen, über Nacht trocknen lassen. Weitere verdünnte Farbschichten auftragen. Nach dem Trocknen der Deckschicht Wachs bzw. Rubbelkrepp mit Lappen und einem Spachtel entfernen, um die Grundschicht freizulegen. Oberfläche fein abschleifen.

▶ *Charakter und Patina dieser verwitterten, alten Holzbohlen wurden durch Kalken eindrucksvoll verstärkt. Das weiße Pigment setzt sich in die rauhe Holzstruktur, läßt dabei aber die ursprüngliche Holzfarbe durchscheinen. Der entstandende Effekt bildet eine sehr schöne Ergänzung zu dem vorwiegend in Weiß gehaltenen Raumkonzept.*

Holz wachsen

Kalken

Diese Technik betont die natürliche Holzwirkung sehr schön, indem sie Maserung und Risse im Holz mit weißem Pigment ausfüllt und einen sanften, weißen Schimmer auf der Oberfläche hinterläßt. Sie eignet sich am besten für Holzarten mit ausgeprägter, attraktiver Maserung. Eiche und Esche etwa nehmen Kalkpaste oder Kalkwachs besonders gut an. Wenn man die Oberfläche von Kiefernholz (einer geschlossenporigen Holzart) gründlich mit der Drahtbürste bearbeitet, kann man jedoch auch hier mit Kalkwachs interessante Wirkungen erzielen. Alle Holzarten zunächst in Maserungsrichtung leicht mit der Drahtbürste bearbeiten, um die Faser zu »öffnen«.

Fertig verkauftes Kalkwachs ist am einfachsten anzuwenden. Mit einer harten Bürste auftragen, trocknen lassen und dann mit einem Lappen so von der Oberfläche polieren, daß es in Maserung und Vertiefungen zurückbleibt.

Farbtünchen mit Wachsabdeckung

1 *Bienenwachspolitur oder Rubbelkrepp mit einem kleinen Pinsel streifig auf das Möbel auftragen.*

2 *Mit Dispersionsfarbe überstreichen. Trocknen lassen, dann mehrere verdünnte Farbschichten auftragen.*

3 *Nach Trocknen der Deckschicht das Abdeckmittel mit Lappen und einem Spachtel entfernen.*

▲ *Die mit abblätternder Anstrichfarbe und Rost verkrusteten Metallschnörkel dieses wahrhaft majestätischen Möbels harmonieren prächtig mit den üppigen Samt- und Kelimkissen. Rostige, ausgeblichene oder von sonstigen Alterungsspuren gezeichnete Anstrichoberflächen lassen sich mit verschiedenen Imitationstechniken nachahmen.*

Farbanstriche auf Metall

Grünspan-Effekt

Die Kuppeldächer alter Bauwerke schillern oft in attraktivem Blaßgrün. Dieser Effekt ist der natürlichen Patina von Kupfer, Messing oder Bronze zu verdanken – auch »Edelrost« oder »Grünspan« genannt. Man kann entsprechende Metallteile der Witterung aussetzen, damit sie auf natürlichem Wege Grünspan ansetzen, was jedoch einige Zeit dauert. Ein ähnlicher Effekt läßt sich aber auch mit Farbe erzielen.

Die Technik eignet sich für Metall- oder Plastikteile wie etwa Bilderrahmen, Kerzenhalter, Lampenfüße und Möbelstücke, muß aber auf einer waagerechten Fläche ausgeführt werden, da die verwendete Paste an senkrechten Flächen nicht haftet. Einen Metalltisch etwa müßte man abschnittsweise behandeln und dabei immer so drehen, daß die gerade bearbeitete Fläche waagerecht liegt.

Zuerst einen Grundanstrich in einem Bronzebraunton – Lackfarbe, Spiritusemaillelack oder Schellack – auftragen und trocknen lassen. Dann mit einer Tünche aus einem Teil tiefgrüner Dispersionsfarbe auf vier Teile Wasser überstreichen, trocknen lassen. Evtl. eine zweite Schicht Tünche aufbringen. Jetzt zwei Grünspanpasten anmischen: eine aus minzegrüner, die andere aus blaßblauer Dispersionsfarbe. Mit einem Teil Brennspiritus auf zwei Teile Dispersionsfarbe verdünnen. Durch ein Sieb gestrichenes Gipspulver oder Schlämmkreide untermischen, bis eine glatte, relativ feste Paste entsteht.

Beide Pasten unregelmäßig auf den Untergrund verteilen, an verschiedenen Stellen unterschiedlich dick aufbauen. Hier und da den Grundanstrich durchscheinen lassen. Während diese Schicht trocknet, mit einem feinen Künstlerpinsel etwas stark verdünnte ockergelbe Acrylfarbe in ungleichmäßigen Flecken über die Oberfläche verteilen. Nach dem Trocknen vorsichtig Wasser über die ganze Fläche gießen, um die unteren Schichten teilweise freizulegen.

Etwas Schlämmkreide oder Gipspulver über die feuchte Fläche streuen, in die Oberfläche und etwaige Zierprofile eindrücken. Wenn die Fläche fast trocken ist, Pulver mit einem Lappen teilweise abreiben, so daß die unteren Schichten durchscheinen. Das Ergebnis sollte wie die angestrebte Patina wirken. Trocknen lassen, mit verdünntem PVA-Leim (Holzleim) versiegeln, gegebenenfalls mit mattem Polyurethanlack überziehen. Ein Rosteffekt läßt sich entsprechend mit brauner und roter Farbe imitieren.

Grünspan-Effekt

__1__ Mit einem feinen Künstlerpinsel etwas Ockerfarbe über den fertigen Anstrich tupfen.

__2__ Vorsichtig Wasser über die Tischplatte gießen, um die unteren Farbschichten teilweise freizulegen.

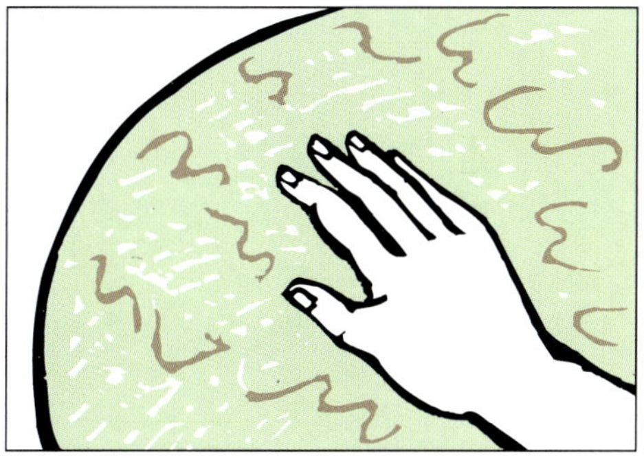

__3__ Etwas Schlämmkreide über die feuchte Tischplatte streuen und in die Oberfläche drücken.

__4__ Fast trockenes Pulver stellenweise wieder abreiben. Trocknen lassen, mit verdünntem PVA-Leim versiegeln.

Ausgefallene Materialien

▲ *Die aufblasbaren Plastikkissen mit knallbunten Punkten sind ein mutiger und eigenwilliger Rückgriff auf die 1960er, fügen sich aber erstaunlich gut in das im übrigen bewußt zurückhaltend gestaltete Interieur ein. Gerade durch die Kombination ungewöhnlicher und vertrauter Materialien läßt sich eine eindringliche Wirkung erzielen.*

Dieser Abschnitt stellt eine kleine, aber reizvolle Auswahl weniger gebräuchlicher Materialien vor, mit denen sich die Oberflächenerscheinung von Möbeln überraschend verändern läßt. Es gibt keinen Oberbegriff, unter dem sich so unterschiedliche Materialien wie Papier, Kunststoff, Jutefasern, Maschendraht, Glas und Keramik zusammenfassen lassen, deren Einsatz zur Möbelgestaltung den Rahmen des Alltäglichen durchbricht.

Kontrast, Struktur und das Zusammenspiel der beiden sind die Schlüssel zum stil- und wirkungsvollen Einsatz dieser Materialien. Achten Sie auf Ausgewogenheit und Symmetrie – das Unerwartete kann schon in kleinen Mengen große Wirkungen erzielen! Kontrastieren Sie harte mit weichen oder matte, opake mit kühlen, gläsernen, lichtspiegelnden Flächen; stellen Sie sich glänzendes Plastik oder Drahtgeflecht auf einem glatten Bodenbelag aus Gummi oder Linoleum vor. Angesichts solcher Vielfalt steht zu hoffen, daß die Zeiten, als man fast jede Oberfläche mit geblümtem Chintz bedeckte, endgültig der Vergangenheit angehören.

Solche in der Möbeldekoration unüblicheren Materialien wie etwa Metall, Plastik und Papier sind sicher nicht jedermanns Geschmack, können aber die Phantasie herausfordern und den Horizont erweitern. So könnte ein Glastisch, über den ein feines, schimmerndes Metallgewebe drapiert wird, als wunderbar aparte Ausstellungsfläche für Glasobjekte dienen. Mit einer Lage changierender Seide unter dem Metall ergibt sich eine noch eindrucksvollere Kombination. Man kann Kordeln oder Quasten an Drahtgeflecht knoten, um ihm mehr Struktur zu verleihen. Stühle aus Metallrohr, mit Jutefasern oder geflochtenen Strohhalmen umwickelt, bieten recht phantastische Strukturkontraste.

Kombinations- und Experimentierfreude sind das Geheimnis des Erfolgs beim Einsatz ungewohnter Materialien. Manche davon, wie etwa Mosaik, sind keineswegs neu. Papier wiederum ist zwar ein vertrautes Material, dessen Verwendung zur Möbeldekoration aber neue Horizonte auftut.

Bei der Suche nach neuen Möglichkeiten der Oberflächendekoration schöpfen wir immer wieder aus Ideen und Themen der Vergangenheit. Auch wenn nur wenige die Neigung und Begabung haben, die herrlichen Werke römischer Mosaikkunst nachzuahmen, können wir uns doch in unseren bescheideneren Versuchen von ihren Farben und Mustern anregen lassen.

Auch Klassiker können durch andere Materialien eine neue Wirkung erhalten, so etwa, wenn man die vertraute Form eines üppig gepolsterten Klubsessels zur Abwechslung aus gebogenem Metall oder Wellpappe nachbildet.

Spaß und Spielerei mögen gelegentlich die Oberhand über praktische Aspekte gewinnen – und warum auch nicht, wenn wir der Massenware, der vorsichtigen, farblich aufeinander abgestimmten Einrichtungen einmal müde sind? Aufblasbare Plastikkissen mögen den meisten nur für den Swimmingpool passend scheinen, doch schon beschert man uns aus Plastikabfällen gefertigte Arbeitsplatten. Warum also nicht ein aufblasbares Plastikpolster an exponierter Stelle – etwa auf der erlesenen Chaiselongue aus recycelten Plastikbehältern?

◀ *Der überraschende Einsatz von massivem Glas in augenfälliger Farbe als Material für diese »Tischdecke« und den passenden Hocker schafft einen faszinierenden Blickfang. Das Einrichtungsthema »Glas« setzt sich auch in den großen Fensterflächen ohne Vorhänge und in der orangegelben Hängeleuchte über dem Tisch fort.*

Papier

Papier findet man zwar häufiger in Tapetenform an den Wänden; es ist aber auch ein faszinierendes Mittel zur Dekoration von Möbeln – ob aus Holz, Metall oder Plastik. In seinen vielen unterschiedlichen Formen läßt es sich besonders gut auf glatte, ebene Flächen wie Tischplatten, Schubladen- und Schrankfronten oder Sitzflächen aufziehen. Man braucht nur etwas Leim und Klarlack, um sein Einreißen zu verhindern.

Es gibt rauhe, matte Papiere wie Zeitungspapier, glänzend glatte wie Zeitschriftenumschläge, bedruckte, geprägte, unifarbene, silberne, dünne, durchsichtige und vieles mehr. Wenn man beginnt, sich für die verschiedenen Typen – und seien es nur die im alltäglichen Gebrauch – zu interessieren, fällt einem diese Vielfalt rasch ins Auge. Papier bietet unendliche dekorative Möglichkeiten; so kann man es nicht nur schneiden, reißen, falten und knüllen, sondern auch nähen und sogar flechten.

Glauben Sie nur nicht, daß Papier kein solides Material wäre. Die berühmten Stühle von Lloyd Loom beispielsweise bestehen aus geflochtenen und verwebten Papiersträngen, was eine sehr robuste, strapazierfähige Konstruktion ergibt. Karton und Pappe – zum Beispiel Wellpappe – können steif genug sein, um freistehende Möbel aus ihnen zu gestalten oder »Bezüge«, die man über einen Holzrahmen stülpen oder an diesem befestigen kann. Eine pfiffige dekorative Wirkung läßt sich auch erzielen, indem man in Illusionstechnik einen prächtig geschnitzten Holztisch oder etwa einen originellen Stuhl auf eine freistehende Kartonsilhouette malt.

Man kann ausgeschnittene oder -gerissene Papierstücke unter Glasplatten legen oder kleine Fetzen bunter Metallfolie von Schokoriegeln und dergleichen im Mosaikmuster auf schwarzweißem Zeitungsdruck anordnen. Streifen bunter Bildseiten aus Zeitschriften lassen sich mit unifarbenen Papierstreifen zu einem Schachbrettmuster verweben; das Resultat kann man wie Platzdeckchen auf Tische oder Schränke legen oder auch kleben. Gefaltete Zeitungsstreifen, in ähnlicher Weise mit braunem Packpapier verwebt, passen in ihrer eher monochromen Wirkung sehr gut zu kühlen, klaren Interieurs aus Naturmaterialien wie Holz, Stein und Terrakotta.

▲ *Diese originelle Kommode ist mit bemaltem und anderweitig dekoriertem Papier beklebt. Solche Effekte sind einfach zu erreichen, vor allem auf ebenen Oberflächen, auf die sich das Papier sauber aufziehen läßt. Und wenn einem die Wirkung nicht gefällt, kann man es wieder abreißen und etwas anderes ausprobieren.*

Strukturiertes Papier

Stilvoll und sehr elegant wirkt handgeschöpftes Papier mit eingeprägten Buchstaben oder Schmuckmotiven. Es gibt Firmen, bei denen man Prägestempel mit den eigenen Initialen oder einem individuellen Dekor bestellen kann. Schweres, handgeschöpftes Papier hat den Vorteil einer gewissen Dicke und Strukturwirkung. Man kann Papier auch strukturieren, indem man mit der Nähmaschine Lochreihen hineinstanzt (ohne eingelegten Faden!). Das Ergebnis erinnert an gelochte Metallbleche und kann etwa zur Dekoration von Schranktüren dienen.

Es gibt eine große Vielfalt handgeschöpfter Spezialpapiere, manche mit besonders schöner und ungewöhnlicher Oberflächenstruktur, andere mit Naturstein- oder Graniteffekt. Sie werden oft aus Altpapier, auch mit eingestreuten Pflanzenresten, Blütenblättern oder Zwiebelschalen hergestellt. Manche davon sind äußerst reizvoll und dekorativ und trotz ihrer zarten Wirkung sehr robust. Wenn man sie zur Verzierung einer Tischfläche einsetzen will, muß man sie jedoch unter eine Glasplatte legen.

Papier fälteln

Gefälteltes Papier kann man zum Beispiel hinter verglasten Schranktüren als preiswertere Alternative zu Stoff verwenden. Hierzu die Rückseite eines steifen, glatten Papiers oder dünnen Kartons entlang der Ober- und Unterkanten mit kleinen Punkten markieren. Sie müssen nicht unbedingt in gleichen Abständen angebracht, aber an beiden Kanten jeweils gleich angeordnet sein. Papier entlang der Verbindungslinien der Punkte mit einem Falzbein oder einem geeigneten Brieföffner einfalzen. Die gefältelten Papierbögen mit Heftzwecken am Holzrahmen des Glaseinsatzes befestigen.

◀ Papier ist ein äußerst abwechslungsreiches Material und in den verschiedensten Farben, Strukturen und Stärken erhältlich. Hier wurden vergrößerte Reproduktionen alter Drucktypen als Tapete und Lampenschirm verwendet. Experimentieren Sie mit verschiedenen Papierarten auf unterschiedlichen Untergründen, um ungewöhnliche Effekte zu erzielen.

Auf glatte, saubere Flächen kann man Papier direkt mit PVA-Leim (Holzleim) aufkleben, den man im Verhältnis 1:1 mit Wasser verdünnt. So kann man eine Tischplatte mit einer großformatigen Zeitung oder bedruckter Tapete bekleben oder, wenn man nicht direkt auf den Tisch kleben mag, eine Sperrholz- oder Hartfaserplatte zusägen und mit dem Papier beziehen. Oberfläche mit der PVA-Lösung versiegeln. Man kann auch Sperrholzquadrate in Kachelformat zusägen, mit unterschiedlichen, bunten oder bedruckten Papieren beziehen, nebeneinander auf einer vertieften Tischplatte anordnen und dann mit einer Glasplatte bedecken.

Auch mit Landkarten lassen sich Möbel sehr schön dekorieren. Stöbern Sie in Antiquariaten nach antiken Exemplaren, oder verwenden Sie moderne, bunte Weltkarten. Diese passen besonders gut in Kinderzimmer oder andere zwanglose Bereiche. Auch hier PVA-Leim zum Aufkleben und Versiegeln verwenden.

Schlichtes Papier kann vor Verwendung getönt, gestrichen, bemalt, marmoriert oder bedruckt werden. Eine mit Kinderzeichnungen beklebte und überlackierte Holzkiste wäre hübsch fürs Spielzimmer. Das Papier am besten mit Acrylfarben bemalen, die sich nicht mit dem Leim vermischen.

Einfache Holztruhen lassen sich verschönern, indem man Truhe und Deckel von innen mit Papier ausschlägt. Tapeten in altmodischen oder modernen Dessins sind hierfür ausgezeichnet geeignet, da sie relativ robust und in großer Musterauswahl verfügbar sind.

Eine langweilige Kommode läßt sich raffiniert auffrischen und verwandeln, indem man die Schubladenfronten komplett mit Papier bezieht. Nehmen Sie ein großes Bildmotiv – Toile-de-Jouy-Tapete wäre zum Beispiel gut geeignet –, und schneiden Sie es der Schubladenaufteilung entsprechend zu. Dabei braucht man jeweils ausreichend Überstand, um das Papier um die Kanten der Schubladenfronten einzuschlagen. Streifen- oder Schottenkaromuster wirken ebenfalls dekorativ. Im Kinderzimmer kann man auch einfach eine Kombination kräftiger Farben einsetzen. Schubladengriffe vorher abschrauben. Das Papier mit PVA-Leim glatt und faltenfrei aufkleben. Gut trocknen lassen, dann die Griffe vorsichtig wieder aufschrauben, um das Papier nicht einzureißen.

Ausschneidemotive

Ausschneidemotive aus Papier sind ebenfalls eine attraktive Möbeldekoration. Dazu kann man einzelne Motive auf dem Fotokopierer vervielfältigen, nach Wunsch vergrößern oder verkleinern und dann ausschneiden. Bedruckte Papiere jeder Art sind ebenfalls geeignet, solange sie sich schneiden und kleben lassen: alte Stiche mit Blumen oder Früchten, Architekturzeichnungen als klassisches Thema, Zeitungsausschnitte, Spielkarten, alte Urkunden, Umschläge von Hochglanzillustrierten, Tapetenbordüren oder Teilmotive kunstvoller alter Stoff- oder Tapetenmuster. Für Traditionalisten bieten sich farbenprächtige Blumenmotive und

▲ *Eine hübsche Methode, um einen langweiligen Flur oder eine triste Ecke reizvoller zu gestalten: Alle Oberflächen wurden mit interessant gemustertem Papier beklebt. Die einheitliche Hintergrundfarbe, von der sich das Tapetenmuster und das bedruckte Papier auf dem Tischchen deutlich abheben, gibt dem Ganzen eine harmonische Wirkung.*

pausbäckige Engelchen im Stil des 19. Jahrhunderts an – als man alles und jedes mit Ausschneidemotiven verzierte. In der Küche könnten Illustrationen aus Haushaltswarenkatalogen, wie Töpfe, Pfannen und sonstiges Kochgerät, reizvoll wirken. Man könnte Türgriffe und Zierleisten fotokopieren, nach Wunsch bemalen und dann auf eine schlichte Schrankfront aufkleben, um die Illusion eines verschnörkelten Büfetts zu schaffen.

Dekorativ wirkt es auch, wenn man Buchstaben oder Ziffern unterschiedlicher Größe und Gestaltung aus Illustrierten, Zeitungen oder Plakaten ausschneidet und über eine große Fläche wie eine Tischplatte verteilt, vielleicht auf einem Untergrund aus braunem Packpapier. Blätter mit unterschiedlichen Drucktypen lassen sich ebenfalls wirkungsvoll kombinieren.

Technik

Motive mit einem Skalpell oder Cuttermesser auf einer harten, ebenen Unterlage, am besten einer speziellen Schneideunterlage, ausschneiden. Den Untergrund vorbereiten: zum Beispiel Zeitungspapier, braunes Packpapier oder einen Farbanstrich. Die Ausschneidemotive beidseitig mit im Verhältnis 1:1 mit Wasser verdünntem PVA-Leim (Holzleim) einstreichen. Auf den Untergrund legen und mit einem Pinsel feststreichen. Beim Antrocknen schrumpft das Papier etwas. Motiv nach Wunsch mit verdünnter Dispersions- oder Acrylfarbe übermalen oder »patinieren« (siehe Seiten 278–279). Gegebenenfalls mit einem schützenden Klarlackanstrich überziehen.

▲ Diese Kommode erhält durch die aufgeklebten Notenblätter eine sehr aparte, attraktive Erscheinung, während die neutralen Farbtöne ihres Grundanstrichs und ihrer Umgebung zu einem harmonischen Gesamtbild verschmelzen.

Ausschneidetechnik

1 *Motive aus Zeitungen oder Zeitschriften sorgfältig mit einem Skalpell oder Cuttermesser ausschneiden.*

2 *Ausschneidemotive beidseitig mit einer Mischung aus Wasser und PVA-Leim (1:1) einstreichen.*

3 *Motive auf den Untergrund legen und mit dem verdünnten PVA-Leim überstreichen.*

Mosaik

Die Mosaikkunst blickt auf eine jahrtausendealte Geschichte zurück. Kleine Stein-, Kiesel-, Glas- und sogar Muschelstückchen wurden in Gebäuden aller Art – von gewaltigen Kathedralen bis zu bescheidensten Behausungen – zur Dekoration von Wänden, Fußböden und anderen Innen- und Außenflächen verwendet. Seit der Zeit der griechischen und römischen Antike hat man mit Mosaiken bildliche Szenen dargestellt, die in ihrer Detailliertheit an Gemälde und Bildteppiche heranreichen. Riesige Flächen wurden mit Keramikscherben, Edel- oder Halbedelsteinen bedeckt; kunstvolle, abstrakt gestaltete Einfassungen umgaben das zentrale Bildmotiv. In der Jugendstilperiode dominierte die rein abstrakte Form der Mosaikkunst: Dächer, Hofpflaster, Säulen und praktisch jede verfügbare Oberfläche wurden von Künstlern, die sich für Vielseitigkeit und Leuchtkraft des Mosaiks begeisterten, mit frappierend ausdrucksvollen, detaillierten Dekoren bedeckt.

Auch in der modernen Raumgestaltung ist das Mosaik ein beliebtes Mittel der Flächendekoration. Man kann es etwa zur Verschönerung von Tischplatten, Spiegelrahmen, Kopfteilen von Betten oder sogar Stühlen einsetzen. Die traditionellen Mosaikteilchen nennt man

► *Die Mosaikkunst ist eine uralte, über die ganze Welt verbreitete Tradition. Hier wurde die runde Tischplatte mit einem reizvollen Mosaikmuster eingelegt. Im Hintergrund wird der Mosaikeffekt von der oberen Abschlußleiste der Küchenzeile wiederaufgegriffen.*

Mosaik

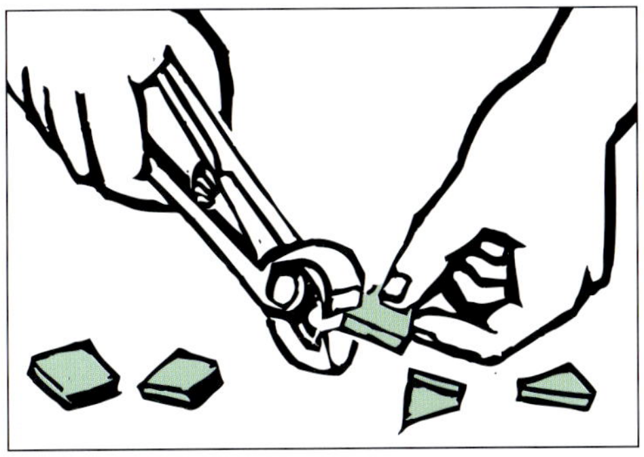

1 *Mosaikmaterial in kleine Plättchen brechen; gegebenenfalls für die Ränder passend zuschneiden.*

2 *Nach Festlegung des Musters die Mosaikteilchen rückseitig mit Kleber bestreichen und festkleben.*

3 *Fugenmörtel auf die Mosaikfläche verteilen und gut in die Fugen einstreichen.*

4 *Mörtelüberschuß vor dem Antrocknen mit einem sauberen Lappen von der Oberfläche wischen.*

»Tesserae« oder »Smalten« – kleine, farbige Glas- oder Emailleplättchen. Statt dessen kann man aber auch verschiedenste andere Materialien verwenden: Interessante Wirkungen kann man zum Beispiel mit Scherbenstückchen von normalen Keramikfliesen, Geschirr, Glas, Plexi- oder auch Spiegelglas erzielen.

Bei richtiger Untergrundvorbereitung lassen sich Mosaikarbeiten auf fast jedem Material ausführen. Manche, etwa Metall, müssen erst aufgerauht werden, damit Kleber oder Mörtel haften; Holz, Sperrholz und Hartfaserplatten muß man vorab mit einer Lösung aus Wasser und PVA- bzw. Holzleim (1:1) versiegeln. Man kann sich eine passende Hartfaserplatte zusägen lassen oder das Mosaik direkt auf das Möbel kleben. Es ist wichtig, die bearbeitete Fläche waagerecht zu halten, bis der Mörtel trocken ist. Die Technik ist ähnlich wie beim Fliesen von Böden oder Wänden, aber einfacher.

Mosaikteilchen anordnen

Man kann abstrakte oder gegenständliche Motive vorher auf dem Untergrund vorzeichnen oder das Muster erst während der Arbeit als buntes Kaleidoskop gestalten. Sie können die Teilchen auch auf dem Untergrund auslegen und so lange verschieben, bis ein ansprechendes Muster entsteht. Bei dickeren Fliesen muß man die Randstücke unter Umständen mit einem Fliesenschneider einritzen und brechen; bei dünneren Fliesen und Tesserae kann man mit einer Papageienschnabelzange Rundungen auszwicken.

Geschirrteile oder größere Fliesen kann man erst zerbrechen und dann zu präziseren Formen schneiden. Oder man verarbeitet die groben Bruchstücke zu einem zwanglos abstrakten Muster; dann sollte man jedoch breitere Mörtelfugen lassen. Wenn man ehrgeizigere Vorhaben mit harten Materialien wie Marmor oder Smalten plant, kann sich die Anschaffung eines Spezialhammers und eines Abschroters lohnen – eine Art kleiner Amboß, gegen den das Teil fixiert wird, um es mit einem scharfen Hammer gezielt zu brechen.

Kleben und verfugen

Wenn das Muster festgelegt und die Teilchen entsprechend vorgeschnitten sind, werden die Teilchen rückseitig mit Kleber bestrichen und

▲ *Die Kombination aus unregelmäßigen und geometrischen Mosaikmustern bildet eine dezente und in ihrer Schlichtheit sehr ansprechende Dekoration für dieses Bett. Die Wirkung der unregelmäßigen Bruchstücke in der Mitte des Kopfteils wird durch die ordentliche Einfassung aus kleinen quadratischen Fliesen perfekt ausbalanciert.*

auf den Untergrund geklebt. Trocknen lassen, dann den Fugenmörtel nach Herstelleranweisung anmischen oder gebrauchsfertigen Fugenmörtel verwenden. Auf Wunsch kann man den pulverförmigen Fugenmörtel mit kleinen Mengen Acrylfarbe abtönen.

Fugenmörtel gleichmäßig auf die Mosaikfläche verteilen und in die Fugen zwischen den Teilchen drücken. Überschüssigen Mörtel vor dem Antrocknen mit einem feuchten Lappen von der Oberfläche wischen. Mosaik mindestens 24 Stunden trocknen lassen; dann mit einem sauberen Lappen nachpolieren.

Wohntextilien

Wer Stoffe liebt, weiß, welch überwältigende Faszination vom Umgang mit Textilien und der Auslotung ihrer praktischen und dekorativen Möglichkeiten ausgehen kann. Weiche Wollstoffe in erdigen Tönen oder farbenprächtig schimmernde Seide können gleichermaßen eine Quelle der Inspiration und Begeisterung sein. Dies hat vielleicht mit der sinnlichen Beschaffenheit von Stoffen zu tun, aber auch mit ihrer Herkunft und Geschichte und ihren mannigfaltigen Erscheinungsformen.

Gewebe

Der Charakter eines Stoffs hängt ebenso von der Webart wie von der Wahl des Garns ab. Durch verschiedene Webarten oder Bindungen können aus dem gleichen Garn ganz unterschiedliche Stoffe entstehen. Daß etwa glänzender Baumwollsatin keinerlei Ähnlichkeit mit Baumwollmusselin hat, liegt vor allem an der unterschiedlichen Webart.

Die Tuch- oder Leinenbindung ist die einfachste und naheliegendste Webtechnik. Die Schußfäden (die Querfäden auf dem Webstuhl) verlaufen abwechselnd unter und über einem Kettfaden (Längsfaden auf dem Webstuhl). Beim nächsten Schuß wiederholt sich dieser Verlauf dann um einen Kettfaden versetzt.

Bei den meisten Geweben werden zuerst die Kettfäden (in unterschiedlicher Anordnung) auf den Webstuhl gespannt, dann die Schußfäden quer hindurchgeführt bzw. »eingeschossen«. Bei manchen Stoffarten – etwa Jacquardstoffen – ist der Webvorgang hingegen wesentlich komplizierter. So wird Jacquard auf einem sehr speziellen Webstuhl hergestellt, nach dessen Erfinder der Stoff benannt ist.

Garne

Unterschiedliche Garne – etwa aus Baumwolle, Leinen, Wolle oder Seide – verleihen den Stoffen bestimmte Eigenschaften. Es können auch mehrere Garnsorten in einem Stoff kombiniert werden, um ihm beispielsweise mehr Festigkeit oder Glanz zu geben – oder aus wirtschaftlichen Gründen.

Stoffe können nach dem Weben eingefärbt werden, oder man färbt das Garn schon vor dem Webvorgang. Außerdem kann man Stoffe mit einer unendlichen Vielfalt von Mustern bedrucken. Mit hochmodernen Druckverfahren lassen sich frappierende Effekte erzielen; so werden mit Computerhilfe sogar Hologramme auf Stoff aufgedruckt. Auch das Weben erfolgt computergesteuert.

Einsatz im Wohnbereich

Die Verarbeitung von Stoffen zu Möbelbezügen und anderen Wohntextilien ist ungeheuer befriedigend, weil sie so vielfältige, weitreichende Möglichkeiten bieten. So kann man ein Sofa aus den verschiedensten Gründen neu beziehen: aus banalen praktischen Erwägungen oder

◀ *Bauschige, farbenprächtige Stoffbahnen fließen in einem nicht enden wollenden Strom von der Decke zum Boden und zeigen, welch erstaunliche Wirkungen man mit Farben erzielen kann. Das von der anderen Seite durchschimmernde Licht verdeutlicht, wie sich mit Stoffen selbst die Raumdimensionen verändern lassen.*

▲ *Unterschiedliche Oberflächenstrukturen verbinden sich in dieser Anhäufung blauer und weißer Kissen zu einer ansprechenden Gesamtwirkung. Das Blau wiederholt sich im Streifenbezug des Ruhesofas, während die verschlungenen Muster der weißen Spitzenüberzüge einen Bezug zu seinem weiß gestrichenen Metallgestell herstellen.*

um einem Wandel der Stimmung oder des Lebensstils gerecht zu werden, aus Gründen des Komforts – weil die kratzige Füllung durch die geliebten, aber abgewetzten alten Polster dringt – oder um dem immerwährenden Modewandel zu folgen. Ein schlichtes Sofa kann völlig unterschiedlich wirken, je nachdem, ob man es mit einem reinweißen Baumwollbezug, mit farbenprächtigen Kelims, blumig bedrucktem Stoff, Schottenkaro oder Paisleymuster bedeckt.

Stoffe individuell gestalten

»Neue« Stoffe lassen sich zum Beispiel durch Kombination von Stoffstücken in Patchwork-Technik kreieren. Stoffe können mit Randeinfassungen und Besätzen aus anderen Stoffstreifen, Borten oder Bändern verziert werden. Mit Stoffarben kann man Muster und Strukturen schaffen; durch den Einsatz von Tapetenkleister (siehe Seiten 296–299) läßt sich nicht nur die Oberfläche, sondern auch die Textur eines Stoffs erstaunlich verwandeln.

Durch Kombination unterschiedlicher Stoffgewichte, etwa indem man Streifen eines schweren Wollgewebes zwischen schmale Bahnen aus hauchdünner Baumwolle näht, erhält man einen ganz neuen Stoff mit besonders interessantem Fall, was wiederum neue, unerwartete Einsatzmöglichkeiten anregen kann, die keiner der beiden Stoffe allein bieten könnte.

Perlen, Fransen und Quasten sind wunderbare und vielseitige Mittel zur Ausschmückung von Stoffen. Verschlungene Applikationen aus glänzender Seide können einen matten Baumwolluntergrund verwandeln. Durch Borten und Kordelbesätze kann man Textilien ausdrucksvoll abgrenzen und luxuriöser wirken lassen. Manche dieser Besätze oder Posamenten sind ungeheuer kunstvoll gewebt und besonders geeignet, um schlichte Stoffe herauszuputzen. Da man ihre komplizierten Knoten und Fadenführungen erst aus der Nähe erkennt, bieten sie sozusagen einen integrierten Überraschungseffekt.

Sicher sind manche Stoffe für einen bestimmten Rahmen oder Zweck besonders geeignet, oft lassen sich aber spannende und unerwartete Wirkungen erzielen, indem man mit Stoffen spielt und sie einmal in weniger vorhersehbarer Weise einsetzt. Eine 2,5 cm breite Karoborte in Schwarz und Creme als Randeinfassung einer cremefarbenen Kaschmirdecke etwa zieht das Auge auf sich und unterstreicht die weiche Wirkung des Kaschmirstoffs, gibt ihm eine klare Abgrenzung und zugleich eine besondere optische Note. Vieles ist eine Frage von Improvisation und überraschenden Effekten. Kombinieren Sie einmal cremefarbenes Leinen mit einem groben Jutestreifen oder kanariengelben Samt zu einem Wollstoff im traditionellen Schottenkaro. Das verträgt sich nicht besonders, aber wenn man die Samtfarbe zu üppigem Schokoladenbraun abwandelt und einen Karostoff in erdigen Rot- und Ockertönen wählt, ist die Wirkung schon stimmiger. Farbe kann als Verbindungsglied dienen, das kühne Muster- und Stilmischungen möglich macht. Umgekehrt kann man ähnliche Stoffarten in kontrastierenden Farben einsetzen. Farben sind der Mode unterworfen: an einem Tag mögen neutrale Farbtöne schick sein; am nächsten muß schon wieder alles leuchtend bunt sein. Laufend fluten neue Stoffentwürfe auf den Markt, während aufgefrischte Versionen traditioneller Muster uns weiterhin überraschen und entzücken. Es ist diese Kombination von Neuem und Vertrautem, die den Umgang mit Stoffen so aufregend macht.

▲ *Die gedämpften Farben dieser Einrichtung verlangten geradezu nach leuchtenden Farbtupfern, und eine solche Kombination von Überwürfen und Kissen in Patchwork- und Applikationstechnik ist eine sehr effektive Möglichkeit, Farbe in einen Raum zu bringen.*

Bei der Suche nach geeigneten Stoffen müssen Sie sich nicht auf ausgewiesene Möbel- und Polsterstoffe beschränken. Seien Sie kreativ, besuchen Sie Fachgeschäfte und Marktstände, etwa solche, die Malerleinwand oder indische Saris verkaufen. Auch antike Stoffe lassen sich auftreiben; sie werden zum Beispiel auf Auktionen angeboten. Sie können sehr teuer oder für manche Zwecke zu empfindlich oder schadhaft sein, aber man kann sie ja auch mit anderen Stoffen kombinieren oder sich Verwendungen einfallen lassen, bei denen sie nicht überstrapaziert werden. Auch »Ethnostoffe« sind eine wirklich schöne Alternative: Afrikanische Rindenstoffe oder indianische Perlenstickereien lassen sich auf eindrucksvolle Weise mit modernen Stoffen oder unerwarteten Untergründen kombinieren.

◀ *Bei dieser aufregenden Textiliensammlung in unterschiedlichen Farben und Mustern wurde kein Versuch unternommen, die Stoffe in irgendeiner Weise aufeinander abzustimmen. Edler Damast neben wildem Leopardenmuster vor einem blumigen Hintergrund – das verbindende Element ist hier die Spannung, die jeder dieser ausdrucksvoll gemusterten Stoffe für sich genommen ausstrahlt.*

Übersicht der Wohntextilien

Wohntextilien sind vorwiegend gewebt, oft mit eingewebtem oder aufgedrucktem Muster ausgestattet. Aber auch ungewöhnlichere, nichtgewebte Materialien wie Filz oder Veloursleder bieten sehr abwechslungsreiche dekorative Möglichkeiten.

Applikationsstoffe sind, etwa in Kombination mit Patchwork, ein sehr ansprechendes Material für individuell gestaltete Wohntextilien. **4**

Stoffe mit Kammgarnstickerei – oft auf robustem Baumwollgewebe – haben eine interessante, kräftig strukturierte Musterwirkung.

Auch Webpelz ist ein überraschend wirkungsvoller Polsterstoff.

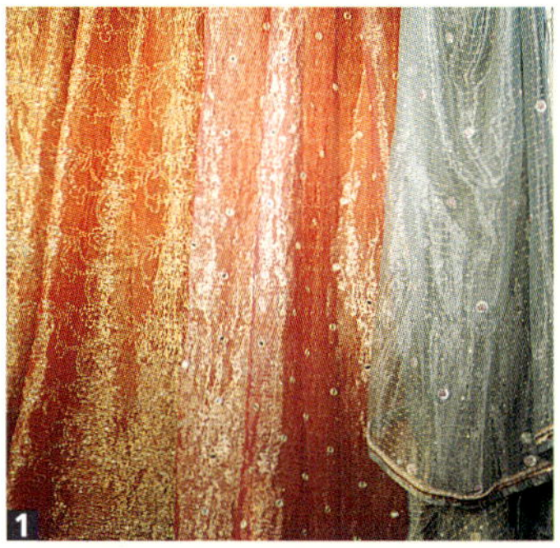

1

2

3

Gewebte u. nichtgewebte Stoffe

Bouclé
Noppiges Schlingengewebe, als Polsterstoff geeignet.

Brokat
Ein Stoff (ursprünglich Seide) mit mehrfarbigem Webmuster auf mattem Grund, teils mit Goldfäden durchwirkt.

Chenille
Von dem französischen Wort für »Raupe«: Flauschstoff – meist Wolle oder Baumwolle – mit schönem Fall.

Cordsamt
Ein relativ robuster, gleichmäßig gerippter Stoff; traditionell aus Baumwolle.

Damast
Feiner, meist einfarbiger Stoff mit eingewebtem Muster, traditionell aus Seide. Besonders beliebt für vornehme Tischdecken.

Dobbystoff
Auf dem Schaftwebstuhl in simplen, kleinformatigen Mustern gewebter Stoff.

Doppelgewebe
Besteht aus zwei separaten, aber miteinander verwebten Stofflagen.

Drell (Drillich)
Sehr dichtes Baumwoll- oder Leinengewebe in Köperbindung. Traditionell für Matrazen- und Kissenbezüge verwendet; meist mit eingewebten schwarzen, roten oder blauen Streifen auf naturfarbenem Grund.

Filz
Ein Stoff aus gewalkten und zusammengepreßten Wollfasern oder Tierhaaren, der nicht ausfranst.

Flanell
Weiches, angerauhtes Gewebe. Wollflanell ist ein traditionelles Anzugsmaterial, aber auch für Polster geeignet.

Gaze
Transparentes Gewebe; leicht strukturiert durch teils verzwirnte Kettfäden.

Gingan
Schlichter Baumwollstoff mit eingewebtem Karo auf weißem Grund.

Gobelinstoffe
Ursprünglich mit Seide oder Wolle handbestickte Gewebe, oft mit bildlichen Szenen. Können heute auf dem Jacquardstuhl gearbeitet werden.

Jacquard
Stoff mit komplexen Mustern, die auf speziellen Webstühlen entstehen. **2**

Jute
Jute wird etwa zu grobem Sackleinen, Polsterstoffen und, in festerer Webart, zu Möbelgurten verarbeitet.

Kambrikbatist
Fester, feiner, naturfarbener Baumwollstoff in einfacher Tuchbindung, oftmals mit leichter Glanzappretur. Als Inlett für Federbetten und -kissen gebräuchlich.

Kattun
Schlichter, naturfarbener Baumwollstoff; ursprünglich indisch.

Kelim
Orientalisches Baumwoll- oder Wollgewebe mit senkrechten Schlitzen zwischen Musterabschnitten. **3**

Köper
Gewebe in Köperbindung, durch die ein Schräglinien- oder Fischgratmuster entsteht.

Leinen
Fester, attraktiver Webstoff aus Flachsgarn. Knitterempfindlich.

Lochstickerei
Meist weiße Baumwollstoffe mit umstickten Lochmustern.

Madras
Billiger, bunt karierter Baumwollstoff aus Indien.

Moiré
Meist Seide oder Acetat mit mattschimmerndem Wellenlinienmuster.

4

5

Musselin
Feines, lockeres Baumwollgewebe.

Ottoman
Der ideale Polsterstoff: ein festes, schimmerndes Ripsgewebe, oft mit seidenen Kett- und baumwollenen Schußfäden.

Perkal
Sehr feinfädiger Baumwollstoff.

Popeline
Ein ursprünglich aus Seide und Wolle, heute allerdings aus Baumwolle gewebter Stoff mit leicht seidigem Glanz und ganz feinen Querrippen, die durch die Verwendung feiner Kettfäden und dickerer Schußfäden entstehen.

Sackleinen
Siehe unter »Jute«.

Samt
Ein üppiger, edler Stoff mit sehr dichtem Flor. Dieser entsteht, indem man die Kettfäden zu Schlaufen hochzieht und anschließend aufschneidet oder zwei mit den rechten Seiten aufeinanderliegende Stofflagen gleichzeitig webt und dann in der Mitte auseinanderschneidet. Samt kann aus Seide, Leinen, Wolle, Baumwolle oder Kunstfasern bestehen, die jeweils eine völlig andere Oberflächenwirkung ergeben.

Satin
Dabei handelt es sich um ein sehr glattes, glänzendes Gewebe in spezieller Atlas- oder Satinbindung aus Seide, Baumwolle oder Kunstfaser.

Segeltuch
Kräftiger, schwerer Leinen- oder Baumwollstoff; wasserdicht gewebt. Für Planen, Segel und Zelte gebräuchlich. Läßt sich färben.

Seide
Einer der edelsten, aber nicht immer teuersten Stoffe – etwa als schlichtes oder Seidenmischgewebe. Sie muß vor direkter Sonnenbestrahlung geschützt werden und sollte nur chemisch gereinigt werden, da sie von Wasser Kränze zurückbehalten kann. 1

Spitze
Ein zartes, durchbrochenes Gewebe aus verzwirnten und verschlungenen Fäden; traditionell besteht es aus Baumwolle.

Taft
Dichtes Gewebe mit feinen Querrippen in schlichter Tuchbindung, traditionell aus Seide, heute auch Kunstseide. Durch Verwendung von Kett- und Schußfäden in unterschiedlicher Farbe entsteht ein je nach Lichteinfall changierendes Gewebe.

Tweed
Kräftiges, oft mehrfarbig meliertes oder gemustertes Wollgewebe in Tuch- oder Köperbindung.

Wolle
Wolle wird zu vielerlei Wohntextilien verarbeitet, etwa Wolldecken im klassischen Schottenkaro, Chenille oder Damast. Kammwollstoffe sind besonders fest und glatt. 5

Bedruckte Stoffe

Batik
Ein Verfahren zur Herstellung farbig gemusterter Stoffe. Man malt das Dessin mit geschmolzenem Wachs auf den Stoff und legt ihn ins Farbbad. Die eingewachsten Partien nehmen keine Farbe an, so daß nach Entfernen der Wachsschicht das Muster zurückbleibt.

Chintz
Von dem Hindiwort »chitta« abgeleitet: Ursprünglich bemalte oder bedruckte Baumwollstoffe aus Indien, die Lebensbaum, Blumen, Laubwerk etc. darstellten. Heute ein Druckstoff mit Blumenmuster und Glanzappretur.

Modeldruck
Handdrucktechnik mit geschnitzten Holzstempeln; bis Mitte des 18. Jahrhunderts gebräuchlichste Technik.

Paisley
Stilisierte Schnörkelmuster, deren Ursprung in Indien liegt. Sie können auch eingewebt werden.

Toile de Jouy
Druckstoff mit einfarbigen Darstellungen heiterer Schäfer- oder anderer Bildszenen auf naturfarbenem Grund; im 18. Jahrhundert im französischen Jouy-en-Josas entstanden.

Stoffe individuell gestalten

Bemalen

Dies ist eine preiswerte Möglichkeit, Stoffe mit eigenen, unverwechselbaren Dekoren auszustatten. Stoffmalfarben und -stifte bekommt man im Künstlerbedarf und in gutsortierten Kaufhäusern. Dispersions-, Acryl-, Metallic- und Sprühfarben sind alle gleichermaßen wirkungsvoll und einfach anzuwenden. Arbeitsbereich gut belüften; bei Verwendung von Sprühfarben sollte man am besten eine Schutzmaske tragen.

Die Farbe kann man mit einem Malerpinsel in geeigneter Größe auftragen. Mit zusammengeknüllten Lappen lassen sich interessante Strukturen erzielen. Verschiedene andere Techniken – wie etwa Sprenkeln, Stupfen oder Schablonieren – ergeben jeweils deutlich unterschiedliche Effekte. Wenn man mit mehreren Farben arbeitet, jede Schicht vor Aufbringen der nächsten gründlich trocknen lassen.

Die meisten Stoffarten nehmen Farbe an. Je glatter, d.h. weniger strukturiert der Stoff, desto einfacher ist die Farbe aufzutragen. Ungebleichter Kattun, Leinwand und andere glatte Baumwollstoffe sind ideal. Seide und Samt sind besonders edle Maluntergründe, verlangen aber etwas mehr Sorgfalt und Präzision. Durch Bügeln wird die Farbe fixiert.

Färben

Es gibt eine Vielzahl verschiedener Textilfarbstoffe in fast unbegrenzter Farbpalette, vor allem, wenn man sie selber anmischt. So erhält man etwa durch Auskochen von Zwiebel- oder Walnußschalen zart tönende Farblösungen. Für besonders Interessierte gibt es auch Spezialliteratur zum Thema Naturfarbstoffe.

Eine raffinierte und einfache Methode, Textilien eine antike Wirkung zu verleihen, besteht darin, sie in einen Tee- oder Kaffeeaufguß zu tauchen. Das verleiht schlichten Stoffen, vor allem Musselin, einen dezenten Sepiaton. Auch preiswerte Druckstoffe aus Baumwolle oder Leinen lassen sich auf diese Weise verwandeln; bei zarten Blumendrucken funktioniert die Technik besonders gut. Die Wirkung ist jedoch von begrenzter Dauer und verblaßt mit der Zeit bzw. wird herausgewaschen.

Normale Textilfarbstoffe lassen sich genau wie Stoffmalfarben nach Trocknen des Stoffs durch Bügeln fixieren. Man kann auch spezielle Fixiermittel kaufen.

Batiktechnik

Dies ist eine Technik, bei der man vor Einfärben des Stoffs mit heißem, flüssigem Wachs Muster oder Dekore aufmalt. Wie mit Malfarbe kann man auch mit Wachs präzise, detaillierte Dekore oder großzügigere, abstraktere Gestaltungen schaffen. Das flüssige Wachs wird mit einem speziellen Werkzeug, dem Tjanting, auf den Stoff aufgetragen. Wenn das Wachs ausreichend abgekühlt ist, taucht man den Stoff ins Batikfarbbad. Nach Trocknen des Stoffs entfernt man das Wachs, indem man den Stoff zwischen saubere Tücher legt und heiß bügelt. Die mit Wachs behandelten Partien behalten die Grundfarbe des Stoffs.

Tapetenkleistertechnik

Man kann Stoffe vor dem Einfärben auch mit Tapetenkleister behandeln, der ähnliche Effekte wie das Batiken hervorruft, dem Stoff aber gleichzeitig mehr Textur und Steifigkeit gibt und besonders preiswert und einfach in der Anwendung ist. Die erzielte Steifigkeit läßt sich noch beliebig beeinflussen, indem man den Kleister wiederholt mit Wasser erweicht und entfernt.

Den sauberen, trockenen Stoff auf einer glatten Arbeitsfläche ausbreiten. Kleister zu marmeladenartiger Konsistenz anmischen, mit einer breiten Tapezierbürste auftragen und trocknen lassen. Das ganze Stück ins kalte Farbbad legen. Die Farbe wird vom Kleister absorbiert. Der Stoff ist jetzt mit einer glitschigen Schicht überzogen. An diesem Punkt, bevor der Kleister wieder trocknet, mit einem trockenen Pinsel oder einem Stäbchen über die Oberfläche gehen, um Muster und Strukturen zu gestalten. Den eingekleisterten Stoff trocknen lassen. Man kann ihn entweder so belassen, dann behält er eine steife, strukturierte Beschaffenheit, oder wieder in Wasser einweichen und den Kleister auswaschen, dann bleibt die Musterwirkung erhalten, der Stoff wird aber weicher.

Kattun oder leichtes Segeltuch sind das ideale Material für die Kleistertechnik. Sie lassen sich in feucht eingekleistertem Zustand sogar modellieren – ähnlich wie Pappmaché. So könnte man den frisch eingekleisterten Stoff zum Beispiel über ein Beistelltischchen (natürlich kein antikes Stück!) drapieren und rundum anmodellieren. Der Stoff behält diese Form auch nach dem Trocknen.

◄◄ Farbenprächtige Textilien können ein Einrichtungskonzept zum Leben erwecken. Im ansonsten eher neutralen Rahmen dieses Wintergartens schaffen die in allen Regenbogenfarben gestalteten Kissen eine zwanglose, warme Atmosphäre.

◄ Bei der individuellen Gestaltung schlichter Textilien mit Stoffarben hat man jede schöpferische Freiheit. Die Motive, mit denen diese erdfarbene Bettwäsche verziert ist, erinnern an Kohlezeichnungen oder Stuckornamente und schaffen einen ungewöhnlichen Illusionseffekt.

Bedrucken

Präzisere Musteranordnungen auf Stoff lassen sich mit Linolmodeln oder Stempeln erzielen. Mit diesem schnell und einfach umzusetzenden Verfahren kann man etwa schlichte Randverzierungen anbringen oder kleinere Teile wie Kissenbezüge raffiniert verschönern.

Je fachmännischer das Ergebnis aussehen soll, desto eher benötigt man besonderes Werkzeug wie etwa Linolschnittfedern. Ob man seinen Druckstock aus Linoleum, einer Kartoffel oder einem Schwamm zuschneidet – es sind immer die erhabenen Partien, die drucken.

Für eine Version dieser Technik kann man Spülschwämme – die rechteckige Sorte mit einer kratzigen Seite – verwenden. Mit Filzstift ein Gitternetz auf die weiche Schwammseite zeichnen. Die Fläche in Quadrate mit 6 mm breiten Fugen dazwischen aufteilen. Entlang der Linien einschneiden, die Fugen tief aushöhlen. Acryltubenfarbe auf einen Teller drükken, mit Wasser zur Konsistenz dünnflüssiger Sahne verdünnen. Man kann auch Stoffdruckfarben nehmen. Schwamm in die Farbe drücken. Sie soll nicht so dünnflüssig sein, daß sie tropft.

Der Stoff muß mit Hilfe von Gewichten oder besser, indem man ihn auf ein Brett heftet, ganz glatt gespannt werden. Dann den Schwamm vorsichtig und sanft auf den Stoff drücken, so daß eine Art Mosaikmuster entsteht. Am besten probiert man die Technik erst auf einem Blatt Papier aus, um festzustellen, ob die Farbe die richtige Konsistenz hat und wieviel Farbe man auf den Stempel aufnehmen muß. Darauf achten, auf den Stoff aufgebrachte Abdrücke beim Weiterarbeiten nicht zu verschmieren.

Man kann auch mit zwei »Schwammfliesen« ein zweifarbiges Schachbrettmuster kreieren. Zuerst die Felder der einen Farbe drucken, trocknen lassen, dann die restlichen Felder ausfüllen.

Stoffe kombinieren

Dies ist das textile Äquivalent zu künstlich gealterten Farbanstrichen! Indem man ähnliche oder kontrastierende Stoffe zerschneidet und neu zusammenfügt – etwa als Sofaüberwurf oder Bettvorhang –, kann man wunderschöne und sehr originelle, persönliche Kombinationen schaffen. Diese Methode ist eine Weiterentwicklung der klassischen Patchworkdecken. Wie stets sollte man jedoch auch hier auf eine ausgewogene Wirkung achten: Aus zwei, drei oder mehr verschiedenen Stoffen, die sich gut ergänzen, soll ein Produkt entstehen, das mehr ist als nur die Summe seiner Teile.

Stoffe auf einen Tisch häufen und auf verbindende Elemente betrachten: etwa die rote Linie eines Karostoffs, die zu einem Seidendamast im gleichen Ton überspringt, oder die cremige Wirkung von ausgeblichenem Leinen neben rauher Jute, die ihrerseits an einen Strei-

► *Ohne das applizierte Gänseblümchenmotiv und die gewollt rustikalen Zierstichreihen würden diese Kissen relativ unpersönlich wirken. Durch solche individuelle Gestaltungsmittel kann man auch fertig gekaufte Textilien aus der Masse herausheben und Reste alter Kleider- und Polsterstoffe sinnvoll nutzen.*

Stoffe bedrucken

1 Mit Filzstift ein Gitternetz auf den Schwamm zeichnen; zwischen den Feldern Furchen aushöhlen.

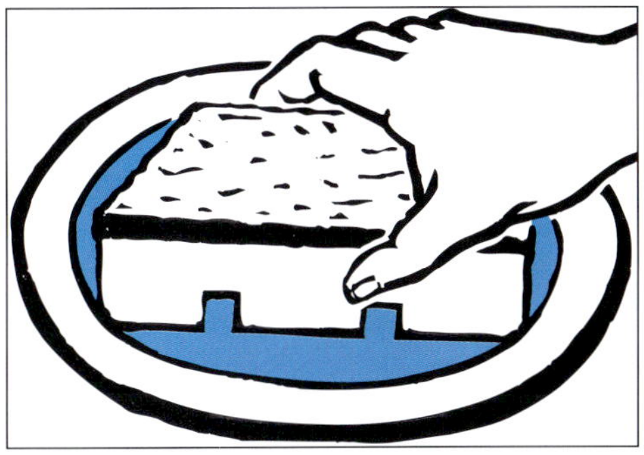

2 Farbe auf einen Teller geben, mit Wasser verdünnen. Stempelfläche in die Farbe drücken.

3 Technik auf Papier testen, um ein Verschmieren zu vermeiden. Stempel sanft auf den Stoff drücken.

4 Für Schachbrettmuster: Felder einer Farbe drucken, trocknen lassen, dann die übrigen Felder ausfüllen.

▲ Inspirationsquellen für diese in leuchtenden Farben bemalten und gebatikten Stoffe waren klassische Batikdessins und indische Saris ebenso wie markant gestreifte Tapeten und Textilien der Regency-Ära. Besätze wie die schöne Goldlitze um das Kissen in schillernden Saphirtönen runden die dekorative Wirkung ab.

fenstoff in Schwarz und Creme angrenzt. Auch ein Sammelsurium von Pink, Limonengrün, Violett und Orange kann funktionieren, obwohl es sicher nicht jeden Geschmack trifft.

Stoffe mit verbindenden Farbelementen kann man gut mischen; ebenso lassen sich verschiedene Strukturen – etwa Seide, Popeline, Segeltuch, Damast und Samt – kombinieren.

Reizvoll sind auch Kombinationen unterschiedlich schwerer Stoffe, etwa Musselin mit Samt oder Sackleinen mit Seide. Dadurch entsteht ein Textilprodukt mit besonders interessantem Fall, das man mit etwas Geschick sehr wirkungsvoll einsetzen oder drapieren kann.

Durch kleine, ausgefranste Kreise aus farbigem Stoff, die man unregelmäßig verteilt auf einen anderen Stoff aufnäht, lassen sich Textilien ebenfalls individuell gestalten, oder natürlich durch Zierstiche, die den Stoff um Farbe und Struktur bereichern.

Kalkulieren Sie den voraussichtlichen Stoffbedarf einschließlich etwaiger Saumzugaben und dergleichen möglichst genau. Akkurates Planen und Zuschneiden sind der Schlüssel zum Erfolg. Paspelstreifen sollten schräg zum Fadenlauf zugeschnitten werden, wodurch man mehr Stoff braucht. Schnittlinien mit schwachen Bleistiftstrichen anzeichnen.

Sitzgelegenheiten

Hier kommt es vor allem auf Sitzkomfort und optische Wirkung an, wobei natürlich auch Standort und Aufgabe des jeweiligen Sitzmöbels eine wichtige Rolle spielen. Bei der Arbeit am Schreibtisch oder zur Erholung nach einem anstrengenden Tag hat der Sitzkomfort absoluten Vorrang. Stühle, die den Alltagseinsatz am familiären Eßtisch überstehen sollen, müssen anders konzipiert sein als solche in einem vornehmen Speisezimmer, das nur zu festlichen Anlässen benutzt wird.

Es stört uns nicht unbedingt, wenn die hölzernen Gartenmöbel ausbleichen und eine rauhe, verwitterte Patina annehmen, wogegen wir den antiken Eßzimmerstuhl aus Mahagoni mit andächtiger Sorgfalt behandeln und regelmäßig liebevoll polieren.

Verschiedene Räume und Wohnbereiche werden natürlich mit Sitzmöbeln unterschiedlichen Stils ausgestattet. Imposante Einzelstücke wirken in großzügigen Bereichen, wo sie frei stehen können, meist eindrucksvoller. So könnte man etwa eine kunstvoll geschnitzte alte Kirchenbank oder einen eleganten, hochlehnigen Ohrensessel mit unterschiedlich bezogenen Polstern als dekoratives Objekt und zentralen Blickfang herausstellen. Ihre Bequemlichkeit wäre dann ein eher zweitrangiger Gesichtspunkt.

Sicherlich werden vorhandene Teile die Auswahl von Neuerwerbungen beeinflussen. Man sollte sich aber vorwiegend danach richten, was einem wirklich gefällt, anstatt zu versuchen, das Mobiliar perfekt aufeinander abzustimmen. In Bereichen wie Wohnzimmern, wo oft unterschiedliche Sitzmöbel gemischt werden, sind vor allem der Gesamtzusammenhalt, die Ausgewogenheit, wichtig, selbst wenn einzelne Stücke ganz und gar nicht zusammenpassen.

◄ Ein großer Kelim gibt der Sitzgruppe in diesem herrlich lebhaften und farbenfrohen Raum den nötigen Zusammenhalt. Die neutralen Bezüge von Sofa und Sessel bilden einen angenehmen Kontrast zum schwelgerischen Farbenreichtum der überall verteilten Kissen; der in die Wandnische eingebaute Sitzplatz bietet eine erholsame Zuflucht.

▲ Durch die wohlüberlegte Anordnung der Möbel wirkt die große Fläche dieses ehemaligen Lagerhauses gut ausgefüllt, aber nicht überfüllt. Das in der Raummitte – anstatt wie üblich an der Wand – aufgestellte Ruhebett dient als beiderseitig nutzbare Sitzgelegenheit.

Der Einsatz von Stoffen

Stoffe – in Form von Bezügen, Überwürfen oder Kissen – können als verbindendes Element zwischen Sitzmöbeln dienen. Wenn man alle Sitzgelegenheiten, ob Sessel, Sofas oder Polsterstühle, in einem Farbton, etwa Beige, bezieht, erhält man eine ruhige, wohltuende Raumwirkung. Sie läßt sich dramatisch beleben, indem man auch andersfarbige Stoffe oder andere Oberflächenstrukturen – etwa Holz, Metall, Leder oder Glas – in das Konzept aufnimmt. Selbst ein Durcheinander von Stoffen in unterschiedlichen Web- und Druckmustern kann harmonisch koexistieren, solange es eine deutliche, durchgehende Farbverbindung gibt und ruhigere Flächen, etwa neutrale Wand- und Bodenflächen, einen Ausgleich schaffen.

Konzeption des Sitzmobiliars

Die Anordnung der Sitzmöbel in einem Zimmer oder Wohnbereich ist unter praktischen und gestalterischen Gesichtspunkten gleichermaßen ausschlaggebend. In kleinen oder ungünstig geschnittenen Winkeln, beispielsweise unterhalb einer Treppe, läßt sich ein freistehendes Sitzmöbel vielleicht schlecht unterbringen, während eine einfache, eingebaute Holzbank mit losen Polstern und Kissen einen solchen Bereich in eine wundervolle, ruhige Leseecke verwandeln kann. Eine Art Truhenbank mit aufklappbarem Deckel bietet zugleich auch Stauraum!

Lange, schmale Wohnzimmer erfordern eine planvolle Anordnung von Möbelgruppen zur optimalen Raumnutzung, besonders wenn verschiedene Aktivitäten in einem Bereich stattfinden. Besteht der ganze Wohnbereich aus nur einem Raum – ob in umgebauten Lagerhäusern oder bescheideneren Behausungen –, so ist Flexibilität wichtig. Mischen Sie kleinere Teile wie Schemel und leichte Sessel mit imposanteren Möbeln. Kombinieren Sie Stilmöbel mit einem modernen Stück oder einem schlichten Teil aus dem Trödelladen. Scheuen Sie sich nicht, größere Möbel wie Sofas oder Bänke mitten in den Raum zu stellen. Gliedern Sie den Raum durch diagonal angeordnete Sessel. Und wenn ein schöner Schreibtisch, ein Stuhl und ein Computer die Schlüsselelemente des Raums sind, dann stellen Sie sie ruhig in den Vordergrund!

Einfache Kissen

Kissen lassen sich grob in zwei Kategorien einteilen: solche, die ihren festen Platz haben, und die weniger seßhaften, losen Kissen. Bei den ersteren, meist Polsterkissen, ist das Format vom Zwischenraum zwischen Seiten- und Rükkenlehnen eines Sofas oder Sessels oder der Sitzfläche einer Bank vorgegeben. Die letzteren können beliebige Form und Größe annehmen. Erstaunlicherweise können diese locker oder füllig ausgepolsterten, mit Paspeln, Fransen oder Borten abgesetzten, runden oder viereckigen Farbtupfer das Element sein, das einem Raum oder Möbel erst Ausgewogenheit und Profil verleiht. Der Blick schweift durchs Zimmer, konzentriert sich auf Muster, Strukturen und Farben, so daß ein kleines Kissen oder eine Kissenansammlung die Aufmerksamkeit lenken und eine Verbindung zwischen nicht zusammengehörigen Teilen schaffen kann.

Mischungen verschiedener Strukturen, Materialien und Textilien im gleichen Raumbereich können faszinierend wirken. Ein Paar quadratischer Kissen aus imitiertem Leopardenfell vor einem kühlen Hintergrund aus cremefarbenem und beigem Leinen kann die Phantasie beflügeln und die Kombination mit reich verzierten, schwarz-goldenen Lackmöbeln rechtfertigen, die vorher vielleicht unpassend erschienen wäre. Eine Anhäufung von Kissen aus üppigen Gobelinstoffen, verworrenen Fransen und verschossener Seide in warmem Rot, Ocker und Terrakotta vor dem gleichen Hintergrund ergäbe eine völlig andere Atmosphäre.

Gestaltungsformen für Kissen

Einfache viereckige oder runde Kissen bestehen aus zwei an den Rändern zusammengenähten Stofflagen. Die Öffnung für die Füllung kann zugenäht oder mit Reißverschluß, Knöpfen oder Schnürbändern verschlossen werden (siehe Seiten 304–305, 310–313). Die beiden Seiten eines Kissens müssen nicht aus demselben Stoff bestehen; sie können sogar im Patchworkstil gearbeitet werden, bevor man den Kissenbezug näht. Paspeln und Kordeln können die Konturen abgrenzen, Borten, Fransen und Knöpfe mehr Strukturwirkung schaffen. Die Kissennaht kann dicht um die Füllung verlaufen, so daß rundum ein Überstand oder Stehsaum von etwa 5 cm bleibt – im gleichen Stoff oder einem Kontrastmaterial.

Elegant wirkt eine Kombination aus frischem weißem Leinen als Kissenstoff mit weißem, farbig gestreiftem Baumwoll-Schirting als Zierpaspel und einem Stoff im Hahnentrittmuster als Stehsaum. Man kann weitere, dazu passende Kissen aus den gleichen Stoffen, aber in anderer Abfolge nähen. Die Stoffüberstände können verschieden breit sein; bei rechteckigen Kissen, wie etwa Kopfkissen, wirkt ein breiter Überstand am offenen, mit Knöpfen verschlossenen Ende sehr stilvoll.

Man kann sich auch vom Kontrast zwischen einer Wolldecke und ihrer seidenen Kanten-

► *Diese schöne Holzbank bedarf keiner aufwendigen Dekoration. Die zusätzliche Polsterauflage auf der bereits gepolsterten Sitzfläche bietet besonderen Sitzkomfort, während die prall gefüllten quadratischen Kissen in kühlem Cremeweiß nicht nur der Bequemlichkeit, sondern auch als unaufdringliche dekorative Ergänzung dienen.*

einfassung dazu inspirieren lassen, einen Kissenbezug aus elegantem Wollflanell mit leuchtend bunter Seideneinfassung zu nähen. Wahlweise lassen sich die verschiedensten Streifen- und Karomuster oder sogar verschiedenformatige Blumenmuster – aufgedruckt oder eingewebt – mischen, wobei man jedoch auf eine verbindende Farbe achten sollte. Zu den erfreulichen Aspekten des Kissennähens gehört ihr geringer Stoffbedarf, so daß sich mit ihnen recht preiswert dekorative Akzente setzen lassen.

Quadratische Kissenbezüge nähen

Um einen simplen, quadratischen Kissenbezug ohne Paspel zu nähen, zunächst die Größe des fertigen Kissens festlegen. Zwei Stoffquadrate auf dieses Format zuzüglich einer umlaufenden Nahtzugabe von 1,5 cm zuschneiden. Stoffstücke rechts auf rechts aufeinanderlegen, zusammenstecken, heften, dann die Stecknadeln entfernen. Kissenhälften an drei Kanten mit der Maschine zusammensteppen; Nähte an den Ecken mit einigen Rückstichen verstärken. An einer Kante eine Öffnung zum Wenden und Einlegen des Kissens lassen. Heftfaden ziehen, Nahtzugaben zurückschneiden, an den Ecken mit 6 mm Überstand diagonal abschneiden, damit sich der Stoff nicht beult. Nähte glattbügeln.

Bezug auf rechts wenden, Ecken ausstülpen. Kissenbezug bügeln, dann das Kissen hineinstecken. Schließlich die Nahtzugaben der offenen Kante nach innen einschlagen, feststecken und überwendlich zunähen.

Runde Kissenbezüge nähen

Wenn man sie ohne eingesetzten Stoffstreifen zwischen Kissenober- und -unterseite näht, bestehen sie einfach aus zwei Stoffkreisen, die man mit oder ohne Paspelrand zusammennäht. Man kann von Hand eine Zierkordel oder eine schmale Fransenborte um das fertige Kissen nähen. Als interessante Variante kann man für jede Seite zwei Halbkreise aus kontrastierenden Stoffen zuschneiden, zusammennähen und dann zum Kissenbezug vernähen.

Quadratische Kissenbezüge

1 Seiten rechts auf rechts aufeinandernähen; eine Öffnung lassen. Ecken diagonal abschneiden.

2 Nähte ausbügeln. Bezug wenden, Kissen einlegen und die Öffnung überwendlich zunähen.

▲ Die Rückenlehne dieses Bettsofas besteht aus mehreren Lagen schlichter Kissen mit Schnürbandverschlüssen. Weitere strategisch plazierte Kissen bilden die Armlehnen. Die Mischung aus warmem Terrakotta, Dunkelbraun und Ocker mit hier und da eingestreutem schwarzweißem Streifenmuster ergibt eine eindringliche optische Wirkung.

Um eine Papiervorlage für den Kissenbezug zu erstellen, eine Kreislinie um einen Gegenstand geeigneter Größe, etwa einen großen Teller, ziehen; rundum 1,5 cm Nahtzugabe vorsehen. Oder ein Papierquadrat, dessen Seitenlänge dem vorgesehenen Durchmesser des Kissens zuzüglich Nahtzugaben entspricht, einmal längs und einmal quer falten und auf eine glatte Fläche legen. Eine Schnur um einen Bleistift binden; das andere Schnurende mit einer Stecknadel an der inneren Faltecke des Papiers festheften, wobei die Schnurlänge dem Radius des gewünschten Kreises zuzüglich 1,5 cm Nahtzugabe entsprechen soll. Einen Viertelkreis auf das Papier ziehen; dieses zuschneiden.

Papierkreis entfalten und nach dieser Vorlage zwei Stoffstücke für den Kissenbezug zuschneiden. Diese rechts auf rechts kantengleich aufeinanderlegen, zusammenstecken und heften. Stecknadeln entfernen. Bis auf eine Öffnung zum Wenden und Einlegen des Kissens rundum mit der Maschine zusammensteppen; Nahtenden jeweils durch einige Rückstiche sichern. Heftfaden ziehen; Nahtzugabe rundum zurückschneiden und keilförmig einschneiden, damit sich der Stoff nicht beult. Naht glattbügeln. Bezug wenden und bügeln, dabei die Nahtzugaben der Öffnung nach innen einschlagen. Kissen einlegen. Öffnung zusammenstecken und zunähen.

Stuhlkissen zum Festbinden

Viereckige oder runde Sitzkissen auf Stühlen oder Bänken werden manchmal mit Bändern zum Festschnüren an Rückenlehne oder Stuhlbeinen ausgestattet, damit sie nicht verrutschen können.

Simple Stuhlkissen werden genauso wie die oben beschriebenen einfachen Kissenbezüge genäht: rund oder quadratisch, mit oder ohne Paspelrand. Dabei näht man die Schnürbänder an der hinteren Kissenkante zwischen den beiden Stofflagen mit ein. Man kann die Kissen auch als flache Polsterkissen mit einem Einsatzstreifen von höchstens 5 cm Höhe arbeiten (siehe Seiten 306–307).

Die Schnürbänder können nicht nur praktische, sondern auch dekorative Funktionen erfüllen. Steifen Holzstühlen, etwa alten Schulstühlen, kann man durch Stuhlkissen mehr Bequemlichkeit und farbige Akzente geben.

▲ *Die maßgeschneiderten Sitzpolster dieser Metallstühle erhöhen nicht nur den Sitzkomfort, sondern auch die dekorative Wirkung. Die Kissen im Vordergrund haben durch einen eingesetzten Stoffstreifen größere Polsterhöhe, während das Rückenkissen des hinteren Stuhls nur aus zwei zusammengenähten Stoffkreisen mit Paspelrand besteht.*

Runde Kissen nähen

1 Als Vorlage ein Papierquadrat einmal quer, einmal längs falten, Viertelkreis aufzeichnen und ausschneiden.

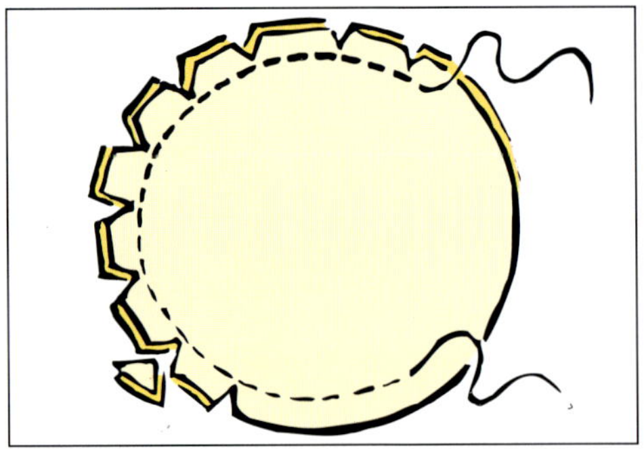

2 Stoffkreise wie die viereckigen Bezüge (s. S. 302–303) zusammennähen, aber die Nahtränder einkerben.

Kissen mit Schnürbändern nähen

Stoffstreifen aus dem Kissenstoff oder einem Kontraststoff (von gleicher Stoffart und gleichem Gewicht) in ausreichender Länge zuschneiden, so daß sie sich um das Stuhlgestell zu einem ordentlichen Knoten oder zu einer schönen Schleife binden lassen. Die fertigen Bänder sollten höchstens 3 cm breit sein. Stoffstreifen auf das Doppelte der vorgesehenen Breite zuzüglich 12 mm Nahtzugabe an jeder Längskante und den Enden zuschneiden.

Stoffstreifen der Länge nach rechts auf rechts falten, bügeln. Die Längskanten und ein Ende des Stoffstreifens in 12 mm Abstand von der Stoffkante mit der Maschine zusammensteppen. Stoffschlauch mit Hilfe einer Stricknadel oder eines schmalen Lineals wenden. Man kann die Längskanten auch rechtsseitig zusammensteppen. Dazu die 12 mm breiten Nahtzugaben an den Längskanten und einem Ende nach innen einschlagen und festbügeln, dann den Stoffstreifen der Länge nach links auf links falten und knapp an den Faltkanten entlang zusammensteppen. Die fertigen Schnürbänder anschließend beiseite legen.

Eine Papiervorlage in Größe und Form des Kissenbezugs mit umlaufender Nahtzugabe von 1,5 cm anfertigen. Ober- und Unterseite des Kissenbezugs nach Vorlage zuschneiden. Position der Stuhlbeine (oder Rückenlehne) auf der unteren Hälfte des Kissenbezugs markieren. An den Markierungen je zwei Schnürbänder feststecken, wobei die unversäuberten Bandenden an der unversäuberten Kante des Bezugs anliegen und die Bänder nach innen liegen sollten. Obere Bezugshälfte rechts auf rechts auf die untere Hälfte legen, feststecken, dann zusammenheften; dabei die Enden der Schnürbänder mit in die Naht fassen. Stecknadeln entfernen. Bezugskanten rundum mit der Maschine zusammensteppen; dabei eine Öffnung zum Wenden und zum Einlegen des Kissens lassen. Heftfaden ziehen, Nahtzugabe zurück- und einschneiden, damit sich der Stoff nicht beult. Nähte ausbügeln. Bezug wenden und bügeln. Das Kissen einlegen. Die Öffnung zusammenstecken und überwendlich zunähen.

Weitere Ideen für Kissen

Durch austauschbare Kissenbezüge läßt sich die Raumstimmung rasch verändern. Kissen mit einem Innen- und einem Außenbezug – der äußere mit kontrastierenden Schnürbändern – sind gerade für Kinderzimmer eine zwanglose, spielerische Möglichkeit. An großen, quadratischen Kissen wirken Knopfverschlüsse gut: schlichte für Stoffe wie Baumwolldrell, Leinen oder Gingan-Karo, zierliche Perlmuttknöpfe für feinere Stoffe, prunkvolle Messingknöpfe für schweren Brokat, Seide oder Damast.

Zierstiche können schlichtere Stoffe um Struktur- und Musterwirkung bereichern. Stickereien sind besonders wirkungsvoll. Sticken Sie spinnwebartige Gitternetze, vielfarbige Punkt- oder Kreuzmuster oder aber komplexere Motive, oder applizieren Sie Sterne und andere Ornamente mit einem auffälligen Schlingenstich. Schneiden Sie markante Motive, etwa Tiere fürs Kinderzimmer, aus bedruckten Stoffen aus, und nähen Sie sie auf unifarbene Stoffe auf.

Sie können sich Ihren Kissenbezugsstoff auch stricken – etwa aus weicher, naturfarbener Kordel, wie man sie zum Verschnüren von Paketen nimmt. Kissenhälften mit einer dicken Baumwollschnur statt Paspel aneinandernähen; die Wendeöffnung zunähen oder mit Knöpfen verschließen. Kissen fürs Bad oder Kopfkissen für entspannte Nickerchen im Freien aus wasserfestem Segeltuch nähen und mit Schaumstoff statt Daunen füllen.

Stuhlkissen mit Bändern

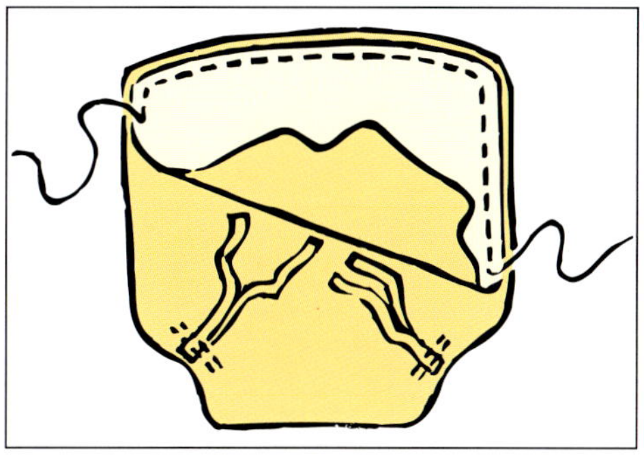

Wie ein einfaches quadratisches Kissen nähen (s. Seiten 302–303); dabei die Bänder in die Seitennähte einnähen.

◀ Die dick gepolsterten Sitzkissen dieser Stühle und der interessant konstruierten Sofabank sind in leuchtenden Zitrusfarben bezogen. Die Öffnungen der hinteren Kissenkanten sind mit mehreren breiten Schnürbändern verschlossen, die auch eine zusätzliche dekorative Note geben.

Polsterkissen

Bei viel beanspruchten Sitzpolstern ist oft eine größere Polsterhöhe erforderlich. Dann wird zwischen die beiden Hälften des Kissenbezugs ein zusätzlicher Stoffstreifen eingesetzt, so daß eine flache Kastenform entsteht. Ein solches Polsterkissen sollte einigermaßen robust sein, damit es seine Form hält. Es kann mit Federn und Daunen oder, wenn größere Festigkeit gewünscht wird, mit einem Schaumstoffblock gefüllt werden, den man mit einer Lage Polsterwatte umgibt.

Besonders gebräuchlich ist diese Form von Polsterkissen als Sitzfläche von Polstersesseln oder, zu mehreren nebeneinander angeordnet, als Sitzpolster auf Sofas.

Aber auch bei hölzernen, ansonsten ungepolsterten Sesseln, Stühlen und Bänken kann ein dickes Polsterkissen auf der hölzernen Sitzfläche den Sitzkomfort ungemein erhöhen.

Je nach Gestaltungsstil des Sessels oder Sofas kann ein zusätzliches kastenförmiges Polsterkissen, das im rechten Winkel zum Sitzpolster plaziert wird, als Rückenpolster dienen.

Polsterkissen nähen

Zunächst schneidet man zwei Stoffstücke für Unter- und Oberseite des Polsters zu, wobei man rundum 1,5 cm Nahtzugabe vorsieht.

Die Seitenteile des Polsters werden aus fünf Stoffstreifen zusammengesetzt. Einen passenden Streifen für die Vorderseite mit umlaufender Nahtzugabe zuschneiden. Dann zwei halb so breite Streifen für die Rückseite zuschneiden – mit 5 cm Längenzugabe an jedem Ende, damit sie ein Stück um die Ecken der Rückseite nach vorn greifen. Auch hier rundum ausreichende Nahtzugaben vorsehen. Zuletzt zwei Seitenstreifen zuschneiden, die zwischen Vorder- und Rückseite passen.

Den Reißverschluß zwischen die beiden Streifen der Rückseite einsetzen (siehe Seiten 312–313). Alle Seitenteile an den Enden zusammenstecken, dann -nähen. Die Enden der beiden vorderen Nähte jeweils 1,5 cm weit offen lassen. Die Nähte ausbügeln. Falls gewünscht, Paspeln um die obere und untere Hälfte des Polsterbezugs nähen (siehe Seiten 314–315). Seitenteile rechts auf rechts um die Kante des Unterteils feststecken und -heften.

▲ Eine einfache Holzkonstruktion verwandelt diese wenig interessante Fensternische in eine attraktive Eßecke. Die üppigen Polsterkissen mit abgesteppten Kanten bilden eine bequeme U-förmige Sitzbank. Die Polster sind ähnlich wie Matratzen durchgeheftet, damit sich die Bezüge nicht werfen.

► Paspelränder verleihen Polstermöbeln klarere Konturen. Hier unterstreichen sie die Wirkung des prall gefütterten Sitzpolsters eines stattlichen viktorianischen Ohrensessels. Die Verwendung des gleichen rotgoldenen Damasts für Bezug und Paspeln wirkt besonders elegant.

Nahtzugabe der Seitenteile an den hinteren Ecken einschneiden. Stecknadeln entfernen, Kanten zusammensteppen. Reißverschluß öffnen. Seitenteile genauso am Oberteil festnähen. Nahtzugaben und Ecken beschneiden, bügeln. Bezug durch Reißverschluß wenden, bügeln.

Dekorative Effekte für Polsterkissen

Dieser Kissentyp sieht mit Paspel- oder Kordelverzierung rund um die Ober- und Unterkanten am besten aus. Dies unterstreicht die eckige Form der Kissen und kann gerade bei Verwendung kontrastfarbener Stoffe oder Kordeln sehr dekorativ aussehen.

Die Kunst des Heftens ist zwar eher etwas für professionelle Polsterer, kann dem Polster aber eine schön strukturierte Wirkung verleihen, die an eine üppige Steppdecke erinnert. Die Heftknöpfe sind jeweils auf beiden Seiten des Polsters an kräftigen Heftfäden oder -schnüren befestigt, die straff durch die ganze Polsterdicke gezogen werden und so der Polsteroberfläche eine wellige Erscheinung geben. Zur Fixierung der Heftstiche können außer stoffbezogenen Knöpfen auch kleine Pompons aus Baumwolle, Wolle oder Seide oder kleine Stoffkreise oder -quadrate dienen.

Um einen eher langweiligen Klubsessel herauszuputzen, kann man ihn mit vier verschiedenfarbigen Stoffen beziehen oder beziehen lassen, etwa einem gestreiften Samt in Pfauenblau und unifarbenen Samtstoffen in dunklem Marineblau, sattem Scharlachrot und Orangerot. Man könnte etwa die eine Armlehne orangefarben, die andere rot beziehen, dazwischen das Marineblau einsetzen und das Sitzpolsterkissen so beziehen, daß jede sichtbare Fläche eine andere Farbe zeigt.

Weitere Ideen für Polsterkissen

Lange, relativ flache Polsterkissen können eine Holzkiste oder -bank in einen bequemen Sitzplatz verwandeln. Einfache Holzkisten mit Klappdeckel können als praktischer Stauraum und als zwanglose Sitzgelegenheiten um einen Küchentisch dienen. Um ein Polster für eine tiefe Fensterbank zu fertigen, die Fensterbank sorgfältig ausmessen und eine Vorlage aus Zeitungspapier anfertigen, um das Polster genau einzupassen, da Fensterbänke gerade in alten Häusern nicht immer symmetrisch sind.

Polsterkissen nähen

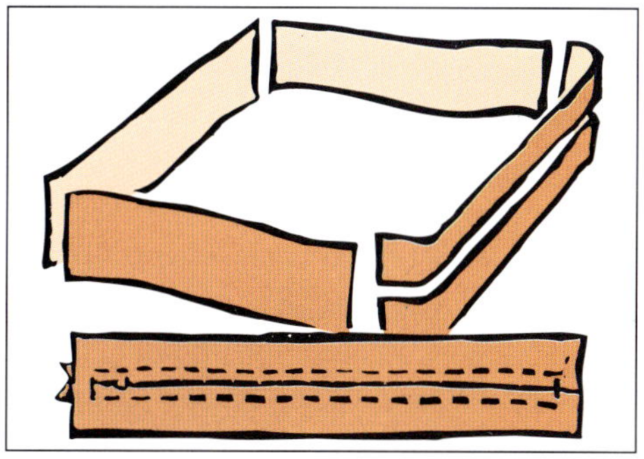

1 Ober-, Unter- und fünf Seitenteile zuschneiden. Reißverschluß zwischen die rückseitigen Streifen setzen.

2 Seitenteile aneinandernähen. Die Enden der vorderen Ecknähte 1,5 cm weit offen lassen.

3 Seitenteile an das Unterteil nähen, dabei Nahtzugabe der Seitenteile an den hinteren Ecken einschneiden.

4 Reißverschluß öffnen. Seitenteile ans Oberteil nähen. Ecken diagonal abschneiden; Bezug wenden.

Polsterrollen

Polsterrollen sind eine weitere Polsterform, die zum Beispiel auf Sofas, Bettsofas und gepolsterten Bänken als Arm- und/oder Rückenlehnen, auf Betten und Chaiselonguen auch als Nackenrolle dienen kann. Polsterrollen kann man in verschiedenen Längen herstellen und mit Daunen oder anderen Materialien stopfen.

Polsterrollen mit offenen Enden

In Räumen, in denen das Bett tagsüber als Sofa fungieren muß, kann man das zusammengerollte Bettzeug relativ ordentlich in einem Polsterrollenbezug mit offenen Enden verschwinden lassen. Den Rollenbezug kann man dann einfach an den Enden verknoten oder, etwas eleganter, mit dekorativer Kordel oder passend angefertigten Bändern mit Knopfverschluß zubinden.

Dieser vielseitige Polsterbezug besteht eigentlich nur aus einem langen Stoffschlauch. Er sollte länger als die darin unterzubringende Bettdecke sein. Den abgebundenen Stoffüberstand der Enden kann man dekorativ an den Bettenden herunterhängen lassen. Die Stoffbreite des Bezugs sollte dem Umfang der gerollten Bettdecke entsprechen. An den Enden kann man lange Schnürbänder annähen.

Polsterrollen mit geschlossenen Enden

Die einfachste Methode, eine Polsterrolle mit geschlossenen Enden anzufertigen, besteht darin, einen Stoffschlauch zu nähen, dessen Enden man dann wie bei einem Schnürbeutel ordentlich zusammenzieht. Als zusätzliche Verzierung

▲ *Die beiden Polsterrollen geben diesem Sofa eine elegante Note – ebenso wie die durchgehende Verwendung des gleichen Stoffs für alle seine Bestandteile. Zugleich schaffen der lose Sofaüberzug und die unterschiedlichen Endabschlüsse der Polsterrollen – außen glatt, in der Mitte gerafft – eine angenehm zwanglose Kontrastwirkung.*

Einfache Polsterrollen nähen

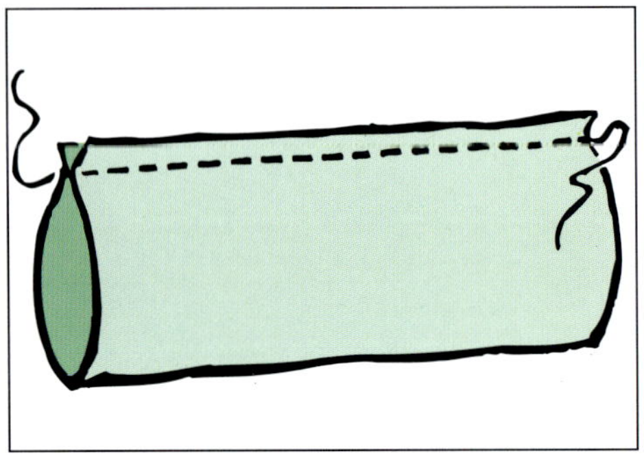

1 *Stoff mit Überstand an beiden Enden zuschneiden und schlauchförmig zusammennähen.*

2 *Wenden, Saumzugaben der Enden einschlagen. Eine Vorstichreihe entlang der Bruchkante nähen.*

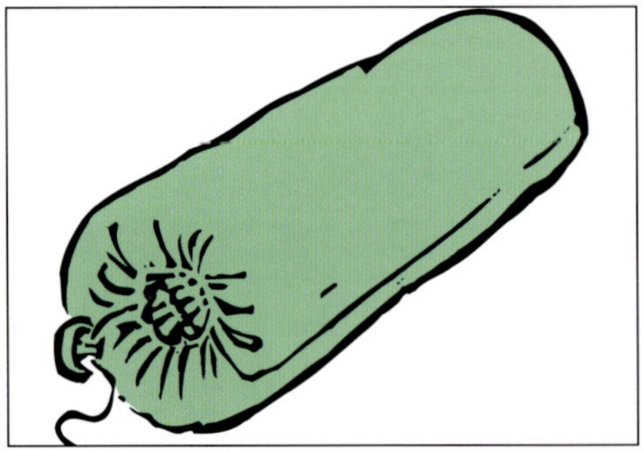

3 *Stoffenden zusammenziehen. Je einen großen Knopf oder Pompon auf die Mitte der Krause nähen.*

kann man konstrastierende Stoffstreifen oder Borten an oder auf die Stoffenden nähen, die nach dem Zusammenziehen attraktive konzentrische Kreise bilden.

Einfache Polsterrollen nähen

Um die Gesamtstofflänge zu berechnen, die vorgesehene Länge des Polsters zum Durchmesser der Endöffnung addieren und an beiden Enden je 2 cm Saumzugabe hinzurechnen. Für die Stoffbreite 3 cm Nahtzugaben zum Umfang der Polsterrolle addieren. Stoff entsprechend zuschneiden, der Länge nach rechts auf rechts falten und die Kanten zusammenstecken. Längskante mit der Maschine in 1,5 cm Abstand von den unversäuberten Kanten zusammensteppen. (Falls ein Reißverschluß vorgesehen ist, eine entsprechende Öffnung in der Naht lassen und den Reißverschluß an diesem Punkt einsetzen.) Naht ausbügeln; Bezug auf rechts wenden. Die Stoffenden jeweils 2 cm nach innen umschlagen und festbügeln. Mit einem kräftigen, doppelt genommenen Faden von Hand je eine Vorstichreihe knapp an der Bruchkante entlang rund um die offenen Enden nähen. Das Polster mittig in den Stoffschlauch schieben. Stoffenden mit den Kräuselfäden zusammenziehen, Kräuselfäden verknoten und in der Mitte des gekrausten Endes vernähen.

▲ *Beispiele verschiedener Endabschlüsse für Polsterrollen: Ein einfacher glatter Abschluß ist sehr funktionell, man kann aber auch einfach einen Stoffüberstand am Ende mit Kräuselfaden zusammenziehen oder – die simpelste Lösung – nur großzügig raffen und mit Kordel oder Band zusammenbinden.*

Polsterrollen mit Endabschluß nähen

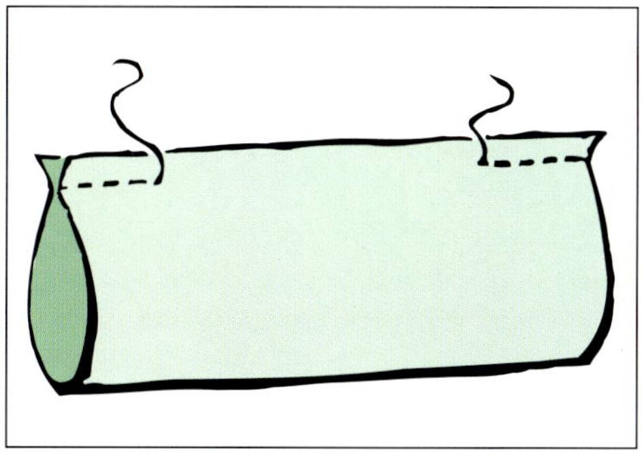

1 Einen Stoffschlauch nähen; dabei eine Öffnung für den Reißverschluß lassen. Naht ausbügeln.

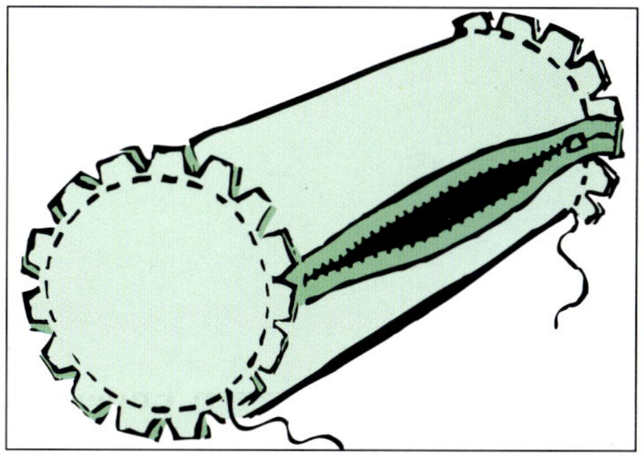

2 Reißverschluß einsetzen. Endstücke aufnähen. Nahtzugaben einkerben und ausbügeln. Wenden.

Polsterrollen mit Paspelbesatz

1 Stoffschlauch in Länge der Rolle nähen. Paspel an die Enden nähen; einen weiteren Stoffstreifen ansetzen.

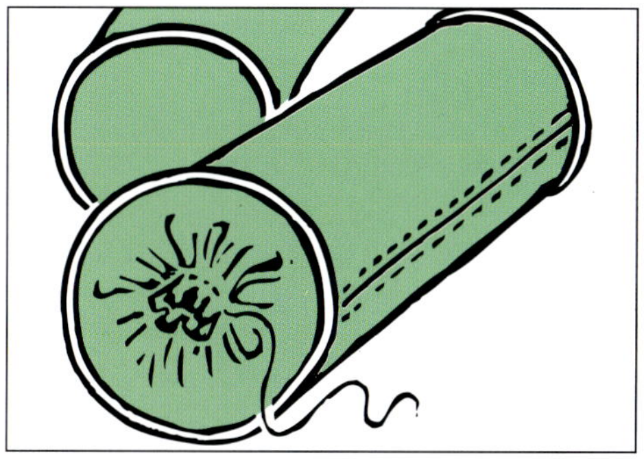

2 Wenden; Enden zusammenziehen. Bei Rollen mit Endabschluß die Paspel vor den Endstücken annähen.

Polsterrollen mit Endabschluß

Der Endabschluß der Polsterrolle kann auch aus einem eingesetzten Stoffkreis bestehen, dessen Mittelpunkt man mit einer Kordelspirale, einer Quaste oder einem Messingring verzieren kann.

Polsterrollen mit Endabschluß nähen

Bezugsstoff so lang wie die Polsterrolle und so breit wie ihr Umfang zuzüglich einer umlaufenden Nahtzugabe von 1,5 cm zuschneiden. Der Länge nach rechts auf rechts falten, feststecken. Längskante heften und mit der Maschine zusammensteppen; eine Öffnung für den Reißverschluß lassen. Naht ausbügeln. Bezug wenden; Reißverschluß einsetzen (siehe Seiten 312–313). Reißverschluß öffnen; Bezug auf links wenden. Kreisförmige Endstücke am Stoffschlauch feststecken, -heften und -steppen. Nahtzugaben beschneiden und einkerben. Nähte ausbügeln; den Bezug wenden.

Enden mit Paspeln verzieren

Bezug wie für eine Polsterrolle mit Endabschluß zuschneiden, längs zusammennähen. Paspel an den Endkanten auf die rechte Stoffseite nähen. Für eine einfache Polsterrolle an jedem Ende noch einen kurzen Stoffschlauch ansetzen, der lang genug ist, um die Öffnung zu bedecken. Bezug auf rechts wenden; Enden zusammenziehen. Bei einer Polsterrolle mit Endabschluß die kreisförmigen Endstücke einfach nach Anbringen der Paspel annähen.

Dekorative Effekte

Interessante Effekte kann man durch Kombination verschiedener Stoffe und Kordeln erzielen. Dramatisch wirkt zum Beispiel eine Zusammenstellung aus Leopardenfellimitat und tintenblauer Seide mit Goldkordel und -quasten. Von Hand aufgenähte Borten oder andere Besätze machen sich immer gut: etwa ein kunstvoll gewebter Besatzstreifen auf grober Jute.

Übersicht der Besätze und Verschlüsse

1

3

Es gibt eine Fülle dekorativer Besätze für Kissenbezüge, Tischdecken, Platzdeckchen und Bettwäsche. Man kann sie in kontrastierenden Farben, Mustern oder Strukturen wählen, um auffallende Akzente zu setzen, oder als dezente, aber wirkungsvolle Ergänzungen in einer harmonierenden Farbe.

Verschlüsse für Kissenbezüge und lose Möbelüberzüge können nicht nur praktischen, sondern auch dekorativen Zwecken dienen, so etwa Bandschleifen und attraktive Knöpfe.

2

Randverzierungen

Schrägstreifen

Dies ist ein diagonal zum Fadenlauf zugeschnittener Stoffstreifen, den man um Paspelkordel legen oder zur Versäuberung von Stoffkanten – etwa bei Platzdeckchen – verwenden kann.

Schrägstreifen kann man selbst aus leichten, unifarbenen oder gemusterten Stoffen schneiden oder in verschiedenen Breiten und gängigen Farben fertig kaufen.

Borten

Schmale, (oft von Hand) gewebte Bänder mit strukturierter Oberfläche und verschiedensten Mustern. Man kann sie als Kanteneinfassung für Kissen verwenden oder auf Möbelbezüge nähen, um Farbe oder Form zu betonen. Auch für Lampenschirme beliebt.

Zwei besonders attraktive Bortentypen sind Schnur- oder Gimpenborten aus S-förmig verwebter Kordel und Picotborten mit gezacktem Spitzenrand.

Möbelschnüre und Paspeln

Sie dienen als Kanteneinfassung für Kissen, Polster und Bezüge, oft auch zur Kaschierung von Nähten.

Möbelschnüre bestehen meist aus zusammengedrehten Fäden aus Seide, Baumwolle, Jute, Wolle etc. Sie haben verschiedene Dicken und können ein- oder mehrfarbig sein. Manche haben einen Ansatzrand, den man zwischen zwei Stofflagen schieben kann.

Eine Paspel ist eine mit Stoff bezogene Kordel. Man kann sie fertig kaufen oder selbst Kordel mit einem schmalen Stoffstreifen umwickeln (siehe Seiten 314–315). Es gibt auch Doppelpaspeln mit zwei Kordeln. **3**

Fransen

Ein Zierbesatz aus lose hängenden Fäden oder Schnüren – meist Wolle, Seide oder Baumwolle. Die Fransen können feiner oder gröber sein und sind oft mit Knoten oder Perlen verziert. Bullionfranse ist eine schwere, kunstvoll gestaltete Franse, oft mit Metallfäden.

Sonstige Besatzartikel

Rosetten

Kleine, runde, oft sehr kunstvolle Schmuckelemente aus in Rosenform verwebten Fäden, die zum Beispiel auf die Vorderseite der Armlehnen von Sesseln und Sofas genäht werden.

Polsternägel

Polsternägel aus Messing oder anderen Metallen sind ein typisches Stilelement von Polstermöbeln. Sie haben einen flachen oder halbkugeligen, oft auch aufwendig verzierten Kopf und dienen dazu, die Polsterbezüge von Sesseln, Stühlen, Schemeln oder Sofas am Rahmen festzuhalten, haben aber zugleich auch schmückende Wirkung. **4**

4

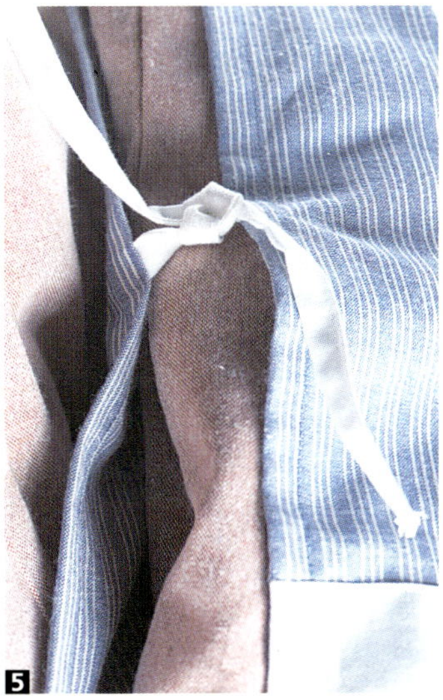
5

Gobelinbänder

Schmale, fest gewebte Bänder, die handgearbeitete Gobelinstickereien imitieren und als Randverzierung von Kissen und Polstern dienen können. Die Dessins sind traditionell und oft von Bauornamenten inspiriert.

Quasten

Dekorative, an einem Ende zusammengehaltene Büschel von Fäden oder Schnüren. Sie können an langen Schnüren hängen oder oben eine kleine Rosette haben (Kopfquasten), mit der man sie an Schrank- oder Schubladenschlüsseln befestigen kann. **1**

Verschlüsse

Knöpfe

Es gibt sie in allen Größen und Formen und in einer Fülle von Materialien, u.a. Messing, Glas, Bein und Perlmutt. Mit Knöpfen und Knopflöchern kann man Randbefestigungen jeder Art ausführen. Aus Knöpfen kann man aber auch sehr dekorative Muster gestalten. **2**

Ösen

Ösengarnituren werden zusammen mit einem Einschlagwerkzeug verkauft, mit dem man Löcher in den Stoff stanzt und dann die Messing- oder Chromösen einschlägt, durch die man Befestigungskordeln führen kann.

Stoffbänder

Gekaufte oder selbstgenähte Bänder aus Seide, Baumwolle oder anderen Materialien können etwa zum Zubinden von Kissenöffnungen dienen oder auch zu rein dekorativen Knoten oder Schleifen geschlungen werden. **5**

Druckknöpfe

Ein sehr praktisches Verschlußmittel, das in der Regel unsichtbar angebracht wird. Man kann die kleinen Metallknöpfe beidseitig in eine Kissenöffnung nähen, um diese zu verschließen.

Klettband

Das von Traditionalisten heftig abgelehnte Klettband ist eine schnelle und einfache Möglichkeit, um Stoffe zusammenzuhalten oder zu fixieren. Es besteht aus zwei verschiedenen Nylonbändern: Das eine hat eine weiche Schlingenoberfläche, das andere kleine, harte Häkchen. Wenn man die beiden aufeinanderdrückt, greifen die Häkchen in die Schlingen ein, wodurch eine relativ feste Verbindung entsteht. Man kann die in verschiedenen Breiten und Farben erhältlichen Klettbänder auf Stoff aufnähen – etwa in die Öffnung eines Federbettbezugs – oder auf härtere Materialien kleben.

Reißverschlüsse

Ein überaus praktischer, allseits bekannter Verschluß aus zwei Stoffstreifen mit Metallzähnen oder Kunststoffspiralen. Wenn man den Schieber zwischen den beiden Zahnreihen durchzieht, greifen diese ineinander. Reißverschlüsse werden meist verdeckt in lose Kissen- und Polsterbezüge eingenäht, damit man diese zum Waschen oder Reinigen leicht abnehmen kann.

Verschiedene Verschlüsse

▲ *Kissen sind wunderbare Dekorationselemente, die einen Wohnbereich auf einen Schlag verwandeln können. Man kann sie in allen Größen und Formen aus den verschiedensten Stoffen fertigen. Die unterschiedlichen Kissen auf diesem Sofa greifen als verbindendes Thema die Blau-Weiß-Töne des chinesischen Porzellans auf.*

Bettbezüge, Kissenbezüge und lose Möbelbezüge, die häufig gewaschen werden, benötigen praktische und strapazierfähige Verschlüsse. Klettband-, Druckknopf- und Reißverschlüsse erfüllen diese Anforderungen und sind die gebräuchlichsten Verschlußmittel. Sie können verdeckt angebracht werden, um das Erscheinungsbild nicht zu beeinträchtigen.

Klettverschlüsse

Im Gegensatz zu anderen Verschlußmitteln für Textilien kann Klettband auch dazu dienen, Stoffe an harten Materialien zu befestigen: etwa eine abnehmbare Stoffbespannung an einem Wandschirm oder einen Volant an einem hölzernen Bettgestell. In solchen Fällen und bei Öffnungen, die einer gewissen Zugbelastung ausgesetzt sind, wie bei Bett- oder Polsterbezügen, sind lange Klettbandstreifen am günstigsten. Für kleinere, weniger beanspruchte Öffnungen, etwa von losen Zierkissen, eignen sich auch kleine, runde Klettverschlüsse.

Druckknöpfe

Druckknöpfe sind leicht anzubringen – etwa an der Innenkante der Öffnungen von Kissen- oder Bettbezügen. Man kann sie einzeln oder in Form vorgefertigter Druckknopfbänder kaufen. Gerade die letzteren sind für Kissenöffnungen und dergleichen ideal.

Kissenbezüge mit einfachen Verschlüssen ausstatten

Für einen Kissenbezug, der mit runden Klettverschlüssen oder Druckknöpfen verschlossen werden soll, zunächst zwei Stoffstücke wie für ein einfaches Kissen (siehe Seiten 302–303) ausschneiden, dabei aber eine Saumzugabe von 7,5 cm entlang jeder Öffnungskante vorsehen.

An jedem Teil einen 2,5 cm breiten Doppelsaum entlang der Öffnungskante einschlagen. Saum mit Saumstich festnähen oder mit der Maschine steppen, dann bügeln. Die übrigen drei Kanten der beiden Teile mit der Maschine rechts auf rechts zusammensteppen. Dann die beiden Enden der Öffnungsseite knapp über dem Doppelsaum je 5 cm weit zusammensteppen.

Runde Klettverschlüsse, Druckknöpfe oder Druckknopfband in gleicher Anordnung auf die beiden Seiten des Doppelsaums der Öffnung nähen. Nahtzugaben des Bezugs rundum beschneiden, die beiden oberen Ecken diagonal abschneiden, damit sich der Stoff nicht beult.

Bezug wenden und bügeln. Kissen einlegen; Öffnung mit den Klettverschlüssen oder Druckknöpfen schließen. Die Verschlüsse sollten von außen nicht sichtbar sein.

Einfache Verschlüsse

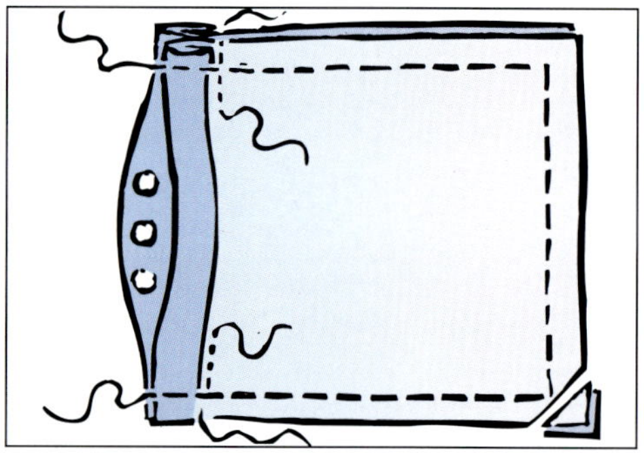

1 Runde Klettverschlüsse oder Druckknöpfe auf die Doppelsäume der Kissenöffnung nähen.

2 Oder ein Druckknopfband in gleicher Weise annähen. Die Verschlüsse sind von außen unsichtbar.

Reißverschlüsse

Reißverschlüsse kann man in Standardlängen oder als Meterware kaufen. In letzterem Fall kauft man die Schieber separat. Den Reißverschluß in passender Farbe zu dem zu verschließenden Teil wählen.

Reißverschlüsse lassen sich sauber verdeckt in den Saum von Kissen- oder Bettbezügen einsetzen. Bei kleinen, quadratischen Zierkissen kann man den Reißverschluß entweder in die Seitennaht oder mittig in die Rückseite einsetzen, wie man es bei runden Kissen macht.

Reißverschluß in die Kissennaht einsetzen

Zwei Stoffteile wie für ein quadratisches Kissen zuschneiden (siehe Seiten 302–303). Enden der Öffnungskanten rechts auf rechts je 5 cm weit zusammensteppen, so daß dazwischen eine Öffnung für den Reißverschluß bleibt. Öffnungskante entlang der Nahtlinie zusammenheften; Naht ausbügeln. Reißverschluß an der Nahtlinie feststecken und -heften, wobei die Reißverschlußoberseite auf der Nahtinnenseite liegt. Reißverschluß von der rechten Stoffseite mit dem Reißverschlußfuß der Maschine knapp an der Heftnaht feststeppen. Heftfäden entfernen.

Reißverschluß öffnen. Die übrigen drei Kanten des Bezugs rechts auf rechts feststecken, heften und zusammensteppen. Heftfäden entfernen. Nahtzugaben beschneiden, Ecken diagonal abschneiden und Nähte ausbügeln. Bezug wenden, noch einmal bügeln.

Rückseitigen Reißverschluß einsetzen

Vorderteil des Bezugs wie für ein einfaches, quadratisches Kissen zuschneiden (siehe Seiten 302–303). Ein zweites Teil 3 cm breiter zuschneiden (Nahtzugabe für den Reißverschluß) und quer halbieren.

Beide Rückenteile an beiden Enden der Öffnungskante rechts auf rechts je 5 cm weit zusammensteppen, so daß eine Öffnung für den Reißverschluß bleibt. Öffnung entlang der Nahtlinie zusammenheften; Naht ausbügeln. Reißverschluß wie oben beschrieben einsetzen.

Reißverschluß öffnen. Rückenteil des Bezugs rechts auf rechts auf das Vorderteil stecken, heften und steppen. Weitere Vorgehensweise wie im vorigen Abschnitt beschrieben.

Reißverschluß in ein rundes Kissen einsetzen

Wie für ein einfaches rundes Kissen (siehe Seiten 302–303) eine Papiervorlage schneiden. Vorderteil nach der Vorlage ausschneiden. Dann ein Drittel des Durchmessers der Vorlage abmessen; die Vorlage an diesem Punkt quer durchschneiden. Anhand der beiden Papierteile zwei Stoffstücke für die Kissenrückseite mit Nahtzugaben an der Öffnungskante zuschneiden.

Rückenteile zusammennähen; Reißverschluß wie beim quadratischen Kissen einsetzen. Rückenteil auf Vorderteil des Bezugs nähen. Nahtzugaben einkerben; Bezug wenden und bügeln.

Reißverschluß im Saum

1 Eine Kante bis auf den Reißverschlußschlitz zusammennähen. Schlitz heften; Reißverschluß aufsteppen.

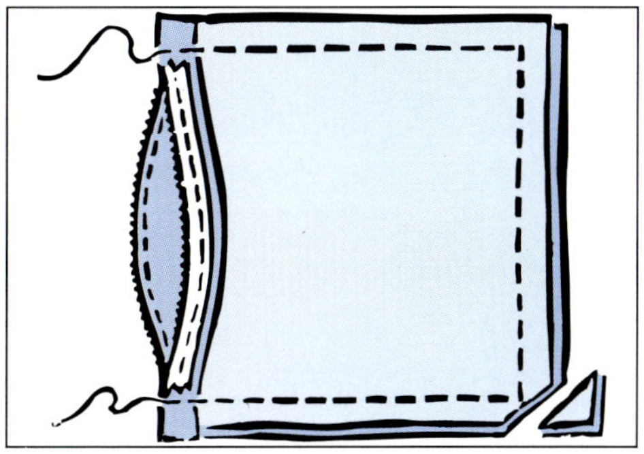

2 Heftfäden ziehen. Die übrigen Kanten steppen. Nahtzugaben beschneiden; Bezug wenden.

Rückseitiger Verschluß

1 Rückenteile bis auf den Reißverschlußschlitz zusammennähen. Schlitz heften; Reißverschluß aufsteppen.

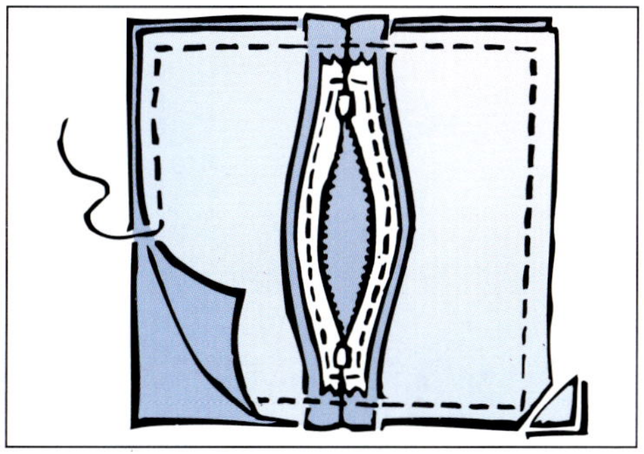

2 Heftfäden ziehen. Rückenteil auf das Vorderteil nähen. Nahtzugaben beschneiden; Bezug wenden.

Rundes Kissen

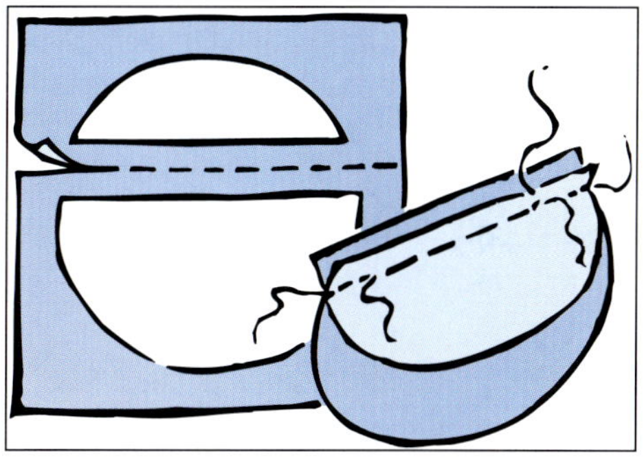

1 Nach Papiervorlage ein Vorderteil, zwei Rückenteile zuschneiden. Reißverschluß in die rückwärtige Naht setzen.

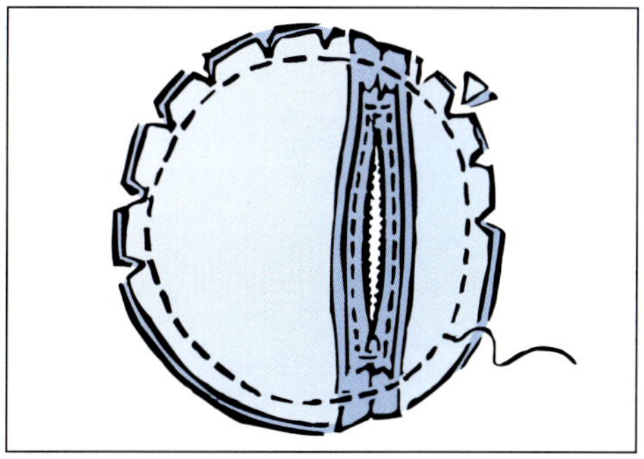

2 Rückenteil auf das Vorderteil nähen. Nahtzugabe einkerben. Durch den Reißverschluß wenden.

Verschiedene Besätze

▶ *Paspeln dienen zur Betonung und Verzierung der Umrisse von Polstermöbeln und Kissen und zugleich als Nahtverstärkung. Hier wird der vermutlich unbeabsichtigte Kontrast zwischen der förmlichen Eleganz des cremefarbenen Polstersessels und dem verblichenen goldbraunen Samtbezug des Sofas durch die Paspelierungen noch unterstrichen.*

Durch Kantenbesätze wie Paspeln, Fransen, Schnüre oder Quasten – in den verschiedensten Materialien, Farben und Strukturen erhältlich – kann man die Wirkung von Kissen- und Polsterbezügen auf äußerst dekorative und fachmännische Weise abrunden.

Paspeln

Ein Paspelrand kann die Konturen von Kissen, Polstern oder Bettbezügen attraktiv betonen. Er kann aus dem Bezugsstoff selbst oder aus einem kontrastierenden Stoff hergestellt werden, um den Bezug farbig abzusetzen oder ihm eine zusätzliche Strukturnote zu geben.

Eine Paspel besteht aus einer Kordel, die in einen Stoffstreifen eingeschlagen wird. Dieser wird dann so zwischen zwei Stofflagen genäht, daß er über die Naht vorsteht. Die Paspelkordel besteht meist aus gedrehten Baumwollschnüren, die gebleicht oder ungebleicht sein können. Es gibt sie in verschiedenen, durchnumerierten Stärken. Für Teile, die später gewaschen oder

Ein Kissenbezug mit Paspelrand

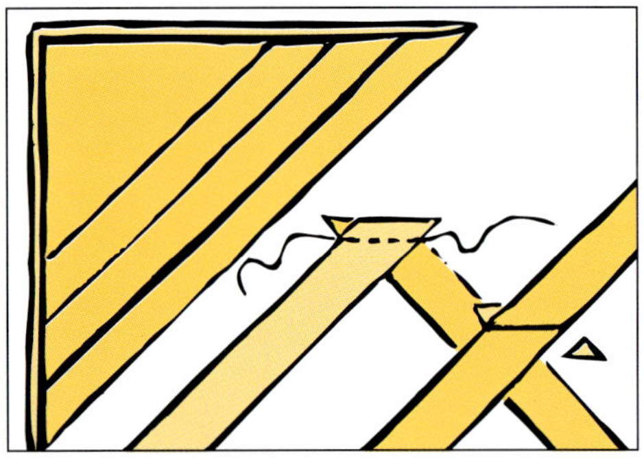

1 Schrägstreifen für die Paspel zuschneiden. Enden mit dem Fadenlauf zusammennähen; Spitzen abschneiden.

2 Streifen an der Kordel entlang zusammensteppen. Auf das Kissenvorderteil steppen; Ecken einschneiden.

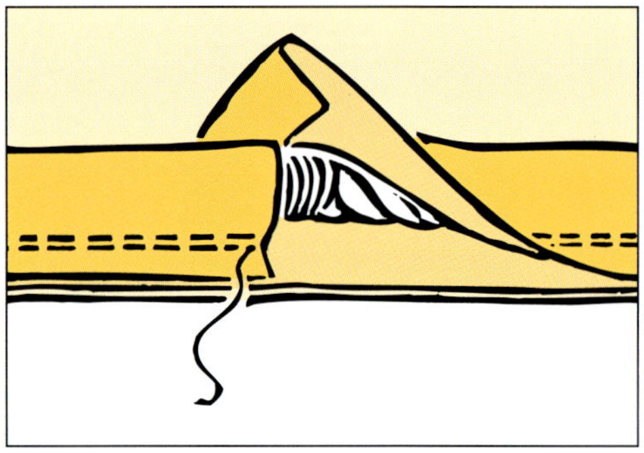

3 Kordelenden auf Stoß schneiden. Ein Ende der Stoffhülle einschlagen; überlappend um das andere legen.

4 Eine Kante des Bezugs mit zwischenliegender Paspel bis auf den Reißverschlußschlitz zusammensteppen.

5 Geöffneten Reißverschluß auf die Paspelkante nähen, schließen und von rechts an die andere Kante nähen.

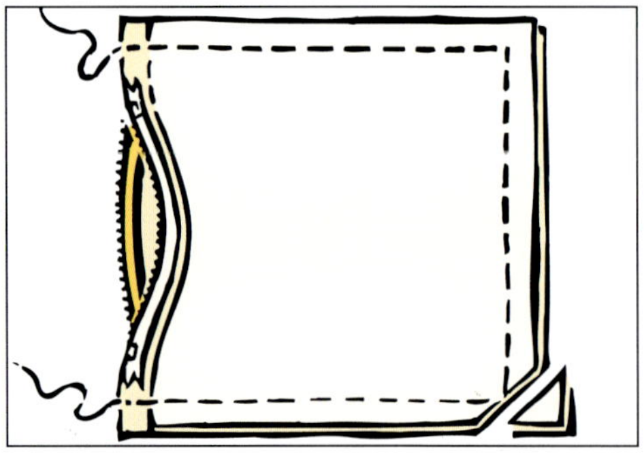

6 Reißverschluß öffnen. Die übrigen drei Seiten steppen. Nahtzugaben beschneiden; Bezug wenden.

chemisch gereinigt werden sollen, benutzt man am besten vorgeschrumpfte Kordel.

Der Stoffstreifen, in den man die Kordel einlegt, kann ein Schrägstreifen sein, der sich dank seiner Dehnbarkeit besonders gut um Ecken und Rundungen legen läßt. Das ist jedoch nicht zwingend: Bei gemusterten Stoffen beispielsweise kann es besser wirken, wenn man den Streifen längs oder quer zum Fadenlauf zuschneidet.

Kissenbezüge mit Paspelrand nähen

Zunächst die voraussichtliche Paspellänge ausmessen und 10 cm für Ansatznähte zugeben. Die Stoffstreifen sollten etwa 5 cm breit sein, so daß nach Einfalten um die Paspelkordel eine Stoffbreite von 2,5 cm bleibt.

Um die Diagonale des Stoffs zu ermitteln, den Stoff diagonal so falten, daß die Webkante parallel zum Querfadenlauf liegt. Streifen der gewünschten Breite parallel zur diagonalen Bruchkante anzeichnen und abschneiden. Um einen langen Streifen zu erhalten, die Enden rechts auf rechts zusammenstecken; mit dem Fadenlauf zusammensteppen. Die Nähte ausbügeln; überstehende Spitzen kantengleich abschneiden.

Kordel mittig auf die Rückseite des Streifens legen. Den Streifen so um die Kordel falten, daß seine Längskanten aufeinander liegen. Mit dem Reißverschlußfuß der Maschine dicht an der Kordel entlang zusammensteppen. Nahtzugabe auf 1,5 cm zurückschneiden.

Kissenvorder- und Rückenteil zuschneiden. Paspel so auf die rechte Stoffseite des Vorderteils legen, daß ihre unversäuberte Kante an der Stoffkante anliegt; festheften. Nahtzugabe der Paspel an den Ecken einschneiden. Am Treffpunkt der Paspelenden 5 cm Überlappung lassen. Paspel rundum feststeppen. Stoffumhüllung der Paspelenden zurückziehen; Kordelenden so abschneiden, daß sie genau aneinanderstoßen. Den Stoff so zurückschneiden, daß man ein Ende einschlagen und überlappend um das andere legen kann. Paspelnaht fertignähen.

Vorder- und Rückenteil an der Öffnungskante bis auf die Öffnung für den Reißverschluß rechts auf rechts mit zwischenliegender Paspel zusammensteppen. Naht ausbügeln. Erst die eine, dann die andere Reißverschlußkante in die Öffnung nähen. Bezug so fertigstellen wie für Kissen mit Reißverschluß in der Seitennaht beschrieben (siehe Seiten 312–313).

Schnüre

Dekorative Möbelschnüre gibt es in vielen Stärken und Farben. Sie können aus Baumwolle, Wolle, Seide oder Mischfaser bestehen. Manchmal ist ein Metallfaden eingearbeitet, der ihnen zusätzlichen Glanz und eine besonders edle Wirkung verleiht. Hier und da findet man auch wunderschöne antike Möbelschnüre.

Manche Möbelschnüre haben eine Ansatzkante, meist aus Baumwollgurtband, so daß man sie wie eine Paspel zwischen zwei Stofflagen nähen kann. Schnüre ohne Ansatzkante müssen von Hand auf den fertigen Kissenbezug genäht werden.

Möbelschnur auf einen Kissenbezug nähen

Beim Zusammennähen des Bezugs eine kleine Öffnung in der Naht lassen. Schnur von Hand rundum auf die Seitennähte des fertigen Kissenbezugs nähen. Die beiden Enden in die Nahtöffnung stecken und festnähen. Alternativ beide Schnurenden fest mit einem farblich passenden Faden umwickeln und auf Stoß festnähen. Man kann die Schnur an den Kissenecken zu dekorativen Schlaufen legen und überwendlich festnähen.

Quasten und Fransen

Fransenbesätze sind eine schöne Verzierung für Kissenbezüge. Sie werden wie Schnüre von Hand auf den fertigen Bezug genäht oder, wenn sie eine entsprechende Ansatzkante haben, wie Paspeln in den Saum eingenäht. Quasten können Kissen und Polstern eine besonders luxuriöse Note geben. Es gibt sie in verschiedensten Formen, Größen und Farben; man kann sie aber auch selber herstellen.

Eine Franse mit Ansatzkante an einen Kissenbezug nähen

Fransenbesatz kantengleich so auf die rechte Stoffseite des Kissenvorderteils legen, daß die Fransen nach innen zeigen. Fransenbesatz analog zur Paspelierung zwischen Vorder- und Rückenteil mit einnähen.

Möbelschnüre

Schnur von Hand auf die Nahtlinie nähen; ggf. an den Ecken in Schlaufen legen. Enden in die Naht stecken.

Fransen und Quasten

Fransenbesatz wie eine Paspel auf das Kissenvorderteil nähen, bevor es mit dem Rückenteil verbunden wird.

▲ Der flauschige, bunte Fransenbesatz bildet die perfekte Ergänzung zu diesen mit Schuhbildern von Manolo Blahnik bedruckten Kissen. Solche Fransen mit Ansatzkante kann man mit der Maschine zwischen die beiden Teile des Kissenbezugs steppen. Fransen kann man auch nach Bedarf passend einfärben.

Randblenden und Rüschen

Glatte Randblenden oder gerüschte Einfassungen können auch ansonsten schlichten Kissen eine luxuriöse Wirkung geben, so daß sich der zusätzliche Arbeitsaufwand reichlich auszahlt.

Randblenden

Dies sind breite Stehsäume um die eigentliche Kissennaht, die die Kissenfüllung umschließt. Die Bezüge werden mit Knopfleiste oder Reißverschluß auf der Rückseite gearbeitet. Die Randblende kann aus dem Bezugsstoff oder aus einem kontrastierenden Stoff bestehen. Eine doppelte Randblende besteht aus zwei separaten Stofflagen, wobei die hintere etwas über die vordere hinaussteht.

Kissenbezug mit einfacher Randblende

Einen Kissenbezug mit rückseitigem Reißverschluß arbeiten (siehe Seiten 312–313); dabei aber außer der üblichen Nahtzugabe rundum genug Stoffüberstand für die Randblende vorsehen. Üblich ist eine Breite von 5 cm. Wenn die Kanten des Bezugs rundum zusammengesteppt sind, die Nahtzugaben beschneiden und die Ecken diagonal abschneiden. Nähte ausbügeln; Bezug wenden. Glattbügeln; dabei auf exakt liegende Kanten und saubere ausgestülpte Ecken achten.

Vorder- und Rückenteil des Bezugs von der Rückseite aus entlang der Innenkante der vorgesehenen Randblende zusammenheften und mit der Maschine steppen. Alternativ kann man entlang dieser Linie eine einfache oder doppelte Ziernaht arbeiten. Heftfäden entfernen.

Um ein Kissen mit kontrastierender Randblende zu arbeiten, Bezug wie für ein Kissen ohne Randblende zuschneiden. Reißverschluß mittig in die Rückseite einsetzen (siehe Seiten 312–313). Dann Stoffstreifen für die Randblenden zuschneiden. Sie sollten jeweils so lang wie das vorgesehene Seitenmaß des Kissens zuzüglich Nahtzugaben und so breit wie die vorgesehene Blendenbreite zuzüglich Nahtzugaben sein. Am besten etwas länger zuschneiden; passend abschneiden kann man sie immer noch.

Streifen rechts auf rechts an den Kissenstoff nähen. An den Ecken durch Gehrnähte (siehe Seiten 340–341) oder auf Stoß verbinden. Für die Stoßnaht von zwei aneinandergrenzenden Streifen einen zurückschlagen, so daß die beiden rechts auf rechts übereinanderliegen; die Kante des oberen Streifens in gerader Linie auf den unteren nähen. Überstand abschneiden; Naht ausbügeln. Stoßnähte so ausführen, daß man zwei parallele Randblenden über die Kissenbreite erhält, während die beiden anderen dazwischen sitzen. Nach Annähen der Blenden an Vorder- und Rückenteil wie oben beschrieben fortfahren.

Einfache Randblende

1 *Bezug mit rückseitigem Reißverschluß nähen; Zugabe für Randblende vorsehen. Nähte beschneiden, ausbügeln.*

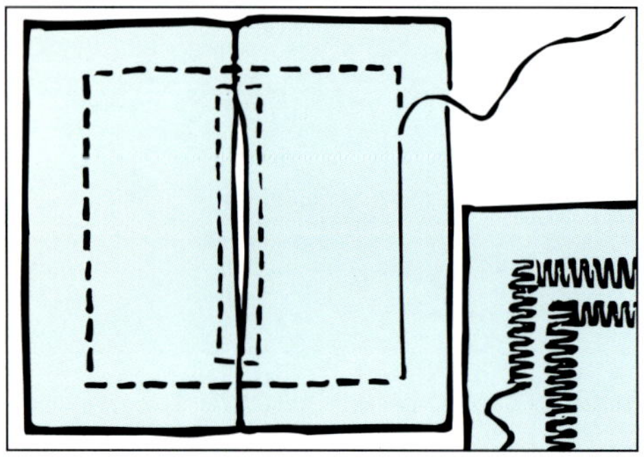

2 *Auf rechts wenden, bügeln. Innenkante der Randblende mit Stepp- oder Zierstich abnähen.*

▲ *Bei diesen schlichten Leinenkissen bildet das Streifenmuster zugleich die Randblende. Dazu werden die Streifen zugeschnitten und an die Kanten des Mittelteils genäht, bevor man Vorder- und Rückseite des Kissenbezugs zusammennäht. Die Ecken sind ordentlich gegehrt, wobei auf einen sauberen Musteransatz geachtet wurde.*

Doppelte Randblende

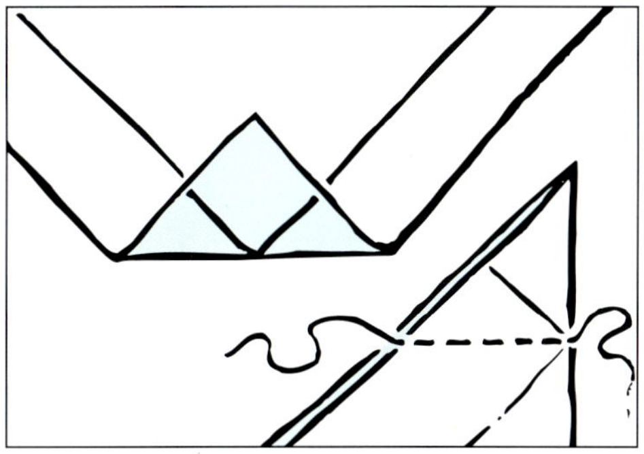

1 Rundum einen Überstand in doppelter Blendenbreite vorsehen. Blende nach innen umbügeln; Ecken gehren.

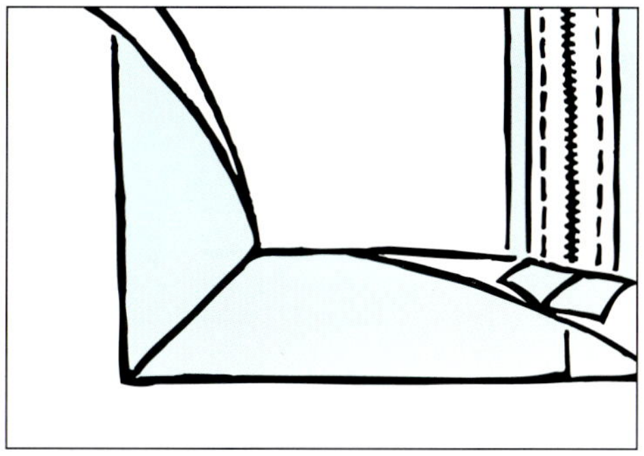

2 Gegehrte Ecken beschneiden, Naht ausbügeln und Ecken auf rechts wenden.

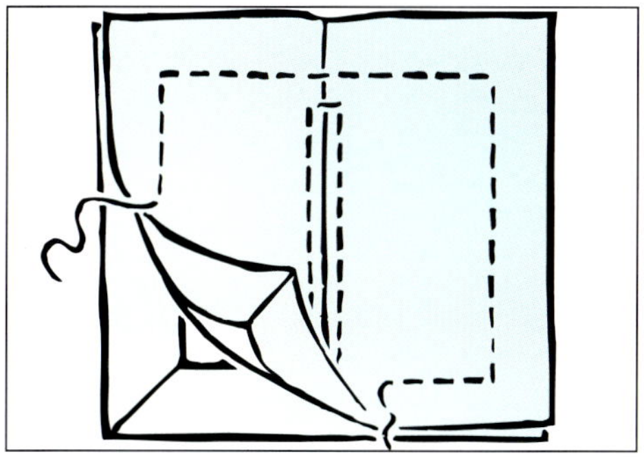

3 Kissenvorder- und -rückenteil aufeinanderlegen; entlang der Innenkante der Randblende steppen.

Rüschen

Rüsche nähen, einkräuseln. Auf die Kissenvorderseite stecken und heften; dann das Rückenteil aufnähen.

◀ Eine ansprechende Kombination verschiedenartiger Randverzierungen: Die Paspeleinfassung des Sessels unterstreicht die geradlinige Wirkung des Streifenmusters; im Kontrast dazu ist das geblümte Kissen mit einem üppigen, extravaganten Rüschenbesatz geschmückt.

Kissenbezug mit doppelter Randblende

Er wird ähnlich gefertigt wie ein Bezug mit einfacher Blende, man muß hier jedoch die doppelte Blendenbreite zuzüglich Nahtzugabe vorsehen. Rückenteil wie bei einem Kissen mit rückseitigem Reißverschluß arbeiten (siehe Seiten 312–313). Randblenden nach innen einschlagen, bügeln. Ecken rechts auf rechts auf Gehrung nähen (siehe Seiten 340–341). Gegehrte Ecken beschneiden, wenden und bügeln. Beide Kissenteile links auf links entlang der Innenkante der Randblende zusammenheften; die unversäuberte Kante der Randblenden mit erfassen. Mit der Maschine zusammensteppen.

Rüschen

Rüschen geben Kissen und Textilien eine weichere Note und werden oft aus leichten, transparenten Stoffen oder ländlich-rustikalen Druckstoffen gearbeitet. Bei etwas Phantasie und kühner Farbwahl müssen sie nicht aufs verspielte Boudoir beschränkt bleiben, sondern können überall wirkungsvoll eingesetzt werden.

Ein Rüschenkissen nähen

Stoffstreifen in doppelter Länge des Kissenumfangs zuschneiden und schmal umsäumen oder längs falten, so daß die unversäuberten Kanten aufeinanderliegen. Eine Vorstichreihe entlang der unversäuberten Kante nähen. Faden anziehen, um die Rüsche einzukräuseln. Rüsche so auf die rechte Stoffseite des Kissenvorderteils legen, daß die unversäuberten Kanten aufeinanderliegen, stecken, heften. Bezug wie gewohnt fertigstellen; dabei die unversäuberte Rüschenkante zwischen Vorder- und Rückenteil des Kissens mit einnähen.

Sitzmöbelbezüge

Die Möglichkeiten, Möbel mit Stoff zu bedecken, sind so aufregend wie unbegrenzt. Sind Sie ein Fan von lose drapierten Stoffüberwürfen für alte Sofas oder eher von maßgeschneiderten Überzügen mit sauberen Falten, Abnähern und raffiniert plazierten Knöpfen, unter denen man die Reizlosigkeit ramponierter alter Eßzimmerstühle verbergen kann?

Das Potential dekorativer Möbelbezüge ist immens. Man kann Stuhlpolster straff beziehen, lange, niedrige Bänke durch einen losen Überzug interessant verwandeln, Liegestühle durch einen frischen Bezug zu neuem Leben erwecken, praktische Campinghocker mit einer neuen Sitzfläche aus markantem Segeltuch herausputzen und vieles mehr.

Details wie Ösen, Knöpfe, Schlaufen, Bänder können die Verkleidung raffiniert abrunden. Erfinden Sie neue Nutzungen für vertraute Materialien. Verlieren Sie aber bei allem Einfallsreichtum die praktischen Aspekte und die Funktion des Möbels nicht aus den Augen.

Liege- und Regiestühle

Liegestühle sind eine schlichte Kombination aus Stoff und Holz in Form einer ordentlich zusammenklappbaren Konstruktion, deren zeitlose Gestaltung die Jahre überdauert hat. Man assoziiert sie automatisch mit »draußen« – Strand, Garten, Schiffsdecks –, obwohl sie auch in einem großen Kinder- oder Badezimmer wundervoll wirken können.

Ein Regiestuhl ist ähnlich konstruiert wie ein Liegestuhl, kommt aber mit seiner praktischeren Sitzhöhe und seinem mehr »stuhlartigen« Aussehen auch in zwanglosen Inneneinrichtungen zum Einsatz. Bei Liegestühlen, Regiestühlen und ähnlichen Klappstühlen besteht die Sitzfläche aus einem zwischen zwei Streben gespannten Stück Stoff, das auf simpelste Weise am Gestell befestigt wird. Die Befestigungsmethode eines neuen Bezugs hängt von der Stuhlkonstruktion ab und davon, ob man das Gestell auseinandernehmen kann. Ideal sind Tunnelsäume am Stoff, die man über die Streben von Sitzfläche und Rückenlehne ziehen kann. Wo dies nicht möglich ist, kann man den Stoff auch einfach um die Streben spannen und rückwärtig mit kräftigen Tackerklammern befestigen. Ein Tunnelsaum ist ein Stoffschlauch, der entlang der Strebeninnenkante mit einer

◀ Ein frischer Bezug aus klassisch gestreiftem Segeltuch kann altgediente Liegestühle zu neuem Leben erwecken. Hier schafft die Verwendung des gleichen Musters in ansprechend kontrastierender Farbstellung eine abwechslungsreiche Wirkung, sorgt aber zugleich für optischen Zusammenhalt.

▲ Pastellige Baumwollstoffe und feiner Chintz sind als Möbelbezüge attraktiv, aber empfindlich gegen Verschmutzung und Verschleiß. Eine robuste Alternative für stark beanspruchte Küchen- und Eßzimmerstühle ist ein solcher Bezug aus straff über das Stuhlgestell gespannter Kordel.

Maschinensteppnaht abgenäht ist. Falls die Konstruktion es erfordert, den Tunnelsaum über Verbindungstellen des Stuhlgestells zu ziehen, kann man vor dem Zusammenbau entsprechende Löcher in den Stoff stanzen und mit großen Ösen versäubern. Wählen Sie einen robusten, reißfesten Stoff. Versuchen Sie es auch einmal mit ungewöhnlicheren Materialien wie Gobelinstoffen oder wollenem Schottenstoff.

Klapphocker

Niedrige Campinghocker aus Holz oder Metall mit einem Stück Stoff als Sitzfläche sind auch für Innenräume praktisch, ob als »Reservestühle« oder Behelfstischchen für leichte Teile wie Zeitungen. Man kann mehrere dieser Hocker zwischen Möbeln anderer Machart verteilen, um einen Wohnbereich aufzulockern. In minimalistischeren Interieurs könnte man eine Reihe mit buntem Stoff bezogener Hocker vor eine weiße Wand stellen. Man kann auch verschiedene Sitzbezüge mit gleichem Grundthema mischen: Mit Tieren oder Cowboys bedruckte Stoffe wären zum Beispiel ideal für ein Kinderzimmer.

Die Befestigung des Stoffs erfolgt in gleicher Weise wie bei Liegestühlen: mit Tunnelsäumen oder Tackerklammern.

Herausnehmbare Stuhlpolster

▶ *Die mit verschiedenen blau-weißen Karostoffen bezogenen, herausnehmbaren Stuhlpolster passen gut zu Tisch und Stühlen im schwedischen Stil des 19. Jahrhunderts. Sie setzen kontrastierende Farbakzente vor dem Hintergrund der ganz unterschiedlichen Holzflächen dieses typisch skandinavischen Interieurs.*

Die heikle Kunst des Beziehens fest angebrachter Sofa- und Sesselpolster sollte man in der Regel Profis überlassen, denn hier ist das fachmännische Resultat die Investition wert. Ein herausnehmbares Stuhlpolster neu zu beziehen, ist hingegen recht unproblematisch.

Bei Eßzimmerstühlen etwa ist der Polstersitz oft nur lose eingesetzt. Er besteht aus einem schlichten Holzrahmen, der mit Gurten bespannt ist, auf denen wiederum das Polstermaterial (etwa Roßhaar und Polsterwatte) aufliegt. Ein Grundgewebe (oft Nessel) ist straff über die Polsterauflage gespannt und unter dem Rahmen festgenagelt oder -getackert. Darüber ist dann der eigentliche Bezugsstoff gespannt und in gleicher Weise befestigt. Die Unterseite der Konstruktion ist oft mit einem Stück Sackleinen mit sauber eingeschlagenen Kanten kaschiert. Wenn das Gurtgewebe noch solide und die Polsterung in einigermaßen gutem Zustand ist – man kann sie etwas auffüllen –, braucht man nicht alles auseinanderzunehmen.

Herausnehmbare Stuhlpolster neu beziehen

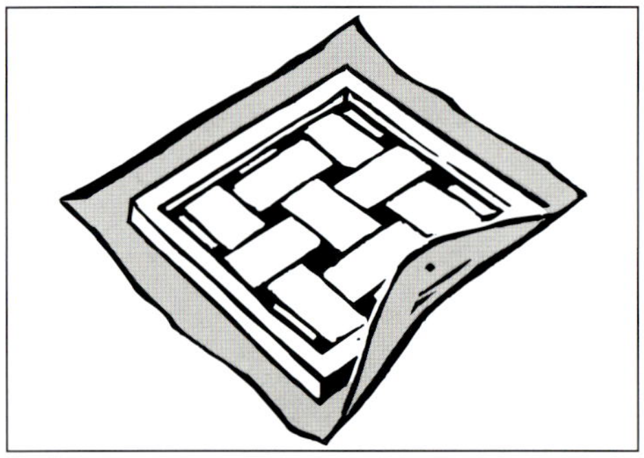

__1__ Neuen Nesselbezug unter den Rahmen einschlagen; je einen Nagel in die Mitte jeder Stoffkante schlagen.

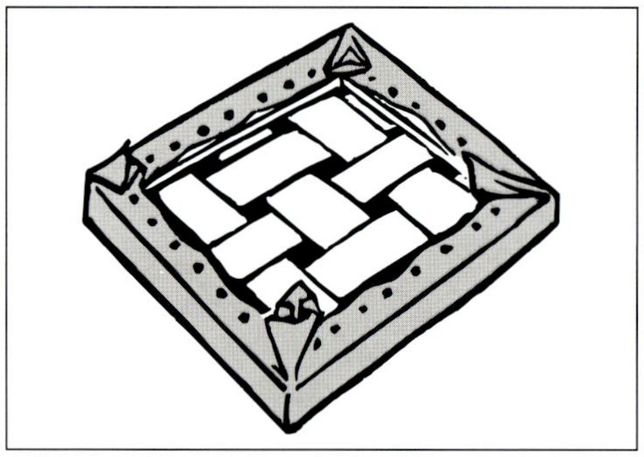

__2__ Mit weiteren Nägeln befestigen; dabei den Stoff laufend glätten und spannen.

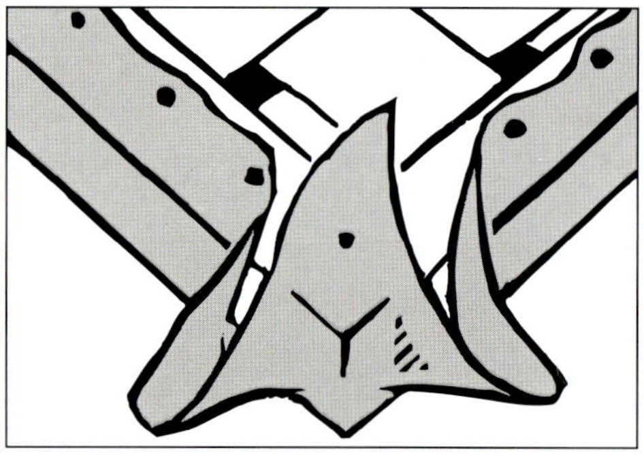

__3__ Nessel straff über die Ecken ziehen und festnageln. Beidseits des Ecknagels einfalten und befestigen.

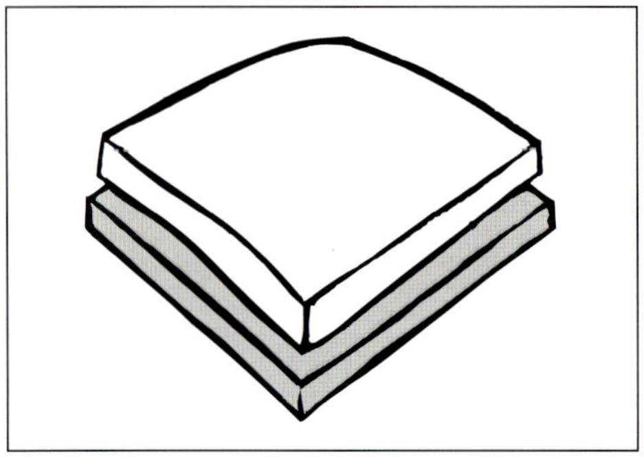

__4__ Stuhlpolster umdrehen. Ein Stück Polsterwatte in Größe der Sitzfläche zuschneiden und auflegen.

__5__ Polster mit aufgelegter Polsterwatte wieder umdrehen und mittig auf den neuen Außenbezug legen.

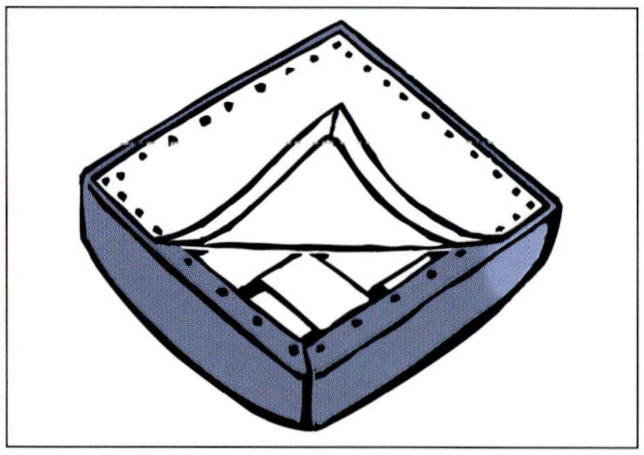

__6__ Ein neues Stück Sackleinen zuschneiden und mit eingeschlagenen Kanten unter den Rahmen nageln.

Für den Bezug eines solchen Sitzpolsters ist ein individuell gestalteter Stoff eine interessantere Lösung als ein Stoff »von der Stange«. Man könnte etwa zwei Stoffhälften in konstrastierenden Farben so aneinandernähen, daß die Naht in der Mitte des Sitzpolsters verläuft. Stühle mit Verwitterungspatina (siehe Seiten 280–281) könnten durch Sitzbezüge in weinroter und indigoblauer Seide zu ausgefallenen Blickfängen werden.

Herausnehmbare Stuhlpolster neu beziehen

Man braucht an Werkzeug lediglich eine Schere, ein Maßband, einen Hammer, einen Holzhammer und einen Meißel. An Material benötigt man ein Stück Polsterwatte im Format der Sitzfläche, ein Stück Nessel als Unterbezug und ein Stück Polsterstoff als Endbezug (in ausreichender Größe, um es unter den Rahmen einzuschlagen), 1 cm lange Nägel und schwarzes Polsterleinen oder Sackleinen für die Unterseite des Sitzpolsters.

Sitz mit der Unterseite nach oben drehen und die Nägel, mit denen die Sackleinenbespannung und der alte Bezug befestigt sind, mit Holzhammer und Meißel (oder Schraubenzieher) entfernen. Anhand der alten Stoffteile Papiervorlagen zum Zuschneiden der neuen herstellen; bei allen Teilen darauf achten, daß rundum ein 5 cm breiter Stoffüberstand zum Einschlagen bleibt.

Die alte Polsterwatteschicht abnehmen und wegwerfen. Darunter sollte ein Nesselbezug sein, unter dem sich die Roßhaarfüllung befindet. Den Nesselbezug nur austauschen, falls es nötig erscheint. In diesem Fall ein neues Stück Nessel nach der Papiervorlage für den neuen Außenbezug anfertigen. Den Sitz mit der Unterseite nach oben auf den Nesselstoff legen und dessen Kanten um den Rahmen einschlagen. Mit dem Hammer einen Nagel in die Mitte jeder Stoffkante schlagen. Nessel mit weiteren Nägeln befestigen; dabei laufend glattstreichen und spannen. Zuletzt straff über die Ecken spannen und festnageln. Auf jeder Seite des Ecknagels eine Falte einschlagen; Stoffüberstand wegschneiden. Sitzpolster umdrehen. Ein neues Stück Polsterwatte genau auf das Format der Sitzfläche zuschneiden. Diese Polsterlage verhindert, daß die steifen Roßhaare durch den Stoff stechen. Die Polsterwatte auf die Sitzfläche legen.

Mit Hilfe der nach dem alten Bezugsstoff gefertigten Papiervorlage den neuen Bezugsstoff so zuschneiden, daß man ihn bis unter den Rahmen einschlagen kann. Das Sitzpolster (mit aufgelegter Polsterwatte) mit der Oberseite nach unten auf den neuen Bezugsstoff legen. Den Stoff am Rahmen festnageln.

Anhand der nach der alten Sackleinenbespannung gefertigten Papiervorlage ein neues Stück Sackleinen zuschneiden und mit eingeschlagenen Kanten in Abständen von 2,5 cm unter den Rahmen nageln.

Gurtbespannung

Eine natürliche, strukturreiche Optik erhält man, indem man einen Hocker oder einen einfachen Stuhl, dem das Sitzpolster fehlt, mit etwa 5 cm breiten Polstergurten bespannt. Mit dieser relativ simplen Gestaltung lassen sich oft sehr stilvolle Wirkungen erzielen. Man braucht eine ausreichende Menge Gurtband, das in kürzere Streifen zerschnitten wird, um die Sitzfläche längs und quer zu überspannen. Die Länge der einzelnen Streifen entspricht der Breite bzw. Tiefe des Sitzflächenrahmens zuzüglich eines ausreichenden Überstands, um den Gurt unter den Rahmen einzuschlagen und unsichtbar zu befestigen (mit Nägeln oder Tackerklammern). Wahlweise kann man die Gurte auch sichtbar mit dekorativen Polsternägeln befestigen, die es in verschiedenster Gestaltung gibt.

Die erste Gurtlage zuschneiden und anbringen; dabei die Gurte vor Befestigung jeweils möglichst straff spannen. Die Gurte geben unter dem Körpergewicht etwas nach, so daß man sie unter Umständen später etwas nachspannen muß. Die zweite Gurtlage quer durch die erste flechten; die Gurte in gleicher Weise straffziehen und befestigen.

Polstergurte, die meist aus Jutegewebe bestehen, kann man auch einfärben, um so zum Beispiel einen farbenfroh kontrastierenden Schachbretteffekt zu schaffen. Oder man kauft robuste, farbige Gewebestreifen, die normalerweise als Kanteneinfassung für Teppiche verwendet werden.

◀ *Gurtbespannte Stühle und Sessel können äußerst bequem sein. Eine solche Gurtbespannung läßt sich problemlos durch andersfarbige Gurte jeder Änderung des Einrichtungskonzepts anpassen: Naturfarbene Gurte kann man in leuchtenden Farbtönen einfärben; durch Verflechtung von zwei oder mehr Farben ergeben sich interessante Effekte.*

Lose Bezüge und Hussen

▶ *Die leinenen Stuhlbezüge in bunten Eiscremefarben erinnern in ihrer adretten Wirkung an Sommerkleider der 1950er Jahre und heben sich schön vom gebleichten Holzboden und der weißen Tischdecke ab. Für die witzige Knopfleiste im Rücken hätte man statt der stoffbezogenen Knöpfe auch weiße oder farbige Glasknöpfe oder Messingknöpfe verwenden können.*

Hussen sind lose Möbelüberzüge, die mit Bändern, Reißverschlüssen oder Knöpfen fixiert sein können, sich aber jederzeit problemlos abnehmen lassen. Die Auswahl des Bezugsstoffs wird einerseits von praktischen Erwägungen bestimmt; man kann ihn aber durch Zierstiche, Falten und Knoten beleben oder auch einfach lose drapieren, um herrliche dekorative Effekte zu erzielen.

Gestaltung loser Bezüge

Lose Bezüge können je nach Form des Möbels so maßgeschneidert sitzen, daß sie einem festen Polsterbezug ähneln, oder eine eher zwanglose, unstrukturierte Erscheinung haben. Das Möbelstück ist die Schneiderpuppe, um die herum der Stoff abgesteckt, eingeschlagen, gefaltet und genäht wird, bis der Bezug die gewünschte Form annimmt.

Kantige Armlehnen an Sofas etwa können attraktiver wirken, wenn man hier und da eine unerwartete Bewegungsfalte einfügt; Doppelfaltungen ergeben eine stark strukturierte Optik. Durch Unterlegung mit kontrastfarbenem Stoff kann man Falten zusätzlich betonen.

Die Details sind entscheidend. Nehmen Sie sich ein Beispiel an der Haute Couture, und arbeiten Sie raffinierte Akzente ein, um einen schlichten Bezug zu verwandeln, etwa eingestanzte Ösen am unteren Saum oder Reihen von bunten Glasknöpfen. Fransen und Quasten geben Struktur und eine luxuriöse Note. Verzieren Sie die Vorderkante einer Falte mit einem Stoffstreifen oder Band und einem prächtigen Befestigungsknopf. Schmücken Sie den unteren Saum schlichter Stoffe mit farbenprächtiger Seidenkordel oder mit dickem Wollgarn aufgestickten Kreuzen oder Punkten. Edel wirkt eine Reihe kleiner Perlmuttknöpfe als Rückenverzierung eines weißen Leinenbezugs für einen hochlehnigen Eßzimmerstuhl.

Die meisten Hussen haben eine Art separat angefertigter Schürze, die bis zum Boden reicht. Hierfür kann man überlappende Doppellagen aus dem gleichen Stoff oder zwei ganz unterschiedlich strukturierten Stoffen verwenden. Legen Sie eine Sofaschürze vorn in breite Kellerfalten und an den Seiten in schmalere Falten oder geben Sie den Seiten durch zweifarbigen Stoff einen Streifeneffekt.

Das Schöne an losen Bezügen ist die Art, wie man mit der Form des Möbels spielen kann. So kann man eine üppige Schürze gleich in Höhe der Sitzfläche ansetzen oder an der Rück-

Eine Husse für einen Stuhl nähen

1 Rückenteile mit der linken Seite nach außen zusammenstecken. Abnehmen, heften und steppen.

2 Schürzenteil und ein Futter in gleicher Größe zuschneiden. Rechts auf rechts zusammensteppen.

3 Schürze auf rechts wenden. Rechts auf rechts am Sitzteil feststecken, zusammensteppen.

seite eine Mittelfalte anbringen. Mit etwas Einfallsreichtum kann man die Form eines Sofas oder Stuhls völlig verkleiden.

Eine Husse für einen Stuhl nähen

Vorderseite der Rückenlehne von der Oberkante bis zur Sitzfläche und in der Breite ausmessen; dabei auch die Dicke der Lehne berücksichtigen. Ein entsprechendes Stück Stoff mit einer umlaufenden Nahtzugabe von 5 cm zuschneiden. Rückseite des Stuhls von der Oberkante bis zum Boden messen, dann die größte Breite des Stuhls ausmessen (meist auf Bodenhöhe); dabei wiederum die Dicke von Lehne und Stuhlbeinen berücksichtigen. Ein Stück Stoff nach diesen Maßen zuzüglich einer Nahtzugabe von 3 cm zuschneiden.

Diese beiden Teile links auf links um die Rückenlehne zusammenstecken. Kontrollieren, ob der Bezug sich leicht abziehen läßt und die vorgesehenen Nahtlinien symmetrisch sind. Stoffteile abnehmen, entlang der Nahtlinien heften, Stecknadeln entfernen. Bezug mit der linken Stoffseite nach außen auf den Stuhl ziehen und evtl. Korrekturen vornehmen; die Heftnähte müssen genau an der Sitzfläche enden. Abnehmen und mit der Maschine zusammensteppen. Nahtzugaben beschneiden. Dieses Teil beiseite legen.

Von der Sitzfläche des Stuhls bis zum Boden messen. Dann auf Bodenhöhe von einem hinteren Stuhlbein um die vorderen Beine bis zum zweiten hinteren Stuhlbein messen. Ein Stück Stoff nach diesen Maßen zuschneiden; dabei an jeder Seitenkante 7,5 cm für die hintere Überlappung zugeben und rundum eine Nahtzugabe von 1,5 cm vorsehen. Ein zweites Stück des gleichen Stoffs in der gleichen Größe als Futter zuschneiden. Diese beiden Stücke rechts auf rechts aufeinanderlegen und mit Ausnahme der Oberkante rundum zusammensteppen. Nahtzugaben beschneiden; die beiden Ecken diagonal abschneiden. Nähte ausbügeln. Teil auf rechts wenden, glattbügeln. Die unversäuberten Kanten zusammenheften. Dieses Schürzenteil beiseite legen.

Ein Stück Stoff auf das Format der Sitzfläche mit einer umlaufenden Nahtzugabe von 1,5 cm zuschneiden. Mit der linken Stoffseite nach oben auf den Sitz legen. Die Schürze rechts auf rechts kantengleich um das Sitzteil stecken; die hinteren Überstände frei hängen lassen. Die zusammengesteckten Teile vom Stuhl abnehmen, heften, Stecknadeln entfernen, zusammensteppen. Das Rückenteil des Bezugs (mit der linken Seite nach außen) über die Rückenlehne ziehen und an der hinteren Kante des Sitzflächenbezugs feststecken. Beide Teile abnehmen, heften und dann zusammensteppen.

Nahtzugaben um die Sitzfläche beschneiden. Die beiden vorderen Ecken des Sitzflächenbezugs diagonal abschneiden; die entsprechenden Ecken des Schürzenteils einkerben. Naht ausbügeln, dann zur Sitzfläche umbügeln.

Vier Kordeln zuschneiden oder vier Stoffbänder nähen (siehe Seiten 342–343). Ein Stück Stoff als Futter für das hintere Schürzenteil mit umlaufender Nahtzugabe von 1,5 cm zuschneiden. Bezug mit der linken Seite nach außen über den Stuhl ziehen. Futter rechts auf rechts auf das hintere Schürzenteil stecken. Bezug abnehmen; Schnürbänder an der Nahtkante anlegen. Heften und steppen, dabei die Enden der Bänder mit einnähen. Nahtzugaben und Ecken beschneiden; Nähte ausbügeln.

Alle Heftfäden entfernen. Den Bezug auf rechts wenden und bügeln. Falls gewünscht, kann man die Unterseite der Sitzfläche mit einem Futter versehen, das mit Saumstich angenäht wird.

Bezug auf den Stuhl ziehen. Von Hand Schnürbänder auf das vordere Schürzenteil nähen, die denen am hinteren Schürzenteil entsprechen.

Lose Überwürfe für Möbel

Die simpelste Form des Möbelbezugs ist ein einfach im natürlichen Faltenfall über ein Möbel drapiertes Stück Stoff. Eine schöne Wirkung kann man zum Beispiel erzielen, indem man Kombinationen von Wolldecken, Umhängen, kunstvollen Stepp- und Patchworkdecken über einen weißen Baumwollüberwurf drapiert. Größere Stoffteile kann man an den Ecken oder um Stuhlbeine herum lokker verknoten.

Um einen schlichten Überwurf zu fertigen, kann man zwei Stoffstücke wie für ein Kissen zusammennähen, wenden, mit Wattierung oder Zwischenfutter versehen und die Öffnung von Hand schließen. Diese leicht gepolsterte Decke kann man dann noch mit aufgenähten Verzierungen, etwa flachen Knöpfen oder kleinen Kordelschlaufen, versehen und über Rücken- oder Armlehne eines Sofas drapieren.

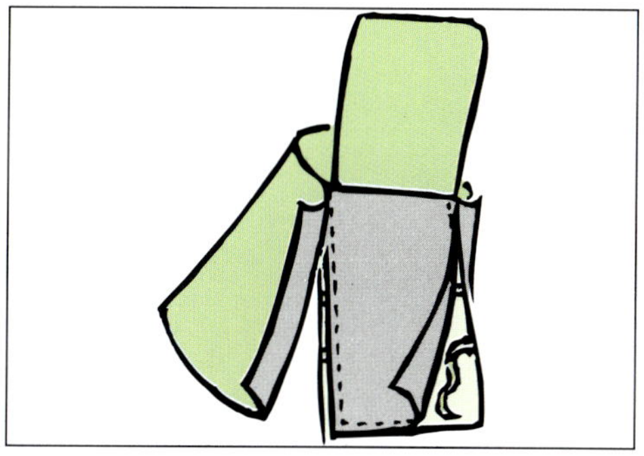

4 Hinterkante des Sitzteils am Rückenteil des Bezugs feststecken, zusammensteppen.

5 Bezug auf links auf den Stuhl ziehen. Futter auf die hintere Schürze stecken. Beim Steppen Bänder mit einnähen.

6 Auf rechts wenden. Sitzfläche nach Belieben füttern. Bänder auf das vordere Schürzenteil nähen.

Rund ums Bett

Ob theatralisch und phantasievoll oder nüchtern und sachlich – die Aufmachung Ihres Betts spiegelt zweifellos Ihren persönlichen Stil wider. Das Schlafzimmer ist, selbst wenn man es mit jemandem teilt, ein intimer Bereich. Für manche ist es ein reiner Ruheplatz, für andere auch Arbeitszimmer – wo Telefon und andere Kommunikationsmittel mit der Außenwelt zur Hand sein müssen – oder gar ein Spielzimmer mit Regalen und Kisten für Spielzeug und Kinderbücher.

Wie das Schlafzimmer kann auch das Bett selbst sehr unterschiedliche Funktionen übernehmen – ob es nun tagsüber als Sofa dienen muß oder einen durch Vorhänge und Betthimmel abgeschirmten Rückzugsbereich bildet.

Eine besondere Herausforderung bei der Dekoration eines Betts liegt in seiner Dreidimensionalität. Waagerechte und senkrechte Flächen müssen gleichermaßen berücksichtigt werden. Ob als schlichter Diwan, bunt gestrichenes Etagenbett aus Metall oder hölzernes Himmelbett mit üppigem Schnitzwerk gestaltet, bietet das Bett immer Flächen und Formen, die es zu dekorieren, bedecken oder völlig zu verhüllen gilt. Das gesamte Bett und seine unmittelbare Umgebung können zu einer aufregenden Collage sinnlicher Materialien werden – Stoff, Mosaik, Anstrichfarbe oder sogar Papier.

Bettzeug

Was die eigentliche Bettwäsche angeht, könnte man sich zum Beispiel in Fachgeschäften oder auf Flohmärkten nach gut erhaltenen alten Leinenlaken umsehen oder neuere Baumwollaken mit einfachen Stickmotiven oder einer Knopfreihe verzieren. Ein gestreifter Paspelrand oder eine Randverzierung aus applizierten Motiven kann schlichten Bettüchern und -bezügen mehr Charakter verleihen. Eine hübsche Idee wäre etwa eine Reihe bunter Zootiere oder Buchstaben am Fußende eines Bettbezugs für ein Kinderbett.

Während Laken meistens weiß und ungemustert sind, bieten Bettbezüge, Bettüberwürfe und Volants ideale Möglichkeiten, mit Farben und Mustern zu spielen. Stellen Sie sich etwa eine gestreifte Baumwoll-Steppdecke auf weißen Baumwollaken vor, Leinen in sanft verblaßten Tönen zu alten Patchwork-Decken – oder auch zu einem markant modernen Bettbezug (sofern dazu ein verbindendes Farbelement existiert).

Von der kleinsten Wiege bis zum massiven Empirebett sollte Wärme eine vordringliche Erwägung sein. Für kalte Nächte könnte man zum Beispiel dicke, buntkarierte Wolldecken als zusätzliche Überdecken oder anstelle von Steppdecken oder Federbetten vorsehen.

Volants oder Bettschürzen können unschöne Bettsockel und -füße oder einen Stauraum unter dem Bett den Blicken entziehen. Sie werden passend für das jeweilige Bett gefertigt, meist mit Zierfalten an den Ecken, und können aus dem gleichen Stoff wie die Tagesdecke oder einem kontrastierenden Material bestehen. Um die dekorative Wirkung zu erhöhen, kann man den unteren Saum mit einem anderen Stoff oder Borte einfassen oder die ganze Bettschürze rüschen oder in Falten legen.

◄ Die großzügige Mischung verschiedener Streifen- und Karomuster in diesem Schlafzimmer wirkt durch Beschränkung auf die Farben Blau und Weiß keineswegs unruhig, sondern frisch und klar. Die Betthimmel bieten tagsüber zusätzlichen Schutz vor dem einfallenden Sonnenlicht und schaffen nachts eine heimelige Atmosphäre.

▲ Das ungewöhnliche, schmiedeeiserne Kopfteil dieses Betts bildet einen unwiderstehlichen Blickfang. Seine Gestaltung im übersteigerten gotischen Stil erinnert an ein Ziergitter und wirkt durch den Kontrast mit dem warmen Sonnengelb der Wände und dem weichen, reich strukturierten Stoff der Tagesdecke um so frappierender.

Dekoratives Drumherum

Vom Bettzeug einmal abgesehen kann man das Bett auch ganz oder teilweise mit gerafftem oder gespanntem Stoff umgeben. Modernere Metallversionen des traditionellen Himmelbetts bieten einen Rahmen, an dem man Stoff mit einfachen Schlaufen oder Schnürbändern aufhängen kann. Leichter Musselin kann bauschig bis auf den Boden fallen, doppellagige oder schwerere Stoffe bieten mehr Wärme und Strukturwirkung. Man kann Stoffe mit eingestanzten Metallösen auf eine Stange ziehen oder einen einfachen Baldachin an einer Halterung oder einer kurzen Stange befestigen, die an der Wand über dem Bett angebracht wird.

Auch das Kopfteil des Betts kann man dekorieren oder beziehen. Lochblech etwa könnte als kontrastierender Hintergrund für Kopfkissen in klarem, weiß-grauem Streifenmuster dienen. Oder man behängt das Kopfteil mit kunstvoll gesteppten Stoffen; mischen Sie zum Beispiel Streifen- und Blumenmuster, Segeltuch und zarte Stickereien oder strukturreichen Gobelinstoff und weißen Pikee zu der von Ihnen gewünschten Wirkung.

Kopfkissenbezüge, Volants und Überwürfe

Das Angebot an Bettwäsche ist heute so vielfältig, daß die »Bekleidung« des Bettes zum prägenden Element der individuellen Schlafzimmergestaltung wird.

Kopfkissenbezüge

Kopfkissen sollten bequem sein und nicht so zahlreich, daß für Sie selbst kein Platz im Bett bleibt! Ob rechteckig oder quadratisch, manchmal mit einer Nackenrolle kombiniert, bilden sie oft den Hauptblickpunkt des Betts.

In seiner simpelsten Ausführung besteht ein Kissenbezug einfach nur aus zwei aufeinandergenähten Stofflagen, von denen eine zu einer Tasche eingeschlagen ist, um das Kissen im Bezug zu halten. Manche Bezüge sind mit einem umlaufenden Stehsaum, auch Randblende genannt, ausgestattet.

Knopfleisten, Stickereien, Spitze oder andersfarbige Kanteneinfassungen können einen Kissenbezug dekorativ verwandeln. Eine simple Ausschmückung wäre zum Beispiel eine Schlingenstichnaht entlang der Öffnungskante. Besonders adrett wirken Kissen mit einem Stehsaum im gleichen oder einem kontrastierenden Stoff. Kombinationen aus unifarbenen, gestreiften und karierten Stoffen in einheitlicher Farbgebung können schön wirken und Verbindungen zu anderen Elementen der Bettdekoration herstellen. Monogramme und Ziermotive müssen nicht immer gestickt sein, sondern können auch mit Schablonen und Stoffarbe aufgetragen werden. Alte, handbestickte Kissenbezüge in gutem Zustand sind wunderschön, heute aber meist teure Sammlerobjekte.

▲ *Bettwäsche wirkt am besten, wenn man sie schlicht hält – was nicht immer »weiß« bedeutet. Hier ist die Grundfarbe Weiß von frischem, blauem und grünem Gingan-Karo überlagert. Ähnliche Farben im Bettdeckenbezug stellen die Verbindung her. Die sanft geschwungenen Linien des eisernen Bettgestells unterstreichen die frische, klare Gesamtwirkung.*

Einen Kopfkissenbezug nähen

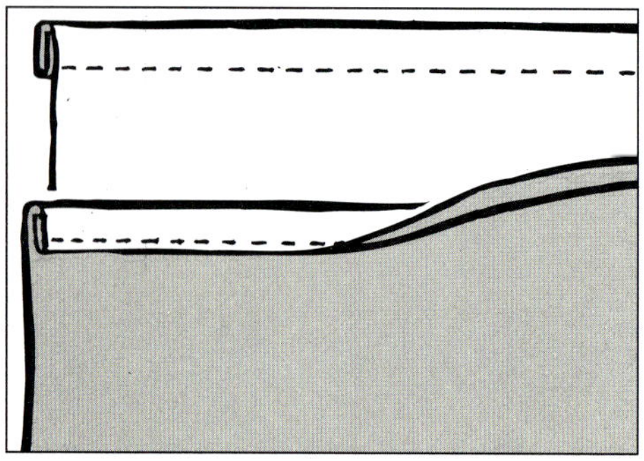

__1__ Ein Stück Stoff zuschneiden. An den beiden kurzen Enden jeweils einen Doppelsaum nähen.

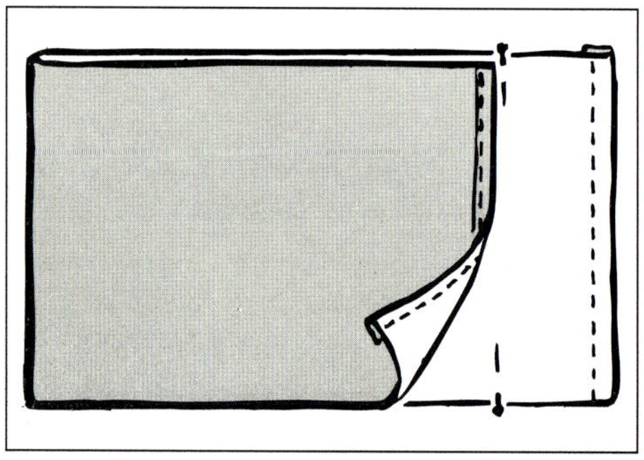

__2__ Stoff rechts auf rechts so falten, daß auf einer Seite ein Überstand von 15 cm bleibt. Zusammenstecken.

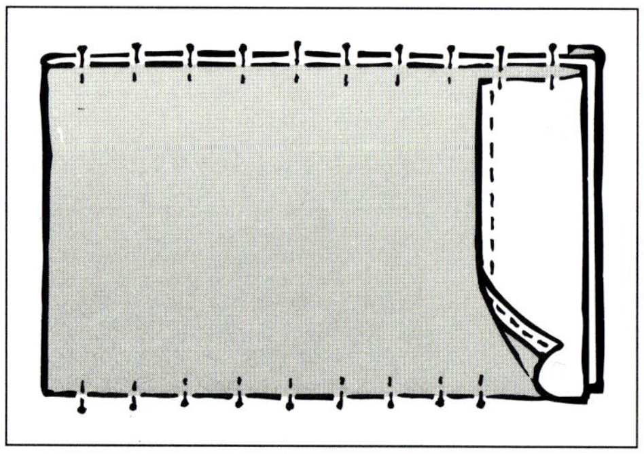

__3__ Bezug umdrehen. Überstand so zurückschlagen, daß die Faltkante auf der Saumkante liegt. Feststecken.

Aus alten Baumwoll- und Leinenstoffen kann man bezaubernde Kopfkissenbezüge nähen und durch Randblenden, Klappen oder Kanteneinfassungen aus Streifen- oder Karostoffen in kühlen Farben zusätzlich verschönern.

Kopfkissenbezüge nähen

Kopfkissenbezüge sollte man aus Baumwolle, etwa Popeline, oder Leinen nähen. Für einen Bezug mit Kisseneinschubtasche ein Stoffstück in doppelter Kissenlänge – zuzüglich 20 cm für den Inneneinschlag und die Doppelsaumzugaben – und in Breite des Kissens zuzüglich 3 cm Nahtzugabe zuschneiden.

An den kurzen Enden je einen 1 cm breiten Doppelsaum umschlagen und festnähen. Stoff rechts auf rechts quer falten, so daß eine Seite der Kissenlänge entspricht und auf der anderen ein Überstand von 15 cm bleibt. Die unversäuberten Kanten zusammenstecken. Den Überstand so zurückschlagen, daß die Faltkante auf der Saumkante liegt. Die unversäuberten Kanten der umgeschlagenen Klappe an den übrigen Stofflagen feststecken. Heften, Stecknadeln entfernen, Stofflagen in 1,5 cm Abstand von den Kanten zusammensteppen. Nahtzugaben mit der Zackenschere versäubern oder im Zickzackstich absteppen und beschneiden. Den Bezug wenden. Die eingeschlagene Klappe befindet sich jetzt als Einschubtasche innen im Bezug.

Volants

Ein Volant ist ein Stoffstreifen, der als »Schürze« vom unteren Bettrand bis zum Boden hängt. Er wird meist an einer Stofflage zwischen Matratze und Bettrahmen befestigt. Da diese unsichtbar bleibt, kann sie aus billigem Futterstoff bestehen. Die Schürze wird aus einem reizvolleren Stoff gefertigt und kann glatt hängen – mit ordentlich gelegten Eckfalten, die gegebenenfalls um die Beine des Bettgestells herum geteilt werden.

Man kann den Volant auch in Kellerfalten legen, was dreimal soviel Stoff erfordert wie eine glatte Schürze, aber sehr ordentlich und elegant aussieht. Noch eindrucksvoller wirkt eine kontrastfarbene Unterlegung der Falten. Um eine geradlinigere Optik zu erzielen, kann man auf die Eckfalten verzichten und den Stoff statt dessen mit Ösen und Kordel verbinden. Eine weichere Wirkung erhält man durch Volants aus gerüschtem Knitterleinen, Musselin oder changierendem Seidentaft. Auf jeden Fall genau Maß nehmen und den Stoffbedarf sorgfältig berechnen, da ein zu sparsam konzipierter Volant einfach nicht wirkt. Da Volants seltener gewaschen werden als Bettbezüge, ist die Pflegeleichtigkeit des Stoffs nicht entscheidend.

Überwürfe

Lose Überwürfe haben eine zwanglos spontane Ausstrahlung. Sie sollten das ganze Bett bedecken und können als zusätzliche Überdecke dienen, die vielleicht nur manchmal gebraucht und sonst ans Bettende verbannt wird. Sie sind auch nützlich, um das diverse Bettzeug darunter zu verbergen und so zum Beispiel einem Bett, das tagsüber als Sofa dient, eine ordentliche Erscheinung zu verleihen.

Man näht sie meist aus einem Stoffrechteck, das groß genug ist, um das Bett vom Kopf- bis zum Fußende zu bedecken und an den Seiten bis auf den Boden zu hängen. Der Stoff wird gesäumt und gegebenenfalls gefüttert. Bei einem Bett mit Volant sollte der Überwurf seitlich etwas kürzer sein, damit der Volant darunter sichtbar bleibt. Überwürfe können glatt oder gesteppt sein und durch Kanteneinfassungen oder Randverzierungen zusätzliche Farb- und Strukturakzente erhalten. Da sie nachts meist zurückgeschlagen werden, kann man auch schwerere Stoffe verwenden.

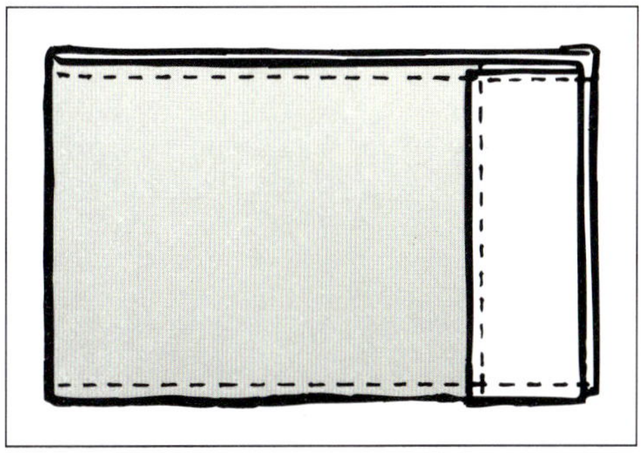

4 Alle Stofflagen heften, dann steppen. Nahtkanten mit Zackenschere oder Zickzackstich versäubern. Wenden.

◀ Hier bilden kühles Blau und Cremeweiß das beherrschende Dekorationsthema. Das prächtige Mitternachtsblau der Wände, ein schöner Hintergrund für die cremeweißen Metallschnörkel des Bettgestells, taucht in den verschiedenen Karo-, Streifen- und Toile-de-Jouy-Stoffen auf dem Bett wieder auf. Die gesteppte Überdecke ist zurückgeschlagen, um ihre unterschiedlichen Stoffe richtig zur Geltung zu bringen.

Bettbezüge

▲ *Dieser ungünstig geschnittene Winkel wird geschickt als Standort für ein großzügig bemessenes Bett genutzt. Die cremeweißen Bettbezüge schaffen in Kombination mit dem sparsam eingesetzten schwarzweißen Matratzendrell ein elegantes Flair. Den Federbettbezug zieren dezente Stickmotive und eine umlaufende Steppnaht.*

Bezüge für Federbetten und Steppdecken bestehen grundsätzlich aus zwei rechteckigen Stoffteilen, die an drei Seiten zusammengenäht werden. Ähnlich wie bei schlichten Kopfkissenbezügen kann man am offenen Ende durch eine nach innen eingeschlagene Stoffklappe eine Einschubtasche schaffen, die ein Herausrutschen der Bettdecke verhindert.

Statt dessen kann man die Öffnung des Bezugs aber auch mit Bändern oder Knöpfen verschließen. Mit beiden lassen sich farbige Kontraste setzen, etwa durch rot-weiß karierte Schnürbänder zu einem weißen Bezug oder solche in markantem Schottenkaro zu gestreiftem Drillich. Man kann auffallende Zierknöpfe nehmen und die Knopflöcher mit buntem Garn umnähen. Als unauffälligere Verschlüsse bieten sich Druckknöpfe oder Reißverschlüsse an.

Als dezente Randverzierung kann man eine Paspel zwischen die beiden Bezugshälften einnähen. Ganz in Weiß gehaltenes Bettzeug erhält durch einen Paspelrand in blau-weißem Gingan-Karo oder buntem Blumenmuster eine subtile farbige Note – vielleicht passend zu einem anderen im Raum verwendeten Stoff.

Gerade fürs Kinderzimmer ist ein Bettbezug witzig, dessen Oberseite aus einem anderen Stoff besteht als die Unterseite, so daß man die

Einen Bettbezug nähen

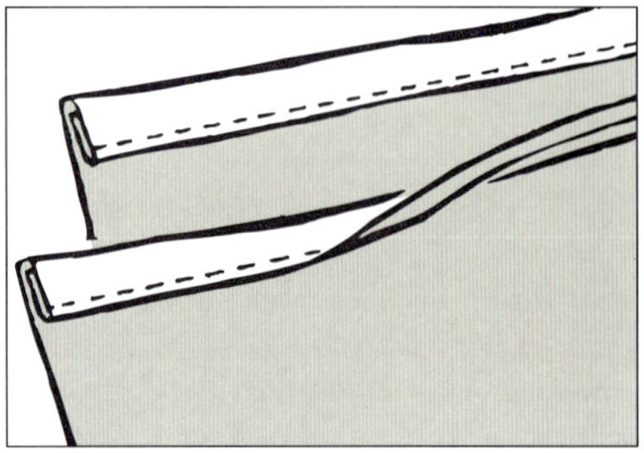

__1__ Zwei Stoffteile zuschneiden. An der Öffnungskante jeweils einen 3 cm breiten Doppelsaum nähen.

__2__ Teile bis auf die Öffnungsseite links auf links zusammensteppen. Nähte beschneiden.

__3__ Nähte ausbügeln. Bezug auf links wenden, glattbügeln. Rundum absteppen, auf rechts wenden.

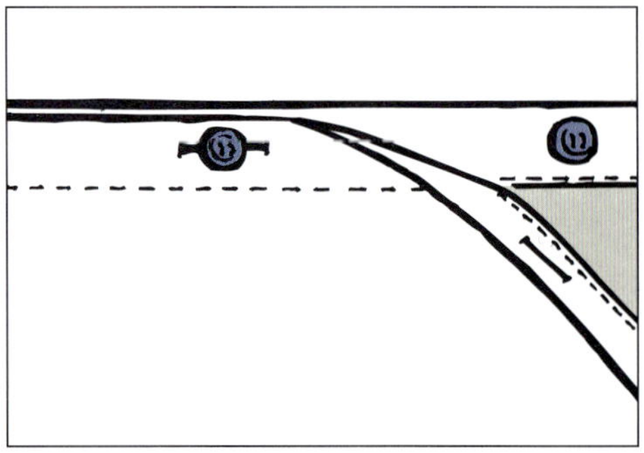

__4__ In einer Öffnungskante in Abständen von ca. 25 cm Knopflöcher arbeiten; an die andere Knöpfe annähen.

Wirkung des Betts durch bloßes Wenden der Bettdecke verändern kann. Oder man könnte im Patchworkstil Schachbrettmuster oder Muster aus verschieden breiten Streifen in zwei oder drei kräftigen Farben kreieren.

Als Material für Bettbezüge eignet sich eigentlich nur Baumwolle, die leicht waschbar und angenehm auf der Haut ist. Sie sollte nicht zu schwer sein. Für Doppelbettdecken findet man vielleicht keine ausreichende Stoffbreite, so daß man die Bahnen zuerst aneinandernähen muß, bevor man die beiden Bezugshälften zuschneidet. Immer eine ganze Stoffbahn in der Mitte anordnen, so daß man zwei Längsnähte erhält.

Man kann die Verbindungsnähte interessanter gestalten, indem man Stoffstreifen dazwischen setzt. Die Nähte zu den Einsatzstreifen hin umbügeln; im übrigen so vorgehen, wie nachstehend beschrieben.

Einfache Bettbezüge nähen

Zwei Stoffteile etwas länger als die Bettdecke zuzüglich je 10 cm Naht- und Saumzugaben zuschneiden; die Breite soll der Breite der Bettdecke zuzüglich 7,5 cm Nahtzugabe entsprechen. An der Öffnungsseite jeweils einen 3 cm breiten Doppelsaum nähen (siehe Seiten 340–341).

Die beiden Teile zunächst links auf links aufeinanderlegen und bis auf die Öffnungsseite rundum zusammenstecken. In 2 cm Abstand von den Kanten zusammensteppen. Nahtzugaben auf 1,5 cm zurückschneiden; die beiden Ecken der Nahtzugaben diagonal abschneiden. Nähte ausbügeln. Bezug auf links wenden, so daß die beiden Hälften rechts auf rechts aufeinanderliegen. Kanten sorgfältig glattbügeln. Rundum in 2 cm Abstand von der Außenkante absteppen. Auf rechts wenden und bügeln.

Knopflöcher anbringen

Entlang einer Öffnungskante die Positionen der Knopflöcher in Abständen von etwa 25 cm markieren. Die Länge der Knopflöcher mit Hilfe eines Knopfs anzeichnen; dabei etwas Spielraum für die Knopfdicke lassen. Wenn man die Knopflöcher mit der Nähmaschine arbeitet, nach der Bedienungsanleitung der Maschine vorgehen.

Wenn Sie die Knopflöcher mit der Hand arbeiten, Knopflöcher zunächst mit einer kleinen Schere einschneiden. Ein Ende des Einschnitts mehrfach überwendlich umstechen. Die erste Kante des Knopflochs komplett im Knopflochstich umnähen, das zweite Ende überwendlich umstechen. Stoff umdrehen und die zweite Kante im Knopflochstich arbeiten. Das Fadenende an einem Knopflochende auf der Stoffrückseite vernähen. Die Knöpfe entsprechend auf die andere Öffnungskante nähen.

Schnürbandverschlüsse

Statt mit Knöpfen kann man den Bettbezug auch mit Schnürbändern verschließen. Hierzu einfache Bänder an einem Ende überwendlich versäubern und dann jeweils paarweise beidseits in die Bezugsöffnung nähen.

Oder man näht selbst Stoffbänder aus dem Bezugsstoff oder einem kontrastierenden Stoff: Etwa 30 cm lange und 6 cm breite Streifen zuschneiden. Rundum einen 1 cm breiten Saum einschlagen und festbügeln. Streifen der Länge nach links auf links falten. Einmal rundum absteppen; dann ebenfalls paarweise beidseits in die Öffnung nähen.

Knopflöcher arbeiten

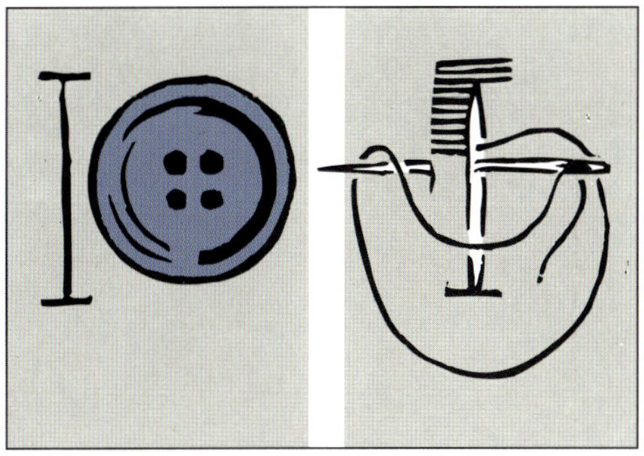

Die Knopflochlänge abmessen. Den Einschnitt rundum im Knopflochstich, an den Enden überwendlich umnähen.

◀ Ein schlichtes Bett mit gemütlich zerwühltem Bettzeug in blau-weißem Gingan-Karo und geknöpften Kopfkissenbezügen. Die neutralen Hintergrundfarben des kühl verhaltenen Interieurs lassen die Bettwäsche als dominierendes Element in den Vordergrund treten. Die Wiederaufnahme des Karomusters durch den Bilderrahmen auf dem Sims sorgt für einen gewissen Zusammenhalt.

Betthimmel und -vorhänge

▲ *Auch eine reinweiße Bettdekoration kann frappierend wirken. Hier ließ man sich bei der Wahl der Bettextilien von der altehrwürdigen Wirkung der Wände und Fensterläden inspirieren: Die Bezüge mit ihren ausgefallenen Randverzierungen und die über ein Brett drapierten Stoffbahnen würden auch in eine mittelalterliche Schlafkammer passen.*

Durch Ausweitung der textilen Dekoration auf die Umgebung des Betts, etwa in Form von Vorhängen und/oder Betthimmel, kann man eine schlichte Bettstatt in etwas Außergewöhnliches, ja Märchenhaftes verwandeln.

Stellen Sie sich ein Wandbett im Schlafwagen vor, das durch Zuziehen der Vorhänge zum persönlichen Refugium wird, oder ein Zeltdach aus Segeltuch, unter dem man liegen und zu den Sternen hinaufblicken kann. Solche Stimmungen lassen sich mit etwas Überlegung und Planung auch in Ihrem Schlafzimmer kreieren.

Man kann ein Bett vollständig mit Vorhängen umgeben, die man wie beim traditionellen Himmelbett an einem Rahmengestell, an Vorhangstangen oder auch an einem hölzernen Baldachin oder einer »Schabracke« anbringen kann. Ein von der Decke bis zum Boden reichender Vorhang wäre praktisch als Abtrennung einer breiten Wandnische, in der das Bett mit einer Seite zur Wand steht.

Oder man spannt den Stoff wie einen Wandschirm in einen Rahmen oder zwischen Haken, um den Schlafbereich abzuschirmen.

Bettvorhänge

Bei Bettvorhängen mit sichtbarer Aufhängung – etwa an einem Stangenrahmen – sind schlichte Aufhängungen wie Ösen, Knöpfe, Schlaufen oder Bänder am wirkungsvollsten.

Stoffschlaufen (siehe Seiten 342–343), die auf die Aufhängungsstange gezogen werden, kann man zum Beispiel aus einem Stoff nähen, der einen schönen Farb- oder Musterkontrast zum Vorhangstoff bildet.

Noch auffallender sind Schlaufen in unterschiedlichen Farben, etwa pink- und orangefarbene Samtschlaufen zu einem dunkelgrünen Samtvorhang. Wenn man die Schlaufen mit Messingknöpfen verziert und die Vorhänge mit schweren Raffkordeln ausstattet, erhält man eine besonders üppige, luxuriöse Bettdekoration.

Stilvoll wirken auch an der Oberkante der Vorhänge eingestanzte Ösen, mit denen man die Vorhänge entweder auf eine Stange oder an in die Decke geschraubte Haken hängen kann.

Das Schöne an Bettvorhängen ist die Tatsache, daß sie eine Innen- und eine Außenseite haben: die ideale Gelegenheit, zwei ganz verschiedene Stoffe zu verarbeiten. So könnte die Innenseite aus frischem, weißem Leinen und die Außenseite aus schwerem Brokat bestehen, oder man kombiniert ein breit gestreiftes Baumwollfutter mit einem Toile de Jouy. Die erforderliche Stoffülle hängt natürlich von der gewünschten Wirkung und der verwendeten Stoffart ab.

Man kann auch geraffte Stoffbahnen als Betthimmel oder Baldachin an einer hölzernen Schabracke aufhängen. Der in der Regel nur von innen sichtbare Vorhangkopf wird wie bei Fenstervorhängen mit Kräusel- oder Faltenband gerafft.

Glatte Bettbehänge

Eine schlichtere, glatte Bettabschirmung kann man zum Beispiel kreieren, indem man an Ober- und Unterkante eines Stoffs je einen Tunnelsaum näht – kräftiges Segeltuch ist hier besonders geeignet – und den Stoff auf einen Rohrrahmen spannt. So könnte man aus einem Seiten- und einem Endteil eine Abschirmung für ein Etagenbett im Kinderzimmer herstellen und auf die Stoffinnenseite Taschen für Schlafanzüge oder Teddybären nähen.

Aus glatt gespannten Stoffbahnen kann man auch eine Art Zeltdach fürs Bett gestalten. Dazu bringt man über dem Bett drei Stangen an: zwei auf gleicher Höhe über den Bettseiten und eine in etwas größerer Höhe entlang der Bettmitte. Am Stoff entsprechende Tunnel abnähen, die man dann auf die Stangen zieht.

Wenn man an jeder Seite ein Stück Stoff herunterhängen läßt, erhält man eine noch zeltähnlichere Wirkung. Man kann die Unterkanten dekorativ ausformen oder mit kleinen Kopfquasten behängen.

Oder man bringt zwei Stangen quer über Kopf- und Fußende an und drapiert eine Stoffbahn darüber, die dekorativ bis hinter das Kopfkissen herabreichen kann. Einen Stoffüberhang am Fußende kann man nach Bedarf hochrollen und mit Bändern an der Stange festbinden.

▶ *Eine so winzige Schlafnische kann bedrückend wirken, doch der originelle Bettbaldachin lenkt das Auge nach oben zur Decke und läßt den Bereich größer erscheinen. Die Wandleuchte im Kerzenhalterstil und der gewolkte Wandanstrich verstärken die fast bizarre Wirkung.*

Wandschirme

Wandschirme oder Paravents waren einst in jedem besseren Haushalt anzutreffen, wo sie vor allem als Zugluftabschirmung für Sitzbereiche in weitläufigen Räumen dienten. Später gerieten sie fast in Vergessenheit, was schwer verständlich ist, da sie sich sehr dekorativ gestalten lassen und als Raumteiler von unschätzbarem Wert sind: Sie fungieren praktisch als mobile Wände.

Sie werden meist aus stoffbespannten Holz- oder Metallrahmen konstruiert und bestehen aus mehreren gelenkig verbundenen Elementen, wodurch sie sich frei aufstellen lassen.

Ein freistehender Wandschirm kann zum Beispiel ein Fenster verdecken, an dem sich kein Vorhang oder Rollo anbringen läßt. In niedrigen Räumen mit deckenhohen Fenstern und einer schönen Aussicht, von der man nicht ablenken möchte, sind Wandschirme zu diesem Zweck sehr praktisch, da man sie tagsüber einfach zusammenklappen und wegstellen kann. Wandschirme, die man herumtragen muß, sollten nicht zu schwer sein.

Dekorative Ideen für Wandschirme

Da die beiden Seiten eines Wandschirms unterschiedlichen Raumbereichen zugekehrt sind, kann man sie auch verschieden dekorieren. Die Rahmen haben nicht nur stützende Funktion, sondern sind Teil der Gesamtgestaltung. Holzrahmen kann man beizen, streichen oder polieren und mit einer dekorativ geformten Oberkante ausstatten. Man könnte sich auch einen schmiedeeisernen Rahmen mit elegant geschwungenen Füßen und dekorativen Schnörkeln auf den senkrechten Streben fertigen lassen. Auf einen schlichten Holzrahmen gespannte Künstlerleinwand läßt sich mit abstrakten oder gegenständlichen Dekoren bemalen.

Man kann den Wandschirm je nach angestrebter Wirkung und dekorativer oder praktischer Funktion mit den verschiedensten Stoffen bespannen, etwa mit lichtstreuenden, halbtransparenten Geweben wie Gaze oder Musselin oder mit grobem Leinen oder Jutegewebe. Man kann den Stoff mit gesteppten oder applizierten Verzierungen versehen oder verschiedene Stoffe kombinieren (siehe Seiten 298–299).

Einen lichtdurchlässigen Wandschirm kann man auch herstellen, indem man Maschendraht über einen grob gezimmerten Holzrahmen spannt. Oder man nimmt Metallbleche – von gestanztem Messing bis zu verzinktem Stahl. Eine massive, filzbezogene Holzkonstruktion, kreuz und quer mit Bändern bespannt, die mit Heftzwecken befestigt werden, ist ideal, um Postkarten, Notizzettel und kleine Bilder daran aufzuhängen. Im Kinderzimmer (hier sollte man die Heftzwecken weglassen und die Bänder besser aufnähen) kann sie als Raumteiler und Pinnwand zugleich dienen. Braunes Packpapier, rundum mit schönen Ziernägeln befestigt, ergibt eine überraschend elegante und zugleich neutrale Wirkung, die zu jedem Einrichtungsstil paßt.

Ausschneidemotive (siehe Seiten 286–287) sind ideal zur Verzierung der glatten Wandschirmflächen. Sie sollten auf einen festen Untergrund aufgeklebt werden, etwa dünnes Sperrholz. Wenn die Ausschneidemotive einen gemalten Hintergrund erhalten sollen, kann man auch aufgespannte Künstlerleinwand verwenden, die vorher grundiert und bemalt wird.

▶ *Zwei schmale Bahnen aus rustikalem Leinen sind durch grob genähte rote Kordel miteinander und mit dem Metallrahmen des Wandschirms verbunden. Die Kordel ist ein raffiniertes dekoratives Element, das sich in den Bindfadenquasten fortsetzt. Eine schlichte, aber ausgeklügelte Kombination, die durch den robusten Metallrahmen schön ergänzt wird.*

Anfertigung eines stoffbespannten Wandschirms

Der Wandschirm wird aus mehreren Holzrahmenelementen zusammengesetzt, die man mit Scharnieren verbindet. Dadurch, daß man die Elemente etwas winklig zueinander aufstellt, kann die ganze Konstruktion frei stehen.

Die Höhe des Wandschirms und die Breite der Einzelelemente festlegen. Standardabmessungen wären etwa 180–200 cm Höhe bei 50–60 cm Breite. Sie brauchen Holzlatten (Querschnitt 5 x 2,5 cm), Holzleim, einen Tacker, einen Anschlagwinkel (um die Rahmenecken

Einen stoffbezogenen Wandschirm herstellen

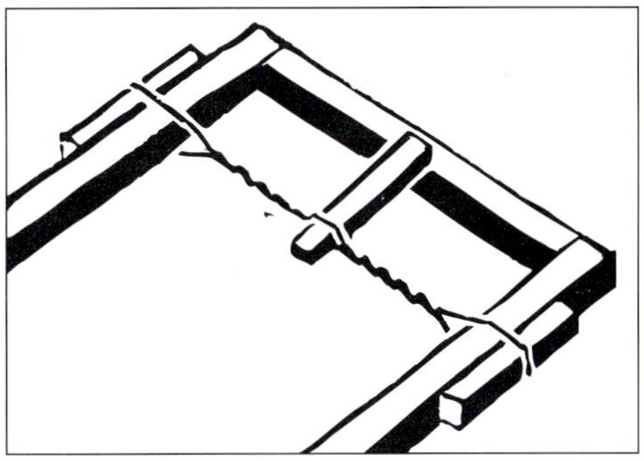

1 Rahmen bis zum Trocknen des Leims mit Schnur fixieren, die durch einen Holzknebel gespannt wird.

2 Ein Stoffteil straff über eine Rahmenseite spannen und an den Außenkanten festtackern.

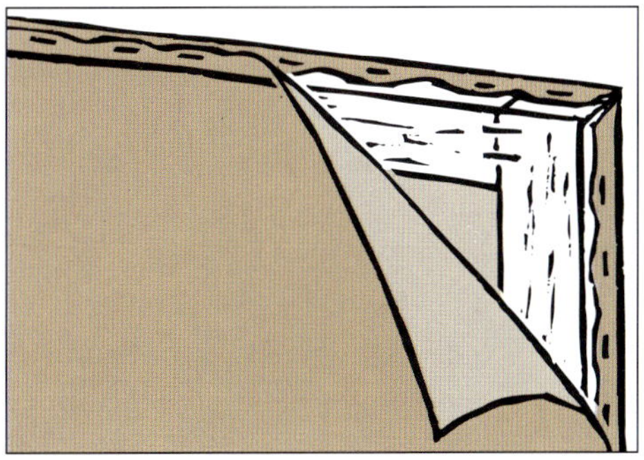

3 Die andere Rahmenseite in gleicher Weise bespannen.

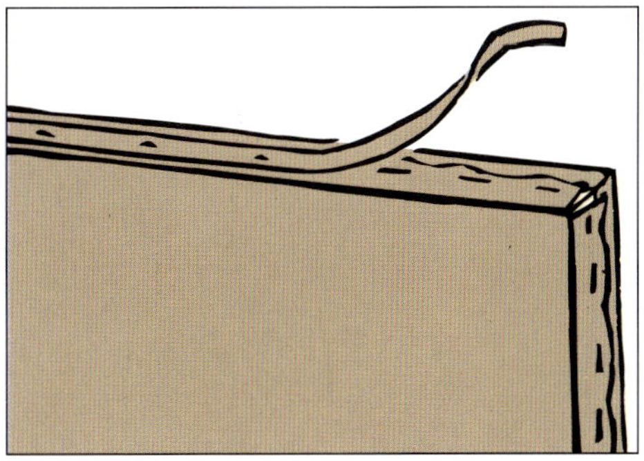

4 Borte mit Ziernägeln auf die Rahmenkante nageln. Elemente durch Scharniere verbinden.

◀ Wandschirme können als wirkungsvoller Hintergrund fungieren und eher neutrale Bereiche um Farbe und Struktur bereichern. Der schlichte Wandschirm aus fünf gelenkig verbundenen Holzelementen hat durch eine Tünchebehandlung in verschiedenen Cremetönen eine dezent strukturierte Erscheinung erhalten, die perfekt zu dem von Altersspuren gezeichneten hohen Hocker paßt.

auf Rechtwinkligkeit zu kontrollieren), lange Schraubzwingen und je Elementverbindung drei Scharniere mit Schrauben.

Für jedes Element zwei Seitenlatten in Höhe des Wandschirms und zwei kürzere Querlatten zusägen, die zwischen diese gesetzt werden. Diese mit Holzleim zu einem rechteckigen Rahmen zusammensetzen; die Eckverbindungen auf beiden Rahmenseiten mit Tackerklammern sichern. Dann mit dem Anschlagwinkel sicherstellen, daß die Ecken wirklich rechtwinklig sind. Den Rahmen bis zum Trocknen des Leims mit den Schraubzwingen oder mit Schnur – durch Holzknebel straff gespannt – fixieren.

Je nach Konstruktion muß man auf halber Höhe des Elements eine zusätzliche Latte als Querstrebe einsetzen, um Verwindungen des Rahmens zu verhindern.

Zum Bespannen des Rahmens braucht man Stoff, Zwischenfutter (falls gewünscht), einen Tacker oder Zier- bzw. Polsternägel und gegebenenfalls Band oder Borte zur Kaschierung der Kanten. Stoffteile so groß zuschneiden, daß sie je eine Elementseite bedecken und um die Rahmenkanten herumreichen. Falls die Kanten mit Borte kaschiert werden, kann man die Stoffkanten unversäubert lassen. (Wenn man den Stoff mit Ziernägeln befestigt, die Stoffkanten einschlagen.) Stoff straff gespannt um eine Rahmenseite tackern (oder nageln). Die Heftklammern werden dabei in die Außenkanten des Rahmens gesetzt. Dann die andere Seite bespannen. Die Borte mit Ziernägeln auf die Kante nageln.

Die fertigen Elemente mit Scharnieren verbinden. Die Scharniere über die gesamte Wandschirmbreite jeweils auf gleicher Höhe

Rund um den Tisch

Die Art der Tischdekoration wird von verschiedenen Faktoren bestimmt: von Form und Stil des Tischs, seinem Material, seiner Umgebung und seiner speziellen Funktion. So werden manche Tische tagsüber bedeckt, um ihre Oberfläche zu schützen, und nur zu den abendlichen Mahlzeiten enthüllt. Ein großer, hölzerner Küchentisch hingegen ist ein funktionelles Möbel, das als Eßtisch und Arbeitsfläche zugleich dienen kann, weshalb es unzweckmäßig wäre, ihn mit einem Tischtuch abzudecken.

◀ Das schwere, attraktiv gestreifte Tischtuch kontrastiert schön mit den hauchdünnen Servietten, die mit braunen Troddeln verziert sind.

▲ Eine so schöne, lange Tischplatte wie diese sollte man nicht unter einer Tischdecke verstecken. Statt dessen setzt hier das bunte Geschirr farbige Akzente.

Weniger attraktive Tische wie einfache Tischbockkonstruktionen oder billige Spanplattenmodelle bedürfen vielleicht der ständigen Verkleidung, etwa durch ein zwanglos drapiertes, cremefarbenes Laken oder ein Paar alter Samtvorhänge, während ein besonders schöner, festlichen Anlässen vorbehaltener Eßtisch zwischendurch als Ausstellungsfläche für Blumen in Töpfen und Vasen, Arrangements aus Muscheln und Treibholz, Schaustücke und Kuriositäten genutzt werden kann.

Tischdecken

Tischdecken können rein dekorative oder auch praktische Funktion haben – etwa die, eine polierte Holzfläche zu schützen oder eine weniger schöne Tischplatte zu verbergen. Die simpelste Form besteht aus einem quadratischen Stück Stoff – vielleicht im Bauernkaro oder einem frischen Streifenmuster –, das einfach rundum gesäumt wird. Ein simples Tischtuch läßt sich herausputzen, indem man in der Mitte einen anderen Stoff einsetzt, eine breite Randblende anfügt und die Ecken auf Gehrung näht. In die Ecken einer Tischdecke eingestanzte Ösen können interessant wirken und sind praktisch, um die Tischdecke bei Essen im Freien mit Pflöcken am Boden zu verankern.

Edles weißes Leinen mag für elegante Tischdekorationen nach wie vor das Nonplusultra sein, doch kann etwa weißer Matratzendrell in feinem Fischgrät-Webmuster als preiswertere, aber ebenfalls sehr wirkungsvolle Alternative dienen – vor allem, wenn man ihn stärkt. Ein grob strukturiertes Leinentuch in Beige oder Taupe ist ein attraktiver Hintergrund für farbenfrohe Gedecke. Viele Stoffe lassen sich gut bemalen. Beschränken Sie sich auf einfache, sparsam verteilte Schablonenmotive wie etwa große, markante Buchstaben oder Motive zu einem bestimmten Thema wie Ostern oder Weihnachten. Halten Sie das Dekor schlicht und nehmen Sie nicht zu viele Farben, sonst wirkt das Resultat zu unruhig.

Eine Kombination übereinandergelegter Tischtücher in verschiedenen Größen kann praktisch und attraktiv sein – besonders in kontrastierenden Strukturen (weißes Leinen auf grauem Wollflanell oder Tweed) oder Farben (glänzende Seide in dunklem Orange und Violett). Auf einem runden Tisch wirkt ein quadratisches Tischtuch, über ein rundes drapiert, interessanter als eine einzige Stofflage. Lassen Sie den Stoff immer etwas auf dem Boden aufliegen. Schwere Stoffe wie Chenille in sattem, dunklem Karmesin oder Moosgrün kann man für festliche Candle-light-Dinner mit einer Schnurfranse besetzen oder mit schimmerndem Taft einfassen. Bei langen, schmalen Tischen macht sich eine maßgeschneiderte, bodenlange Tischdecke mit Eckfalten (siehe Seiten 336–337) besonders gut.

Man kann einen Tisch durch eine provisorische Auflage aus dickem Sperrholz vergrößern und stabiler machen. Eine große Sperrholzplatte auf mehreren Böcken kann als Tafel für eine größere Tischgesellschaft dienen.

Jede im Sitzen eingenommene Mahlzeit erfordert Gedecke. Selbst der hastigste Imbiß verlangt nach irgendwie arrangierten Tellern, Bestecken und Gläsern. Zum festlichen Diner, ausgedehnten Sonntagsfrühstück oder zur Kinderparty kann die Tischdekoration unter einem bestimmten Motto stehen oder eine besondere Stimmung schaffen. Wählen Sie ein Farbkonzept, bevor Sie dekorative Details wie Blumen, Beeren, Obst, Muscheln oder Schleifen hinzufügen. Achten Sie darauf, den Tisch nicht mit zu vielen Kleinteilen zu überladen. Oftmals ist es besser, einen optischen Schwerpunkt in Form eines einzelnen, auffälligen Blumengestecks oder eines farblich abgestimmten Glasservices zu setzen.

Gestärkte, weiße Leinenservietten – je größer, desto besser – wirken eigentlich immer gut. Am schönsten sind alte Stücke, die man vielleicht auf dem Flohmarkt findet. Ziehen Sie die gerollten Servietten durch Serviettenringe (antike, silberne, falls Sie das Glück haben, solche zu besitzen), oder umknoten Sie sie mit breitem Seidenband. Mit Draht versteifte Bänder kann man zu prächtigen Zierschleifen formen. Zu besonderen Gelegenheiten kann man Bänder mit aufgedruckten Motiven oder zum Anlaß passende Serviettenringe suchen. Zu einer glanzvollen Dinnerparty könnte man etwa kleine Stückchen farbenprächtiger Seide auf Draht fädeln und schlichte, weiße Servietten damit umwickeln. Einfache, hölzerne Serviettenringe kann man bunt bemalen; für Minimalisten gibt es auch preiswerte Plexiglas-Modelle.

Kerzenlicht ist am schönsten für festliche Abendessen. Verwenden Sie dicke Altarkerzen unterschiedlicher Höhe oder kleine Windlichter – eins zu jedem Gedeck. Selbstgemachte Kerzen in kleinen Gläsern sind sehr hübsch. Wenn man im Freien auf einem Gartentisch aus Holz oder Metall deckt, kann man stattdessen verschiedene Tonbehälter verwenden – etwa interessant arrangierte antike Miniatur-Blumentöpfe. Dünne, hohe Kerzenhalter aus Metall lassen sich attraktiv gruppieren und werfen stimmungsvolle Schatten an die Wand.

Tischwäsche

▲ *Ein einfaches Holztischchen in einer Zimmerecke wird oft gar nicht wahrgenommen. Die maßgeschneiderte Tischdecke in blau-weißem Gingan-Karo zieht mit ihrer frischen, ländlichen Ausstrahlung den Blick auf dieses von der Sonne angestrahlte Tischchen und harmoniert gut mit den Karomustern von Porzellan und Polsterschemel.*

Runde Tischdecken sind vorwiegend dekorativer Natur und oft auf Beistell- oder Nachttischchen anzutreffen. Da sie keine besondere praktische Funktion zu erfüllen haben, kann man den Stoff nach Lust und Laune auswählen.

Runde Tischdecken

Da runde Tischdecken sehr breit sind, vor allem solche, die bis auf den Boden fallen, wird man wahrscheinlich keinen ausreichend breiten Stoff finden, um den Kreis in einem Stück zuzuschneiden, sondern man muß mehrere Bahnen verbinden. Die Verbindungsnaht sollte nie in der Mitte liegen, da dies auf dem Tisch unschön aussieht. Statt dessen sollte man eine ganze Bahnbreite in der Mitte anordnen und zusätzliche Streifen an den Seiten ansetzen.

Runde Tischdecken nähen

Um den Stoffbedarf zu berechnen, zunächst Durchmesser und Höhe des Tischs messen. Die Breite (Durchmesser) der fertigen Tischdecke entspricht der doppelten Tischhöhe zuzüglich des Tischdurchmessers. Hierzu werden 5–10 cm für die Drapierung auf den Boden und 3 cm als umlaufende Nahtzugabe addiert. (die Maße entsprechend anpassen, falls die Decke nicht auf dem Boden aufliegen soll.) Daraus ergeben sich die benötigten Stoffbreiten und -längen.

Runde Tischdecke

1 *Stoffbahnen zusammennähen; eine ganze Bahn in der Mitte anordnen. Futter ebenso nähen. Nähte ausbügeln.*

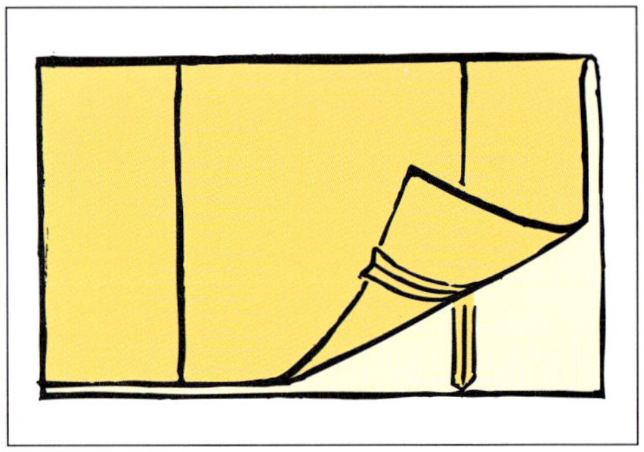

2 *Stoff quer falten; Nähte aufeinander legen. Die Breite der Faltkante entspricht dem Kreisdurchmesser.*

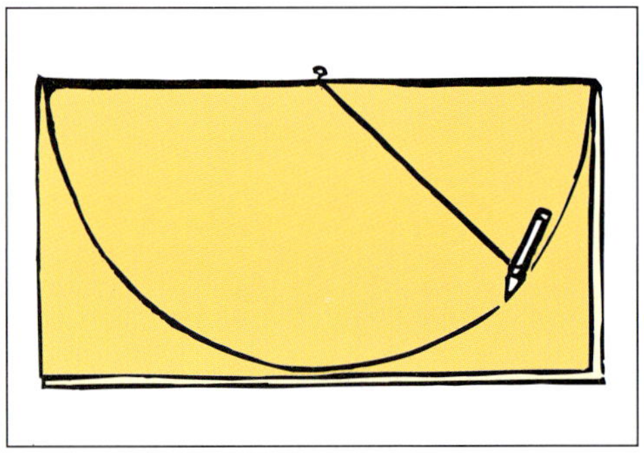

3 *Mit Bleistift und Schnur einen Halbkreis auf dem Stoff anzeichnen. Futter in gleicher Größe zuschneiden.*

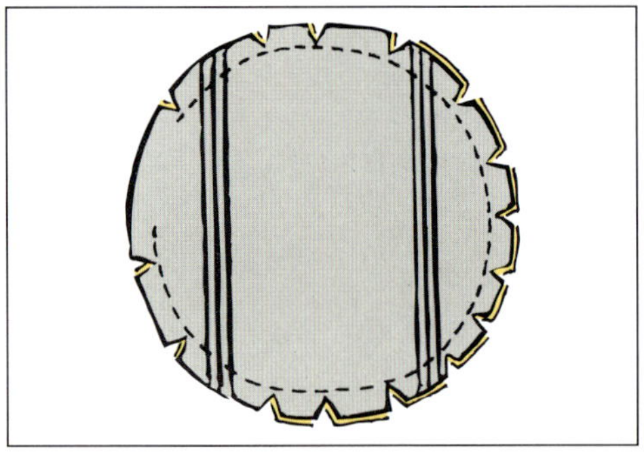

4 *Stoff und Futter zusammenstecken, steppen; eine Wendeöffnung lassen. Beschneiden, einkerben, wenden.*

Das Futter sollte die gleiche Größe haben. Die Stoffbahnen zu einem ausreichend breiten Quadrat zusammennähen, um den vorgesehenen Kreisdurchmesser daraus zuzuschneiden; dabei eine ganze Bahn in der Mitte anordnen und die Nahtzugaben nicht vergessen. Nähte ausbügeln. Stoff quer falten, so daß die Nähte aufeinanderliegen. Mittelpunkt der Faltkante mit einer Stecknadel markieren. Einen Bleistift an eine Schnur binden. Den vorgesehenen Radius (die Hälfte des Durchmessers) vom Bleistift aus auf der Schnur abmessen; die Schnur an dieser Stelle an dem markierten Mittelpunkt feststecken. Den Halbkreisumfang anzeichnen. Entlang dieser Linie durch beide Stofflagen schneiden. Den Stoff auffalten und als Vorlage für das Futter in gleicher Größe verwenden. (Bei Bedarf kann man auch ein Zwischenfutter zuschneiden.)

Ein etwaiges Zwischenfutter mit langen, lockeren Schlingenstichen (siehe Seite 342–343) auf die Stoffrückseite nähen. Oberstoff und Futter rechts auf rechts zusammenstecken. Mit der Maschine in 1,5 cm Abstand von der Außenkante zusammensteppen; dabei eine ca. 25 cm breite Öffnung zum Wenden lassen. Nahtzugaben beschneiden und einkerben; Nähte ausbügeln. Tischdecke wenden. Nahtzugaben der Öffnung nach innen umbügeln; Öffnung überwendlich schließen. Bügeln.

Rechteckige Tischdecken

Einfache rechteckige Tischdecken sind am vielseitigsten nutzbar und sehr leicht anzufertigen. Als interessante Abwandlung kann man zwei Decken für einen Tisch anfertigen: eine, die ihn nur quer, und eine zweite, die ihn nur längs bedeckt; beide in Bodenlänge. Das wirkt am besten, wenn man kontrastierende Farben oder Muster wählt – etwa zwei blaue Karomuster in unterschiedlichem Format.

Nichts ist einfacher, als den Stoffbedarf für ein rechteckiges Tischtuch auszurechnen. Messen Sie einfach Länge und Breite des Tischs und den gewünschten Stoffüberhang. Die benötigte Stofflänge ist die Tischlänge zuzüglich Überhang und Saumzugaben. Die Stoffbreite wird in gleicher Weise berechnet. Handgenähte Säume wirken besonders ordentlich, sind aber sehr zeitaufwendig; es ist praktischer, sie mit der Maschine abzusteppen.

Rechteckige Tischdecken mit Schürze

»Maßgeschneiderte« Tischdecken erhalten eine Schürze bzw. einen Volant – ähnlich wie spezial angefertigte Tagesdecken fürs Bett.

Bevor man sich aufmacht, den Stoff für diese Art Tischdecke zu kaufen, sollte man genau überlegen, wie man die Schürze anbringen will. Die Tischhöhe (das heißt, die Länge der Schürze) beträgt meist weniger als eine übliche Stoffbreite. Bei unifarbenen Stoffen oder ungerichteten Mustern kann man den Stoff also quer ansetzen. Bei Streifenstoff oder anderen senkrecht ausgerichteten Mustern muß man meist mehrere Bahnen aneinandersetzen, um eine Schürze im Tischumfang zu erhalten. Die Plazierung der Nähte sollte man im voraus planen und den Stoffbedarf entsprechend kalkulieren, um eine asymmetrische Nahtanordnung zu vermeiden.

Eine Methode zur Kaschierung der Nähte besteht darin, sie in den Eckfalten zu verbergen. Man kann auch in der Mitte der Längsseiten je eine weitere Falte zu diesem Zweck vorsehen. Interessant wirkt es, wenn man die Falten separat aus einem kontrastierenden Stoff zuschneidet. In diesem Fall die Verbindungsnähte gerade knapp innerhalb der Falten anordnen, damit sie nicht vorne auf den Faltkanten sichtbar werden.

▲ *Dank der ausgewogenen Gewichtung gehen Weiß und Zitronengelb in dieser Küche eine harmonische Verbindung ein. Wegen der Größe des Tischs hätte die gelbe Tischdecke alleine zu dominant gewirkt und das Farbgleichgewicht zerstört. Das kleinere, weiße Tischtuch unterbricht die gelbe Farbfläche und stellt so die Harmonie wieder her.*

▲ *Eine Kombination mehrerer Tischdecken kann nicht nur dekorativ, sondern auch praktisch sein. Die fransenbesetzte Überdecke mit feinen, grün-weißen Streifen ist dick und robust und damit für den Alltagsgebrauch ideal. Zu festlicheren Anlässen kann man sie abnehmen, so daß das edle weiße Leinentischtuch zum Vorschein kommt.*

Eine rechteckige Tischdecke mit Schürze nähen

Um den Stoffbedarf zu errechnen, zunächst die Tischfläche ausmessen und rundum 1,5 cm Nahtzugabe hinzuaddieren. Dies sind die Maße für das Oberteil. Für die Schürze (die an jeder Ecke eine Kellerfalte erhält), die Seitenkanten der Tischplatte ausmessen und an jeder Ecke 20 cm für die Eckfalte zugeben. Die Gesamtlänge aller Kanten zuzüglich der Eckfaltenzugaben und etwaiger Nahtzugaben ist die erforderliche Stoffbreite der Schürze (oder Schürzenteile) – für Oberstoff und Futter. Um die Länge des Schürzenstoffs zu errechnen, den Abstand von der Tischkante bis zum Boden messen, 5–10 cm zur Drapierung auf dem Boden und Nahtzugaben für Ober- und Unterkante dazugeben.

Sie benötigen ausreichend Oberstoff für Oberteil und Schürze und die gleiche Menge Futterstoff. Oberteil und Schürze (oder Schürzenteile) aus dem Oberstoff und dem Futter zuschneiden. Die Schürze wird zuerst genäht. Wenn sie aus mehreren Stoffteilen besteht, diese rechts auf rechts zu einem großen Stoffzylinder zusammenstecken und -nähen. Nähte ausbügeln. Vorgang mit dem Futterstoff wiederholen. Futter rechts auf rechts entlang einer Kante am Oberstoff feststecken und -nähen. Naht ausbügeln; Schürze auf rechts wenden. Sauber glattbügeln. Die unversäuberten Kanten links auf links zusammenstecken.

Jetzt die Falten einlegen und zunächst mit Stecknadeln, anschließend mit Heftstichen fixieren. Sie müssen so plaziert werden, daß sie nach der Befestigung der Schürze am Oberteil genau an den Ecken sitzen (und gegebenenfalls in der Mitte der Längsseiten). Die Schürze rechts auf rechts am Oberteil feststecken und -heften. Dann rundum feststeppen; darauf achten, die Falten nicht zu verschieben. Nahtzugabe zurückschneiden. Nahtzugabe des Oberteils an den Ecken diagonal abschneiden; Nahtzugabe des Schürzenteils an den Ecken einkerben. Die Naht ausbügeln und dann zum Oberteil hin umbügeln.

Die Nahtzugabe des Oberteilfutters einschlagen und festbügeln. Die Faltkanten entlang der Verbindungsnaht zwischen Schürze und Oberteil feststecken und von Hand mit Saumstich festnähen. Tischdecke auf rechts drehen und bügeln.

Rechteckige Tischdecke mit Schürze

1 *Oberstoff und Futter in Größe der Tischplatte mit umlaufender Nahtzugabe zuschneiden.*

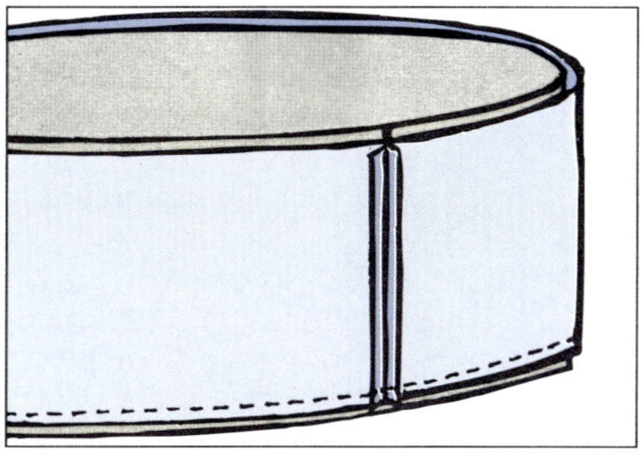

2 *Schürze zuschneiden, zum Zylinder verbinden. Futter nähen, entlang einer Kante mit der Schürze verbinden.*

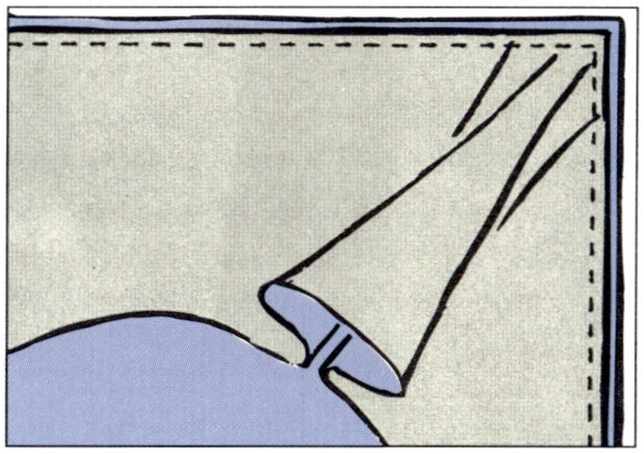

3 *Schürze auf rechts wenden. Eckfalten feststecken und -heften. Schürze an das Tischdecken-Oberteil nähen.*

4 *Nahtzugabe des Oberteilfutters umbügeln. Futter von links mit Saumstich auf die Tischdecke nähen.*

Dekorative quadratische Tischdecken

Quadratische Tischdecken wirken attraktiv, wenn man sie diagonal drapiert, so daß ihre Ecken über die Kanten eines rechteckigen oder quadratischen Tischs hängen. Sie werden angefertigt wie einfache rechteckige Tischdecken, aber der Stoffbedarf wird etwas anderes berechnet. Legen Sie den gewünschten Überhang des Tischtuchs über die Tischkante fest. Von diesem Punkt, der der Ecke des Tischtuchs entspricht, bis zur Tischplatte messen, das Maß verdoppeln und zur Tischbreite addieren, um die Seitenlänge des Tischtuchs zu erhalten.

Es gibt viele einfache Möglichkeiten, ein quadratisches Tischtuch zu verzieren. Man kann zum Beispiel den umlaufenden Saum mit zwei parallelen Steppstichreihen, vielleicht in kontrastfarbenem Nähgarn, betonen. Schön wirkt auch eine Verzierung der Stoffecken mit kleinen Kopfquasten.

Andere dekorative Besätze, wie Fransen oder Borten, sollten nach Fertigstellung der Tischdecke von Hand aufgenäht werden. Die Fransen immer so aufnähen, daß sie die Unterkante der Tischdecke weit überlappen und etwas auf dem Boden schleifen. Eine Borteneinfassung sollte kantengleich auf die Saumkanten genäht werden. Man kann eine quadratische oder rechteckige Tischdecke auch mit glatten Bändern schmücken, die parallel zu den Seitenkanten in etwa 10 cm Abstand von diesen aufgenäht werden und sich an den Ecken überkreuzen, so daß an jeder Tischtuchecke ein Quadrat entsteht.

◀ *Servietten, Platzdeckchen und Blumenarrangements sind dekorative Details, mit denen man einen Tisch festlich herausputzen kann. Hier wurde eine klassische Kombination aus vornehmem weißem Porzellan auf weißem Leinen durch knallrote Servietten, rustikal umstickt und mit Bastspiralen umwunden, interessant abgewandelt.*

Nähanleitung

Maschinennähte

Einfache Naht

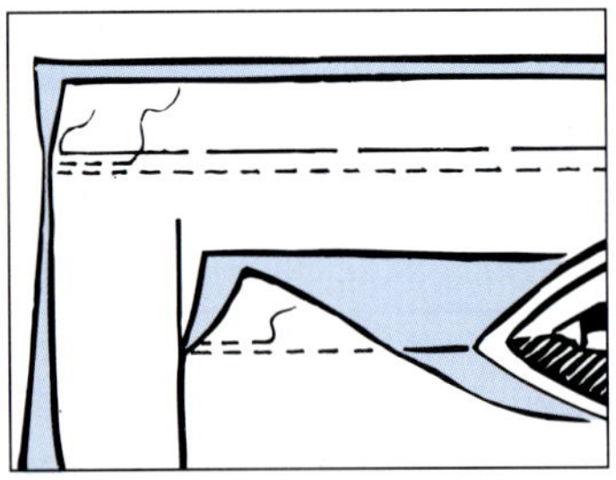

Die beiden Stoffteile rechts auf rechts mit den unversäuberten Kanten aufeinanderlegen. Kanten zusammenstekken und -heften. Stecknadeln entfernen. In 1,5 cm Abstand von der Kante zusammensteppen; Nahtenden mit einigen Rückstichen sichern. Heftfäden entfernen. Naht auseinanderbügeln.

Französische Doppelnaht

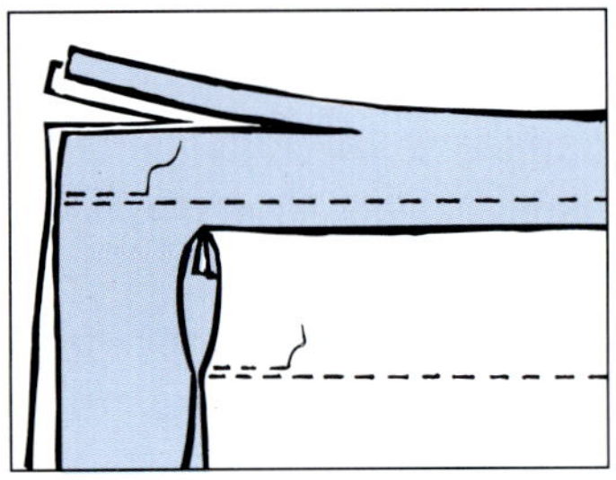

Dabei handelt es sich um eine Naht mit automatischer Kantenversäuberung, die sich vor allem für leichte Stoffe und gerade Nähte eignet. Sie ist ideal für Teile, die von beiden Seiten sichtbar sind, da keine zusätzliche Nahtlinie zu sehen ist. Zu ihrer Herstellung zwei Stoffteile links auf links zusammenlegen und in 6 mm Abstand von der Stoffkante zusammensteppen. Nahtzugaben auf 3 mm zurückschneiden; die Naht ausbügeln. Den Stoff um die Nahtlinie rechts auf rechts falten und entlang der Nahtkante bügeln. Dicht an der Faltkante entlang heften, anschließend in 1 cm Abstand von der Kante absteppen. Den Stoff auf rechts wenden; die Naht zu einer Seite umbügeln.

Flache Kappnaht

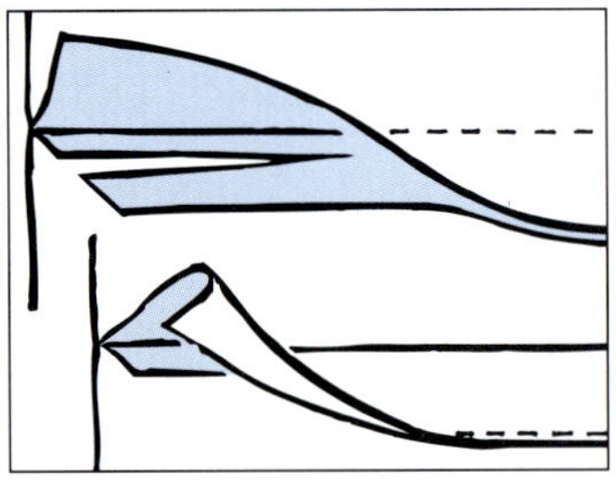

Eine sehr robuste Naht, bei der die Kanten ebenfalls automatisch versäubert werden. Stoffteile rechts auf rechts legen; in 1,5 cm Abstand von den Kanten zusammensteppen. Die Naht ausbügeln. Eine Nahtzugabe auf 6 mm zurückschneiden. Breitere Nahtzugabe über die schmalere umschlagen, festbügeln. Die Kante der breiteren Nahtzugabe unter die schmalere einfalten und knapp am Bruch entlang feststeppen. Bügeln. Die zusätzliche Naht ist von beiden Seiten sichtbar.

Rundungen und Ecken beschneiden

Nahtzugaben an geraden Nähten einknipsen

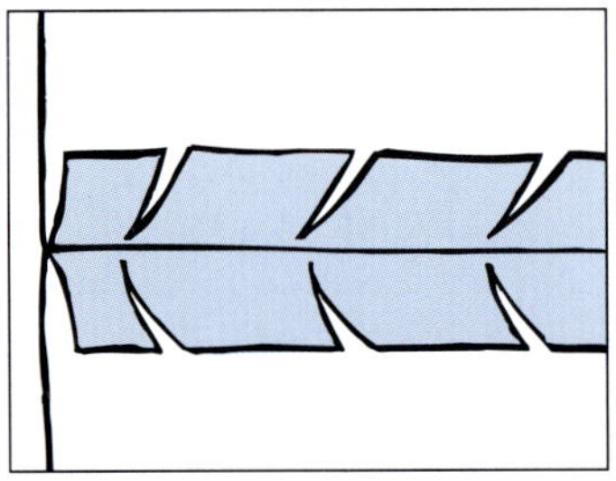

Um die Spannung aus straffen Webkanten zu nehmen, die Nahtzugaben in Abständen von etwa 5 cm schräg zur Nahtlinie einschneiden. Bei senkrechten Nähten sollten die Schnitt nach unten zeigen.

Ecken beschneiden

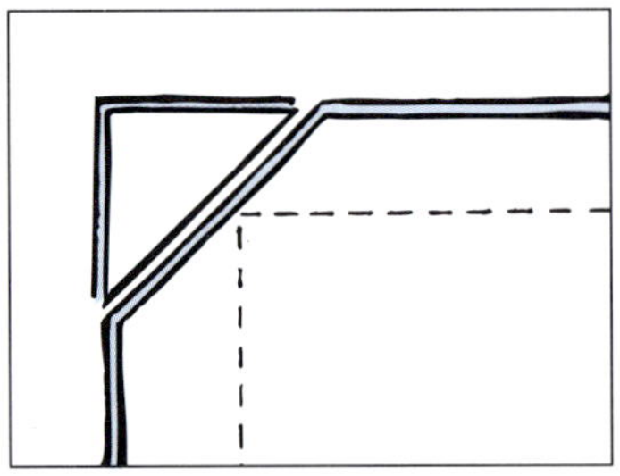

Nach Steppen der Nähte die Stoffecken diagonal abschneiden. Etwa 6 mm Abstand von der Nahtlinie halten, damit der Stoff nicht ausfranst.

Gerundete Stoffränder beschneiden

Damit gerundete Nähte nach dem Ausbügeln flach liegen, muß man die Nahtzugaben einknipsen bzw. -kerben. Einwärtige Rundungen in regelmäßigen Abständen gerade einknipsen, damit sich die Nahtzugabe glatt legen kann. An auswärtigen Rundungen kleine Keile (Kerben) aus der Nahtzugabe schneiden, damit sich der Stoff nicht beult.

Stoffkanten versäubern

Auszacken

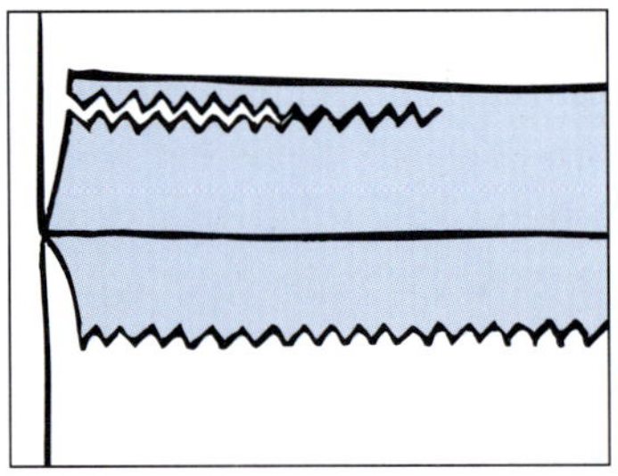

Am schnellsten versäubert man Kanten durch Beschneiden mit der Zackenschere, was jedoch nicht die zuverlässigste Methode ist.

Versäubern mit Zickzackstich

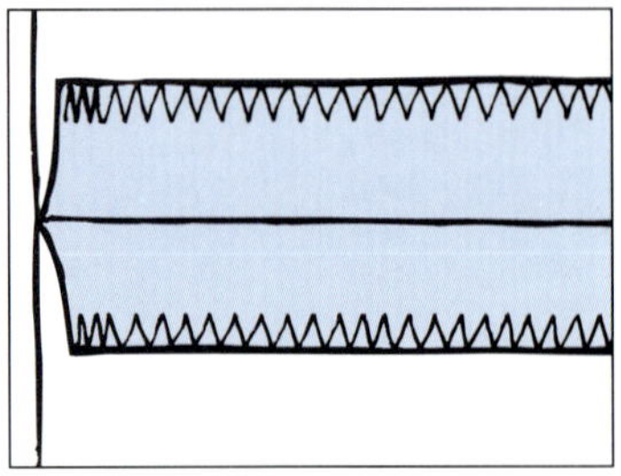

Nähmaschine auf Zickzackstich stellen und möglichst dicht an der Schnittkante entlang steppen.

Übernaht

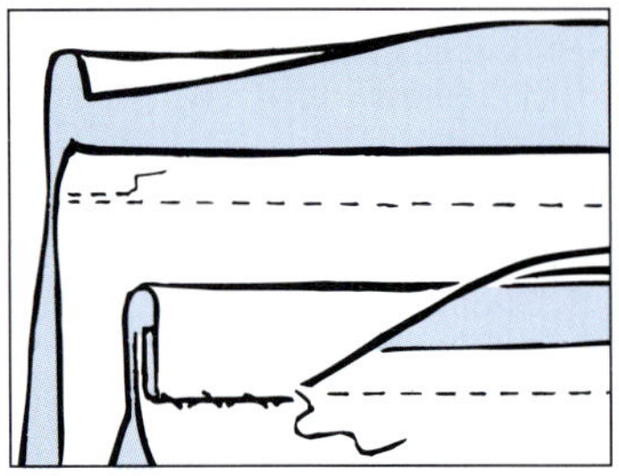

Nützlich bei größerer Stoffülle – etwa bei Verbindung einer gerafften und einer flachen Stoffkante. 3 cm Nahtzugabe lassen. Eine Nahtzugabe auf 6 mm zurückschneiden. Breite Kante über die schmalere schlagen; Schnittkante nach innen einfalten. Faltkante feststecken, mit Saumstich festnähen.

Versäubern mit Schrägstreifen

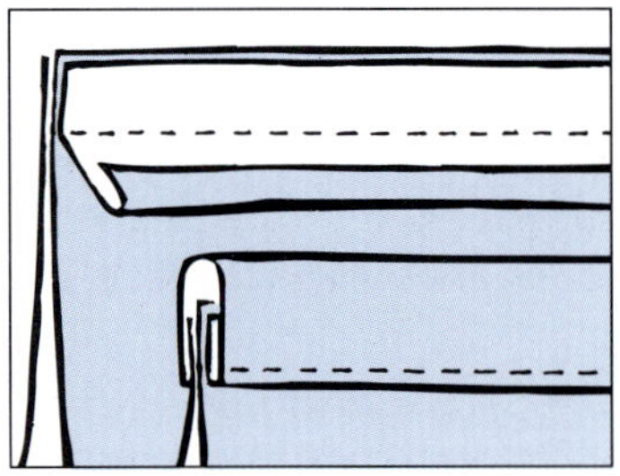

Schrägstreifen rechts auf rechts kantengleich auf den Stoff legen. Entlang der Falzkante des Schrägstreifens zusammenstecken, -heften und -steppen. Schrägstreifen um die Stoffkante auf die andere Stoffseite einschlagen und entweder mit der Maschine durch alle Lagen steppen oder die zweite Falzkante des Schrägstreifens mit Saumstich entlang der Nahtlinie annähen.

Auf diese Weise lassen sich auch die Kanten von Teilen wie Tischdecken, Servietten oder Platzdeckchen versäubern, wobei man den Schrägstreifen meist von rechts aufsteppt.

Überwendliche Versäuberung

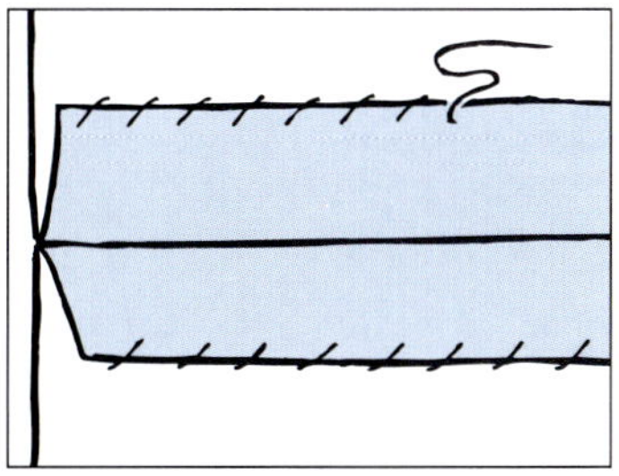

Dabei werden die Stoffkanten von Hand mit gleichmäßigen, schräg zum Fadenlauf liegenden Stichen umnäht, um ein Ausfransen zu verhindern.

Säume u. Ecknähte

Säume

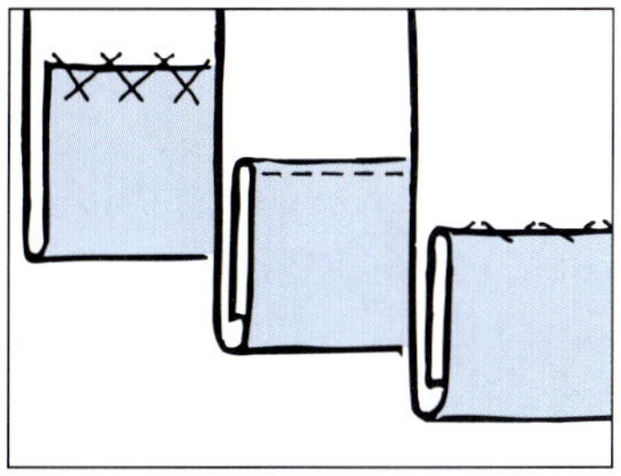

Einfacher Saum: Bei dicken, schweren Stoffen den Saum nur einmal umschlagen, bügeln. Stoffkante mit Hexenstich an der Stoffrückseite festnähen.

Doppelsaum: Ergibt eine besonders feste Saumkante – für dünne Stoffe gut geeignet. Hälfte der Saumzugabe einschlagen, dann an der Stoffkante noch einmal umschlagen. Feststecken, heften, mit der Maschine steppen oder mit Handsaumstich annähen.

Knapp eingeschlagener Saum: Wegen des geringeren Stoffverbrauchs für mittelschwere Stoffe besser. Stoffkante 6 mm breit einschlagen, bügeln. Vorgesehene Saumbreite einschlagen, stekken und heften. Mit der Maschine absteppen oder mit Saumstich nähen.

Ecknähte

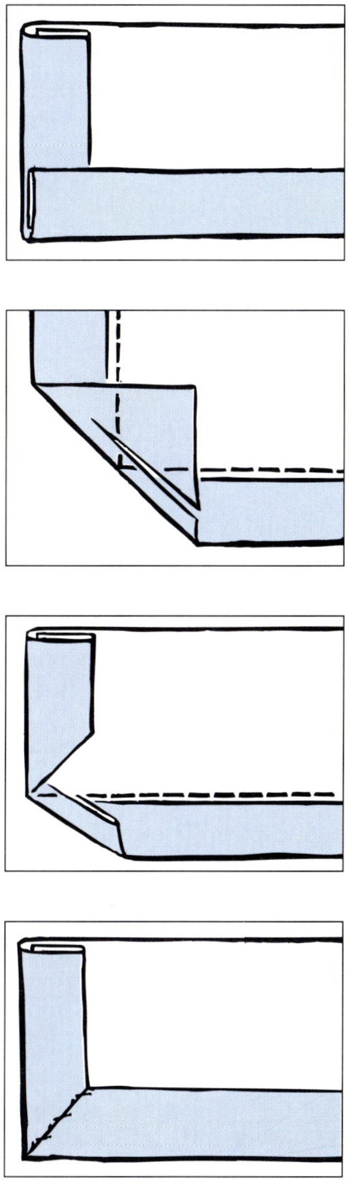

Sauber gehrte Ecken kann man an einfachen oder doppelten Säumen nähen – unabhängig davon, ob die aneinanderstoßenden Säume gleich breit sind oder nicht. Bei einfachen Säumen gleicher Breite: seitlichen und unteren Saum einschlagen, bügeln. Säume entfalten. Stoffecke am Kreuzungspunkt der Bügellinien diagonal umfalten. Die Bügellinien des Dreiecks müssen exakt auf denen des Stoffs darunter liegen. Säume einschlagen; diagonale Stoßnaht mit Saumstich, Säume mit Hexenstich nähen. Bei Doppelsäumen gleicher Breite beide Säume doppelt einschlagen, einmal entfalten, die Ecke diagonal umfalten, so fortfahren wie oben beschrieben. Diagonalnaht und Säume mit Saumstich nähen.

Bei aneinandergrenzenden Säumen verschiedener Breite: Säume einmal einschlagen, bügeln. Säume entfalten; dabei die Sauminnenkante mit Stecknadeln am Stoffrand markieren. Stoffecke an den Stecknadelmarkierungen diagonal umfalten. Säume wieder einschlagen, mit Saum- bzw. Hexenstich nähen (siehe oben). Doppelsäume: Säume doppelt einschlagen, einmal entfalten und die Innenkanten des Doppelsaums markieren.

Handstiche

Vorstich

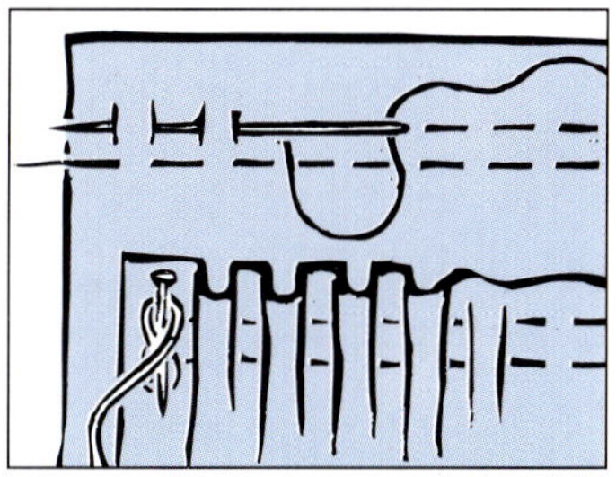

Dieser Stich wird für einfache Näharbeiten und zum Einkräuseln verwendet. Er wird von rechts nach links gearbeitet und besteht aus kleinen Stichen gleicher Länge. Um einen Stoff einzukräuseln, von der rechten Stoffkante ausgehend zwei parallele Reihen langer Vorstiche arbeiten. Den Faden am Ende jeder Stichreihe um eine Stecknadel wickeln. Dann beide Fäden gleichmäßig anziehen, um den Stoff zu kräuseln.

Rückstich

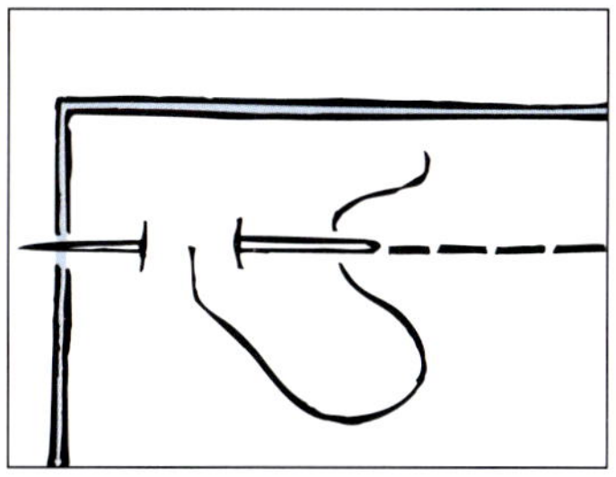

Dieser feste Stich ist vor allem an Stellen nützlich, an denen man nicht gut mit der Maschine arbeiten kann. Von rechts nach links arbeiten. Die Nadel nach dem Ausstich ein kurzes Stück hinter dem Fadenaustritt wieder einstechen; im gleichen Abstand vor dem Fadenaustritt wieder ausstechen. Der Vorwärtsstich ist jeweils doppelt so lang wie der Rückwärtsstich. Auf diese Weise weiterarbeiten, so daß eine ununterbrochene Stichlinie entsteht.

Leiterstich

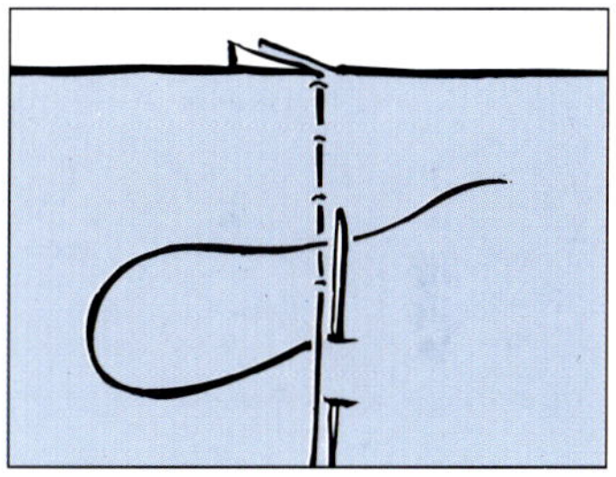

Der Leiterstich wird vor allem als exakter Heftstich für Stoffkanten mit Musteransatz genutzt. Er wird von der rechten Stoffseite gearbeitet. Nahtzugabe der einen Stoffbahn umbügeln. Diese Kante auf die nicht eingeschlagene Nahtzugabe der zweiten Bahn legen (beide Bahnen mit der rechten Seite nach oben). Feststecken. Einen geknoteten Faden von unten durch die Bruchkante ziehen, quer über den Stoß durch die untere Bahn nach unten führen. Nadel unter dem Stoff etwas weiterführen, dann wieder nach oben und über den Stoß in die Bruchkante führen. So fortfahren, so daß eine Reihe waagerechter »Leitersprossen«-Stiche quer über die Stoßkante entsteht.

Saumstich

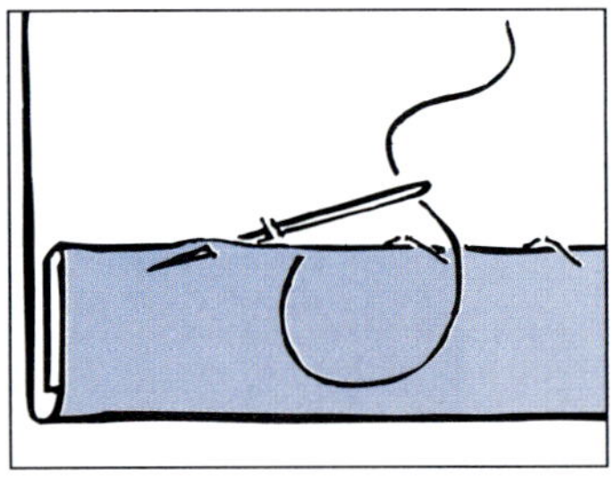

Er dient dazu, eine umgefaltete Stoffkante an der Stoffrückseite zu befestigen – wie beim Saum – oder zwei Faltkanten zu verbinden – etwa bei diagonalen Ecknähten. Immer nur wenige Fäden des Oberstoffs mit der Nadel fassen und die Nadel dann etwa 6 mm weiter links in die Faltkante stechen und nach vorne ausführen. So immer abwechselnd einen kleinen Stich im Oberstoff und einen etwas größeren durch die Faltkante arbeiten.

Langer Schlingen-Heftstich

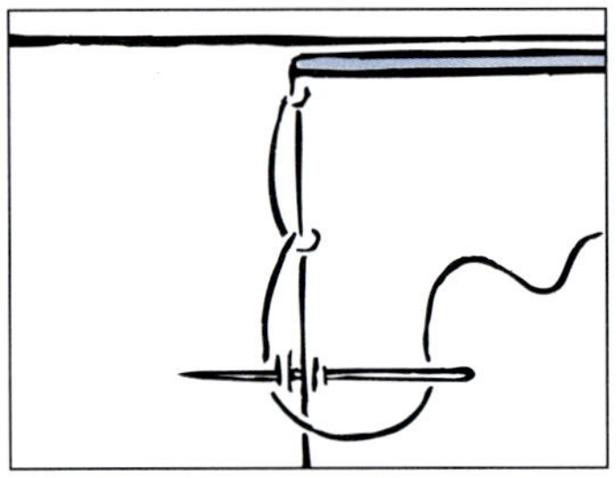

Mit diesem langen, lockeren Stich verbindet man Stofflagen miteinander – zum Beispiel Futter oder Zwischenfutter mit dem Oberstoff. Futter und Oberstoff links auf links aufeinanderlegen. Entlang der Mittellinie zusammenstecken. Futterstoff an den Stecknadeln entlang zurückschlagen.

Mit farblich passendem Faden einen waagerechten Stich durch die Faltkante und den Oberstoff führen; dabei nur ein oder zwei Gewebefäden des Oberstoffs greifen. Stiche in Abständen von etwa 5 cm ausführen; den Faden zwischen den Stichen sehr locker lassen. Nach Bedarf weitere Schlingenstichnähte arbeiten.

Hexenstich

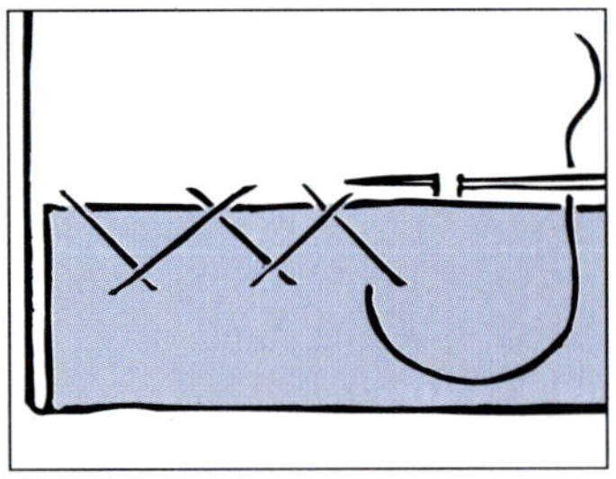

Für einfache Säume an schweren Stoffen. Von links nach rechts arbeiten. Nadel von unten durch die Saumzugabe führen, den Faden diagonal nach rechts legen, einen kleinen waagerechten Stich in den Oberstoff machen. Faden diagonal nach rechts legen, einen kleinen waagerechten Stich in die Saumzugabe machen. So mit überkreuzenden Stichen fortfahren.

Schlingenstich

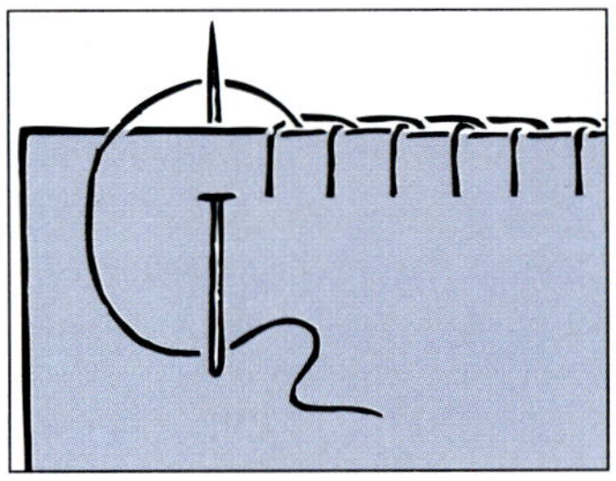

Der Schlingenstich kann zur Versäuberung von Stoffkanten und bei Verwendung eines kontrastfarbenen Garns auch als Zierstich dienen. Die Nadel im gewünschten Abstand zur Stoffkante von oben in den Stoff stechen. Die Nadel unter der Stoffkante durchführen, wobei der Faden unter der Nadel liegt, so daß um die Stoffkante eine Fadenschlinge entsteht. Dicht gesetzte Schlingenstiche können auch zum Umnähen von Knopflochkanten dienen.

Punktstich

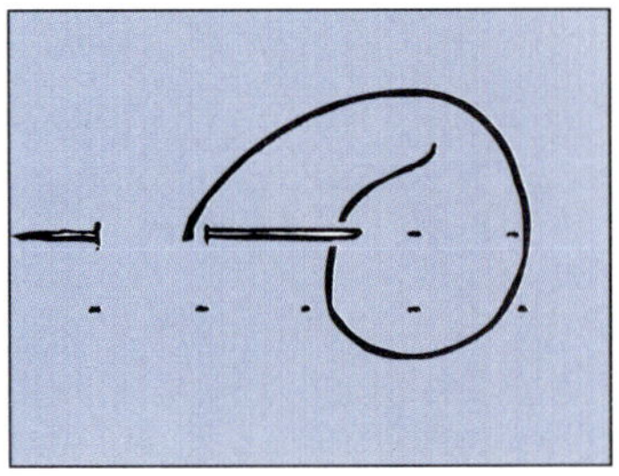

Zum Einsetzen von Reißverschlüssen und für andere unauffällige Nähte. Er wird ähnlich wie der Rückstich genäht, wobei die Rückwärtsstiche aber kleiner und nur als Pünktchen auf der Stoffoberseite sichtbar sind. Von der rechten Stoffseite arbeitend die Nadel jeweils einige Fäden hinter dem Fadenaustritt einstechen, dann ein Stück davor wieder ausstechen.

Rüschen u. Falten

Rüschen

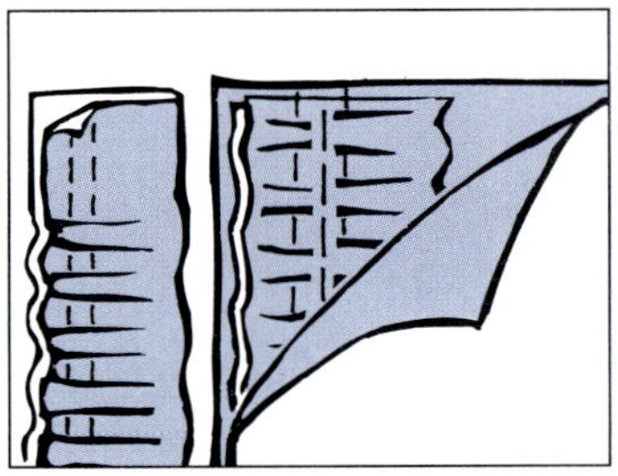

Einfache Rüschen: Maße der Rüsche berechnen; Naht- und Saumzugaben hinzuaddieren. Streifen zuschneiden. Saum einschlagen, festnähen. Mit der Maschine zwei parallele Reihen langer Stiche nähen; auf gewünschte Länge einkräuseln. Zum Ansetzen rechts auf rechts auf das jeweilige Stoffteil legen, feststecken und -heften. Stecknadeln entfernen. Mit der Maschine zusammensteppen. Heftfaden entfernen. die Nahtzugaben mit Zickzackstich versäubern, nach oben umbügeln.

Doppelte Rüsche: für eine fülligere Rüsche den Streifen in doppelter Breite mit doppelter Nahtzugabe zuschneiden. Dann längs falten und entlang der Schnittkanten einkräuseln.

Falten

Zum Faltenlegen jeweils die dreifache Stoffbreite vorsehen und den Stoff parallel zum Querfadenlauf schneiden, damit die Falten gerade hängen.

Einseitige Falten

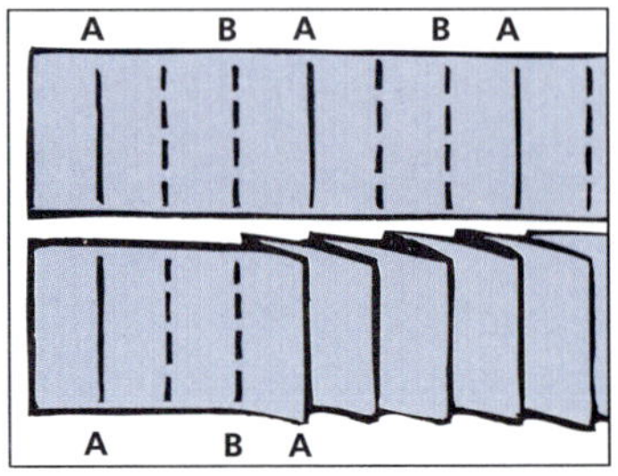

Die Kante, an der die Falten angebracht werden sollen, ausmessen. Dieses Maß mal drei nehmen, um die erforderliche Stoffbreite zu ermitteln; Saumzugabe hinzuaddieren. Höhe des Stoffstreifens festlegen, Saumzugabe hinzuaddieren. Ggf. mehrere Stoffbahnen durch flache Kappnähte verbinden; Säume umstecken und -nähen. Gewünschte Faltenbreite festlegen. Faltlinien auf dem Stoff rechtwinklig zur Stoffkante markieren. Faltlinie (A) markieren, dann die doppelte Faltenbreite abmessen und Anstoßlinie (B) markieren, dann die einfache Faltenbreite bis zur nächsten Faltlinie (A) messen usw. Stoff jeweils an der Faltlinie (A) falten und bis zur Anstoßlinie (B) umlegen. Entlang der Stoffoberkante heften, bügeln. Wie Rüschen annähen.

Quetschfalten

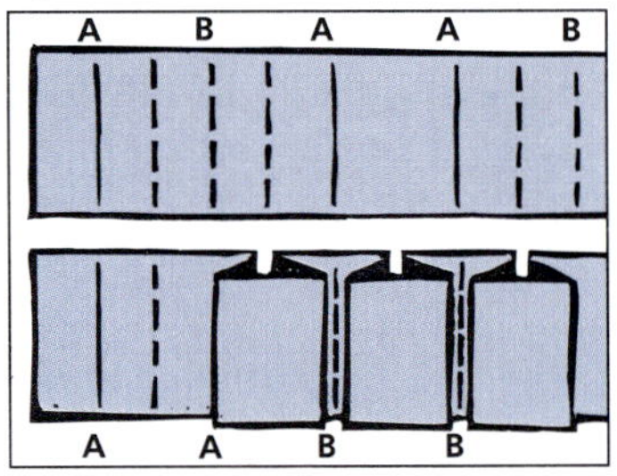

Quetschfalten sind Doppelfalten, deren Faltkanten nach außen weisen. Zum Ausmessen zunächst wie bei einseitigen Falten die Faltlinie (A) markieren, die doppelte Faltenbreite abmessen und die Anstoßlinie (B) markieren. Dann wieder die doppelte Faltenbreite abmessen, um die nächste Faltlinie (A) zu markieren, und noch einmal die doppelte Faltenbreite bis zur zweiten Faltlinie (A) abmessen. Die Außenkanten (A) der Falte jeweils bis auf die Anstoßlinien umlegen. Kellerfalten werden ähnlich eingelegt, allerdings so, daß die Falten hinter, nicht vor dem Stoff liegen.

Besätze

Paspeln

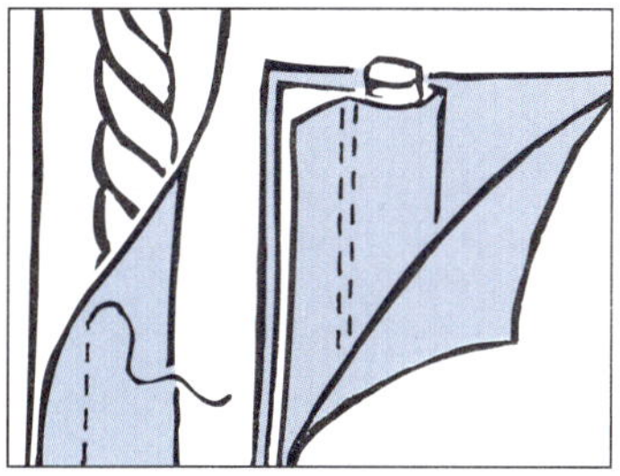

Schrägstreifen zur gewünschten Paspellänge aneinandersetzen. Kordel auf die linke Streifenseite legen. Streifen so um die Kordel falten, daß seine Kanten genau aufeinanderliegen. Heften, dann mit dem Reißverschlußfuß der Maschine dicht an der Kordel entlang steppen. Die Paspel kantengleich auf die rechte Stoffseite legen. Feststecken, -heften und -steppen.

Verschlüsse

Knöpfe, Haken, Druckknöpfe

Knöpfe: Knopfposition markieren. Geknoteten Faden von unten durch den Stoff ziehen. Knopf auf die Nadel stecken; ein Streichholz quer über den Knopf legen. Faden mehrfach durch die Löcher im Knopf und über das Streichholz führen. Streichholz entfernen. Den Knopf hochziehen, so daß der Fadenüberschuß unter dem Knopf liegt. Fadenüberschuß mit dem Nähfaden umwickeln, so daß ein Stiel entsteht. Nähfaden im Stiel vernähen.

Ösen und Haken: Ösen in Abständen von 5–10 cm jeweils mit einigen Stichen durch beide Befestigungsösen auf die Stoffkante nähen. Haken in genau entsprechender Position auf die Gegenkante nähen.

Druckknöpfe: Positionen der Druckknöpfe in 5–10 cm Abstand voneinander und 6 mm Abstand von der Stoffkante mit Stecknadeln markieren. Knopfunterteile (mit Vertiefung) mit einigen Stichen durch jedes Befestigungsloch auf den Untertritt nähen. Knopfoberteile (mit Köpfchen) auf dem Übertritt positionieren; vor dem Annähen noch einmal auf richtige Ausrichtung kontrollieren.

Verschlußbänder

Druckknopfbänder: Dies ist ein in verschiedenen Breiten erhältliches Band, auf dem die Druckknöpfe bereits aufgenäht sind.

Zum Annähen einfach die beiden Lagen trennen; die Hälfte mit den Knopfunterteilen auf den Stoffuntertritt, die andere Hälfte auf den Stoffübertritt nähen. Hierzu mit dem Reißverschlußfuß der Maschine an den Kanten der Druckknopfbänder entlangsteppen.

Klettband: Es besteht aus einem Stoffstreifen mit kleinen Widerhaken und einem zweiten mit winzigen weichen Schlaufen. Wenn man sie aufeinanderdrückt, haften sie aneinander. Entlang der Kanten feststeppen.

Reißverschlüsse

Praktisch für Kissen- und Polsterbezüge. Es gibt sie mit Metall- oder Plastikzähnen in diversen Farben, Längen und Stärken.

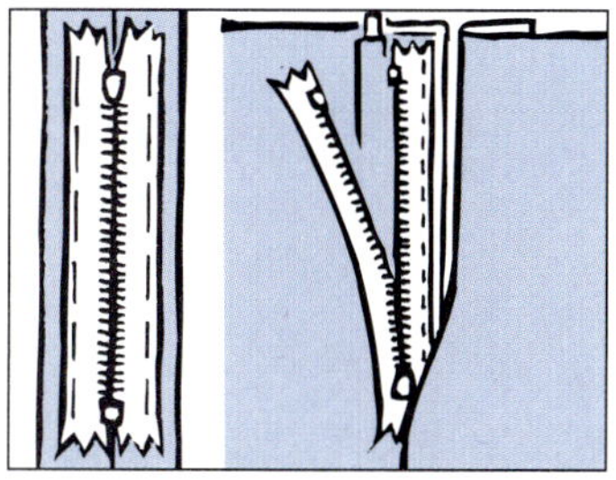

Mittig eingesetzter Reißverschluß: Naht bis auf den Reißverschlußschlitz zusammennähen. Reißverschlußschlitz zuheften; Naht ausbügeln. Reißverschluß mit der Oberseite nach unten genau an der Heftnaht entlang auf die linke Stoffseite legen, feststecken und -heften. Stoff auf rechts wenden und den Reißverschluß genau an den Heftlinien entlang mit dem Reißverschlußfuß der Maschine feststeppen. Nahtenden sichern. Heftfaden des Reißverschlußschlitzes entfernen.

Reißverschluß in eine paspelierte Naht einsetzen: Reißverschluß öffnen. Eine Kante rechts auf rechts auf die paspelierte Stoffkante legen, so daß das Reißverschlußband auf der Nahtzugabe liegt und die Zähne genau an der Paspel ausgerichtet sind. Feststecken, mit dem Reißverschlußfuß der Maschine in 3 mm Abstand von den Zähnen feststeppen. Reißverschluß schließen. Nahtzugaben beider Stoffkanten einschlagen. Nichtpaspelierte Stoffkante auf die zweite Reißverschlußkante legen, an der Paspel ausrichten, feststecken, -heften und -nähen.

Stoffbänder

Flachbänder sind ein sehr praktisches Verschlußmittel, etwa für Kissen- und Bettbezüge. Röllchenbänder – dünne Schläuche aus Schrägstreifen – kann man anstelle von Knopflöchern als Schlaufen aufnähen.

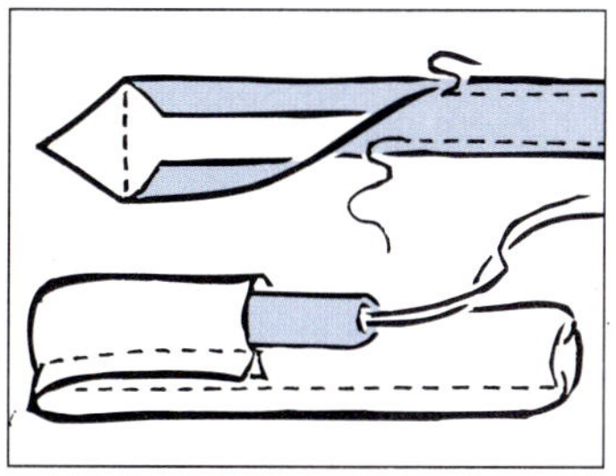

Flachbänder: einen Stoffstreifen in gewünschter Länge und dem Doppelten der vorgesehenen Breite zuzüglich einer umlaufenden Nahtzugabe von 1 cm zuschneiden. Kanten rundum 1 cm weit einschlagen und festbügeln; die Ecken zuvor diagonal abschneiden. Den Streifen längs falten; die Kanten rundum 3 mm breit absteppen.

Röllchenbänder: einen 2,5–3 cm breiten Schrägstreifen auf gewünschte Länge schneiden. Längs falten; Längskanten mit 6 mm Nahtzugabe zusammensteppen. Ein Stück robusten Zwirn an einem Röllchenende befestigen, durch eine stumpfe Stopfnadel fädeln und diese der Länge nach durch das Röllchen ziehen, bis sie am anderen Ende austritt. Am Zwirnfaden ziehen, um das Röllchen auf rechts zu wenden. Die Röllchenenden nach innen einschlagen und überwendlich zunähen.

Register

Bildnachweis

1 Ray Main; **2** Hans Zeegers/Ariadne; **4–5** Richard Waite (Designer: Louise Cotier)/ Arcaid; **6** Hotze Eisma/In Huis; **8–9** Todd Eberle; **10** Hotze Eisma; **11–12** Mads Mogensen; **13** James Merrell/Options/Robert Harding Syndication; **14–15** Todd Eberle (Designer: Michael Formika); **16** Verne Fotografie; **17** *oben* Richard Glover; **17** *unten* Eduard Hueber (Whitney Powers); **18–19** Rob van Uchelen/Ariadne; **19** John Hall; **20** Eduard Hueber (Dean Wolf); **20–1** Jerome Darblay; **21** Fritz von der Schulenburg (Architect: Nico Rensch)/The Interior Archive; **22** Polly Wreford/Homes & Gardens/Robert Harding Syndication; **24** Paul Ryan/International Interiors; **25** Jerome Darblay; **26** *links* Henry Bourne/World of Interiors; **26** *rechts* David Phelps; **27** *oben* Richard Felber; **27** *unten* Chris Drake/Country Homes & Interiors/Robert Harding Syndication; **28** Ray Main; **29** *oben* Paul Ryan/International Interiors; **29** *unten* Antoine Rozes; **30** *oben* Jean Pierre Godeaut (Yuri Kuper); **30** *unten* Verne Fotografie; **31** *oben* Dominique Vorillion (Arch: B. Urquietta)/Stock Image Production; **31** *unten* A. Bailhache (Stylist: M.Gibert)/ Marie Claire Maison; **32** Eduard Hueber (Dean Wolf); **33** Fritz von der Schulenburg (Paula Navone)/The Interior Archive; **34** *oben* Hotze Eisma (Ron Jagger); **34** *unten* Scott Frances/Esto; **34–5** Peter Cook; **36** *oben* John Hall; **36** *unten* Todd Eberle (Designer: Michael Formika); **37** *oben* Scott Frances/Esto; **37** *unten* Marie-Pierre Morel (Stylist: C. Peuch)/ Marie Claire Maison; **38** Todd Eberle; **39** Fritz von der Schulenburg (Adelheid Gowrie)/The Interior Archive; **40** *oben* Simon Brown (Justin Meath Baker); **40** *unten* Christopher Drake/ Options/Robert Harding Syndication; **41** Fritz von der Schulenburg/Country Homes & Interiors/Robert Harding Syndication; **42** Francis Hammond; **42–3** Jean-Francois Jaussaud; **43** Antoine Bootz; **44** *oben* John Hall; **44** *unten* Christian Sarramon; **45** *oben* Henry Wilson (Mazzuchi)/The Interior Archive; **45** *unten* Francis Hammond; **46** Simon McBride; **46–7** Verne Fotografie; **47** Jerome Darblay; **48–9** Fritz von der Schulenburg (Richard Mudditt)/ The Interior Archive; **50** Simon Kenny/Belle Magazine; **51** *oben* Earl Carter/Belle Magazine; **51** *unten* Simon Kenny/Belle Magazine; **52** Schöner Wohnen/Camera Press; **53** Verne Fotografie; **54** *oben* Hannah Lewis (Sue Parker)/Elle Decoration; **54** *unten* Pascal Chevalier (Michel Klein)/Agence Top; **54–55** Paul Ryan/International Interiors; **55** *oben* Christopher Drake/Homes & Gardens/Robert Harding Syndication; **55** *unten* Paul Ryan/ International Interiors; **56** Henry Wilson (Ian Dew)/The Interior Archive; **58** David Churchill/Arcaid; **61** Christophe Dugied/ Marie Claire Maison; **62** Henry Wilson (Celia Lyttleton)/The Interior Archive; **63** *links* Henry Wilson (Celia Lyttleton)/The Interior Archive; **63** *rechts* Jacqui Hurst; **64** Jean-Pierre Godeaut (Designer: Manuel Mestre); **66** Huntley Hedworth/Elizabeth Whiting & Associates; **66–7** Simon Brown/The Interior Archive; **67** Simon Brown/The Interior Archive; **68** Henry Wilson (Giola Rossi)/The Interior Archive; **69** Crown Paints; **70–1** Mads Mogensen; **72** English Stamp Company; **73** Alberto Piovano (Architekt: Mariano Boggia)/Arcaid; **74** Schöner Wohnen/Camera Press; **75** Simon McBride; **76** Tim Beddow/ The Interior Archive; **77** Jacques Dirand; **78** Henry Bourne (Melissa North)/Elle Decoration; **78–9** *oben* Anaglypta Wallcoverings; **78–9** *unten* Cole & Son/Michael Dyer Associates; **79** *oben* Anna French; **79** *unten* David Barrett/Homes & Gardens/Robert Harding Syndication; **80** Christopher Drake/Country Homes & Interiors/Robert Harding Syndication; **82** Sanderson Design Archive; **83** Ray Main; **86** *oben* Ari Ashley/Interior Archive; **86** *unten* Hotze Eisma; **89** *oben* & *unten* Ian Parry/Abode; **90** Schöner Wohnen/Camera Press; **91** Christopher Drake/Homes & Gardens/Robert Harding Syndication; **92** Paul Ryan/International Interiors; **92** *unten* James Merrell/Country Homes & Interiors/Robert Harding Syndication; **94** Jerome Darblay; **95** Laura Ashley; **96** Dolf Straatemeier/V.T. Wonen; **98** Christopher Simon Sykes/The Interior Archive; **99** Mike Parsons; **100** Scott Frances/Esto; **100–1** Homes & Gardens/ Robert Harding Syndication; **101** *oben* Muraspec Wallcoverings; **101** *unten* Henry Wilson (Christopher Davies)/The Interior Archive; **102** Nadia Mackenzie; **103** Lucinda Symons/Country Homes & Interiors/Robert Harding Syndication; **104** Simon Brown; **105** *oben* Henry Wilson (Ian Dew)/The Interior Archive; **105** *unten* Dominque Vorillon; **106** *links* & *rechts* Richard Glover; **106** *unten* Paul Warchol; **106–7** Fritz von der Schulenburg (Mimmi O'Connell)/The Interior Archive; **107** Hotze Eisma/V.T. Wonen; **108** Trevor Mein/Belle Magazine; **109** Fritz von der Schulenburg (Paula Navone)/The Interior Archive; **110** Ray Main; **111** Eric Morin; **112** Ray Main; **113** Ross Honeysett (Architekt: Ian Moore); **114** Mark Darley/Esto; **115** David Simmonds/Elle Decoration; **116** Simon Kenny/Belle Magazine; **118** James Merrell/Options/Robert Harding Syndication; **120** John Hall; **121** Dominque Vorillon; **122–3** Verne Fotografie; **124** *oben* Ray Main; **124** *unten* Sølvi Dos Santos; **125** *links* & *rechts* Ray Main; **126** Ken Adlard; **127** *oben* Eduard Hueber (Whitney Powers); **127** *unten* Antoine Rozes; **128** *oben* Scott Frances/Esto; **128** *unten* Andreas von Einsiedel/Country Homes & Interiors/Robert Harding Syndication; **129** Hotze Eisma (Karen Butler); **130** *oben* Jean-Pierre Godeaut (J.Prisca); **130–1** *oben* David Phelps; **130–1** *unten* James Mortimer/ The Interior Archive; **131** *oben rechts* Ingalill Snitt; **131** *unten rechts* Fritz von der Schulenburg (Architekt: Nico Rensch)/ The Interior Archive; **132** John Miller; **133** Ianthe Ruthven; **134** Peter Cook (Sergison Bates); **135** Gilles de Chabaneix (Stylist: Fasoli)/Marie Claire Maison; **136** John Hall; **137** Eric Morin; **138** *oben* Simon McBride; **138** *unten* Rodney Hyett/Elizabeth Whiting & Associates; **139** Richard Waite; **140** David Cripps/Elizabeth Whiting & Associates; **142** T. Jeanson (Maison McCoy)/Stock Image Production; **143** Nina Ewald/Abode; **144** Thomas Lane; **146** Michel Claus; **147** Fritz von der Schulenburg (Dot Spikings)/The Interior Archive; **148** Scott Frances/Esto; **149** Tim Street-Porter (Designer: Barbara Barry); **150** Fritz von der Schulenburg (Architekt: Nico Rensch)/The Interior Archive; **150–1** Peter Cook (Jonathon Woolf)/Hilary Coe; **151–2** Verne Fotografie; **154** Otto Baitz/Esto; **155** Michel Claus; **156** Deidi von Schaewen; **158** Hotze Eisma; **159** *oben* John Heseltine; **159** *unten* Christopher Simon Sykes/The Interior Archive; **160** *oben* Neil Lorimer/Elizabeth Whiting & Associates; **160** *unten* Nadia Mackenzie; **160–1** Paul Warchol; **161** *oben* David Parmiter; **161** *unten* Jean Pierre Godeaut (Dimitri Xanthdolis); **162** *oben* Mads Mogensen; **162** *unten* Jean Pierre Godeaut; **164** *links* Michael Freeman; **164** *rechts* Fritz von der Schulenburg/The Interior Archive; **166** Ray Main; **167** Paul Warchol; **168–9** Michel Claus; **168** *oben* Georgia Glynn-Smith; **168** *unten* Verne Fotografie; **169** Tim Street-Porter (Daniel Sachs); **170** Richard Felber; **172** David Phelps; **173** Ari Ashley/Interior Archive; **174** *oben* John Hall (Faulkner); **174** *unten* John Hall; **176** Todd Eberle; **177** Alexander van Berge/ V.T. Wonen; **178** Hotze Eisma; **178–9** John Hall; **179** *oben links* Eduard Hueber (M. Burger); **179** *oben rechts* Sinclair Till; **179** *unten* Deidi von Schaewen; **180** Neil Lorimer/Elizabeth Whiting & Associates; **182** John Hall (Michael Carter & Elizabeth O'Donnell); **183** Fritz von der Schulenburg (Adelheid Gowrie)/The Interior Archive; **184** Sinclair Till; **184–5** Paul Warchol; **185** *oben links* & *rechts* & *unten* Sinclair Till; **187** Fritz von der Schulenburg (Mimmi O'Connell)/The Interior Archive; **188** James Merrell/Woman's Journal/Robert Harding Syndication; **190** Alexander van Berge; **191** Fritz von der Schulenburg/ The World of Interiors; **192** *links* Nina Ewald/ Abode; **192** *oben rechts* Vaughan; **192** *unten rechts* Jean-Paul Bonhommet/Elizabeth Whiting & Associates; **193** *links* Simon Brown (John Stefanidis)/The Interior Archive; **193** Simon McBride; **194** Henry Wilson (Sophie Saren)/The Interior Archive; **195** Ken Adlard; **196–7** John Hall; **198** Jan Baldwin (Andrew Mortada); **198–9** Simon McBride; **199** *oben* Solvi Dos Santos; **199** *unten* Simon McBride; **200** Paul Ryan/International Interiors; **200–1** Albert Roosenburg/V.T. Wonen; **201** Nicolas Tosi (Stylist: C. Ardouin)/Marie Claire Maison; **202** John Miller; **203** Hotze Eisma; **204** Albert Roosenburg; **205** Hotze Eisma; **206** Polly Wreford/Homes & Gardens/ Robert Harding Syndication; **206–7** Trevor Richards/ Homes & Gardens/Robert Harding Syndication; **208** Francis Hammond; **209** Michael Mundy (Wilkinson); **210** Fritz von der Schulenburg/(Adelheid Gowrie) The Interior Archive; **211** Hotze Eisma; **212** Richard Felber; **213** John Hall; **214** Henry Wilson (Celia Lyttleton)/The Interior Archive; **215** Richard Bryant/Arcaid; **216** Albert Roosenburg; **217** Jean Pierre Godeaut (Lisa Lovatt Smith); **218–9** David Phelps; **219** Dominque Vorillon; **220** *oben* Simon Brown (Justin Meath Baker); **220** *unten* Eric Morin; **221** Fritz von der Schulenburg/The Interior Archive; **222** John Hall; **223** Henry Wilson (Ian Dew)/ The Interior Archive; **224** John Miller; **225** Albert Roosenburg/V.T. Wonen; **226** *oben* Gilles de Chabaneix (Stylist: M.Kalt)/ Marie Claire Maison; **226** *unten* Alexander van Berge; **226–7** Peter Woloszynski/The Interior Archive; **227** *oben* Fritz von der Schulenburg/The Interior Archive; **227** *unten* Marie-Pierre Morel (Stylist: J. Borgeaud)/ Marie Claire Maison; **228** Marie-Pierre Morel (Stylist: C. Peuch)/Marie Claire Maison; **229** Ray Main; **230** *oben* Henry Wilson (Ian Dew)/The Interior Archive; **230** *unten* Nicolas Tosi (Stylist: J.Borgeaud)/Marie Claire Maison; **231** Polly Wreford/ Homes & Gardens/Robert Harding Syndication; **232** *oben* James Merrell/Homes & Gardens/Robert Harding Syndication; **232** *unten* Henry Wilson (Ashley Hicks)/The Interior Archive; **232–3** Gavin Kingcome/Homes & Gardens/Robert Harding Syndication; **233** *oben* Nicolas Tosi (Stylist: J. Borgeaud)/Marie Claire Maison; **233** *unten* Ray Main; **234** Tim Clinch/The Interior Archive; **235** Polly Wreford/Country Homes & Interiors/Robert Harding Syndication; **236** *oben* Marie-Pierre Morel (Stylist: C. Peuch)/Marie Claire Maison; **236** *unten* Jacques Dirand/Maison & Jardin; **236–7** Trevor Richards/Homes & Gardens/Robert Harding Syndication; **237** *oben* Sanderson; **237** *unten* Henry Wilson (Stephan Ryan)/The Interior Archive; **238** Fritz von der Schulenburg (David Bennett)/The Interior Archive; **238–9** *oben* Christopher Drake/Country Homes & Interiors/Robert Harding Syndication; **238–9** *unten* Jacques Dirand/Maison & Jardin; **239** Trevor Richards/Homes & Gardens/ Robert Harding Syndication; **240** Paul Warchol; **241** *oben* Jan Baldwin/Options/ Robert Harding Syndication; **241** *unten* Todd Eberle; **242** Jacques Dirand/Maison & Jardin; **243** Andreas von Einsiedel/Homes & Gardens/Robert Harding Syndication; **244** Christopher Drake/Homes & Gardens/ Robert Harding Syndication; **245** Jacques Dirand/ Maison & Jardin; **246** Christopher Drake/ Country Homes & Interiors/Robert Harding Syndication; **247** Brigitte/Camera Press; **248** Fritz von der Schulenburg (Paula Navone)/ The Interior Archive; **248–9** Debi Treloar/ Homes & Gardens/Robert Harding Syndication; **250** Tom Leighton/Elizabeth Whiting & Associates; **251** Fritz von der Schulenburg (Mimmi O'Connell)/The Interior Archive; **252** Ray Main; **253** Jacques Dirand/ Maison & Jardin; **254** Christopher Drake/ Homes & Gardens/Robert Harding Syndication; **255** Hotze Eisma; **256** A. Gelberger/ Maison Francaise/Agence Top; **257** John Hall; **258** Otto Baitz/Esto; **259** *oben* Fritz von der Schulenburg (Architect: Nico Rensch)/The Interior Archive; **259** *unten* Christian Sarramon; **260** Laura Ashley; **261** Peter Woloszynski (A.Parlance)/The Interior Archive; **262** John Hall; **263** Henry Bourne/ World of Interiors; **264** James Mortimer/The Interior Archive; **265** Christophe Dugied (Stylist: M.Bayle)/Marie Claire Maison; **267** Dominique Vorillon; **268** Henry Wilson (Christopher Davies)/The Interior Archive; **269** *oben* Jean-Francois Jaussaud; **269** *unten* Trevor Richards/Homes & Gardens/Robert Harding Syndication; **270** Fritz von der Schulenburg (Mimmi O'Connell/Painter: Juliette Mole)/ The Interior Archive; **272** Ray Main; **273** *oben* Henry Bourne/The World of Interiors; **273** *unten* Scott Frances/Esto; **274** Trevor Richards (Kerry Skinner, Dawna Walter) /Abode; **275** Mark Luscombe- Whyte/Elizabeth Whiting & Associates; **276** Mads Mogensen; **277** Fritz von der Schulenburg/The Interior Archive; **278** Mads Mogensen; **279** Hotze Eisma; **280** Fritz von der Schulenburg (Dot Spikings)/The Interior Archive; **281** Marie-Pierre Morel (Stylist: G. Le Signe)/Marie Claire Maison; **282–3** Gilles de Chabaneix (Stylist: D. Rozensztroch)/Marie Claire Maison; **284** Trevor Richards (Kerry Skinner)/Country Homes & Interiors/Robert Harding Syndication; **285** Pierre Hussenot (Roy-Comte)/ Marie Claire Maison; **286** Hugh Johnson/ Homes & Gardens/Robert Harding Syndication; **287** David Parmiter; **288** Geoffrey Frosh/ Homes & Gardens/Robert Harding Syndication; **289** Marie-Pierre Morel (Stylist: C. Puech/G.Le Signe)/Marie Claire Maison; **290** Marie-Pierre Morel (Stylist: J. Postic)/ Marie Claire Maison; **291** Dominic Blackmore/Ideal Home / Robert Harding Syndication; **292** James Merrell/ Options/ Robert Harding Syndication; **293** Jan Baldwin/Options/ Robert Harding Syndication; **294** *oben* Nadia Mackenzie; **294** *unten* Trevor Richards/Homes & Gardens/ Robert Harding Syndication; **294–5** Solvi Dos Santos; **295** *oben* Nadia Mackenzie; **295** *unten* Designers Guild; **296** Gilles de Chabaneix (Stylist: C de Chabaneix/ V. Mery)/Marie Claire Idees; **297** Christophe Dugied/Marine Archang; **298** Sandra Lane/ Homes & Gardens/Robert Harding Syndication; **299** Francis Hammond (Ashley Studio); **300** Spike Powell/ Elizabeth Whiting & Associates; **301** Hotze Eisma; **302** Paul Ryan/International Interiors; **303** Tim Beddow (Kelly Hoppen)/The Interior Archive; **304** Simon Brown; **305** Todd Eberle; **306** Fritz von der Schulenburg (Architect: Nico Rensch) The Interior Archive; **306–7** Kiloran Howard/ Homes & Gardens/ Robert Harding Syndication; **308** Jerome Darblay; **309** Christophe Dugied (Stylist: J. Postic)/Marie Claire Maison; **310** *links* Paul Ryan/International Interiors; **310** *rechts* Paul Warchol; **310** *unten* Ariadne; **311** *links* Nadia Mackenzie; **311** *rechts* Ariadne; **312** Ianthe Ruthven; **314** John Hall; **315** Todd Eberle; **316** Simon Brown/Homes & Gardens/ Robert Harding Syndication; **317** Hotze Eisma; **318–9** Christophe Dugied (Stylist: J.Postic)/ Marie Claire Maison; **319** James Merrell/ Country Homes & Interiors/Robert Harding Syndication; **320** Alexander van Berge; **321** MariePierre Morel (Stylist: C. Puech)/Marie Claire Maison; **322** Laura Ashley; **324** Tom Leighton/Wedding & Home/Robert Harding Syndication; **325** Henry Wilson (Ian Dew)/ The Interior Archive; **326** Tom Leighton/ Wedding & Home/Robert Harding Syndication; **327** Hotze Eisma; **328** Tim Beddow (Kelly Hoppen)/The Interior Archive; **329** Hotze Eisma/V.T. Wonen; **330–1** Marie-Pierre Morel (Stylist: M. Bayle)/Marie Claire Maison; **332** Christophe Dugied (Stylist: J. Postic)/ Marie Claire Maison; **333** Louis Gaillard (Stylist: C. Puech)/Marie Claire Maison; **334** Christophe Dugied (Stylist: J.Postic)/ Marie Claire Maison; **335** Simon McBride; **336** Simon Brown; **337** Simon Upton/ Options/Robert Harding Syndication; **338** Hotze Eisma; **339** Sandra Lane/Homes & Gardens/Robert Harding Syndication.

Danksagung der Autoren

Anoop Parikh

Viele der im Kapitel »Von der Idee zum Konzept« präsentierten Ideen sind schamlos aus Einrichtungen geklaut, die in Zeitschriften wie *Elle Decoration* (britische und amerikanische Ausgabe), *Marie Claire Maison* (Frankreich) und *Martha Stewart Living* (USA) vorgestellt wurden. Mein Dank gilt daher vor allem den vielen in den Jahrgängen 1995 und 1996 vertretenen Raumgestaltern und Eigentümern und den Redaktionen für die Herausgabe dieser immer wieder anregenden Magazine.

Daneben haben mir mehrere Bücher als unschätzbare Quellen praktischer Informationen über Materialien und Techniken gedient, darunter *Wohn-Ideen – Wohn-Design* von Terence Conran, *How to Store Just About Anything* von Albert Jackson und David Day und *The Reader's Digest Complete Guide to DIY* – herzlichen Dank an sie alle. Die in der Bezugsquellenliste aufgeführten Geschäfte und Hersteller erwiesen sich ebenfalls als ergiebige Quellen nützlicher Produktinformationen und technischer Hinweise; ganz besonders dankbar bin ich The Newson Group und der Energiesparabteilung des britischen Umweltministeriums für ihre nützlichen Broschüren über stromsparende Beleuchtung.

Debora Robertson

Ich möchte Virginia Hiller und Amanda Cochrane, meinen Kolleginnen bei *Homes & Ideas*, für ihre Unterstützung, Beratung und gute Laune danken. Und ohne das äußerst professionelle Team von Conran Octopus hätte die Zusammenstellung dieses Kapitels wesentlich weniger Spaß gemacht. Mein besonderer Dank gilt Catriona Woodburn, die eine wirklich bewundernswerte Gemütsruhe, Beharrlichkeit und Detailgenauigkeit an den Tag gelegt hat.

Thomas Lane

Vielen Dank an alle Einzelpersonen und Firmen, die mir bei der Klärung von Detailfragen zum Thema Fußböden behilflich waren, und vor allem an Adrian Smart für seine Beratung zum Thema Fliesen. Außerdem danke ich Joanna herzlich für ihre Geduld und Unterstützung und darüber hinaus allen Mitarbeitern von Conran Octopus.

Elizabeth Hilliard

Bedanken möchte ich mich bei: Felicity Bryan und Michele Topham, Georgina Cardew, Karen Hill, William Selka, Jan Walker und Deborah Walter.

Melanie Paine

Ganz herzlichen Dank meiner Kollegin Joanne Outram für all ihre harte Arbeit und dafür, daß sie während meiner Beschäftigung mit diesem Buch so bewunderungswürdig die Stellung gehalten hat.